U0071098

海洋亞洲的想像

劉健宇、李新元、白偉權、孔德維——主編

全球化與去全球化

推薦序

陳文松

國立成功大學歷史學系教授兼博物館副館長

　　就在疫情仍到處竄流的 2021 年，儘管受到疫情嚴重衝擊，國際學術交流根本無法實體進行的情況下，由香港史學後進倡議（Young Historian Initiative）、馬來西亞新紀元大學學院（New Era University College）文學與社會科學院、台灣國立成功大學歷史學系暨《史穗》的一批年輕學者和研究生，共同發起，透過「網路無國界」的方式，以視訊會議，廣發英雄帖，邀請亞洲各國的年輕世代，一起來思考「亞洲去全球化與區域化」的議題。如今論文集即將出版問世，全世界已走出疫情風暴，各式各樣的國際性學術交流已完全恢復正常，更令人感受萬千和無盡的欣喜。

　　猶記得 2020 年初，新冠肺炎（原名武漢肺炎）突然爆發，從此以後三年間，國際間的人員往來，因為病毒傳播方式的影響，幾乎陷入停擺的狀態。而台灣相較之下，一開始由於地理上四面環海以及邊境人流、物流的嚴格管控下，雖然有一段的口罩荒，但後來獲得來自日本、美國等其他國家的疫苗捐助，以及口罩國家隊的投入，甚至後來可捐助其他國家口罩，讓台灣的防疫表現受到國際社會的注目和肯定。

　　另一方面，隨著中國對於香港統治的由「國際化」轉向「內地化」，由「放任」轉向「實質控制」，導致香港社會的政治社會與言論自由嚴重倒退。且隨著中國民族主義與經濟力量的擴散，更導致台灣、亞洲各國的政治、外交、經濟等各方面的版圖重組。在如此內外情勢皆嚴峻的情況下，「海洋亞洲」線上國際青年學者研討會的順利舉辦，在疫情解封的現在回想起來，真的可說是當時隧道中的一盞明燈，讓國際間學術交流不因此而中斷。

　　誠然，如今我們對於舉辦線上形態的各種會議，都已經得心應手、習以為常，然而 2021 年 7 月這場連續三天的國際會議，無疑是這方面的先驅者之一，尤其它是由一批活力充沛的年輕學子所主動發起與實踐，他們的默契與沈穩，讓會議很順暢地透過線上將知識傳播到沒有邊境的每位與會者家中、職場上和教室裡。

　　還記得李新元博士生來向我報告這個活動時，他當時擔任本系研究生刊物《史穗》的主編，而我是系主任。由於適逢香港局勢嚴峻，我對於是否能順利舉辦表達疑慮，

沒想到，憑藉著合辦單位間彼此奇佳的默契與熱情，以及本系《史穗》團隊在李新元的帶領，克服在疫情下種種的不便與技術上的難題，由李新元、董百坊、朱博琛擔任執行團隊分頭進行，同時本系毛帝勝、廖伯豪、李一鳴年輕學子參與論文發表，而傑出系友安煥然老師與本系許宏彬老師各自發表精闢的專題演講。

　　如本書的導讀所指出，首屆「海洋亞洲」研討會，於 2021 年 7 月 24 日至 26 日三天舉行，透過線上會議的方式，共有來自香港、台灣、馬來西亞、越南、中國等 37 篇論文，以及邀請馬來西亞新紀元大學學院中文系安煥然教授、台灣國立成功大學歷史學系許宏彬副教授、德國法蘭克福大學 Egas 博士，配合大會主題，從朝貢貿易、醫療教育和法律制度這三方面，呈現海洋亞洲的不同發展面貌。這場豐碩的、來自海洋亞洲不同國家年輕世代的研究成果，如今集結成冊，讓所有的讀者開卷可得，本人身為時代的見證者之一，衷心表達誠摯的感謝與祝福之意。

推薦序

安煥然
馬來西亞新紀元大學學院中文系教授

　　海洋交通，四通八達，不易分界。超越國別史的研究範式，「海洋亞洲」(「海のアジア」) 的提出，強調了海域之「越境」網絡。從海洋看世界，是跨國越界的，視野拓展，不把一國一地之歷史變遷孤立看待。沿海各港市的交錯，把亞洲大陸、半島和島嶼之間的海域串聯了起來。這個亞洲海域有自己的歷史文化，也有跨文化的交流。有跨海、環海的貿易、移民網絡之流動。在這經貿活絡的亞洲海域，有海跟海連結 (亦即濱下武志所稱的「連海」) 的重要港口城市。濱下武志指說，海洋研究的新時代，是將「海洋」放在「全球歷史」裡面來進行研究，這是一種背景也是一個條件。而這全球化的動力改變了以往的所有的空間關係。以此探察亞洲海域的各個國家及港市，包括中國在內，不論大小，它不再只是一個「國家」的活動場域空間，而是一個「沒有中心」的網絡化的區域關係。

　　提倡「海洋亞洲」的學者亦強調海洋亞洲的貿易網絡早在西方殖民者東來之前已經活絡存在。即使是西方人到來並介入其間的最初一兩百年，這區域貿易網絡仍不是由西方人來主導。東亞海域一千年自有其「在地性」與「自主性」。而就布羅代爾「整體歷史」理論的切入，林滿紅更是指說，市場原有跳脫國家疆界而發展的可能，也不受民族主義史觀的國家疆界所制限。

　　從世界史、全球史、海洋史的學術史回顧，那是一個從西方中心觀向「去西方中心」的研究範式的轉換。既「去中心」，也強調「多中心」。強調的是區域的「在地性」和「自主性」，研究者應當「移情」，從研究對象的內部視角「深描」探察。但在這個學術研究範式的轉換過程中，誰才是中心？即使是「中國崛起」的當下，亦有學者強調「跨國越境」的海洋史研究、東亞區域史研究，強調海洋網絡中的各小紅點都具有主體性和串聯性的歷史撰述時，它一方面「去西方中心」，另一方面也「去中國中心」。以其「去中心」和「多中心」來解構「西方」，同時也企圖解構「中國」。然在海洋史、世界史和區域史研究中，「國家」還扮演重要角色嗎？海洋亞洲的網絡世界裡，「中國」是不是中心？中心就只是「一個」嗎？還是「多中心」？什麼才算是「中心」呢？恐

怕這些概念都有待釐清。

　　2020 年和 2021 年有兩場國際學術研討會，其主題都與上述「海洋亞洲」相關。前者聚焦於公元 1000 年以來中國與世界的「不正當」互動，那是一種「檯底下的交流」。後者則著重探討海洋亞洲的全球化與去全球化課題，而且論文發表者多為人文學科年輕學者。欣聞編委會已從上述兩場研討會中選取論文，結集出版，裨益「海洋亞洲」研究。值得推薦，是為序。

目次

多樣化社會的信仰、地方與教育研究

遷移中的祭祀與儀軌

秩序變動中的國際、文化及個體研究

變動中的國際秩序

互動中的文化創造

世變之際的個體

導論：從亞洲角度想像海洋亞洲

新紀元大學學院東南亞學系主任　**白偉權**

東門巴克禮歷史教育推廣協會總幹事　**李新元**

香港史學後進協會秘書長　**劉健宇**

　　亞洲是全球幅員最廣、人口最多、文化多樣性最豐富的大洲，隨著印度太平洋地區以及亞洲東部的第一島鏈，在 2010 年代逐漸成為國際政治的競逐要地，在中國、印度這些傳統文明構成的陸域亞洲之外，亞洲的太平洋、南海（又稱西菲律賓海或南中國海）、日本海、馬六甲海峽乃至印度洋週邊的海島以及亞洲大陸沿岸地區，亦受到學界與政界的更多關注。這些地區雖然在土地面積或人口規模上不及陸域亞洲，且在歷史上受到陸域亞洲的政權一次又一次的擴張，並在 16 世紀以後成為不同歐洲帝國對決的場所，但卻在全球化的歷史上具有重大影響。當西班牙帝國在 1571 年於馬尼拉建立城市後，里斯本、Acapulco、長崎、魁港、與閩粵港口的商旅，都以之為交易點。考慮到當時伊利比亞帝國在非洲的版圖與勢力範圍，及對其資源的應用，這是人類歷史上首次連結各大洲的貿易網絡。可以說，海洋亞洲，尤其是今天被稱為努山塔拉（Nusantara）區域，是今天全球化世界構成的最後一塊拼圖。[1] 過去關注全球史的學者，不少都留意到改變全球一體化路徑的事件，皆發生在海洋亞洲，像是 1509 年印度第烏海戰（Battle of Diu）、1642 年荷西雞籠之戰（Battle of San Salvador，又稱第二次聖薩爾瓦多城戰役）、1840 至 1842 年清英貿易戰爭（又稱第一次鴉片戰爭）、1853 年日本黑船事件及 1945 年馬尼拉大屠殺（Manila massacre）等等，其實都是歐美勢力在亞洲的呈現。然而，我們也需要留意到亞洲內部的種種力量，對於今天亞洲局面與全球化世界的構成與發展具有更為決定性的影響力。自二戰後歐美在解殖（decolonisation）的旗幟下退出東南亞，今天美國由提出「重返亞太」到提出「印太戰略」（Indo-Pacific Strategy），中國則更頻繁地於週邊領土與海域宣示主權，這些地區局面正正需要我們從亞洲的角度思考。

---

[1] Peter Gordon, Juan José Morales, *The Silver Way: China, Spanish America and the Birth of Globalisation, 1565-1815* (Melbourne: Penguin Books (Australia), 2017).

　　二次世界大戰期間在亞洲發動太平洋戰爭的日本，在戰後的外交策略以與各國共同發展經濟為主。在日本《和平憲法》的大原則下，冷戰時代最重要的內閣總理大臣吉田茂（1878—1967）強調重新成為「和平國家」的日本，需要在各方面賠償亞洲各國，如 1950 年代對東南亞各國的「經援外交」，從償還生產物與勞務的方式支援各國戰後經濟，並鼓勵日本企業對東南亞的投資；1979 年對中國展開「日本對中國政府開發援助」（「日本の対中国政府開発援助」），直至 2018 年結束時以不同形式支援計有約483 億美金。[2] 日本與海洋亞洲關係的「正常化」遠為成功，並在東南亞區域整合的過程中扮演一定角色。

　　雖然印度是東南亞本地文化在 10 世紀以前最主要的來源，但在二次世界大戰以後，印度常常被東南亞各國認為是一個遙遠的鄰國。作為不結盟運動的主要推手，印度在 1950 年代以來與東南亞各國的合作往往止步於防務和國家安全等敏感領域，戰略性地與今天的「東南亞國家協會」（Association of Southeast Asian Nations；新加坡稱為「亞細安組織」，香港翻譯簡稱「東盟」，臺灣翻譯簡稱「東協」，以下統一簡稱「東協」）成員疏遠。印度針對東南亞的戰略外交始於蘇聯倒臺後的 1991 年，新德里宣布「東向政策」（Look East Policy），但所謂的「政策」其實較類於「願景」（Vision），主要集中於經濟面向，鮮有涉足於地緣戰略層面，也沒有具體的措施。「東向政策」在 2014 年轉為更主動的「東進政策」（Act East Policy）。印度政策轉換的原因，建基於中國崛起，及伴隨而來中國政府關於領海問題的強硬立場。對印度來說，中國與東南亞各國的海域爭議往往預設了印度和東南亞國家等鄰國的領土完整和主權需要為「中國夢」有所犧牲；而在 2016 年，日本首相安倍晉三倡議的「自由開放的印度—太平洋」（自由で開かれたインド太平洋戰略；Free and Open Indo-Pacific）概念促使了「印度—太平洋」（以下簡稱「印太」）兩個傳統以來被想像為獨立的海洋，漸次將對方視為同一戰略區域。在這一前題下，印度開始積極與東南亞各國接觸，對沖各大國在東南亞的影響力。近年，印度成為了海洋亞洲的一個重要戰略角色：與越南簽署軍售協議並舉行共同訓練、支持菲律賓在海域主權爭議中對抗中國、增強與印尼的防務合作。雖然這些關係還不到軍事聯盟的程度，也沒有大量海外軍事部署，但印度配合美國、日本在印太戰略中，聯合海洋亞洲對抗中國的趨勢，卻是非常清晰。[3]

2　保阪正康：《吉田茂：戰後日本的設計者》（東京：朝日新聞出版，2020）；「日本の ODA プロジェクト：中国—対中 ODA 概要」，日本外務省網頁，https://www.mofa.go.jp/mofaj/gaiko/oda/data/chiiki/china.html，瀏覽於 2023 年5 月 31 日；黃項顯：〈日本與東協合作關係的轉變：「和平國家」邁向「正常國家」之路〉，《明道學術論壇》，第10 卷，第 4 期，頁 27-36。

3　Don McLain Gill and Upamanyu Basu, 'View: Towards a proactive bonhomie in India-Southeast Asian strategic relations', *The Economic Times*, 5th August, 2022, https://shorturl.at/knrQ2 ; Derek Grossman, 'India Is Becoming a Power

　　同樣留意到東南亞海域未來發展潛力的國家尚有中華人民共和國。自 19 世紀以來有關十一段線、九段線的爭議，中國對「南洋」——東南亞海域自古以來已有視為領海的想像。這種想像與現實政治的衝突，可以從傳統 19 世紀「天下觀」崩解、民族國家（nation state）及主權國家（sovereign state）概念成為國際互動基本框架的進程思考。因此，中國與東南亞國家的互動一直徘徊在傳統的「天朝—藩屬」與平等的「鄰國互動」兩種框架之間。在 2013 年 10 月，中國國家主席習近平訪問「東協」時提出「21世紀海上絲綢之路」的想像，希望與東南亞各國在其「一帶一路」倡議緊密合作時，卻拒絕接受菲律賓在 9 個月前根據自身亦有簽署及通過的《聯合國海洋法公約》（United Nations Convention on the Law of the Sea，以下簡稱《公約》），以國際仲裁程序解決中國的「九段線」等主張與東南亞國家海洋權利的矛盾。[4]中國政府認為，該國已於 2006年根據《公約》第 298 條規定，將海洋劃界等問題排除在任何國際司法或仲裁管轄之外，故認為菲律賓單方面提起南海仲裁案違反《公約》規定，《公約》常設仲裁法院（Permanent Court of Arbitration）的判斷，均違反「國家同意」原則。[5]在領土爭端的同時，中國亦積極響應由東協提出的《區域全面經濟夥伴協定》（Regional Comprehensive Economic Partnership, RCEP），該協議的締約方將向其他成員進行關稅減讓、並承諾 10年內降至零關稅，藉此建立統一市場。[6]

　　以上種種是日本、印度、中國，在全球經濟一體化過程步入高峰後，對海洋亞洲的各種不同想像；但以上的外緣因素卻未如東南亞各國內部的變化重要。將東南亞國家視為「一體」的概念始於東南亞各國內部。在正值越戰高峰的 1967 年，泰國、馬來西亞、新加坡、菲律賓、印尼五國外長基於防止共產主義滲透的立場，在曼谷發表了《東協宣言》，恢復 1965 年後癱瘓的東南亞聯盟（Association of Southeast Asia）並更名為上述的「東南亞國家協會」。雖然東南亞各國由於經濟條件與國內政局的差異性，

in Southeast Asia: New Delhi and its partners are inching together to balance Beijing's aggressive posture', *Foreign Policy*, 7th July, 2023, https://shorturl.at/bduwZ；神谷万丈：〈「競爭戦略」のための「協力戦略」―日本の「自由で開かれたインド太平洋」戦略（構想）の複合的構造―〉，《Security Studies 安全保障研究》，第 1 卷，第 2 号（安全保障外交政策研究会），2019 年 4 月，頁 47-64。

4　有關「九段線」研究近年非常豐富，Bill Hayton 2014 年回顧了有關該海域爭議的歷史與現狀，參考 Bill Hayton, The South China Sea: The Struggle for Power in Asia (New Haven; London: Yale University Press, 2014)；近年圍繞《聯合國海洋法公約》的爭議，則可以參考 Pooja Bhatt, Nine Dash Line: Deciphering the South China Sea Conundrum (New Delhi: KW Publishers Pvt Limited, 2020)。

5　〈外交部發言人就仿愛礁問題答記者問〉，中國外交部網站，2023 年 10 月 9 日，網址：https://www.mfa.gov.cn/web/wjdt_674879/zcjd/202310/t20231009_11158336.shtml。

6　〈中國、日本和東協等 15 國簽署 RCEP 協定為全球規模最大中方稱將推動早日生效〉，《路透社》，2020 年 11 月 16 日，網址：https://www.reuters.com/article/rcep-deal-1115-sun-idCNKBS27W01Q。

「東協」的經濟合作與政治協調度與歐洲聯盟（European Union）差異甚大，但以東南亞國家為本位的想法卻是清楚明顯，也是東南亞地區整合的一個重要進程。[7]東南亞更將在全球經濟發展過程中發揮了關鍵作用：東協現為世界第五大經濟體，並有望在 2030 年成為第四大經濟體。[8]此舉讓更多海洋亞洲國家積極進入「東協」體系；而「東協」國家理解到了自身獨立於東北亞與南亞各國的利益，可說是今天亞洲各國對海洋亞洲想像的主要成因。

　　過去二十年，亞洲學界對「海洋亞洲」的研究亦日益增加，其中以日本學者濱下武志（1943 年—）最廣為華語學界知名。他與一些日本學者於 21 世紀初合編了名為《海洋亞洲》[9]叢書，是早期全面討論海洋亞洲的書籍，他認為：「香港、新加坡在近代都是英國的殖民地裡面的自由貿易港。然而，它們雖然表面上擁有貿易自由，實質還是英國為了獲得最大利益而推動貿易的結果。從歷史來看，香港吸收了廣州的歷史資源，新加坡吸收了馬六甲的歷史資源，資源的利用還體現在此前的貿易體系當中，可以說是城市之間的功能的替代和轉移。在亞洲『朝貢貿易體系』中，廣州的地位，馬六甲的地位，加上西歐國家擠進來以後的資源，共同促成了香港、新加坡的發展。它們並不完全是由西歐國家促成的，而主要是利用亞洲原有的『朝貢貿易體系』，擴大了世界性的貿易、金融、移民港口城市。」[10]無獨有偶，國立臺灣大學歷史學系則於 2008 年推出名為「臺灣與海洋亞洲研究領域發展計畫」的研究計畫，旨在梳理臺灣在海洋亞洲（Maritime Asia）——和海洋有密切關係的亞洲大陸和島嶼，包括中國大陸沿岸、日本、琉球，以及東南亞諸國，並聚焦此一廣大地理範圍內的人群活動、相互往來交通，以及因此而導致的影響，尤其注重海洋或隔或通之因素下的錯綜關係。

　　總體而言，正是海洋的視野，讓研究者能夠跳脫以往以國家或政治界線為主體的思維，從「去國家中心」的觀點，以更為靈活的跨界、網絡、互動關係概念，檢視外部因素如何參與形塑對於區域內部的社會、經濟、政治乃至於文化的面貌。在 2020 年代，海洋亞洲在中國崛起、2019 冠狀病毒病（COVID-19）、俄烏戰爭等重大國際危機，以及區域內各種的不穩因素影響下，整體的社會卻是滿有活力，馬來西亞、泰國、緬甸、越南的年輕國民對於以政治參與（political engagement）改造社會富有熱情。在海洋亞洲被不同國家與非國家實體以不同視角與關懷詮釋的時代，我們尤為關心這一時

7　Lau Teik Soon, "ASEAN, North Vietnam and the Communist Challenge," *Southeast Asian Affairs*, 1976, pp.72-79.

8　〈東南亞增長動力加速〉，《信報財經新聞》，2023 年 5 月 30 日，網址：https://www2.hkej.com/wm/article/id/3467150。

9　濱下武志、尾本惠市、村井吉敬、家島彥一主編：《海のアジア》（東京：岩波書店，2000—2001）。

10　濱下武志、舒小昀對談：〈從「陸地亞洲」轉向「海洋亞洲」——關於「海洋與亞洲地域圈」的討論〉，《南國學術》2015 年第 4 期，頁 4 至 25。

代的學術關懷與進路如何受經濟政治架構變動、地緣政治動盪及文化傳統的傳承與變革所影響。正如現代史學巨匠克羅齊（Benedetto Croce, 1866-1952）在 1915 年提醒我們，「一切歷史都是當代史」（All history is Contemporary history），當下的歷史關懷往往是歷史書寫的參與者的思考。本書的論文收錄了香港政策研究所國際關係研究中心、香港樹仁大學商業經濟及公共政策研究中心、香港中文大學伊斯蘭文化研究中心及 The Glocal 在 2020 年舉辦的「檔底下的交流：公元 1000 年以來中國與世界的『不正當』互動」，及馬來西亞新紀元大學學院文學與社會科學院、國立成功大學歷史學系及其學會主辦的研究生學術刊物《史穗》、香港史學後進協會在 2021 年舉辦的「海洋亞洲全球化與去全球化：人文學科年輕學者國際學術研討會」的論文。

值得一提的是，「海洋亞洲」人文學科年輕學者國際學術研討會的發起，緣於疫情期間馬來西亞、香港、臺灣三地夥伴的協作，讓原本親身出席的學術交流移師線上，探索學術交流的嶄新模式，擺脫疫情阻隔的限制，在此向為研討會忙前忙後的幾位夥伴馬鈺詞、董百坊和朱博琛致謝。

本書編者整合了 2020 年代初亞洲華語學界的年輕學人關於「多樣化社會的信仰、地方與教育研究」以及「秩序變動中的國際、文化及個體研究」的討論，期望向讀者呈現 2020 年到 2021 年間收到了來自越南、馬來西亞、新加坡、中國大陸、臺灣、香港年輕學人對亞洲、海洋、霸權等等不同概念的想像。

一、多樣化社會的信仰、地方與教育研究

「多樣化社會的信仰、地方與教育研究」以信仰、地方與教育研究三大領域為主軸，收錄來自馬來西亞、新加坡及香港各大專院校的歷史系、中文系、教育系、哲學系、客家研究的作品。雖然訓練背景各異，但本部份所關注的絕大部分是歷史軸線上的海洋亞洲。編者將本部份作品分為「遷移中的祭祀與儀軌」、「在政體之間的地方社會」、「文化體系之間的教育」三大主題：「遷移中的祭祀與儀軌」關注宗教的儀式（ritual）與信仰在信仰者流動過程中所產生的變化，當中涉及對神明的想像、儀式的構造與宗教人物與團體自我及社會認知等面向，從宗教現象理解人口遷移所造成的更動。「在政體之間的地方社會」則希望探討在亞洲（尤其努山塔拉）不同區域中的「小眾」（minority）與當地主流社會之間的互動，作者尤為關心「小眾」的世界觀、經濟生活、政治參與、以及「小眾」社群內部權力結構與文化生活在「國家」／「主流社會」政策下所遭受的影響。我們這裡所理解的「地方」（local）與「小眾」都是與「中央」、「國家」（state）與「主流」所相對應的概念，不同學者對以上概念的應用亦未盡相同，

讀者在這點尤有留心之需要。「文化體系之間的教育」則是關注於海洋亞洲的教育事業在不同「文化」之間的經營。這裡的「文化」意指金里卡（Will Kymlicka，1962—）所說，為體系內成員提供各種生活方式意義的實體，包括了社會、教育、宗教、娛樂和經濟生活等各種人類活動、同時涵蓋了公共與私人領域。[11]然而，「文化」對其體系內成員所提供的意義卻往往並非決定性與本質性（essentialist）的主宰，個體更往往受多種「文化」的影響。[12]由是，作為「文化」體系自我繁殖的「教育」，也就需要在不同體系之間作出調適。

「遷移中的祭祀與儀軌」共有6篇文章，其中3篇以臺灣的宗教信仰為研究對象，另外3篇則關注馬來半島。與臺灣的3篇文章分別涵蓋了臺灣漢人信仰以及系統性的基督宗教研究。國立成功大學歷史學系博士毛帝勝的〈高雄市旗山區溪洲的水患記憶與對寺廟影響初考——以鯤洲宮為核心〉探討高雄市旗山區溪洲的漢人傳統領域。溪洲的地理位置依山傍水，東有楠梓仙溪，西有中寮山，由於該地區位在溪川上游，故在氣候變遷時引發地洪災水患對該地有著極大的影響，甚至給在地人留下深刻記憶，並世代傳承之。其中，位在溪洲北部的鯤洲宮更是作為這則災難記憶承載的代表性寺廟。該文旨以鯤洲宮歷史上的疑問作為切入點，再探討百年流傳之水患記憶，對該廟的起源與祀神影響論述之。中原大學設計學院博士莊凱証則以與高雄關係密切的澎湖為對象，承接上一篇以事件、歷史記憶為論述中心，莊氏則以船這個物件為主體，其〈澎湖漁船船旗、船祭與船俗之初探〉透過實地田野調查與參與式觀察等資料蒐集途徑，調查澎湖地區漁船的民俗文化，特別是船旗、船祭與船俗。船旗，係指漁船上的神明旗；船祭，即漁船祭祀；船俗，則指有關漁船的風俗等。該文認為，澎湖漁船與聚落廟宇關係十分密切，廟宇神明隨一面旗子的製作與投射，進而產生象徵性的物質文化，旗子具有神聖性，亦有保佑平安之安心作用。船上祭祀，一方面是對水神的一份敬仰與酬謝；一方面是歲末年終的答謝與祈福。漁船與漁民的生活規範，往往實踐於代代相傳的在地觀點。談到臺灣的宗教信仰，除了上述兩篇的漢人信仰之外，若少了與臺灣現代化有著密切關係的基督宗教，臺灣宗教信仰的討論將是不全面的。中研院文哲所博士後研究員蔡至哲所討論的是基督宗教裡頭的新興教會，其〈臺灣主體性的追求與新興教會的教勢發展——以臺灣基督教福音教會為例〉探討1978年代由鄭明析牧師（Jeong Myeong-seok，1945—）於韓國創立的基督教福音宣教會（Christian Gospel

---

[11]　Will Kymlicka, *Multicultural Citizenship: A Liberal Theory of Minority Rights* (Oxford: Oxford University Press, 1996), p.76.

[12]　Phil Parvin, 'What's Special About Culture? Identity, Autonomy, and Public Reason', *Critical Review of International Social and Political Philosophy*, 11(3), 2008, pp.315-333.

Mission, CGM，又稱攝理教會）在臺灣的發展。該文試圖研究基督教福音宣教會之所以能在韓國以外的臺灣，迅速吸收一定數量的菁英大學知識分子加入，與鄭明析牧師話語中特別強調臺灣之主體性、社會定位有重要關係。1987 年臺灣解嚴，基督教福音宣教會也於同一年傳入臺灣。鄭明析牧師自起初接觸臺灣知識菁英起，不論是對信徒，或外部政治人物、社會人士，均長期在世界各地教會中高舉臺灣教會之價值，著實地切合了這四十年來臺灣知識菁英界的思想發展。

　　隨後 3 篇馬來亞信仰的論文，同樣涵蓋了三個不同的宗教面向：流動的道士群體、在東南亞廣受香火的大伯公，以及系統性較強的漢傳佛教。新加坡國立大學中文系博士生陳康言的〈新加坡廣東喃嘸師傅的變遷〉探討廣東道教系統上一群擁有多元道學傳統的道士群體（喃嘸師傅，俗稱喃嘸佬），由於他們大多進行與殯葬相關的科儀傳統，經常出現在廣東人的殯葬場合之中，故普羅大眾對他們都有所避諱。在新加坡，操粵語的廣東人為當地第三大的方言群體，涵蓋了當地華人總人口的百分之十五左右。在地喃嘸師傅所傳承的科儀傳統，亦增添了當地華人宗教文化的色彩。該文將會從探討新加坡喃嘸師傅的歷史變遷與現況，了解這個宗教群體如何回應新加坡的社會變遷，並探討新加坡喃嘸傳統在廣東人的群體中有甚麼樣的重要性。陽明交通大學客家文化學院博士生謝名恒的〈泛大伯公現象：東南亞大伯公研究的回顧與探討〉則為東南亞大伯公信仰的回顧研究，其中針對兩場研討會之論文集專書，以及數篇期刊論文、專書論文作為分析對象，著重討論當今大伯公研究中的具體成果與學術動態，提供後續研究的探索方向和理論視野。該文主張未來進行大伯公研究的三項值得拓展之走向，分別是：「研究地點的跨域、研究方法的增廣、研究理論的深化」，如此一來將有更為廣泛且深入的對話空間。馬來亞大學中文系博士生魏明寬的〈試論華社對漢傳佛教在中國、馬來亞發展的影響（19—20 世紀）〉旨在探討一些由中國來到馬來亞的僧人，與當地華社的緊密互動。基於僧人的弘法需要與華僑的信仰需求，雙方形成了以宗教經濟和宗教服務為內容的互利共生的關係。此時期馬來亞華社對中國、馬來亞的漢傳佛教的影響，具體表現在跨域傳播、宗教運作、社會功能三個層面。該文認為，馬來亞華社作為漢傳佛教的經濟來源與信眾基礎，一方面幫助僧人「振興」了中國的佛教；另一方面幫助僧人「建立」了馬來亞的佛教。「遷移中的祭祀與儀軌」的研究，雖然從題目上所展現的僅是局限於臺灣和馬來半島，然而就個別篇章而言，卻不難發現它們的「海洋亞洲」特質，像是深具海洋個性的鯤洲宮五府千歲，以及澎湖的船旗、船祭與船俗。而從臺灣基督教福音教會的研究也可見到臺灣與韓國在基督宗教上的連結關係。新加坡的喃嘸師傅和漢傳佛教則將馬新和中國連結在一起，大伯公更是泛東南亞乃至華南的信仰，以海洋連結不同的點。

　　「在政體之間的地方社會」共有 3 篇論文，以案例申論地區整合的故事，並聚焦於馬來西亞的柔佛州，探討其地方社會在唐人、西人移民與殖民潮流下的經濟社會變遷。本部分作者從經濟學、社會學與人類學的理論框架，回顧 20 世紀初的南馬來半島社會。臺灣大學歷史研究所碩士生廖明威的〈英國掌政下柔佛彭古魯的困境與轉變（1910—1941）〉探討在英國殖民下的官僚結構，以及出口經濟作物為主的經濟模式，如何形塑了 1910 年至 1941 年的柔佛馬來地方領袖──彭古魯（Penghulu）的生存環境。該文認為，殖民及全球化造就的政治和經濟現實，促成了現代化過程裡地方領袖的「官僚化」和「理性化」：處在政治和經濟困局內的彭古魯們，以接受官僚制度規範為代價，於 1933 年向政府請願成為土地局的全職官員，使彭古魯在內的地方領袖選擇了接納官僚體系帶來的變化。

　　繼柔佛整體的馬來地方領袖彭古魯之後，香港中文大學博士生莫家浩的〈世界經濟大蕭條下柔佛邊佳蘭鄉區華人社會的嬗變〉將焦點拉到柔佛東南沿海的邊區邊佳蘭，探討經濟大蕭條對於柔佛鄉村華人的影響。該文認為這些影響實為福禍參半，其中地方產業結構是差異產生的關鍵要素。在邊佳蘭，相較於膠價低迷對華工的生計造成影響，漁獲和禽畜價格的相對穩定，有助於強化華人在沿海鄉村定居的趨勢。經濟蕭條雖然讓原本仰賴橡膠園而興起的邊佳蘭村陷入某種程度的生計危機，但並未摧毀其他沿海鄉村華人的近海捕魚和禽畜養殖等經濟活動。反之，作為鄉村家庭經濟的勞動力，婦孺入境的便利，反而加快鞏固了 1930 年代當地鄉村華人移民社群的成型。馬來西亞新紀元大學學院中華研究碩士生陳建發同樣關注柔佛內陸的邊區，其〈新村計劃對華人社會關係的影響──以利民達華人社會為例〉探討英殖民政府為了剿共而實施的新村計劃對於華人社會關係的作用。該文研究個案利民達是馬來西亞柔佛州內陸的華人村鎮。新村計劃對利民達社會發展進程具有深遠的影響。該計劃不僅改變利民達的景觀，更重塑了當地華人的社群結構，形成福建／兩廣（廣東、廣西及海南島）的二分制社群格局。這一分類格局與後來當地政黨及私會黨派系之間的鬥爭相互交織，形成當地流行的「馬華公會對勞工黨，等於一點紅對紅虎山，福建人對兩廣人」的論述。該本發現，新村計劃對華人社會產生結構性變化；同時其倉促且無徵兆，以及不顧慮華社內部傳統紐帶、意識形態及階級差異的移殖政策，對華社的社會關係產生一定程度的作用。上述 3 篇作品無論是在時間或是空間上，都有著很強的關聯性，從「彭古魯」交代了柔佛最基層的治理結構，莫家浩和陳建發則分別選取柔佛不同區域的地方社會為題，兩者都可說是該區域的典型案例。前者關注的是戰前，後者則從戰前討論至戰後初期的馬來亞。

　　「文化體系之間的教育」以 4 篇論文申述「教育」在文化多樣性區域的困難與思

考，其中 3 篇聚焦於馬來亞以及其他英殖民地間的網絡關係。國立臺灣大學歷史系碩士生曾凱文的〈帝國網絡與馬六甲英華書院的營運〉針對殖民教育網絡展開討論，主要探討馬禮遜（Robert Morrison，1782-1834）與米憐（William Milne，1785-1822）於 1818 年在馬六甲建立英華書院（Anglo-Chinese College）的歷史。雖然英華書院僅在馬六甲運作二十多年，並在第一次鴉片戰爭後遷至香港，但它此時段的歷史提供了不一樣的視角，可用來觀察英帝國史以及馬來亞早期西方教育史。過去關於此書院研究主要強調它對於中國歷史的發展，反而較為忽略馬六甲位於中西之間的特殊地理位置與歷史意義，如書院與英國東印度公司和廣州商館的關係。在此多方人群匯合之處，英華書院的運作其實能夠展現出帝國內部多方區域與人群互動的複雜網絡。因此，我們得以理解馬來亞初期西方教育與帝國勢力之間的互動，將印度、馬來半島與廣東連結起來，跳出僅從在地的視角進行討論。透過英華書院與英國的母會——倫敦傳道會（The London Missionary Society）之間的關係，得以讓我們跳出中心與邊緣的思考模式，理解書院與英國東印度公司的緊密聯繫。該文透過英華書院的案例，從書院年度報告以及傳教士的回憶錄與出版品作為主要史料來進行分析，以強調傳教、教育與帝國之間不同層次的緊密關係，並將之置於英帝國的脈絡下進行討論。

　　臺灣師範大學教育學系博士生周皓旻的〈日治末期至戰後初期臺灣師範教育制度與近代西方教育的典範轉移（1941—1949）〉則離開馬來亞—英國殖民網絡間的教育體系，將視線轉移至臺灣的師範教育制度，他探討在日本裕仁天皇透過廣播宣布終戰後、中華民國政府接管臺灣時，由臺灣省行政長官陳儀宣布三大施政方針之一，即普及教育，尤其是中文，並推動高等教育。該文以師範教育作為研究範圍，透過制度分析，以了解 1941 至 1949 年間臺灣的師範教育產生哪些變化與典範轉移。該文認為，臺灣師範教育制度隨著不同的政權進行調適與改變，從日本制（學習歐陸）轉向中國制（學習美國），教育專業課程的理論基礎也因應轉向；但在戰爭之下，兩個政權不約而同地將師範教育體制視為工具，將教育目的導向文化認同的形塑。另外，近代西方教育理論雖引進臺灣，但也由於時空因素產生了變質與轉化。香港教育大學中國歷史教育本科生劉健宇以〈馬來亞大學創校與英國遠東高教政策——以英國殖民統治為中心〉呼應周皓旻關於「殖民地」教育的研究，聚焦於英國在遠東殖民地的高等教育政策。香港大學作為英國在東亞的第一所大學，自創校後便一直是東亞華人，特別是英國殖民地下華人學子的升學渠道。與香港同樣處於英國殖民網絡的馬來亞地區（今日馬來西亞聯邦的西馬地區，及新加坡），當地立法局及輿論界就成立馬來亞大學的討論，一直由戰前持續到戰後。由於英國政府將香港、錫蘭（今斯里蘭卡）及馬來亞劃為同一殖民統治區域，三地在政策與管治手法上有不少互相借鏡及分工的地方。馬來亞大學正

式創校於 1949 年，自創校前一直以「香港大學」為參考對象；而馬大成立後，兩校亦有密切交流。通過以馬來亞大學為中心，整理各地創辦大學歷史，比較香港大學、錫蘭大學及馬來亞大學的創立，當中反映了英國在亞洲殖民高等教育政策的轉變，何以促進了在地群體的進步。有關「文化體系之間的教育」，亦可以由下而上作出探討。淡江大學中國文學學系碩士吳安琪的〈馬來西亞留台生爭取學位承認之過程及意義〉則回到當代臺灣的馬來西亞留學生，探討 1950 年代僑務委員會頒布的〈華僑學生申請保送來臺升學辦法〉，開啟馬來（西）亞華售赴臺升學之路。1960 年代中旬，第一批留臺生自臺灣大專院校畢業返馬後，因持有的學位資格不受馬來西亞政府承認，於是轉而籌組留臺同學會及校友會，試圖以社群的力量向當權者陳情和施壓，惟至今仍未取得全面成功。其中，「爭取學位承認」作為留臺社群長達半世紀的集體焦慮和困境，所折射的面向不僅涵蓋當今馬來西亞華社，甚至上升成馬來西亞的母語教育和族群政治問題。該文試圖透過「馬新—亞洲」的視角，將留臺生的困境置於馬來西亞國族建構的過程中展開對話，並藉由現存文獻——新聞剪報、文告、備忘錄、書信、口述歷史的梳理，探討留臺社群「爭取學位承認」行動之意義。值得注意的是，上述教育領域相關研究的作者像是曾凱文、黃欣怡、吳安琪都是具有旅臺經驗的馬來西亞年輕學者，他們分別在臺灣接受不同學科的訓練，目前也都繼續在不同的大專中繼續學業，從事馬來西亞研究。

　　總體而言，「多樣化社會的信仰、地方與教育研究」大多從歷史時間的縱深來呈現海洋亞洲的特質和多元性。這些內在特質正如同生物體上的 DNA，它構建了一個區域與眾不同的特殊性，同時也成為本區域後續發展路徑的結構性因素。

二、秩序變動中的國際、文化及個體研究

　　在「秩序變動中的國際、文化及個體研究」一部分中，共收錄的文章來自馬來西亞、越南、中國大陸、臺灣、香港等地的院校。本部分作者學科背景較「多樣化社會的信仰、地方與教育研究」為多樣，如電影學系、音樂系等背境的論述較少在海洋研究的視野中出現，他們在本部分與其他學者所關注的範疇，包括了流行文化及地緣政治，除了歷史時間縱深之外，更加側重於當代的海洋亞洲。若按照區域劃分，本部分所收錄的論文則可以分為東南亞和東亞兩大群集。編者將本部分論文分為三子部，「變動中的國際秩序」從宏觀的國際關係、經濟學及區域發展的角度觀察市場、國家與非國家行為體（non-state actor）對海洋亞洲區域發展及全球化高度落實的影響，為本部分隨後的具體案例定下分析與思考之框架。在「互動中的文化創造」部分，眾作者從

流行文化及語言的案例，觀察全球化過程中，個體及地方群體的文化生活如何在諸文化共存、互動的過程中，與全球化的現象相適應。在最後的「世變之際的個體」部分，8 位作者分別從大陸及海洋亞洲的不同案例，整合出個體對「世變」的理解與回應，這一系列的作品以個案闡釋亞洲在跨文化交流與全球化下，「變動」對介乎不同政治與文化體系之間的個人之影響。

「變動中的國際秩序」的首篇，從理論層面關注交易費用對亞洲地區經濟及社會整合的影響，香港樹仁大學經濟及金融學系副教授李樹甘的〈中國與亞洲區域內經濟一體化進程與交易費用〉首次採用實際匯率及消費物價指數月度數據，透過非線性調整分析中國與亞洲各地之間自由貿易的購買力平價（PPP）及交易費用，檢驗「一帶一路」倡議的亞洲區域內成員國經濟經濟融合程度和估算當中的交易費用。接著，香港城市大學亞洲及國際研究學系研究生陳家樂及香港城市大學中文及歷史學系博士林皓賢的〈當代中國的亞洲地區戰略及其亞洲定位思考初探〉，從國際關係角度及中國的外交戰略入手，討論了中國在亞洲區域化的過程中的角色，及淺談與區域大國日本及美國之間的外交角力。總的來說，中日兩國由於歷史情結、美日安保條約等因素，彼此存有猜忌，日本只礙於中國日益強大，及中國因應日本為經濟強國，故此雙方在彼此競爭下採取合作。亞洲區域合作，甚至要達到一個區域共同體，有幾點值得關注。首先，隨著中日國力此消彼長下，中日作為區域大國，其關係好壞對亞洲區域化仍為一重要因素。但在習近平及安倍政府下，真正關鍵反而是美國的亞洲區域戰略及其展現的影響力。香港樹仁大學商業、經濟及公共政策研究中心研究員曾俊基及陳家樂隨後在本部分最後一篇論文以〈國際援助的經濟作用：競爭力指數的實證視角〉為題，在一個統一的框架中綜合了兩種政府開發援助的觀點，使我們能夠在一個模型中確定其正面和負面作用。該文認為，政府開發援助的淨作用取決於因資源配置效率低下和偏向價值體系而產生的偏差上。因此，在現實世界中，政府開發援助的正面和負面作用都可能並存。

「互動中的文化創造」共有 4 篇論文，兩篇討論馬來西亞的流行文化，另外兩篇分別為越南流行語以及中國音樂的研究。中國傳媒大學電影學的馬來西亞籍研究生黃瀚輝在其〈馬來西亞中文電影在全球化與去全球化語境下的傳播〉中以馬來西亞中文電影為文本，分析電影所展現出的中華文化元素的傳播。華人導演正因本身在社會的中華身份認同並傳承著優秀中華文化，因電影中傳播出濃濃的中華文化，融進核心思想中，這包括傳統文化習俗、美德與符號的詮釋。他認為馬來西亞華人電影工作者因過去的歷史緣由，加上身處多元文化語境和獨特環境下去維繫本身的中華文化，因而大馬中文電影中所傳播的文化元素呈現出多元多姿現象。有別於黃瀚輝所研究的中華

文化維繫,馬來西亞博特拉大學(Universiti Putra Malaysia)音樂系本科生 Chan Long 的〈Cultural Representation Of Negarakuku: An Analysis Of Viewer's Comments On Music Video〉(Negarakuku 的文化象徵:觀眾對音樂影片的評論分析)則以馬來西亞的叛逆話題性人物黃明志為研究對象,從黃明志的我愛我的國家(Negarakuku)這首歌中,找出作為歌曲的結構信息會如何隨著時間的推移而變化,以及觀眾如何通過歌曲影像內的象徵與語境,來增加歌曲對於的詮釋與觀察。其研究選擇了兩個不同的現有版本的音樂影片的評論來說明歌詞與象徵的主題如何隨著時間的流逝而轉移,以及不同程度的服從如何根據觀眾的評論從觀眾的話語中產生不同的知識,並對這些來自網友或是政府相關的評論進行了分析。

越南孫德勝大學外語系講師朱鎮雍的〈以文化變遷的視角試論現代越南流行語〉以越南在跨文化交流中所形成並通用於社會的流行語進行研究,擬從越南流行語產生的內因與外緣兩大因素去剖析論述,了解越南在不同時期的哪些文化、文化變遷過程中產生與淘汰的流行語之環境和時機,再從流行語獨具的流行、新穎、幽默、形象等特性,多個面向來回探討流行語和文化變遷的關係。本部分的結尾部分,馬來西亞新紀元大學學院中華研究博士生張振的〈中國音樂在全球化視野下的演變道路〉就中國音樂元素與西方音樂融合的幾個典型案例進行綜合分析,利用文獻研究法蒐集、整理相關資料,了解相關音樂類型的內容、背景與現狀;用描述性研究方法將研究對象已有的現象、規律和理論,通過對材料的理解和分析敘述闡明;運用歸納演繹、類比推理、抽象概括、思辨想像,探究中西音樂的融合及中國音樂全球化與去全球化的相關發展形式。綜合上述,本部分論文集東南亞部分的前面 3 篇論文可以讓讀者比較同為亞洲四小虎的馬來西亞和越南在不同語境下,其流行文化發展的差異;中國音樂在全球化下的更易與變動,則反映了大陸亞洲在生活層面的流行文化,如何類同於經濟與生層範疇一般,同受「海外」思潮影響。

在最後部分,「世變之際的個體」的 8 篇論文,將討論帶回 10 世紀初。香港樹仁大學歷史學系羅永生副教授的〈朝廷以外的私人外交——五代名相馮道的理念探討〉闡述了「名相」馮道的理念。在敵強我弱,兵凶勢危的絕望環境下,馮道最終以其個人的外交手腕使契丹統治者沒有更多地殘殺中原百姓。這結果讓歐陽修亦只能無奈地肯定:馮道是憑其私人一言,而免除數以十萬計的生靈塗炭。從這歷史事件中,可見馮道是完全不拘泥於傳統君臣之節,華夷之別,而以最直接,最靈活的方法,化解整個中原臣民百姓所面對的嚴峻危機,確實能做到自己所說的「三不欺」,用俗語說就是「對得起天、對得起地、對得起人。」隨後,香港中文大學歷史系張曉宇副教授的〈宋代士大夫日記中的私領域——以林希《元祐日記》為例〉通過宋代士大夫的日記反映

出黨爭過程。該文以北宋元祐、紹聖黨爭重要人物林希之日記為例，略論日記史料的對士人「私領域」研究的重要性。林皓賢的〈《天盛律令》中防走私條例看夏宋之間的走私情況〉以西夏法典《天盛改舊新定律令》中有關防禁走私的條文，配合歷史現象，重新審視當時非法走私活動的情況，該文集中以西夏與宋王朝之間的情況為例，金朝的案例則為輔助觀察。以上三文所探討的個體，處於諸文化與政治實體之間，其所作的種種抉擇，雖非存於海洋亞洲的區域，卻仍然與近世海洋亞洲的個案多有足以相較之處。

　　隨後的 5 篇作品，包含了近世朝鮮士人與清據臺灣官員身份、體蝕認同的研究，以及在冷戰、全球化背景之下，中國與亞洲地區、臺灣與日本，以及臺灣與美國之間的互動。香港大學中文學院本科生陳沛滔的〈論朝鮮士人朴趾源的身份認同——兼論新清史學派對中韓關係史研究的啟示〉以朴趾源（1737—1805）於朝鮮正祖四年（乾隆四十五年，1780）隨著朝鮮使團前往中國，寫下《熱河日記》，記錄了燕行中國的行程以及所思所想為主題。雖然其為主張學習清朝的北學派重心人物，然而觀乎文字卻不能消弭其對明朝、「三大恩」的文化尊崇以及感恩。言及明朝之時必稱「皇明」，稱清朝為「清國」。對於何謂「中華」、「中國」的見解與以前滅清義理派的前輩，亦有不同的見解，「今之中國，非古之中國也。」主張師夷之長技以制夷。該文旨在透過朴趾源的案例，重新思考「中國的世界秩序」在東亞的文化互動、身份認同；國立成功大學歷史系博士生廖伯豪的〈合禮與權宜——從臺灣傳世文物論清代官員禮服混用現象〉回應了陳文的觀點，將清據臺灣官員的自主性置於中心，探討作為清帝國邊陲的臺灣，在清代現實生活中的服飾穿搭特性，與官員自身經濟能力與身體習慣，所出現以不僭越品秩為前提的混搭情形，以配合不同場合的規制需求。該文試圖以臺灣清代傳世官員畫像、塑像與服飾文物為基礎，並參考海外之相關案例，探討清代官方章典之外的服儀實踐。

　　同為國立成功大學歷史學系博士生的李新元，其〈戰前在臺日本人世界觀初探——以兩本在臺日人參與少年團世界大會遊記為中心〉將時間拉到臺灣的日治時期，他以世界童軍創始人貝登堡爵士（Robert Baden-Powell，1857—1941）在 1920 年舉辦首次世界童軍大露營（World Scout Jamboree）中，少年團日本聯盟（Boy Scout of Japan）的參加者所出版的兩本遊記為中心。該文認為，當時在臺日人在 1920 年代與 1930 年代看待世界的方式有相當程度的差異，這跟當時日本在世界政治局勢從優勢走向戰爭有相當程度上的關聯，也可以藉由他們旅行路線的比較，來觀看日本殖民統治的青少年想像的轉換，以及他們訓練系統自英國系統轉向德國系統的典範轉移的歷程，也可見到不同於一般歷史上的中華民國與日本的交流關係情況，以及臺灣住民對於南洋，

尤其是新加坡的瞭解與記錄，藉此看見全球化形成初期，二次大戰作為海洋亞洲為基地主要殖民國家——日本的殖民地官僚，對於全球化與國際關係的想像轉換。香港嶺南大學歷史系博士生曾莅繼續關心臺灣歷史定位的討論，作品〈主義還是學術？冷戰時期美台互動與胡適紀念館的形塑〉探討冷戰對抗時期至緩和期間，時人對胡適紀念館的成立、如何展示胡適生前用品，及如何整理與研究其文章、書記、往來書信的變化。1962 年，胡適於中央研究院院長任上辭世，如何紀念胡適，是否修建胡適紀念館，成為遺孀江冬秀、中央研究院乃至美國非政府組織各派力量的最大爭端；然而，直到 1980 至 1990 年代，胡適紀念館卻出現經費不足，慘淡經營的窘境，《中央日報》甚至以「此地空遺黃鶴樓」做比喻。胡適被美國人忽視，也被臺灣人遺忘。胡適紀念館形成於冷戰時期，從創立之初美國人意外打造的自由主義聖地，演變為學術研究的機構，它不是臺灣人的文化認同所在，但意外形塑了臺灣的戰後紀念政治的形態。

　　最後本部分的討論回到現代東南亞，國立中山大學中國與亞太區域研究所博士呂嘉穎的〈緬甸政局的另一種視角：翁山蘇姬的兩難與緬甸軍方的思考〉從軍方的觀點，以及翁山蘇姬（另譯「昂山素姬」、「昂山素季」）的兩難著手，試圖探討軍方政變前，翁山蘇姬政權在執政上所面臨的難題，以及當軍方政變後，緬甸的民主理應回不去從前的情形，而可能產生政府與社會持續對抗的態樣。由於緬甸政局仍屬動盪，僅能就撰寫時所獲得的資訊作分析與討論，期能藉由此文之研究對緬甸政治局勢有著另一種不同研究的切入視角。上述各論文剛涵蓋大陸與海洋的亞洲，從相當微觀的角度切入，像是走私客、官服、社會團體、紀念館等入手，展現不同時期亞洲諸文化互動的各種面貌。

　　從本作品集所見，「亞洲」、「海洋亞洲」的概念在各研究者的研究中往往未為主權國家的身分認同所局限。有異於蘭克（Leopold von Ranke，1795—1886）、梁啟超（1873—1929）時代以民族國家為中心的歷史書寫方法，今天年輕學者所研究的對象，包括了個體、家族到超國家實體，也接納了市場、物質、生活方式（如流行文化）成為了理解「海洋亞洲」的方式。本書紀錄了在 2019 冠狀病毒病疫情最熾烈時期，海洋亞洲各地的年輕學者同共面對國族主義與全球化的拉鋸，藉研究構成連結，並重新想像自身的過去、當下與未來。編者期望讀者以《文選》所載「群萌反素，時文載郁」的角度理解本書：呂向（生活於唐代，？—？）注解「時文」為「禮樂」，亦即當代的想法，本書亦希望為讀者呈現今天亞洲年輕學者對自身處境想法的「時文」。

　　海洋交通，四通八達，不易分界。超越國別史的研究範式，「海洋亞洲」（「海のアジア」）的提出，強調了海域之「越境」網絡。從海洋看世界，是跨國越界的，視野拓展，不把一國一地之歷史變遷孤立看待。沿海各港市的交錯，把亞洲大陸、半島和島

嶼之間的海域串聯了起來。這個亞洲海域有自己的歷史文化，也有跨文化的交流，跨海、環海的貿易、移民網絡之流動。在這經貿活絡的亞洲海域，亦有海跟海連結（亦即濱下武志所稱的「連海」）的重要港口城市。濱下武志指說，海洋研究的新時代，是將「海洋」放在「全球歷史」裡面來進行研究，這是一種背景也是一個條件。而這全球化的動力改變了以往所有的空間關係。以此探察亞洲海域的各個國家及港市，包括中國在內，不論大小，它不再只是一個「國家」的活動場域空間，而是一個「沒有中心」的網絡化的區域關係。提倡「海洋亞洲」的學者強調海洋亞洲的貿易網絡早在西方殖民者東來之前已經活絡存在。即使是西方人到來並介入其間的最初一兩百年，這區域貿易網絡仍不是由西方人來主導。東亞海域一千年自有其「在地性」與「自主性」。

　　總結來說，透過本次的研討會，使各地的研究者從所屬的研究領域出發，在透過網路與海洋亞洲各地的青年學者交流連結，一同面對國族主義與全球化的拉鋸。也幫助香港、臺灣、馬來西亞的研究生與本科生能夠有共同合力主辦研討會之經驗，為未來華人或華文地區學術群體的網際交流擴增國際視野，是一場面對華人甚至東亞人文學科未來發展的研討會。第一屆海洋亞洲人文學科青年學者國際學術研討會只是一個開始，願這個研究生與青年學者主辦的國際學術研討會，能夠成為海洋亞洲青年研究社群的年度盛事，建立跨越地域與國境的青年學者交流平台，為人文學科的研究，帶來更多可能性。

多樣化社會的信仰、
地方與教育研究

遷移中的祭祀與儀軌

高雄市旗山區溪洲的
水患記憶與對寺廟影響初考
——以鯤洲宮為核心

國立成功大學歷史學系博士班博士候選人　毛帝勝

一、前言

　　民國 109 年（2020）3 月起，因緣際會下與學界前賢共同寫作有關高雄市旗山區溪洲地區之鯤洲宮之歷史考察與寫作計畫，而有涉略溪洲地區的開發歷程與對在地寺廟的考察。[1]溪洲，是旗山區境內最早開發的地區，亦為最早留有文獻紀錄的地區。尤其自清代起，大量的漢人移墾入此，並逐漸形成聚落，也帶入了原鄉的信仰。基於個人對宗教信仰與在地記憶傳承的關係有著深厚的興趣，其中在溪洲地區訪談其見常有聽聞鯤洲宮與水患之間的連結。因此，便在著手計畫的過程中，另外將額外筆記整理成文，並分析之。

　　本文的探討核心，初步以清代方志、日治時期總督府發行之地圖與鯤洲宮內固有之史料，如清代鄉紳所贈的「北辰合宮」古匾與「鯤洲宮」古爐、民國 92 年（2003）鯤洲宮管理委員會主修之〈鯤洲宮沿革〉碑記，以及溪洲在地的口傳等作為依據，再先後以清代溪洲地區的開發史（平埔族原住民與漢人遷入）、鯤洲宮的起源傳說與水患關係與影響，最後從現有史料嘗試建構鯤洲宮與水患記憶之間可能存在的「歷史事實」。

二、清代溪洲地區之開發

　　溪洲境內的地名，除有別稱「鯤洲」外，[2]亦有溪洲（今鯤洲里）、茇葉仔園（今鯤洲里）、竹圍仔（今南洲里）、虎頭山腳（今上洲里）、洲仔（今南洲里與中洲里）、磅磜坑（今新光里）等在臺灣其他漢人聚落依照地形、產物而有的地名。但另外亦有武

---

[1] 溪洲地區，泛指鯤洲里、上洲里、南洲里、中洲里與新光里的總稱。

[2] 雙龍寺之楹聯。

鹿坑（今上洲里）、番社（今南洲里西部）等地名，皆與漢人地名相異，亦表明著溪洲地區曾留有非漢人族群。[3]換言之，漢人入墾前，溪洲居住著平埔原住民，他們屬大傑顛社（亦有記載為「大傑巔社」、「大傑嶺社」）。[4]

　　按康熙 53 至 58 年（1714-1719）的諸羅縣知縣周鍾瑄（1671-1763）所修的《諸羅縣志》記載：「羅漢門山，內有大傑顛社。」[5]漢人稱鳳山縣與臺灣縣山區（二層行溪至楠梓仙溪之間）一帶為「羅漢門」（或羅漢文），之後更分有「羅漢內門」與「羅漢外門」，而溪洲則屬於後者所轄。[6]另外在余文儀（1705-1782）在《續修臺灣府志》更直接指出，羅漢門皆屬大傑顛社的土地，故清代的大傑顛社，又被稱為「羅漢門社」（亦有記載為「羅漢文社」）。[7]

　　溪洲境內古地名「番社」（今仍為在地土名），意謂該地曾為大傑顛社原住民所居的聚落，但就日治初期出版的《日治二萬分之一臺灣堡圖》（1898）卻僅看到「新番社」之地名，而未有「番社」，可能意謂著曾有「舊番社」的存在。[8]就所謂「舊番社」一名判斷，即可能位在後來成為漢人聚落核心的溪洲市區，是因漢人移墾入此地，迫使大傑顛社原住民遷至原聚落之西南處，即今南洲里黃厝巷、中寮一路、旗南二路、大山街一帶，但實際情形為何，還是需要更多史料佐證。[9]此後居在溪洲的大傑顛社原住民，隨著漢人的不斷移墾，亦受漢化。時至今日，除了部分家族與個人的自我認同外，目前溪洲地區僅剩地名可見證昔日原住民活動的足跡。

　　漢人移墾溪洲的淵源，根據傳說，明鄭時期鄭成功麾下軍隊曾入溪洲開墾，並留

3　臺灣總督府，《日治二萬分之一臺灣堡圖（1898）》，中央研究院人社中心地理資訊科學研究專題中心（http://gissrv4.sinica.edu.tw/gis/twhgis.aspx#），最後瀏覽時間：2020 年 5 月 29 日。劉己玄，《鯤邑采風》（高雄：高雄市旗山區鯤洲社區發展協會，2015），頁 43。

4　傅恆，《皇清職貢圖》，諸子百家中國哲學書電子化計畫（https://ctext.org/library.pl?if=gb&file=52046&page=47），最後瀏覽時間：2020 年 7 月 28 日。蔡正松編著，《旗山鎮誌》，第 1 冊（高雄：旗山鎮公所，2002），頁 148。

5　周鍾瑄，《諸羅縣志》（臺北：臺灣銀行經濟研究社，1962），頁 11。

6　臺灣銀行經濟研究室編，《臺灣府輿圖纂要》（臺北：臺灣銀行經濟研究室，1963），頁 84。臺灣銀行經濟研究室編，《臺灣私法人事編》（臺北：臺灣銀行經濟研究室，1961），頁 687。臺灣總督府，《日治二萬分之一臺灣堡圖（1898）》，中央研究院人社中心地理資訊科學研究專題中心（http://gissrv4.sinica.edu.tw/gis/twhgis.　aspx#），最後瀏覽時間：2020 年 5 月 29 日。

7　蔣毓英，《臺灣府志》（臺北：臺灣銀行經濟研究室，1977），頁 48。余文儀，《續修臺灣府志》（臺北：臺灣銀行經濟研究室，1962），頁 16、515-516。佚名，《臺灣地理圖》（康熙中期/1648 年後），數位方輿（https://digitalatlas.asdc.sinica.edu.tw/map_detail.jsp?id=A103000059），最後瀏覽時間：2020 年 7 月 28 日。

8　臺灣總督府，《日治二萬分之一臺灣堡圖（1898）》，中央研究院人社中心地理資訊科學研究專題中心（http://gissrv4.sinica.edu.tw/gis/twhgis.aspx#），最後瀏覽時間：2020 年 5 月 29 日。

9　臺灣總督府，《日治二萬分之一臺灣堡圖（1898）》，中央研究院人社中心地理資訊科學研究專題中心（http://gissrv4.sinica.edu.tw/gis/twhgis.aspx#），最後瀏覽時間：2020 年 5 月 29 日。

有溪洲忠義堂作為見證。[10]但並無歷史文獻證實明鄭軍隊在溪洲地區活動，亦不知當時帶領軍隊的將領為誰，而暫保留此說法，期待更多證據作證。若依循史料根據，則按清代初期的巡臺御史黃叔璥在《臺海使槎錄》記載：

> 羅漢內門、外門田，皆大傑巔社地也。康熙四十二年，臺、諸民人招汀州屬縣民墾治。自後往來漸眾，耕種採樵，每被土番鏢殺、或放火燒死，割去頭顱⋯⋯。[11]

　　從此紀錄可知，自康熙 42 年（1703）起，臺灣縣與諸羅縣的漢人開始招募汀州籍（閩西地區）的縣民協助移墾至包含溪洲在內的羅漢門地區。但因開墾實則侵犯大傑巔社領地，而與該社原住民起衝突，並遭到殺害。

　　漢人正式進入新州開墾大約在乾隆時期，是因凌崇坤依附大傑巔社原住民而獲得開墾權，始墾殖溪洲、磅磘坑。[12]同時期，蔡、鄭兩家族進入羅漢外門，先開拓北勢庄（今三協里）、圓潭仔庄（今園富里、中正里、大林里）等庄，後再進入溪洲、磅磘坑。[13]隨著人口的增加，清帝國開始在溪洲南方的磅磘坑設置綠營汛塘，共安置 10 名士兵，設置磅磘坑塘。[14]換言之，溪洲地區漢人最早開發的地點為今日鯤洲里、上洲里與新光里一帶。

　　乾隆 5 年（1741）由泉州籍人士郭光判自故鄉安溪固美樓帶來董公真仙與迦毘羅王的香火入溪洲，根據〈雙龍寺董公真仙迦毘羅王沿革〉記載，當時郭光判遊歷至溪洲的下洲仔，得知該地郭氏族人與自己同屬石壁郭氏而落足，故石壁郭氏在乾隆 5 年（1741）以前便已經存在。[15]此外，溪洲其他如柯家、呂家、陳家、方家、周家等諸多家族，應亦在清代中後期進入此地。[16]其中，柯家與呂家在中國大陸原鄉──泉州府同安縣便有聯婚的傳統，故兩個家族很可能是同個時期一同自中國大陸渡海來臺，並落

10 劉己玄，《閩客族群溪洲爭地械鬥軼史》（高雄：高雄市政府文化局，2014），頁 64-65。

11 黃叔璥，《臺海使槎錄》，頁 112。

12 蔡正松編著，《旗山鎮志》，第 1 冊，頁 190。

13 蔡正松編著，《旗山鎮志》，第 1 冊，頁 210。

14 謝金鑾，《續修臺灣縣志》，頁 252。翁渙瑤，〈旗山區溪洲聚落之研究〉（高雄：國立高雄師範大學臺灣歷史文化及語言研究所碩士學位論文，2019），頁 27。

15 筆者實地考察於郭氏古厝（時間：2020 年 7 月 24 日）。雙龍寺，〈雙龍寺董公真仙迦毘羅王沿革〉（1981），矗立雙龍寺廟內。翁炯慶，〈義竹翁氏宗族及其社會變遷〉（臺南：臺南大學臺灣文化研究所碩士學位論文，2011），頁 209。

16 覺羅四明，〈新建崇文書院碑記〉（1757），收入臺灣銀行經濟研究室，《臺灣教育碑記》（臺北：臺灣銀行經濟研究室，1959，頁 22-23）臺灣銀行經濟研究室編，《臺灣私法人事編》，頁 687。筆者實地考察於天木宮時間：2020 年 5 月 27 日）。柯瑞玉，「北辰合宮」（1887），藏於鯤洲宮正殿。柯瑞玉、周開基捐獻，「古爐」（1887），置於鯤洲宮正殿。溪洲朝天宮，〈溪州朝天宮沿革〉（2002），置於廟內虎爿。蔡正松編著，《旗山鎮志》，第 1 冊，頁 369。

足溪洲。[17]亦有一說，溪州呂家可能為大傑顛社後裔，或與大傑顛社有密切關係，但由於目前佐證資料未足，而尚未斷定。[18]另外，方家人進入溪洲的時間亦在清代，但詳細時間不詳，根據傳說，最初是自鹿耳門進入臺灣並帶來銀同媽祖香火，之後再輾轉入溪洲發展。[19]

　　從清代溪洲開發史可見，這些家族主要可能沿溪而上，而且聚落均集中在溪畔地區，這也是「溪洲」之名的可能由來。然而，溪流（楠梓仙溪）與聚落之間有著緊密關係，若要探討兩者間的記憶連結，則是要從與聚落相關的寺廟開始談起。綜觀溪洲地區，緊鄰溪水的古廟有兩座，分別位在「頂溪洲」的鯤洲宮，與「下洲仔」（下溪洲）的雙龍寺。其中又以鯤洲宮的水患傳說較多人流傳，甚至水患記憶也與該宮祀神產生連結。

三、鯤洲宮的起源諸說

　　鯤洲宮，又名「鯤州宮」、「昆洲宮」，今廟址位在高雄市旗山區上洲里中洲路 84 號，屬於土名「頂溪洲」地區，並為該區域的「庄主廟」（境主廟）。主祀五府千歲與北極玄天上帝，另祀有中壇元帥、府城隍、三官大帝、玉皇上帝、南北斗星君、福德正神與註生娘娘。[20]鯤洲宮，相傳起廟自嘉慶年間，與之有關起緣有諸多說法，就目前公認有二，為「大湖碧湖宮分香說」及「半廊仔王爺說」；其中，「半廊仔王爺說」便環繞在「水患」記憶之中，於下文將此論述之。[21]

　　「半廊仔王爺」，是部分溪洲人對鯤洲宮王爺的別號，也是溪洲人對鯤洲宮具有的特殊記憶，亦與「水患遷廟」有重要關聯。在此，主要是講述鯤洲宮起源自源先座在楠梓仙溪畔的半廊仔（或稱「半廊庄」，今旗山區廣福里）一帶。根據民國 92 年（2003），由鯤洲宮管理委員會立之〈鯤洲宮沿革〉對「半廊仔王爺」的傳說記載：

---

[17] 呂正鐘，〈祖譜對照對閩台一家親之緣起與體認宗親之努力成就對團結合作的重要〉（https://reurl.cc/O19ZDr），最後瀏覽時間：2020 年 7 月 29 日。

[18] 筆者實地考察並訪問於鯤洲宮（時間：2020 年 5 月 17 日）。

[19] 筆者實地考察於溪洲朝天宮（時間：2020 年 5 月 23 日）。

[20] 鯤洲宮管理委員會，〈鯤洲宮奉祀諸聖神佛千秋聖誕表〉（白板），置於鯤洲宮龍爿。照片：「慶祝溪洲昆洲宮祈安清醮大典紀念」（1979）。「鯤州宮」匾，藏於鯤洲宮廟內。

[21] 劉己玄，《鯤洲宮再起：重建大事記》（高雄：鯤洲宮管理委員會，2006），頁 11-12。劉己玄，《鯤洲采風》，頁 34-35。筆者實地考察於鯤洲宮（時間：2020 年 5 月 17 日）。筆者實地考察於溪洲朝天宮（時間：2020 年 5 月 23 日）。

> 本鯤洲宮⋯⋯，起初建於旗山鎮廣福里半廊庄北方溪埔地一小廟府，奉祀代天
> 巡狩李府千歲及朱、池府千歲。至咸豐年間，該小廟府被洪水沖毀，隨即遷徙
> 現址。[22]

　　該沿革主張，最初王爺是落足在半廊庄（即廣福里）北岸的溪埔地，並指出位在
半廊庄的王爺廟被洪水沖毀的時間是咸豐年間。除了〈鯤洲宮沿革〉內有交代王爺起
源自碧湖宮之外，亦有與「半廊仔王爺」相關的傳說並未說明奉祀王爺的緣由。[23]

　　根據筆者在民國 109 年（2020）5 月 23 日的地方鄉賢訪談，找出與〈鯤洲宮沿革〉
略有不同的「半廊仔王爺」傳說。該傳說指出，「半廊仔王爺」是人們對王爺的親稱，
僅知王爺為「李王」（即李府千歲），有關該王爺的來由不詳。[24]王爺廟最初的位置在今
日興德宮（即半廊仔太子廟，位在高雄市旗山區廣福里）附近的溪埔地，因古時洪水
沖毀王爺廟，故王爺搬到今日鯤洲宮的廟址。[25]此外，鯤洲宮王爺與半廊仔庄民有著密
切緣分，另有根據頂溪洲的傳說，半廊仔曾遭受外庄入侵，為避免災厄，再次到鯤洲
宮分請王爺香火（或神像）鎮守半廊仔。[26]兩者有關「半廊仔王爺」的真實性，雖然未
有文獻記述。但從後者傳說中講到的興德宮內，確有供奉李、范、池、朱、吳等五府
千歲，與今日鯤洲宮的主祀神相同。[27]這變相意謂著，半廊仔人對王爺有一定的信仰或
崇拜，如此亦增加王爺最初開基於半廊仔及鯤洲宮再次分香至半廊仔的可能性。另外，
「半廊仔王爺」傳說所謂王爺，並未提到除李府千歲以外的其他四府千歲，故從此傳
說而言，鯤洲宮最初祀神可能為李府千歲。然而今日鯤洲宮內鎮殿與座主位的神祇亦
為李府千歲，故此說具有一定的可能性。

　　除了王爺，玄天上帝亦為鯤洲宮的主祀神。玄天上帝，又稱真武大帝、上帝公，
祂不僅是道教北方的守護神，亦是水神。[28]有關鯤洲宮會奉祀玄天上帝的緣由，亦與「水
患」記憶緊密連結著。又按民國 92 年（2003）的〈鯤洲宮沿革〉，當中記載：

22　鯤洲宮管理委員會，〈鯤洲宮沿革〉（2003），收入劉己玄，《鯤洲宮再起：重建大事記》，頁 11。

23　鯤洲宮管理委員會，〈鯤洲宮沿革〉（2003），收入劉己玄，《鯤洲宮再起：重建大事記》，頁 11。筆者實地訪問於
　　溪洲朝天宮（時間：2020 年 5 月 23 日）。

24　筆者實地訪問於溪洲頂朝天宮（時間：2020 年 5 月 23 日）。

25　筆者實地訪問於溪洲朝天宮（時間：2020 年 5 月 23 日）。

26　筆者實地訪問於溪洲朝天宮（時間：2020 年 5 月 23 日）。

27　興德宮管理委員會，〈興德宮記事如左〉，印在興德宮內桌上。筆者實地考察於興德宮（時間：2020 年 5 月 23
　　日）。

28　閻莉，〈權威與信仰：以真武神性及信仰內容的演變為視角〉，《弘道》，第 46 期（香港，2001），頁 34。

由於「龜仔痘溪」洪水氾濫成災，造成地方信徒財產非常嚴重損失，經先人指
示，應該恭奉北極玄天上帝，以鎮壓「龜仔痘溪」水患。因此光緒年間向旗山
鎮南勝里三角堀「北辰宮」乞香火宮雕北極玄天上帝金身，一併奉祀堡戶平安。
當時柯家望族「武生」謝「北辰合宮」匾額。[29]

　　由此紀錄可知，光緒年間，「龜仔痘溪」時常有洪水問題，鯤洲宮王爺無法鎮壓水
患，受人請託只能仰靠玄天上帝協助鎮壓災厄。此說時常會與「水患遷廟」有直接連
結，但從〈鯤洲宮沿革〉檢視，楠梓仙溪造成的水患很頻繁，過去曾摧毀鯤洲宮舊廟
的洪水不過是其中一場事件，因此請玄天上帝入廟坐鎮究竟是遷廟前後，並無時間上
的衝突。〈鯤洲宮沿革〉提出「防洪而請玄天上帝」一說是否符合史實，今已不可考。
　　鯤洲宮目前能見證玄天上帝緣由的文物，僅有臺灣縣溪洲庄武生柯瑞玉在光緒 13
年（匾作「大清光緒歲次丁亥年」，1887）敬獻的「北辰合宮」匾，由此判斷玄天上帝
應是分香自三角堀（南勝里）的北辰宮。[30]另外，鯤洲宮內的古香爐亦為武生柯瑞玉、
生員周開基、杜虎頭、葉士卿等人所敬獻，與「北辰合宮」一樣，該爐是在光緒 13 年
（1887）獻予鯤洲宮。[31]為何會敬獻匾額與香爐，動機不明，就此推測很可能是該年鯤
洲宮整修完成，而另製新爐；或是鯤洲宮當時因迎奉玄天上帝，接受北辰宮的香火，
而重新製爐；抑或是該古匾與古爐所反映的年分（1887）意謂著鯤洲宮實際的建廟時
間，而非傳說中的「嘉慶年間」。這種種可能性，並皆有基礎推測的物證資料，但真實
的原因為何，還需更多資料佐證。然而，這又回歸到最根本的問題，即鯤洲宮建廟或
遷廟的可能過往，與水患是否存在著真實史實呢？

四、水患傳說與鯤洲宮起源的可能歷史建構

　　有關「水患」的傳說，是部分鯤洲宮信士與溪洲人的共同記憶，多數認知鯤洲宮
最初位在半廊仔溪埔地，之後因大水毀廟而迫使王爺遷廟至今址。有關水患部分的傳
說是多數共識，然而留有文字者則十分鮮少。僅有民國 92 年（2003）之〈鯤洲宮沿革〉
有相關記載，文中寫道：

　　至咸豐年間，該小廟府被洪水沖毀，隨即遷徙現在地址，用土塘建造簡單廟府

[29] 鯤洲宮管理委員會，〈鯤洲宮沿革〉（2003），收入劉己玄，《鯤洲宮再起：重建大事記》，頁 11。
[30] 柯瑞玉，「北辰合宮」匾（1887），置在鯤洲宮內。
[31] 柯瑞玉、周開基、杜虎頭、葉士卿，「鯤洲宮」古香爐（1887），置在鯤洲宮內。

奉紀，同時在廟府龍旁植一榕樹……由於「龜仔痘溪」洪水氾濫成災，造成地方信徒財產非常嚴重損失，經先人指示，應該恭奉北極玄天上帝，以鎮壓「龜仔痘溪」水患。[32]

由此沿革可知，鯤洲宮原位在半廊仔溪埔地的舊廟，亦列出時間為「咸豐年間」，而造成洪水的溪流可能為鯤洲宮附近「龜仔痘溪」。[33]根據實地口訪「半廊仔王爺」傳說時，僅知李府千歲最初在興德宮附近溪埔地立廟，緊鄰楠梓仙溪，而洪水時間則是「古代」或「古時」，不知具體時間。

先以〈鯤洲宮沿革〉提及的溪流「龜仔痘溪」為核心，有關龜仔痘溪的水系，根據清代後期盧德嘉纂之《鳳山縣采訪冊》記載：

尖山溪（上游名觸口溪，分旁支入舊　寮圳，下游名龜仔豆溪，分旁支入獅仔頭圳），在港西里，縣東北五十五里，源出尖山，合觸口山泉，西南行十二里，分注彌濃、揭陽、三張　部、二重溪等流。……二重溪（民渡），在港西里，縣東北四十一里，源由尖山溪分支，西南行，兼匯兩圳（舊　寮、獅仔頭），旁入頂下陂（亦二圳名），本支下注淡水溪，長二十里。[34]

從此紀錄可知，龜仔痘溪應即「龜仔痘溪」，其下游為二重溪與淡水溪（今高屏溪），其旁支下注獅仔頭圳（位在美濃區）。[35]按今日來看，二重溪與高屏溪的共同上游為楠梓仙溪與荖濃溪，故從獅仔頭圳的上游來判斷，「龜仔痘溪」應屬哪條溪。再按《鳳山縣采訪冊》記載：

獅仔頭圳（一名塗庫圳），在港西里，縣東北五十里，源由尖山溪下游引水，南行五里許，至番仔　寮，下注二重溪，灌田二十八甲。[36]

---

[32] 鯤洲宮管理委員會，〈鯤洲宮沿革〉（2003），收入劉己玄，《鯤洲宮再起：重建大事記》，頁11。

[33] 旗山在地研究生阿丞（筆名）認為應是荖濃溪，但其未列出證據與推論。詳見：阿丞（旗山在地青年，研究生），〈北辰合宮－旗山溪洲鯤洲宮〉，一步就出走（https://onemorestep11.adan.tw/taiwan-kaohsiung-qishan-kunzhougong），最後瀏覽時間：2020年7月26日。

[34] 盧德嘉，《鳳山縣采訪冊》（臺北：臺灣銀行經濟研究室，1960），頁46。

[35] 劉己玄，《旗山地區史：閩客族群溪洲爭地械鬥軼史》，頁27。

[36] 盧德嘉，《鳳山縣采訪冊》，頁65。

　　盧德嘉的紀錄，較模糊地講述獅仔頭圳是引尖山溪的下游。雖然根據今人研究，獅仔頭圳的引水口為荖濃溪。[37]但若根據日治時期繪製的《高雄州公共埤圳灌溉區域一覽圖局部》（1921）顯示，獅仔頭圳的流域涵蓋今日楠梓仙溪與荖濃溪之間。[38]再結合盧德嘉的紀錄「龜仔豆溪，分旁支入獅仔頭圳。」可以推論，〈鯤洲宮沿革〉稱之「龜仔痘溪」應是楠梓仙溪，而較不可能為距離較遙遠的荖濃溪。

　　時間方面，「咸豐年間」或「古代」等模糊詞彙為不可考之年代。而且，在清代方志中，溪洲或羅漢外門地區亦未有關水患的紀錄。但若從楠梓仙溪與半廊仔之地理資訊作為切入，按此於臺灣總督府在明治31年（1898）出版之《日治二萬分之一臺灣堡圖》，位在楠梓仙溪溪畔與半廊仔一帶有座祠廟標示。[39]同樣的位置，在大正10年（1921）的《日治二萬分之一臺灣堡圖》亦有此廟。（見圖2-7）[40]然而，這座廟卻在大正12年（1923）的《日治五萬分之一地形圖》則見這座溪埔廟已消失，反之卻在溪洲聚落內出現一座新廟。[41]

　　從這些日治時期的地圖資訊對照傳說可知，半廊仔溪畔一帶並無祠廟，但位在半廊仔附近的楠梓仙溪畔有一祠廟。該祠廟在大正12年（1923）突然從地圖上消失，反之在溪洲庄內卻出現一祠廟。以此資訊，再經過中央研究院人社中心地理資訊科學研究專題中心的「GIS系統」，進行圖層套疊，得出溪畔祠廟的位置在今日溪洲朝天宮廟埕附近，大正12年（1923）出現的祠廟則是今日的鯤洲宮。[42]然而，朝天宮建廟時間於戰後時期，因此這座位在楠梓仙溪畔的祠廟不可能為此，較有可能應只有傳說中的鯤洲宮舊廟。另外，近期（2020年7月）考察新史證，表明鯤洲宮在明治年間便存在於現址，但此消息來源因未見到實物資料，而在此暫不論證。

　　總而言之，鯤洲宮建廟於清代的楠梓仙溪溪埔地，屬溪洲庄。當時鯤洲宮的影響力有達溪洲與半廊仔兩庄。然而在大正10至12年（1921-1923）期間，鯤洲宮因楠梓

[37] 中央研究院地圖與遙測影像數位典藏計畫，〈獅仔頭圳與竹仔門發電廠〉（2013），中央研究院地圖與遙測影像數位典藏計畫（http://gis.rchss.sinica.edu.tw/mapdap/?p=3631&lang=zh-tw），最後瀏覽時間：2020年7月5日。

[38] 高雄州，《高雄州公共埤圳灌溉區域一覽圖局部》（1921），中央研究院地圖與遙測影像數位典藏計畫（https://reurl.cc/D6nXyR），最後瀏覽時間：2020年7月5日。該圖由高雄市農田水利會典藏。

[39] 臺灣總督府，《日治二萬分之一臺灣堡圖（1898）》，中央研究院人社中心地理資訊科學研究專題中心（http://gissrv4.sinica.edu.tw/gis/twhgis.aspx#），最後瀏覽時間：2020年5月29日。

[40] 臺灣總督府，《日治二萬分之一臺灣堡圖（1921）》，中央研究院人社中心地理資訊科學研究專題中心（http://gissrv4.sinica.edu.tw/gis/twhgis.aspx#），最後瀏覽時間：2020年5月29日。

[41] 臺灣總督府，《日治五萬分之一地形圖》，中央研究院人社中心地理資訊科學研究專題中心（http://gissrv4.sinica.edu.tw/gis/twhgis.aspx#），最後瀏覽時間：2020年5月29日。

[42] 臺灣百年歷史地圖，中央研究院人社中心地理資訊科學研究專題中心（http://gissrv4.sinica.edu.tw/gis/twhgis.aspx#），最後瀏覽時間：2020年5月29日。

仙溪的暴漲而遭到毀壞，並即時遷入溪洲庄內另啟新廟。雖然沒有文字敘述，但從地
圖資料可以證明，鯤洲宮早期確實位在楠梓仙溪溪埔地，只是遷廟時間點的「古代」
應非「咸豐年間」，而可能是「大正年間」。

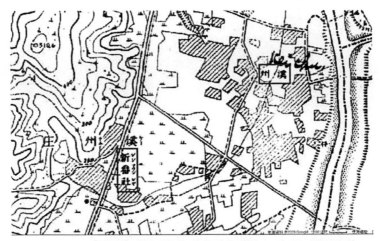

圖1：《日治二萬分之一臺灣堡圖》之溪洲與新番社的位置。（見方框）

資料出處：中央研究院人社中心地理資訊科學研究專題中心（http://gissrv4.sinica.edu.tw/gis/twhgis.aspx#），
　　　　　最後瀏覽時間：2020 年 5 月 29 日。

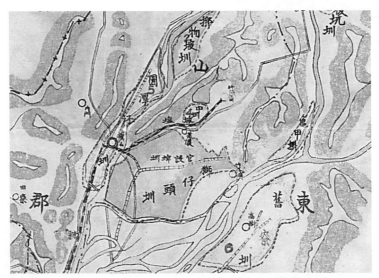

圖2：高雄州在大正 10 年（1921）發行之《高雄州公共埤圳灌溉區域一覽圖局部》。

資料出處：高雄州，《高雄州公共埤圳灌溉區域一覽圖局部》（1921），中央研究院地圖與遙測影像數位典藏
　　　　　計畫（https://reurl.cc/D6nXyR），最後瀏覽時間：2020 年 7 月 5 日。該圖由高雄市農田水利會
　　　　　典藏。

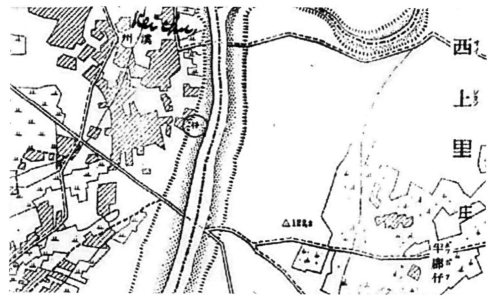

圖 3：《日治二萬分之一臺灣堡圖》（1898）的溪畔祠廟（圓圈處）。
資料出處：中央研究院人社中心地理資訊科學研究專題中心（http://gissrv4.sinica.edu.tw/gis/twhgis.aspx#），
　　　　　最後瀏覽時間：2020 年 5 月 29 日。

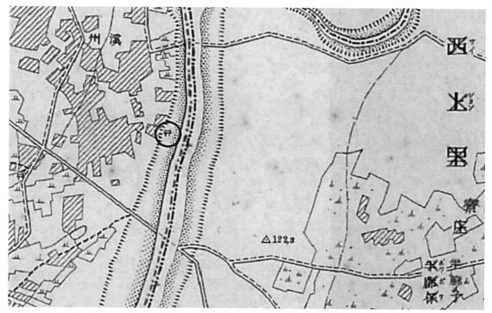

圖 4：《日治二萬分之一臺灣堡圖》（1921）的溪畔祠廟（圓圈處）。
資料出處：中央研究院人社中心地理資訊科學研究專題中心（http://gissrv4.sinica.edu.tw/gis/twhgis.aspx#），
　　　　　最後瀏覽時間：2020 年 5 月 29 日。

圖5：《日治五萬分之一地形圖》（1923）的溪畔祠廟已消失，
溪洲庄內多了新廟，即今鯤洲宮所在處（圓圈處）。

資料出處：中央研究院人社中心地理資訊科學研究專題中心（http://gissrv4.sinica.edu.tw/gis/twhgis.aspx#），
最後瀏覽時間：2020年5月29日。

圖6：鯤洲宮內的清末古匾「北辰合宮」。

資料出處：筆者自攝。

五、結語

　　溪洲，是高雄市旗山區平埔族與漢人最早開發的地區，境內分為頂溪洲與下洲仔二部分。有清一代，自中國大陸遷徙入臺的漢人亦帶著自己的原鄉信仰或是所信仰之祀神香火進入這個即將開墾的新家鄉，其中頂溪洲的鯤洲宮便是起源於此背景。依據傳說，鯤洲宮起廟至今已有兩百餘年，有關其建廟起源、遷廟與否、祀神由來與在地關聯，始終是該廟與溪洲未解決的歷史問題，而且都與百年來流傳的水患災難記憶有著密切關連，更可以說鯤洲宮的命運便與水患脫離不了關係。雖然無法斷定鯤洲宮最初的創立時間點，但遷廟的傳說、祀神迎奉都與溪洲在地記憶之「龜仔痘溪」（楠梓仙溪）有著密切關聯。從此次初步研究斷定，鯤洲宮相傳因在「古時」或所謂「咸豐年間」受到龜仔痘溪引發的水患，使原坐落在半廊仔（今廣福里）的廟體受損而迫遷至今址；該事件的時間點，根據日治時期的地圖，應非傳說的「咸豐年間」，而應是「大正年間」，即大正 10 至 12 年（1921-1923）。

　　此外，鯤洲宮最初僅祭祀王爺，但從文物來看，光緒 13 年（1887）武生柯瑞玉敬獻「北辰合宮」匾，其另與生員周開基等諸鄉紳一同安置香爐在神龕前。就目前的資訊而言，該古匾與古爐的贈送動機不明，但從本研究而言，鯤洲宮應是光緒 13 年（1887）自北辰宮迎奉玄天上帝香火結爐，並由在地鄉紳主導此事，而有贈匾製爐之舉措。然而，玄天上帝本為水神，會迎奉至鯤洲宮的可能動機，即長期遭受龜仔痘溪暴漲引發之水患。故信徒們渴望通過玄天上帝的「神蹟」，阻擋並鎮煞水厄對溪洲庄的影響。這份期待，也改變了鯤洲宮的祀神信仰與性質，換言之，鯤洲宮可能從最初原鄉或是早期頂溪洲漢人帶來「保平安」或「感念神恩」的香火祀神（王爺），因原先祀神的「功能」不足，而引入具有相關「功能」的他廟祀神（玄天上帝），以滿足當時信徒的期待。

參考文獻

中央研究院地圖與遙測影像數位典藏計畫，〈獅仔頭圳與竹仔門發電廠〉（2013），中央研究院地圖與遙測影像數位典藏計畫（http://gis.rchss.sinica.edu.tw/mapdap/?p=3631&lang=zh-tw），最後瀏覽時間：2020 年 7 月 5 日。

余文儀，《續修臺灣府志》，臺北：臺灣銀行經濟研究室，1962。

佚名，《臺灣地理圖》（清康熙中期/1648 年後），數位方輿（https://digitalatlas.asdc.sinica.edu.tw/map_detail.jsp?id=A103000059）。

呂正鐘，〈祖譜對照對閩台一家親之緣起與體認宗親之努力成就對團結合作的重要〉（https://reurl.cc/O19ZDr），最後瀏覽時間：2020 年 7 月 29 日。

周鍾瑄，《諸羅縣志》，臺北：臺灣銀行經濟研究社，1962。

阿丞（旗山在地青年，研究生），〈北辰合宮：旗山溪洲鯤洲宮〉，一步就出走（https://onemorestep11.adan.tw/taiwan-kaohsiung-qishan-kunzhougong），最後瀏覽時間：2020 年 7 月 26 日。

柯瑞玉，〈北辰合宮〉（1887），藏於鯤洲宮正殿。

柯瑞玉、周開基捐獻，「古爐」（1887），置於鯤洲宮正殿。

翁炳慶，〈義竹翁氏宗族及其社會變遷〉，臺南：臺南大學臺灣文化研究所碩士學位論文，2011。

翁渙瑤，〈旗山區溪洲聚落之研究〉，高雄：國立高雄師範大學臺灣歷史文化及語言研究所碩士學位論文，2019。

高雄州，《高雄州公共埤圳灌溉區域一覽圖局部》（1921），中央研究院地圖與遙測影像數位典藏計畫（http://gis.rchss.sinica.edu.tw/mapdap/wp-content/uploads/2013/06/%E9%AB%98%E9%9B%84%E5%B7%9E%E5%85%AC%E5%85%B1%E5%9F%A4%E5%9C%B3%E7%81%8C%E6%BA%89%E5%8D%80%E5%9F%9F%E4%B8%80%E8%A6%BD%E5%9C%96%E5%B1%80%E9%83%A8.jpg），最後瀏覽時間：2020 年 7 月 5 日。該圖由高雄市農田水利會典藏。

傅恆，《皇清職貢圖》，諸子百家中國哲學書電子化計畫（https://ctext.org/library.pl?if=gb&file=52046&page=47），最後瀏覽時間：2020 年 7 月 28 日。

溪洲朝天宮，〈溪州朝天宮沿革〉（2002），置於廟內虎爿。

臺灣銀行經濟研究室，《臺灣教育碑記》，臺北：臺灣銀行經濟研究室，1959，頁 22-23。

臺灣銀行經濟研究室編，《臺灣私法人事編》，臺北：臺灣銀行經濟研究室，1961。

臺灣銀行經濟研究室編，《臺灣府輿圖纂要》，臺北：臺灣銀行經濟研究室，1963。

臺灣總督府，《日治二萬分之一臺灣堡圖》（1898），中央研究院人社中心地理資訊科學研究專題中心（http://gissrv4.sinica.edu.tw/gis/twhgis.aspx#），最後瀏覽時間：2020 年 5 月 29 日。

臺灣總督府，《日治二萬分之一臺灣堡圖》（1921），中央研究院人社中心地理資訊科學研究專題中心（http://gissrv4.sinica.edu.tw/gis/twhgis.aspx#），最後瀏覽時間：2020 年 5 月 29 日。

臺灣總督府，《日治五萬分之一地形圖》，中央研究院人社中心地理資訊科學研究專題中心（http://gissrv4.sinica.edu.tw/gis/twhgis.aspx#），最後瀏覽時間：2020 年 5 月 29 日。

劉已玄，《閩客族群溪洲爭地械鬥軼史》，高雄：高雄市政府文化局，2014。

劉已玄，《鯤邑采風》，高雄：高雄市旗山區溪洲社區發展協會，2015。

劉已玄，《鯤洲宮再起：重建大事記》，高雄：鯤洲宮管理委員會，2006。

蔡正松編著，《旗山鎮誌》，第 1 冊，高雄：旗山鎮公所，2002。

蔣毓英，《臺灣府志》，臺北：臺灣銀行經濟研究室，1977。

盧德嘉，《鳳山縣采訪冊》，臺北：臺灣銀行經濟研究室，1960。

興德宮管理委員會，〈興德宮記事如左〉，印在興德宮內桌上，筆實地考察於興德宮（時間：2020 年 5 月 23 日）。

鯤洲宮管理委員會，〈鯤洲宮奉祀諸聖神佛千秋聖誕表〉（白板），置於鯤洲宮龍爿。

澎湖漁船船旗、船祭與船俗之初探

中原大學設計學院設計學博士學位學程博士　　莊凱証

一、前言

　　浩瀚的海洋，一望無際，在海洋史占有一席之地的澎湖群島，自古以來，擁有海洋孕育而生的漁產資源、漁場環境，以及位處貿易交流必經之地理優勢。放眼全球，自史前時代至現今發展的悠久歷史軌跡，造就得天獨厚的傳統農漁文化，如菜宅[1]、石滬[2]等。然而，以海為生的澎湖人，長久以來，已與周邊海域形成共處的生活關係，並發展出季節性的漁法、漁具與漁獲。看天吃飯的這項生活技能，除了憑藉真本事之外，另有一股無形能量一直圍繞在這群人身邊。這股力量來自於聚落的信仰中心，宮廟本身的座落，神明供奉的庇護，為個人、家戶提供一處去煩解憂的心靈場域，擔任排除萬難的角色。在地居民視漁業為一項重要生計來源，產業命脈的維繫，不單是糊口生存而已，其所展現的生命價值觀與地方信仰觀形成緊密相連的依偎關係。

　　澎湖寺廟林立，以民間信仰最為普遍，據 2019 年統計，一市五鄉[3]登記立案的寺廟約計 190 座（澎湖縣政府，2019），數量、密度名列全台之冠，每一社里至少一至二間，有些甚至達到三間，如馬公市的風櫃里、西嶼鄉的外垵村等。典型的漁村結構，視廟宇為主要祭祀範圍，任何大小事，必有求於神，居民所表現的是，一顆虔誠的敬拜之心。男女老少，無不紛紛投入，共組香火延續的祭祀圈，並實踐於每一歲時節慶與神明聖誕之日。每年的聚落鎮符[4]，繞境隊伍路線含括漁港碼頭，庇蔭大小漁船與漁民，或以神轎淨港，潔淨海域安寧。面對一望無際的大海，作業船隻需要一份安定人心的指引，牢牢地烙印在船家心中，這份指引來自於廟宇，有形的神尊形象與無形的

---

[1]　係指培育栽苗、種植蔬果的防風農田，牆面以就地取材的珊瑚礁岩或玄武岩疊砌而成，主要阻擋澎湖冬季東北季風，依各地俗稱，有菜宅、宅內、圍仔等別稱。（李星輝，2002，《澎湖的傳統產業建築》，澎湖：澎湖文化局，頁 7-10。）

[2]　乃一種利用潮汐漲退潮、洄游魚類習性等原理的潮間帶傳統漁法，以及圍捕漁獲的人工石堤。（李星輝，2002，《澎湖的傳統產業建築》，澎湖：澎湖文化局，頁 36-38。）

[3]　澎湖縣依行政區劃分馬公市、湖西鄉、白沙鄉、西嶼鄉、望安鄉與七美鄉。

[4]　鎮符是澎湖聚落於上元節過後的一項春頭繞境活動，主要為神明出巡、重新安置竹符、佈署兵馬等目的。

寄託作用，凝聚著討海人的生活信念。漁船是漁民討海生活的重要媒介之一，依靠出海作業的漁獲收入，維持基本經濟狀態。自早期的無動力舢舨，到現今的動力現代漁船，造船技術與儀器工具的革新，大大地提升了作業漁場範圍與漁獲質量。船隻可視為討海人重要的糊口用具，除了擔任起海上航行的主要身分之外，更是生活起居的一環。

有關澎湖漁船相關民俗研究，少有專論，船祭、船旗與船俗相關文獻更是有限。《船家寶：澎湖耆老海洋口述史》是澎湖縣政府文化局出版的口述歷史著作，內文曾提及幾則與漁船有關的習俗紀錄，如白沙地區吉貝村漁船七月的祭祀習俗、望安地區早期帆船的年節祭祀與禁忌等，資料僅止於耆老片斷記憶的描述。因此，本研究試以實地田野調查與參與觀察等資料蒐集途徑，於澎湖地區踏查有關澎湖漁船的民俗文化，特別是船旗、船祭與船俗。船旗，係指漁船上的神明旗；船祭，即漁船祭祀；船俗，則指有關漁船的生活風俗與禁忌等。研究目的之一，解析澎湖漁船船旗經由神聖化過程所產生的物質文化；之二，探究祭祀行為與漁船的關聯性，如漁船的普渡、水仙尊王聖誕的船祭以及風櫃漁船的歲末船祭等；之三，發掘漁船與漁民的民俗禁忌與使用認知。

二、澎湖漁船的船旗文化

船旗，可謂是漁船的信仰支柱之一，是漁民心靈寄託的護船符，亦是宮廟神明的象徵物。這面旗幟具有法力的無形能量，通常需經由神職人員──小法[5]的相關儀式方有作用。在實際的日常生活場域裡，一面旗子所代表的是作業船隻的村里辨識、地方宮廟的主祀神代表、神明繞境的祭祀圈範圍、新船下水的紀念祝賀以及寺廟活動名稱的註明等相關訊息。以下分別就漁船旗幟的型式、圖案組成以及使用等說明之。

（一）船旗的型式與組成

「旗」，按字面解釋，是指：「裝在竿上，有特別圖案，作為某種標幟或號令的布帛或紙。」[6]；「旗子」，則是指「一種具有識別或指揮作用的標幟。大多用布、紙等質

---

[5] 澎湖地區所泛稱的小法，亦有福官、法師、法官等稱呼，各鄉市宮廟大小科儀通常需依靠這群神職人員方能如期完成。依派別又分普庵派、閭山派等，通常由男性擔任，選任年紀大致落在小學階段，需經過嚴謹的培育過程，正式學成後，需義務協助宮廟大小儀式。

[6] 教育部重編國語辭典修訂本，〈旗〉，https://reurl.cc/g8pj3R，2021/4/6 瀏覽。

料製成，可掛在桿子或牆壁上。」[7]綜上所述，旗（子）在使用上的功能主要是指揮領導與提示辨識等，具有發號命令與標幟說明等作用，其材質乃由布或紙製成並賦予圖紋裝飾，可固定於旗桿或壁面等位置。對於辭典的解讀，大致可了解旗（子）的基本定義，一是功用的說明；一是材質的釋義。一般而言，凡宮廟提供之旗子，船家將之固定於漁船，謂為船旗。

當一面布旗經過生產化的過程之後，市場上的交易模式便於此成立。供需之間的關係，可以是廠商與廟方，可以是設計者與主事者，端視使用目的、功能，決定其樣貌的製作。澎湖現今船旗的製作，委由台灣旗幟工廠承製。廟方將數量與款式告知廠商並下單，廠商接獲訂單後便立即生產。如此 SOP[8]作業，已是目前來往買賣的固定供需模式。三角形的版印布面形式是船旗的基本款，顏色多以黃為主，另有紫、紅等色，一般固定於船桅或大公厝仔（船長室），是日間海上航行之辨別記號，亦是所屬村里船隻的一項辨認特徵。除了旗面以外，需加木頭或塑膠桿子，整支綁在船上。

三角形是基本形態的幾何形狀之一，斜角是明顯特徵，三角形的旗面使用，以形狀知覺而言，其感知面積相對較大（黃信夫，2004：20）。三角形的船旗，同樣具有視覺放大的效果。若以符號析之，二線構成的直角，象徵天與地的交會以及神界與凡間的往來，三角形又可視為智慧與神性的表徵（Koch,2017：11）。除了三角形的基本形態，旗面上繪有圓的圖形，文字被圓形所圈住，如滿儎、令或外塹溫王宮、滿載盈歸、贈等。圓在符號上，具永恆或神之意，乃「運行在水面上的神之靈性」（Koch, 2017：9）。因此，海面上的船旗展現，一方面具有威風凜凜的視覺效果；一方面創造出符號的連結意義：神、智慧、天地等象徵。

除了基本形式要件與符號詮釋之外，平面裝飾由文字與圖案所組成，文字部分，包括寺廟名稱、神明代表、祈求用語、年份、慶典稱呼、慶祝用語以及單字強調等。圖案部分，依性質可分吉祥類、神尊類以及海洋類。龍、寶珠、雲、太陽、火焰、魚、蓮花、屈曲萬字等屬吉祥圖案。龍是神獸，常與寶珠、卷雲為一組，具有神聖、祥瑞、吉兆、神氣、吉祥、仙氣等意涵（林世超，1999：77；成耆仁，2003：30-34；莊伯和，2001：38-41）。太陽，常與海水合為一體，指旭日東升、前程光明之意（郭喜斌，2019：218-219）。屈曲萬字，意指連綿不斷，乃一自然圖飾。魚同餘，象徵財富、得利；蓮同連，象徵年年、生命、光明，魚與蓮花的組合，具有連年有餘之意（林世超，1999：86；成耆仁，2003：174；郭喜斌，2019：120）。神尊類以宮廟神明寶相為主，如虎井

---

[7]　教育部重編國語辭典修訂本，〈旗子〉，https://reurl.cc/GdLR7A，2021/4/6 瀏覽。
[8]　即 Standard Operation Procedure，標準作業流程。

漁船船旗，選用其主祀神觀音佛祖作為圖案之一。海洋類，多半是與海有關的意象，如海浪、海水等。

　　表1澎湖漁船船旗舉例，分別以澎湖風櫃（圖1）、虎井（圖2）、赤崁（圖3）、大池（圖4）、赤馬（圖5）與外垵（圖6、圖7）等地的漁船為例，彙整船旗形狀、材質、文字、圖案與顏色等。寺廟名稱與神明代表是一種組合，包括聚落宮廟與主祀神或千歲等名稱，如風櫃溫王殿、赤崁龍德宮、大池治安宮等；另有僅以廟名為呈現樣式，如西嶼外垵溫王宮、虎井觀音廟等。旗子出現的時機，通常由廟方決定，風櫃溫王殿於每年農曆三月初十安營頭前發送；虎井觀音廟、外垵溫王宮等廟宇則於神明聖誕醮典時發送。除了宮廟名稱，常見的用詞可分漁獲祈福、天象時運以及居住祈求等方面。「漁利大進」、「滿載盈歸」、「漁利滿載」等是漁民對於每趟出海的基本素求，希望漁獲可以大豐收；「風調雨順」、「一帆風順」是對於海上作業風平浪靜、航行順利等天象時運的祈求；「合境平安」則是對於海陸生活場域一切平安的盼望。

表1：澎湖漁船船旗舉例

村里	風櫃	虎井	赤崁	大池	赤馬	外垵
形狀	三角形	三角形	三角形	三角形	三角形	三角形
材質	布	布	布	布	布	布
文字	風櫃靈德溫王殿 溫府王爺 代天巡狩三府千歲 漁利大進 合境平安 令	虎井觀音廟 風調雨順 滿儎盈歸 戊戌年建醮祈安慶典 儎	大赤崁龍德宮 三太子爺 滿載盈歸 合境平安	大池村治安宮 北極玄天上帝 漁利滿載	第1組： 赤馬赤樊桃殿 李府王爺 滿載盈歸 第2組： 赤樊桃廟李府三王爺 風調雨順 合境平安	第1組： 外塹溫王宮 天上聖母聖誕千秋 一帆風順 滿載盈歸 滿載 第2組： 外塹溫王宮 一帆風順 滿載盈歸 滿載 贈
圖案	祥龍（雙）、寶珠、雲、火焰紋	觀音佛祖神尊、火焰紋	祥龍（單）、雲、寶珠	魚、蓮花	祥龍（單）、寶珠、火焰紋	祥龍（單）、卷雲、海浪、屈曲萬字
顏色	黃色	黃色	黃色、紫色	黃色、紅色	黃色	紅色

村里	風櫃	虎井	赤崁	大池	赤馬	外垵
來源	宮廟發送	宮廟發送	宮廟發送	宮廟發送	宮廟發送	宮廟發送
其他	大印（三府千歲印）符令（勅令鎮海大將軍安船漁利大吉）	無	無	無	無	無

資料來源：本研究整理。

圖1風櫃漁船船旗、圖2虎井漁船船旗

圖3赤崁漁船船旗、圖4大池漁船船旗

圖5赤馬漁船船旗、圖6外垵漁船船旗

圖 7 外坡漁船船旗

（二）風櫃漁船船旗案例紀實

　　風櫃聚落座落於馬公市 201 縣道尾端，是澎湖延繩釣漁業的漁村代表，近百艘的作業漁船與極顯明的從業結構，維繫多年以來的經濟命脈。溫王殿、三官廟與金王殿三間主要廟宇是漁民們共同的信仰中心，也是居民生活不可分割的心靈寄託。每年例行的繞境活動，或醮典科儀，總是全心全意投入，以實際行動共襄盛舉，為神明服務，盡一份心力。風櫃船旗主要由該里溫王殿贈予，固定發送時間約在每年農曆 3 月初 9，這天午後，是廟方執行調放營、敕符的時段，法師長率領小法們共同準備，進行相關儀式。儀式完成，廟方廣播，凡有需要船旗者，可至廟裡領取，一般都是大船 2 支、小船 1 支的分配。船旗取走後，當日或隔日上午高掛於船桅或船長室。這面旗子一旦掛上，除非人為，則不再隨意移動，直到自然損壞為止，來年再換新。

　　圖 8 是風櫃漁船船旗樣式，接近直角三角形的旗面設計，文字計有 3 組，1 組是：「風櫃靈德溫王殿」、「代天巡狩三府千歲」、「溫府王爺」，廟宇名稱與神明字眼，勾勒旗幟與民間信仰的第一層關係，來自於宮廟主神與客神千歲爺的神靈維繫。而村落名的出現，表示宮廟信仰與在地生活圈的連結，強調以五營所涵蓋的傳統領域與祭祀圈。1 組是：「令」，接旨般的命令、神聖般的傳令，猶如一道重要的欽旨，神明之令，有著不得怠慢的約束。此為第二層關係，在於透過神明的一聲令下，領令般的堅守，一直守護在漁民身邊。最後 1 組：「漁利大進」、「合境平安」，其吐露的第三層關係在於漁民出海作業漁場的希望祈求以及居民轄境生活的日常保佑，漁利意謂漁獲與收入，大進即豐收之意，漁利大進可謂是每次出海的心中期許，也是託交予神的一種默許。3 組文字，各代表著神與神、人與神以及人與人之間的溝通媒介。

　　除此，船旗需經過儀式性的交感作用，才能顯現其真實的安撫功用。「敕符」（圖9），是這道程序的必要作法，由小法擔任施法主角，藉由鮮血，替平安符與船旗增強功效。「勅令鎮海大將軍安船漁利大吉」符令（圖 10），是法師長親筆的手繪符號，屬

符咒（符法）之一，這道專屬風櫃漁船使用的平安符，具有安定人心的作用，奉請鎮海大將軍坐鎮漁船，讓風浪得以平靜，讓漁獲可以滿載。方正的印紋（神明印）蓋在三府千歲字樣旁，這是溫金葉三府千歲專用的大印，顯示神明所賜予的認證標誌。圖案方面，雙龍、寶珠是基本組合，龍是四靈神獸之一，具吉祥、神聖之意（莊伯和，2001：38；郭俊佑，2008：46）。旗面邊框以火紋串連，極具裝飾收邊效果，象徵繁衍、興旺、綿綿不息。

圖 8 風櫃漁船船旗

圖 9 風櫃溫王殿小法為船旗敕符、圖 10 風櫃船旗上的手繪符令

　　船旗，對在地居民而言，具有保平安、利豐收的安撫作用，他們將盼望、心願訴諸於神明，一方面是海洋文化的一環；一方面是漁業民俗的一頁。這層人與神之間的依附過程，實際上，相互扶持，彼此照應，神也要人，人也要神。這支由宮廟贈予的平安旗，深深地注入一股支撐（支持）能量，讓海上作業的船隻，能夠依循方向、目標的指引，尋獲魚蹤、順利返航。若以現代社會觀點視之，討海經驗豐富與否雖是漁獲取得的關鍵之一，設備、儀器等基本條件更是影響要項，唯獨這面有形的旗子，仍在澎湖漁村裡，延續其實質的生活意義。

三、漁船的祭祀文化

　　船祭，即漁船的祭祀，專指澎湖地區的漁船與其相關的歲時祭儀。本章節擬以馬公市風櫃里的除夕、西嶼鄉橫礁村的農曆七月，以及湖西鄉北寮村的農曆十月初十為例，概述各船祭文化的種種面貌。

（一）風櫃漁船的除夕祭祀

　　風櫃現代漁船以延繩釣作業漁法為主，船上成員包括船長與外籍漁工等，信仰核心深植於聚落裡的溫王殿、三官廟與金王殿等廟宇。每年除夕，風櫃漁船於當日履行船祭習俗，這天午後，內港（北港）碼頭大小漁船紛紛舉行祭拜神明儀式。船家準備所需物品，酬謝船上神明一年來的庇佑。船長先將祭品擺至船上神龕前，斟酒焚香，再燒紙錢，最後燃放鞭炮。由於除夕這天是家人團聚圍爐的重要日子，也是適逢過年的休息時刻，漁船通常不會選擇在此出海作業。

> 　　除夕舉行船祭儀式。船祭多半出現於內港的大、小漁船，以船為單位，每艘停駁港內的作業船，其船主皆會不約而同前來，將備妥的供品拿至船長室，一方面祭祀船上所供奉的神明，一方面答謝神明一年來的庇佑。[9]
>
> 　　一年當中有一天是拜神明，就是除夕這一天。從以前就是這樣了，我的船比較小，準備四果、粿，在船上供奉神明的地方祭拜，並且燒金放炮。有些比較大的船，則會準備牲禮。我船的香火是向溫王殿神明請示，放入紅色的布袋縫起來，外面寫上神明；也有馬公廟宇的香火，或貼一張紅紙，上面寫溫府王爺神位，供奉在船裡。大艘一點的船會有神像。[10]

　　風櫃漁民表示，漁船神明金身一般供奉溫王殿的神明居多，如溫府王爺、朱府王爺、柳府王爺等，亦有以香火替代；內港則是以金府王爺為主。雕金身供奉在船長室，如圖 11 所示，出港之後，船長早晚燒香祭拜。每年農曆年前夕，風櫃漁船紛紛進港，一方面準備與家人過年圍爐；一方面趁此節日祭拜船上神明，如圖 12 所示。除夕當日下午，漁民自家中備妥牲禮（三牲或五牲）或四果、天公金、鞭炮等，前往東漁港，

---

[9]　高聰海口述，作者訪談紀錄，未刊稿，2018 年 8 月 12 日馬公市風櫃里訪談。

[10]　顏氏漁民口述，作者訪談紀錄，未刊稿，2020 年 2 月 14 日馬公市風櫃里訪談。

於自家漁船進行祭祀並於船上船頭、船長室、船尾等處貼上「龍目光彩」、「滿載盈（榮）歸」、「一帆風順」（圖13）、「得財得利得萬金」、「順風順水順人意」、「開車大吉」等船聯[11]。

　　漁民的心願，落實在任何與漁場有關的生活場域，特別是漁獲欠佳之際，技術與科技各顯本領，到頭來，仍十分仰賴神靈信仰的力量。任何與廟務有關的事務，多半全心全力，馬虎不得。船上的信仰中心位於船長室，一旦於海上遇有不測狀況，船上供奉的神明，絕對是最大的依靠支柱。就如同船主所堅持的賣船不賣神，一般會將神明請回家中，不假他人之手。由此可知，神明與船長之間，多少維繫著一種約定，如此約定是信用、情誼與約束。漁民把神明請回家供奉，早晚燒香祭祀，繼續履行應盡的終身義務。

圖 11 供奉於船長室的神尊、圖 12 祭拜船上的神明

圖 13 貼於船尾的船聯－一帆風順

---

[11] 早期為船家自行書寫，現今大多以現成品替代。

（二）橫礁村的船普紀實

澎湖人的普渡，發展至今，隨時代求新求變。如此代代相傳的傳統習俗，仍保有哪些原貌？農曆七月的澎湖，各地紛紛舉行普渡祭儀，無所不「普」的生活場域，表現於每一聚落，不論是廟普、家普，或是碼頭、海邊、山園的祭祀等，皆能展現人們善待各方無形的舉動，自陸域延伸至海域，形成一條迎賓款待、慎終追遠、和平相處的待客之道。西嶼鄉的船普，乃一典型的海域信仰，本節以橫礁村為例，描述該村漁船船普祭祀文化。農曆七月是該村漁船的普渡大月，自祭品內容的準備與祭祀者的親身投入可以反映出地方物產的特質與人力分工的參與。

橫礁村，隸屬西嶼鄉，是一迷你聚落，戶籍人口截至 2021 年 3 月止，約 342 人，漁業是主要生計之一（陳憲明等，2002：167-169）。船普一般於下午三時起陸續舉行，村內唯一的漁港，是主要的祭祀場所。祭拜時辰一到，碼頭開始有了動靜，聚集的人群愈來愈多，有些是船家一家人；有些是船長與其妻兒；有些是夫婦，也有些是母子或祖孫等組合。各艘漁船所準備的祭品會以車子或推車載運至離漁船最近之岸邊，選定位置，桌子與物品擺設後，即開始祭拜。現場分工的概況，男人多半負責搬運等粗重工作，女人則多半協助祭品準備、燒香祭拜，亦有船長本身擔任主祭角色。除了平日的進出港、整理漁具、卸漁獲等，此時此刻，也是船長們與友人敘舊聊天、小酌一下的大好機會，大小朋友齊聚一堂，活絡了村內平日寧靜的生活氣息。

船普，即在地漁民或居民口中的「普船」，是指在自家漁船進行普渡。此項承傳自老一輩的地方習俗，正面臨後繼無人的窘況，所幸居民仍堅持這份傳統。即使現今方式稍有出入，但不變的是，那份先民流傳下來的信念堅守。例如：祭拜時間提早是變項之一，考量的是正值小管大出（盛產）的當季，漁船需配合夜間作業與氣候時令，把握每次出海的機會。停靠在漁港東側的一艘漁船正在祭拜，該船船長表示若無出海，一般船普時間大都落在下午五、六時左右，其提早的原因是稍後將出海作業。對於漁民的在地信仰認知，他認為密不可分的主因是天不可測所帶來的不穩定性：深不可測的海上風險，隨時有生命危險。科技不發達的時代，神明可謂是生活上的寄託或依附，出海與否需向神明擲筊請示。船長雖不在船上普渡，於岸上改以小貨車充當案桌祭拜各路好兄弟，滿車豐盛的祭品，濃濃的款待誠意與敬畏之心，一點也不打折。

港口的另一側，一組人馬亦正在準備，有些是擺桌，有些用手推板車，有些選在船上。同一時刻有不同的祭祀情形，其一是婦人的船普實踐，一位婦人登船，持香於船頭虔心地跪拜並將香插於船頭之處（如圖 14）。上岸以後，再回至擺放供品之處跪拜，有些香支另插於一旁，作為引路提醒的象徵。年紀尚小的孫女跟在一旁，祖孫生

活的家庭結構是鄉下地區常見的人口組成。推車上的每一道菜餚都足以代表澎湖人的經典飲食，有花生、小管、臭肉、螃蟹、肉丸等（如圖15）。當然亦有討海人用來提神、補充體力的「維士比」，被拿來當作酒禮的招待。婦人與先生同來，主普工作由她一手包辦。據她表示，祭祀位置原本應該是在船上，後來基於供品拿上拿下與人員爬上爬下的雙重考量，才改於岸上就近進行。

圖 14 婦人登船祭拜好兄弟、圖 15 船普祭祀菜餚

　　其二是一對夫婦出現於漁船駕駛艙前面，隆重地籌備一年一次的船祭，共同完成今日的盛事。豐盛的外燴菜餚（圖16）擺滿整個漁艙，這是船家展現最大誠意的一面，也是各路好兄弟好好溫飽的一場盛宴。船長主導整個祭祀過程（圖 17），先燒香，斟酒，跪拜，口中念念有詞，主要祈求討海順遂。擁有多年討海經驗的他，是以當季放緄（延繩釣）為作業漁法，主要目標漁獲有花鱠、鱸仔魚等。四名外籍漁工與一位大陸漁工的基本開銷，加上油料、餌料、燈斗等成本開銷，直呼吃不消，現場另可感受到那份剛從海上返回的拼勁。趕回的另一主因，在於謹記在心的船普傳統，是老一輩傳承已久的身教，接手後的他，希望繼續維持最初的原味。

圖 16 船艙上滿滿的祭品、圖 17 船長擔任主祭角色

　　上述三組漁船船普祭拜，顯現各自習以為常的時間觀與生活秩序。提早祭祀的原因乃把握再次出海的作業機會與配合當季漁獲的出沒習性；至於祭祀者的扮演，一為婦人，負責所有祭品的張羅，以及現場的一切祭祀工作，原本應於船上進行，後來基於安全考量與身體狀況，才改於岸上就近完成相關祭拜程序。另一為船長（船家）本身，擔任主祭角色，另一半為協助者，老一輩的實踐傳承謹記在心，透過身體力行，這項傳統祭祀才能繼續繁衍下去。豐盛的菜餚，一來慰勞各路好兄弟，二來宴請親朋好友，人之常情的表現，在在維繫著人與人、人與地之間的相處關係。

（三）北寮村的水仙王船祭紀實

　　農曆十月初十，是水仙王聖誕（許文東，2014：95-96），台灣各地皆有相關祭祀，位於離島的澎湖，也不例外。是日上午七時多左右，北寮村居民依循老一輩的漁事曆，準備祭拜所需的五牲、紅龜、金紙與酒等物品，先至保安宮祭拜水仙尊王，完成之後，再轉往自家漁船祭拜。這項船祭行之有年，屬村內例行之歲時祭儀。水仙尊王是討海人安身立命的寄託神祇之一，自古以來，一直是海洋文化的重要象徵。北寮漁船大多從事延繩釣漁法（許文東，2014：167-170），冬天以加網為主要漁獲，夏天則以鰆等為目標魚種，作業漁場以東邊海域為範圍。

　　北存利[12]漁船的船祭（圖18），大約始於上午八時多，男人（船長）負責船上一切祭祀；岸上的女人，則扮演所有相關物品籌備的角色，並協助當日祭拜物品的傳遞。如此組合，顯現該地區男女分工的家庭結構，以及婦人自外地嫁入，入境隨俗的生活展現。祭拜物品由婦人交給船長，一傳一接，並於船桅底下，擺置所有祭品，包括五牲、紅龜、菜湯飯、米芳糖仔、酒等。三個酒杯斟滿酒，焚三支香，香過半，燒紙錢。最後以一門鞭炮結束所有祭祀。

　　另一艘夫妻檔的船祭組合是北宏吉漁船，以小貨車代步，女人駕車，男人持牲禮，同進同出廟宇與漁船。車子先來到廟前停放，下車後入廟祭拜水仙尊王等神明。結束後，將五牲、紅龜等放回車上，前往漁港，並於自家漁船旁停妥。二人分頭進行，船長先到船上，等候另一半準備的五牲、紅龜、菜湯飯等，所有物品擺在船頭與船長室之間的艙堵上，以一個較大的塑膠桶充當臨時桌子。過程中，斟三巡酒。之後再將紙錢拿到岸上的金爐（鐵製）焚燒。

---

[12] 北寮村漁船名稱，首字幾乎以「北」為命名，如北存利、北宏吉等。

圖 18 北寮漁船水仙王船祭

表 2：風櫃、橫礁與北寮漁船的船祭文化

村里	風櫃	橫礁	北寮
日期	除夕	農曆 7 月	農曆 10 月初 10
時辰	下午 3、4 時	下午 5、6 時	上午 7、8 時
地點	內港漁船船長室	碼頭漁船漁艙、岸邊	碼頭漁船漁艙
目的	答謝船上神明	犒賞孤魂野鬼	酬謝水仙尊王
對象	神明	好兄弟	水仙王
祭品	牲禮、水果、粿、金紙、鞭炮	牲禮、水果、在地物產（花生、魚、小管等）、銀紙	牲禮、水果、紅龜、菜湯飯、酒、金紙、鞭炮
負責祭祀	船長	船長或婦人	船長為主，婦人為輔

資料來源：本研究整理

四、漁船的民俗規範

祈求、仰望、等待，維繫討海知識的另一層面，則在超自然世界裡，發現人與自然環境的溝通、相處模式。漁船開市放鞭炮習俗，如同新船下水，與聚落廟宇形成共同的生活圈。自信仰的歲時作息，可以窺探在地居民生活現象，記憶中的文化背景，是如此令人難忘，人、家戶、廟宇三者連成一條安定人心的庇佑線。這條線沒有邊界，無止盡，是人人追求的唯一希望。漁獲的成敗，完全託付於一道道無形力量。神尊雖是一具象的形體，卻能受到百姓們長久以來的關注，彼此之間的相處距離，產生微妙的互動模式。行禮、參拜、敬意，海域瞬時變成神聖場域，與陸地眾神同在祭祀圈內，形影不離。

　　對於不可預測的下一步，里民可以先有求於另一世界的假想對象，通常離不開神
的範疇。地方信仰著眼產業下的生活認定，隨時隨地，不受任何事物干擾，任何狀況
的出現，絕對與生活現象相連。所有生活信仰的跡象，信服於人造神的篤定、層次。
風櫃信仰的中心思維可謂是泛靈系統，任何一切來自於宮廟的延展。包括居民本身──
婦人、孩子、漁民等，以及家戶小宇宙觀的天、地、神之組合。風櫃居民十分篤信心
中的那尊神明，公廟裡的主、配祀神，隨時牽動日常生活。信仰生活的處處可見，海
上、陸地，聚落外，家戶內，層層無形防線，不單是求得一份心安而已。本次船俗蒐
集以澎湖風櫃漁船為例，透過在地漁民的民俗認知，依禁忌或生活規範等內容性質大
略分為船上生活、女性生活、船隻航行、漁船神明、漁船命名與漁船歲時等民俗。

（一）船上生活民俗

> 吃魚時，不可將魚直接翻面，翻魚的意思就如同翻船的意思。[13]
> 從魚縫邊吃下半部的魚身，魚頭、魚骨、魚尾都要留著。[14]
> 魚頭不能切斷，頭要連魚骨這邊的肉吃，吃到這邊沒肉，不能僥（hiau），
> 用筷子，從骨縫的地方弄出來，頭也不能折，要整尾，船上吃剩下的魚骨就丟
> 下海。[15]

　　海上作業的煮食，魚是主餐之一，漁民視魚為己命，收入好壞在於漁獲量。因此，
對於魚的看待，心中所抱持的是，一份敬畏的尊敬，並將這份尊敬實踐於日常的船上
生活。在船上用餐需注意禁忌的遵守，保有完整全魚與不可翻魚是最基本的生活認知，
如此提醒，乃基於魚與船同，皆為極重要的經濟支撐，倘若貿然觸犯，恐有意外發生。
魚頭、魚身與魚尾的保留，暗喻一種心理作用的感應投射，希望回到大海的魚骨全身，
能夠再次化作完整魚體，期盼於下次作業時，依舊能夠獲取良好的漁獲品質。

> 鱟桸（hāu-hia）不可以倒著放，舀水面要朝上，意思是說家伙覆（phak），
> 家產盡失。[16]

---

[13] 顏石能口述，作者訪談紀錄，未刊稿，2015 年 4 月 17 日馬公市風櫃里訪談。
[14] 顏石能口述，作者訪談紀錄，未刊稿，2015 年 4 月 17 日馬公市風櫃里訪談。
[15] 顏石能口述，作者訪談紀錄，未刊稿，2018 年 7 月 27 日馬公市風櫃里訪談。
[16] 顏石能口述，作者訪談紀錄，未刊稿，2015 年 4 月 17 日馬公市風櫃里訪談。

> 船上的碗不可以丟入海中，漁獲會不佳，意謂著將自己的飯碗丟掉，又要討什麼魚？[17]
>
> 船上禁說「翻」字：易招來不吉祥之事。[18]

　　海上作業，特別需留意言語交談與行為舉止，稍不注意，災禍可能自口中而出，一句無心之語，導致禍害纏身，恐得不償失。而船上舀水用的杓子，舀水面應往上擺放，不可倒著放，否則會招來終身家產盡失的命運。食用的碗，使用後不可隨意丟入海中，如此作為，形同丟棄自己的飯碗（工作），漁獲將大打折扣。至於「翻」或「反（*ping*）」這個字，則是船員之間在海上作業時，勿脫口而出的禁語，否則恐有壞徵兆出現或不好事情發生。上述種種，說明每一項行為或言語規範背後的象徵意涵，直接表現在船員之間的對話與作息。

（二）女性生活民俗

> 女人不能碰觸船艏柱（龍頭），女人若碰到船艏柱，漁獲會減少。
>
> 早期女人可以上船，但不可以在船的頭桅（*chi*），船頭尖尖的那一處，直接跨越過去，必須從旁邊繞過。[19]
>
> 作月內時，討海的男人不可以進入作月內的房間，男人的衣服也要拿到外面，若無遵守，恐怕會招來漁獲欠佳的命運。[20]

　　對於風櫃漁民而言，女人能不能上船這件事因人而異，在地耆老表示，早期女人若要上船，需注意的是，其所上船的位置。現今漁船亦同，仍遵守此項原則。船艏柱視為漁船活靈活現的生命載體，亦是海上座標方向的主要指引。女人因月事在身，被視為不潔象徵，因此被禁止跨越此裝置。相對地，女人生產後的休養場域，特別是作月子的場所，通常被視為污穢之處，屋內的男人衣物須移至屋外，此時討海漁民亦被告知不可隨意進出，多少與影響漁獲狀況有關。

（三）海上航行民俗

> 漁船在海面上若遇到王船經過，必須燒香跪下，甲板上的魚艙一定要掀開，

---

[17] 顏石能口述，作者訪談紀錄，未刊稿，2015 年 4 月 17 日馬公市風櫃里訪談。

[18] 顏石能口述，作者訪談紀錄，未刊稿，2015 年 4 月 17 日馬公市風櫃里訪談。

[19] 顏石能口述，作者訪談紀錄，未刊稿，2015 年 4 月 17 日馬公市風櫃里訪談。

[20] 未具名婦人口述，作者訪談紀錄，未刊稿，2017 年 6 月 7 日馬公市風櫃里訪談。

叫王船來此拿魚貨，約一小時或半小時左右，再把漁艙蓋上，船開走。據說打開魚艙，主要是供千歲爺享用漁獲，漁船若無此意，恐招來壞運。[21]

　　頭桅綁長三尺六的紅綾（帶），新船，或船在海中拋錨，由別人的船拖回來，燒香，備金香燭、炮、紅綾，向幫忙拖船的船家答謝，一般也會包個紅包，主要是添個油錢，一般是不會收，若是外地就會收。若沒有燒金，則會把壞運帶給拖船回來的船，若有燒金，則表示保佑可以興旺。[22]

　　面對海上種種突發狀況，漁船得隨時應變，若遇王船行經，不得無禮或冒犯，艙蓋必須立刻開啟，並焚香跪拜，獻上最大誠意來款待。如此作法，一是敬神的表現；一是順利的渴求。另一方面，船隻若在海上故障、失去動力，委由其他船隻協助拖回，必要的答謝禮數是：一份香金炮燭、紅包與一條紅綾（長約 3 尺 6）的準備。主要目的在於感謝對方的出手相助，連帶地，透過回禮過程，也將不好的兆頭一併消除，亦不會嫁禍至他船身上。

早期炤臭肉有在打船醮（煮油），若有人失事等不好事，請廟內小法替船做事，才能讓漁船有魚可以捕。[23]

　　早期漁船沒有供奉神明，若在海上作業時，遇到緊急狀況時，可以用三隻手指頭當作香枝，比向陸上神明的方向，以祈求平安。[24]

　　遇到船上發生事故或漁獲欠佳時，整艘漁船已失去可以捕撈作業的動能，運勢大受無形之物影響，收入不盡理想。過往的解決之道是請宮廟小法進行打船醮科儀，藉由法力儀式，將船上所有不好之物予以驅除，漁船的捕魚功能得以再次重生。除此，無動力時代的漁船，活動漁場僅限於沿岸一帶，為當日往返的作業模式，漁民若在海面上遭遇緊急事故，可以身體的手指充當燒香祈求的動作，並面向島上的保護神，必能帶來逢凶化吉的安心作用。面對漁事的不順遂，或無預警的臨時危機，化解當下劣勢的因應是，求助於廟宇的神職人員，或以肢體動作的模擬感應，化為與神溝通的媒介。

---

[21] 顏石能口述，作者訪談紀錄，未刊稿，2015 年 4 月 17 日馬公市風櫃里訪談。
[22] 顏石能口述，作者訪談紀錄，未刊稿，2015 年 4 月 17 日馬公市風櫃里訪談。
[23] 顏石能口述，作者訪談紀錄，未刊稿，2015 年 4 月 17 日馬公市風櫃里訪談。
[24] 高聰海口述，作者訪談紀錄，未刊稿，2018 年 8 月 12 日馬公市風櫃里訪談。

（四）漁船神明民俗

　　每艘船都有神明，個人要看信什麼神，金王爺、三官大帝也是都可以請。船上供奉廟內的神明，有溫府王爺、朱府王爺、柳府王爺；東港則是金府王爺，雕金身供奉在船長室，出港之後，船長於早頭暗尾都要燒香祭拜。[25]

　　船上供奉柳府王爺，因為我是他的契子，通常神明生日，燒金，準備蛋糕，就可以了。大都是廟內的神，如朱王、柳王、溫王都有，請示神明，擲筊，哪一尊神明可以供奉於船上，需要神明同意。[26]

　　船上是請廟裡的官將（頭），向神明請示，將其中一個官將請到船上，直到沒有討海，再把官將請回廟裡。[27]

　　漁船上面的香火，乃溫王殿（中宮）溫王之香火。先向神明請示，之後再將神明的香火放入紅布內縫好，外書寫神明名稱，即供奉於船內。[28]

　　一般神明是放在大公厝仔，有些大隻船會放在中間，我這隻是放在左邊，大邊的地方。[29]

　　賣船不賣神，神明要請回家中祭拜，船賣給別人。[30]一般船上的神尊是不離開自己的村里，即便是將船賣出，亦是如此，若是賣給同村的人，則可由買船的人繼續供奉，船名亦可以繼續使用。[31]

　　跟主神說，我家某某人，都會到那個海域釣魚，請主公保庇平安。[32]

　　面對出海，家人心中所盼望的是一份心安，希望在宮廟主祀神的神威顯赫之下，能夠保佑海上船隻平安歸來。除了家人每次的心願，供奉神明的漁船，是船上心靈信仰的唯一依靠。風櫃里有溫王殿、三官廟與金王殿等廟宇，船神多半來自於此，經請示、擲筊，決定哪一神尊。除雕金身之外，亦有取神明香火或官將頭（36官將頭）為供奉對象。神尊擺放的位置設於船長室（大公厝仔）的左邊或中間處，出海後早晚各一次焚香。若身為契子，神明聖誕時還需準備蛋糕祝壽。當船隻有意出售時，船上神

---

[25] 顏石能口述，作者訪談紀錄，未刊稿，2015 年 4 月 17 日馬公市風櫃里訪談。

[26] 未具名漁民，作者訪談紀錄，未刊稿，2017 年 10 月 5 日馬公市風櫃里訪談。

[27] 顏石能口述，作者訪談紀錄，未刊稿，2018 年 7 月 27 日馬公市風櫃里訪談。

[28] 顏氏漁民口述，作者訪談紀錄，未刊稿，2020 年 2 月 14 日馬公市風櫃里訪談。

[29] 高輝宏口述，作者訪談紀錄，未刊稿，2018 年 12 月 4 日馬公市風櫃里訪談。

[30] 顏石能口述，作者訪談紀錄，未刊稿，2015 年 4 月 17 日馬公市風櫃里訪談。

[31] 高聰海口述，作者訪談紀錄，未刊稿，2016 年 7 月 7 日馬公市風櫃里訪談。

[32] 未具名婦人口述，作者訪談紀錄，未刊稿，2017 年 6 月 22 日馬公市風櫃里訪談。

明必須留在原船主家中，或同村里繼續供奉，不可與船一同賣出，即所謂的「賣船不賣神」。而出售後未離開村里的漁船，其船名仍可再延用。

（五）漁船命名民俗

> 漁船名稱的第一個字都是拿金王殿神聖的姓下去走的，有些會請示神明，船名是否合宜。[33]
>
> 漁船船名的 4、7 數字基本上是不使用的。[34]
>
> 金海信船名，金，象徵金王爺，由神明守護；海，屬名字之一；信，強調出海要有信用。[35]

　　漁船船名的命名，如圖 19 所示，不外乎與吉利、平安、順事、誠信、地名、人名、神名、漁獲、興隆、吉祥、財富等有關。每一船名，皆具有其象徵意義。船名依據，有些會以宮廟主祀神的姓氏為首字，如金王殿金府王爺的金；有些會以自己家人的名字為參考，如耆老高聰海，以自己的海作為船名之一；或以信用、利益等生意型態為命名考量，如信用的信字或利益的利字等，皆為漁民對於討海事業的一種從業精神象徵。另外，有關數字的 4 與 7，一般較少人會使用，認為是不吉利的數字。

圖 19 船名首字以金府王爺姓氏為命名

---

[33] 高聰海口述，作者訪談紀錄，未刊稿，2017 年 3 月 5 日馬公市風櫃里訪談。

[34] 高聰海口述，作者訪談紀錄，未刊稿，2016 年 7 月 7 日馬公市風櫃里訪談。

[35] 高聰海口述，作者訪談紀錄，未刊稿，2016 年 7 月 7 日馬公市風櫃里訪談。

（六）漁船歲時民俗

> 船聯一般會貼在船的三處位置：船柱是貼龍目光彩；大公室前是貼滿載盈歸；船尾是貼順風得利。[36]

漁船專用的春聯，是風櫃漁民口中慣稱的船聯。現代漁民張貼船聯是沿續過往帆船時代的一種作法。船聯張貼的目的：（一）為漁船祈福求願；（二）營造過年除舊佈新氣圍。每年除夕這天，船聯由船長貼在漁船，船柱是「龍目光彩」聯、船長室前是「滿載盈歸」聯、船尾是「順風得利」聯。若有供奉神明，神龕處另貼有一組對聯。龍目是早期無動力漁船的裝飾特徵之一，通常繪製於船頭兩側，據說具有尋覓漁獲的效果。順風與靠風操帆有關，說明靠天吃飯的帆船作業，需要風勢的助長，方能在海面上移動自如。

> 過完年，出海的日子必須看通書[37]出海，即所謂的開市。[38]出海的船，會分別先航行到村裡三間廟宇前的海域，依序是三官廟、溫王殿與金王殿，每到一間廟前的附近海域，船員站在船頭，手持紙錢包覆的香，向廟的方向祭拜，並燃放鞭炮。[39]

> 過年過後要開市，開船出去放鞭炮，我們是三間廟放鞭炮，代表它開市。風櫃這邊就從三官廟、溫王殿、金王殿三間廟，基本上放完就直接開出海了，就開始作業了。有些人會看日，初三歹日，換初四，初四歹日換初五，初五閣歹日改初六，閣延一工，延一工。[40]

漁民提及年後的首航，必須遵循良辰吉時的生活時曆，以求漁利大進、滿載而歸。按往例，年後的第一次出海時間，農民曆的時辰記載是主要參考依據。選擇開市（開工）的好日子，漁船紛紛出港，並在正式出海作業前，依序先繞往三官廟、溫王殿以及金王殿前海域，燃放鞭炮、參拜（圖20）。一般而言，開工這天，停泊在風櫃內港（北港）的大小漁船，起程時，船隻先往北前進，接著再沿海岸線轉西行後，再往南途經

---

[36] 顏氏漁民口述，作者訪談紀錄，未刊稿，2020年2月14日馬公市風櫃里訪談。

[37] 通常是指農民曆。農漁牧獵是農民曆擇吉行事項目之一。呂理政，《傳統信仰與現代社會》（台北：稻鄉出版社，2000），頁38-40。

[38] 顏氏漁民口述，作者訪談紀錄，未刊稿，2020年2月14日馬公市風櫃里訪談。

[39] 顏氏漁民口述，作者訪談紀錄，未刊稿，2020年2月14日馬公市風櫃里訪談。

[40] 顏情義口述，作者訪談紀錄，未刊稿，2020年1月1日馬公魚市場。

雞籠嶼，先燃放第一串鞭炮，以敬拜三官廟。之後，繼續東行至風櫃洞前海域，燃放第二串鞭炮，並向溫王殿敬拜；最後是行駛至金王殿前海域，燃放最後一次鞭炮，以三次鞭炮作為行禮的表徵。漁船以鞭炮表示虔敬，並向村內所有神明許願，希望能在新的一年，拔得好彩頭，漁獲豐收，祈求眾神庇佑保平安。

圖 20 漁船於東宮（金王殿）前海域放鞭炮敬拜

（七）小結

　　種種漁船生活習俗的認知經驗主要來自於長輩的提點與傳授。全年近乎無休的作業期，終於能在過年前夕稍作喘息，除夕這天除了是家人團聚的相處日子之外，長年受神明庇蔭的作業漁船，紛紛把握一年一次的酬謝機會，盛重地辦理年度盛事。男女分工的行事，除舊佈新的象徵，以及時日年節的重視等，皆實踐於在地漁民的生活觀點。大小漁船神聖空間的祭祀，往往著重的是，心意大於份量，即使沒有實體的神尊，來自主廟以及其他地區的神明香火，仍具有龐大的扶持能量。良辰吉時的遵循，是一直以來，不曾改變的生活秩序。篤信曆書記載的好日、好時，漁船出海前的行禮規矩，是漁民發自內心，滿心盼望的一種行事作風。

五、結語

　　研究結果顯示，澎湖漁船與聚落廟宇關係十分密切，廟宇神明隨一面旗子的製作與投射，進而產生象徵性的物質文化，旗子具有神聖性，亦有保佑平安之安心作用。船上祭祀，一方面是對水神的一份敬仰與酬謝；一方面是歲末年終的答謝與祈福。漁船與漁民的生活規範，往往實踐於代代相傳的在地觀點。

　　一面平面的旗幟，僅以顏色概分，無任何圖文裝飾，其意義與功能較不顯明。當國旗、軍旗、隊旗、廟旗、漁旗等出現於所需的時代背景，每一類別的使用價值與設計理念一一被突顯，各具圖像（icon）、指示（index）與象徵（symbol）等實質範疇（蕭明瑜，2011：79）。整面旗幟可視為一符號體系，由內而外延伸，結合歷史脈絡、視覺設計以及圖紋組成等要素。旗子，作為當今社會的生活表徵，以民俗（學）層面而言，已然是新船下水、宮廟信仰、神明繞境、漁船出海等不可或缺的物質文化。三角形的旗面設計，是漁船旗幟的基本樣式，澎湖漁船常見的船旗亦是如此，一般由聚落信仰中心－宮廟發送，其象徵趨近於一種神物的崇拜觀，藉此保護個人生命、預知凶兆、祈求心願等（林惠祥，1986：26-27）。神明與居民的生活連結，可以自一面船旗，找到彼此互為價值的認定層次，有別於一般的生活行為、日常作息。這一層信仰關係，乃由神明主導，每一支蓋有「神明印」的旗子，讓原本的一般用品，變成具有神力象徵的民俗之物。

　　船俗與船祭所凝聚的是，在地漁民的集體意識，並形成世代之間交流的知識體系（黃麗卿，2011：75）。昔時的討海生活守則，傳承至今，依然是海上作業不得不謹慎面對的課題。這些依海而生的民俗文化，漸漸與現代科技掛帥的漁業發展形同陌路，既有的規範恐被打散，換來的主觀認定會是迷信、落伍、不合時宜。澎湖漁船的民俗性表現於物質觀的船旗、信仰觀的船祭與價值觀的船俗，彼此之間互為牽動。自圖 21所示，對於澎湖漁船的認知層面，不該是單一功能性的認定，以同心圓視之，最內層的基本核心仍是漁船本身，向外擴展的深層意義，包括在地慣習、生活儀式與民俗價值等。

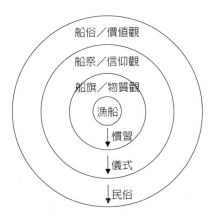

圖 21 澎湖漁船與民俗之發展輪廓（本研究繪製）

參考文獻

Rudolf Koch 著、王翎譯，《符號之書：幾何、宗教、天文、私徽，歐洲經典符號造形圖解》，台北：麥浩斯出版。

未具名婦人口述，作者訪談紀錄，未刊稿，2017 年 6 月 7 日馬公市風櫃里訪談。

未具名婦人口述，作者訪談紀錄，未刊稿，2017 年 6 月 22 日馬公市風櫃里訪談。

未具名漁民，作者訪談紀錄，未刊稿，2017 年 10 月 5 日馬公市風櫃里訪談。

成耆仁，2003，《中國紋飾及其象徵意義》，台北：國立歷史博物館。

李星輝，2002，《澎湖的傳統產業建築》，澎湖：澎湖政府文化局。

林世超，1999，《澎湖地方傳統民宅裝飾藝術》，澎湖：澎湖縣立文化中心。

林惠祥，1986，《民俗學》，台北：臺灣商務印書館。

高輝宏口述，作者訪談紀錄，未刊稿，2018 年 12 月 4 日馬公市風櫃里訪談。

高聰海口述，作者訪談紀錄，未刊稿，2016 年 7 月 7 日馬公市風櫃里訪談。

高聰海口述，作者訪談紀錄，未刊稿，2017 年 3 月 5 日馬公市風櫃里訪談。

高聰海口述，作者訪談紀錄，未刊稿，2018 年 8 月 12 日馬公市風櫃里訪談。

張詠捷，2010，《船家寶：澎湖耆老海洋口述史》，澎湖：澎湖縣政府文化局。

教育部重編國語辭典修訂本，〈旗〉，https://reurl.cc/g8pj3R，2021/4/6 瀏覽。

教育部重編國語辭典修訂本，〈旗子〉，https://reurl.cc/GdLR7A，2021/4/6 瀏覽。

莊伯和，2001，《臺灣民間吉祥圖案》，台北：傳藝中心籌備處。

許文東，2014，《走過北寮》，澎湖：澎湖縣政府文化局。

郭俊佑，2008，〈廟宇彩繪之吉祥圖案應用於觀光禮品設計之研究〉，南華大學應用藝術與設計學系碩士班碩士論文。

郭喜斌，2019，《圖解台灣民間吉祥圖鑑》，台中：晨星出版有限公司。

陳憲明等，2002，《澎湖的農漁產業文化—西嶼鄉與白沙鄉離島篇》，澎湖：澎湖縣文化局。

黃信夫，2004，〈人對基本幾何形狀面積知覺的研究〉，國立雲林科技大學工業設計系研究所碩士論文。

黃麗卿，2011，〈漁民信仰與社會變遷關係之研究—以南方澳為例〉，佛光大學生命與宗教學系宗教組碩士班碩士論文。

澎湖縣政府民政處，2019，澎湖縣登記立案寺廟明細表，澎湖：未出版。

蕭明瑜，2011，〈文化創意與設計轉化案例解析〉，《朝陽學報》，第 16 期，頁 69-91。

顏氏漁民口述，作者訪談紀錄，未刊稿，2020 年 2 月 14 日馬公市風櫃里訪談。

顏石能口述，作者訪談紀錄，未刊稿，2015 年 4 月 17 日馬公市風櫃里訪談。

顏石能口述，作者訪談紀錄，未刊稿，2018 年 7 月 27 日馬公市風櫃里訪談。

顏情義口述，作者訪談紀錄，未刊稿，2020 年 1 月 1 日馬公魚市場。

臺灣主體性的追求與新興教會的教勢發展 ——以臺灣基督教福音教會為例[1]

中研院文哲所博士後研究員   蔡至哲

一、前言：追求臺灣主體性的歷史主旋律

羅德尼・史塔克常將當代新興宗教的興起，與基督宗教在古典社會的傳播做對照。就如同在公元 1 世紀加入基督教一樣。加入新興宗教的歸信行為直接違背了那些對合法宗教歸屬和身份進行規定的常規。[2]根據史塔克的研究，早期基督教大部分來自中產階級。早期教會作者作者寫作的對像是知書達理，受過良好教育的群體。當時有一部分富裕的基督徒，其中包括「上流階層」的成員。透過歷史數據，那麼我們就完全可以做出如此的定論—基督教並不是無產階級的運動，相反，它有著更高的社會階層基礎。[3]史塔克在他更新的著作中，也同樣保持這樣的觀點：

> 在卡爾馬克思寫下「宗教是被壓迫生靈的嘆息是人民的鴉片」的時候，他只不過是表述了一種當時的人所持有的普遍觀點。但或許他更想說的是，「宗教常常是心懷不滿的下等階級的將片，因物質主義而感到絕望的富有者的嘆息」。當然，考慮到他的殘酷無情的智慧和個人的物質主義，馬克思絕不會這樣去設想這件事。太多的社會科學研究者也是一樣。幸運的是，大多數研究新約的歷史學家已不再相信早期基督徒是奴隸和被壓迫者的聯合體。如果真是這樣，基督教的興起就只能指望神蹟。[4]

---

1   本文已經被將於 2021 年 7 月 24 日舉行的「海洋亞洲全球化與去全球化」人文學科青年學者國際學術研討會接受投稿。

2   〔美〕羅德尼・斯塔克著；黃劍波、高民貴譯，《基督教的興起：一個社會學家對歷史的再思》（上海：上海古籍出版社，2005），頁 20。

3   〔美〕羅德尼・斯塔克著，《基督教的興起：一個社會學家對歷史的再思》，頁 37-39

4   〔美〕羅德尼・史塔克著；張希蓓譯，《社會學家筆下的基督教史》（北京：中國社會科學出版社，2019），頁 95。

　　史塔克對上層階級與新興宗教的歸信研究對本文很有啟發。也令我們重新去思考，部分的新興宗教，雖然常是基本教義派，但也有部分的新興宗教，常常比傳統宗教的教義更有彈性，能同時切合知識菁英對信仰的渴望，與現實社會的關懷。

　　在 1983 年出版了《想像的共同體》這本研究民族主義起源的學術經典的作者：班納迪克・安德森在晚近的時機，又撰寫專書《全球化的時代：無政府主義，與反殖民想像》，描繪了一個在早期全球化過程中興起的反殖民民族主義的原型──受胎於全球化（帝國主義與殖民主義），因而也深受全球化形塑的一種開放的，高度意識到當代世界，非常重視相互連結、具有強烈國際主義精神的民族主義。這個圖像徹底顛覆了通俗論述對民族主義封閉性格的描繪與指責，因為它捕捉到全球化時代，殖民邊陲如何辯證地運用了帝國創造的全球路徑進行抵抗。臺灣著名學者吳叡人曾引用其內容，來對照當今臺灣、香港反抗中國威脅的情境。吳叡人認為：

　　　在晚期全球化的時代，我們不得不繼續承受宗主國交替與連續殖民的命運，但我們卻也因極端全球整合而吸收了大量關於世界的知識，結交了無數跨國的友人，也建立了巨大的國際連結網絡──如今我們的國際化程度已經遠遠超過一個世紀多以前的黎剎。在晚期全球化的時代，每一個臺灣人，每一個香港人都是漫遊世界的黎剎。如果一個黎剎就開啟了想像民族之路，那麼數以百萬、數以千萬計的黎剎可以成就甚麼？帝國強大而脆弱，因為帝國固守大陸，但島嶼卻擁有全世界。[5]

　　由以上研究可知，全球化與國族主義（民族主義）之間在一些特殊的歷史情境下，並非是對立的，反而是相輔相成，互相催化。特別是在東亞世界中別具特色歷史文化的臺灣（福爾摩沙）。

　　臺灣這個島嶼具有特殊的歷史，不僅有來自中國明、清兩代（明朝：1368－1644；清朝：1644－1912），中國大陸的中華文化（漢文化），也有受過日本殖民統治，二戰結束後，又回歸中華民國政府統治。因此不斷地有被異文化壓迫的歷程。為求壓制臺灣人的文化認同，日本採取的手段之一是羞辱臺灣人為「清國奴」，等同利用羞辱中國認同來羞辱臺灣人。以上可見臺灣知識份子被歧視或羞辱為「清國奴」的往事，成為了臺灣被日本殖民統治期間的重要歷史記憶。由於受到這種屈辱與不平等的待遇，臺

5　吳叡人，〈《全球化的時代》導讀：《想像的共同體》理論架構下的菲律賓經驗個案研究〉，載於關鍵評論網：https://www.thenewslens.com/article/126784，2019/11/07。

灣許多知識份子都擁有與日本對抗到底的意識。吳濁流（1900－1976），為臺灣二次大戰後重要的文學作家，曾創辦《臺灣文藝》雜誌，並在晚年設立吳濁流文學獎，被譽為「鐵血詩人」，在其自傳《無花果》中提到：

> 雖然五十年間被壓制在日本人的鐵蹄之下，但是臺灣人還是沒有屈服，卻經常在做精神上的對抗。好像在學校也好，在運動場上也好，各機關團體也好，時常都在努力著不輸給日本人而競爭著。至於日本人，一直都持著優越感而自負比臺灣人優秀，但臺灣人以為自己是漢民族而比日本人的文化高，於是在潛意識中做了精神上的競爭。換一句話說，可以說是日本人和臺灣人在臺灣的五十年間做了一種道德的競爭。要證明這一點，可以舉出臺灣的良好治安並不輸給日本內地，尤其像不說謊、守信義等行為態度，都比他們做得更完善為證。[6]

屈辱的歷史激發出了臺灣人的主體意識，為求對抗日本，而其手段除了初期的武裝抗日外，則是對臺灣淵源於漢民族、漢文化的強調與恢復。

黃俊傑分析，臺灣知識份子精神世界裡的「祖國意識」，基本上是一種「集體記憶」（collective memory）——「祖國」在日據時代臺灣知識份子心目中是一種歷史的共業，這種共業以對漢文化的認同為其基礎。這種「集體記憶」是由當代人（尤其是日本人的殖民與壓迫）所建構的。而且，正如哈伯瓦克（Maurice Halbwachs）所說，「集體記憶」中的記憶者是作為群體的一份子的個人進行記憶，而不是一個與群體無關的個體在進行記憶。日據時代臺灣知識份子是在臺灣人群體的脈絡之中將「祖國」的歷史與文化當作「集體記憶」，而成為他們文化認同的一部分。臺灣人在日本殖民統治期間飽受日本人壓迫，在孕育臺灣人的「祖國意識」的諸多因素之中，「政治權力結構」是最根本的因素。不平衡的權力結構使臺灣人在日據時代快速形成「祖國意識」。[7]但是光復後國府的腐敗與歧視，又使他們的「祖國意識」轉化乃至消逝。[8]

從這一點來看，中華民國政府接管臺灣後的這段歷史，由於發生了二二八事件，與長期戒嚴所帶來的白色恐怖，使得雖然其統治亦有其功績與現代化建設的成就，但其不良影響的部分，可以視為「殖民化」後的「再殖民化」。陳翠蓮研究，因為日本帝國的刻意操縱與利用，中國人民對於「臺灣籍民」，「臺灣浪人」的惡劣印象由來已久。

---

[6]　吳濁流，《無花果》（臺北：前衛，1991），頁161。

[7]　黃俊傑，《臺灣意識與臺灣文化》（臺北：臺大出版中心，2006），頁96-97。

[8]　Maurice Halbwachs, The Collective Memory, tr. with an introduciton by Mary Douglas (New York: Harper-Colophon Books, 1950), p. 48

開羅會議確立日本戰收臺灣將歸還中國的原則，國民政府開始著手收復臺灣的準備工作以來，有關臺灣的統治方式議論紛陳。部份人士認為臺灣人民深中日本「奴化教育」之毒，而主張先予相當時間的「再教育」與思想消毒，方可給與自由權利。雖然也有人設身處地提出警語，「要祖國上下以留東五十年老留學生看待臺灣人民」，「側如以日本殖民或日本奴隸看法對付臺人，那麼中國之收復臺灣，就無異中國之殖民臺灣了」，在重慶臺灣人股股寄望「信任臺灣人，愛護臺灣人，尊重臺灣人」切莫「用一種歧視的態度來對待臺灣人」，事後證明，這樣的主張並未能扭轉有關臺灣人「奴化」的偏見，也未獲得重視。這種先入為主偏見尤其反映在統需臺灣收復接管工作主事者的陳儀身上。[9]

祖國來的統治者不只取代了異民族殖民者的統治權力，更在文化上強調祖國的優越性，鄙薄會被殖民地的臺灣文化。指控者認定臺灣人受到日本思想毒素與精神污染，是屬「奴化」，「氣短量小」，「心性狹險」，「缺乏自治能力」，要「去日本化」有賴「中國化」。「中國化」的重點在強調中國文化的高尚寬大，三民主義的優越進步，必須藉以完全去除臺灣文化中的「日本精神」與「奴隸根性」。同族的統治新貴還抬高民族傳統，美化中國文化，把在中國並未推行成功的民主科學，新生活運動責求於臺灣人，其整套思維邏輯無異於前殖民帝國，只是「大和民族」換成了「中華民族」。如此的「中國化」，對臺灣人而言，真是何其沉重。[10]往昔日本統治者曾鄙夷台人為來自「支那」的「清國奴」，1945 年後來的中國政府，又將台人看為「日本奴」了。儘管「臺人奴化」論戰中的正反雙方都有將差異本質化的傾向，但是臺灣人知識份子仍能保持相當的自主與警覺。他們通視自己受日治統治五十年後已然非漢非和的混雜文化，不再崇尚漢族文化的純粹性，也不因被殖民經驗而自慚形穢，透過對日治遺產的重新評價，他們主張粹取其中的優良成份，再挑選中國與其他國家可資學習的部份，做為臺灣文化苗壯的養分，並且積極鉤勒出文化世界化，社會近代化與政治民主化等方向做為臺灣人追求的目標。這種自覺與自主精神，正是追求去殖民最重要的力量。省視這一段歷史，則可理解戰後臺灣人的心理轉折與追求自主的決心。[11]是故，即便在戰後有白色恐怖政治的壓抑，以及長達持續 38 年 56 天的戒嚴，[12]所帶來的恐怖與苦悶，主體性的追求仍

9　陳翠蓮，〈去殖民與再殖民的對抗：以一九四六年「臺人奴化」論戰為焦點〉，《臺灣史研究》第 9 卷第 2 期（臺北，2002），頁 148-149。

10　陳翠蓮，〈去殖民與再殖民的對抗：以一九四六年「臺人奴化」論戰為焦點〉，頁 162-163。

11　陳翠蓮，〈去殖民與再殖民的對抗：以一九四六年「臺人奴化」論戰為焦點〉，頁 189。

12　中華民國政府於 1949 年 5 月 19 日在台灣頒布了戒嚴令，宣告自同年 5 月 20 日零時（中原標準時間）起在臺灣省全境實施戒嚴，至 1987 年由時任中華民國總統蔣經國宣布同年 7 月 15 日解除該戒嚴令為止，共持續 38 年 56 天。該戒嚴令實行時期又被稱為「戒嚴時代」或「戒嚴時期」。

是臺灣知識菁英的最在意的思想主流。

　　臺灣知識份子由於深受日本殖民主義壓迫的歷史記憶，加上中華民國政府接收初期的二二八事件等悲劇，導致臺灣知識份子更期待能夠擁有主體性，建立自我的尊嚴與認同。台大歷史系教授吳展良曾言：

> 臺灣人真正爭的是自我認同與尊嚴，這是百年來自我受壓抑的結果。凡是能增進其自我認同與尊嚴感的，均為其所愛，反之則為其所激烈反抗。從黨外運動以來一切抗議的背後，其最核心也最能激動人心的訴求，就是完成臺灣人的自我認同與尊嚴。[13]

　　受到羞辱與壓迫的歷史記憶，導致追求尊嚴與自我認同，成為了日本殖民統治、回歸中華民國政府以來，面對中共威脅的情境下，臺灣思想史發展的主要軸線之一。而在這追求主體性的過程中，在臺灣的基督宗教扮演了思想上的一個重要資源。其中首先扮演關鍵角色的，乃是臺灣基督教長老教會。

二、基督宗教對臺灣主體性的追求

　　臺灣基督長老教會於 1977 年 8 月 16 日依當時臺灣的國際處境所發表。其中籲請政府「使臺灣成為一個新而獨立的國家」為當時臺灣內部首度以團體形式公開發出臺灣獨立聲音：

> 本教會根據告白耶穌基督為全人類的主，且確信人權與鄉土是上帝所賜，鑑於現今臺灣一千七百萬住民面臨的危機，發表本宣言。……面臨中共企圖併吞臺灣之際，基於我們的信仰及聯合國人權宣言，我們堅決主張：「臺灣的將來應由臺灣一千七百萬住民決定。」我們向有關國家，特別向美國國民及政府，並全世界教會緊急呼籲，採取最有效的步驟，支持我們的呼聲。為達成臺灣人民獨立及自由的願望，我們促請政府於此國際情勢危急之際，面對現實，採取有效措施，使臺灣成為一個新而獨立的國家。我們懇求上帝，使臺灣和全世界成為「慈愛和誠實彼此相遇，公義和平安彼此相親，誠實從地而生，公義從天而現的地方。」（聖經詩篇八五篇十至十一節）。臺灣基督長老教會總會議長趙信（出

---

13 吳展良，〈台灣人真正要的是什麼〉，下載於 http://blog.sina.com.cn/s/blog_9b49a3540100wbp9.html。

國中）；總會副議長；翁修恭（代行）總會總幹事高俊明，一九七七年八月十六日。[14]

　　國民黨統治當局對此認為教會與臺獨團體掛勾。除了監控教會人員外，並對教會進行滲透、收買，在教會製造分裂。並處心積慮找機會打擊臺灣基督長老教會的聲望。1979 年美麗島事件發生後，時任臺灣基督長老教會總會總幹事高俊明即被以協助施明德逃亡為由被捕，成為臺灣史上最著名的牧師被捕事件，高俊明並於 1980 年到 1984 年間為此坐牢。當然根據鄭睦群的研究，〈人權宣言〉從歷史性的角度而言，雖然不是一開始就有很強烈的臺讀意識，但確實深刻地影響了臺灣社會追尋自身主體性的呼聲，豐富了臺灣的民主。尤其在鄭南榕先生離世後，〈人權宣言〉中「新而獨立的國家」的詮釋就從「自決」加值為臺獨了。[15]以上可見，在知識菁英追求臺灣主體性的過程中，教會牧者對黨外人士的實際協助，與基督宗教思想高舉人權價值等內容，都是很好的助力，臺灣知識份子對教會的充滿好感與認同，在宣教上產生了良好的影響。同樣的情況，也適用在新興基督教教派的基督教福音宣教會。

　　臺灣社會從 1970 年代起，搭上了全球化中的解殖思潮，前仆後繼的學生運動與政治運動，均強調追求脫離中國的壓迫，恢復臺灣主體性，甚至追求臺灣獨立；社會上則強調個人特質的解放。學者吳乃德曾以臺灣最好的時刻來描述這段追求民主化的歷史，吳乃德回顧歷史，提到不管是葡萄牙和希臘在一九七〇年代末期領先民主化，拉丁美術，東歐，亞洲許多國家（包括臺灣）接著在八〇和九〇年代中也陸續走上民主之路。搭上了這個一般稱為「第三被」民主化的世界性的民主化浪潮。[16]這段時間最重要的「美麗島事件」催生了臺灣民主，成為臺灣歷史過去與未來的轉換器，吳乃德比較了雷震自由中國組黨運動，在遭受蔣介石鎮壓之後立即消散，而美麗島事件雖然面臨更最酷的壓制，民主運動卻在人民更熱烈的支持下更為大，終於迫使威權獨裁政府讓步做出民主妥協。直到現在，臺灣仍然是華人社會中唯一的民主國家。這是臺灣人的驕傲。讓臺灣民族（或說臺灣國族主義）邁向形成之中。也讓臺灣成為了東亞社會中最強調多元寬容的國家。

　　承繼民主化的遺產，1987 年臺灣解嚴，1978 年代由鄭明析牧師於韓國創立的基督教福音宣教會也於同一年傳入臺灣。鄭明析牧師自起初接觸臺灣知識菁英起，不論是

[14] 《台灣基督長老教會人權宣言（1977.8.16）》轉引自長老教會官網：http://www.pct.org.tw/ab_doc.aspx?DocID=005。
[15] 詳見鄭睦群，《從大中華到台灣國：台灣基督長老教會的國家認同及其論述轉換》（臺北：政大出版社，2017），頁215-216。
[16] 吳乃德，《臺灣最好的時刻，1977-1987：民族記憶美麗島》（臺北：春山出版社，2020），頁24-25。

對信徒，或外部政治人物、社會人士，均長期肯定臺灣之國家定位、屢屢在世界各國教會中高舉臺灣教會之價值。鄭明析牧師常以具有反差感的「大國」來稱呼臺灣。[17]並認定臺灣是基督教福音宣教會中最重要的三個國家，肯定臺灣的主體地位，並不斷帶世界各國信徒為了臺灣與中國之間緊張的局勢來禱告。[18]鄭明析牧師，充分暸解在實際上，由於受到中共的打壓，沒辦法參與許多主權國家才能參與的國際組織如聯合國，卻以「在神面前已經獨立」來肯定臺灣。

臺灣政府於 1987 年 7 月 15 日，正式宣佈終止了持續 38 年 56 天的戒嚴。1987 年12 月 1 日，臺灣新聞局宣布，自 1988 年 1 月 1 日起，開放報禁，1987 年 11 月 5 日，行政院會議通過《人民團體組織法草案》，將政治團體列為人民團體之一，受該法約束。新籌組政黨有二十多個；直到 1989 年 1 月 20 日，立法院三讀通過《動員戡亂時期人民團體法》，各政治團體均得依法自由成立，並從事選舉自由活動」。開放民眾登記政治團體，人民可依法組黨結社、組織參加集會遊行及從事政治活動。這就是著名的黨禁與報禁的解除。然而，實際上，仍有所謂的刑法一百條尚未廢除，其內容中提到：意圖破壞國體、竊據國土，或以非法之方法變更國憲、顛覆政府，而以強暴或脅迫著手實行者，處七年以上有期徒刑；首謀者，處無期徒刑。[19]

以上法條，直至 1992 年 5 月 15 日才得到修正。此時的臺灣，才算是幾十年來臺灣民主運動的重要成果，讓人民有了完整的、言論自由及推動人權保障的重大成就。亦即，即使在解嚴後，臺灣社會更進入了一個推動民主化，年輕世代覺醒，擺脫大中國主義，認同臺灣主體性的重要階段，甚至還有人為了能夠大膽地在公開場合表達臺灣獨立的主張，而發生的自焚事件。[20]基督教福音宣教會很神奇地，剛好在 1987 年解嚴之際傳入臺灣，趕上了民主化的最後高峰。特別是初代進入教會的知識菁英，後來成為教會主要領導成員人士當中，根本就有很多人是實際參與黨外運動的青年。

於 1989 年進入基督教福音宣教會兩位重要牧者，周牧師、林牧師。一位畢業於畢

17　鄭明析，《1995.12 月臺灣大學證道節錄》。

18　鄭明析，《1995.12 月臺灣大學證道節錄》。

19　刑法一百條。

20　1989 年，鄭南榕因涉嫌叛亂被傳喚出庭，但他拒絕被警方拘捕。鄭南榕認為臺灣獨立的主張也是《中華民國憲法》保障人民言論自由的一部分，並表示「國民黨不能逮捕到我，只能夠抓到我的屍體。」隨後將自己關在《自由時代周刊》雜誌社內，並準備汽油，彰顯抵抗意圖；是年 4 月 7 日清晨，警方向雜誌社發動攻堅行動時，不願被逮捕的鄭南榕於總編輯室點燃汽油，自焚身亡，終年 41 歲。其自焚事件立刻引起迴響，另一名類似主張者詹益樺在鄭南榕出殯期間，於介壽館（今總統府）前自焚身亡，這在一定程度上也對當年度舉辦的地方公職人員選舉有所影響。外省第二代鄭南榕引火自焚的舉動，讓他被許多臺獨主義者稱為「言論自由殉道者」、「臺灣建國烈士」或者是「臺灣獨立建國之父」等。2016 年 12 月，鄭南榕逝世日被定為「言論自由日」，以紀念鄭南榕捨身捍衛言論自由，並希望讓民眾暸解言論自由的意義與價值。

業於臺大法律系，曾經擔任日後第一次完成政黨輪替，第一位民進黨總統陳水扁在立法委員時的助理。一位畢業於清華大學，同時間也擔任過第一夫人吳淑珍女士競選立法委員的助理。兩位本來都在黨外運動中活躍的青年，一度曾以從政為救國的路徑，但後來改以信仰的屬靈路徑來去改變社會。當他們回憶認識鄭明析牧師對臺灣的看法時，都帶著高度的肯定。在他們的回憶中，鄭明析牧師從一開始就十分看重臺灣，也很重視這些青年改革社會的理想，但這些青年在聆聽了鄭明析牧師所講的教理課程後，有了從「政治改革」往「心靈改造」的生涯轉向。周牧師曾回顧：

> 處於戒嚴及解嚴的年代，對國家的關心，自然而然地成為學生生活的一部分。隨著改革的呼聲，法政成為顯學；而當發現私慾伴隨權力前進，「扭曲」成為必然時；深切體悟一旦變質，一切的改革終將枉然！「國會助理」是退伍後的第一份工作，適逢選舉，熱血沸騰地投入，每天伴著星月出門，踏著星月而歸，一個月內，從無到有，建立二十個鄉鎮後援會；北返時，也將鐵捲門仍關著、室內僅一位躺著休息的庶務人員、偌大卻空洞的競選總部協助積極啟動經營，終獲勝選……經過縮時般的選舉活動洗禮，內心強烈的呼聲：改革的核心，在於「生命的改變！」生命若不能提昇，所有的改革恐將成一己之私，再亮麗的政治明星，終將成為被改革的對象，「變質」，是改革者的毒素！「改革由革心開始」！這塊土地，需要更多懷抱基督情懷。[21]

林牧師回憶當初被教會吸引時的情況：

> 吸引我的是當時在競選總部出現的黃清源先生。他是吳淑珍女士（陳水扁先生行動不便的的夫人)的國會助理。總是西裝筆挺，然後進辦公室後，就先拿起掃把掃地。這個行動太感動我了。後來知道他是台大哲學所的研究生與基督徒時，我更想要詢問一些關於人生問題的興趣。

> 選舉前，因為後選人仍在當選邊緣，競選總部人們壓力很大，非常擔心，黃先生就問陳（水扁）先生說，我請教會的人來為我們祈福好嗎？當然好啊。在那緊張肅殺氣氛中，晚上教會的姐妹來跟我們工作同人見面，聊天很愉快，特別在為我們禱告時，跟選舉的氣氛很不同，有一種意外的平安！

21　《周牧師訪談 2019 年 10-11 月》。

　　1990 年 3 月野白合學運。學習了話語，我體會須要有足夠的義人，臺灣人才能獲得拯救。當然政治的改革，可以很大程度改變社會。但是更深刻的人性的改變，須要信仰。我從自己本身可以體會，即使政治目的達成了，我的個性若是沒有改變，只是外在的改變。內心的改變才是根本。因此我走上信仰路，而不是政治路。[22]

　　兩位基督教福音宣教會初期入教，至今仍在擔任重要聖職的牧者。均曾以臺灣獨立為自己的政治理想在追求，但受到鄭明析牧師以基督宗教思想來引導之後，均認為改革人民的心靈，可能比從政更為重要。因此不再持續往政治的道路發展，但卻開始以信仰的思想，繼續在教會的事工中，去發揚臺灣主體性的價值與意義。這當然也不僅僅是因為他們過去的從政背景，而是因為鄭明析牧師確實從認識臺灣人起始，就非常尊重臺灣的主體性的價值，林牧師回憶到：

　　1991 年 9 月，鄭牧師曾在參訪中正紀念堂時提到，神憐憫臺灣，所以國民政府由蔣介石帶領脫離中國來到臺灣，正如摩西帶領以色列人出埃及。日後李登輝總統在一九九四年四月接受日本小說家司馬遼太郎訪問時，也自比為舊約聖經中帶猶太人逃離埃及高壓統治的領袖人物──有著耶和華神祝福的領袖摩西。在 1995 年 12 月，鄭牧師又說雖然中國有飛彈，但是神會保守臺灣。[23]

　　聖經中的應許之地的故事，本就常被歷史上各個民族與神學家，用以詮釋新國家、新大陸的發現等等。鄭明析牧師同樣以出埃及、進入迦南地，來比喻臺灣脫離中國，成為了華人世界中，信仰上的應許之地。於是特別希望身為韓國友人的身份，以信仰的角度，多栽培臺灣的青年菁英，期待能更多協助這批放下從政理想，改以心靈改革為道路的臺灣青年。周牧師回憶，當初他於 1990 年代首次前往韓國，教會幫他安排了國會巡禮，也與韓國當時一流大學的菁英參訪交流。最後鄭明析牧師在全體教友面前，直接向眾人宣達的一句話語，更深刻地烙印在他心中：「今天，臺灣的菁英也為了自己的民族，正在努力學習。[24]」透過這幾位早期進入教會又成為牧者的從政青年，鄭明析牧師也與臺灣民主運動中的幾位重要人物結下了深厚的友誼，特別是日後成為達成首位政黨輪替的總統：陳水扁。

----

[22] 《林牧師訪談 2019 年 11-12 月》。
[23] 《林牧師訪談》。
[24] 《周牧師訪談》。

三、基督教福音宣教會對臺灣主體性的高舉與肯定

　　1999 年後鄭明析牧師離開了韓國，到臺灣、等世界各個國家展開宣教。在此過程中，鄭明析牧師特別將一場宣揚世界和平的國際足球比賽於臺北舉辦，也邀請了達成臺灣歷史上首度政黨輪替，剛當選為臺灣總統的陳水扁參加。[25]鄭明析牧師也在參觀臺灣諸多歷史過程中，肯定臺灣作為華人民主社會的典範，是華人的長子。以上不管是從人際交往上，或者從實際的言論中，都可看到鄭明析牧師對臺灣知識份子追求臺灣主體性的支持與讚賞。

　　鄭明析牧師由於受到中國的宗教迫害，於 2007 年 5 月遭到中國共產黨逮捕入獄長達十個月，而後又被遣送韓國。作為一個新興宗教領袖，當然無法在相對格外保守的韓國基督教社會中不受歧視與排擠，甚至因此在無罪證與證人翻供的情況下，仍遭受了十年的冤獄生活。[26]然而即便在這十年無法由他本人主持教會的情況下，鄭明析牧師依然以信件，肯定臺灣的價值與地位：

---

[25] 照片一和相關內容，詳見總統府新聞稿：總統參加「第一屆和平盃亞洲足球友誼賽」開幕典禮。2001 年 3 月 31 日」，當中照片即是鄭明析牧師與陳水扁總統合照。https://www.president.gov.tw/NEWS/2813。

[26] 關於鄭明析牧師所遇到的相關法律爭議，秋本採乃有深入的研究：「鄭氏在 2007 年 5 月，因著兩位自稱受到性侵害的女子提告，而在中國被拘留。然而中國當局追查後，提出「沒有嫌疑」的結論，於是鄭氏不用接受中國的刑事裁判，在 2008 年 2 月 20 日被送回韓國。對此，被告方主張「中國公安花了長達 10 個月追查並得出沒有嫌疑的這個結論，就是被告沒有犯罪的最大證據。」……詳見秋本彩乃的《命の道を行く鄭明析氏の步んだ道》（東京：Parade，2019），頁 122-124。或見 Massimo Introvigne：「In the case of A and B, Jung was found innocent of rape, as the court did not believe there had been violence or intimidation, but guilty of "sexual assault" in the form of unsolicited "indecent touching," and of "quasi rape" because, although not physically coerced or threatened, A and B psychologically were "in a state of inability to resist."C eventually became a main public voice for the anti-cult association Exodus. D eventually withdrew her accusations, saying she had been coached by C to lie. C was a forceful accuser at trial,

如同「屬靈的人」跟「屬肉的人」成為一組來做一般,「日本」和「臺灣」成為兩個見證人,跟主體一起推動歷史。〈日本〉和〈臺灣〉這兩個國家,其他任何國家都比不上。這兩個國家有年輕人在推動,只要再過一段時間就會達到一萬人。[27]

鄭明析牧師一方面肯定了臺灣主體性,同時也肯定了臺日之間重要的友好關係,這跟一般韓國人無故或者受到刻板韓國歷史教育影響下的仇日史觀,很大不同,反而更多同情理解臺灣人的心境,也能掌握臺日之間當下的國際關係。代理鄭明析牧師於世界各國舉辦傳道聚會、聖靈聚會的復興講師鄭朝恩牧師,也承繼此一立場,持續在世界各國信徒面前,肯定臺灣的國家地位與教會付出:

主透過鄭牧師的口說過:「臺灣是非常阿沙力的民族。」積極地來去做吧!積極地來度過信仰生活吧!你們所有人不要羨慕旁邊那個大國,你們積極來奔跑吧!……,在這個世界上你們是最棒的。

臺灣從民族的角度來看,已經從大國那邊獨立出來了,不是嗎?從那個國家脫離出來,所以有很多不公平的對待,……不過,各位,在我們世界的教會當中,三大宗主國之一耶,是三大宗主國之一三大領主之一。我們世界的教會當中,大家都認定臺灣哪!在神的國度當中,他們都會認定臺灣,……在神的國度當中,對大家而言、對神而言,臺灣就是主特別帶領的那個三個國家當中之一。[28]

臺灣雖然很小,但並不是小的國家。因為這民族的關係有些遺憾,但是透過信仰來解開這遺憾時,各位的夢想、盼望完全可以達成的。

全世界當中沒有一個團體是這樣珍惜臺灣,唯有神啊!天上、地上加起來,唯有主和聖三位是如此珍惜臺灣。韓國雖然是創始國,但第二大的民族就是臺灣,這也是被預定的,你們可以做得到,因為你們有特質的關係。[29]

基督教福音宣教會的韓國籍牧師,在鄭明析牧師所制訂的方向下,充分同情地理解臺灣遭受中國共產黨政府在各種國際場合打壓臺灣政府的外交困境,反之在基督教福音宣教會內部的各種國際聚會或聯合活動時,不斷肯定臺灣,高舉臺灣的國際地位。實在切合了臺灣知識份子心目中追求主體性恢復的渴望。以臺灣為中心,讓全世界連

and the judges believed her claim that she had been physically raped while taking a shower. The defense argued that C was a martial arts champion, and could have easily resisted a sixty-one-year-old man, but her testimony stood. 」

27 鄭明析,《2018 年 9 月 30 日主日話語內容節錄》。
28 鄭朝恩,《臺灣復興聚會:「跟隨時代吧」內容節錄》(2013.7.20)。
29 鄭朝恩,《臺灣巡迴內容節錄》(2016.0711)。

線的大聚會，其中所定的主題歌曲「福爾摩沙、眼淚」，完全表達了臺灣歷史的遺憾與
展望：

　　山　連綿　絕壁　奇岩
　　海　孕育　生命　無邊
　　風　黃金　稻浪　原野
　　美　福爾摩沙　眼淚

　　天　賜予　產物　豐沛
　　人　逐鹿　不絕　烽煙
　　時也　運也　命也
　　……

　　良善　熱情　好客　的人哪
　　合十　雙手　勤勞　而敬虔
　　飄啊飄　香火升天
　　停吧　驟來的　巨變[30]

　　　這首詞曲以原民阿美族的「太巴塱之歌」之悠揚的歌聲開頭，在全世界不同國家
教會面前作為開場表演，向全世界不同教會介紹福爾摩沙這個美麗的島嶼，和這座島
上善良的人民。接下來以非常有節奏感的 RAP 詞句，向全世界不同國家人民介紹臺灣
四百年簡史，訴說過去曾被欺壓、背棄、疏離的人民心聲：

　　大航海時代　荷西掠奪　福音開
　　鄭氏王國滅　康熙收復　清治台
　　甲午戰役敗　日據皇民　數十載
　　……
　　一九七一年　臺灣逐出　聯合國
　　盟邦親中國　斷交疏離　接連來

30　張覺作詞作曲，《福爾摩沙、眼淚》（2016.0711）。網路歌曲連結詳見：https://www.youtube.com/watch?v=v7WK
　　0Dxsc0Y。

他們叫我　Chinese　Taipei

良善　熱情　好客　的人哪
合十　雙手　勤勞　而敬虔
時也　運也　命也
飄啊　香火升天
停吧　驟來的　巨變

真心的　祈求蒼天
許一個　平安心願
憐憫我　別無所求
讓驟變　別來擾我。[31]

　　成為共同禮拜連線的主題曲，表現出基督教福音宣教會充分理解、尊重臺灣歷史文化，理解臺灣人情感的深刻面向。展現出一個本來是「韓國」傳來的新興宗教，短短三十年不到，不但在聖職者的管理層面早已經完全本土化，更在思想與教理上，融洽地與臺灣的歷史發展命運相連結。

　　鄭明析牧師十年的冤獄生活終於在 2018 年 2 月 18 日結束。經歷了十年的無端的牢獄之災，鄭明析牧師對實際的人權問題有了更多關懷，在證道中屢次提到監獄的人權該如何去提升改進，以及如何平反各類司法審判不公：

　　我以前在中國的時候，因那些受到撒但主管的人而承受了苦難。……那裡在供餐時間只提供半塊玉米麵包（窩窩頭）。一開始我心想：「這是我喜歡的玉米麵包。玉米對健康很好，太好了！」然而過了幾週後，就覺得很厭煩。而且那裡提供的湯，是把切好的白菜放入冰水，再放入一點大豆油來做成的，我後來拉肚子，受不了，就把大豆油洗掉之後再吃。我待在那裡時，發生了很多事情，有一件事情我還記得。那裡偶爾會提供肉湯。有一天，盛湯的大嬸為了撈肉塊給我，特別多攪拌了幾下。她想要把沉在湯桶底部的肉撈起來而攪拌，結果有幾塊肉浮上來，她立刻撈起來，盛入我的碗中。我看到這場景後向聖子禱告，說：「您的愛很極致。」於是聖子跟我說：「因為你看到了，所以我才告訴你。我攪拌了那麼多次，還是沒什麼肉。我很想要多給你一塊，

卻只有小碎塊。不過我還是撈到一塊肉給你了。」我沒有忘記這句話，一直記在腦中，所以跟各位分享了。[32]

神要幫助「被關在監獄裡的人」……」[33]

透過親身的冤獄經歷，鄭明析牧師深刻思考了民主社會中依然存在的司法不公問題，以及中國的宗教迫害和監獄中的人權問題，因此親身帶頭，並呼籲基督教福音宣教會的教友們多多為了人權問題聲援，並且為了監獄的人權問題禱告。而後當韓國監獄的環境與法規改善，包括犯人臥室與廁所隔間、監獄對犯人的管理態度變好、服刑人離開監獄改為清晨四點、犯人的伙食改善。鄭明析牧師不斷在禮拜中提及這是神的動工，希望教友要懂得向神獻上感謝。[34]

此外，如前所述，由於首次逮捕被入獄，是發生在中國，十個月在中國的牢獄生活，更因為種種刑求與逼供，讓鄭明析牧師差點喪命，也更使他感受到極權專制的可怕，因此也常在禮拜中批判極權政府，強調民主才是普世價值，並且要求教會的聖職者、管理階層一定要以身作則：

在地球上的指導者、領導，不應該獨裁，因為神的國度已經來到我們當中的關係，必須要跟神一起做才可以嘛！[35]

現在跟以前不一樣耶，現在是要有人格，是民主時代、現在是自由主義時代，就是百姓們可以講話的時代，所以不可以按照自己的心意來講話，這是行不通的，這是行不通的，你這麼做的時候整個百姓都會起來耶。太驕傲的話，那麼就算他是領導人，但是百姓不喜歡他，他很驕傲的話，就是到處走的時候很驕傲樣子，這樣的話，「牧師你為什麼這樣做啊！」一定你們會這麼說的。[36]

政治人物也是一樣，按照自己的主觀來教導百姓，把自己的主觀帶給他們，這樣也是有問題，神會擊打這樣的人，以前的共產主義他們用自己的想法來教導百姓，然後洗腦他們，到後來就滅亡了，神讓我們體會這部分。[37]

反對獨裁，支持民主與基本人權等普世價值對攝理的教友而言，在鄭明析牧師的影響下，也成為了實際的行動。透過對臺灣近代歷史的深刻理解，鄭明析牧師鼓勵了教會內的具有學生會長（研究生協會）身份的教友，主動在 2016 年開始，首次以研究

---

[32] 鄭明析，《2018 年 11 月 18 日主日話語》。

[33] 鄭明析，《2018 年 6 月 12 日週二清晨箴言》。

[34] 鄭明析，《2020 年 2 月 19 日週三話語》。

[35] 鄭明析，《2020 年 3 月 1 日主日話語內容節錄》。

[36] 鄭明析，《2020 年 3 月 1 日主日話語內容節錄》。

[37] 鄭明析，《2020 年 3 月 1 日主日話語內容節錄》。

生學生會的官方名義，聯合日本的民間著名導演馬場櫻（馬場さくら）[38]的劇團，[39]以「七十一日的百合花」（「七十一日的台灣白百合」）為題，連續三年舉辦了在校內紀念鄭南榕先生殉道的言論自由日紀念活動之藝文演出，向年輕世代，去紀念曾經為這個土地殉道的犧牲精神並珍惜今日民主自由得來不易。白色恐怖受難者蔡焜霖先生則早在日本的時候就看劇團的相關表演，深受感動：

> 日本「櫻人企劃音樂劇團」演出《71 日的台灣百合》，焦點放在鄭南榕自囚的 71 天。最後一幕，演出的演員都紛紛不停喃喃自語地揚頌「我是鄭南榕，我主張台灣獨立」，如雷貫耳，蔡焜霖說他已經在日本觀看該劇 10 場演出，最後一幕尤其令人動容。[40]

作為研究生協會的顧問也同為臺灣大學畢業的校友，和長期支援相關追求臺灣主體性、促成這次活動展演的周牧師，在現場也成為其中一位致詞來賓，教會公報 3450 期對此報導：

> 臺大交響樂團演奏《愛、饒恕與寬容》，這首曲是基督教福音宣教會（Christian Gospel Nission, CGAM）創始人鄭明析所譜。CGM 協會顧問周牧師指出，要共守護台灣、守護言論自由，不讓鄭南榕的犧牲白白浪費，讓精神延續，其言論自由成為台灣改革的契機。[41]

---

[38] 青山学院大学国際政治経済学部卒業。学生の頃から舞台に立ち 2001 年東京の劇団で座付き脚本家演出家として活動。2004 年大阪に拠点を移し演劇ワークショップを通した人材育成や、学校公演活動を行う。2011 年東日本大震災を機に桜人企画を立ち上げ、世界の問題や社会情勢をテーマに、歌ありダンスあり笑いあり涙ありのエンターテイメントな舞台作品を作り続け現在に至る。水都大阪 2009 大阪市長賞受賞。第 27 回 S1 シナリオグランプリ奨励賞受賞作品「真夜中の美容室」が Kindle ストアで発売中 http://amzn.to/1Fnpngk。

[39] 劇團之相關介紹：桜人企画は、大阪を拠点に活動している社会派エンターテイメント劇団です。演劇の中に、ダンスや歌が入ったエンターテイメントな音楽劇の形式です。ストーリーは心に残るメッセージがテーマのハートフルストーリー。観た人が人として大切な何かを思い出し、心に刻んで劇場を後にしてくれる作品を「プレゼント」することが私たちの使命です。此外，櫻人劇團連續幾年都受到臺大研究生協會的邀請來臺大演出紀念鄭南榕先生故事的舞台劇「七十一日的臺灣百合花」詳見民視報導：「被鄭南榕感動！日導演創作舞台劇《七十一日的台灣白百合》紀念」（2019/04/06）：https://www.ftvnews.com.tw/news/detail/ 2019406P02M1。

[40] 邱國榮，〈擁抱多元價值花朵攜手維護基本人權〉，《台灣教會公報》第 3450 期，2018 年 4 月 9 日-15 日，頁 2。或見教會公報網站：https://tcnn.org.tw/archives/35072。

[41] 邱國榮，〈擁抱多元價值花朵攜手維護基本人權〉，《台灣教會公報》第 3450 期，2018 年 4 月 9 日-15 日，頁 2。或見教會公報網站：https://tcnn.org.tw/archives/35072。

　　根據教會公報 3450 期報導和臺大校友雙月刊 117 期[42]及相關網路回顧的影片及報導，[43]現場的主辦同學除了演奏臺灣基督教著名歌曲《耶和華祝福滿滿》、演唱紀念鄭南榕的歌曲《南方的大榕樹》，也特別以信仰的精神，演奏了鄭牧師所寫詞譜曲的《愛、饒恕與寬容》[44]藉以紀念追求臺灣主體性、追求言論自由的殉道者精神。

四、結語

　　臺灣社會從 1980 年代起，搭上了全球化中的解殖思潮，前仆後繼的學生運動與政治運動，均強調追求脫離中國的壓迫，恢復臺灣主體性，甚至追求臺灣獨立；社會上則強調個人特質的解放，追求性別平權的思想。雖然歷經艱辛，維持了長達四十年以上的思潮，至今不斷，也讓臺灣成為了東亞社會中最強調多元寬容的國家。1987 年臺

---

[42] 「臺大研究生協會於 4 月 7 日言論自由日，舉辦「新世代自由的吶喊」活動，以永誌追求言論自由的精神。圖為臺大交響樂團以四重奏及合唱揭開序幕，演奏具有臺灣鄉土風格和基督教讚美詩歌的曲目，傳達愛、和平與寬恕。（圖文摘自黃浩珉 http://ereporting.ntu.edu.tw/article/12589）」詳見臺大校友雙月刊網站：http://www.alum.ntu.edu.tw/wordpress/?page_id=14818。

[43] 「4 月 7 日當日活動由臺大交響樂團成員以四重奏及合唱揭開序幕，演奏具有台灣鄉土風格和基督教讚美詩歌的曲目，在悠揚的樂曲之中，呈現愛、和平與寬恕的精神，努力讓過去的遺憾可以被超越，在矛盾中尋找和解的未來。臺大城鄉所學生共同組成的城鄉放送局樂隊，也在現場演出戒嚴時期的禁歌《黃昏的故鄉》，他們同時也演奏獻給白色恐怖受難者的《白色時光膠囊》以及為鄭南榕而寫的《南方的大榕樹》。」詳見黃浩珉，〈臺大新世代紀念鄭南榕　追思言論自由精神〉，詳見國立臺灣大學 National Taiwan University 官方臉書 2018 年 4 月 11 日：https://www.facebook.com/iloventu/posts/878324709013156:0。

[44] 相關表演影片完整紀錄，詳見臺大研究生協會官方臉書：https://m.facebook.com/NTUGSA/videos/1636329353081392/。

灣解嚴，基督教福音宣教會也於同一年傳入臺灣。鄭明析牧師自起初接觸臺灣知識菁英起，不論是對信徒，或外部政治人物、社會人士，均長期肯定臺灣之國家定位、屢屢在世界各國教會中高舉臺灣教會之價值，著實地切合了這四十年來臺灣知識菁英界的思想發展。

　　基督教福音宣教會作為一個宗教團體，自然仍然嚴守當代世俗化社會的習俗，政教分離。也從不真正認為政治作為人間或世界秩序問題的終極解答，而陷入其中。因此即使臺灣社會每逢大選時，鄭明析牧師也從未去指導教友有任何政治傾向。但教會對於臺灣主體性的肯定，則是一路走來始終如一，從未改變。

　　充分肯定臺灣歷史文化，並深刻同情地理解臺灣人民曾經與現代所面對過的困境與悲情，成為了鄭明析牧師在信仰上帶給臺灣人民更多信仰之愛的動力。也正因為鄭明析牧師對臺灣歷史的深刻地、同情地理解，讓他的話語中充滿了更多能讓臺灣知識菁英深感共鳴的內容。鄭明析牧師傳教臺灣之際，重視臺灣青年對臺灣主體性的追求，深度理解臺灣近代以來的歷史文化，而使得基督教福音宣教會在臺灣的宣教能夠更加順利。

參考書目和資料

吳乃德，《臺灣最好的時刻，1977-1987：民族記憶美麗島》（臺北：春山出版社，2020）

吳展良，〈台灣人真正要的是什麼〉，下載於 http://blog.sina.com.cn/s/blog_9b49a3540100wbp9.html。

吳濁流，《無花果》（臺北：前衛，1991）

吳叡人，〈《全球化的時代》導讀：《想像的共同體》理論架構下的菲律賓經驗個案研究〉，載於關鍵評論網：https://www.thenewslens.com/article/126784，2019/11/07。

民視報導，「被鄭南榕感動！日導演創作舞台劇《七十一日的台灣白百合》紀念」（2019/04/06）：https://www.ftvnews.com.tw/news/detail/2019406P02M1。

邱國榮，〈擁抱多元價值花朵攜手維護基本人權〉，《台灣教會公報》第 3450 期，2018 年 4 月 9 日-15 日，頁 2。或見教會公報網站：https://tcnn.org.tw/archives/35072。

臺大校友雙月刊網站：http://www.alum.ntu.edu.tw/wordpress/?page_id=14818。

臺大研究生協會官方臉書：https://m.facebook.com/NTUGSA/videos/1636329353081392/

張覺作詞作曲，《福爾摩沙、眼淚》（2016.0711）。

陳翠蓮，〈去殖民與再殖民的對抗：以一九四六年"臺人奴化"論戰為焦點〉，《臺灣史研究》第 9 卷第 2 期（2002），頁 145-201。

黃浩珉，〈臺大新世代紀念鄭南榕追思言論自由精神〉，詳見國立臺灣大學 National Taiwan University 官方臉書 2018 年 4 月 11 日：https://www.facebook.com/iloventu/posts/878324709013156:0。

黃俊傑，《臺灣意識與臺灣文化》（臺北：臺大出版中心，2006）

鄭明析，《1995.12 月臺灣大學證道節錄》

鄭明析，《2018 年 11 月 18 日主日話語》

鄭明析，《2013 年 10 月 16 日週三清晨箴言》

鄭明析，《2018 年 6 月 12 日週二清晨箴言》

鄭明析著；CGM 翻譯部譯，《戰爭是殘忍的。愛與和平（共四冊）》（臺北：明人出版社，2019）

鄭朝恩，《臺灣復興聚會：「跟隨時代吧」內容節錄》（2013.7.20）。

鄭朝恩，《臺灣巡迴內容節錄》（2016.0711）。

鄭睦群，《從大中華到台灣國：台灣基督長老教會的國家認同及其論述轉換》（臺北：政大出版社，2017）。

《林牧師訪談 2019 年 11-12 月》

《周牧師訪談 2019 年 10-11 月》

〔日〕秋本彩乃，《命の道を行く鄭明析氏の步んだ道》（東京：Parade，2019）

〔美〕羅德尼・斯塔克著；黃劍波、高民貴譯，《基督教的興起：一個社會學家對歷史的再思》（上海：上海古籍出版社，2005）

〔美〕羅德尼・史塔克著；張希蓓譯，《社會學家筆下的基督教史》（北京：中國社會科學出版社，2019）

總統府新聞稿：總統參加「第一屆和平盃亞洲足球友誼賽」開幕典禮。2001 年 3 月 31 日」：https://www.president.gov.tw/NEWS/2813。

CGM 官方網站：https://cgm.org.tw/about-us/about-cgm-taiwan。

Massimo Introvigne 之宗教百科網站上對基督教福音宣教會的介紹：https://wrldrels.org/2020/10/02/providence-christian-gospel-mission/。

新加坡廣東喃嘸師傅的變遷

新加坡國立大學中文系博士生   陳康言

一、引言

在新加坡，華人會根據各自的文化作分類，而形成「方言群」的概念。各個方言群都有著獨特的宗教傳統，比如道士之類的儀式專家，亦會依據他們的宗教傳統，以不同的語言去進行宗教儀式。這一種在語言上的多樣性，展現了新加坡華人在宗教上的多元性。早在 1950 年代，英國人類學家托普利（Marjorie Topley）便曾到新加坡進行有關海外廣東人的宗教研究。她詳細紀錄了在牛車水一帶的廣東喃嘸師傅所進行的科儀儀式，其中更描述了在沙莪巷的殯儀館內進行的「破地獄」儀式。「其中一位手執紙造靈牌的喃嘸佬，一邊跳過『地獄』，一邊把含在口中的水吐進澆上油的爐中，之後提起右手的劍，揮破放置在另一面的瓷磚。」（Topley 1952, 65）「破地獄」是廣東喪葬儀式中重要的一環，體現了廣東人對死後世界的看法。這個儀式由一群廣東喃嘸師傅所進行，旨在打開地獄之門，引領亡魂離開陰間，進入輪迴。

喃嘸師傅，或俗稱之為喃嘸佬或喃嘸先生，是廣東道士的別稱。由於他們大多主持殯葬相關的科儀，經常與屍體接觸，故普羅大眾都對他們有所忌諱，不願與他們作過多的接觸。（Watsons 1988: 391-392）然而，當遇到家人不幸離世時，他們又不得不向喃嘸師傅請教，並進行相關的宗教儀式。這一種矛盾的狀態：與喃嘸師傅保持距離但同時又對他們有所需求，揭示了這群廣東道士模糊又複雜的社會地位。

在新加坡的沙莪巷以及鄰近的牛車水地區，是昔日廣東人在新加坡主要的居住範圍。在戰後時期，廣東人所設立的殯儀館大都集中在沙莪巷一帶。由於喃嘸師傅與殯葬行業有著非常密切的關係，故很多殯儀館都是由喃嘸師傅負責打理。據了解，當時有多達 150 名喃嘸師傅在相關的殯儀館工作。（榮德廣東法事服務 2019）時至今日，仍有不少老一輩的牛車水居民稱呼沙莪巷為「死人街」。

然而，自 1960 年起，新加坡政府開始進行城市化計劃，並重新整頓牛車水一帶的面貌。這一方面促進了新加坡的現代化發展，但另一方面亦令到不少傳統行業與文化消失。而與沙莪巷息息相關的喃嘸師傅，亦隨著沙莪巷的重建與殯儀館的消失而不斷

地減少。另一方面，自新加坡政府於 1978 年起推動「講華語運動」以及提倡英語為主、母語為輔的雙語教育政策後，華語以外的其他華人語言都沒有受到重視。這令到年輕一代的新加坡華人失去了講方言的能力，間接導致他們失去了與傳統宗教文化接觸的語言工具。這些都是導致喃嘸師傅人數下降的原因。時至今日，在新加坡仍有大約三十位喃嘸師傅為在地的廣東人提供不同的宗教服務。他們很多都是昔日在沙莪巷的殯儀館中當學徒。現在的他們會經常聯合起來，一起在葬禮或廟會等不同的場合，進行宗教儀式。

　　本文旨在探討的主要問題是，在新加坡的語境之下，廣東喃嘸師傅是一個怎樣的宗教群體？在此之下，需要了解到喃嘸師傅在過去的歷史中，出現了怎麼樣的變化？其次，他們在新加坡的廣東人社群之中，佔有怎樣的角色？本文嘗試為喃嘸師傅在新加坡的發展，勾劃出一個歷史輪廓，並提出喃嘸師傅這個群體，其實是與國家發展，以及在地廣東人的社會文化，形成一種互動關係。喃嘸師傅的道學背景，從來都不是單一的，而是有著多元的傳統。由於他們的人數不斷減少，他們亦會聯合起來，共同進行各種道教科儀，因而形成了一種新加坡在地的喃嘸傳統。這令到這一種廣東宗教文化在新加坡出現了獨特的面貌。透過了喃嘸傳統的在新加坡的發展，可以更深入了解到廣東宗教文化在海外廣東人的社群中，如何反映出一種本土化的現象。

　　本文主要會以新加坡廣東社團所出版的刊物，以及舊報章為主，輔以觀察的方式，去了解喃嘸師傅在新加坡的發展。下文將會分為四個部份。首先，是相關的文獻探討，以了解廣東道教與新加坡華人的研究概況。其次，會是界定研究範圍，解釋本文的研究對象，新加坡廣東人是怎樣的一個群體。第三，即是會解釋喃嘸師傅的定義。最後，會為廣東喃嘸師傅在新加坡的發展，作一論述。

二、相關文獻研究

　　新加坡廣東喃嘸師傅的發展與在地的廣東人社群有著密不可分的關係。自十九世紀起，廣東人移民潮出現，他們的宗教文化亦伴隨著移民潮，南來到新加坡。然而，有關早期華人宗教文化的研究並不多。英國殖民地官員以及一些漢學家曾在十九世紀的新加坡，進行有關華人宗教的研究。另一方面，歷年來，廣東道教研究的範式轉移（paradigm shift）亦能夠為這項研究提供一個參考。上述兩類的研究都對研究廣東喃嘸師傅在新加坡的發展，提供了一個研究的方向。

（一）地方道教研究脈絡

對於地方道教的研究重心，一直分為兩個主要區域，一個是在福建和台灣，以操閩南語的社群為主；另一個是在廣東和香港，以操粵語的社群為研究對象。比較而言，有關福建和台灣道教的研究相對較豐富。早在十九世紀，荷蘭漢學家高延便在福建進行相關研究。他指出了萬物有靈論（Animism）跟巫的關係。他亦提及到中國宗教地方性，指出福建地區的宗教儀式，都是由當地的師公以福建話進行。（Groot 1892）

在二十世紀，亦有一批日本學者在福建和臺灣，進行相關的田野調查，以了解當地宗教的獨特性。（常盤大定 1930，鳥居龍藏 2016，伊能嘉矩 2017）及後，楊慶堃提出了「制度性宗教」（institutional religion）與「擴散性宗教」（diffused religion）的概念來解釋中國宗教的多元性。（Yang 1961）而所謂的地方宗教或民間宗教，即被歸類為「擴散性宗教」的一種。

在二十世紀中後期起，諸如施舟人（Kristofer Schipper）等西方學者，亦進入到田野之中。他參與在福建的道教儀式之中，並解釋了神話傳說，宗教儀式與宗教群體之間的密切關係。（Schipper 1993）。其餘像勞格文（John Lagerwey）、歐大年（Daniel Overmyer）、焦大衛（David K., Jordan）、丁荷生（Kenneth Dean）、大淵忍爾等學者都將研究重心放置在探討民間宗教的儀式與習俗上。他們亦留意到諸如道士、神媒、乩童等宗教專家在式上的角色。（Jordan, Overmyer 1986, Lagerwey 1987, Dean 1993，大淵忍爾 2005）由此可見，有關在福建和台灣一帶的道教研究，是有著相當豐富的學術成果。

而在廣東地區，最早有關地方道教的研究，可以追溯至美國傳教士葛學溥（Daniel Kulp）曾到廣東鳳凰村所進行的田野調查。他通過描述村落的廟宇節日和祖先崇拜來，以了解廣東人的宗教生活。（Kulp 1925）但更多相關的研究，即集中在香港。早在上世紀五、六十年代，華琛（James L. Watson）和華德英（Barbara E. Ward）曾在香港新界的鄉村地方進行田野調查。他們強調廣東人在宗教生活與儀式上的功能性。（Watsons 2011, Ward 1985）在他們之後，田仲一成、科大衛（David Faure）和蔡志祥等學者亦在新界地方進行考察，以了解當地人民的傳統習俗與生活文化。（田仲一成 1985, Faure 1986，蔡志祥 2000）

近年來，有關廣東道教的研究，大多以歷史人類學的方法為主，結合文獻和田野考察的資料。黎志添便以這種研究方法去了解廣東道教在城市化發展下的過程。他嘗試使用明、清兩朝的文獻，去看廣東道教的發展歷程。（黎志添 2007）日本學者志賀市子亦同樣以相近的研究方法，去了解香港全真教派的發展。（市賀志子 2013）有關新加

坡廣東喃嘸師傅的研究，亦應該放置於廣東道教的研究脈絡之中，以了解在廣東和香港以外，廣東道教的發展情況。

（二）新加坡的華人宗教研究脈絡

最早有關新加坡華人宗教的研究，基本上都是以紀錄為主。殖民地官員俄根（J.D. Vaughan）曾於 1879 年出版《海峽殖民地華人的風俗與習慣》一書，詳細記載了在英屬馬來亞時期，華人的宗教習俗與活動。（Vaughan 1879）巴素（Victor Purcell）與宋旺相亦於十九世紀末至二十世紀初，紀錄了不少與華人宗教活動相關的訊息。（Purcell 1948, Song 1923）直到二十世紀中期，隨著漢學家留意到南洋一帶的華人社會，才開始出現學術性的著作。

弗里德曼（Maurice Freedman）將研究重心放在新加坡福建人的親屬系統中，並探討宗教組織，喪葬儀式，和祖先崇拜在新加坡華人社會中的重要性。（Freedman 1957）與弗里德曼不同，托普利即專注在廣東的社群之中，了解廣東人的宗教生活，特別是喪葬儀式與冥婚。（Topley 2011）依利諾（Alan Elliott）在研究東南亞的華人宗教與乩童文化時，提出了「神教」（Shemism）的概念，去形容華人宗教的複雜性。（Elliott 1955）唐志強則留意到喪葬儀式在新加坡華會上的功能。他認為戰後的喪葬儀式，是受到不斷變更的社會和文化所影響。（Tong 2004）由此，他在探討城市化進程對新加坡華人宗教的影響時，是抱有較為負面的想法。他總結出，在不斷更迭的社會環境下，道教等傳統華人宗教的信仰群體，是必然會減少的。（Tong 2007）但另一方面，亦有學者對此持有相反的意見。（Chew 2008）

近年來，學者將研究重心放在華人的宗教團體。第一種是有關廟宇的研究，學者會關注新加坡廟宇的功能，與社會發展的關係。（林緯毅 2006，徐李穎 2006）丁荷生亦紀錄了八百座不同類型的廟宇。他透過大量的田野考察紀錄，嘗試找出廟宇跟原鄉之間的關係。（Dean 2015）另一類的研究，即是探討各類型宗教組織。曾玲探討新加坡廣東人的墳山組織，廣惠肇碧山亭的宗教儀式與其社會功能。（曾玲，莊英章 2000）李志賢即集中討論潮州善堂背後的商業網絡。（李志賢 2006）蘇芸若即從性別研究的角度出發，探討在男性主導的宗教系統中，齋堂如何賦予女性力量。（蘇芸若，2018）

還有一類的研究，即是關注華人宗教與新加坡社會發展的互動關係。許源泰留意到道教組織在宣揚教派時，是會因應社會環境的改變而作出反應。（許源泰 2013）Terence Heng 即探討華人的身份與傳統節日的關係。他發現在農曆七月時，透過宗教儀式，會將世俗空間暫時顛覆為宗教空教，而華人的身份亦會出現改變。（Heng 2015）福浦厚子即留意到新加坡華人宗教網絡的複雜性，更發現到儀式專家、廟宇理事和國

家力量的互動關係，會影響到廟宇的宗教活動。（福浦厚子，2018）

不難發現，現存有關新加坡華人宗教的研究，大多集中在宗教場所與儀式兩方面，只有為數不多的研究是與儀式專家有關，而關於道士的研究更是缺乏。最接近的研究亦只有一篇有關福建道士的論文。許思偉集中討論閩南籍道士的行業結構和與福建人社會之間的關係。（許思偉 2007）本文的研究目的，即是要填補這個研究的空白，透過探討廣東喃嘸師傅在新加坡的發展，一方面了解到廣東道教在新加坡的情況，另一方面藉此描述廣東人在新加坡的歷史。

三、新加坡廣東人

自 1819 年開埠以來，華人一直都是新加坡社會上的大多數。由 1965 年，新加坡成為獨立國家起，華人更是長期佔據著總人口的百分之七十五左右，是二岸四地以外，少數以華人為主要民族的國家。新加坡的華人，泛指從十九到二十世紀期間，由福建與廣東兩個省份南來的移民。自 1881 年，新加坡第二次人口普查起，殖民地政府便傾向以語言來將華人歸類為不同的民系，形成了「方言群」（dialect groups）的概念。根據當年的人口普查報告，「華人區分為不同的部族（tribes），應被冠以不同的名稱，而不應混為一談。」（Census of the Straits Settlements 1881: 4）在當時的人口普查中，華人被區分為五個主要的方言群，分別是福建人、海南人、客家人、廣東人和潮州人。縱然在往後的人口普查中，方言群的分類和數目有所增減，但這種以語言來劃分華人的方法，亦奠下了往後對新加坡華人的分類基礎。及後，不少學者亦繼承了這種分類方法，並進一步解釋了方言群與新加坡華人社會之間的關係。他們關注在十九至二十世紀期間，方言群之間的權力結構與權力關係，並提出諸如「分層結構」（segmentary structure）（Crissman 1967）、「幫權政治」（Mak 1995；林勝孝 1995）等概念。近年亦有不少學者，關注不同方言群的族群文化。（林忠強 2006；李志賢 2003；黃賢強 2008）

本文所探討的，是在新加坡廣東人社群中的宗教群體，喃嘸師傅。一般而言，新加坡的廣東人是指以粵語為母語，來自於清代廣東省西南部，珠江三角洲附近的廣州府與肇慶府的移民。（Cheng Lim-Keak 1985: 20）如下表所顯示，在新加坡歷來的人口調查報告中，操粵語的廣東人，一直都是第二或第三大的華人民系。在 2010 年的人口普查中，廣東人佔新加坡華人人口的百分之十五。

表一：新加坡廣東人歷年人口

普查年份	廣東人人口	排名
1881	14,853	3
1891	23,397	3
1901	30,729	2
1911	48,739	2
1921	78,959	2
1931	94,191	2
1947	157,598	2
1957	205,773	3
1970	268,548	3
1980	305,956	3
1990	327,870	3
2000	385,630	3
2010	408,517	3
2020	429,329	3

資料來源：Census of the Straits Settlements 3rd April, 1881; Report on the census of the Straits Settlements, taken on the 5th April 1891; Report on the census of the Straits Settlements taken on the 1st March 1901; The census of British Malaya, 1921; Singapore Chinese Society in Transition: Business, Politics, & Socio-Economic change, 1945-1965; Census of population, 1970, Singapore; Census of population 1980, Singapore: administrative report; Profile of the Singapore Chinese Dialect Groups; Census of population 2010; Census of population 2020.

　　然而，在本文的研究對象中，廣東人並非單指操粵語的廣東人，而是包含了惠州客家人在內的「廣惠肇」社群。根據李國樑的解釋，惠州府在地理位置上鄰近廣州府，當地亦有不少人通曉廣東話。而且當惠州客家人南來新加坡時，亦是取道自廣州港，故此與廣肇兩府的移民關係非常密切。（李國樑 2017: 5）廣、惠、肇三府形成了超脫方言群的「廣惠肇」團體。廣東人與客家人早於十九世紀，便聯合組成了廟宇墳山機構，福德祠綠野亭。在今天仍保存下來的綠野亭碑銘中，可見惠州客家人與廣州、肇慶的廣東人一同歸為「廣幫」，藉此與來自豐順、永定和嘉應五屬地區的移民所組成的「客幫」作一區分。（丁荷生，許源泰 2017: 69）在 1887 年，廣惠肇三屬人士組成了墳山機構碧山亭，作為「廣幫」的最高權力機構。到了二十世紀，他們又建立了廣惠肇留醫院。故此，新加坡的廣東人並非單指操粵語的群體，而更應包括惠州客家人在內的「廣惠肇」社群。

四、何謂廣東喃嘸師傅

　　喃嘸師傅是一個相當複雜的道士群體。長久以來，在廣東道教的學術研究中，一直難以為喃嘸師傅提出一個精確的定義。從學者們各自的田野調查中，可以了解到他們為喃嘸師傅在廣東人社會中的角色與功能，提出了不同的見解。這為新加坡喃嘸師傅的研究，提供了一個基礎。

　　最早對喃嘸師傅進行學術討論的是華琛。他在香港新界進行田野研究時，便留意到喃嘸師傅在喪葬儀式中所擔當的角色。他發現到在廣東人的喪葬儀式中，不同的儀式專家，會根據與逝者的接觸程度，以及對宗教儀式的能力與訓練，而劃出一個階級制度。當與逝者的接觸愈多，即表示受「污染」的程度愈高，地位便愈低。華琛發現在這個體制之內，風水師的地位最高，之後是喃嘸道士，而一眾吹奏樂器的音樂司、喪禮上的幫手等都排在道士之後。而地位最低的，即是與逝者接觸得最多，負責搬運屍骨的忤作佬。（Watsons 1988: 392）華琛表示，負責喪葬儀式的道士，被稱之為「喃嘸佬」，在粵語中，「佬」是帶有貶義的成份。[1]華琛認為，雖然喃嘸道士在喪禮儀式系統上的地位不低，但是由於他們長期出現在喪禮之中，被認為是受到「污染」，故在廣東人的社會中，是屬於被邊緣化的一群。華琛亦發現這群在香港新界的喃嘸師傅，是有學徒制度的。（Watson 1988: 399-401）

　　除了華琛外，田仲一成亦是在香港的新界地區，進行他對廣東道教的田野考察。他留意到喃嘸師傅在鄉村的角色與功能，並發現到喃嘸師傅除了在喪禮上出現之外，亦會出現在各式的廟會之中。他在上世紀八十年代來到香港，積極參與在村落舉行的打醮活動，並發現到喃嘸師傅亦有參與其中。而參與清醮儀式的，是一個林姓的喃嘸家庭，他們是屬於正一派的喃嘸師傅。（田仲一成 1989: 879, 958）從以上兩位學者的研究中，可以發現到喃嘸師傅不單只進行與喪葬禮有關的白事活動，亦會進行廟會之類的紅事活動。由此可見，在香港新界的喃嘸師傅是會進行多種科儀活動，並不一定只會專注進行跟白事有關的儀式。

　　大淵忍爾即為在香港的喃嘸師傅提供了另一個解釋。他認為正一派道士跟喃嘸師傅是屬於兩個不同的道士體系。他將在新界地區進行宗教活動的道士，歸類為正一派道士。他們會從父系成員中（通常是父親或祖父）世襲正一派道士的稱號、科儀本、法器等相關的用品。（大淵忍爾 2005: 716）另一方面，他指出喃嘸師傅並不是在新界的

---

[1]　在粵語中，「佬」是「男人」的口語表達，一般都帶有貶義。比如「鬼佬」一字便是形容西方高加索人。

村落地方，而是在城市化的市中心地帶進行宗教活動。他們的道學來源亦不是正一派，而是源自於廣州的三元宮的全真龍門派。他更進一步解釋，喃嘸師傅大多依附著在市區的殯儀館，從事喪葬相關的科儀活動，而且建立了商業網絡。（大淵忍爾 2005: 820-821）另外，他亦指出在屯門青松觀的道士，是屬於全真派道士。他進一步指出，青松觀的全真道士，是屬於出家的山居道士，而喃嘸師傅即是屬於可以在家的火居道士。（大淵忍爾 2005: 856-857）

　　另一位對喃嘸師傅進行研究的是蔡志祥，他認為在新界地區的道士是具有正一派背景的喃嘸師傅。他們的道學來源是源自於龍虎山的天師道。在他觀察到的打醮儀式，都是屬於正一派的科儀。（蔡志祥 2000: 131-134）黎志添即是對在廣東地區的喃嘸傳統歷史，進行了一個詳細的研究。透過歷史的考據，他發現自明代起，廣東地區的道士就是喃嘸師傅。由清代起，他們被命名為「在家火居道士」，亦被普遍稱為「喃嘸佬」或「喃巫」。黎志添認為這群廣東道士，應該稱之為「正一喃嘸道士」。（黎志添 2007: 7-10, 49-50）他們活躍於較基層的社會中，會進行不同類型的法事，亦有著自身的科儀傳統。黎志添發現，自十九世紀起，這群廣東道士開始遷至香港，並形成了香港的喃嘸傳統。（黎志添 2007: 7-10, 165-176）

　　日本學者市賀志子即透過對廣東年鑑的研究，發現到廣東道士之間，是有著階級的區分。首先，在階級最上端的是來自羅浮山的全真派道士，全真龍門道士居次，而地位最低的即是喃嘸師傅。在她的研究中，全真龍門道士跟喃嘸師傅是屬於兩個不同的道士群體。喃嘸師傅是屬於薩滿的一種，主要在廣東各地進行帶有地方色彩的喪葬儀式。在戰前的廣東，他們是不被承認為道士的一類。她進一步發現，在香港的喃嘸師傅都是依據正一派的傳統，去進行各項科儀儀式。（志賀市子 2013: 129, 152-163）

　　從上述學者的研究中，可以了解到喃嘸師傅是沒有一個統一的定義。在名稱方面，已經有「喃嘸佬」、「火居道士」、「在家火居道士」、「正一喃嘸道士」等各種稱謂。根據下表二，可以了解到上述學者對喃嘸師傅的理解與定義。首先，喃嘸師傅是流行於整個廣東地區，包括在城市與鄉間都可以找到他們的縱影。第二，雖然他們也有進行喜慶相關的紅事儀式，但主要還是進行喪葬相關的白事儀式。由於他們長期與屍首接觸，故被視為受到污染，套用道格拉斯（Mary Douglas）的用語，他們在廣東人的社會中，是被視為「不潔」或「危險」的一群。（Douglas 1985）此外，他們一般都是先成為學徒，但亦有部分是因繼承父系家族成員的道號而成為喃嘸師傅。最後，他們的道學背景都是不盡相同。由此可見，各個學者對於如何理解粵、港兩地的喃嘸師傅，已提出了眾多不同的特徵。故此，去了解新加坡在地的喃嘸師傅，亦需從加坡本地的社會情況入手。

表二：廣東喃嘸師傅的特徵

學者 特徵	華琛	田仲一成	大淵忍爾	蔡志祥	黎志添	市賀志子
正一派		✔		✔	✔	✔
全真龍門派			✔			
薩滿						✔
世襲喃嘸道號		✔			✔	✔
可以結婚		✔	✔		✔	✔
學徒制	✔				✔	✔
進行喪葬禮儀	✔		✔		✔	✔
進行喜慶禮儀		✔		✔	✔	✔
出現在城市			✔		✔	✔
出現在鄉間	✔	✔		✔	✔	✔

五、新加坡廣東喃嘸師傅

在新加坡的語境下，喃嘸師傅又有著不一樣的含義。謝明達指出喃嘸師傅並不只是廣東道士的稱呼，亦是指佛教的法師。「喃嘸」一詞是擬聲詞，在巴利文和梵文中，是有著皈依的意思。早期的南來移民並不了解法師唸的經文，只覺得他們一直以低沉的聲線發出聲音，故以「喃嘸」一詞去形容法師。（謝明達 2020）而本節集中討論的，即是廣東喃嘸師傅，而非佛教法師，在新加坡的發展脈絡。

（一）新加坡喃廣東喃嘸師傅的紀錄

有關廣東喃嘸師傅的研究大多集中在香港，而比較忽略其他其他廣東人社區中喃嘸師傅的歷史與活動。但少數的學者，比如托普利便曾於上位紀五十年代來到新加坡，紀錄了喃嘸師傅於牛車水沙莪巷所進行的儀式活動。她亦嘗試指出在新加坡和馬來西亞的喃嘸師傅是一個怎樣的道士群體。根據她的理解，在廣東的喃嘸師傅有兩類，一類是負責喪葬禮儀，另一類即是在道觀中修道的出家道士。（Topley 1952: 60）由此可見，托普利將喃嘸道士與全真派的出家道士混為一談。她亦指出在新馬一帶的喃嘸道士主要負責喪葬禮相關的儀式活動，亦會在人生病或遇上不順心的時候，提供相應的儀式以解難。（Topley 1952: 60）托普利的觀察為喃嘸師傅在新加坡的活動，提供了一個非常重要的參考。可是，對於這個群體的歷史背景等，卻沒有進一步的探討。

除了托普利外，Wu Mun Yu 亦在馬來西亞進行廣東道士相關的研究。她曾在九十年代，於吉隆坡進行有關當地的「在家火居道士」進行研究。她提到在吉隆坡仍有大量的廣東移民，而當地華人之間的通用語並非華語，而是粵語，故當地的廣東道士亦

相當活躍。她發現到當地的火居道士跟廣東和香港的喃嘸師傅有很多共通之處，他們的道學來源是跟正一派的傳統有關，會到龍虎山接受職牒，以證明自己的道學淵源。他們亦是以喪葬儀式，為主要的儀式活動。但是，Wu Mun Yu 發現在吉隆坡的廣東道士，是比較抗拒使用「喃嘸師傅」來形容自己，而多接受別人稱呼他們為「道士」。（Wu 1994）

　　雖然對於新加坡喃嘸師傅並沒有太多的學術論著，但亦有少數的文字紀錄是有關喃嘸師傅在新加坡的活動的。薛尹方（Sit Yin Fong）曾在五十年代，於已停刊的英語報章 Week-ender 中，撰寫有關華人傳統的文章。他曾撰寫過兩個故事，「兩隻鬼魂的婚禮」與「昂貴的華人葬禮」，並提及到喃嘸師傅會進行打齋儀式。[2]在新加坡出身長大的作家羅威‧伊斯梅爾（Geraldene Lowe-Ismail）亦曾出書講述新加坡廣東人在戰前的生活。她亦到提及在牛車水沙莪巷一帶，有大量殯儀館和喃嘸師傅。（Lowe-Ismail 2011: 20）由此可見，要了解新加坡喃嘸師傅的發展，就一定要從沙莪巷的殯儀館開始。

（二）新加坡喃廣東喃嘸師傅的發展

　　不論是托普利或羅威‧伊斯梅爾，都提及到在上世紀五十年代，新加坡的喃嘸師傅，主要在沙莪巷從事殯儀行業，為廣東人進行喪葬儀式。這跟在香港的喃嘸師傅十分相近。故此，要探討廣東喃嘸師傅在新加坡的歷史發展，亦應從上世紀五十年代或之前的沙莪巷開始。根據新加坡國家檔案館所紀錄的多份口述歷史檔案，在牛車水的老居民均提及到在沙莪巷有好四間大難館，而不少喃嘸師傅即在這些大難館工作。大難館兼具養病院與殯儀館兩種功能，以往一些垂死的老人，會先送到大難館的上層度過人生最後的階段，逝世後會送到下層並進行喪葬儀式。（新加坡國家檔案館 Accession Number 000185, Accession Number 000256, Accession Number: 2395/07）雖然關於沙莪巷大難館的紀錄已經散佚，不過不少廣惠肇三屬會館所出版的刊物，都記載了有關這些殯儀館與喃嘸師傅的訊息。從這些廣告中，亦可以留意到廣東喃嘸師傅，在新加坡的變遷。

1、二十世紀八十年代前：沙莪巷殯儀館與喃嘸師傅

　　根據多份刊物所刊登的廣告，可以了解到在上世紀八十年代以前，牛車水共有四間主要的大難館，分別由四個不同籍貫的廣東人所主理。這四間大難館分別是郭文養病所以及其附屬的廣永福壽板店、福壽養病所、同福壽殯儀館，以及多壽殯儀長生壽

2　兩個故事原本的題目為"Two ghosts were married" and "Death is costly to a Chinese"。

板店。

　　早在 1949 年，已出現有關郭文養病所的廣告，負責人是一位籍貫來自廣東南海的喃嘸師傅馮衍德，他亦同時是廣永福壽板店的東主。此兩間殯儀館分別位於莎莪巷門牌廿五到廿七號，以及五號及七號。（劉少珊，劉朋科 1949: 76）雖然此兩所殯儀館的成立年份不詳，不過根據 1928 年出版的《新加坡各業調查》，已能夠找到了郭文養病所的名字，可見此殯儀館在戰前已成立。（童子達 1928: 120）到了七十年代，郭文養病所更名為郭文殯儀館，並由馮衍德兒子馮利森打理。（廣惠肇碧山亭萬緣勝會特刊編輯委員會 1976: 199）

　　第二所殯儀館，即是於 1915 年，由祖籍順德的人士所成立的福壽養病所。（馮長風 1968: 200）在五十年代，該殯儀館的主理人是曾順貞，而地址則是在沙莪巷三十三至三十五號（馮長風 1958: 88）福壽養病所之後更名為福壽醫院聯記，再於六十年代更名為福壽殯儀館。（馮長風 1958: 88，馮長風 1968: 200）同福壽殯儀館則是由籍貫番禺的喃嘸師傅郭耀宗所創辦。（新嘉坡劉關張趙古城會館第八十五週年紀念特刊編輯委員會 1958: 85）該殯儀館的地址在沙莪巷廿六至廿八號。（馮長風 1968: 98）

　　多壽殯儀館則不設在莎莪巷，而是位於俗稱「豆腐街」的合巴珍珠街。該殯儀館創立於 1909 年。（三水會館 1979: 129）而負責主理的是一個來自三水，姓關的喃嘸師傅家族，創辦人是關洪。（劉少珊，劉朋科 1949: 76）在七十年代，負責人是關耀森。（三水會館 1979: 129）

　　上述四所大難館，分別是由南海、順德、番禺和三水，四個地方籍貫的廣東人所打理。在八十年代以前，這些大難館都有喃嘸師傅在內工作，並會在館內外進行各種儀式至天亮。（新加坡國家檔案館 Accession Number 000185, Accession Number 000256, Accession Number: 2395/07）這眾多的殯儀館之間亦建立了某種連繫，他們共同建立了殯儀組織「同壽行」。根據 1936 年一篇南洋商報的報導，同壽行創立於 1902 年，是當時新加坡壽板店東及抬棺工友所組成的同業組織。（南洋商報 1936）可見，同壽行是所有與殯葬業相關人士的聯合組織，而非喃嘸師傅專屬組織。不過，該組織確實是與廣東喃嘸師傅關係密切。首先，該組織的別稱是「番寨尾同壽行」，番寨尾亦即是沙莪巷的別稱。（南洋商報 1936）根據 1947 年出版的《華僑社團學校通信》，同壽行的英語名稱，是 Thong Sow Hong，是粵語的拼音寫法，可見同壽行是屬於廣東人建立的組織。而且該組織的註冊地址是在牛車水的恭錫街，即沙莪巷的附近。（潘醒農 1947: 105）再加上，同壽行的成員確實是有喃嘸師傅，比如上文提及過的同福壽殯儀館的番禺籍喃嘸師傅郭耀宗，曾擔任同壽行的財政一職。（南洋商報 1936）這都表示出喃嘸師傅曾經建立出一個有組織的連繫。

而在廣惠肇人士的墳山組織碧山亭的第四亭，「廣字模範山」，有一個名為「喃嘸行」的社團總墳。（廣惠肇碧山亭萬緣勝會特刊編輯委員會 1960: 16）由於碧山亭早於上世紀七十年代便清山，資料亦早已散佚，喃嘸行究竟是一個怎樣的組織？與同壽行有何種連繫？這些資訊已無跡可尋。但從以現存的資料來看，新加坡的喃嘸師傅確實於上世紀初至七十年代左右，建立了有組織性的連繫。但這個連繫卻隨著新加坡獨立以後展開的都市化發展而消失。

2、七、八十年代至現代：喃嘸師傅的轉型

自八十年代起，牛車水的殯儀館因為受到了市區重建的影響，而需要搬離沙莪巷一帶。從 1982 年的一則廣告中，可以知道郭文殯儀館遷至新民通道大道，而在 1984 年以後，再也找不到跟郭文相關的資料。（牛車水人民劇場基金 1984:30）福壽殯儀館自 1976 年遷至芽籠後，在 1979 年以後，亦再找不到相關的紀錄。（三水會館 1979: 129）同福壽殯儀館更是自 1968 年遷至芽籠後，翌年便出了最後一則廣告。（廖福成 1969: 117）多壽殯儀館則是自 1979 年由豆腐街遷出後，一直到 1987 年仍能找到相關的資料。（三水會館 1987: 173）七、八十年代以後，在會館刊物中，開始出現非以大難館，而是以喃嘸師傅的名義出的廣告。

在 1966 年，出現了一則有關喃嘸師傅的廣告，內容是在恭錫街門牌六十六號有一所「雲霞徐道院」，專門「承接大小功德法事」。（新加坡高要會館 1966: 125）及後，自七十年代至八十年代，出現了數個「道院」的廣告，他們均標榜自己是由喃嘸師傅所主理的。這些道院包括了在沙莪巷門牌九號及十一號「太玄何道院」，主理的師傅是喃嘸全。（廣惠肇碧山亭萬緣勝會特刊編輯委員會 1976: 232）在仰光律轉入柔大道五十號 A 的「萬來卜道院」，主理的師傅是喃嘸林仔。（廣惠肇碧山亭萬緣勝會特刊編輯委員會 1976: 231）位於新橋路門牌五六五號的「胡法彰道院」，主理的師傅是胡炎強。（三水會館 1979: 129）而在八十年代末至千禧年，已找不到上述幾個道院相關的廣告，反之，出現了其他道院的廣告。當中包括了「法昌何道院」，主理的師傅為何育祥，又稱喃嘸祥（新加坡廣惠肇碧山亭 1988: 178）。另一個道院即是「玄機李道院」，主理的師傅是李亮成，又稱喃嘸成。（鶴山會館 2006: 42）

從上述的例子中，可以留意到這批師傅都在廣告中，強調自己「喃嘸」的身份，而每一位的廣告中，都有提及到「承接大小功德」。這表示出了新加坡喃嘸師傅是不抗拒，甚至是認同自身作為喃嘸道士的身份。其次，他們所提供的服務是多種的，跟昔日在殯儀館時，以喪葬禮儀為主的情況不太一樣。另一方面，以上的廣告的多寡亦反映出一個明顯的趨勢，就是在九十年前以前，尚有一定數量以喃嘸師傅為主的道院活

躍於新加坡，但自九十年代以來，相關的道院廣告愈來愈少。這間接反映出喃嘸師傅的人數不斷在下降。（見附表）

3、喃嘸師傅與廣惠肇社群

　　新加坡的喃嘸師傅亦同時亦與廣惠肇社群建立了密切的關係。上述提及到，喃嘸師傅參與其中的同壽行，與其相關早最的紀錄，是一則 1924 年的廣告，同壽行聯同一眾廣惠肇三屬組織，共同為廣惠肇留醫院籌款。（南洋商報 1924）根據《南洋商報》的報導，同壽行更曾捐款予由粵籍人士建立的公立南華女學校。（南洋商報 1926）而且，當中國發生災難時，同壽行更曾多次與其他廣惠肇三屬組織，甚至是其他華人社團，共同捐款予中國。（南洋商報 1924；南洋商報 1924）由此可見，喃嘸師傅跟其他在新加坡的廣惠肇三屬組織，有一定的連繫。

　　而在廣惠肇的墳山組織，碧山亭，所舉行的祭祀活動上，喃嘸師傅亦有積極參與在內。在碧山亭的兩大主要祭祀活動，萬緣勝會和超渡幽魂，都能夠找到喃嘸師傅的身影。此兩項由碧山亭公所主理的祭祀活動，都是屬於超渡法會，同時結合僧、道、尼的傳統。萬緣勝會平均每五年舉辦一次，每次都長達四天三夜，而超渡幽魂則的規模較少，只有二天一夜。（Choi 2020）

　　根據《南洋商報》和《星洲日報》的報導，不同的喃嘸師傅都有參與在法會之中。根據一則 1976 年《南洋商報》的報道，上文曾提及到的雲霞徐道院的喃嘸師傅參與了當年的萬緣勝會，文中提到「喃嘸即由雲霞徐道院主持」。（南洋商報 1976）由此亦可見，僧道尼儀式中，有關道的部份，是由廣東的喃嘸師傅負責。而在 1978 年的碧山亭舉行超渡幽魂祭祀中，即改由福壽殯儀館的喃嘸師傅負責當中的儀式，文中提到

　　「並蒙曾順貞居士贊助喃嘸法師一壇，耗費成萬」。（星洲日報 1978）在兩年後，1980 年在碧山亭舉行的法會中，曾順貞再次「特出資成萬，禮延喃嘸法師，開壇作福」。（南洋商報 1980）但在二十一世紀的萬緣勝會，負責道教科儀的，即改為法昌何道院。根據在碧山亭的「第十一屆超渡幽魂萬緣勝會記事」碑和「廣惠肇碧山亭二零零七年第十二屆超渡幽魂萬緣勝會」碑，在 2003 年和 2007 年的萬緣勝會中，負責道教儀式的，是法昌何道院的喃嘸師傅。（丁荷生，許源泰 2017: 834, 838）

　　由以上的報導中，可以了解到新加報的一眾廣東喃嘸師傅，與廣惠肇群體密切的關係。同時，他們亦與在新加坡以外的喃嘸師傅社群，有著一定的連繫。

4、新加坡喃嘸師傅的跨域網絡

　　根據 Wu Mun Yu 在九十年代馬來西亞進行廣東道士相關的研究，她的研究對象為

一個名為「胡法彰道院」的道壇。而同樣的道壇，亦曾出現在新加坡。在 1979 和 1988 年出版的三水會館和廣惠肇碧山亭的刊物之中，都曾出現「胡法彰道院」的廣告。（三水會館 1979: 129，新加坡廣惠肇碧山亭 1988: 192）根據三水會館的紀錄，主理道院的胡炎強於上世紀七十年代，是新加坡三水會館的永遠名譽主席。（三水會館 1979: 38）到了八十年代，他是三水會館的主席團之一。（三水會館 1987: 34）雖然，在三水會館的會刊，並沒有對胡炎強的背景有更多的描述，但已足以證明他跟在吉隆坡的一個廣東道士群有關。

　　另一個比較清楚與馬來西亞廣東道士有連繫的，是「法昌何道院」。在相關的廣告中，清楚地記載了該道院的由來以及何育祥師傅的介紹。何育祥師傅的父親何為祺亦是一名道士，而他的外祖父即曾是新加坡廣福會館的廟祝。[3]可見他的父母親的家庭，都是跟喃嘸傳統有關。而廣告中，更有提及他的兄弟以及堂兄弟，全都是投入在喃嘸道士的行業之中。值得留意的是，在廣告中，多次提及法昌何道院的喃嘸師傅，是會為「新馬各地」提供道士服務，而非僅限於新加坡。他們更曾遠赴馬來西亞彭亨州的關丹，為當地的大伯公廟主持開光儀式。（新加坡廣惠肇碧山亭 1988: 178）由此可知，新加坡的喃嘸師傅跟馬來西亞的廟宇是有著連繫的。

　　與此同時，在新加坡會館的刊物中，亦可以找到來自於馬來西亞喃嘸師傅的廣告。在清遠會館的一份刊物中，找到了來自馬來西亞金寶的喃嘸師傅的相關資訊。兩名分別來自金寶萬邦習灣與東興港的喃嘸師傅朱財與伍鏡，共同刊登了廣告，並強調他們是「清遠廣府喃嘸」。（清遠會館 1984: 173）另外，三和會館的刊物中，亦有一個來自柔佛，道壇名為「永慶壇」的廣告，主持為黃進光。（三和會館 1984: 461）馬來西亞的喃嘸道士在新加坡的會館刊物中下廣告，表示了他們的服務對象並不只有馬來西亞的廣東人，亦包括了新加坡的廣東人在內。這反映出一種跨越新、馬兩地的聯繫。

（三）新加坡喃嘸道士的喪葬儀式

　　喪葬儀式，一般稱之為打齋，是新加坡廣東喃嘸師傅最常進行的科儀。通過紀錄在現今新加坡所進行的喪葬儀式，再與托普利於五十年代所紀錄的喪葬儀式作一對旁，便可以找到當中的改變。在 2019 年到 2020 年期間，筆者一共參與觀察了 5 個跟廣東人相關的喪葬儀式，並發現到幾個儀式的過程都是大同小異。而參與的喃嘸師傅人數大都是一樣，共有 6 位。

　　第一個儀式，是「開壇」，6 位喃嘸師傅中的其中一位會負責演奏樂器。他會先吹

---

[3]　廣福會館是一所於 1863 年，由廣、肇兩府人士所建立的廟宇，但在上世紀八十年代，由於城市規劃發展而拆毀。

響樂器，表示儀式的開始。而負責主科的師傅，會帶領逝者的家屬向道壇的三清像和大士王像跪下來拜拜。其餘四位師傅即會在道壇的另一邊誦經。主科師傅則會在壇前，以粵語唸上寫有逝者資料的文疏。

第二個儀式是請神，一眾喃嘸師傅會在道壇前再設一壇，並擺放紙錢、香燭等用品，更會放置關帝的圖像。這個儀式用到的科儀本是「玉山金科」。他們在準備好相關的器具後，便開始誦經。這個儀式是用以告知神明，請來帶走逝者。同時，家屬會根據跟逝者的親疏關係，依次由長子開始，手拿著清香，並在神壇前排隊拜拜。之後他們會去把紙錢化掉，而一眾喃嘸師傅會繼續唸經至完結。

第三個，亦是最重要的儀式，破地獄。這個是引領亡者走過地獄的儀式。在儀式進行前，其中一位喃嘸師傅會先在地上，用九塊瓷磚，架起一個「地獄」。這九塊瓷磚代表了逝者靈魂在前往最終審判前，必先經過的九層地獄。這些瓷磚排列成圓形，其中四塊排在地上，另外四塊則支撐在大約一吋高的金屬板製成的結構上。每一塊瓷磚上，都畫有一個老虎的形象，用以代表每一層地獄的守護者。而地獄的「入口」即放置在中央，並在底下以兩枝金屬支撐著。

這個儀式，由其中一位師傅負責，而其他人則輔助。負責的師傅會先戴上一個「皇冠」，其繫上一條繡花布。逝者最親近的家屬，一般都是長子，則會手持紙造靈牌，站在「地獄」旁邊。師傅隨即手持一把貼上紙錢的劍，並點燃起火。他之後揮舞著火劍，並圍繞著「地獄」起舞。其他四名師傅即跟隨著他的足跡，圍繞著「地獄」在轉。同時，負責吹奏樂器的師傅，即在邊旁以鼓和鈸來附和。之後其他喃嘸師傅會漸漸退下來。

負責的師傅會含著一口水，並在持劍跳過「地獄」時，把含在口中的水吐進澆上油的爐中，之後提起右手的劍，揮破放置在另一面的瓷磚。他每跳一次，就會打破一塊瓷磚。隨著儀式的不斷進行，他亦會跳得愈來愈激烈，這亦表示他進入到更深層的地獄之中。他之後放下劍，並從主科手上接過幡，並圍著「地獄」走。此時，近者的家屬亦會跟著他走，並會走到靈柩前。其他師傅即會用水把地上仍在熄燒的瓷磚澆息。這才完成了整個破地獄儀式。

最後的儀式是過仙橋。近者的靈魂會象徵性地附在紙造的靈牌上，並會在喃嘸師傅的引領下，走過仙橋，以登極樂世界。喃嘸師傅會架起兩座仙橋，一金一銀。逝者家屬會依次列隊在橋則，並由長子手持幡和靈牌。之後在喃嘸師傅的引領下，家屬會手持靈牌，走過仙橋。之後再化掉所有紙製品，便完成了整個喪葬儀式。

從以上對喪葬儀式的觀察，可以了解到，時至今日，新加坡的廣東人仍然會保留自身的文化，特別是當要處理相關的身後事時，仍然會回歸到傳統的喪葬文化中。不

過基本上，整個喪禮的時間只有三個多小時，跟托普利於五十年代的紀錄了一整晚相比，相差甚遠。而且在五十年代，托普利還紀錄了「普渡孤魂」和「散花」兩個儀式，這都是在上述的田野考察中找不到的。（Topley 1952）

六、總結

　　新加坡喃嘸師傅的發展，以及他們所進行的喪葬儀式，均表現出一種華人宗教傳統的在地化過程。正如本文第三部分所述，新加坡華人，乃至新加坡廣東人，都不是一個固定的概念，而是會因應不同環境和情況而作出改變。新加坡廣東喃嘸師傅的歷史與他們的宗教儀式，亦展現了一種獨特的在地廣東文化。而隨著時間的推移，這個宗教群體亦作出了改變，以回應不斷改變的社會環境。孔飛力（Philip K. Khun）曾經提出海外華人社會有著兩個層次，第一層是以方言為基礎（dialect base），第二層是以一種跨方言的「泛華人」社會（Pan-Chinese/Supra-dialect）。由第一層的社會發展過渡至第二層的社會，是表示了海外華人正在適應正在變動的社會。他進一步解釋海外華人社群的文化與結構，正是與在地環境、人口、社會結構、文化互動之後的結果。（Khun 2001）換句話說，華人社會因應示斷改變的環境和社會結構而改變。

　　廣東喃嘸師儀在新加坡的發展，正好呼應了孔飛力的看法。他們因應著新加坡社會的改變，而作出了相對的回應，而漸漸成為本土化的喃嘸文化。自新加坡獨立以後，人民行動黨政府透過不同的措施，包括「講華語運動」，以及禁止華語以外的「方言」於任何公共媒體中廣播等，以整合籍貫各異、操不同方言的華人，並以此建立起一套標準的「華人性」。（Clammer: 133-137）但喃嘸師傅卻在此社會環境之下，仍然堅守自身的文化傳統。隨著新加坡獨立以來的都市化發展，喃嘸師傅亦離開了一直盤踞的沙莪巷，人數亦不斷下降。他們亦簡化科儀內容，以切合社會需要。這都顯示出他們正在適應現代化的新加坡社會。以「華語語系」的角度來看，他們正在發展出一套以回應新加坡社會的本土廣東喃嘸文化。「華語語系」所強調的，正是要跳脫華人文化作為離散華人的框架，而關注本土文化的出現。史書美指出「華語語系」是一個著重本土以及日常生活經驗的論述。華人的文化是因應所在的環境，而進行不斷的改變以回應在地的社會文化。（史書美 2010）王德威更強調在地的「風土」。（王德威 2018）由此角度去理解，廣東喃嘸師傅的歷史發展，正符合「華語語系」學者對在地華人文化的看法。

參考文獻

中、日文文獻

大淵忍爾，2005，《中國人の宗教儀禮：道教篇》，東京：風響社。

丁荷生，許源泰，2017，《新嘉坡華人銘刻匯編 1819-1911》，新加坡：NUS Press，桂林：廣西師範大學。

王德威，2018，〈華夷之變：華語語系研究的新視界〉，《中國現代文學》，第 34 期，頁 1-28。

田仲一成，1986，《中国の宗教と演劇:華南宗族社会における祭祀組織・儀礼および演劇の相關構造》，東京：東京大学出版会。

田仲一成，1989，《中国郷村祭祀研究─地方劇の環境》，東京，東京大学出版会],1989。

伊能嘉矩，2017，《臺灣文化志:全新審訂版》，國史館臺灣文獻館譯，臺北：大家出版社。

志賀市子，2013，《香港道教與扶乩信仰：歷史與認同》，宋軍譯，香港：中文大學出版社。

李志賢，2003，《海外潮人的移民經驗》，新加坡：八方文化創作室，潮州八邑館。

李志賢，2006，〈宗教儀式、文化認同、商業網絡:新加坡潮人善堂信仰與社群的多層面互動〉，林緯毅編，《華人社會與民間文化》，新加坡，新加坡亞洲研究學會，頁 69-98.

李國樑，2017，《大眼雞・越洋人》，新加坡，水木作坊出版社。

林忠強，陳慶地，莊國土，聶德寧編，2006，《東南亞的福建人》，廈門：廈門大學出版社。

林勝孝，1995，《新加坡華社與華商》，新加坡：新加坡亞洲研究學會。

林緯毅，2006，〈社會變遷與鄉間民間信仰的整合:以淡濱尼聯合廟為例〉，林緯毅編，《華人社會與民間文化》，新加坡，新加坡亞洲研究學會，頁 173-197。

徐李穎，2006，〈在國家與社群之間:新加坡華人廟宇社會功能的轉換─以天福宮為例〉，林緯毅編，《華人社會與民間文化》，新加坡，新加坡亞洲研究學會，頁 15-34。

許思偉，2006，〈新加坡閩南籍道士研究：道士行業圈的源流以及其與社群之關係〉，《民俗曲藝》，第 154 期，頁 23-76。

許源泰，2013，《沿革與模式:新加坡道教和佛教傳播研究》，新加坡：新加坡國立大學中文系與八方文化出版社。

鳥居龍藏，2016，《紅頭嶼土俗調查報告》，林崎譯，臺北：唐山出版社。

常盤大定，1930，《支那に於ける佛教と儒教道教》，東京：東洋文庫。

童子達，1928，《新加坡各業調查》，新加坡，新加坡南洋工商補習學校。

曾玲，莊英章，2000，《新加坡華人的祖先崇拜與宗鄉社群整合:以戰後三十年廣惠肇碧山亭為例》，臺北：唐山出版社。

黃賢強編，2008，《新加坡客家文化與社群》，新加坡：國立大學中文系，南洋客屬總會，茶陽（大埔）會館。

福浦厚子，2018，《都市の寺廟──シンがポールにおける神聖空間の人類学》，横浜：春風社。

榮德廣東法事服務，〈新加坡廣東道教簡論〉，http://taoistrituals.com/a-brief-review-of-cantonese-taoism-in-singapore/，2019 年 1 月 15 日。

潘醒農，1947，《華僑社團學校通信》，新加坡：南島出版社。

黎志添，2007，《廣東地方道教研究─道觀、道士及科儀》，香港：中文大學出版社。

蔡志祥，2000，《打醮:香港的節日和地域社會》，香港，三聯書店（香港）有限公司。

謝明達，2020，〈獅城法音─淺談新加坡漢傳佛教〉，許齊雄、王昌偉、潘秋平、莊嘉穎、楊妍編，《新加坡華族之多元性國際會議論文集》，新加坡，城市書1房，頁37-47。

蘇芸若，2018，〈在地化的女性宗教空間與性別實踐─新加坡、馬來西亞先天道齋堂的案例考察〉，《華人宗教研究》，第11期，頁37-100。

英文文獻

Alan J. A. Elliot. 1955. *Chinese Spirit - Medium Cults in Singapore*. London: Royal Anthropological Institute.

Barbara E. Ward. 1985. Thought Other Eyes, Essays in Understanding 'Conscious Models' – Mostly in Hong Kong. Hong Kong: The Chinese University Press.

C.K. Yang. 1961. Religion in Chinese Society, a study of Contemporary Social Functions of Religion and some of their historical functions. Berkeley and Los Angeles: University of California Press.

Chee-Kiong, Tong. 2004. *Chinese death rituals in Singapore.* London, New York : Routledge Curzon.

Chee-Kiong, Tong. 2007. Rationalizing religion: religious conversion, revivalism and competition in Singapore society. Leiden, Boston: Brill.

Chi-cheung Choi. 2020. "Ancestors Are Watching: Ritual and Governance at Peck San Theng, a Chinese Afterlife Care Organization in Singapore." *Religion*, Volume 11 Issue 8.

Danile Harrison Kulp. 1925. *Country Life in South China, The sociology of Familism Volume I, Phenix Village, Kwantung, China*. New York: Bureau of Publications, Teachers College, Columbia University.

David K. Jordan, and Daniel L. Overmyer. 1986. *The Flying Phoenix: Aspects of Chinese Sectarianism in Taiwan*. Princeton, New Jersey: Princeton University Press.

Geralden Lowe-Ismail, 2011, *Chinatown memories*, illus. by Derek Corke. Singapore: Tailsman Publishing.

Hong Liu and Wong Sin-Kiong. 2004. Singapore Chinese society in transition : business, politics, & socio-economic change, 1945-1965. New York: Peter Lang.

J. D. Vaughan. 1879. The manners and customs of the Chinese of the Straits Settlements. Singapore: Printed at the Mission Press.

J. J. M. de Groot. 1892. The Religious System in China, its ancient forms, evolution, history and present aspect, manners, customs and social institutions connected therewith, vol. 6. Leiden: E.J. Brill.

James L. Watson and Rubie S. 2011. Village Life in Hong Kong: Politics, Gender, and Ritual in the New Territories. Hong Kong: The Chinese University Press.

John Clammer. 1985. *Singapore: Ideology, Society, Culture*. Singapore: Chopmen Publishers.

John Lagrwey. 1987. *Taoist Ritual in Chinese Society and History*. New York: Macmillan; London: Collier Macmillan.

Kenneth Dean. 1993. *Taoist ritual and popular cults of southeast China*. Princeton, NJ: Princeton University.

Kenneth Dean, 2015, "Parallel Universes: Chinese Temples Networks in Singapore, or What is Missing in the Singapore Model?" In *Handbook of Religion and The Asian City: Aspiration and Urbanization in the Twenty-First Century*, edited by Peter van der Veer. Oakland: University of California Press. pp. 273 - 298.

Kristofer Schipper. 1993. *The Taoist body*. Trans. by Karen C. Duval, foreword by Norman Girardot. Berkeley: University of California Press.

L. W. Crissman. 1967. "The segmentary structure of urban overseas Chinese community." *Man,* Vol.2, No.2: 185-204.

Lau Fong, Mak. 1995. *The Dynamics of Chinese Dialect Groups in Early Malaya*. Singapore: Singapore Society of

Asian Studies.

Lim-Keak, Cheng. 1985. Social change and the Chinese in Singapore: a socio-economic geography with special reference to bang structure. Singapore: Singapore University Press.

Marjorie Topley. 1952. "Chinese Rites for the Repose of the Soul, with Special Reference to Cantonese Custom." In *Cantonese society in Hong Kong and Singapore: gender, religion, medicine and memory*, edited and introduced by Jean DeBernardi. Hong Kong: Hong Kong University Press, 2011. pp. 57-71.

Mary Douglas. 1985. Purity and danger: an analysis of the concepts of pollution and taboo. London: Ark Paperbacks.

Maurice Freedman. 1957. Chinese Family and Marriage in Singapore. London: HMSO.

Mun Yu, Wu. 1994. The roles and functions of Cantonese Daoist Priests (Daoshi) in Kuala Lumpur, Malaysia. Bachelor Graduate Exercise, University of Malaya.

Ong Siang, Song. 1923. One Hundred Years' History of the Chinese in Singapore. London: Murray.

Philip A. Kuhn. 2001 "Towards an historical ecology of Chinese migration." In *The Chinese Overseas: Routledge Library of Modern China*, edited by Liu Hong. New York: Routledge, 2005. pp.67-97.

Phyllis Chim-Lian, Chew. 2008. "Daoist Youths in Singapore: Attitudes, Beliefs and Language Choices." 黃大志編,《道家、道教與民俗文化研究》,新加坡,八方文化創作室,頁 262-291。

Shi-mei Shih, 2010. "Against Diaspora: The Sinophone as Place of Cultural Production." In *Global Chinese Literature: Critical Essays*, edited by Jing Tsu and David Der-wei Wang. Leiden, Boston: Brill, 2010. pp. 29-48.

Terence, Heng. 2014. "An appropriation of ashes: transient aesthetic markers and spiritual place - making as performances of alternative ethnic identities." *Sociological Review*, Vol.63, No.1: 57 - 78.

Victor Purcell. 1948. *The Chinese in Malaya*. London: Oxford University Press.

人口普查報告

Census of the Straits Settlements 3rd April, 1881. 1881. Singapore: Striates Settlement.

Chian Kim Khoo, Superintendent of Census. Census of population 1980, Singapore: administrative report. 1983. Singapore: Department of Statistics.

E. M. Merewether. Report on the Census of the Straits Settlements, Taken on 5 April *1891*. 1892. Singapore: Government Printing Office.

J. E. Nathan. *The Census of British Malaya, 1921*. 1922. London: Waterloo and Sons.

J. R. Innes, Report on the Census of the Straits Settlements, Taken on 1 March 1901. 1901.

Singapore: Government Printing Office.

P. Arumainathan. 1973. *Report on the Census of Population 1970, Singapore*. Singapore: Government Printing Office.

Singapore Department of Statistics. *Census of population 2010. Statistical release 1, Demographic characteristics, education, language and religion*. Singapore:Department of Statistics. 2011. Singapore: Department of Statistics, Ministry of Trade and Industry.

Singapore Department of Statistics. *Census of population 2020. Statistical release 1, Demographic characteristics, education, language and religion*. Singapore:Department of Statistics. 2021. Singapore: Department of Statistics, Ministry of Trade and Industry.

會館刊物

三水會館，1979，《新加坡三水會館慶祝新廈落成開幕暨建館九十三周年紀念特刊》，新加坡，三水會館。

三水會館，1987《新加坡三水會館慶祝新成立一百周年紀念特刊》，新加坡，三水會館。

三和會館，1984，《新加坡三和會館百周年紀念特刊》，新加坡，三和會館。

牛車水人民劇場基金，1984，《中國廣州粵劇團莅新演出特刊》，新加坡，牛車水人民劇場。

清遠會館，1984，《新加坡清遠會館六十周年鑽禧紀念特刊》，新加坡，清遠會館。

馮長風編，1958，《新加坡肇慶會館八十周年紀念特刊》，新加坡：肇慶會館。

馮長風編，1968，《新加坡肇慶會館九十周年紀念特刊》，新加坡：肇慶會館。

新加坡高要會館，1966，《新加坡高要會館銀禧紀念特刊》，新加坡：新加坡高要會館。

新加坡廣惠肇碧山亭，1988，《新加坡廣惠肇碧山亭慶祝第一一八週年紀念特刊》，新加坡：廣惠肇碧山亭。

廖福成，1969，《高要會館國術團二周年紀念特刊》，新加坡：高要會館。

劉少珊，劉朋科編，1949，《劉關張趙古城會館七十六周年紀念特刊》，新加坡：劉關張趙古城會館。

劉關張趙古城會館編輯委員會，1958，《劉關張趙古城會館八十五周年紀念特刊》，新加坡：劉關張趙古城會館。

廣惠肇碧山亭萬緣勝會特刊編輯委員會，1960，《廣惠肇碧山亭萬緣勝會特刊》，新加坡：廣惠肇碧山亭。

廣惠肇碧山亭萬緣勝會特刊編輯委員會，1976，《廣惠肇碧山亭萬緣勝會特刊》，新加坡：廣惠肇碧山亭。

鶴山會館，2006，《鶴山會館特刊，星馬鶴邑聯誼會 3 周年，新加坡鶴山會館 66 周年，醒獅團 86 周年，婦女組創辦，2006 年 12 月 16 日紀念特刊》，新加坡：鶴山會館。

報刊

〈廣告專欄－廣惠肇方便留醫院敦請吉隆坡最樂劇團演劇籌款宣言〉，《南洋商報》，1924 年 7 月 10 日，第 7 頁。

〈蒲羅得港火災救濟會第三次捐款錄（一）〉，《南洋商報》，1924 年 9 月 11 日，第 16 頁。

〈廣告專欄-海天俱樂部籌賑閩粵水災游藝會宣言〉，《南洋商報》，1924 年 9 月 30 日，第 4 頁。

〈公立南華女學校演劇籌款會宣言書〉，《南洋商報》，1925 年 5 月 27 日，第 8 頁。

〈星洲同壽行近況該行司理對記者一席談〉，《南洋商報》，1936 年 8 月 10 日，第 6 頁。

〈星洲同壽行卅二屆職員經於前日選出〉，《南洋商報》，1936 年 12 月 3 日，第 6 頁。

〈碧山亭萬緣勝會訂今日樹旛開壇〉，《南洋商報》，1976 年 7 月 19 日，第 8 頁。

〈廣惠肇碧山亭超渡幽魂建醮〉，《星洲日報》，1978 年 10 月 19 日，第 26 頁。

〈廣惠肇碧山亭公所定 24 日舉行萬緣勝會〉，《南洋商報》，1980 年 10 月 17 日，第 34 頁。

新加坡國家檔案館口述歷史紀錄

Wong Chow Meng Accession Number: 2395/07, Date of Interview: 12/07/2000-15/07/2000.

方焯佳 Accession Number 000185，訪談日期：1982 年 6 月 10 日-1985 年 9 月 3 日。

關寶 Accession Number 000256，訪談日期：1983 年 2 月 3 日。

附錄：新加坡廣東殯儀館以及喃嘸師傅相關的廣告

	殯儀館／喃嘸師傅	地址	會刊廣告（依日期排列）
1)	A)郭文養病所→郭文殯儀館 B)廣永福壽板店 經理：關慧波→張惠娟 司理：馮衍德→馮利森	A)新加坡大坡沙莪巷（番寨尾）門牌廿五到廿七→新加坡新民通道大牌三十八號門牌五二七號、五二九號、五三一號及五三五號 B)新加坡大坡沙莪巷五號及七號→新加坡芽籠峇魯門牌二七一八號	1)1949-新嘉坡古城會館第七十六週年紀念特刊，p.76 2)1953-劉關張趙古城會館八十週年紀念特刊，p.9 3)1958-新加坡肇慶會館八十周年紀念特刊，p.81 4)1958-新嘉坡劉關張趙古城會館第八十五週年紀念特刊，p.79 5)1960-新加坡廣惠肇碧山亭萬緣勝會特刊，p.164 6)1964-新加坡南順會館重建落成剪彩一百廿三周年紀念特刊，p.96 7)1967-星洲西樵同鄉會為中華醫院籌募醫藥基金義演特刊，p.43 8)1968-新加坡廣惠肇李氏書室慶祝九十四周年紀念暨重修落成開幕雙慶特刊，p.53 9)1976-廣惠肇碧山亭萬緣勝會特刊，p.199 10)1978-牛車水人民劇場國慶商展會紀念特刊，p.154 11)1980-香港祝華年粵劇團蒞新演出特刊，p.63 12)1982-牛車水民眾聯絡所廿二周年暨北獅團七周年紀念特刊，p.104 13)1984-中國廣州粵劇團蒞新演出特刊，p.30
2)	福壽養病所→福壽醫院聯記→福壽聯記→福壽殯儀館 總經理：曾順貞 司理：禤開 聯絡人：曾姑娘	沙莪連（牛車水番寨尾）三十至三十五號→新加坡大坡番寨尾三十三到三十五號→新加坡第十四郵局芽籠峇魯大牌八十九號門牌二七三零號、二七三二號、二七三四號	1)1949-新嘉坡古城會館第七十六週年紀念特刊，p.76 2)1953-劉關張趙古城會館八十週年紀念特刊，p.8 3)1951-高要同鄉會十周年紀念特刊，p.83 4)1958-新加坡肇慶會館八十周年紀念特刊，p.88 5)1958-新嘉坡劉關張趙古城會館第八十五週年紀念特刊，p.61

	殯儀館／喃嘸師傅	地址	會刊廣告（依日期排列）
			6) 1960-新加坡廣惠肇碧山亭萬緣勝會特刊，p.213
			7) 1964-新加坡南順會館重建落成剪彩一百廿三周年紀念特刊，p.118
			8) 1964-馬來亞古岡州六邑總會特刊，P.星州廣告 8
			9) 1965-新加坡鶴山會館慶祝銀禧暨互助部七周年紀念特刊，p.85
			10) 1966-新加坡高要會館銀禧紀念特刊，p.119
			11) 1968-新加坡肇慶會館九十周年紀念特刊，p.98
			12) 1968-新加坡廣惠肇李氏書室慶祝九十四周年紀念暨重修落成開幕雙慶特刊，p.53
			13) 1969-高要會館國術團二周年紀念特刊，p.117
			14) 1970-新加坡天河同鄉會新會所開幕暨開埠 150 周年紀念雙慶大典特刊，p.73.
			15) 1973-新嘉坡劉關張趙古城會館百週年紀念特刊，p.93
			16) 1976-廣惠肇碧山亭萬緣勝會特刊，p.198
			17) 1978-新加坡肇慶會館九十周年紀念特刊，p.200
			18) 1979-新加坡三水會館慶祝新廈落成開幕暨建館九十三周年紀念特刊，p.137
3)	同福壽殯儀館創辦人：郭耀宗	新加坡莎莪巷門牌廿六→新加坡牛車水番寨尾門牌廿六到廿八號／經理住宅：新加坡芽籠廿四 A 巷卅三號→新加坡中峇魯永錫街十號	1) 1958-新嘉坡劉關張趙古城會館第八十五週年紀念特刊，p.85
			2) 1968-新加坡肇慶會館九十周年紀念特刊，p.98
			3) 1968-新加坡廣惠肇李氏書室慶祝九十四周年紀念暨重修落成開幕雙慶特刊，p.53
			4) 1969-高要會館國術團二周年紀念特刊，p.117

	殯儀館／嗊嘸師傅	地址	會刊廣告（依日期排列）
4)	多壽殯儀館長生壽板店→多壽殯儀館 創辦人： 關洪 （1949-） 司理 ： 關耀森 （1979）	荳腐上街門牌卅四號→盒巴珍珠街（即豆腐街）門牌卅四號至卅五號→芽籠峇魯大牌八十九號門牌 2736	1) 1949-新嘉坡古城會館第七十六週年紀念特刊，p.75 2) 1958-新嘉坡劉關張趙古城會館第八十五週年紀念特刊，p.67 3) 1960-新加坡廣惠肇碧山亭萬緣勝會特刊，p.164 4) 1966-新加坡高要會館銀禧紀念特刊，p.125 5) 1968-新加坡廣惠肇李氏書室慶祝九十四周年紀念暨重修落成開幕雙慶特刊，p.53 6) 1969-高要會館國術團二周年紀念特刊，p.117 7) 1979-新加坡三水會館慶祝新廈落成開幕暨建館九十三周年紀念特刊，p.129 8) 1986-新加坡三水會館慶祝成立一百週年紀念特刊，p.173
5)	雲霞徐道院	新嘉坡恭錫街門牌六十六號（即東方戲院後面）	1) 1966-新加坡高要會館銀禧紀念特刊，p.125
6)	太玄何道院－嗊嘸全 負責人：葉玉娣女士	新加坡大坡沙莪巷門牌九號及十一號	1) 1976-廣惠肇碧山亭萬緣勝會特刊，p.232 2) 1978-牛車水人民劇場國慶商展會紀念特刊，p.155 3) 1980-香港祝華年粵劇團莅新演出特刊，p.65
7)	萬來卜道院－嗊嘸林仔	新世界後門對面即仰光律轉入柔大道五十號 A	1) 1976-廣惠肇碧山亭萬緣勝會特刊，p.231
8)	胡法彰道院－胡炎強	新加坡新橋路門牌五六五號/沙莪巷大牌四號門牌 127N 十四樓	1) 1979-新加坡三水會館慶祝新廈落成開幕暨建館九十三周年紀念特刊，p.129 2) 1988-新加坡廣惠肇碧山亭慶祝第一一八週年紀念特刊，p.192
9)	法昌何道院神壇貿易公司－何育祥（祥仔）	新加坡水車街大牌 333 號門牌 #02-15 郵區→ 新加坡新橋路門牌 281 號郵區 088753	1) 1988-新加坡廣惠肇碧山亭慶祝第一一八週年紀念特刊，p.178 2) 1993-番禺會館 115 週年，背頁 3) 2000-岡州會館一百六十周年紀念特刊，p.125 4) 2002-鶴山會館特刊,會館成立 62 周年,醒獅團成立 2 周年，p.104

	殯儀館／喃嘸師傅	地址	會刊廣告（依日期排列）
			5) 2005-岡州會館一百六十五周年紀念特刊，p.151 6) 2010-新加坡廣惠肇碧山亭140周年紀念特刊，p.186
10)	玄機李道院－李亮成（喃嘸成）	No.21B, Kreta Ayer Road, Singapore088991	1) 2006-鶴山會館特刊,星馬鶴邑聯誼會3周年，新加坡鶴山會館66周年，醒獅團86周年，婦女組創辦，2006年12月16日紀念特刊，p.42 2) 2009-鶴山會館特刊，星馬鶴邑聯誼會6周年，新加坡鶴山會館70周年，武術醒獅團90周年，婦女組3周年，青年團及網站一周年，2009年12月19日紀紀念周刊，p.82
11)	馬來西亞金寶－清遠廣府喃嘸 主持：朱財、伍鏡	／	1) 1984-新加坡清遠會館六十周年鑽禧紀念特刊，p.173
12)	馬來西亞柔佛永慶壇－高州信宜 道名：黃法光 主持：黃進光	柔佛居鑾信局背惹蘭那那門牌X號	1) 1984-新加坡三和會館百周年紀念特刊：1883-1983，p.461

泛大伯公現象：
東南亞大伯公研究的回顧與探討

國立陽明交通大學客家文化學院博士生　謝名恒

一、前言：「泛大伯公現象」

移民社會中的民間信仰，時常反映出人們對於生活及土地的寄託與情感，東南亞大伯公的信仰正是此一寫照，當中國華南地區的漢人移居至東南亞各地謀求新生活的同時，勢必帶著原鄉的神明來到異地以求心安，其中土地神可以說是較為廣泛流傳且普遍接受的信仰之一。然而對於東南亞常見的大伯公，是否就是土地神，抑或福德正神，目前學界的看法眾說紛紜，如今仍莫衷一是，部分學者認為大伯公就是土地神、福德正神，在臺灣閩南人稱之為土地公，客家人叫做伯公；另外有學者深信大伯公是真有其人的英烈崇拜，例如張理、劉善邦、羅芳伯等華人先驅。近年臺灣學界則將大伯公進行跨國的比較研究，著重於臺灣與馬來西亞兩地為主，分別討論神格屬性的爭議、在地發展的過程，以及文化節慶的創造。

總觀來說，較早以總論性質概說大伯公信仰是安煥然的〈淺談新馬的大伯公信仰〉（2003），該文提出 1950 年代於《南洋學報》中爭論大伯公是誰的問題。其中鄺國祥根據檳城海珠嶼大伯公廟之傳說，認為開山大伯是張理；至於韓槐准則提出督綱水神的說法，表示大伯公是新馬早期華人移民社會的水神轉變土地神而成；另外衛聚賢覺得大伯公是吳太伯，同時另有二伯公（即仲雍），不過這只是香港的特例，在東南亞並未有此現象；與此同時，許雲樵將前述論點統整，強調大伯公就是土地公，主要依據三項要素：廟名多為福德祠、大伯公廟分布多且廣、客家人稱土地公為伯公，加上大字為尊稱。安煥然於結論表示：「大伯公籠統的認為，應該早期華人先驅者精神的象徵之崇拜（2003, 7）」。此次關於大伯公是誰的研究辯論，為大伯公信仰在神格屬性上的討論揭開序幕。另外葉鐘鈴〈南洋華人與大伯公信仰：綜述歷年學界各家論說與討論〉（2016）一文，則是重述先前各方學者所提出的討論，並且同意大伯公實為華僑先驅的形象。

之後鄭志明發表〈客家社會大伯公信仰在東南亞的發展〉（2004），說明：「客家社會相當重視地祇與人鬼的祭祀活動，地祇與人鬼的分際不是壁壘分明，土地崇拜與祖先崇拜在文化形態上有相當程度的交流現象，『伯公』或『大伯公』原本就帶著土地神與祖先神的雙重內涵（2004, 66）。」同時總結出四項大伯公在東南亞的發展趨勢：「大伯公廟成為各種土地神的大會集、大伯公廟陪祀著各種民間香火大神、大伯公廟常舉辦遊神的慶典活動、大伯公廟也有靈媒設壇普施神恩（2004, 71-72）」。由此可見，東南亞大伯公所具有的土地與祖先兩種神格特質，似乎有別於臺灣客家伯公祭祀的實際經驗，這是值得後續探討的比較基點。

至於吳詩興所撰述之《福德正神的傳說與信仰研究──以馬來西亞華人社會為例》（2012），係當今著重於東南亞大伯公研究中具代表之著作，首先從福德正神的傳說談起，後以砂拉越地區的福德祠進行考察，主要論及福德正神信仰與馬來西亞華人社會之間的影響。研究發現：「福德祠、伯公廟在早期是華人移民社群的領導機構，其在南洋社會與各幫民系的組織結構，實際上呈現出宗教『神權』、社會『紳權』、民系『幫權』及官方『政權』的多重關係（2012, 207）。」尤其結合先前的兩份研究，一是〈馬來西亞的福德正神信仰探析─以砂拉越的大伯公廟為主要探討〉文中實地考察砂拉越大伯公廟的分佈、歷史、建設與管理，並且梳理大伯公源流的各種說法，論及廟宇建立與海洋遷移史、民間傳說、唐番土地神（拿督公）以及慶典活動之間的關係（吳詩興 2009）。二為〈傳承與創造：福德正神信仰與馬來西亞華人社會〉研究從南洋華人移民史的觀點出發，進一步探討大伯公和拿督公在地化的演變，同時以檳城（海珠嶼大伯公、寶福社本頭公）、砂拉越（壽山亭大伯公、永安亭大伯公）作為個案，深入分析建廟歷史、先賢傳說與社會關係（吳詩興 2011）。

時至今日較具有理論意涵的重點研究，即是徐雨村所發表的〈非官方標準化與廟祠同構化：臺灣及馬來西亞的土地神信仰發展的比較研究〉（2018），其中以非官方標準化及同構化的概念，分析從 1970 年代以來，在臺灣及馬來西亞等地的華人社會，將土地神的名稱提升為「福德正神」以及小壇或小祠修建成新廟的過程。結論指出，土地神轉變為「福德正神」的歷程，呈顯了「非官方標準化」及「同構化」之間的交錯發展。「非官方標準化」為「同構化」建立基礎，而在福德祠大量出現後，信眾也重新界定所祀神明的位階，並透過城隍廟、鸞堂的論述，進一步取得「標準化」的位階。標準化及同構化至今依然持續發生，影響著各地人們對各種土地神的神格位階的認知，以及對於祭祀場所、神像與慶典的創新實踐（徐雨村 2018, 125）。

如同劉堉珊所強調：「依據各地『大伯公信仰』所展現的歷史記憶及其連結的人群關係，研究者不但能窺看此地社會發展所面臨的各種問題，更能從中理解在地化過程

中，客家移民人群如何在新社會重整並建立新的社會關係網絡（2016, 177-178）。」此一觀點相當具有啟發性，尤其大伯公沒有國家力量所敕封的正式神格，於是在官方標準化的過程中無法佔有一席之地，顯示出大伯公信仰在神格討論上的「彈性空間」。猶如在東南亞各地不同的口頭傳說事蹟、華人先驅形象、慶典日期規範等，在在顯示著其中的流動性質及其不確定性，尤其透過三階段的「砂拉越大伯公節、馬來西亞大伯公節、世界大伯公節」，如此創新節慶的發展脈絡來看，本文將其稱之為：「泛大伯公現象」。需要說明的是，本文指涉的「泛」具有兩面意涵，其一是「廣泛」，由於大伯公神格的討論仍尚無定論，因此東南亞各地的大伯公建廟源由、神格傳說仍各據一詞，民間卻透過「大伯公節」進行橫向連結及跨區整合，而學界採取各異的研究方法與關注視角進行探究，顯示大伯公信仰的多元廣泛；其二為「浮泛」，鑒於大伯公研究已是蓬勃發展，卻過於集中某幾間大伯公廟的分析，並且沒有取得關鍵的史料證據，亦未提出突破性的理論視野，幾乎都停留於片面的浮泛討論，似乎尚未取得有利的研究定錨之處。

有鑑於此，本文將透過文獻回顧的探討方式，企圖理解大伯公信仰在東南亞地區的研究成果，同時觀察族群互動之間的比較觀點，以及如何透過祭祀、組織、儀式與節慶作為手段的文化實踐。研究方法採取文本分析，藉由彙整大伯公研究的重要著作，進一步釐清各自的研究議題、對於大伯公的神格理解、信仰發展的具體觀察，同時嘗試歸納當今大伯公信仰的研究特色，提出未來尚可深化之議題。寫作架構分為五個段落，除前言與代結語之外，首先從信仰發展討論大伯公研究的具體成果，其次由族群關係認識大伯公研究的比較觀點，最後藉由文化實踐拓展大伯公研究的新興視野。

二、信仰發展：大伯公研究的具體成果

如今論及東南亞大伯公研究則有兩本代表性的會議文集，第一本是《族群遷移與宗教轉化：福德正神與大伯公的跨國研究》（徐雨村主編 2012），書中各篇源自於 2011 年由詩巫永安亭大伯公廟和廈門仙岳山土地公廟合辦之「福德正神研究國際研討會」，集結來自於馬來半島與新加坡、婆羅洲（砂拉越、加里曼丹、沙巴）、以及海峽兩岸數個區域的研究成果。其後經徐雨村擔任主編，由國立清華大學人文社會學院審定稿件及協助出版，該次會議發表十篇論文，而通過審查則有八篇收錄，另外邀請四篇專文，總共有十二篇文章，全書共分成四大部分（序論、馬來半島與新加坡、婆羅洲、海峽兩岸），以下依序展開討論。

首先是序論，以劉阿榮擔任會議主題演講〈族群遷移與宗教轉化—以福德正神為例〉，認為宗教在族群遷徙過程中，會產生涵化和變異的現象，舉出像是慚愧祖師、定光古佛、六祖惠能等信仰，從中國到臺灣的在地化過程作為討論，至於土地神信仰同樣具有此一轉化，尤其在東馬地區之砂拉越、沙巴等華人社會中，部分大伯公作為正殿主神，與旁殿神祇有著神格上的落差，這或許反映出海外華人有別於原鄉的伯公信仰，所產生的差異性與多元化。其次為馬來半島與新加坡，陳波生、利亮時〈客家人與大伯公的關係—以新馬為例〉檢視新馬地區的客家人所建立的大伯公廟，具有土地神與英靈崇拜的兩種內涵；林緯毅〈新加坡的伯公信仰〉指出新加坡華人將大伯公視為幫權、地方、家庭與義塚的守護神；陳亞才〈馬來西亞大伯公信仰簡述〉提出大伯公是當地土地神、祕密會社領袖、本土傑出人物，抑或來自原鄉的福德正神、客家人或福建神的多種可能；王琛發〈信仰的另一面—從南洋天地會視角解讀大伯公〉則是提供祕密會社的角度來理解大伯公的神格屬性，著重思考大伯公的神格階序及來源屬性之關鍵議題。

接著是婆羅洲，張維安、張翰璧〈馬來西亞砂拉越大伯公節意義初探〉透過「大伯公節」分析砂拉越大伯公廟的性質、大伯公節參與人員之背景，以及大伯公節所代表的意義；徐雨村〈南洋華人民間宗教的傳承與展望〉表示南洋的大伯公信仰有求同與存異兩個層次，進而提出大伯公廟未來可能的發展功能；陳乙光〈伯公信仰是孔教的一部份—印尼西加里曼丹坤甸的例子〉強調孔教與伯公信仰的關聯性；張維安〈羅芳伯與蘭芳公司—從石扇堡到東萬律尋蹤〉經由踏查蘭芳公司遺跡和採訪羅芳伯傳說故事，點出羅芳伯作為伯公的特殊視角；徐雨村〈地方發展與跨國連結—沙巴的大伯公廟歷史初探〉針對分布於沙巴十餘個城鎮的大伯公廟，從口述歷史與文獻考察，探討這些城鎮發展史與鄉屬特性，以追溯沙巴大伯公廟的歷史源頭與演變過程。最後則是海峽兩岸，周雲水〈閩粵贛邊客家族群福德正神信仰的起源、型制及祭祀〉根據客家族群主要分布的福建、廣東與江西周邊，探討福德正神來源、型式與儀式；方禎璋等人〈地域信仰與區域發展關係之研究—以中崙土地公廟為例〉藉由城市發展中工業到農業的轉變，土地公逐漸由農業守護神兼任商業財神爺的變遷歷程。

第二本則是《土地神信仰的跨國比較研究：歷史、族群、節慶與文化遺產》（徐雨村、張維安、羅烈師主編 2018），書中各篇章源自於 2017 年 5 月 14 日，由詩巫永安亭大伯公廟舉辦「2017 福德文化國際研討會」，著重討論馬來西亞與臺灣土地神信仰的比較研究成果。如同主編序所表示：「從比較研究的角度，探討土地神信仰在族群內部及跨族群的異同，探究土地神信仰對華人社會所具有的意義（主編序 2018, VII）。」全書共有十六篇文章，其中依據主題再分成五大主題：「信仰傳統與理念移植；臺灣客

家伯公信仰及其當代變遷；大伯公與族群關係；在地化與族群交流；節慶、博物館與文化遺產」。然而每一部分的文章篇數、問題意識、分析要旨，以及探討對象不盡相同，顯示出兩地於土地神信仰研究中的豐富性與多樣化，同時觸及的面向和議題相當廣泛，筆者首先簡述各篇要點，其後提出觀察及討論，關於本書詳細內容另有專文評論（謝名恒 2021）。

首先是「信仰傳統與理念演變」共有三篇文章，李豐楙〈斯土斯神：馬華社會中敬祀土地的理念移植〉根據移民南洋的華人社會中祀地敬天的行為，提出傳承性的「王化仿效」，以及在地性的「斯土斯神」兩種觀點，強調如此的理念無須利用具現的神像即可直接移植，於是轉化成為「唐番土地」的信仰模式。王琛發〈天命、神道設教與主權觀：南洋大伯公等神靈之綜合論證〉認為漢人落地生根到開枝散葉的傳統觀念，藉由崇敬開拓南洋的華人先祖，晉升成為共同祭祀的大伯公信仰。洪馨蘭〈美濃里社真官與福德正神信仰之比較與混成研究〉探討在中國嶺南地區掌管水利的里社真官，過渡成臺灣美濃客庄的福德正神，其所反映的是官方里社制度「混成」（hybridization）嶺南少數民族巫文化。

其次為「臺灣客家伯公信仰及其當代變遷」共有四篇文章，羅烈師、邱曉燕〈社群與地方：伯公信仰與北臺灣傳統社會之構成〉討論苗栗西湖的客庄伯公，運用社群性與地方性的相互關聯，提出天（天公）、地（伯公）、人（居民）三位一體的象徵格局，呈現漢人社會的構成法則。陳邦畛、張維安〈六家客家伯公的面貌與變貌：新竹高鐵特區個案分析〉藉由新竹六家高鐵特區的開拓計畫，描述客庄中伯公廟宇的存續，因都市擴張所歷經的遷移及變動。蔡明坤、王淑慧〈內埔客家聚落與伯公信仰〉彙整屏東內埔 14 個客家村落中的 186 座土地公廟，多有保持春祈秋報的信仰傳統，雖然有部分差異的轉變，其反映出各地的發展歷程。張二文〈美濃土地伯公型塑的文化景觀研究〉論及美濃 379 座伯公廟的形式異同，呈現地方社會之變遷，尤其露天型式的伯公壇已逐漸式微。

再次是「大伯公與族群關係」共有三篇文章，陳耀威〈檳榔嶼海珠嶼大伯公廟歷史的再檢視〉再次梳理海珠嶼大伯公廟的歷史，認為早期是不分族群的地方公廟，之後轉為客家五屬所管理的大伯公廟。利亮時〈從海珠嶼大伯公廟的祭祀儀式看客閩社團的競合關係〉透過客屬五團體與閩南人寶福社，對於海珠嶼大伯公廟產爭議，以及請火儀式的理解角度，思考口述歷史所帶來的認知差異。林本炫〈馬來西亞大伯公和臺灣義民爺在族群關係上的比較〉利用「標準化」的理論視野，分析臺灣義民爺和馬來西亞大伯公之間的信仰異同，其中象徵性神格對於馬來西亞的華人，以及臺灣客家人的具體影響值得比較。

接著為「在地化與族群交流」，共有兩篇文章，陳億文"Localization of Chinese Malaysian Folk Religion: Datuk Gong Worshippers"（華裔馬來西亞人的民間宗教：拿督公崇拜者），觀察到馬來西亞華人民間宗教的特殊性與地方性，主要涵括原住民族的神靈信仰，顯示在拿督公的祭祀行為之中。蔡靜芬"The Veneration of Dayak Latol among Chinese in Singkawang, West Kalimantan"（印尼西加里曼丹省山口洋華人對雅達人啦督公的崇敬），發現西加里曼丹山口洋地區的華人會祭拜雅達人的啦督公，並且透過祭祀儀式、信仰象徵進行社群的調整與適應。

最後則是「節慶、博物館與文化遺產」，共有四篇論文，陳亞才〈世界大伯公節〉描述大伯公節的發想緣起及後續發展，強調大伯公廟之間的橫向交往進而提升成跨國連結。黃進仕〈福德文化的節慶推廣：以臺灣桃園土地公文化節為例〉闡述桃園土地公文化節的前置調查內容、後續規劃方式，以及節慶的辦理型式與活動特色。蔡淑娟〈土地神信仰在華人移民地區發展的差異探索：談臺灣桃園市土地公文化館策展的敘事概念〉說明桃園市土地公文化館的展示經驗，以主題性與區域性作為敘事主軸，另外採用不同地區的田野調查當作展示材料。徐雨村〈從文化遺產論馬來西亞大伯公廟宇的文化實踐〉提及世界大伯公節的推動，達到跨區域、跨國際的伯公信仰連結，之後嘗試透過文化遺產的角度切入，思考未來可操作性的文化特色及發展策略。

綜上所論，目前兩本會議論文的集結專書，可以說是當今大伯公研究中集大成者，尤其呈現出大伯公研究的豐富性與多元化，並且揭示跨領域的學科觀點、系統性的研究方法、多地點的個案經驗。其中就神格的傳說爭論到概念性的理念移植，從單一田野地點的分析展開到跨地域的比較研究，都是相當具有代表性的研究典範，值得作為現今東南亞大伯公研究成果的主要依據。然而此類文集形式的研究呈現先前提出的「泛大伯公現象」，當今大伯公研究所面臨的廣泛化與浮泛化，這樣的落差無非是反映在學科的差異（宗教學、人類學、社會學、歷史學等）、區域的選定（馬來西亞、臺灣南北客庄、印尼西加里曼丹）、方法的使用（田野調查、參與觀察、深度訪談、文本分析、史料文獻）、關懷的視野（華人信仰的宇宙觀、原鄉與海外的文化變異、族群互動中的涵化過程、當代文化實踐的操作策略）等等（謝名恒 2021, 282）。

三、族群關係：大伯公研究的比較觀點

當代臺灣客家研究已發軔近三十餘年，其中不乏中國原鄉與臺灣在地的討論，近年更是將研究視野拓展至海外華人社會與地方族群互動之中，從國立中央大學出版關於海外客家研究叢書可見，由張維安主編《東南亞客家及其周邊》（2013）、蕭新煌主

編《臺灣與東南亞客家認同的比較：延續、斷裂、重組與創新》（2017）兩本書中三篇
關於大伯公的討論，以下先論及臺灣學者的觀點，其後進一步討論東南亞學者的視野，
藉此進行比較和對照。

　　首先是黃賢強、賴郁如〈廟宇策略與新加坡閩客族群的發展：以天福宮和望海大
伯公廟為例〉（2013）一文，探究廟宇在幫群發展的過程中所扮演的角色和具體實踐方
式，主要針對以閩幫祭祀媽祖的天福宮，以及客幫為首的望海大伯公廟，觀察兩廟彼
此管理策略的差異。其中閩幫的經濟實力強大，會館與廟宇著重擴展勢力與影響力，
反觀客幫在財力與人力上較為弱勢，進而透過會館與大伯公信仰來團結內部。天福宮
祀奉媽祖具有清朝多次敕封的神格，象徵著國家力量得以整合不同性質的人群，同時
強化閩幫在華人社會中的領導地位，另外由客家人祭祀的大伯公，則具有土地信仰與
祖先信仰的雙重性格。此外在廟與實踐策略上分別以社會服務、教育和信仰文化作為
體現，天福宮提供證婚儀式、創辦華校、出版刊物等，而望海大伯公也利用教育事業
與調查報告，提升社會與政府對的關注，顯示出早期華人移民社會利用「神權」結合
「幫權」，作為生存策略的手段方式。

　　其次為張維安〈馬來西亞檳城海珠嶼大伯公的族群性格：客家與福建人之間〉
（2013），關注馬來西亞檳城海珠嶼大伯公廟的身分與族群問題，主要透過安煥然
（2003）的研究加以論述，認為各處大伯公並非共同來源，所指涉的對象也不盡相同，
可能是早期華人社會的先烈，抑或是海外移民信仰在地化的呈現。之後討論關於海珠
嶼大伯公的客籍人士張理傳說，另說明福建人所成立祕密會社「建德堂（另稱大伯公
會）」之間的關聯，加上訪問地方知識分子所觀察到，大伯公具有財神身分的新興現象。
值得注意的是，由寶福社（前身為建德堂）於正月十四所舉行的「請火儀式」，文中強
調：「這個福建人的祕密會社到客屬的大伯公廟來請火儀式的現象，應該是兩個族群對
大伯公廟所爭奪結果的一項協定（張維安 2013, 36）。」因此透過海珠嶼大伯公的傳說、
碑文、儀式等等，彰顯新加坡早期華人社會中具體的族群互動。

　　最後則是林本炫將大伯公與義民爺進行比較，〈神格的新生和轉換：臺灣義民爺和
馬來西亞檳榔嶼大伯公〉（2017）分別比較臺灣具有新生神格的義民爺信仰，以及東南
亞轉換神格的大伯公信仰，觀察兩者信仰發展的文化邏輯，企圖理解客家族群內含的
人神關係。文中表示「伯公」和「爺」的稱呼，既是神格的稱呼，更接近於祖先的稱
呼；義民爺和大伯公的神格認知模糊性，有其共同的特性存在（林本炫 2017, 217）。最
後歸納出四點作為初步結論，一、兩者都是英靈崇拜的人格神。二、在華人社會中有
功德者成神之路可分為新創神格與既有信仰體系。三、馬來西亞連續舉辦「大伯公節」
都是試圖透過活動能見度提升神格的當代作法。四、大伯公的神格提升，原先土地神

的職位由拿督公取代。

至於馬來西亞在地學者王琛發所發表〈客家先賢與馬來西亞檳城海珠嶼大伯公探析〉（2014），該文從檳城大伯公的傳說談起，強調海珠嶼大伯公是由地方英靈結合土地神轉變而成，並且使用碑刻文獻、口述歷史作為討論，最終認為：「而海珠嶼大伯公信仰不同於一般土地廟，不僅在於尊神有名有姓，尤應注意地方華人從歷史和信仰兩個角度建構的神明說法，實係以廟旁四座墳墓其中的『開山地主』張理為主，和丘、馬兩位義兄弟三位一體，並稱『大伯公』，五屬鄉親根據三人原籍，進一步描述尊神為地方華人共認的客家原籍的社群祖神（王琛發 2014, 31-32）。」全文的立場鮮明，強調早期廟權並非專屬於客家人，而是歷經長期爭奪後，現由客家五屬（嘉應、惠州、增龍、大埔、永定）共同管理，同時藉由大伯公為客家先賢的立論基礎，重新建立客家認同的象徵意義。

同為馬來西亞在地學者陳愛梅〈客家的建構和想像─以馬來西亞檳城大伯公信仰和海陸豐社群為例〉（2017），認為檳城海珠嶼大伯公廟經歷知識份子將其「客家化」的建構過程，同時藉由檳城西南方的美湖聚落為討論對象，藉由分析 462 戶約 1100 人，家戶中供奉最多的神明即是大伯公，然而供奉大伯公的客家人只占 18%，因此認為大伯公信仰不等於客家信仰。其後更是透過檳城海陸豐社群的惠州會館為例，提出會館是地緣性組織，有別與客屬公會的方言群組織，結論重申：「惠州、嘉應、大埔、增城和永定五嘉會館是地緣性會館，而客家會館是屬於方言性會館，兩者之間無法直接劃上等號。以馬來西亞的惠州人為例，客家人雖然佔多數，但也不能忽略有相當比率的福佬人。福建永定雖有客家人，但也有相當比例的馬來西亞的永定人是說福建（閩南）話的，他們也不是客家人（陳愛梅 2017, 148）。」反映出客家研究興起後過度「客家化」的隱憂與顧慮。

冷劍波、王琛發〈「社」與海外「客家」認同的建構─以海珠嶼大伯公廟為中心的討論〉（2020）該文以馬來西亞田野考察為基礎資料，針對海珠嶼大伯公的祭祀組織「社」，究其對於海外客家社群文化認同建構中的意義。其中客家五屬通過以地緣結合神緣的方式，各自成立祭祀組織「社」，再一個總爐之外，各自保留香爐，除了在一年當中不同的時間舉行各自的「賞燈」「慶燈」儀式之外，也在每年的農曆二月十六共同舉辦「大伯公神誕慶典」；既維持了各自地緣小群體的認同意識，又維護了同屬「客家」共管海珠嶼大伯公的事實（冷劍波、王琛發 2020, 112）。文末強調原先分散的檳城客家人，藉由海珠嶼大伯公廟的祭祀組織，重新凝聚客家文化認同，作為建構族群邊界的重要手段。

由此可見東南亞大伯公研究中，仍存有臺灣學者與在地學者的研究差異，因此藉

由比較兩地的多元視野，以及局內人／局外人的切入觀點，體現出信仰與族群之間的交互關聯，其中牽涉到東南亞地區的人群分類與互動關係，無論是方言群體、秘密幫會、祖籍地緣，實際上都與在地歷史脈絡和族群文化認同息息相關。本文企圖釐清所謂族群關係不應侷限於「對內」，更要著重於「對外」，從上述數篇研究中看出，族群關係的比較研究皆聚焦於華人群體內的閩南與客家，其中卻忽視華人社群（福建、福州、興化、廣東、潮州）與其他族群（馬來人、伊班人、比達友、原住民）之間的互動關係，因此後續研究可針對上述比較進行展開。

四、文化實踐：大伯公研究的新興視野

承上所述，先前的研究著重關注馬來西亞檳城的海珠嶼大伯公，以及新加坡望海大伯公，研究議題上不外乎客家與閩南族群的比較，然而接下來討論則是提供較為另類的觀點，進一步思考檳城海珠嶼的祭祀組織與社會秩序的關係。更重要的是，已將大伯公的研究視角持續拓展，增加不同的研究地點與關懷視野，誠如新堯灣的落童儀式、吉打的廟宇分香、埤羅的發展過程，以及魯乃的重要史料，如此的轉變反映出大伯公在文化實踐的新興視野。

首先張翰璧、張維安、利亮時〈神的信仰、人的關係與社會的組織：檳城海珠嶼大伯公及其祭祀組織〉（2014）一文以海珠嶼大伯公為例，在移民原鄉、在地人群組合以及殖民政治的脈絡中，釐清「大伯公」信仰，及其所呈現出的人群關係和社會秩序的轉變。結論指出，東南亞的「大伯公」信仰，不僅僅反映個人與集體的心靈狀態，更涉及移民當時社會關係的變遷，例如「社會」的形成（人口增加與社會控制）、人群的分類方式（不同祖籍間或跨組籍等合縱聯合等）、秘密會社的介入（大伯公會、海山、義興等）及其後的經濟利益（餉碼制的鴉片販賣、勞動力的仲介等）（張翰璧、張維安、利亮時 2014, 134）。

羅烈師〈英雄與大伯公：砂拉越新堯灣劉善邦廟的落童問事〉（2015）更是另闢蹊徑，觀察與紀錄砂拉越新堯灣劉善幫廟（地方稱之大伯公廟）的一場落童儀式，關注於大伯公信仰擴大到特定華人地方社會的過程，以及其中所造成的喜悅與不安。由於新堯灣地方居民希望擴大辦理大伯公慶典，希望將舉行日期訂在農曆三月二十九（伯公生），然而劉善邦實際生日卻在三月初十，於是整場落童儀式的核心議題聚焦與劉大伯的溝通之上。結論指出：「本文發現友蘭路劉善邦廟在捲入砂拉越大伯公族群文化論述之際，充滿著喜悅與不安的雙重情緒。喜悅是因為劉善邦值得，不安則因為劉善邦畢竟不是大伯公（羅烈師 2015, 427）。」

陳健發、陳祖泉、黃義斌〈吉打海珠嶼大伯公廟〉（2017）則是描述相傳分香自檳城海珠嶼大伯公的吉打海珠嶼大伯公，認為：「此廟的歷史價值不僅反映在它作為華人在亞羅士打開埠的標誌，更體現出本土民間信仰的傳承及延續，同時也與吉打永大會館有緊密的關係（陳健發、陳祖泉、黃義斌 2017, 102）。」有趣的是透過作者們田野調查發現到，廟中安置著永大籍貫（永定、大埔）人士的神主牌位，認為是永大會館管理大伯公廟，而將宗教性與地緣性兩者結合，呈現出如此特殊的現象。

黃義斌〈論霹靂埠羅大伯公古廟信仰的形成與祭祀儀式〉（2019）一文以埠羅（現今的怡保，錫礦場之意）大伯公古廟為例，探討其在怡保所扮演的角色以及社區功能，以及古廟對當地人的影響與貢獻，研究認為：「埠羅大伯公古廟具有非常強的社區功能，無論是過去扮演過的醫館、和事館、義學或贈地建華小，其在怡保的社區發展上都有著功不可沒的貢獻（黃義斌 2019, 78）。」然而廟宇神祇中主神雖是大伯公，不過配祀卻有土地公，經由口述訪問當地人則認為大伯公是「大福神」，其神權超越土地神與拿督公，土地公則是「老人神」，保佑出入平安，顯示出大伯公與土地公對於當地人群在祭祀中的認知差異。

潘碧絲、馬瑛〈馬來西亞魯乃福德祠研究〉（2020）調查了吉打魯乃福德祠，此地早期多為惠州人移居從事種植業，其中發現石碑中捐贈名單的董事趙士盈為義興館（義興公司），屬馬來西亞私會黨天地會或洪門，多以地緣和方言群為組織脈絡，開荒墾土種植園丘，推動當地華人社會的發展，隨著趙士盈義興館董事身分的確認，提供魯乃華人社會及福德祠建立背景的新思路（潘碧絲、馬瑛 2020, 75）。其中詳實記錄福德祠的設施規模和建築樣式，以及現今的管理成員與組織章程，認為當今具有經濟、救濟、教育等社會功能，同時每年舉行三次酬神活動（農曆十二月上旬的答神謝恩、二月上群大伯公寶誕、農曆七月上旬盂蘭勝會）。

總體而論，近期的相關研究逐漸顯示，有別於過往只著重於檳城海珠嶼大伯公，以及新加坡望海大伯公的個案討論，藉由其餘地區的田野調查做為比較基礎（如新堯灣、吉打、埠羅、魯乃），同時拓展更為多元議題的研究面向（祭祀組織、落童問事、分相傳說、祭祀儀式、碑刻文獻），勢必將展現出大伯公研究的新興視野與另類觀點，這正是值得期待且應持續發揮之處。

五、代結語：大伯公研究的特色與待深入之議題

本文為東南亞大伯公的研究回顧，其中針對兩本會議合集為探究核心，同時藉由相關研究出版刊物作為分析對象，進一步觀察大伯公信仰從中呈現的議題和成果。本文透

過東南亞大伯公研究的歷程回顧，釐清過往至今的研究範式及關懷視野，企圖彰顯客家研究的多元樣態，進而反思先前研究所欠缺的議題面向與未來可能的探索方向。於是此段落藉由代結語的形式，企圖歸納先前研究特色，同時開展後續可持續深入的討論議題。

　　本文認為關於東南亞大伯公研究特色有三點，從上述的文獻回顧中可以得知，一是目前田野地點的相當固定，基本上都是聚焦檳城海珠嶼大伯公、新加坡望海大伯公兩處，鮮少有其餘國家、區域或村落的大伯公廟，未來可增添猶如東馬地區的砂拉越、沙巴等地區的大伯公廟之個案，確實值得持續補足的一層面向。二為現階段進行大伯公研究的分析材料僅限於口頭傳說與碑刻文獻，其餘關鍵資料目前十分缺乏，有鑑於此羅烈師針對新堯灣落童儀式的參與觀察，則具有相當啟發性的意義，展現出人類學者對於地方生活脈動的細緻掌握，以及材料蒐集的深度詮釋，實可做為各地區大伯公研究的操作範式。三則是研究議題與理論視野的提出，時至今日的大伯公研究仍局限於單一地點的個案研究，所使用的材料也相當固定，在討論的研究議題上也多為神格爭議、族群性格等等，尚未出現系統性且專業度的理論視野，僅有徐雨村、林本炫嘗試將「神格標準化」的討論帶入，期待能提出更為適切的理論架構，從而提升大伯公信仰的研究層次。

　　綜上所述，本文主張未來進行大伯公研究的三項值得拓展之走向，分別是：「研究地點的跨域、研究方法的增廣、研究理論的深化」，如此一來將有更為廣泛且深入的對話空間。尤其重要的是「材料」的取得與分析，誠如〈新加坡福德祠綠野亭及其仍保留的資料〉一文中指出：「綠野亭在其近兩個世紀的變遷中，留下了不少記載其歷史發展與管理運作的資料。這些資料大致可以分成金石與文獻兩部分。……綠野亭的金石與文獻對於考察華人移民如何運用中華文化的資源，在移居地建構華人社會的歷史過程也有重要研究價值。（曾玲 2002, 10）。」另外〈馬新民間傳說初探〉研究更是顯示：「馬新地區的大伯公信仰可謂無處不在，各自流傳不少靈驗的傳說，這些傳說無疑增加信仰的神秘性，使膜拜者對自己心目中的神明更加尊崇（廖文輝 2012, 186）。」其中節錄一則〈大伯公與老虎鱷魚〉的傳聞報導如下（廖文輝 2012, 188）：

　　　　民間社會對於老虎，就叫做「伯公馬」，叫鱷魚為「伯公魚」。為什麼會有這樣的叫法呢？因為山地大伯公是老虎的控制者，所以老虎成為他的坐騎，水裡大伯公是鱷魚的控制者，鱷魚也是他的坐騎。……老人家常說，設使在山遇到虎，在水遇到鱷魚的時候，就大聲向大伯公祈求「大伯公多隆」（馬來話 tolong，意即救命），大伯公就會來相助，能保平安無事！

　　由此可知，關於大伯公研究的分析材料仍可從建廟沿革、捐贈名單、墳墓碑文等金石作為謄寫抄錄，抑或從民間口述的傳說故事中進行採集訪問，應可取得相當具有「在地性」（彰顯各地的自然環境與生態物種之差異，如山、海、老虎、鱷魚）與「多元性」（展現族群互動的語言使用，如多隆，馬來話 tolong，意即救命）的關鍵材料，由此便能破除過於「廣泛性及浮泛性」的「泛大伯公現象」。

引用書目

近人論著

王琛發

2014〈客家先賢與馬來西亞檳城海珠嶼大伯公探析〉,《八桂橋刊》3：30-39。

安煥然

2003〈淺談新馬的大伯公信仰〉,《本土與中國：學術論文集》,柔佛：馬來西亞南方學院出版社,頁 1-16。

冷劍波、王琛發

2020〈「社」與海外「客家」認同的建構─以海珠嶼大伯公廟為中心的討論〉,《文化遺產》6：108-115。

利亮時

2007〈新加坡客家信仰習俗──以望海大伯公廟和客家坟山為例〉,黃賢強主編,《新加坡客家》,桂林：廣西師範大學出版社,頁 195-217。

吳詩興

2009〈馬來西亞的福德正神信仰探析─以砂拉越的大伯公廟為主要探討〉,《成大宗教與文化學報》13：97-138。

2011〈傳承與創造：福德正神信仰與馬來西亞華人社會〉,《成大宗教與文化學報》17：117-176。

2012〈福德正神的傳說與信仰研究──以馬來西亞華人社會為例〉,臺北：國立政治大學中國文學研究所碩士論文。

林本炫

2017〈神格的新生和轉換：臺灣義民爺和馬來西亞檳榔嶼大伯公〉,蕭新煌主編,《臺灣與東南亞客家認同的比較：延續、斷裂、重組與創新》,桃園：國立中央大學出版中心,頁 213-235。

徐雨村

2018〈非官方標準化與廟祠同構化：臺灣及馬來西亞的土地神信仰發展的比較研究〉,《華人宗教研究》11：101-130。

徐雨村、張維安、羅烈師主編

2018《土地神信仰的跨國比較研究：歷史、族群、節慶與文化遺產》,苗栗：桂冠圖書股份有限公司。

徐雨村主編

2012《族群遷移與宗教轉化：福德正神與大伯公的跨國研究》,新竹：國立清華大學人文社會學院。

張維安

2013〈馬來西亞檳城海珠嶼大伯公的族群性格：客家與福建人之間〉,《東南亞客家及其周邊》,桃園：國立中央大學出版中心,頁 23-44。

張維安主編

2013《東南亞客家及其周邊》,桃園：國立中央大學出版中心。

張翰璧、張維安、利亮時

2014〈神的信仰、人的關係與社會的組織：檳城海珠嶼大伯公及其祭祀組織〉,《全球客家研究》3：111-138。

陳建發、陳祖泉、黃義斌

2017〈吉打海珠嶼大伯公廟〉,《馬來西亞人文與社會科學學報》6（1、2）：101-109。

曾玲
2006〈新加坡福德祠綠野亭及其仍保留的資料〉,《田野與文獻》44：9-12。
黃義斌
2019〈論霹靂埠羅大伯公古廟信仰的形成與祭祀儀式〉,《馬來西亞人文與社會科學學報》8（1）：65-81。
黃賢強、賴郁如
2013〈廟宇策略與新加坡閩客族群的發展：以天福宮和望海大伯公廟為例〉,張維安主編,《東南亞客家及其周邊》,桃園：國立中央大學出版中心,頁1-22。
葉鐘鈴
2013〈南洋華人與大伯公信仰：綜述歷年學界各家論說與討論〉,《華人文化研究》1（2）：175-183。
廖文輝
2012〈馬新民間傳說初探〉,《成大中文學報》39：169-196。
劉堉珊
2016〈臺灣客家研究中的東南亞視野〉,《民俗曲藝》193：155-207。
潘碧絲、馬瑛
2020〈馬來西亞魯乃福德祠研究〉,《馬來西亞人文與社會科學學報》9（2）：71-84。
鄭志明
2004〈客家社會大伯公信仰在東南亞的發展〉,《華僑大學學報（哲學社會科學版）》1：64-74。
蕭新煌主編
2017《臺灣與東南亞客家認同的比較：延續、斷裂、重組與創新》,桃園：國立中央大學出版中心。
謝名恒
2021〈評徐雨村、張維安、羅烈師主編,2018,《土地神信仰的跨國比較研究：歷史、族群、節慶與文化遺產》。苗栗縣三灣鄉：桂冠圖書股份有限公司。xvi+417頁〉,《全球客家研究》16：277-286。
羅烈師
2015〈英雄與大伯公：砂拉越新堯灣劉善邦廟的落童問事〉,張維安、連瑞枝主編,《族群、社會與歷史：莊英章教授榮退學術研討會論文集》,新竹：國立交通大學出版社,頁411-437。

附錄：東南亞大伯公研究匯整總表

學者	年代	地點	議題
安煥然	2003	新馬地區	華人先驅者崇拜
鄭志明	2004	東南亞地區	土地仁與祖先神
利亮時	2007	新加坡望海大伯公	客家信仰習俗
吳詩興	2012	馬來西亞大伯公	神權、紳權、幫權、政權
陳波生、利亮時	2012	新加坡與馬來西亞	客家人土地神與英靈崇拜
林緯毅	2012	新加坡	華人信仰守護家庭與義塚
陳亞才	2012	馬來西亞	祭祀日期不同、地區差異
王琛發	2012	南洋華人、海珠嶼大伯公	秘密會社組織首領
張維安、張翰璧	2012	馬來西亞砂拉越	大伯公節的意義
徐雨村	2012	馬來西亞砂拉越	大伯公廟求同存異
徐雨村	2012	馬來西亞沙巴	大伯公廟田野調查
張維安	2013	檳城海珠嶼大伯公	客家／福建族群信格
黃賢強、賴郁如	2013	新加坡天福宮、望海大伯公	閩客族群
王琛發	2014	檳城海珠嶼大伯公	客家先賢
張翰璧、張維安、利亮時	2014	檳城海珠嶼大伯公	社會秩序與祭祀組織
羅烈師	2015	新堯灣劉善邦廟	落童儀式
葉鐘鈴	2016	南洋華人大伯公	綜述各家論說、華僑先驅
林本炫	2017	檳城海珠嶼大伯公	義民爺／大伯公
陳健發、陳祖泉、黃義斌	2017	吉打海珠嶼大伯公	廟宇分香過程
陳愛梅	2017	檳城海珠嶼大伯公	客家想像建構
徐雨村	2018	臺馬兩地	非官方標準化廟祠同構化
陳耀威	2018	檳城海珠嶼大伯公	再論廟宇歷史
利亮時	2018	檳城海珠嶼大伯公	閩客社團互動
林本炫	2018	義民爺／大伯公	標準化理論
徐雨村	2018	馬來西亞大伯公廟	文化遺產與文化實踐
黃義斌	2019	霹靂埌羅大伯公	廟宇歷史與祭祀儀式
冷劍波、王琛發	2020	檳城海珠嶼大伯公	客家認同
潘碧絲、馬瑛	2020	吉打魯乃福德祠	石碑文獻新譯

試論華社對漢傳佛教在中國、馬來亞發展的影響（19-20 世紀）

馬來亞大學中文系博士生　**魏明寬**

一、前言

　　東晉至唐代，中土已有僧人出洋求法的歷史，如法顯、義淨等，他們以海路所經過的包括南洋各國在內的南海區域，是佛教傳播的中轉站，也是華僧求法的落腳點（范若蘭 2020）。其中，馬來半島區域雖早有華僧踏足的歷史，然而可能不足以說明漢傳佛教從此在這塊土地上發展。這主要有兩個原因：一、當時僧人不是特地到馬來半島弘法，而是求法路過，為了順應季候風的去向而暫時駐錫；二、當時馬來半島各地還沒有大規模的華人移民聚集，中國僧人不一定有弘法對象。因此，從 19 世紀至今的漢傳佛教不太可能是從上述華僧在當時華人移民社會流傳下來的。

　　漢傳佛教在馬來亞傳播，應從馬來亞華僑華人社會的建構說起。受西方殖民浪潮影響，大量閩粵移民下馬來亞，並逐漸在新居地建構起具有一定人口規模與社會經濟的華人社會。19 世紀，由於社會經濟受動亂與戰爭影響，部分中國（大多來自福建）僧人為維持寺院發展，而必須出洋另尋出路。在移民時代發展穩定的馬來亞華社，成為南來僧人提供了重要的經濟資源。一方面，華社為中國原鄉的佛寺維持發展帶來經濟來源；另一方面，也提供了南來僧人駐錫之地，並進一步在異鄉建立佛寺。

　　縱觀漢傳佛教跨界到馬來亞的相關文獻，一些前人記述或研究傾向從僧人的角度討論。梵輝法師以其在越南的經歷與見聞，將僧人在馬來亞經營的方法和收入來源分為四種情況：一、為僑胞做佛事；二、經營實業、寺產和行醫；三、「香油」「供奉」等收入；四、募化緣款。（釋梵輝 1991）陳支平主編的《福建宗教史》歸納福建僧人在東南亞傳布佛教的四種方式：為募捐而講經說法、建立寺院布教、住持寺院弘法、創辦佛學團與僧伽教育；（陳支平 1996）王榮國以豐富例子，提出了福建僧人移錫東南亞傳法的三種途徑：為了募捐、為了弘法、受請住持寺院。（王榮國 1997a；王榮國 1997b）于凌波的《中國佛教海外弘法人物誌》，則以豐富的史料梳理，呈現了 19-20 世紀包括

新馬、菲律賓在內的法師、少數居士的弘法事跡。（于凌波 1997）開諦法師編著《南遊雲水情》、《南遊雲水情‧續篇》、《南遊雲水情‧附錄篇》三大冊，是關於 1888-2005 年間馬新漢傳佛教和僧人南來的重要史料匯編，在這基礎上，他於第三冊中概括道：華僧移錫東南亞弘化主要有三個途徑，一是基於修葺中國寺院的募捐；二是基於弘法使命，前往南洋弘化或朝聖途經南洋的傳教；三是基於信眾延聘或發願在南洋建立廟院的住持。（釋開諦 2017）以上研究主要探析的是 19 世紀的漢傳佛教，足羽與志子和王達偉在〈現代中國佛教的跨國僧俗網絡：跨民族國家的合作模式與資源流通〉一文則探討了 20 世紀漢傳佛教在中國和海外之間的互動交流，發現此時期的中國佛教的弘法人員則輸出到海外，經濟資源則由海外華人輸入，此時期海外華人推動了對佛教在中國的發展。（足羽與志子、王達偉 2016）總的來說，上述研究較翔實地梳理了福建僧人如何在包括馬來亞在內的南洋華社中獲得資源、所從事的活動，我們亦可從中理解到這種宗教文化的傳播，在於僧人的動力及漢傳佛教本身的生命力。然而，作為與僑僧互動頻密，提供資源的馬來亞華社，相關記敘與分析較簡略，有待探研。

實際上，馬來亞華人移民對於漢傳佛教在中國與馬來亞的發展中，所作出的貢獻，同樣是不可忽略的。漢傳佛教從傳播到發展都與當地等社密不可分，華社既是佛教傳播的主要對象，也是佛教發展的重要推手。那麼，馬來亞華社基於什麼目的接受漢傳佛教傳入？又通過什麼方式促進其發展？這些問題有助於反思漢傳佛教在馬來亞、甚至中國的發展歷程。因此，本論文在前人研究基礎上，依據文獻材料與田野調查結果，考察 19 世紀至 20 世紀以來，馬來亞華僑推動漢傳佛教在中國、馬來亞發展的途徑，並進一步探析他們為何與如何影響漢傳佛教在兩地的發展。

二、接受跨域傳播

19 世紀初，華僑對漢傳佛教自中國到馬來亞發展的跨域傳播層面大有影響。馬來亞華僑會以善心人士的身份，應僧人的勸募而捐款，或為提供僧人的日常開銷而供養；華僑也會以廟宇、會館等單位的信理、董事、香客等身份，邀請僧人管理香火或主持經懺，或兩者兼有。華僑這麼做的出發點不一定是為了護持中國佛寺的發展，更多是為了獲得善報、滿足養生送死的需求。這三種途徑對漢傳佛教的發展具有一定的局限性：一是漢傳佛教必須順應民間需要，糅合了民間信仰色彩；二是僧人受條約所限，不能自主發展漢傳佛教。然而，無可否認的是這些舉動提供了僑僧匯款以維持原鄉寺院發展的經濟資源，更重要的是開啟了漢傳佛教自中國跨界傳播到馬來亞的濫觴。

（一）供養僧人、捐建中國佛寺

清末，馬來亞華人對僑僧的供養或捐款，是中國原鄉的佛教寺院發展，或是僧人在馬來亞修行或遊歷的重要經濟來源之一。

「香油」或「供奉」是其中的資金。遊客、在家皈依弟子、當地華人甚至出家人之間會捐獻香油或供養，乃至見面「接風」、臨別「順風」也送紅包，對於作為送者或布施者的華僑而言有「結緣」「種福田」之意；而對於作為受者的僑僧而言除了有「結緣」、予人機會做善事而「種福田」，亦是重要的經濟資助。（釋梵輝 1991）這種通過「布施功德」思想與「同鄉情誼」關係向當地華人社會募得善款，是僧人維持中國寺院經濟的重要來源之一。（張文學 2017）

除了上述供奉，也有以修葺或重建中國佛寺為號召的捐款活動。比如福州妙蓮法師除了到過臺灣募化，也多次到馬來亞群島募得巨款，返回福州重修湧泉寺、興建法堂和回龍閣、重修巖洞茅棚；又協助鼓山湧泉寺監院達本、覺空、古月等僧重興雪峰寺、崇福寺、林陽寺。（釋寶慈 1923）1895 年起，為擴建極樂寺，妙蓮、得如、本忠和善慶等極樂寺僧人的募緣足跡，遍及英屬七州府、仰光、荷屬蘇門答臘及暹羅內共170 多埠。（釋寶慈 1923）。

其他例子包括福州長慶寺（西禪寺）的前方丈微妙法師為修葺寺院，曾到新加坡募化，「冒昧持諜沿門冀全合尖之功，同種法門之福。抵叻之初，即蒙邱菽園觀察大人及閩幫巨商信士樂為題捐」（釋開諦 2017：8）。香林法師在 20 世紀初向越南、馬來亞、印尼化緣淨資以修建祖庭。（釋開諦 2010）滇南雞足山因地處窮野，得不到施主眷顧，因此虛雲法師為了籌款修葺而來到新加坡，經轉道法師協助，向新加坡各廟宇、商人、實業家等籌得巨款（宋蘊璞 1930）。新加坡信眾供養的數萬元，是轉道法師重修開元寺的資金來源，寺中開銷的支付也是仰賴他在馬來亞勸募所得。新加坡的捐款，與讓轉解法師重建中國雪峰寺的佛閣和前樓。此外，1913 年，廈門南普陀寺設立僧伽學院，轉道法師曾赴馬來亞籌款。（于凌波 1997）

（二）邀請僧人管理廟宇香火

「移神」往往伴隨著華僑「移民」發生。華僑在異鄉供奉原鄉神明以滿足精神慰藉，而建立廟宇則成為他們在馬來亞建構華社的方式。為了應付神明節慶等廟務，僧人受邀住持民間信仰廟宇成為常見的現象。

根據馬六甲青雲亭在 1801 年的《重興青雲亭碑記》，提到曾有悅成法師在此。另一塊 1845 年的碑提及蔡士章於 1801 重建青雲亭前，該地曾是「禪舍僧堂」，而 1730

年前的馬六甲三寶山可能也有僧人住持佛教經懺。（釋開諦 2010）此時僧人的經濟來源，大多仰賴於以「香資」制度，即是合眾集資，延請僧人打理香火。

檳城廣福宮過去也沿用「香資」制度，但後來改為「寶燭碼」（也稱香燭碼）制度。1888 年，廣福宮在辭退前任僧人後，延請妙蓮等僧住持時，將廣福宮香火交由僧人承包，而妙蓮法師則交付兩千餘金的歲供予廣福宮，此後的盈虧由僧人自理。每年廟宇將以補貼夥食的名義，補貼千金予僧人，夠支付工人費用。作為與廣福宮關係密切的平章公館，會開放標碼，讓各方僧眾競標承包香火管理。（釋寶慈 1923；王琛發 2019）在廣福宮，管理香火的有大殿收香油師、大殿賣香燭師，每月都有相應的單銀。（極樂寺 1907）其工作內容包含大殿收香油師、大殿賣香燭師分別每逢初一、十五日要洗神像，此外大殿香油桶逢初二及十六夜收入庫房進數。除了廣福宮，主祀大伯公的檳城海珠嶼也聘請福建僧眾管理香火。（極樂寺 1907）南來僧人把住持香火廟的所得作為祖庭的重要經濟來源，並且系統規劃僧眾往返馬來亞及其職務，以利於長期運作。

19 世紀末，妙蓮法師建立檳城極樂寺期間，曾駐錫附近的寶嶼仙巖，可能也管理該廟香火；直到 1905 年，寶嶼仙巖總理伍金鏟、黃子春、鮑關瑞、胡能慶、戴文吉及阮福華發出啟示，恭請極樂寺方丈妙蓮法師兼掌寶嶼仙巖，此後極樂寺特派僧人管理該廟香火。（《檳城新報》1905 年 11 月 8 日）簡言之，妙蓮等僧在香火廟中的職務，對應了檳榔嶼華人社會生前的信仰需求，同時也是經濟來源。

有的華社幫群擁有多座香火廟，不過邀請同一僧人同時住持。如 1919 年，由福建社群管理的檳城天公壇，邀請從緬甸經過檳城的廣通法師住持；1920 年，他們又邀請他住持廣福宮；後來吉隆坡福建公所總理盧有水要整飭吉隆坡觀音寺（威鎮宮），邀請了廣通任當家。當時他可能多在檳城，而遙領觀音寺職事。從這個層面也可說明，僧人在馬來亞境內的流動性，與華社的延請有很大的關係。

除了管理香火，有時僧人也需要肩負為香火廟籌建的事宜，比如在檳城天公壇喬遷后，該壇瑞雲殿住持妙湛法師於 1905 年登報向各界提倡捐建廟宇。（釋開諦 2017）

其他有關僧人駐錫香火廟的例子很多，可以說是當時的常態。如 1910 年至 1920 年間，福建社群在轉道法師興建普陀寺期間，邀請他住持新加坡天福宮。1911 年，梅山雪峰寺轉岸法師奉命到新加坡，然後住持馬六甲青雲亭。（于凌波 1997）1903 年任極樂寺當家的意通法師，後來到檳城保生大帝廟任住持。歷任南普陀當家、承天寺的轉塵法師來新加坡住持順天宮。仲興法師接替拜興法師，住持檳城蛇廟。達明法師曾住持馬來亞霹靂鳳山寺、廣福巖，後來又先後駐錫新加坡天福宮、住持天公壇；他樂於捐款予國內外慈善教育，每年亦給興化梅峰光孝寺捐款二千餘。（林博愛 1939）曾遊歷暹羅和緬甸的昌蓮法師也受聘協助處理檳城廣福宮經懺。（林博愛 1924）。儘管華社

延請僧人處理香火法事等宗教活動在殖民時代的馬來亞相當常見，然而有關宗教科儀、寺廟規約等歷史文獻遺存並不多見，有待發掘。

（三）邀請僧人做經懺佛事

華社重視宗教信仰，許多宗教儀式多聘請僧人主持。若經濟收入允許，一般華人會為亡者做「佛七」，超渡往生，且有明顯的方言群和地域邊界，如福建人（包括福州）和廣東人都會找回同籍貫的僧人做經懺；此外，由於華社看重白事，甚而不惜花費，因此經懺佛事的酬勞在僑居僧人的返鄉匯款中占較大比重。（釋梵輝 1991；陳支平 1996；王榮國 1997）

1888 年，鼓山湧泉寺妙蓮法師受邀住持檳城著名香火廟廣福宮，共有 12 位僧人駐錫其中，分別管理兩家佛事。所謂兩家即指在檳城華社中的人口規模、經濟實力較大的廣汀、福建兩個幫群。其儀式內容視喪家之人指定，包括做旬、作小祥、入殮、開魂路、安靈、洗淨、吹鼓、做功德、午夜佛事、榜疏（又分西方榜疏、靈前繳庫榜疏），各儀式都有固定的酬勞；如果到山上或出洋做佛事，發生延緩時，事主之人也必須按日貼銀，並支付船稅、馬車稅、工腳等。（釋寶慈 1923；柯木林、廖文輝 2021）此外，曾任閩垣法海寺、延郡慈林寺住持的夢觀法師，在新加坡天福宮、檳城天公壇、觀音寺、廣福宮都做過經懺事務。（林博愛 1924）

經營佛事的所得，可用在原鄉寺院的開銷；若所得不足，則視情況斟酌對原鄉寺院的資助。在新加坡，雙林寺自開山以來，一直將經營佛事所得匯返祖庭西禪寺，一直到該寺兩位住持松輝、高參法師先後圓寂，雙林寺管理益艱，匯款遂盡力而為。（釋梵輝 1991）

一些做經懺的法師，就駐錫在會館或墳山（馬來亞不少墳山屬於會館的產業）或是廟宇。但也有僧人並非長期服務，純屬偶然為華社做經懺佛事，如 1926 年，馬六甲每年有幾十人溺死，當地信徒曾請圓瑛法師做超渡。（釋開諦 2010）

三、推動宗教運作

19 世紀末至 20 世紀初，華僑對漢傳佛教在中國、馬來亞發展的宗教運作層面大有影響。有者會作為大護法，捐贈巨款或土地予僧人，以便他們建寺安僧；也有華僑自發建立佛寺後，恭迎僧人前來住持。此外，馬來亞華僑也會以信徒身份邀請僧人講經說法，也有人作為居士，協助僧人或自發弘揚佛法。此時期華僑對漢傳佛教的推動，主要表現在經濟上或弘法方面的協助，保證了漢傳佛教的寺院建設與宗教傳播。

（一）捐建馬來亞佛寺、邀請僧人住持

　　漢傳佛教寺院在馬來亞的建立，幾乎沒有來自中國官方或英殖民政府的支持，因此很大程度需仰賴當地華社的經濟資助。在異鄉建立的佛寺，是僧人長期駐錫或經營佛教事業的所在，也方便流動於中國與南洋，主要目的之一包括維持祖庭的寺院經濟。梵輝法師以僧人往來西禪寺與越南、星洲的經驗，說明僧眾有序安排出洋和在海外的活動：

> 南洋寺院的僧眾多數是由國內寺廟派往或自己出外「雲遊」不歸而居留當地的，海外華僑到寺廟出家的為數極少。自本世紀（20 世紀）十年代以來，來往於福州和南洋各地之間的福州僧人很多，他們多數人在南洋居住三五年就攜了一些款回到祖國佛寺來。僧人沒有家屬，都不想久留於僑居地，且居留南洋的目的不過是為經營佛事或募得一些錢回來。於是一批「舊客」回「唐」，祖寺就再派一批「新客」出洋，如此交替不輟，一則僧人可輪流工作；二則可避免僧人因長居海外而忘卻祖寺，甚或把海外寺院擁為己有。（釋梵輝 1991：164）

　　類似情況在其他中國寺院和馬來亞廟院也不少見。有的僧人一生來回兩地多次。這幫助了原鄉寺院修葺、僧眾生活改善。不過也有一些「海外寺院被久居於中的某些僧眾擁為己有，不再受祖寺的支配和指揮」（釋梵輝 1991：164）。這也側面反映了華社的經濟資助不僅可維持中國佛寺的運作，也能用於馬來亞佛寺的發展。

　　儘管一些在馬來亞建立寺院的資金是僧人在中國的積蓄，但主要還是馬來亞華社貢獻居多。以極樂寺為例，檳城僑領楊秀苗於 1891 年賣地予妙蓮法師，這筆款項是妙蓮法師及鼓山僧眾集資的，後來始有妙蓮創於 1892 年建大士殿，並由得如、本忠兩位法師於 1894 年建福德祠及地藏殿。1895 年，極樂寺擴建，張弼士（張肇燮）在東南亞、英國、荷蘭及上百城市為興建中的極樂寺籌款，（于凌波 1997）他與其他極樂寺大總理陸續捐建了大雄殿、天王殿、鐘樓、鼓樓、法堂等。此外，根據《勅賜極樂禪寺碑》，6 位大總理（張肇燮、鄭景貴、謝春生、張榕軒、戴喜雲）的個人捐款在 3000-35000 元之間，9 位大董事中的 7 人（林花簪、林耀煌、胡子春、邱漢陽、林媽栽、林克全、楊本通，除了顏五美、黃務美）的個人捐款則在 100-3000 元之間，顯示了檳城的主流華社幫群（客幫、福幫）對漢傳佛教寺院建立的貢獻。（魏明寬 2021）。此外，有閩僑靜修士劉正春，於光緒中葉向本忠法師學習念佛，他臨終前託其友，將他和其友人的產業本源宮獻予極樂寺，以報法乳之恩；1914 年，經各女眾捐款，將本源宮拆

除，改造成玉佛堂，作為本忠法師弘揚念佛法門的道場。（釋寶慈 1923）

　　極樂寺之後分衍出去的寺院，大體也是如此。1904 年，婦女葉門李氏邀來極樂寺監院的善慶法師到雪蘭莪古毛住持觀音閣，在善慶擴建該閣期間，尚有多位僑領捐款，包括陳金美（1500 元），劉金榜（1000 元），陳文晟（300 元），黃務美（300 元），邱銀力（200 元）及邱廉啟（150 元）等。檳城劉氏居士將產業本源宮捐予第二任極樂寺住持本忠法師，本忠法師遂於 1914 年改為玉佛堂，以作為靜修地以及社中年老無家的婦女的居所；1922 年，本忠又通過募捐與借貸，建立檳城觀音寺（又稱蓮花閣），弘揚念佛法門。（釋寶慈 1923；魏明寬 2018）

　　在吉隆坡，來自香港的觀修法師來到吉隆坡楞伽山，起初自行搭建茅蓬，供奉觀音大士，日久有善男信女捐資建成千佛寺。（釋開諦 2013）在新加坡，多座寺院也都是華社捐款或捐產業下落成。例如約 1913 年，新加坡華社捐出 3 畝多土地，讓轉道法師建普陀寺，瑞等法師及其徒廣洽法師也分別於 1922 年和 1923 年，到新加坡助建普陀寺；1921 年，在鄭雨生獻地，以及僑領胡文虎、胡文豹昆仲資助下，轉道在新加坡建立的第二座道場光明山普覺寺初步竣工。此外，在實業家陳文烈的資助下，轉武法師於 1919 年建立龍山寺，其徒瑞等法師於 1922 年南來協助。1938 年，周秀瓊優婆夷建立新加坡大悲院，1964 年由其女法坤比丘尼重建。（于凌波 1997）

　　另一種情況是華社邀僧人住持漢傳佛教寺院。1898 年，新加坡僑領劉金榜和楊本盛等就出資，興建具福州西禪寺格局的新加坡雙林寺，與賢慧法師等僧人住持該寺。（杜南發 2018；許源泰 2020）1942 年，檳城林炳照、林炳坤昆仲為廈門南普陀寺會泉法師建檳城妙香林寺（寺院落成時，法師圓寂，其徒宏船法師又請得廣余法師擔任監院）。1945 年，演本法師擔任馬來亞金侖三寶寺住持，並在信眾支持下建造「法輪圖書館」。1970 年，檳城菩提中學校長王弄書為首的佛教徒，為在檳城菩提學院任教數年的竺摩法師倡建竺摩精舍。（于凌波 1997）

（二）邀請、協助或自發講經弘法

　　華社作為佛教徒，曾以財力及人力等不同形式參與漢傳佛教的發展，大致為以下四類：

　　一是華僑長期固定給佛教會社交費，以助法師長期領眾修行。在南洋，有僧人開每月收費的「念佛會」「地藏會」，即會員給每月 1-2 元會費，在往生後可領回部分金額，抑或可由僧眾念經超度或受寺方供奉其神位。（釋梵輝 1991）1912 年，第二任極樂寺住持本忠法師本忠法師基於本身修持、見聞及馬來亞受社會改良風氣（波及他在廣福宮的宗教事務）影響，開始在檳城設立念佛蓮社，宣揚念佛法門。（釋寶慈 1923）。

據悉這是念佛法門首次在馬來亞的的傳播，可能跟前述「念佛會」一樣徵收會員費。此外，20 世紀 50 年代，繼任新加坡龍山寺第二任住持得瑞等法師組織「福緣念佛會」，於每月農曆十七日集眾念佛。（于凌波 1997）

　　二是華社偶然的、短期的邀請法師說法。如虛雲法師曾受妙蓮法師之囑講《法華經》結緣，開講時歸依者數百人，後來馬六甲埠諸護法邀請他到青雲亭講《藥師經》，吉隆坡葉佛佑、黃雲帆居士等請他到靈山寺講《楞嚴經》，在各埠講經前後皈依者過萬人，後來又先後在緬甸、暹羅講經，以便回滇建藏經殿。（釋虛雲 2017）約 1940 年，會機法師因日本侵華而往安南弘法，後來新加坡佛教團體邀請他前往新加坡龍山寺講《六祖壇經》《金剛經》等，法師也到怡保虛空洞說法、受檳城佛學院之講經。（釋開諦 2010）20 世紀 40 年代初，廈門南普陀寺會泉法師曾在檳城廣福宮講經。馬來亞日據時代結束，光復和平，檳城佛學院社長李順景邀請華智法師，為華社講《佛說觀無量壽經》。（釋妙祥 1949）

　　三是華社協助建立說法的佛教組織。1922 年，圓瑛法師在南洋群島、在新加坡與轉道法師會晤秦亮工領事及普覺精舍鄭雨生居士交流佛法，於是組織普覺講經會，在普陀寺講《大乘起信論》（釋開諦 2010）；1923 年 2 月，由於圓瑛法師在檳城廣福宮主講《過去現在因果經》，促成了極樂寺第二代方丈本忠法師、廣福宮住持廣通法師，以及戴培基、謝自友等僑領共同成立檳城普益講經會。（陳劍虹 1989）1933 年，在李俊承首肯與支持下，新加坡諸位長老轉道、瑞於、瑞等成立「佛教居士林」，林淑源、吳良標、柯韻清、邱菽園、黃曼士、莊篤明、莊丕唐、羅承德及南京國民政府駐新加坡領事李仁等人也先後參與籌備。李俊承更在 1934 年購買一棟樓房以為林址。在李俊承、邱菽園、莊篤明與轉道一同發起設立佛教居士林、中華佛教會，弘揚佛法。1965 年，新加坡居士林購買新土地以建新林址，僑領林淑源首捐巨款為倡。（于凌波 1997）

　　四是馬來亞華社協助弘法或自發弘法的作用。1940 年 7 月，畢俊輝優婆夷為南來檳城講《楞嚴經》的慈航法師擔任翻譯，將普通話翻譯為廣東話予當地華社。（于凌波 1997）此外，從 1920 年代，馬六甲土生華人（峇峇、娘惹）社群於 1920 年組織的釋迦院，馬來亞佛教界開始出現居士佛教團體；從 1970-1980 年間，全國也成立了大概 50 個佛教會；至今則有 300 個佛教會或居士林。（侯坤宏 2021）

四、拓展社會功能

　　進入 20 世紀，華僑對漢傳佛教在中國、馬來亞發展的社會功能層面大有影響。有者以護法、居士身份資助僧人興辦實業公司、學校、孤兒院等；有者作為捐款人，籌

募款項以協助僧人抗戰或賑災。此時期華僑對漢傳佛教的推動，主要表現在華僑與僧人共同在慈善、公益方面協助建設華人社會以及佛教傳播。

（一）協助僧人興辦實業、學校、孤兒院、醫院

　　一些寺院在穩定發展後，會開始積極參與到中國社會或馬來亞華僑社會的發展，因此也獲得華社支持拓展漢傳佛教的社會功能，具體包括實業、學校、孤兒院、醫院等等。

　　從實業獲得的盈利不僅可以維持寺院經濟，也可以用作其他社會公益方面。例如，1912 年，善慶法師倡議在暹羅經營佛教實業公司，本忠法師贊成。身為總理的本忠負責籌集資金並在 1913 年注資暹羅董里，而作為督辦的善慶負責開荒種植。當時，馬來亞華社甚至各族都競相注資。同年，兩位法師基於實業公司的盈餘，建立義學，請閩教育司代聘師範附屬中學教師林某為校長，（《檳城新報》1913 年 4 月 12 日；釋開諦2017）到了九月學生已多達 60 人。（《檳城新報》1913 年 9 月 1 日）義學既有附近華社學生，其學程應是兼具佛教教程的世俗教育。

　　此時期的中國、馬來亞都有馬來亞華社參與的佛化教育發展。一方面，在中國，1927-1928 年間來自南洋的捐款，是轉道在漳州崇福寺辦佛化平民學校的重要資金來源，用以收容失學兒童。另一方面，在馬來亞，僑領李俊承有鑒於新加坡寺院和信眾在二戰後大增，遂在 1949 年 7 月引領漢傳佛教界，商討成立「新加坡佛教總會」，爾後他任職主席長達 15 年，期間曾大力支持菩提學院擴建、組織佛學教育委員會、協助政府推動學校佛教教育。（于凌波 1997）

　　檳城、新加坡甚至形成了居士相互支援興學、教育。王弄書和畢俊輝，這兩位慈航法師的皈依弟子，對檳城、新加坡的佛教學校都有重要的貢獻。1934 年，廈門芳蓮法師來馬來亞弘化，建立檳城菩提學院，以供出家人學習。日本戰敗後，僑領胡文虎於 1946 年捐款重建檳城的菩提學院（一說是 1948 年，他獨資奠基興工），並支持創辦菩提小學，王弄書任學監。1947 年，畢俊輝、林達堅、楊慕貞、邱玉蘭、李慈靈、鄭天水、李慈靈、鄭惠馨等居士在慈航法師倡議下，在新加坡創辦菩提學校。1948 年，新加坡菩提學校開學，畢俊輝請王弄書任校長，王弄書在第一學期設立了規章制度，並在第二學期交由畢俊輝繼任，畢俊輝則回到檳城繼續創建菩提小學。1949 年公推僑領林師萬任董事長；其後由佛教總會接辦，主席李俊承另覓校址、爭取政府輔助等。1954 年，在胡文虎妻子陳金枝捐款及華社得支持下，檳城菩提小學增建校舍，並設立菩提中學，因此菩提學院、菩提小學、菩提中學也合稱「檳城三菩提」。1955 年 5 月，原先在泰國講經的竺摩法師也到菩提中學。畢俊輝也自編佛學教科書供佛教學校使用。

1961 年,「新加坡女子佛學院」由妙理、覺真、慧圓、慧平、永兆、永空等法師,以及林達堅、李慈靈、畢俊輝等居士共同創辦。(于凌波 1997;闞正宗 2020)

在護幼方面,華僑同樣也曾響應捐建孤兒院。如寧波孤兒院傅悫焉曾到南洋籌款,經轉道法師代為向華僑介紹,於是華僑與之籌謀(宋蘊璞 1930)。

在醫療方面,也有華僑協助僧人籌備。在中國,福州開元寺住持寶松法師於 1947 年,和莊元豪居士聯繫證亮、梵輝和居士潘守正、葉承謙等創辦福建佛教醫院,寶松法師於同年秋月到南洋籌款,以建立佛教醫院院舍和施診。此外,鄭樹祥向雙林寺高參法師學習醫術後,在法師允許下於 1953 年在新加坡開設少靈山醫局,並由師徒共同主持,免費贈醫施藥。(符詩專 2018)

(二)協助僧人抗戰、賑災、舉辦超度陣亡軍民法會

清末民初,許多馬來亞華僑心繫原鄉,尤其關心戰區、災區等。散居馬來亞的僑僧雖身在空門,也不乏挺身救國之輩,與馬來亞華僑共同救濟中國。

辛亥革命之後,北洋政府財政緊張,發起愛國募捐。為了響應中華國民捐,由印尼廖內媽祖宮慧賢法師、麻六甲青雲亭轉伏法師、石叻雙林寺證明法師、檳城極樂寺善慶法師、石叻金蘭廟瑞興法師、石叻城隍廟瑞於法師、石叻天福宮性禪法師共同發起南洋佛教社,聯合以缽資捐款,並於 1912 年 7 月 20-21 日周末兩晚,在新加坡組織演繹武藝的籌捐,並售入場券,以釀資助捐。不僅如此,林瑞模、莊香、陳啟添、李萬、鄭名標、吳章筏、林清愷、曾獅諸位賢裹,到場義務合演時事新劇。(《叻報》1912 年 7 月 22 日)這場由僧人演繹雜技、華人合演戲劇、華社購票支持的聯合籌募活動,展現了佛教界與華人社會「同心報國」的熱忱。

中國抗日時期,馬來亞各地華社曾踴躍捐款予僑僧,協助組織僧侶救護隊抗日。1937 年 12 月上旬,日本侵華,圓瑛法師曾在新加坡總商會演講,組織「中華佛教救國團新加坡募捐委員會」,在其他法師幫助下通過講經說法,宣傳抗日,華社受號召而匯款,協助組織漢口第二僧侶救護隊,其中僑領陳嘉庚更是為之組織「新加坡華僑抗日救國籌賑會」;後來圓瑛法師在吉隆坡,胡文虎、胡文豹昆仲也捐獻支持,當地總商會會長黃重吉也協助籌款;1938 年 2 月,在檳城僑領邱佑善、朱和樂、林耀椿、謝應嘉及其他法師支持下,圓瑛得以宣傳捐款救國;4 月,檳城寶譽堂開基施主邱素譽夫人也認捐了國幣四千元予佛教救護團。吉隆坡、檳城華社的匯款組織寧波第三僧侶救護隊;在回中國視察各地收容所後,圓瑛再次到南洋報告並籌款。(釋開諦 2010;釋開諦 2017)

1938 年 5 月,新加坡光明山普覺寺舉辦舍利法會,恭請圓瑛法師主持,以超度與追悼中國陣亡的將士和殉難的百姓,新加坡僑領李俊承就首捐 500 元。同年,為追悼

陣亡軍人，檳城華僑謝永嘉、利寶鈞、梅英榮等協助佛教救護團募捐委員會，在廣福宮開辦會議，商討勸募辦法，最終確定於極樂寺舉辦「追悼前線陣亡將士大會啟建佛事道場」。1948 年，志昆、明德、真果等法師聯合馬來亞北部的中華佛教徒，在極樂寺舉辦三天追悼大會與救濟大會。（釋開諦 2017）

五、結論

　　「法不孤起，仗境方生」，宗教文化的跨境發展，離不開外在環境的阻力與助力。本文從馬來亞華社的角度探討漢傳佛教在中國、馬來亞的發展，意在觀察漢傳佛教發展除了自身動力和生命力之外，作為外在因素的馬來亞華社，其推動漢傳佛教在中國、馬來亞發展的途徑，並探析他們為何與如何影響漢傳佛教在兩國的發展。

　　隨著英國先後開埠馬來半島的檳城（1786 年）、新加坡（1819 年），並於 1826 年將馬六甲、檳城、新加坡和納閩列為海峽殖民地，治理範圍逐漸遍及馬來亞各州。基於英殖民政府開埠各地有先後之別，因此馬來亞的各地華社的建構進程各不相同，也影響了華僧南來時的落腳點，進而影響了各地漢傳佛教發展歷程。上文論述的馬來亞華僑社會推動漢傳佛教在中國、馬來亞發展的途徑，反過來也可理解為僑僧發展佛教的手法，這不僅僅是橫向角度的分類，實際上在縱向角度而言也有不同時期的變化。基於時代背景、社會需求和當地漢傳佛教的發展階段的異質性，華僑影響南來僧人在馬來亞發展佛教的途徑在各寺、各地不盡相同，或是在不同時代有所分別。當然，僑僧在同一時期，也可能運用多種經營手法，以適應在地環境，維持漢傳佛教在中國及馬來亞的發展。

　　華社從漢傳佛教的宗教運作到社會功能的參與，其角色也發生變化。從上述的香客、信徒、護法、居士等身份及其對佛教發展的助力，可看出華僑從主導、到支持、到合作的變化。同時，華社也在跨域傳播、宗教運作、社會功能三個層面上，根據自身需要影響漢傳佛教的發展走向——從民間信仰，到正信佛教，到社會參與。換言之，華社通常是從自身需要出發，僧人迎合華人的需要而變通，藉此發展自己的需要，二者互利共生。華社之所以能主導，是因為他們既是維持漢傳佛教發展的資源，也是其漢傳佛教傳播的對象，而隨著馬來亞華僑的在地化，許多僧人在發展漢傳佛教的重心上也有所變化：從為祖庭，到為分院，到為在地寺院。因此馬來亞華社對 19 世紀-20 世紀的漢傳佛教在中國、馬來亞發展，起到了主導性影響，既有制約，也有推動作用。

　　華僑之所以會參與到漢傳佛教在中國、馬來亞的發展，或許可以從宗教認同、民族認同的角度理解。從宗教認同的角度而言，大多華人經歷了從信奉民間信仰到接受

漢傳佛教的歷程（抑或同時信奉兩者），是因為中華宗教文化基因裡就包含儒、釋、道的元素，只不過在華人移民一般只實踐意涵、儀式相對簡單的民間信仰，而具有義理、制度性的漢傳佛教，則直到僧人到來並傳播，華社才開始接觸和實踐，這也說明了其影響的途徑是從管理香火、應酬經懺，到建寺安僧、講經說法等。從民族認同的角度而言，受到中國的民族振興、改良風氣、新生活運動等影響，華社也重視在異鄉的新式教育、醫療建設等，同時關心原鄉的戰況與災情等，這些社會需要促使漢傳佛教僧人也參與社會活動，華社經濟也成為漢傳佛教拓展社會功能的資源。

上述兩個角度或許也可以解釋為什麼僑僧能順應華僑的需要。從宗教認同的角度而言，漢傳佛教與民間信仰都具有較大的包容性和適應性，且漢傳佛教和民間信仰雖各不相同，但都不否定對方的存在，甚至是各以自身的話語體系，將對方納入自身（這在奉祀體系、祭祀儀式、教義等都可見一斑）；從民族認同的角度來說，僧人投身入世的社會參與，離不開慈悲本懷及借此弘法的目的，而且僧人與和華僑都有自原鄉而僑居異鄉的共同點，本質上也都具有中華民族性，這讓僑僧能與困頓中的馬來亞華僑、中國華人有共鳴，進而努力回饋的原因。

整體而言，馬來亞華社一方面「振興」了中國的漢傳佛教，另一方面「發展」了馬來亞的漢傳佛教。不過，這種局面後來也隨著中國與東南亞的發展局勢有所變化。二戰以後，隨著中國與馬來亞聯繫與交通受阻，以及 1955 年中方在萬隆會議表示不承認海外華人的雙重國籍後，許多南洋華僑入籍居住國，從此減少了華僑的流動；進入 20 世紀 90 年代末，隨著中國富商階級崛起，中國佛寺的經濟來源的主要來源從國外轉向國內。（足羽與志子、王達偉 2016）從這個層面而言，部分的華僑、僑僧選擇回到中國發展，而華僑與僑僧則留在馬來亞，並經歷了在地化歷程——在民族國家建構歷程中，華人建立「華族」的身份認同，主要僧源也來自在地華社，二者從「僑」到「族」的身份認同，以及對所在國有較強的認同感，促使馬來亞華人與僧人在佛教的宗教運作與社會功能上有更多元、更密切的合作與互動。

參考文獻

傳統文獻

《檳城新報》1905.11.08，不詳。

《檳城新報》1913.04.12，版 3。

《檳城新報》1913.09.01，版 3。

《叻報》1912.07.22，不詳。

林博愛，《南洋名人集傳》（第四集），南洋文史纂修館，1939，頁 103、104、114、124、147。

林博愛，《南洋名人集傳》（第二集上冊），檳城：點石齋印刷承印，1924，頁 117、118、156、192。

極樂寺，《檳榔嶼極樂寺廣福宮常住條規》，檳城：極樂寺，1907，頁 13、42。

釋寶慈，《鶴山極樂寺誌》，檳城：極樂寺，1923，頁 85、97-99、109、110。

釋妙祥，〈華智法師史略〉，《覺世》1949.1，頁 17A。

宋蘊璞，《南洋英屬海峽殖民地志略》（第一編・新加坡），北京：蘊興商行，1930，頁 92。

近人論著

陳劍虹

1989《檳榔嶼廣福宮慶祝建廟 188 周年暨觀音菩薩出遊紀念特刊》，檳城：檳城廣福宮信理部，頁 35-36。

陳支平

1996《福建宗教史》，福建：福建教育出版社，頁 277-281。

杜南發

2018〈雙林寺創建因緣新探〉，杜南發主編，《蓮山雙林：新加坡蓮山雙林禪寺 120 周年文集（文史集）》，新加坡：雙林寺，頁 272-291。

范若蘭

2020〈海路僧人與古代南海區域佛教傳播（3-10 世紀）〉，《海交史研究》2020.3：1-12。

符詩專

2018〈連接雙林與少林的方丈高參法師〉，杜南發主編，《蓮山雙林：新加坡蓮山雙林禪寺 120 周年文集（文史集）》，新加坡：雙林寺，頁 258-259。

侯坤宏

2021《論馬來西亞近代漢傳佛教───一個局外人的觀察》，香港：香港中文大學人間佛教研究中心，頁 330-331。

闞正宗

2020《南洋「人間佛教」先行者───慈航法師海外、臺灣弘法記（1910-1954）》，香港：香港中文大學人間佛教研究中心，頁 224-243。

柯木林、廖文輝

2021《三州府文件修集選編》，馬來西亞：新加坡宗鄉會館聯合總會、新紀元大學學院，頁 122-123。

林孝勝等

1975《石叻古跡》，新加坡：南洋學會，頁 244。

釋梵輝
1991〈福州佛寺與南洋的關係〉,《福建文史資料》1991.25,頁 162-167、177。
釋開諦
2010《南遊雲水情》,檳城:寶譽堂教育推廣中心,頁 71、93、95、96、99-101、110、119-120。
釋開諦
2013《南游云水情・續篇》,檳城:寶譽堂教育推廣中心,頁 193。
釋開諦
2017《南游雲水情・附錄篇》,檳城:寶譽堂教育推廣中心,頁 7、8、13、276、278、280、282。
王榮國
1997a〈近代福建佛教向東南亞傳播與當地華僑社會〉,《華僑華人歷史研究》1997.3:60-64。
王榮國
1997b《福建佛教史》,廈門:廈門大學出版社,頁 359-406。
王琛發
2019〈開枝散葉──清末民初南洋漢傳佛教的「寶燭僞」制度〉,《普陀學刊》2019.1:253-275。
魏明寬
2018〈漢傳佛教在馬來亞發展初探──以妙蓮、善慶及本忠之佛教活動為中心〉,《華僑華人文獻學刊》2018.6:207-233。
魏明寬
2021〈仗境方生:華社、僑領、清廷和暹王對檳城極樂寺發展的影響〉,《馬來西亞華人研究學刊》2021.26:9-14。
許源泰
2020《獅城佛光──新加坡佛教發展百年史》,香港:香港中文大學人間佛教研究中心,頁 148-150。
于凌波
1997《中國佛教海外弘法人物誌》,臺北:慧炬出版社,頁 10、20、26-28、34-35、37-38、41、45-46、48-50、52-54、60、62-63、75-79、82、84、94、96、117、133、151。
張文學
2017《海清轉道法師》,北京:中國社會科學出版社,頁 48。
足羽與志子、王達偉
2016〈現代中國佛教的跨國僧俗網絡:跨民族國家的合作模式與資源流通〉,汲喆、田水晶、王啟元主編,《二十世紀中國佛教的兩次復興》,上海:復旦大學出版社,頁 113-243。

網路資訊

林長茂
2011〈泰國佛學界的華裔曠世奇才──曼谷培英學校校友陳明德居士〉,《泰華文學》2011 年總第五十七期,網址:https://www.thaisinoliterature.com/old/201101/57_03.html

在政體之間的地方社會

英國掌政下柔佛彭古魯的困境與轉變
（1910-1941）

國立臺灣大學歷史研究所碩士生　廖明威

一、前言

「國有君主，巫金有彭古魯」（*Negeri Beraja - Mukim Berpenghulu*）。[1]這句馬來諺語顯示了彭古魯（*Penghulu*）在馬來文化圈的普遍程度。彭古魯的詞根 *Hulu*，是頭部、河水上流或源頭的意思，因此彭古魯泛指馬來社群裡的頭人。他們可以是官方委派的宗教領袖（Kingsley 2012），可以是宗族的長老（Bloembergen 2011），具體職務因時代和地域而有所不同。

馬來半島的彭古魯則與土地事務的關係密切。W. E. Maxwell 於 1884 年發表的馬來土地習俗報告中，就提到彭古魯是不可或缺的地方嚮導。基於地域和交通不便，任何向馬來農民徵收的稅款皆需要通過彭古魯，因為只有彭古魯知道轄區內農民的數量和位置（Maxwell 1884, 103）。傳統上，彭古魯被視為蘇丹在地方上的代表，是人民與政府之間的橋樑（Abd. Jalil Abd. Gani 1976, 33）。這一世襲的地方領袖，在自己的轄區（*kawasan*）內憑藉個人的意志和特質引領地方上的子民（*anak buah*），形成了州內的「國中之國」（*imperium in imperio*）（Shaharil Talib 1993, 48）。

然而，到了「英屬馬來亞」（Andaya and Andaya 1982, 160-209）時期[2]，馬來半島進入國家建設（State Building）的時期，「擴張的國家結構，穿透到過往不曾被觸及的社會層面，收編、拉攏或破壞了地方社會相對自主的權力結構，以增強國家對地方資源的控制」（Duara 1987, 132）。各州或是由英國主導，或是自行推動改革，開始劃定邊界、分割縣區、設立關稅、修訂土地法令，嘗試以官僚系統掌握資源的開發。政府機

---

[1] 此諺語還有一些變化，如米南佳保（Minangkabau）社群改稱"*Alam Beraja, Luak Berpenghulu*"，*Mukim* 與 *Luak* 都是地方行政層級。

[2] Barbara Watson Andaya 與 Leonard Y. Andaya 以 1874 年英國通過邦咯協議（Pangkor Treaty）將霹靂州納為保護國（protected state）為始，直到 1919 年全馬來亞半島被納入英國勢力範圍為止，劃分為「『英屬』馬來亞的形成」時期。

構也趨向官僚化和理性化，以法律條文取代王室貴族的個人決斷，以中央委任的官員取代世襲的地方大臣和貴族。地方領袖因此產生的轉變，也就成了探討國家構建這一主題時，不可忽視的重要對象。

　　循著以上的脈絡，Paul H. Kratoska 以「理性化」（rationalization）以及「官僚化」（bureaucratization）為關鍵詞，探討自英殖民時期到馬來亞獨立後霹靂（Perak）和雪蘭莪（Selangor）的彭古魯遭遇的變化（Kratoska 1984）。殖民者致力要讓彭古魯轉型為「有效率的外來者」融入官僚制度，同時又希望他們能繼續作為「有影響力的地方人物」在地方上擔任傳統職務。兩種要求拉扯下，彭古魯落入兩面不討好的窘境，漸漸被其他文官以及村長所取代。

　　本文以柔佛州（Johor）的彭古魯為例，探討彭古魯們在「理性化」及「官僚化」過程中的適應與轉型。和馬來聯邦（Federated Malay States, FMS）裡的霹靂及雪蘭莪不同，柔佛屬於馬來屬邦（Unfederated Malay States, UFMS）的一員，又是馬來半島上著名的農業州，馬來子民大多為小地主階級（small holders），政治上仰賴彭古魯進行組織和提出訴求。以上政經背景的差異，讓本文得以從不同的角度探討彭古魯如何面對，以及為何迎合「理性化」與「官僚化」的轉變。

二、坐擁傳統頭銜的政府僱員

　　19 世紀中期，柔佛便開始委任彭古魯為其效力。他們最主要的職責與 1848 年開始的馬來樹膠（gutta-percha）開採有關。時任天猛公的達因伊布拉欣（Daeng Ibrahim，生卒年：1810-1862）將內陸原住民（*Orang Benua* / Binua）以及新加坡和廖內島上的海人（*Orang Laut*）各族，如比杜安達人（*Orang Biduanda*）遷徙到馬來樹膠的原生地，並委派彭古魯駐守河口，壟斷馬來樹膠的出口和貿易。他們用低於市價一到四倍的價格向原住民購買馬來樹膠，同時用高於市價一到四倍的價格販售必需品給負責採集的原住民（Trocki 2007, 87-90）。

　　邁向 20 世紀，隨著土地開拓的需求日益增加，彭古魯也從負責壟斷河道的大臣，成為馬來文化圈移民的管理者，負責引入爪哇人（Javanese）、班惹人（Banjarese）來開發自己轄下地區的土地（Md. Akbal Abdullah 2012, 50）。柔佛北部的麻坡縣（Muar）開發時，吉雙（Kesang）、巴莪（Pagoh）等地區的彭古魯便負責招攬了大量的爪哇人前來開墾，其中麻坡的小鎮巴冬（Parit Jawa）的馬來地名就是「巴力爪哇」[3]，說明了

---

[3]　巴力（*Parit*）直譯為水渠，柔佛馬來村落的開發，大多由開墾水渠開始，後各戶沿著水道佔地開發，故村落多為

爪哇人遷徙開墾的歷史。有時候彭古魯甚至也會由移民領袖擔任。例如，峇株吧轄縣（Batu Pahat）內的丹絨森布隆（Tanjong Sembrong）的居民，便是 1900 年左右遷徙自占碑（Jambi）的移民。該巫金的彭古魯便是這群移民的領袖（Mohd. Amin Ahmad 2014）。柔佛西岸的沿岸低窪地區，需要水渠（或稱巴力，*parit*）疏導積水以種植椰子等作物，管理水渠便是彭古魯的重要職責。「幾乎所有馬來小地主都團結在彭古魯之下，共同維護居住環境——水渠、建築和道路。彭古魯的影響力遍布在一個公認的轄區（*kawasan*）之內。所有想要在『彭古魯轄區』（*Kawasan Penghulu*）內定居的新來者，都需要和彭古魯交涉」（Shaharil Talib 1993, 48）。

　　彭古魯是獲蘇丹頒發委任狀（*Surat Tauliah*）委任的地方頭人，也是世襲頭銜。他們負責發出租約（*Surat Penghulu*）、持有證明（*Akuan Penghulu*）以及伐木許可（*Surat Tebang Tebas*），授權他人開發土地，同時也是土地買賣的見證人（柔佛國家檔案館，CLM 1264/1924）。彭古魯也從經手的土地事務裡抽取 5%的分成，這也被稱為佣金制度（Commission System）（Nesamalar Nadarajah Nee Ramanathan 2000, 158）。

　　1910 年，英國籍的總顧問官（General Adviser）上任，柔佛進入英國掌政時期。同時，通過設立 1910 年土地法令，以及委派土地、礦業與測量總監（Commissioner of Land Mines and Survey, CLM）和各縣的土地收益局長（Collector of Land Revenue, CLR），總顧問官徹底將管理土地的權力掌握在英籍官員的手中。1910 年土地法令採用的是名為「托倫斯制」（Torrens system）的土地管理法則。這項於南澳大利亞取得成功並引入馬來聯邦（FMS）的土地註冊制度，規定所有的土地的申請和轉讓，都必須經由測量局的測量，並於土地局註冊在案。土地局和土地所有人（grantee）皆會持有同樣的土地授權文件（grant），任何人都可以到土地局檢視這些文件，以便在申請土地前獲知土地的所有權狀態，政府則通過租稅（land rent）以及地價（premium）獲取土地收益。能自主發放土地持有文件，且從中抽佣的彭古魯，顯然不符合新制度的要求。對此，各縣土地局長建議，保留彭古魯的職位，但禁止彭古魯發放土地文件，取消佣金制度並改由政府給付薪金，藉此增加政府對彭古魯的管控能力。（Nesamalar Nadarajah Nee Ramanathan 2000, 158；柔佛國家檔案館，CLM 67/1912）此建議在 1917 年正式於麻坡（Muar）及峇株吧轄（Batu Pahat）兩縣落實（JAR 1917, 7），彭古魯正式成為政府僱員，需要定期向土地局長報告，並負責通知拖欠土地租稅的地主（柔佛國家檔案館，CLM 1264/1924）。

　　此構想的落實過程並非一帆風順。彭古魯的任命方式和職權範疇本來就缺乏規範，

　　條狀。巴力也因此成為許多馬來村落的代名詞。

1917 年的構想要落實，首先還得重新制定彭古魯名單以及劃定轄區。據 1916 年峇株吧轄土地局長的報告，該縣內便存在至少四種彭古魯的任命方式：

a) 該頭銜是蘇丹的饋贈，無需滿足任何額外條件。

b) 該頭銜是蘇丹的饋贈，但人選也需要被人民（*rakyat*）所接受。

c) 該職位是世襲職位，前任過世後從其繼承人（*waris*）中選出繼任者。

d) 獲蘇丹任命以前，該人士可以在縣長（State Commissioner）的同意下使用「彭古魯」頭銜，滿三年試用期且表現令縣長滿意後，便可獲蘇丹正式委任。（柔佛國家檔案館，CLM 2658/16）

這些任命的規則並未統一。就連彭古魯通過土地文件所獲的 5% 佣金，也沒有正式文件支持，只是蘇丹和其他官員默許的權力。1910 年以前，各地頭人不論轄區大小、有無蘇丹委任狀，都有可能使用彭古魯這一稱謂。據同一份文件的統計，列明有無委任狀的彭古魯名單裡，82 人中僅有 55 人持有蘇丹委任狀。名單和轄區的重新制定令州內各地改革彭古魯制度的時間有所落差。龜咯（Kukub）的彭古魯遲至 1923 年才從土地局長手上接到改動的新指示，但這卻是 1917 年便開始在麻坡及峇株吧轄落實的政策（柔佛國家檔案館，CLM 1264/1924）。

由傳統頭銜改為政府僱員的身份轉換，也沒有獲得所有彭古魯認可。1924 年，龜咯縣（Kukub）土地局長投訴名為 Penghulu Jemaat Awang 的彭古魯。這名桀驁不馴的彭古魯拒絕接受土地局的薪資，因為他認為自己接受蘇丹委任狀時，已立誓不接受任何薪資。他無視了土地局對縣內彭古魯轄區的規劃，還派遣自己的子民到鄰縣開墾（柔佛國家檔案館，CLM 1244/1924）。他也自認為曾接獲蘇丹旨意（*titah*），有權派發土地，因此違抗了禁止彭古魯發出土地持有文件的新禁令（柔佛國家檔案館，CLM 1264/1924）。該彭古魯後來因走私橡膠遭到停職（柔佛國家檔案館，CLM 1328/1924），說明他的抗命態度並非彭古魯間的常態，但他的抗辯理由依舊點出了此時彭古魯在英式官僚制度裡的曖昧之處。

1917 年以後，儘管彭古魯已算是政府僱員，但在巫金內部他們依然保有傳統的地位並仰賴個人名聲管理子民。這一身份的雙重性導致英國官員並不完全信任彭古魯。牽扯到發放准證和監管資源的權力時，官員首先會考量彭古魯是否會藉此濫權，剝削子民。1922 年，柔佛森林局提議下放彭古魯發放採收森林產品（forest produce）准證的權力。然而，峇株吧轄土地局長卻認為，「制定此程序提供了彭古魯們壓榨他們『子民』的機會」（柔佛國家檔案館，CLM 1213/1922）。1922 年 11 月，柔佛開始執行橡膠產量限制方案（Stevenson Rubber Restriction Scheme），橡膠生產者需要持有固本才能販售橡膠（JAR 1922, 4）。1924 年，由於柔佛西海岸橡膠走私猖獗，蘇丹建議將分發固

本的權力下放於彭古魯，以免拿不到固本的膠農被迫參與走私。但土地總監卻斷然拒絕，認為「土地局長親自監察固本的分派是至關重要的」（柔佛國家檔案館，CLM 229/1924）。

到了 1920 年代，改革後的彭古魯制度才逐漸成形。他們成為了土地局催促欠款的傳信人，並以每年土地局回收稅額作為工作績效（柔佛國家檔案館，CLM 1264/1924）。當鄉鎮官員（Settlement Officer, SO）調查土地糾紛抑或考察水渠狀況時，彭古魯則擔任地方嚮導，且須聽從官員指示呈上地契等文件。對土地局而言，彭古魯更像是偶爾幫忙公務的地方耆老，薪資不過是他們奔波勞碌的賠償（柔佛國家檔案館，CLM 82/1933）。類似的態度限制了彭古魯們在官僚制度內的發揮，也影響了他們的薪資待遇。1927 年峇株吧轄的彭古魯名單顯示，當時的副彭古魯每年薪資為$300-$480，彭古魯則為$480-$900（柔佛國家檔案館，CLRBP 127/1927）。相較之下，1914 年柔佛馬來丙級書記的年薪為$300-600，若通曉英文則為$420-$720；乙級書記基本年薪為$720-$1080，通曉英文者更高達$840-$1140（Mohd. Sarim Haji Mustajab 1993, 73）。也就是說，彭古魯的待遇等同於，甚至可能略遜於底層書記。

新制度下，彭古魯是需要監管和防範的對象，而非栽培及提供保障的官員。他們因傳統馬來領袖的身份受到尊敬，卻難以保障自己在新制度裡的地位和晉升空間。

三、大蕭條曝露的經濟困境

1910 年代，英國掌權改造了柔佛的政治環境，橡膠熱潮則形塑了柔佛州的經濟前景。過往的甘蜜與胡椒園被改為橡膠園（白偉權、陳國川 2013），但推動橡膠產業的不是大規模的園丘（estate），而是小地主與自耕農（peasant proprietors）。國際膠價的漲幅，令申請土地的案例大增，更是在 1910-1920 年間造就了柔佛的小地主階層。以峇株吧轄縣為例，1914 年種植橡膠的土地價格為每畝$300，兩年後價格就飆升到了每畝$1000。不斷上漲的地價，除了促使本地農民申請土地，也吸引了大量爪哇人（Javanese）及班惹人（Banjarese）到此開墾，最終令峇縣於 1931 年成為全半島人口第六多的縣（柔佛國家檔案館，LOBP 1933）。全柔小地主對農業生產的佔比也非常高。1934 年的橡膠種植地，共有 42%為馬來中、小地主[4]。排名第二的農產品椰子，更是絕大多數出自馬來小地主（JAR 1934, 15）。

儘管小地主支撐起了大半的柔佛農業，但他們卻也是在浮動的市場中最為脆弱的

---

[4]　檔案原文為"Asiatic"，即包括柔佛馬來人、爪哇人、班惹人等馬來群島移民的族群泛稱。

群體。橡膠及椰子的出產皆由三個環節組成：原產品由園丘或小地主生產，後由商人收集及加工處理，再出口到新加坡專賣至國際市場。若要參與收集與加工的環節，除了需要申請相關執照（如橡膠買賣執照[5]），也需要有加工的技術（如製造椰乾），更需要足夠的流動資金。小地主們因資金限制，往往只能擔任生產者，農產品的獲益被迫由中間商瓜分。小地主也往往需要以農產品為抵押向中間商借貸，以維持農事及購買生活所需。倘若作物價格穩定，小地主的生計可以不受影響，甚至可讓其高枕無憂。[6]一旦作物價格下跌，小地主很有可能因債務纏身而失去土地。

1928年，膠價由每石（picul）$85.73 跌至$49.00，到了1932年更是只剩$9.29。除了膠價下跌，椰乾的價格也逐年下降。椰乾的出口量從1928年的570,000石，逐年提升至1932年到1934年的700,000到800,000石，但每石帶來的出口額卻逐年降低，從1928年的$10.80降至1934年的$2.70。由於大部分椰子由馬來小園主產出，橡膠及椰乾收益同時暴跌，令他們在蕭條時受影響更大。深受打擊的小地主不僅無法償還土地租稅，還需通過向借貸人抵押土地方能擺脫債務（Shaharil Talib 1993, 56-60）。大蕭條因而凸顯了柔佛小地主在出口農業為主導的經濟模式下的脆弱和無奈。

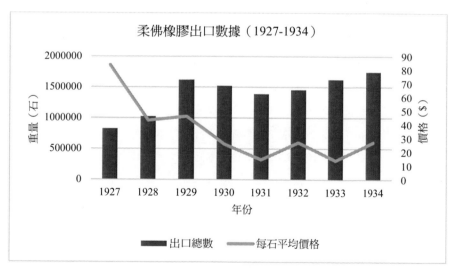

表一：柔佛橡膠出口數據（1927-1934）

---

[5]　根據1912年橡膠商法令（Rubber Dealer Enactment），任何未獲頒執照者不得「購買、處理或儲存橡膠」，橡膠中間商需向州政府申請「橡膠商執照」（Rubber Dealer License）方能營業。參 W. Pryde, *The Laws of Johore Volume Two 1918-1922 (Revised Edition)*. (Singapore: The Methodist Publishing House, 1927), p. 230.

[6]　1918年的柔佛警隊招聘人數首次達標，原因是膠價下跌，迫使原先依靠小額橡膠生產而高枕無憂的馬來青年尋覓工作。參見 JAR 1918, p. 13.

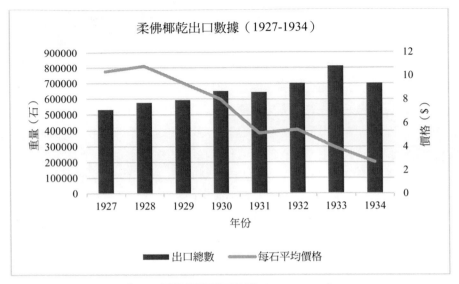

表二：柔佛椰乾出口數據（1927-1934）

　　彭古魯本身也是馬來小地主，他們在處理公務以外的時間裡，從事的經濟活動與一般小地主無異。他們也是馬來小地主的代表，曾在蕭條時期和華人頭家一同代表小地主們請求土地局暫緩徵收地稅（柔佛國家檔案館，CLM 475/1931）。小地主的營生模式，也令彭古魯需要思考如何在此經濟環境下保障生計。

　　有的彭古魯嘗試成為橡膠商，但僅屬於極少數，且成效不彰。1915 年，峇株吧轄縣丹絨森布隆（Tanjong Sembrong）的彭古魯申請了一份橡膠買賣執照（柔佛國家檔案館，CLM 498/1915）。這很可能也是該縣唯一一位申請執照的彭古魯，因為到了 1934年，該縣（包括少數居於他縣的商人）橡膠買賣執照的持有者名單裡，100 人的名單內只有兩名是馬來人（柔佛國家檔案館，CLRBP 721/1934）。雖然該兩位橡膠商同樣來自丹絨森布隆，但皆不是彭古魯，說明馬來人極少擠入橡膠買賣行業，即便有，彭古魯的身份也並無幫助。

　　椰子行業方面，儘管連英國官員都讚歎於柔佛馬來農民的種植技術，包括完善的排水系統以及對疾病的控制，但椰乾的製作卻掌握在華商及小部分爪哇商人手中（柔佛國家檔案館，J/Tani 1934）。1933 年，柔佛政府資助了六名來自麻坡、峇株吧轄及龜咯的彭古魯參與製作椰乾的課程，並計劃資助馬來社群在各地興建椰窯（kiln）（柔佛國家檔案館，CLM 470/1933）。政府極力資助下，由小地主持有的椰窯才逐漸增多。1934 年，椰乾產量的主要來源峇縣內，有近半椰窯為小地主持有（柔佛國家檔案館，CLM 109/1934），但此時經濟也已逐漸復甦，不改椰乾產業長期由中間人把持的事實。

難以擺脫小地主身份的彭古魯，於大蕭條時期也經歷了艱難的時期。販賣土地、向借貸人借款等案例屢見不鮮，甚至有者還因詐欺被投報。1930 年，峇株吧轄縣文律（Benut）的彭古魯因急需現金，未經自己親友同意便將他們的地契抵押予齊智放貸者（Chettiar），令親友們憤而向土地局投報（柔佛國家檔案館，CLRBP 495/1930）。1931 年，土地局接獲兩起針對峇株吧轄縣雙溪賓眼（Sunggai Pinggan）彭古魯的投訴。他不但將同一片土地賣給兩位不同賣家（柔佛國家檔案館，CLRBP 574/1931），還將另一片政府撥予彭古魯興建辦公室的市內地段轉賣給一名華人商家（柔佛國家檔案館，CLRBP 558/1931）。就連馬來小地主們無法償還的租稅，也影響了彭古魯在土地局的聲望。丹絨森布隆彭古魯於 1932 年致函該縣縣長，求縣長幫助自己轄下因膠價大跌而開始變賣家產，更無力繳稅的子民。土地局得知後，斥責該彭古魯未盡全力倡導子民投入其他產業，更以該巫金累計共$65,000 的欠款的事實，數落彭古魯的無能（柔佛國家檔案館，CLRBP 250/1932）。

四、趨向規範化的彭古魯

1910 年以前，彭古魯的頭銜代表的是自主管理土地的權力及財富。但 1910 年以後，隨著托倫斯制以及國際出口市場分別改變了柔佛的政治與經濟面貌，1930 年代的彭古魯既沒有了主導土地事務的權力，也鮮少能在經濟上取得成功。維繫此職位的，僅剩下蘇丹的影響力以及巫金內馬來社群的需求。

柔佛蘇丹向來有自覺地扮演著馬來傳統和民族保護者的身份。任何關係到馬來人民福利，包括土地持有權、債務等課題[7]，蘇丹都會找機會向英國官員們抗議。捍衛傳統領袖的權力也屬於這一範疇。1930 年代，彭古魯負責傳遞的欠款通知因土地發展以及經濟蕭條而日漸增多。留意到此現象的蘇丹，便於 1931 年致函總顧問官，指土地局不再給予彭古魯過往的權力，只把他們當作傳遞通知單的雜工。蘇丹也表明，他不贊同彭古魯們如今被土地局對待的方式，同時希望他們的權力如過往一樣受到尊重。他特意強調了他個人與彭古魯們，尤其是老一輩的彭古魯們的私交，並指出他們引入了班惹、爪哇和武吉（Bugis）勞工，以辛勞換來了巫金及甘榜的繁榮。值得留意的是，蘇丹抗議的並非彭古魯的任務過重，抑或薪資過低，而是彭古魯是否依舊受到土地局官員們的尊敬。察覺此意的土地局官員們紛紛表明，彭古魯依然是，且一直都會以地

7　蘇丹曾在 1912 年通過州秘書發函至峇株吧轄土地局長，下令縣內馬來人不得售賣土地予其他族群。這條沒有法律效益的諭令自此一直在該縣執行，直到 1925 年因土地總監反對才作廢。參見柔佛國家檔案館，CLM 680/1925.

方酋長的身份受到禮遇,並承諾會僱用村長(*Ketua*)來分擔彭古魯的雜務(柔佛國家檔案館,GA 722/1931)。彭古魯獲得的禮遇與尊重,同時也是對蘇丹以及馬來傳統的尊重,這也是此職位得以保存的原因之一。

　　第二個原因便是英式制度與馬來社群之間的隔閡。除了通過彭古魯,英式官僚制度沒有其他能和馬來社群互動的方式,政府機關就像是「與他(馬來人)的需求完全無關且無法理解的官僚機器」(柔佛國家檔案館,CLM 109/1934)。任何與馬來社群有關的政策,幾乎都需要通過彭古魯來推動。1932 年,峇株吧轄縣開始組織「巫金議會」(Mukim Council)。該議會分為三個層級:村內會議、村長會議以及彭古魯會議,每月各舉辦一次。村民們用村內會議向村長提出所面對的民生問題,再由彭古魯主持的村長會議統整,於每月的彭古魯會談轉達至縣長或縣助理顧問(Assistant Adviser)。峇縣政府希望此議會能提供村民和政府溝通的橋樑,以促進經濟以及農業技術的交流,管束村民不受宗教異端或共產主義的影響,以及組織小地主們共同面對債務問題(柔佛國家檔案館,CLM 109/1934)。上述對議會的期許,向來屬於柔佛彭古魯的職責範圍,也就是擔任子民的「嚮導、智者及朋友」(柔佛國家檔案館,GA 722/1931),議會功能便是彭古魯職責的延伸。除此以外,英式官僚系統並沒有其他能和馬來社群互動交流的管道,使彭古魯了成為地方上不可或缺的角色。

　　掌政者對馬來傳統以及社群需求的尊重,令彭古魯的職位得以維繫,卻也意味著此職位必須和馬來社群的興衰綁定。然而,英國掌政時期柔佛馬來社群的發展卻離不開傳統作物,尤其是稻米與椰子。1918 年開始,為了避免因橡膠熱潮導致作物過於單一,政府開始以豁免地租的方式鼓勵農民種植稻米(*padi*)(JAR 1918, 19)。儘管也有來自永平(Yong Peng)等華人社區的申請者,但政府推動稻米種植的主要對象便是馬來小地主。以彭古魯為首的馬來社群對此反應頗為踴躍(柔佛國家檔案館,CLM 1654/1918),但社群的積極響應並沒有換來太大成效。每一年柔佛年報裡,水稻與旱稻的生產皆非常不穩定,且經常受到排水與灌溉系統殘缺、土質不良以及蟲害問題所影響,一直到 1938 年柔佛政府才聘請了顧問詳細調查稻米種植業遇到的問題(JAR 1938, 19)。椰乾生產方面,政府也是遲至 1933 年才開始向馬來社群推動椰窯技術(柔佛國家檔案館,CLM 470/1933)。政府一方面不樂見馬來農民只投入在橡膠行業內,另一方面卻也沒有以實際行動推動其他產業,限縮了馬來社群經濟上的發展,也影響了彭古魯的地位。

　　到了 1930 年代,早先以土地收入為主,因家境富裕而擔任地方頭人的彭古魯已越來越少,反而是以薪金為主要收入的彭古魯越來越多。蕭條時期的經濟困境,加上政治上缺乏發揮和升遷的空間,促使了彭古魯們在 1933 年集體請願,以改變自身在官僚

體系內的局外人身份。1933 年，峇株吧轄縣 26 名正副彭古魯致函縣長，要求將彭古魯們納入提供養老金的薪資方案內。他們控訴，自己和獲得養老金的政府官員並無太大不同，不應被養老金方案排除在外（柔佛國家檔案館，CLM 82/1933）。

　　表面上，彭古魯的要求只是更動薪資與待遇，考慮到巫金事務日益複雜，彭古魯要求自己獲得與一般政府僱員一樣的退休金待遇並不過分。然而給予養老金與否，對於英國官員而言卻關乎官僚體系對僱員的要求，不僅僅是改善待遇那麼簡單。從各縣土地局長對此議案的意見反饋便可看出，有無養老金待遇直接影響了彭古魯的職位定位。反對此議的龜咯土地局長，指彭古魯們只是接受著政府善意（ex gratia）酬金的鄉村或巫金頭人。他們向來有其他事業，且往往是臨近暮年才受聘，與年少就受僱於政府的一般職員不同。贊同的土地局長們則紛紛提出對全職彭古魯的更多要求。許多官員建議只有服務 10 年或以上的彭古魯才有資格獲得退休金。他們也大多認為，應設定 50 至 55 歲為彭古魯的退休年限，除了因這是政府僱員的慣例，也因他們更希望由年輕、受英式教育的下一代出任彭古魯。麻坡土地局長認為，只有當彭古魯已完成相關職務的教育，能主持彭古魯法庭，才能給予他們全職的薪金和待遇。昔加末（Segamat）土地局長則舉出理想彭古魯的四大職務：基於伊斯蘭律法和馬來習俗給子民提出建議、解釋最新型的種植技術、處理初步的土地調查工作，以及主持輕度民事與刑事案件的審理。上述四項要求，可以看出除了伊斯蘭事務和馬來習俗，新型彭古魯所要掌握的技術和能力已和不再是一般地方頭人能勝任，而是需要培訓與教育方能有資格執行的任務。

　　隨著待遇的調整，土地局對彭古魯的要求也逐漸規範化。1934 年 1 月 28 日，各縣土地局長的共同會議議決，於各縣逐漸落實此前僅在峇株吧轄縣實行的巫金議會（柔佛國家檔案館，CLM 109/1934）。土地局官員們也以馬來聯邦內的霹靂州為範本，引入該州的彭古魯政策。1936 年，包括柔佛王儲、州務大臣以及總顧問官在內的柔佛政要以「改進鄉村生活」為主題，針對彭古魯的培訓和待遇進行了多項議決。其中，從霹靂州引入的政策就包括了派發彭古魯手冊、建立官邸以及辦公室（柔佛國家檔案館，CLM 283/1936）。

　　手冊和官邸的分配，乃是進一步規範化、官僚化彭古魯的政策。當時馬來聯邦的彭古魯可以因職務需要被調遣至其他巫金，因此才需要於各處興建彭古魯官邸以及分配手冊。然而，只有當彭古魯完全地脫離地方以及巫金內的政治，興建官邸的政策才能順利執行。柔佛的彭古魯大多出自巫金內的富裕家庭，大部分皆已擁有住宅，且與巫金子民關係密切。若他們搬入政府興建的公務員居所，反而可能因房子不符身份而名聲受損，因此興建官邸和派發手冊皆處處受阻（柔佛國家檔案館，CLM 1114/1936; CLM 114/1934）。

　　規範化政策的擱置，顯示了此時柔佛彭古魯仍未如馬來聯邦一樣高度「官僚化」及「理性化」。但自彭古魯薪資待遇改變以來，柔佛政府意欲加諸此職位的培訓，以及出任此職位的理想人選也與過往大不相同。比起老態龍鍾但具有地方威望的領袖，1933年以後的柔佛政府更願意培訓通曉英巫雙語但缺乏地方威望的馬來青年擔任彭古魯。換而言之，儘管1930年代的柔佛和馬來聯邦尚有差異，但假若彭古魯的政治、經濟境況不變，政府對馬來社群的態度不改，彭古魯除了接納「官僚化」及「理性化」，並沒有其他改善生活的路徑可選。

五、結語

　　P. Kratoska 以「官僚化」及「理性化」為主軸解析了彭古魯一職如何因傳統職責和官僚身份的拉扯而逐漸失去其重要性。本文在此框架下，進一步追問：什麼原因讓彭古魯逐漸適應以及接納上述的改變？通過殖民時期的柔佛史料整合，本文從殖民勢力造就的政治現實，以及全球化市場造就的經濟現實，分析了彭古魯面對的困局。政治上，1917年以後的彭古魯，僅是坐擁傳統頭銜的政府僱員，既不再擁有往日的權力，也難以在新制度內獲得升遷。經濟上，彭古魯和馬來小地主們一樣難以適應全球化的市場，更難以應對經濟蕭條帶來的打擊。接受官僚制度的規範，因此成為了彭古魯面前的合理選擇，也造就了柔佛彭古魯在1933年後經歷的第二次變革。

參考文獻

柔佛國家檔案館藏

Collector of Land Revenue Batu Pahat (CLRBP)

127/1927 "Encloses names of Penghulus, Orang2 kaya and their Asst. with respective yearly allowances."

495/1930 "Reports against Penghulu Abd. Rahman, Benut."

558/1931 "Claims the ownership of a lot of land bought by him from Penghulu Hj. Nordin out of the five lots approved to the penghulu b. Govt. in the township of Sungai Pinggan."

574/1931 "Informs that he has paid $150 to Penghulu Hj. Norrdin as an advance in respect of a lot of land in the township of Sungai Pinggan, which land has now been sold to one Hj. Amboh Olah of Benut."

250/1932 "Menyatakan kesusahan anak2 buahnya tiada dapat menyampurnakan cukai tanah diubahkan getah tiada berharga dipohonkan pertolongan bagaimana suratnya."

721/1934 "List of Rubber Dealers in B. Pahat."

Commissioner of Land Mines and Survey (CLM)

67/1912 "Report on Batu Pahat Land Office in 1911."

498/1915 "Application by Radin Hanapi for a license to purchase rubber."

2658/1916 "Method of appointment of Orang Kayas and Penghulus."

1654/1918 "Cultivation of padi in Batu Pahat."

1213/1922 "Suggests that Penghulus may be allowed to issue passes to the Malay Land owners to take reasonable quantities of jungle produce from State Land."

229/1924 "Rubber Smuggling on the West Coast-Distribution of Coupons by the Penghulus and Naib Penghulus."

1244/1924 "Re two documents issued by Penghulu Jemaat of Sanglang, Kukub."

1264/1924 "Re case of Penghulu Jemaat bin Awang of Sanglang Kukub."

1328/1924 "Informs that on 27th Oct 1924 Penghulu Jemaat bin Awang of Sang Lang was fined $10,000 or in default of payment sentenced to four months imprisionment for smuggling of rubber."

680/1925 "Refusal for registering transfers of land from Malays to non-Malays. Request to let him know what is the attitude of the Collector in the matter."

475/1931 "Petition from the Penghulu of Gemas and a Chinese Towkay on behalf of the Malay and Chinese small land holders requesting that they may be granted a truce in payment of quit rent on their land."

82/1933 "Petition from Orang2 Kaya, Penghulu and Naib-penghulu of Batu Pahat District requesting that Govt. would be kind enough to consider that they may be placed on a Pensionable Scheme."

470/1933 "Approved of Government to his suggestion that several Penghulus from the Coconut producing arears should be selected and sent on a course of instruction in copra production along with subordinate officers of his department, to the Copra Station at Kluang."

109/1934 "Penghulus' Conferences, Mukim Councils and Perhimpunan Parit."

114/1934 "Handbook for Penghulus."

283/1936 "Minutes of Meeting of the Central Committee for the improvement of Kampong Life."

1114/1936"Government Quarters for Penghulus."

General Adviser (GA)

722/1931"Power vested on Orang Kayas and Penghulus in the State and Teritory of Johore by the Land Office."

J/Tani, Report on agricultural development in Johore 1934.

Johore Annual Report (JAR), 1911-1939.

Land Office Batu Pahat (LOBP)Annual Report 1933.

Pryde, W.

1927 The Laws of Johore Volume Two 1918-1922 (Revised Edition). Singapore: The Methodist Publishing House.

近人論著

中文

白偉權、陳國川

2013〈從甘蜜園至橡膠園：19 世紀中至 20 世紀初柔佛的地景變遷〉,《亞太研究論壇》,第 58 期,頁 65-102。

馬來文

Abd. Jalil Abd. Gani

1976"Sejarah Batu Pahat 1917-1942." Master's Thesis, National University of Malaysia.

Md Akbal Abdullah

2012"Sejarah Pentadbiran dan Pembangunan Tanah di Negeri Johor dari 1900 hingga 1970."Ph. D diss., Universiti Kebangsaan Malaysia.

Shaharil Talib

1993 "The Language of Real Life: Batu Pahat, 1900-1941." *Sejarah: Journal of the Department of History*, 2:2, 43-66.

英文

Andaya, Barbara Watson, and Andaya, Leonard Y.

2001 *A History of Malaya (2nd Edition)*. Basingstoke: Palgrave MacMillan.

Bloembergen, Marieke

2011. "The Perfect Policeman: Colonial Policing, Modernity, and Conscience on Sumatra's West Coast in the Early 1930s." *Indonesia*, No.91, 165-191.

Duara, Prasenjit

1987 "A Study of Local Finances in North China, 1911-1935." *Comparative Studies in Society and History*, 29:1, 132.

Kingsley, Jeremy J.

2012 "Village Elections, Violence and Islamic Leadership in Lombok, Eastern Indonesia." *Journal of Social Issues in Southeast Asia*, 27:2, 285-309.

Kratoska, Paul H.

1984 "Penghulus in Perak and Selangor: The Rationalization and Decline of a Traditional Malay Office." *Journal of the Malaysian Branch of the Royal Asiatic Society*, 57:2, 31-59.

Maxwell, William E.

1884 "The Law and Customs of the Malays with Reference to the Tenure of Land." *Journal of the Straits Branch Royal Asiatic Society*. No.13, 75-220.

Mohd. Sarim Haji Mustajab

1993 "Malay Elite Participation in the Johor Civil Service: Its Origins and Development until the 1930's." *Jebat* 21, 67-82.

Nesamalar Nadarajah Nee Ramanathan

2000 Johore and The Origins of British Control, 1895-1914. Kuala Lumpur: Arenabuku.

Trocki, Carl A.

2007 Prince of Pirates: The Temenggongs and the Development of Johor and Singapore 1784-1885. Singapore: NUS Press.

網絡資訊

Mohd. Amin Ahmad

2014 "Kg. Tanjong Semberong: Kukaji Sejarah Panjangmu," https://ajiemintebo.blogspot.com/2014/01/kampungku-sayang-lahir-hampir-54-tahun.html, 31 May 2021.

世界經濟大蕭條下柔佛邊佳蘭鄉區
華人社會的嬗變

香港中文大學歷史系博士　莫家浩

一、前言

　　對於新馬華人移民社會形態而言，20 世紀 20 年代末至 30 年代初的世界經濟大蕭
條，是至關重要的轉型期。比起市場不景氣對日常生活與財富所帶來的衝擊，英殖民
政府更加關注華工問題，透過立法，實施大規模的華工遣返和嚴格的限制入境舉措來
控制華工人口。這樣的政策削弱了原本由客頭主導的華工僱傭模式，并且導致華工勞
動力短缺，令到華工勞動力市場的結構產生變化，為 1930 年代新馬地區頻頻發生的華
工工潮鋪下伏筆。（Yeo, 1976: 38; Leong, 2000: 171）

　　與此同時，由於移民入境政策並沒有對婦女和兒童設限，在男性移民受限的當兒，
反而促使更多婦孺得以渡帆南來。婦孺移民的增長，強化了家庭作為華人移民經濟和
勞動基本單位的比重，豐富了新馬華人移民社會的經濟面貌。（Blythe, 1953: 29-30）移
民家庭的誕生與定居，有助於削弱他們與原鄉的關係，並萌生對移居地的認同。
（Kratoska, 2000: 289）本章將探討經濟大蕭條下的移民管制、婦孺增加、家庭落戶等
時代特徵，對邊佳蘭沿海鄉村華人經濟與社會變遷所構成的影響。

二、經濟大蕭條前夕的邊佳蘭

　　邊佳蘭（Pengerang，見圖 1）位於柔佛河（Sungai Johor）出海口東岸，位於柔佛
（Johor）的哥打丁宜縣（Daerah Kota Tinggi）內，與新加坡的樟宜及德光島隔海相望。
邊佳蘭與南邊的廖內群島的峇淡島及民丹島，三者構成新加坡海峽的東邊門戶，是東
西方航道上的重要地標。（向達校注，2000：82）

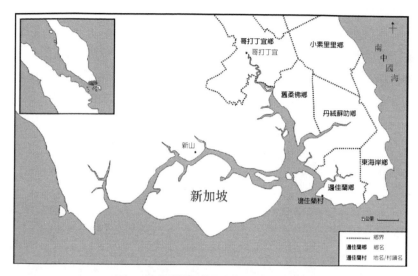

圖 1　邊佳蘭地理位置與鄉區區劃示意圖

資料來源：筆者根據 Google Map 及實地考察的情況所繪製。

　　作為地名，邊佳蘭自 19 世紀上半葉出現在遊記和航海圖中，被形容為一處遍佈叢林與走獸、淡水資源和海產豐富，卻人煙罕至的化外之境。（Horsburgh, 1817: 190-191; Crawfurd, 1837: 269-273；文西阿都拉著，柳夢譯，1978: 2-3）時至 1890 年代，一群英殖民地歐洲商人成立邊佳蘭種植有限公司（The Pengerang Planting Company Ltd），在當地投資種植咖啡、豆蔻等作物。[1]1906 年，日本三五公司（Sango Koshi Consolidated）收購了原先當地的歐人園坵，創立邊佳蘭橡膠園（Pengerang Rubber Estate），成為柔佛境內日資橡膠種植的先驅。（Yuen, 1974: 23）1912 年，邊佳蘭橡膠園的總面積提高至 1 萬 1000 英畝。[2]1923 年，邊佳蘭橡膠園的橡膠種植面積約 6700 英畝，可收割面積約 3800 英畝。（南洋協會新嘉坡商品陳列館，2006: 74）1929 年世界經濟大蕭條爆發前夕，邊佳蘭橡膠園的橡膠可收割面積進一步提升至 6 千英畝的歷史最高位。（株式會社華南銀行，1930：14）1910 至 1920 年代，邊佳蘭橡膠園的華裔勞工數目一般都能保持在 500 人以上，比例上則佔種植園區總勞動力的半數乃至 9 成之多。[3]

[1]　"The Pengerang Planting Company Limited.", *Straits Times Weekly Issue* (Singapore), 24 August 1887, p. 3.

[2]　D. G. Campbell. *Johore in 1912*. (Singapore: Printed by Kelly & Walsh Ltd, 1913), pp. 43.

[3]　D. G. Campbell. *Johore in 1913*. (Singapore: Printed by Kelly & Walsh Ltd, 1914), Appendix A, pp. iii-iv；柔佛政府檔案編號 SS347/22，現藏於馬來西亞國家檔案局柔佛分局；R. D. Fitzgerald. *Territorial medical report for the year 1928 state of Johore*. (Johore Bahru: Printed at the Government Printing Office, 1929), pp.101；R. D. Fitzgerald. *Appendix to territorial medical report fo the year 1929 state of Johore*. (Johore Bahru: Printed at the Government Printing Office, 1930), pp. 32.

　　三五公司的種植事業吸引了不少華工來到邊佳蘭橡膠園從事園坵工作，同時也推動了毗鄰村落——邊佳蘭村（Kampung Pengerang）的發展。1919 年，由於日益頻繁的人流與物流已令邊佳蘭村的舊碼頭不堪負荷，三五公司遂向柔佛政府提出申請，在邊佳蘭村西邊 1.5 公里的丹絨頭（Tg. Pengelih）設立新碼頭，並鋪設從新碼頭經邊佳蘭村口進入膠園中樞的軌道，以人力方式推動軌道車載人載物，同時應政府要求，開放碼頭和軌道車給當地民眾使用。[4]三五公司鋪設的人力軌道車，大大便利了邊佳蘭村與碼頭和橡膠園之間的交通，也讓邊佳蘭繼續發揮和擴大其地方經濟、交通和政府地方行政樞紐的作用。[5]與此同時，邊佳蘭華人在村里先後創辦兩所學校，並於 1924 年合併，易名「邊佳蘭華僑公立學校」，1925 年正式開課，隔年增設夜學班。[6]

　　除了邊佳蘭村，在柔佛河河口東岸的海岸線上，自 19 世紀後期便開始出現零零星星的聚落，其中不乏華人僑居。對於邊佳蘭華人而言，習慣上則是從邊佳蘭村由西往東，將沿岸的海灣依次取名為頭灣、二灣、新灣、大灣、三灣、四灣、五灣、六灣、七灣等；至於對海灣邊上主要村落的稱呼，則習慣綴之以「島」，如頭灣島、二灣島、大灣島、三灣島、四灣島、五灣島等。（葉香，2019：7）由於當地海床較淺，風浪不大，潮汐明顯，這些沿海鄉村裡的華人，不少從事淺海捕魚活動。當地漁獲以蝦類和小魚為主，有市場價值的魚產主要銷往新加坡，其餘供本地消費和食用。同時，在捕魚作業中，順著潮流入網、因過小、品種、損傷腐壞而缺乏市場價值的漁獲則被稱為「魚糟」或「魚腥」，不僅可以被漁民自家用來餵養禽畜，還可以賣給其他村民當飼料。（葉香，2019：45）

　　除了捕魚，邊佳蘭海邊的沙地，天然適合椰樹生長。1920 年代，邊佳蘭沿海的椰園，全是面積小於 100 英畝的小園坵。椰園園主，無論華人與否，一般都歡迎華人移民寄居在其椰園里並飼養禽畜。（王新民，出版年份不詳：23）這麼一來，人類和禽畜的活動，不但可以減少椰園雜草滋生，生物的排泄物和吃剩的飼料等，都將成為椰樹的肥料，加速椰樹的成長，縮短椰子的收成周期。[7]

　　或依附於大膠園，或植根於椰林，邊佳蘭沿海地區均在經濟發展和人口增長的態勢下，逐步受到柔佛政府關注。1925 年，柔佛政府在三灣和四灣（Sungai Rengit）之間的雞岬（Tanjong Ayam）設立了警崗，同時將邊佳蘭村的警崗升格為警察區署（district

4　柔佛政府檔案編號 GA286/19，現藏於馬來西亞國家檔案局柔佛分局。
5　1920 年代前後，柔佛政府陸續在邊佳蘭村設立了警崗和海關。參見柔佛政府檔案編號 GA408/19，現藏於馬來西亞國家檔案局柔佛分局；柔佛政府檔案編號 CLRKT802/24，現藏於馬來西亞國家檔案局柔佛分局。
6　〈華僑公學校夜學部之近況〉，《新國民日報》（新加坡），1926 年 12 月 1 日，頁 17。
7　柔佛政府檔案編號 SS2760/26，現藏於馬來西亞國家檔案局柔佛分局。

headquarters），也開始由哥打丁宜縣助理顧問官每兩週一次，親臨邊佳蘭村開庭（held court），處理當地司法事務。[8]1930 年，邊佳蘭海關增設營房，同時在三灣設立新的海關。[9]惟此時，經濟大蕭條的陰影已經籠罩馬來亞。

三、經濟危機下的邊佳蘭華人：人口、產業與教育

　　1929 年的經濟大蕭條，導致錫價和膠價接連暴跌，直接衝擊英屬馬來亞的經濟與社會穩定。為了避免可預見的失業浪潮所將帶來的危機，海峽殖民地政府於 1930 年援引《1928 年移民限制法令》，開始對入境海峽殖民地的男性華工數目實施每月限額，與此同時，將滯留英屬馬來亞和海峽殖民地的失業華工遣返中國。（Palmer, 1960; 92-95）

　　作為英屬馬來屬邦的一員，柔佛雖然也面對膠價不景氣的衝擊，但對於限制和遣返華工的態度卻顯得投機。1930 年，柔佛華民護衛司（Chinese Protectorate）在政府年報中表示，儘管柔佛華工的失業率在過去一年內逐月增長，但由於柔佛境內仍有大片未開發的土地，因此情況不算嚴重；此外，華民護衛司也認定，海峽殖民地從該年 8 月起實施的限制入境政策，也將有助於控制柔佛的失業問題。[10]1930 年 10 月，柔佛政府修訂了《1923 年護照法令》（1923 Passport Enactment），限制男性華工只能從新加坡、馬六甲、芙蓉、彭亨等地入境柔佛，但並無施加人數限制。[11]1932 年 12 月，柔佛政府總算出檯《1932 年外籍民法案》（1932 Alien Enactment），賦予柔佛政府執行入境登記、發行居留證、限制外國人入境、強制遣返、以及設定入境人數限額的權力。不過，在上述法案的附加條文中，卻以柔佛蘇丹的權限，豁免所有由英屬和荷屬殖民地入境的外國人入境的限制，惟不包括過境者。[12]1933 年，在柔佛政府年報數據中，一共只有 43 名「不適應熱帶工作環境」的華人被遣返中國。[13]事實上，柔佛華工數目在 1932 年的最低谷時，也只比 1928 年的數字少約 7%。到了 1934 年，華工數目已基本恢復到經濟大蕭條前夕的水平。（見表 1）

---

[8]　T. W. Clayton. *Johore annual report for the year 1925.* (Singapore: Printed at the Government Printing Office, 1926), pp. 17-18；柔佛政府檔案編號 CLRKT231/26，現藏於馬來西亞國家檔案局柔佛分局。

[9]　G. E. Shaw. *Johore annual report for the year 1930*, (Singapore: Printed at the Government Printing Office, 1931), pp. 40.

[10]　G. E. Shaw. Johore annual report for the year 1930, pp. 12.

[11]　Johore Government Gazette, 1 October 1930, Vol. XX, No.51, pp. 659.

[12]　Johore Government Gazette, 31 December 1930, Vol. XXII, No.40, pp. 1366-1383.

[13]　R. O. Winstedt. *Annual report on the social & economic progress of the people of Johore for 1933.* (Johore Bahru: Printed at the Government Printing Office, 1934), pp. 28.

　　由於華工入境限額並不包括婦女及兒童，1930 年代，大批華裔婦孺湧入海峽殖民地及英屬馬來亞，進一步拉近華人男女性別比例，同時亦意味著更多的家庭建立及團聚。1935 年，柔佛華民護衛司發現，越來越多柔佛華工儲夠積蓄，便將親人也帶來柔佛一同生活。[14]這樣的演變雖然緩慢，卻無疑正在逐步改變柔佛華人社會的性別與家庭結構。

表 1：1928 至 1935 年間柔佛境內印度勞工與華工人數比較

國籍	1928 年	1929 年	1930 年	1931 年	1932 年	1933 年	1934 年	1935 年
印度人	32475	34642	30025	23253	18113	20221	28002	31490
華人	19607	26912	29643	24626	18229	18356	26143	25763

資料來源：1928 年至 1935 年柔佛政府年報（Johore Annual Report）內附柔佛境內勞工人口統計數據

　　1931 年到 1934 年的人口數據顯示，相較於柔佛華人總人口的微跌，哥打丁宜縣的華人人口則逐年增長。（見表 2）與此同時，或許是為了應對當地人口，尤其是孩童人數增長的現象，1930 年起，衛生署開始在邊佳蘭進行每年一次的學童健康檢查[15]；從 1932 年 12 月開始，更加派流動醫務人員到邊佳蘭村，提供平均每個月 2 次的醫療服務。[16]

表 2：1931 至 1935 年間柔佛全境與哥打丁宜縣華人人口比較

地區	1931 年	1932 年	1933 年	1934 年	1935 年
柔佛全境	215076 人	201725 人	195720 人	201205 人	218040 人
哥打丁宜縣	18670 人	19675 人	20511 人	21393 人	18925 人

資料來源：1931 年至 1935 年柔佛政府衛生報告（Johore Medical Report）內附柔佛境內人口統計數據

　　在另一方面，受到膠價不景氣的影響，從 1930 年到 1932 年間，邊佳蘭橡膠園的華工人數則呈下跌之勢。相比於 1930 年的顛峰，園坵內的華工人數，於 1932 年幾乎銳減一半，但從 1933 年開始便逐步回升；而相對的，華工家眷的數目卻在 1928 年後翻倍增長，雖然在 1932 和 33 年略有減少，但來到 1936 年，家眷數目已增至 1931 年的一倍。也就是說，雖然華裔割膠工人的人數隨經濟蕭條而減少了，但當地膠工的家庭規模與數量卻可能擴大了。（見表 3）

---

[14] W. E. Pepys. *Annual report on the social & economic progress of the people of Johore for 1935*. (Johore Bahru: Printed at the Government Printing Office, 1936), pp. 31.

[15] R. D. Fitzgerald. *Territorial medical report for the year 1930 state of Johore*. (Johore Bahru: Printed at the Government Printing Office, 1931), pp. 27.

[16] G. H. Garlick. *Johore medical report for the year 1933*. (Johore Bahru: Printed at the Government Printing Office, 1934), pp. 72.

表 3：1928 至 1936 年間三五公司邊佳蘭橡膠園內每月平均華工及其家眷人數

年份	華工人數	家眷人數	全體勞工總數	全體家眷總數
1928	542	13	980	56
1929	809	20	1317	73
1930	829	59	1278	116
1931	699	66	1092	127
1932	461	51	849	93
1933	475	51	1000	121
1934	N/A	N/A	1349	150
1935	575	85	1025	176
1936	649	120	1028	223

資料來源：1928 年至 1936 年柔佛政府衛生報告（Johore Medical Report）附錄之柔佛境內橡膠園坵勞工人口統計數據

經濟危機下，日本三五公司的邊佳蘭橡膠園經營情況亦不樂觀，拓荒時期實驗性種植遺留下來的弊端也開始顯現。1932 年，日本詩人金子光晴親歷邊佳蘭，目睹了該橡膠園當時的慘淡景象。（金子光晴，2004：91-92）屋破偏逢連夜雨，1931 年 10 月 24 日，三五公司邊佳蘭橡膠園發生罷工。（金子光晴，2004：同上）根據柔佛華民護衛司的報告，這次工潮似乎源於邊佳蘭橡膠園的華人工頭積欠手下工資所致。報告也暗示，這其中或許牽涉到園坵內部海南籍與客家籍勞工之間的固有矛盾，以及經濟大蕭條期間，被迫在日本人膠園裡工作的「屈辱感」。[17]而時任三五公司經理小泉哲一郎則認為，這次罷工之所以無法及時遏止，是由於其橡膠園的豐順工頭張惟（Chong Bee；Chong Vui）缺席所致。在一份請願書中，小泉哲一郎稱張惟為邊佳蘭橡膠園的華裔割膠與除草包工（contractor），在邊佳蘭園坵工作了超過 20 年，期間表現優異。他也是該園坵粵籍包工們（Cantonese contractors）和苦力的領袖。在張惟的領導下，橡膠園內總是能夠維持廣東和海南人之間良好的秩序。問題是在 1930 年至 1932 年期間，張惟因罪入獄，導致園內華工出現糾紛無法擺平而釀成罷工。[18]

結合各方觀點，1931 年三五公司邊佳蘭橡膠園罷工的起因，固然有可能是受當時外來的共產主義者煽動，但核心原因始終是群龍無首的華工為爭取加薪所引發。繼 1932 年工潮之後，三五公司邊佳蘭橡膠園華工數量明顯下滑。相較於 1930 年的 829 人，1933 年邊佳蘭橡膠園的華工只剩 475 人，勞動力流失超過 40%。即便在往後數年，橡

---

[17] 柔佛政府檔案編號 GA79/32，現藏於馬來西亞國家檔案局柔佛分局。

[18] 同上。據檔案中柔佛華民護衛司的說法，張惟是三五公司邊佳蘭園坵的割膠包工，1930 年 9 月 29 日被高庭宣判殺人未遂而入新山監獄三年。華民護衛司認為該判決是明白合理無異議的，即便張惟確實是一名能幹的包工，善於處理邊佳蘭園坵的華工事務，但並不意味著可以就此檢討判決。

膠園內華工人數隨膠價與經濟復甦而回增，惟經濟大蕭條的衝擊，似乎也就此打開了勞工自主與流動性的潘朵拉之盒。1937 年 5 月，一場以爭取組織工會為名義的罷工發生，其規模擴大至橡膠園內工作的爪哇裔與印度裔勞工。[19]

　　1932 年 2 月，在膠價暴跌的困境下，三五公司創辦人愛久澤直哉罹患腦溢血，從公司經營的第一線退下。1933 年 12 月，三五公司改組為有限公司，由日本三菱財閥的關係企業、實際上為財閥創辦人岩崎家族私人持股控制的東山農事株式會社出資入股。（柴田善雅，2005：270-272）1934 年，柔佛政府向三五公司強制徵用邊佳蘭橡膠園總計 700 畝的園地面積以修建邊佳蘭炮臺，這項工程除了占用了邊佳蘭橡膠園的核心部分，也對原有的碼頭及輕軌設施造成破壞，進一步影響橡膠園的生產。（Thukiman, 1992: 61）而東山農事也將三五公司的新發展重心轉移至柔佛的古來一帶（柴田善雅，2005：同上），無形中進一步削弱邊佳蘭橡膠園的地位。

　　另一方面，在經濟上依附於邊佳蘭橡膠園的邊佳蘭村，包括當地的邊佳蘭華僑公學，也在經濟大蕭條期間面對不小的財政壓力。1929 年，曾在華僑公學創辦初期積極出錢出力的邢定傳病逝，學校發展陷入停擺。[20]1931 年，柔佛華民護衛司視察該校，發覺其教學環境非常不理想（all was NOT well with the teaching carried on there）。[21]1934 年 1 月，新加坡《南洋商報》刊載了一則報導中如是寫道：[22]

> 柔佛邊佳蘭華僑公學，創自民國十年，至今十有四載，始對校具建設，莫不因陋就簡，嗣得埠中熱心教育之士，協力贊助，校務逐漸發達，學子亦由數十名增至百名，近來因受商情冷落，經濟影响所襲擊致辦理一切，殊難進行，差幸同僑極力襄助教員方面又能負責，戮力維持，故有今日之存在……

　　然而遲至 1936 年，柔佛華文視學官在當地視察時，仍舊發現邊佳蘭華僑公學「規模狹小，院宇不敷，且因年久失修，漸形破陋」，由於擔心發生危險，於是命令學校當局必須另建新校舍，否則將取消其學校註冊。[23]如此一來，邊佳蘭華僑公學董事會不

---

[19] 柔佛政府檔案編號 GA521/37，現藏於馬來西亞國家檔案局柔佛分局。
[20] 1929 年邢定傳去世後，有關校址信托人的割名作業，一直拖到 1931 年中旬才完成。期間柔佛華民護衛司要求村民擬定新的信托人契約文書時，村民們表示這樣既花錢又麻煩，不願那麼做。參見柔佛政府檔案編號 CLRKT311/30，現藏於馬來西亞國家檔案局柔佛分局。
[21] 同上。
[22] 〈柔佛邊佳蘭華僑公學近況〉，《南洋商報》（新加坡），1934 年 1 月 17 日，頁 9。
[23] 〈邊佳蘭華僑公學新校舍定七七開幕並決演劇籌款半數充賑〉，《南洋商報》（新加坡），1938 年 6 月 28 日，頁 15。

得不募捐並物色新校地。1937 年，該校董事會終於購得邊佳蘭村附近一片馬來人的椰園，待新校舍竣工啟用之時，時間已來到 1938 年。[24]

正當邊佳蘭華僑公學因「商情冷落」而「殊難進行」時，邊佳蘭沿海其他鄉村卻似乎存在另一番景象。1933 年，作家饒紫鵑在新加坡《南洋商報》上刊載散文，描述自己當時在邊佳蘭頭灣私塾教書的點滴。[25]此外，在朱亮亮的家族傳記中，也提及其母親劉麗嫻也曾在 1935 年以前，於邊佳蘭二灣島家中私塾裡「讀過幾年書」。（朱亮亮，2000：63）除了上述私塾，根據校史記載，二灣的培華學校於 1932 年創立，由當地客家人張干略獻地，當時有學生十人。（鄭泰述等編，1985？：54）1930 年代初，大灣海邊已有一間小私塾，由一位新加坡教師潘順榮以潮語教授古書文言文。（王新民主編，出版年份不詳：18）

對比邊佳蘭村與沿海其他村落於經濟大蕭條期間華文教育發展軌跡，兩者間明顯存在此消彼長的反差。若從鄉村經濟層面觀之，相較於橡膠和椰乾出口價格的連續暴跌，豬隻、家禽和蛋類的出口價格在經濟大蕭條期間的跌勢相對緩和許多。以柔佛為例，生豬的價格在 1931 年便已回穩，家禽和蛋類的價格雖然分別在 1933 年和 1934 年跌至 5 年來最低，但這可以歸因於出口量大增所致。[26]（見表 4）價格相對穩定的糧食生產，足以成為鄉村華人應對經濟大蕭條最好的緩衝劑。

表 4：1928 至 1934 年間柔佛出口商品平均離岸價格（叻幣）

商品（單位）	1928 年	1929 年	1930 年	1931 年	1932 年	1933 年	1934 年
豬（每隻）	24.70	30.29	19.94	24.29	26.85	27.87	24.59
家禽（每隻）	0.83	N/A	0.89	0.84	0.75	0.51	0.53
蛋類（每顆）	0.024	0.033	0.030	0.026	0.025	0.013	0.011
椰乾（每擔）	10.79	9.37	7.97	5.14	5.45	3.93	2.70
橡膠（每擔）	43.16	46.09	25.78	13.32	9.55	13.91	27.22

資料來源：1928 年至 1934 年柔佛政府年報內附柔佛進出口商品統計數據

此外，歷經經濟大蕭條洗禮，柔佛政府認為鄉區應該扶植椰業發展作為替代作物，因此對邊佳蘭而言，椰園繼續得到政策上的有利環境。[27]1934 年至 1936 年，柔佛政府

---

[24] 同上。

[25] 饒紫鵑〈山居雜記〉，《南洋商報》（新加坡），1933 年 11 月 24 日，頁 15。

[26] 例如 1933 年柔佛境內蛋類的出口量為 9 百 32 萬餘顆，1934 年則增長至 1 千 5 百 34 萬餘顆，增長幅度逾 5 成。參見 R. O. Winstedt. *Annual report on the social & economic progress of the people of Johore for 1934.* (Johore Bahru: Printed at the Government Printing Office, 1935), pp. 23.

[27] 柔佛政府檔案編號 GA232/34。

全面減免境內椰園地租（rent）。[28]這不但惠及邊佳蘭沿海從 20 世紀初便大量存在的小面積椰園，也確保了經濟大蕭條前已形成的農漁牧複合型鄉村產業結構的基礎不受影響。來到 1940 年代初，邊佳蘭已經成為柔佛家禽產量最高的地區[29]，雞鴨幼雛的每月孵化量佔全柔總數的 3 成以上。[30]

根據鄭良樹的研究，經濟大蕭條後的 1933 至 37 年間，柔佛註冊華校的學校、學生及教員數量均呈翻倍增長。（鄭良樹，1999：281）實際上，類似的情況則早在 1930 年代初便在邊佳蘭沿海鄉村華人社群裡發生。邊佳蘭當地華人私塾學校的湧現，反映了經濟大蕭條後鄉村華人社群的一些變化。一方面，鄉村學校與私塾的出現，除了凸顯經濟不景氣對於促使來自新加坡的知識分子願意渡海來到「窮鄉僻壤」任教謀生所起的推拉作用，也展示了當時鄉村華人社群內部一些成員的財力。另一方面，學校與私塾的增加，意味著學齡兒童的增加，代表著鄉村華人家庭數量增長和規模擴大，為學校與私塾遍地開花創造需求，作為經濟危機的副產品，成為日後邊佳蘭沿海鄉村華人社區嬗變的契機。

四、結語

對於英屬馬來亞而言，經濟大蕭條是一次確確實實發生的經濟與社會危機。但是，這樣的危機蔓延至不同的地域、經濟和政治實體時，產生的回應卻截然不同。在華工入境限制中，身為英屬馬來亞的一員，柔佛政府出於對自身農業經濟特質的考量，以消極態度應對，形同鼓勵華人繼續留在柔佛墾殖。

經濟大蕭條對於柔佛鄉村華人的影響實為福禍參半，其中地方產業結構是差異產生的關鍵要素。在邊佳蘭，相較於膠價低迷對華工的生計造成影響，漁獲和禽畜價格的相對穩定，有助於強化華人在沿海鄉村定居的趨勢。經濟蕭條雖然讓原本仰賴橡膠園而興起的邊佳蘭村陷入某種程度的生計危機，但並未摧毀其他沿海鄉村華人的近海捕魚和禽畜養殖等經濟活動，反之，作為鄉村家庭經濟的勞動力，婦孺入境的便利，反而加快鞏固了 1930 年代當地鄉村華人移民社群的成型。

---

[28] 柔佛政府檔案編號 CLM386/34，現藏於馬來西亞國家檔案局柔佛分局；柔佛政府檔案編號 CLRKT19（tiada nombor），現藏於馬來西亞國家檔案局柔佛分局。

[29] "Official Help In Starting Big Poultry Farms", *The Singapore Free Press and Mercantile Advertiser* (Singapore), 15 July 1940, p.2.

[30] 柔佛政府檔案編號 GA944/39，現藏於馬來西亞國家檔案局柔佛分局。

　　1929 年的經濟危機，激發殖民政府思考勞動力在地化的可能性，並透過移民限制政策來實踐。在鄉村落戶定居的華人移民家庭，他們的子女為鄉村華文教育創造了基本需求。作為鄉村華人社群的公共事業，學校的出現對於鄉村華人的影響，即將在 1930 年代末的新馬抗日籌賑運動中顯現。在地認同和國族認同交織下，鄉村華人將前所未有地被動員起來，作為海外華人社會及鄉村的一份子，捲入下一場名為戰爭的全球危機中。

參考文獻

1）書籍

Blythe, W. L. 1953. *Historical Sketch of Chinese Labour in Malaya*, Singapore: Government Printing Office.

Crawfurd, John. 1837. "Journal of a voyage around the Island of Singapore." In J. H. Moor ed., *Notices of the Indian Archipelago, and adjacent countries*, Singapore: no recorded publisher.

Horsburgh, James. 1817. India Directory, Or, Directions for Sailing to And From the East Indies, China, New Holland, Cape of Good Hope, Brazil, And the Interjacent Ports. Vol. 2, 2rd ed., London: Printed for the author, sold by Black, Parbury, and Allen.

Kratoska, P. H. 2000. "Imperial Unity Versus Local Autonomy: British Malaya and the Depression of the 1930s", in Peter Boomgaard & Ian Brown ed., *Weathering The Storm: The Economies of Southeast Asia in the 1930s Depression*, Singapore: Institute of Southeast Asian Studies.

Leong, Yee Fong. 2000. "The Emergence and Demise of the Chinese Labour Movement in the Colonial Malaya, 1920-1960", in Lee Kam Hing & Tan Chee-Beng ed., *The Chinese in Malaysia*, Shah Alam: Oxford University Press.

Palmer, J. N. 1960. Colonial Labor Policy and Administration: A History of of Labor in the Rubber Plantation Industry in Malaya, c.1910-1941, New York: Published for the Association for Asian Studies by J. J. Augustin.

Vlieland, C. A. 1932. British Malaya: A Report on the 1931 Census and on Certain Problems of Vital Statistics. London: Crown Agents for the Colonies.

文西阿都拉著，柳夢譯，1978，《吉蘭丹游記》，吉隆坡：馬來亞通報社出版。

朱亮亮，2000，《追虹》，新加坡：玲子傳媒私人有限公司出版。

葉香，2019，《邊佳蘭舊事》，新山：Ooi Publisher。

鄭良樹，1999，《馬來西亞華文教育發展史》第二分冊，吉隆坡：馬來西亞華校教師會總會。

王新民，出版年份不詳，〈大灣島簡史〉，載王新民主編，《大新學校創校六十周年紀念特刊 1945-2004》，出版地不詳：出版者不詳。

鄭泰逑等編，1985，《柔佛州邊佳蘭頭灣培正華文小學四十周年紀念特刊》，新山：永華印務館。

金子光晴，2004，《マレー蘭印紀行》，東京：中公文庫版改訂版。

株式會社華南銀行，1930，《馬來来半島柔仏王国コタテンギ並ニ柔仏河沿岸邦人護謨園現況》，東京：華南銀行。

向達校注，2000，《兩種海道針經》，北京：中華書局。

柴田善雅，2005，《南洋日系栽培会社の時代》，東京：日本経済評論社。

南洋協會新嘉坡商品陳列館，2006，〈英・蘭に於ける邦人農園事業概要調查報告〉，載《日本占領下の東南アジア關係資料》第 3 期第 97 卷，東京：龍溪書舍。

2）論文

Yeo, Kim Wah. 1976. "The Communist Challenge in the Malayan Labour Scene, September 1936 - March 1937" *Journal of the Malaysian Branch of the Royal Asiatic Society*, Vol. 49, No. 2 (230).

Yuen, Choy Leng. 1974. "Japanese Rubber and Iron Investments in Malaya, 1900-1941" *Journal of Southeast Asian Studies*, Vol. 5, No. 1.

Thukiman, Kassim. 1992. "Penglibatan Orang-orang Jepun dalam Sektor Ekonomi di Negeri Johor Pada Awal Abad ke-20" *JEBAT: Malaysian Journal of History, Politics & Strategic Studies*, Vol.20.

3）報刊

〈華僑公學校夜學部之近況〉,《新國民日報》（新加坡）, 1926 年 12 月 1 日, 頁 17。

〈柔佛邊佳蘭華僑公學近況〉,《南洋商報》（新加坡）, 1934 年 1 月 17 日, 頁 9。

〈邊佳蘭華僑公學新校舍定七七開幕並決演劇籌款半數充賑〉,《南洋商報》（新加坡）, 1938 年 6 月 28 日, 頁 15。

饒紫鵑〈山居雜記〉,《南洋商報》（新加坡）, 1933 年 11 月 24 日, 頁 15。

"The Pengerang Planting Company Limited.", *Straits Times Weekly Issue* (Singapore), 24 August 1887, p. 3.

"Diana Cove", The Singapore Free Press and Mercantile Advertiser (Singapore), 7 October 1932, p. 1.

"Official Help In Starting Big Poultry Farms", *The Singapore Free Press and Mercantile Advertiser* (Singapore), 15 July 1940, p.2.

4）政府檔案與出版物

馬來西亞國家檔案局柔佛分局柔佛政府檔案編號 CLM386/34

馬來西亞國家檔案局柔佛分局柔佛政府檔案編號 CLRKT19（tiada nombor）

馬來西亞國家檔案局柔佛分局柔佛政府檔案編號 CLRKT311/30

馬來西亞國家檔案局柔佛分局柔佛政府檔案編號 CLRKT802/24

馬來西亞國家檔案局柔佛分局柔佛政府檔案編號 GA232/34

馬來西亞國家檔案局柔佛分局柔佛政府檔案編號 GA286/19

馬來西亞國家檔案局柔佛分局柔佛政府檔案編號 GA408/19

馬來西亞國家檔案局柔佛分局柔佛政府檔案編號 GA521/37

馬來西亞國家檔案局柔佛分局柔佛政府檔案編號 GA79/32

馬來西亞國家檔案局柔佛分局柔佛政府檔案編號 GA944/39

馬來西亞國家檔案局柔佛分局柔佛政府檔案編號 SS2760/26

馬來西亞國家檔案局柔佛分局柔佛政府檔案編號 SS347/22

Campbell, D. G. *Johore in 1912*. Singapore: Printed by Kelly & Walsh Ltd, 1913.

Campbell, D. G. *Johore in 1913*. Singapore: Printed by Kelly & Walsh Ltd, 1914.

Clayton, T. W. *Johore annual report for the year 1925*. Singapore: Printed at the Government Printing Office, 1926.

Shaw, G. E. *Johore annual report for the year 1930*. Singapore: Printed at the Government Printing Office, 1931.

Winstedt, R. O. *Annual report on the social & economic progress of the people of Johore for 1933*. Johore Bahru: Printed at the Government Printing Office, 1934.

Pepys, W. E. Annual report on the social & economic progress of the people of Johore for 1935. Johore Bahru: Printed at the Government Printing Office, 1936.

Fitzgerald, R. D. *Territorial medical report for the year 1928 state of Johore*. Johore Bahru: Printed at the Government Printing Office, 1929.

Fitzgerald, R. D. *Appendix to territorial medical report fo the year 1929 state of Johore*. Johore Bahru: Printed at the Government Printing Office, 1930.

Fitzgerald, R. D. *Territorial medical report for the year 1930 state of Johore*. Johore Bahru: Printed at the Government Printing Office, 1931.

Garlick, G. H. *Johore medical report for the year 1933*. Johore Bahru: Printed at the Government Printing Office, 1934.

Johore Government Gazette, 1 October 1930, Vol. XX, No.51.

Johore Government Gazette, 31 December 1930, Vol. XXII, No.40.

新村計劃對華人社會關係的影響
——以利民達華人社會為例

新紀元大學學院中華研究碩士生　**陳建發**

一、前言

　　新村（New Village， Kampung Baru， Kampung Baharu）是英殖民政府對抗馬來亞共產黨（簡稱馬共）的產物。1948 年 6 月 16 日，馬共在霹靂和豐（Sungai Siput）刺殺三位歐洲橡膠種植園經理。同日，同在霹靂的艾菲爾橡膠園（Elphil Estate）和平順橡膠園（Phin Soon Estate）、柔佛州的士乃橡膠園（Senai Estate）皆發生馬共槍殺事件。欽差大臣根特（Sir Edward Gent）在同一天宣佈霹靂州和柔佛州進入緊急狀態，兩天后再擴展至整個馬來聯盟和新加坡。7 月 23 日，馬共及其衛星組織被列為非法團體，同時三百多個工會遭封禁。面對英殖民政府的鎮壓，馬共決定放棄議會政治路線，改採武裝鬥爭，並成立多支游擊部隊進入森林展開游擊戰鬥。

　　為了與外界聯繫並取得支援，馬共在森林邊緣地區廣泛建立外援網路，或招募或脅迫居住在森林邊緣墾植的華人墾民（Squatters）提供資源，這些華人被編製入「人民運動」（簡稱「民運」）組織。緊急狀態初期，英政府對抗馬共的軍事策略主要是把受懷疑的墾民拘留在拘留營中，或將之遣返回國。由於拘留營數量有限，無法將墾民全數拘留，加之 1949 年中國由中國共產黨統治，使得遣返回國的策略難以實施。為了更有效剿共，英政府決定委派畢利斯準將（Lieutenant-General Sir Harold Briggs）前來馬來亞出任作戰指揮官。畢利斯抵達後，立即祭出以他命名的「畢利斯計劃」。畢利斯為了避免在偏遠地區或森林邊緣開墾的華人墾民自願或被迫資助馬共分子，遂提出「新村計劃」，將成千上萬的華人無差別地移殖（resettlement）到特定地點或範圍。在此計劃下，受影響的人口多達五十餘萬人，主要的遷移對象是華人。

　　目前學界對新村的研究已經不在少數，著作方面有 Ray Nyce 的 *Chinese New Village in Malaya-a Community Study*（1973）、林廷輝與宋婉瑩的《馬來西亞華人新村 50 年》（2002）、林廷輝與方天養的《馬來西亞新村：邁向新旅程》（2005）、潘婉明的《一個

新村、一種華人？重建馬來（西）亞華人新村的集體記憶》（2005）等等。期刊或學位
論文方面，則有鄒雁慧著的《馬來西亞華人新村文化景觀的變遷：增江新村之研究》
（2008）、古燕秋著的《馬來西亞華人新村的社會與空間變遷研究──以拱橋新村為例》
（2011）、邱克威的〈「武吉摩新村」歷史及其前後時期的馬共活動〉（2018）、馬瑛與
潘碧絲的〈馬來西亞史里肯邦安（沙登）客家新村現狀調查〉（2020）、林德順的〈遷
移與戒嚴：巴生班達馬蘭新村的冷戰景象與記憶〉（2021）等等。以上成果可劃分為宏
觀論述及個案研究，內容上主要專注於新村政策之實施及其後續發展與影響、新村生
活體驗、馬共活動等等。

　　雖然研究成果豐碩，然學界就新村計劃對華人社會關係的影響較少展開論述。為
此，筆者選擇利民達華人社會作為研究對象，探討新村計劃對於當地華社社會關係的
影響。筆者認為，惟有將新村計劃置於較長的時間幅度，並加以比較研究個案在新村
計劃實施前後的社會關係，方能就新村計劃對華人社會關係的影響及意義進行更深入
且有效的分析。依循前述概念，本文首先探究利民達早期華人社會的形成及其社會關
係。其次概述利民達新村的成立過程，並凸顯此計劃對於當地華人社會產生結構性的
影響。接下來筆者將透過 1960 年代當地激烈的地方議會選舉，以及 1986 年合辦春秋
二祭兩起事件，說明新村計劃所產生的結構性變化如何左右當地社會關係的發展及整
合。[1]

二、早期利民達華人社會及其社會關係

　　利民達華人社會之形成，乃受到 20 世紀初蓬勃發展的橡膠業及運輸系統二個因素
的影響。華人移民遷徙至利民達的過程中，傳統紐帶如血緣及地緣扮演了重要的角
色。透過「親帶親、鄰帶鄰」的模式，以及橡膠業抑制人口流動的特質（鄭明烈 2013,
75）與華人申請土地的傾向，[2]不僅使利民達華人人口逐步成長，同時形成分散型聚落
的空間形態。（文平強 2019, 248）（圖一）有意思的是，當地華人村落有著強烈的社群

---

[1]　限於篇幅，筆者僅能論述當地宏觀層面的社會關係的發展與變遷。實施新村計劃後，當地華社的社會關係並非
全然依據福建／兩廣二分制社群格局展開，比如兩廣社群內部成員的互動關係是「合中有分，分中有合」的。換
言之，當地社會關係是複雜且多元的。不論如何，若要為這些複雜的互動模式進行溯源，根本原因仍在於新村計
劃改變了當地華社的社群結構。

[2]　英殖民政府對於各階層人士申請土地種植橡膠採取放任政策。資金及勞工資源有限的小園主一般只是申請二至
四公頃的地段，這些圍繞市區周圍開發的地段，最終形成市區邊緣的分散型集落。資料來源：文平強〈從空間
的視角探討馬來西亞華人經濟與社會的變動〉，文平強：《聚族於斯：馬來西亞華人研究》，吉隆坡及雪蘭莪：馬
來西亞創價學會、新紀元大學學院，2018 年，頁 248。

界限，[3]且在空間分布上有著壁壘分明之勢。福建社群集中於市區周圍，廣西社群聚於一隅，而廣府、客家及海南社群則分佈在新港支至竹八丁宜一帶。

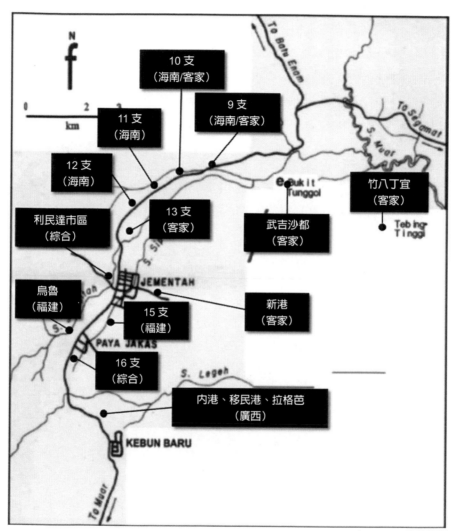

圖一：利民達華人村落及社群分布圖

資料來源：兩廣公會特刊編委會 1997《柔佛利民達兩廣公會 41 周年暨新會所落成紀念特刊》，利民達：兩廣公會，頁 89；部分資料由受訪者提供。

3　補充說明的是，雖然各個村落具有強烈的社群界限，但不意味著村內的社群構成是單一同質的。許多村落內部的社群構成是多元的，只是比例上會明顯地傾向某一社群。

　　此外，當地華人村落內部具有一定的自主性，間接強化了村落之間的張力。部分村落在緊急狀態前設有學校、什貨店及廟宇，[4]在義山的選擇上也各有傾向。[5]換言之，當地各個村落內部不僅具有一套管理機制，村落之間的互動及整合平台也相當有限。在社群界限及自主性的雙重作用下，各村落之間是具有張力的。不論如何，社群及村落之間的張力，在經濟網絡及中國民族主義的作用下得到緩解。

　　利民達各個村落中，市區的經濟結構最為完整。雖然利民達市區的經濟結構存在行業社群化的現象，但誠如白偉權所言，行業社群化無形中會促進跨社群的互動及依賴。（白偉權 2015, 69）沉浸於跨社群的生活經驗，使跨社群合作對市區華人而言是信手拈來的。

　　除了市區華人，市區更為完善的經濟結構亦促成「村落之間的互動」。當地的橡膠收購店及熏社集中於市區，這使周圍村落不同社群的膠工必須前往市區進行膠絲及膠片的交易活動。其次，市區亦是村落之間的農產品集散中心，[6]亦設有巴剎和多家什貨店。職是之故，各個村落居民所收成的稻米或蔬菜需送往市區進行批發及交易活動，並在市區採購各類生活用品。這使周圍村落的華人向市區這一中心地凝聚。另外，當地橡膠收購店、稻米集散中心皆由福建社群壟斷，無形中使當地其他社群的居民在進行橡膠及稻米交易時，必然形成跨社群的交流。換言之，以市區為中心的經濟網絡，促進當地社群的互動，有效緩解村落之間的張力。

　　當地華社的社會關係受到中國民族主義的作用。「濟南慘案」及「七・七事件」之際，利民達華社積極響應籌賑運動。兩次抗日救國運動中，市區華人先後設立道源俱樂部及華僑俱樂部統籌各個村落的籌賑運動。抗日救國運動期間的積極表現，不僅疑彰顯了利民達華社高漲的中國民族主義及愛國情操，還是當地跨社群、跨村落的合作及整合之契機。

4　設有學校的村落包括新港、十支、烏魯、15 支、竹八丁宜、13 支及市區；市區、竹八丁宜及 15 支設有什貨店；10 支、烏魯及 15 支分別設有南海廟、錦峰宮及繭雲宮。

5　緊急狀態前，當地置有兩座義山，分別是十支義山及 16 支義山。13 支至竹八丁宜一帶的居民傾向在十支義山完成喪葬儀式，這可從 1950 年代前該義山的墓碑社群構成以客家、廣府及海南社群為主看出一斑。16 支義山的墓碑社群構成則較為多元，其服務對象涵蓋內港至新港一帶。

6　顏詒豐的兆豐號便為當地的稻米集散站。資料來源：A.O.S106/48

表 1：余文打道源俱樂部的總理名單

職位	名字	籍貫
總理	張順榮	不詳
副總理	顏詒豐	福建
財政	陳聞貴	福建
	顏添裕	福建
司理	詹所仲	海南
	王秀固	福建
評議長	潘嗣蓮	不詳
	林猷輝	不詳
查數員	李俊安	不詳
	陳奕謙	福建
交際員	曾昭誠	福建
	張拔豐	客家

資料來源：〈余文打道源俱樂部成立有期〉《南洋商報》，1929 年 7 月 1 日，第 18 版；理事籍貫由受訪者提供。

表 2：余文打華僑俱樂部理事名單

職位	名字	籍貫
主席	顏詒豐	福建
副主席	尤禮子	福建
財政	陳育顏	海南
司理	王忠烈	不詳
查賬	杜炳焜	廣府
文書	張柴	不詳
	陳洵輝	福建
評議員	陳聞貴	福建
	陳昌昭	海南
	柯常銳	不詳
	王孝章	不詳
	陳貴欽	不詳
	顏添裕	福建

資料來源：〈余文打華僑俱樂部將舉行開幕典禮〉《南洋商報》，1938 年 9 月 30 日，第 8 版；理事籍貫由受訪者提供。

　　值得注意的是，道源俱樂部總理張順榮、副總理顏詒豐及財政陳聞貴，不僅是市區的領袖，更是國民黨黨要，其中張氏為利民達第八分部主席、顏氏為利民達第八分部監委、陳氏為利民達第八分部常委。(《星洲日報》，1929 年 10 月 7 日；南洋民史纂修館編輯部 1941, 249, 258) 附帶說明的是，除了張氏的籍貫無法考究，其餘兩位皆為福建籍人士。爾後成立的華僑俱樂部依舊由國民黨黨員主導。是故，道源俱樂部及華僑俱樂部乃由國民黨主導的社團，抑有進者，市區華人的政治傾向應是右傾的。

　　在經濟網絡及中國民族主義作用下，利民達社群及村落實現整合。然這一現象在二戰後出現轉變。日據時期，由馬共主導的馬來亞人民抗日軍進駐利民達地區，並在哥本峇魯、[7]竹八丁宜、武吉沙都成立抗日自衛團分團。（足印叢書編委會 2014, 20-21；林雁、賀巾、文羽山編撰 2008, 149）換言之，左派勢力開始在利民達華社崛起。1945年後，中國國共再次內戰，激化了馬來亞左右派華人之間的矛盾。戰後復辦的華僑俱樂部仍由國民黨黨員主導，並以村落單位為職位分配。由於竹八丁宜、哥本巴魯及武吉沙都皆已成為馬共據點，華僑俱樂部毅然將這三個村落排除在外。與此同時，該社團還重用福建籍人士，使理事成員的社群比例明顯傾向福建社群。（CAJ 21/46，*Jementah Chinese Club*）進一步來說，當地福建社群應是傾向國民黨的。此舉破壞了中國民族主義下所達致的社群及村落整合。有幸的是，基於經濟網絡的穩固性，使社群與村落之間的社會關係未被徹底割裂。

　　綜上所述，新村計劃前夕，當地社會關係因意識形態之差異而出現裂痕。隨著新村計劃之實施，當地社會關係邁向新的格局；同時在更為激烈的政黨競爭下，當地社會關係陷入更為緊繃的局面。

三、利民達新村之形成

　　1948 年，馬共決定放棄戰後以來所采取的議會政治路線，改採武裝鬥爭，並道入森林展開游擊戰鬥，英殖民政府亦隨之宣布緊急狀態。為了打擊馬共從「民運」組織獲得補給，英殖民政府逐落實「新村計劃」，將成千上萬的華人無差別地移植到特定地點或範圍。在此計劃下，受影響的人口多達五十餘萬人，主要的遷移對象是華人。（林廷輝、宋婉瑩 2000, 8-9）利民達作為馬共活躍區域，無法倖免於新村計劃之落實。

　　利民達新村成立於 1952 年。新村居民的遷移過程分為兩個階段。第一階段為 1951年來自新港、13 支、15 支、16 支、內港、移民港及拉格芭的居民遷入市區警察局對面的一塊空地。第二階段是十支新村居民遷入利民達新村。十支新村又名 Lubok Bandan。1951 年 2 月 26 日，來自竹八丁宜、武吉沙都、九支、十支、11 支及 12 支的華人被勒令遷址至十支新村。（足印叢書編委會 2014, 22）1951 年七月，當地發生了一起二人被

---

[7]　哥本峇魯毗鄰利民達的華人村落，它處於利民達行政區之外。不論如何，這二個華人社會的社會關係非常緊密，當地以「姐妹村」形容彼此密切的關係。

馬共刺殺的事件，迫使許多十支新村的居民遷入利民達新村。遷入後，十支居民的新屋一般建築在圖二中的黑色三角形範圍，形成如今新村和「上新村」的景觀面貌。[8]

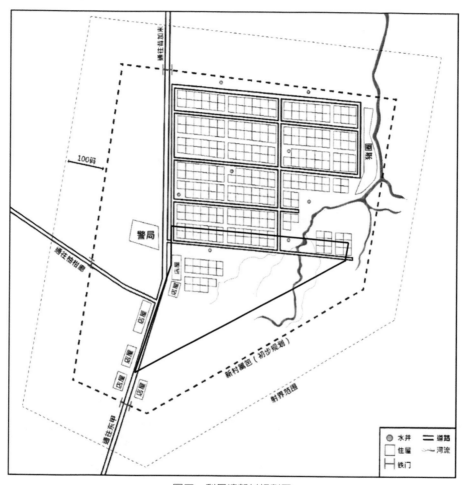

圖二：利民達新村規劃圖

資料來源：JSRO13/50, "Regrouping in Segamat Area"（由筆者自繪）
說明1：新建的住屋位於警察局對面，當時一共劃分了五條主巷，以及三條小巷。
說明2：黑色三角形範圍是十支新村居民遷入利民達新村後定居的範圍。

8　當地居民稱之為「上新村」，是因該範圍地勢較高。是故利民達新村劃分為新村（一至八巷）和上新村（九巷至18巷）。附帶說明的是，遷徙到新村居住的居民開始過著「半開放半管制」的生活。居民出入有門禁限制，傍晚六時至第二天早上六時嚴禁出入。居民出入需接受警衛搜身，以防攜帶物資助馬共。若有親友來訪或是任何緊急事件需要出外，都必須通知保長，否則一概不得出入。軍警亦時而上門查點住戶人數。另外，當地也實施米糧管制，每戶人家被分配一張「米牌」，只能購買自家食用的分量，同時米、糖、麵粉皆屬於管制品。

　　新村計劃改變了利民達華人人口分布及結構。過去各個社群安處於各自的村落，新村計劃之實施使不同社群聚集一處。結構方面，據馬來亞聯邦新村統計數據（Statistical Information Concerning New Villages in the Federation of Malaya），利民達新村居民構成中，只有10%屬於市區的居民，90%屬於其它村落的居民。（Ray Nyce 1973, 7b）這為嗣後意識形態的衝突埋下伏筆。另外，根據馬華公會與華民護衛司屬在1954年針對柔佛新村進行的人口普查，可知利民達新村人口為705戶，共4060人。該調查還針對當地華人的籍貫進行統計。據表2顯示，當地福建社群人口最多，為1996人，其次為客家社群，共1037人，後為海南、廣西、廣府、潮州、福州及其他。

表3：1954 年利民達華人人口普查

籍貫	住戶	人數
福建	312	1996
客家	212	1037
海南	76	545
廣西	50	236
廣府	28	108
潮州	16	75
福州	8	48
其他	3	16
總數	705	4060

資料來源："Population in New Village, Regroupment Areas and Local Council in Johore Stats as on 31st December 1954"

　　上述改變對當地社會關係有著深遠的影響。過去各別社群安處一隅，使社群之間直接的衝突與競爭減至最低。與此同時，雖然華社存有意識形態的分歧，但各有自己的勢力範圍，故各安其好。當各村落居民遭到政府機關強行聚合後，社群之間的經濟實力與勢力差異性畢露無遺，尤其當地最重要的經濟部門——橡膠收購店一律由福建人所掌控。加之15支及烏魯福建社群的遷入，使福建社群更為壯大。雖然來自九支至13支的非福建社群紛紛湧入，但個別社群非常零散，無法自立門戶與福建社群抗衡。當地福建社群在1954年成立了福建公會，（福建公會特刊編委會 2004, 12-13）此舉刺激了非福建社群的神經。故當地客家、廣府、廣西、潮州及海南社群於1956年成立兩廣公會作為回應。（兩廣公會特刊編委會 1997, 13）福建公會與兩廣公會的成立，標示著福建／兩廣二分制社群格局之形成。最後，新村計劃打破了左右派的勢力格局，使意識形態之間的衝突更為直接。這些變化的影響體現於當地激烈的地方議會選舉，以及社群整合的行動框架與思考邏輯。

四、政黨、私會黨、社群的纏繞關係

新村計劃的影響體現於馬華公會與勞工黨之間激烈的競爭。兩黨之競爭，是當地社會集體記憶中重要的組成，事因它不僅是意識形態的對立，同時是私會黨派系及社群之間的鬥爭與角力。

勾勒馬華公會與勞工黨競爭之始末前，筆者先闡述緊急狀態頒布後當地權力結構之變化。緊急狀態後國民黨及共產黨紛紛被列為非法組織，使利民達左右派的競爭暫告一段落。然權力真空的現象未維持太久，右派領袖紛紛轉投應時而生的馬華公會。利民達馬華公會成立於 1949 年，1960 年設為支會，（利民達馬華公會 1999，4）其理事結構由市區各籍貫商人組成。雖然利民達新村被從周圍村落遷徙而來的新居民所淹沒，然市區領袖憑藉自身的財力和過去展示的領導能力，以及左派領袖遭打壓而集體噤聲之下，繼續領導當地華社。

表 4：利民達馬華公會 1949 年至 1959 年間歷任主席

姓名	年份	籍貫	商號／職業	說明
顏詒豐	1949 年	福建	兆豐號／什貨業	國民黨黨員
郭瓊	1950 年-1951 年	福建	—	
彭成強	1952 年-1953 年 1956 年-1957 年	客家	成興號／什貨業	
陳世書	1954 年-1955 年	福建	源春號／橡膠業	陳聞貴之子
李丹琴	1958 年-1959 年	客家	永春堂／中藥業	

資料來源：利民達馬華公會 1999《利民達馬華三支會慶祝建黨 50 周年紀念手冊》，柔佛：利民達馬華公會，頁 4。

1952 年 7 月 3 日，聯邦立法會通過地方議會法令。利民達地方議會由 12 名議員組成，包括九名民選議員及四名官委議員。1953 年，利民達地方議會初次選舉，共有654 名居民參與投票。在未有競爭之下，馬華公會黨員囊括所有議席。（《星洲日報》，1953 年 3 月 17 日）自 1953 年選出九名議員後，直到 1959 年為止，每次補選中獲選的議員皆為馬華公會黨員。馬華公會的強勢壟斷，直到 1959 年利民達勞工黨區部成立後方被打破。

圖三：利民達地方議會舊照
資料來源：受訪者提供

圖四：柔佛州利民達勞工黨區部會所
資料來源：柔佛州勞工黨黨史篇委會 1999《馬來
亞前勞工黨柔佛州走過的歷史歲月畫
冊》，柔佛：柔佛州勞工黨黨史篇委
會，無頁數。

　　昔加末勞工黨支部成立後，昔屬各地如火如荼地成立區部。1959 年，利民達勞工
黨區部正式成立。當地勞工黨黨員由來自各個社群的勞動階層，且平均年齡介於 20 至
30 歲之間的年輕人組成。勞工黨得以吸引當地年輕人的參與，與青年藝術研究會之成
立有關。[9]這群年輕人填補了原先左翼領袖留下的空缺，換言之，當地勞工黨與馬華之
間的競爭，亦可理解為少壯派對老成派、新勢力對舊秩序的挑戰。

表 5：籌組利民達勞工黨區部籌委員

職位	姓名	籍貫	職業	職位	姓名	籍貫	職業
正主席	林受溫	福建	膠工	委員	謝錦清	客家	砍芭工人
副主席	何惠南	廣府	膠園財庫		林臣盛	福建	發展芭管工
秘書	呂尚才	福建	膠工		莊石源	客家	砍芭工人
財政	馮國雄	廣府	家俬工人		潘金賜	福建	膠工
查賬	陳水木	福建	膠園管工		彭士雲	客家	膠工
委員	林世用	福建	砍芭工人		鄧星橋	客家	發展芭管工
	顏華文	福建	學校食堂承包商		鄭長江	福建	芭場管工

---

[9]　1955 年，在兩位南洋大學畢業生推動下，當地成立了青年藝術研究會。這一研究會的會所假座於衛理公會，並
　　以歌舞、戲劇及創作為會務。這些藝術活動吸引不少青年參與。研究會領導經常帶會員出外郊遊，然後透過歌
　　曲、對談、戲劇等方式宣傳社會主義思想。換言之，青年藝術研究會是當地社會主義思想的搖籃，更是勞工黨的
　　前身。
　　附帶說明的是，南大校友以信仰社會主義思想並堅守在左翼陣營的人數最眾。此外，有大量的南大校友參加了
　　勞工黨和人民黨的鬥爭，或者立場上對兩黨持同情態度。資料來源：潘永強：〈把青春獻給國家：馬來西亞華人
　　政治上的南大校友〉，李亞霖主編：《南洋大學史論集》，吉隆坡：馬來亞南洋大學校友會，2004 年，頁 349-364。

職位	姓名	籍貫	職業	職位	姓名	籍貫	職業
	林茂福	福建	哥本峇魯芭場管工		彭振湖	客家	發展芭管工
	陳清俊	福建	小園主				

資料來源:〈余文打籌組勞工黨區部籌委員選出〉《星洲日報》,1959 年 7 月 19 日,第 8 版。委員籍貫資料由受訪者提供。

　　1959 年補選,是勞工黨與馬華公會見真章的時刻。當時共有 11 名候選人,七名來自馬華,四名來自勞工黨,競選四個民選議席。競選期間,雙方召開群眾大會,勞工黨以社會主義掛帥,高舉反殖、反帝、反貧窮的口號,同時指責馬華公會是壓迫無產階級的資本家。馬華公會在群眾大會反駁勞工黨的指控,同時譴責該黨專製造華人分裂,(《南洋商報》,1960 年 7 月 22 日)並將之比喻為馬共。投票日當天,前來投票者達 1187 名,占總票數的 80%(1496 票)。這一投票人數對比第一屆人數,提升了 228%。最終四名勞工黨候選人全部中選,一舉打破馬華長期壟斷的局面。(星洲日報,1960 年 12 月 23 日)

　　闡述後續發展前,筆者且就勞工黨實現政黨輪替的策略及民眾基礎進行討論。就策略而言,勞工黨成功強化階級之間的張力。馬華公會的領袖及候選人皆為市區商人,且當地最重要的經濟部門——橡膠收購店的東主亦為馬華公會黨員。勞工黨藉此譴責馬華公會為資本家,並揚言替勞動階層爭取更好的福利。當地華社多為勞動階層,主要從事割膠、務農的行業。許多勞動階層認為該黨能為他們爭取更好的待遇,故表現出熱衷的支持。其次,勞工黨的民眾基礎部分應來自處於沈寂狀態的左派支持者。承上言,利民達新村有 90%是其非市區居民,其中部分來自受到左派思想滲透的村落,如竹八丁宜及武吉沙都。由於左派政黨缺席,左派支持者僅能選擇以不積極於地方議會選舉作為表態。隨著勞工黨的崛起,左派支持者重獲可支持之對象,故其積極性被激起,投票率也大幅增長。與此同時,馬華公會常在群眾大會影射勞工黨為馬共,並汙名化馬共分子,這無疑惡化左派支持者以及馬共同情者對馬華公會的印象。職是之故,勞工黨的勝利是緊急狀態期間沈寂許久的左派支持者震耳欲聾的發聲,抑有進者,當地馬華公會與勞工黨的對立,是過去當地左右派之間競爭的賡續。

　　面對勞工黨的崛起,馬華公會於 1960 年成立馬華公會青年團(簡稱馬青)。(《南洋商報》,1960 年 6 月 23 日)同年尾,五個民選議席的補選中,馬華公會全軍覆沒,而勞工黨候選人全部高票當選。兩次補選全勝使勞工黨囊括利民達地方議會中的九個席位,實現政黨輪替。

　　1962 年全國性的地方議會選舉中，[10]利民達地方議會進行重整，開放八個民選議席供競選。最終馬華公會只贏得三個議席，而勞工黨則斬獲五個議席，繼續執政利民達地方議會。(《星洲日報》，1962 年 5 月 31 日) 然這一執政權未能維續太久，因為嗣後昔加末縣政府委任了三名官委議員，而三者皆是聯盟成員。(《星洲日報》，1962 年 12 月 19 日) 雖然這一舉動遭到勞工黨議員的強烈批評，但迫於州政府以撥款為要挾，最終勞工黨議員決定放棄執政權務。而三名馬華公會議員在三名官委議員的扶持下，重奪地方議會執政權。

　　勞工黨與馬華公會不僅在地方議會選舉中「明爭」，更動員私會黨進行「暗鬥」。1963 年 3 月 31，數名馬青團員因時任地方議會及勞工黨主席的差別待遇而心生不滿，[11]前來勞工黨會所向時任地方議會主席理論並要求抱歉。值得注意的是，部分馬青團員是當地私會黨——一點紅的成員。雖然主席作出道歉，然居民執意要求主席敬茶抱歉。主席表達拒絕後，雙方就發生了衝突。這起事件造成六名勞工黨成員及二名馬青團員受傷，其中一名勞工黨黨員頭部被重物擊中。與此同時，這一暴力行為更威脅到當時正在勞工黨會所上文化班的學生。(《星洲日報》，1963 日 4 月 2 日；《利民達勞工黨歷史》，無頁數) 爾後勞工黨黨員以及大批居民自發舉行抗議大會，強烈譴責對方的殘暴行為，並把此事件命名為「331 事件」。(柔佛州勞工黨黨史篇委會 1999，無頁數)

　　一點紅成立於 1963 年左右，是當地最早成立的私會黨。其黨員多有馬華公會黨籍，有者甚至是馬華公會的核心領袖。是故在競選期間，一點紅成員便積極為馬華公會拉票，作為對「自家兄弟」的支持。「331 事件」後，部分勞工黨成員不甘示弱，成立另一個私會黨——紅虎山，與一點紅抗衡。一點紅與紅虎山的介入，使馬華公會與勞工黨的競爭，上升成私會黨派系的惡鬥。

　　馬華公會與勞工黨展開的激烈鬥爭，對當地社群關係產生深刻影響。應該注意的是，不論是馬華公會或是勞工黨，皆由多元社群構成；然雙方的民眾基礎卻有明顯的社群傾向。[12]勞工黨的主要擁躉者是兩廣社群，這與兩廣社群以勞動階層為主正息息相關。承上言，馬華公會與勞工黨的競爭是過去左右派之間角力的賡續，而以往左派勢力範疇集中於兩廣社群聚集的村落。換言之，社群階級與以往的政治勢力範圍，使兩廣社群多為勞工黨的支持者。

---

[10] 1960 地方政府選舉法案規定，地方政府的議員任期改為三年，並將每年補選一部分議席的制度更易為每隔三年改選全部議席。

[11] 事情緣由是事發前天數名居民前來地方議會商借抽水機，地方議會主席兼勞工黨主席以該抽水機已壞為由不許外借。隔天又有一群居民商借抽水機，主席以同樣的理由回應商借者，然此群居民稱能夠維修該抽水機，故主席便借出抽水機。

[12] 這裡所指的「傾向」並非福建與兩廣社群的政治傾向出現絕對的兩極化，各個政黨的支持者必然是由多元社群構成的，只是在比例上會出現相對的兩極而已。

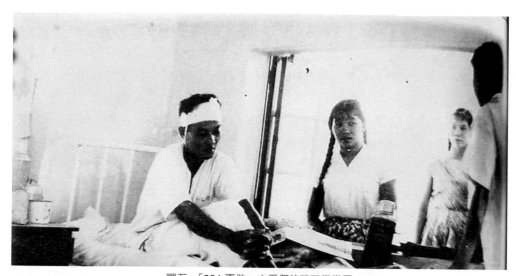

圖五：「331 事件」中受傷的勞工黨黨員

資料來源：柔佛州勞工黨黨史篇委會《馬來亞前勞工黨柔佛州走過的歷史歲月畫冊》，無頁數。

　　不少福建社群也屬勞動階層，但似乎未因階級張力而轉向支持勞工黨。筆者認為其原因應是福建社群對福建籍領袖的追隨，以及右派勢力範圍的影響所致。當時福建社群的核心領袖，包括顏詒豐及陳世書都是馬華公會黨要。兩者不僅是福建公會的創始人，更是閩僑互助社[13]的領袖。兩者展現出的領導才能，以及作為地方及社群的權力中心，許使福建社群向馬華公會靠攏。與此同時，當地右派勢力集中於市區，而以福建社群為主的村落都集中於市區周圍。另外，當地右派領袖以福建社群為主，如顏詒豐及陳聞貴，且從華僑俱樂部的理事構成，可見福建社群也傾向於右派勢力。換言之，與兩廣社群一致，福建社群過往對國民黨的支持許已轉移至馬華公會。

　　將政黨與社群之間的關係推向極致的，始於私會黨介入當地政治活動以及私會黨之間鮮明的社群界限。與馬華公會關係密切的一點紅的創辦人一律為福建社群。（《利民達東昇發展史》，無頁數）有意思的是，紅虎山的創立成員也全是兩廣社群。抑有進者，私會黨濃厚的社群界限以及各自傾向的政黨，間接強化了政黨與社群之間的關係，也同時激化了社群之間的矛盾。當地居民對這段經歷總結為：「馬華對勞工黨，等於一點紅對紅虎山，等於福建人對兩廣人」。雖然這一總結過度簡化，但某程度上反映了政黨、私會黨及社群之間的糾纏及對立關係，以及這起事件分化社群關係的作用。

---

[13] 閩僑互助社成立於 1947 年。

藉由這起事件，可知福建與兩廣社群之間的競爭是動態卻具連續性的。從過去壁壘分明的村落空間分佈及村落之間因意識形態之差異而割席，到馬華公會與勞工黨及一點紅與紅虎山之間的競爭及惡鬥，是福建與兩廣社群在不同階段持續角力。在這持續對抗的狀態中，一項較大的變化是福建社群所面對的物件從一個未制度化的零散社群，轉為一個勢均力敵的集團，而導致這一變化的因素正是新村計劃。

1965 年，馬來西亞政府以馬印衝突為由取消了地方議會選舉，以及勞工黨在 1972 年被吊銷註冊，馬華公會與勞工黨之間的對立已成歷史。與此同時，1970 年代馬來西亞政府展開「掃黑」行動，有效地震懾了當地私會黨之間的鬥爭。(《星洲日報》，1997 年 9 月 28 日）這雖然緩解了社群之間的緊張關係，然福建及兩廣社群並未因此形成諒解與整合，事因社群之間尚有一道未能跨越的鴻溝。

五、合辦春秋二祭——社群整合之奠基

利民達福建及兩廣社群在春秋二祭的儀式實踐中，一直處於井水不犯河水的關係。

清明節與普渡，或俗稱為「春秋二祭」，是當地華社重視的節慶。這兩個節日的祭祀模式分為「家庭祭祀」和「組織祭祀」。「家庭祭祀」是指在一戶家庭在居家完成祭祀儀式；「組織祭祀」則指透過擲筊的方式選出頭家爐主以統籌、設壇、主持及帶領信徒在同一個祭祀空間完成祭祀儀式。

戰前利民達各個村落已流行以「組織祭祀」的形式實踐春秋二祭的禮儀。除了市區，各村落的「組織祭祀」擁有強烈的社群界限。按理論，共同的祭祀義務有助於建構合作性的共同體，(王銘銘 1997, 64）並淡化個人社群界限及促成社群整合。然這理想狀態在實際操作上是充滿挑戰的，因為祭祀義務的約束力對於一個由不同社群組成的祭祀團體始終是有限的，尤其責任與資源分配的課題若無法妥善處理，最終只會不歡而散。以下一起事跡可印證這一論述。

當地最早可溯的社群衝突發生於二戰之前，因普渡祭品分配不均而引發。戰前某年的普渡，市區各社群人士在舊巴剎前進行祭祀活動。嗣後信徒之間因為祭品（雞只）分配不均，加上有人興風作浪，導致部分福建籍人士與客籍人士相互謾罵與打鬥。事後一些心存不滿的客籍人士，把福建籍人士的源春號的招牌打下。事後該客籍人士賠了一塊金字招牌給源春號。事情未此結束，之後卻到一些決定以牙還牙的福建籍人士把客籍人士的廣福泰號的招牌打下，最後該福建人士也賠償了一塊金字招牌給廣福泰。為了避免類似的糾紛，往後市區各社群人士決定各自進行春秋二祭儀式。

新村計劃實施後，分開祭祀的風氣依舊延續。隨著兩廣公會的成立，原本分開祭

祀的非福建社群形成一個祭祀團體。每逢春秋二祭，福建社群在雲峰宮前的空地完成
春秋二祭的祭祀禮儀，而兩廣社群則在舊兩廣公會會所前進行。時間安排上，兩廣社
群會先舉辦為期三日的祭祀活動，接著三日則為福建社群的祭祀時段。這種周期性的
儀式實踐，在強化福建及兩廣社群內部成員的向心力的同時，也在擴大這二個社群之
間的張力及鴻溝。這種壁壘分明的社會關係，一直延續到 1986 年為止。

　　時任村長兼福建公會主席鄭玉賢認為利民達居民同為華人，不應被社群觀念所分
裂。1986 年，鄭氏正好是當屆福建社群春秋二祭的爐主。秉持著「華人不應區分你我」
的理念，他號召時任兩廣公會會長兼兩廣社群春秋二祭的副爐主──羅烈成商討合辦
春秋二祭的可能。鄭氏的建議得到羅氏的認同，大家決定與各自的春秋二祭理事會成
員商議此事。經過鄭氏與羅氏的努力後，雙方理事會最終同意合辦春秋二祭，且從當
年的普渡開始執行。

　　雖然雙方達致初步共識，然商討具體執行方式的過程中，經過一番唇槍舌劍。第
一個交鋒點是針對道士的籍貫。當時兩廣爐主提議聘用客家道士，此提議遭到福建理
事的反對，主張以擲筊的方式遴選。不過兩廣爐主堅持己見，最終雙方鬧得不可開
交。後來雙方做出妥協，第一年先請和尚主持儀式，然後在大士爺前擲筊決定下一年
春秋二祭先採用哪一籍貫的道士，之後再每年交替輪值。後來擲筊結果是下一年採
用客家道士，如此一來則後年由福建道士交替。這一輪值系統保存至今，成為了當地
特色。

　　大士爺面向的方位亦成了雙方爭論的課題。基於祭祀人員眾多，雙方理事會決定
把祭祀定點定在雲峰宮前的空地。與此同時，他們也決定增設大士爺的神像供民眾膜
拜。然過去福建及兩廣社群舉辦春秋二祭時，祭拜的方位分別面向南邊的 16 支義山，
以及北邊的十支義山，事因這兩座義山的墓碑組成分別以福建社群及兩廣社群為主。
（圖六）增設大士爺神像後，雙方紛紛要求大士爺面向過去自身社群祭祀的方位。經
過鄭氏出面調庭，雙方最終同意大士爺面向西方，即不朝向任何一個義山，以示公平。
附帶說明的是，春祭雖然規模較小也未設神像，但其祭祀方位依舊朝向西方。另外，
雙方雖曾就酬神戲的籍貫起爭執，然因市場上較少客家酬神戲班，最終很快達致採用
福建酬神戲班的協議。

　　嗣後雙方成立了盂蘭勝會委員會，確保每項協議及安排能夠順利執行。與此同時，
委員會制定了一套筆者稱之為「福首輪值制度」的方案。委員會將一千名來自各個家
庭的代表，按一百人一組的方式，分配成十個稱為「福首」的小組。每組「福首」將
按編號排序輪值一年，即「福首 1」在第一年輪值、「福首 2」在第二年輪值，以此類
推，直到全組完成輪值後再從一至十的排序循環。委員會將從負責輪值的「福首」之

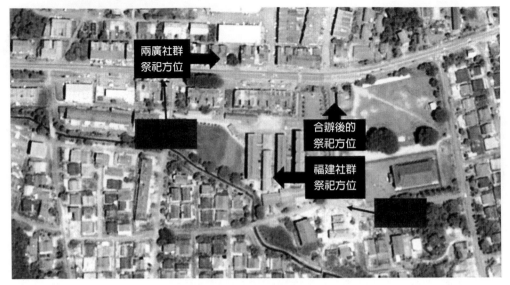

圖六：各社群春秋二祭祭祀方位示意圖

中，透過擲筊的方式選出八名成員擔任該年的春秋二祭正副爐主、正副總務、正副財政以及正副文書。與此同時，所有輪值的「福首」成員，每人皆需在春祭樂捐最少十元、秋祭樂捐最少五十元，以履行其祭祀義務。按這套制度，每一名成員，十年方有一次機會擔任頭家爐主，以及承擔規定的祭祀義務。

「福首輪值制度」有數個優點，首先，成員分配的隨機性，綜合了每組「福首」的社群與職業構成。這確保各社群與階級之間因共同的祭祀義務而形成協作與交流。其次，制度化的祭祀義務，有效地緩解各方的經濟壓力，同時避免因資源過度集中於一方，而導致消耗或壟斷的情況；同時周期性的祭祀義務確保社區作為一個合作互助的共同體得到延續。又次，此制度下頭家爐主的遴選方式不按社群界限或財力為原則，而是在一份隨機組成的名單中，交由「天意」決定。這種開放式的遴選機制淡化了社群之間的實力差距，並確保每名成員皆有機會出任頭家爐主。總體而言，「福首輪值制度」的核心概念在於透過集體責任及淡化社群之間的實力差異，營造一個相對「平權」的社區，（王銘銘 1997, 149-150）進而實現社群整合。

合辦春秋二祭的意義，不僅在於修復社群之間的裂痕，還在於向社會展示了社群整合的可能性，及實現「傳統再造」。春秋二祭成功合辦後，福建社群為主的雲峰宮[14]理事會響應「華人不應區分你我」的主張，打開門戶召集各社群人士參與管理該廟宇。

---

[14] 雲峰宮是繭雲宮及錦峰宮遷移至利民達新村後，於 1956 年合併而成的廟宇。

另外,後期利民達峇魯花園[15]居民為了祈求減少交通意外,開始自行舉辦春秋二祭。雖然該花園的春秋二祭由另一委員會籌備及管理,然「福首輪值制度」或是不同籍貫道士輪替的方案依舊被採納。這反映出該機制得到社會的備受認可,以致於成為當地的「傳統」。

最後,社群整合的功能賦予春秋二祭這個傳統習俗更豐富的意涵。不論地方領袖有意識與否,春秋二祭的周期性特徵,確實有助於社會認同感的再造,並強化不同社群作為一個合作性的共同體以及社區成員對這個共同體的共識。(王銘銘 1997,64)一年一度的儀式參與、祭祀義務及規章制度的實踐,也有其警惕作用,使當地社會更珍重這得來不易的和諧關係。這些重新賦予的功能及內涵,使春秋二祭這一文化習俗更具意義及地方特色,實現了「傳統再造」的壯舉。

春秋二祭的分合,象徵著當地社會關係的分裂與修復。雖然分裂在戰前已形成,然高漲的中國民族主義,緩和了社群之間的衝突。爾後因新村計劃而形成的福建／兩廣二分制格局,以及私會黨與政黨之間的矛盾,使社群關係愈加緊張。隨著福建及兩廣社群合辦春秋二祭,緊繃的社群關係得到了一定程度的緩解及整合。

總體而言,縱觀當地社會關係之發展,新村計劃之實施不為是重要的轉捩點。新村計劃產生的結構性變化,是形塑福建／兩廣二分制社群格局的關鍵因素。這一新的社會結構,成為嗣後當地華社社會關係發展,不論是衝突或整合的行動框架及思考邏輯。

六、結語

本文旨在探討英殖民政府為了剿共而實施的新村計劃對於華人社會關係的作用。整體而言,利民達華社之社會關係是動態的,隨著外部因素如國家政經及國際趨勢的發展而進行調整;同時華社內部的政治傾向、社群界限、階級差異、領袖素質也發揮了深刻的作用。縱觀當地社會關係之發展,新村計劃之實施不為是重要的轉捩點。倉促且無徵兆的移植程序,以及不顧慮華社內部傳統紐帶、意識形態及階級差異的移殖政策,使本已處於張力狀態的社群未有任何緩衝的機會,為嗣後的社群衝突埋下伏筆。與此同時,新村計劃重塑當地華社內部的社群結構,將各據一方的社群強行聚於一隅,最終形成了福建／兩廣二分製社群格局。這一新的社會結構,成為嗣後當地華社社會關係發展,不論是衝突或整合的行動框架及思考邏輯。

---

[15] 「花園」是指在市區周圍新開發的住宅區。

　　針對新村計劃中的移殖政策，學者 Sandhu, K. S.如此評價：「布里格斯計劃從根本上把大約 50 萬被懷疑為共產黨同情者或協助馬共的鄉區居民，……影響和改變了馬來亞（和後來的馬來西亞）的人口分布格局，導致華人集中在城鎮並加速了城市化的進程的。」（Sandhu. K. S 1964）利民達的個案說明移殖政策不僅在宏觀層面產生作用外，在微觀層面、華社內部也有深刻的影響。筆者認為若能著力於比較新村政策前後當地華社社會關係的變化，許能為新村計劃的歷史意義進行更深入的探索。

引用書目

近人論著

中文

白偉權 2015《柔佛新山華人社會的變遷與整合：1855-1942》，雪蘭莪：新紀元大學學院。

利民達福建公會特刊編委會 2004《柔佛利民達福建公會 50 金禧會慶紀念特刊》，柔佛：利民達福建公會。

利民達馬華公會 1999《利民達馬華三支會慶祝建黨 50 周年紀念手冊》，柔佛：利民達馬華公會。

李亦園 1978《信仰與文化》，臺北：巨流。

兩廣公會特刊編委會 1997《柔佛利民達兩廣公會 41 周年暨新會所落成紀念特刊》，利民達：兩廣公會。

林書樣、何國忠、何啟良、賴觀福合編 1998《馬來西亞華人史新編》，雪蘭莪：馬來西亞中華大會堂總會。

林廷輝、宋婉瑩 2000《馬來西亞華人新村 50 年》，吉隆坡：馬來西亞華人研究中心。

林雁、賀巾、文羽山編撰 2008《華玲和談馬共代表——陳田紀念文集》，雪蘭莪：策略資訊研究中心。

馬來亞勞工黨黨史工作委員會 2000《馬來亞勞工黨黨爭史（1952 年-1972 年）》，馬來西亞：馬來亞勞工黨黨史工作委。

麥留芳著、張清江譯 1985《星馬華人私會黨的研究》，臺北：正中書局。

麥留芳著 1985《方言群認同——早期新馬華人的分類原則》，臺北：中央研究院民族研究所。

南洋民史纂修館編輯部 1941《南洋名人集傳第五集》，檳城：光華日報。

潘婉明 2004《一個新村，一種華人？——重建馬來（西）亞華人新村的集體回憶》，吉隆坡：大將出版社。

潘永強 2004〈把青春獻給國家：馬來西亞華人政治上的南大校友〉，李亞霖主編，《南洋大學史論集》，吉隆坡：馬來亞南洋大學校友會，頁 349-364。

柔佛州勞工黨黨史篇委會 1999《馬來亞前勞工黨柔佛州走過的歷史歲月畫冊》，柔佛：柔佛州勞工黨黨史篇委會。

王銘銘 1996《社區的歷程：溪村漢人家族的個案研究》，天津：天津人民出版社。

文平強 2018〈從空間的視角探討馬來西亞華人經濟與社會的變動〉，《聚族於斯：馬來西亞華人研究》，吉隆坡及雪蘭莪：馬來西亞創價學會、新紀元大學學院，頁 240-273。

（英）威爾費雷德‧布萊斯（WilfredBlythe）著、邱格屏譯 2019《馬來亞華人秘密會黨史》，北京：中國社會科學出版社。

顏清湟 1991《新馬華人社會史》，北京：中國華僑出版社公司。

楊進發 1997《戰前星華社會結構與領導層初探》，新加坡：新加坡南洋學會。

楊進發 2007《新馬華族領導層的探索》，新加坡：新加坡青年書局。

鄭明烈 2013《拓荒紮根——武吉巴西永德公塚與地方拓殖史》，吉隆坡：華社研究中心。

足印叢書編委會 2003《漫漫林海路》，香港：足印出版社。

足印叢書編委會 2011《金山嶺下的抗英歲月》，香港：足印出版社年。

英文

C.F Yong 2019 *The Origin of Malayan Communism*. Selangor: SIRD.

C.F. Yong and R.B. McKenna 1990 *The Kuomintang movement in British Malaya 1912-1949*.Singapore: Singapore University Press.

Francis Loh Kok-Wah 1989 Beyond the Tin Mines: Coolies, Squatters, and New Villagers in the Kinta Valley, Malaysia, C. 1880-1980. Kuala Lampur: Oxford University Press.

Hock-Tong Cheu 2020 "The Zheng Family: An Ethnic Case Study", *Ethnicity and Cthnic Relations in Multi-ethnic Malaysia*, Singapore: Partridge Publishing Singapore, pp. 154.

Ray Nyce 1973 *Chinese New Village in Malaya-a Community Study*. Kuala Lumpur: Malaysian Sociological Research Institute.

Sandhu, K. S. 1964 "The saga of the 'squatter' in Malaya", *Journal of Southeast Asian History*, 5. 1: 143-177.

馬來文

Ho Hui Ling 2016 *Darurat, 1948-1960 Keadaan Sosial di Tanah Melayu*. Kuala Lumpur: Penerbitan Universiti Malaya.

官方檔案

A.O.S106/48, "Collection of padi from Sing Kang Jementah and from other places".

JSRO13/50, "Regrouping in Segamat Area".

"Population in New Village, Regroupment Areas and Local Council in Johore Stats as on 31st December 1954"

報刊

〈利民達三位官委議員〉《星洲日報》，1962 年 12 月 19 日，第 13 版。

〈利民達新村打鬥血案勞工黨與馬青成員共有八人受傷報案〉《星洲日報》，1963 年 4 月 2 日，第 9 版。

〈聯盟議員提出譴責及抗議呈請昔縣長對付違令議員〉《南洋商報》，3-5-1963，第 14 版。

〈麻屬余文打第八分部同誌〉《星洲日報》，1929 年 10 月 7 日，第 18 版；

〈柔佛地方議會選舉揭曉〉《星洲日報》，1962 年 5 月 31 日，第 9 版。

〈柔警在利民達展開掃蕩行動，扣四十人問話〉《星洲日報》，1997 年 9 月 28 日，第 21 版。

〈昔加末北區五個村議會 18 位議員補選揭曉〉《星洲日報》，1960 年 12 月 23 日，第 11 版。

〈昔屬利民達馬青團成立首屆職員宣誓就職蔡松林監誓勉團結努力〉《南洋商報》，1960 年 6 月 23 日，第 14 版。

〈昔屬利民達馬華公會，召開民眾大會反駁社陣攻擊〉《南洋商報》，1960 年 7 月 22 日，第 12 版。

〈昔屬三鄉村選舉地方議員〉《星洲日報》，1953 年 3 月 17 日，第 8 版。

〈余文打道源俱樂部成立有期〉《南洋商報》，1929 年 7 月 1 日，第 18 版。

〈余文打華僑俱樂部將舉行開幕典禮〉《南洋商報》，1938 年 9 月 30 日，第 8 版。

〈余文打籌組勞工黨區部籌委員選出〉《星洲日報》，1959 年 7 月 19 日，第 8 版。

口述資料

陳先生，1964，男，福建，2020 年 2 月 21 日。
陳先生，1933，男，福建，2020 年 2 月 1 日。
陳先生，1943，男，海南，2020 年 8 月 20 日。
韓女士，1920，女，海南，2020 年 8 月 20 日。
黃先生，1930，男，福建，2020 年 10 月 3 日。
黎先生，1933，男，廣府，2019 年 3 月 7 日。
李先生，1930，男，福建，2019 年 7 月 20 日。
李先生，1934，男，潮州，2019 年 3 月 13 日
林先生，1933，男，福建，2020 年 1 月 10 日。
林先生，1929，男，福建，2020 年 1 月 10 日。
彭先生，1940，男，客家，2020 年 6 月 21 日。
邱先生，1940，男，客家，2019 年 4 月 7 日。
顏女士，1933，女，福建，2019 年 8 月 29 日。
鄭先生，1933，男，福建，2019 年 4 月 15 日。
鄭先生，1946，男，福建，2019 年 10 月 29 日。
*姓名，出生年份，性別，籍貫，採訪日期

其它

《利民達東昇發展史》
《利民達馬華公會會議記錄》
作者不詳：《利民達勞工黨歷史》
謝亞華：《我的小史》

文化體系之間的教育

帝國網絡與馬六甲英華書院的營運

國立臺灣大學歷史學系本科生　曾凱文

一、前言

19 世紀初，清朝禁止傳教士在中國活動，而馬六甲英華書院（Anglo-Chinese College）在此背景下被創建。由於中文學界的關懷重點較偏向中國，英華書院的歷史定位更多地被置於中國或香港歷史中來觀察，即書院作為西方的機構如何影響中國歷史的發展。英華書院的馬禮遜（Robert Morrison，1782-1834）、米憐（William Milne，1785-1822）、梁發（1789-1855）等人都是中國史或對華傳教史中的重要人物，學者也探討他們在各方面，如宗教、教育或印刷等，對中國所造成的影響，並產出不少研究成果。[1]然而，英華書院作為馬來亞早期的西方教育機構能夠讓我們將馬來亞置於英帝國史的視野中進行檢視，探討馬來亞早期西方教育發展與世界的聯繫。本研究主要透過英華書院的營運，來了解 19 世紀初馬來亞西方教育與帝國勢力之間的互動，將各個區域，如馬來亞、印度與廣東連結起來。

過往針對英華書院的研究中，主要是從傳教的角度出發，進而討論其在宗教、文化與教育等方面的影響力與重要性。當中，Brian Harrison 的 *Waiting for China* 是最早有系統性，並且以英華書院為主題進行研究的論著。[2]作者主要從反擊傳教士是帝國主義幫兇的論述出發，著重於傳教士在文化以及教育方面的貢獻，但他沒有進一步針對書院與跨區域互動進行更多地探討。1988 年，R. Leona. O'Sullivan 的"The Anglo-Chinese College and the Early 'Singapore Institution'"利用倫敦會報告與書信材料來對英華書院進行研究，不過他較著重英華書院與新加坡書院之間的關聯。[3]進入 21 世紀後，關於傳教史的研究範圍擴大，開始注意到傳教士對於文化、印刷等的影響。首先，蘇精的

[1] 關於英華書院各個人物研究有著不少的成果，如蘇精，《中國，開門！馬禮遜及相關人物研究》（香港：基督教中國宗教文化研究社，2005）等。

[2] Brian Harrison, Waiting for China: The Anglo-Chinese College at Malacca, 1818-1843, and Early Nineteenth-Century Missions (Hong Kong: Hong Kong University Press, 1979).

[3] R. Leona. O'Sullivan, "The Anglo-Chinese College and the Early 'Singapore Institution'," *Journal of the Malaysian Branch of the Royal Asiatic Society*, 61:2 (1988), pp. 54-55.

《鑄以代刻：傳教士與中文印刷變局》與《馬禮遜與中文印刷出版》探討傳教士和中文印刷的關係，並提到英華書院所扮演的角色，但仍以中國的印刷術發展為主軸。[4]再者，此時研究也開始從全球史視角來探討英華書院和相關的課題，如 Lee Mee Onn 和 Peter Tze Ming Ng 的研究。前者主要探討馬禮遜在中國與馬六甲的傳教事業，而後者則是以馬禮遜為案例，簡單探討如何將全球史與宗教史的研究連接起來。[5]為此，本文將焦點放在英華書院身上，以探究馬來亞早期西方教育發展與跨區域互動間的緊密聯繫。

因此，雖已有不少研究討論英華書院，但更多的是聚焦在英華書院對中國的影響，例如英華書院是歐洲傳教士學習中文的地方，金屬活字印刷術、報刊等技術在此傳到中國去。可惜的是，處在東南亞的英華書院，卻甚少討論到其與英帝國中各區域之間的關係。所以，本研究的目的就是要透過聚焦在書院的營運層面，發掘出英華書院背後的帝國跨區域與跨人群的互動，以探討英帝國的發展與馬來亞早期西方教育背後的關聯，故不會討論書院的後續影響。首先，書院創辦初期的選址理由與創辦宗旨能夠讓我們看到傳教士進行教育有著更廣大的區域關懷。接下來，透過其與母會，即倫敦傳道會（The London Missionary Society，內文簡稱倫敦會）的關係能讓我們反省中心─邊緣的思考模式，以檢視母國的倫敦會對於海外的書院究竟有多大的影響力。然後，本文將討論書院與英國東印度公司的兩個組織，即印度管轄區與廣州商館之間的互動關係，以探討跨區域的互動對於書院的意義。為此，本研究希望能夠藉此理解英華書院與不同帝國機制之間的關係，也能認識到不同區域之間的聯繫，進而從更廣闊的視野來重新看待早期西方教育機構與馬來亞的關係。

為解答上述的問題，馬禮遜作為書院創辦人以及院長的史料是不可或缺的。首先，《馬禮遜回憶錄》（*Memoir of the Life and Labours of Robert Morrison*）為馬禮遜之遺孀整理，內容收錄了大量的文件，當中包括了決議書、約書、規章與私人信件等。[6]此外，英華書院的年度報告也是本研究非常重要的史料。不過書院並非每年皆有出版年度報告，且現今存留之報告有所殘缺，故筆者僅能掌握 1824、1826、1827、1829、1831、

4　蘇精，《鑄以代刻：傳教士與中文印刷變局》（台北：台灣大學出版中心，2014）；蘇精，《馬禮遜與中文印刷出版》》（台北：臺灣學生，2000）。

5　Lee Mee Onn, *A Critical Analysis of Robert Morrison's Mission Strategy in China and Malacca*, Southwestern Baptist Theological Seminary, 2011; Peter Tze Ming Ng, "Globalization and Religion: The Case of Malacca and the Work of Robert Morrison," *Religions* 3, no.4 (2012):1075-1084.

6　Eliza Morrison, *Memoir of the Life and Labours of Robert Morrison, vol. 1* & 2 (London: Longman, Orme, Brown, Green, and Longmans, 1839)；艾莉莎‧馬禮遜編，北京外國語大學中國海外漢學研究中心翻譯組譯，《馬禮遜回憶錄（中文版）》第一與第二冊，（鄭州：大象出版社，2008）。注：本文所有出自 *Memoir of the Life and Labours of Robert Morrison* 之引文將參酌原著與中文譯版進行譯校，且視情況部分修正，註腳會同時註明中英文獻之出處。

1834 和 1835 年的報告。[7]這些報告都是對外公開的出版品，內容記載了贊助人、贊助金額、收入與支出的記錄，這些資訊讓我們得以了解何人在資金上給予書院支持，以及書院的經濟狀況。

二、英華書院的選址與創辦宗旨

在 18 世紀下半葉，英國傳教振興運動（Evangelical Revival）興起，使得新教團體產生對海外傳教的熱情，配合英帝國往外擴張的背景，傳教事業從國內往海外發展。[8]許多傳教組織在此潮流下出現，而倫敦會為其一。倫敦會於 1795 年成立，從其創立的宗旨可看出當時傳教的潮流，即「對異教徒和其他未受啟蒙之民族傳播基督知識」。[9] 1807年，倫敦會派馬禮遜到中國傳教，由於中國禁教以及東印度公司沒有給予傳教士協助等因素，因此他的傳教事業發展不順利。[10] 1812 年底，馬禮遜首次提及要在馬六甲建立書院，以培養歐洲籍和當地傳教士，並且需要印刷所。[11]馬禮遜後來寫信給倫敦會要求派一名助手，理事會決定派遣米憐到中國。1813 年，米憐抵達澳門，他為避開中國官方而輾轉到廣州，但在中國無法公開傳教且居留費用高昂，所以在 1814 年馬禮遜派他到馬來群島去傳播《新約聖經》和福音小冊，尋找一個安靜平安且無政府迫害的地方，記錄當地華人的數量，並調查爪哇和檳榔嶼是否有設施可以印刷馬禮遜的《中英語言對話集》。[12]因此，在中國傳教受阻的情況下，馬禮遜尋求在東南亞成立一個傳教基地，作為中國傳教事業的重要據點。

馬六甲成為馬禮遜和米憐心目中建立佈道站的好地點，以及成為日後英華書院的建

---

[7]　The Second Annual Report of the Anglo-Chinese College. (Malacca: The Mission Press, 1824); The Fourth Annual Report of the Anglo-Chinese College. (Malacca: The Mission Press, 1826); The Fifth Annual Report of the Anglo-Chinese Report. (Malacca: The Mission Press, 1827); Report of the Eleventh Year of the Anglo-Chinese College, Being MBCCCXXIX. (Malacca: The Mission Press, 1829); A Report of the Malacca Mission-Station and the Anglo-Chinese College, From January, 1830, to June, 1831. (Malacca: The Mission Press, 1831); The Tenth Report of the Anglo-Chinese College for the Year 1834. (Malacca: The Mission Press, 1834); The Eleventh Report of the Anglo-Chinese College; for the Year 1835. (Malacca: The Mission Press, 1836).

[8]　蘇精，《中國，開門！》，頁 2-4；Anna Johnston, *Missionary Writing and Empire, 1800-1860* (Cambridge: Cambridge University Press, 2003), pp. 14-15.

[9]　原文為"......The sole object is to spread the knowledge of Christ among heathen and other unenlightened nations.". Richard Lovett, *The History of the London Missionary Society 1795-1895, vol. 1* (London: Henry Frowde, 1899), p. 30.

[10]　蘇精，《基督教與新加坡華人 1819-1846》（新竹：國立清華大學出版社，2010），頁 17-18。

[11]　Eliza Morrison, *Memoir, vol. 1*, p. 355.

[12]　蘇精，《中國，開門！》，頁 134-137；Eliza Morrison, *Memoir, vol. 1,* pp. 379-380; William Milne, *A Retrospect of the First Ten Years of the Protestant Mission to China* (Malacca: Anglo-Chinese Press, 1820), p. 112.

立之處。他們的挑選標準是將馬六甲視為東方的中心，且能夠長期運作為基準。馬禮遜和米憐都是中國傳教士，他們的關注焦點自然是中國人。雖然此時的馬六甲的華人人口數不如巴達維亞的多，商貿也已失去往日的繁榮，但馬六甲仍具備良好的人文環境。馬禮遜認為馬六甲佈道站不應只視為傳教士的一個住所，而是一個讓人潛心學習的地方。[13]馬六甲不再繁華，但正好給予傳教士較為寧靜的環境，讓他們得以專心於學術、印刷出版方面的事務，且傳教士能往外移動到其他地方，將馬六甲成為基督教在東方的知識重地和傳教中心。因此，交通網絡也是重要的因素。馬禮遜視馬六甲為往外擴散的中心點，故需有船隻來往到世界各地，才能給予傳教士移動上的便利。他表示來到馬六甲的傳教士在掌握一定的語言知識後應該前往其他區域進行傳教工作。[14]此時馬六甲已不是昔日繁榮的大港口，但是馬六甲仍然保有其交通網絡，有許多的船隻在此經過並可到達許多地方，例如前往交趾支那（Cochin China）、檳榔嶼、印度和廣州的船隻都會停留在馬六甲。[15]因此，英華書院不能只是以一個當地為主的教育機構角度來看待，而是要注意到其人事與事務和周邊地區聯繫的網絡，才能更全面的了解英華書院。

　　除了傳教士本身的判斷和考量之外，國際局勢的發展與英帝國在東方的戰略佈局是傳教士做出決定的重要時代背景。在 18 世紀下半起，英國東印度公司逐漸壟斷中國的貿易，為了維護他們的商業利益，他們開始考慮在中印之間尋找據點，而英國勢力進入檳榔嶼、馬六甲和新加坡，就是基於這個大背景。[16]因此，東印度公司也有其戰略目的而控制海峽殖民地，當中的考量包括了建立海軍基地、控制馬六甲海峽、保護中印貿易和打破荷蘭在東南亞的壟斷等。[17]由於東印度公司本身的考量使得英國人得以控制馬六甲這個地方，而這也讓同樣來自英國的傳教士提供了客觀條件，使得他們得以在英國人控制的土地上建立傳教站和進行活動。可見，我們也不能忽視這隱藏在背後的帝國發展脈絡，而應該理解到傳教士的活動與帝國殖民策略有著緊密的關係。

　　透過書院的選址我們能夠理解到其視野並不只是局限於在地，而是更廣闊的區域。書院的創辦宗旨與目的同樣透露出此重點。1818 年 11 月 11 日，英華書院進行奠基儀式，米憐成為英華書院的首任校長（Principal），而馬禮遜是院長（President）。在總規劃書中明確表示書院的目標為：

---

[13] Eliza Morrison, *Memoir, vol. 2*, pp. 47-48.

[14] Eliza Morrison, *Memoir, vol. 1*, p. 503.

[15] Eliza Morrison, *Memoir, vol. 1*, p. 384.

[16] C. M. Turnbull, *A History of Malaysia, Singapore and Brunei* (Australia: Allen and Unwin, 1989), pp. 88-91.

[17] L. A. Mills, *British Malaya 1824-67* (Singapore: Methodist Printing House, 1925), pp. 38-41

　　I. 書院目標在於促進中、歐語言文學之相互交流。一方面將向歐洲人介紹中文語言與文學，另一方面向恒河域外的中文讀者傳播英語、歐洲文學及科學知識。

　　針對的國家包括中國、交趾支那、馬來群島東部華人聚居地、琉球、朝鮮及日本。

　　希望本書院最終能和平推動基督教原則的傳播與東半球的總體文明進程。[18]

　　他們開宗明義表示首要目標是東西文學以及科學知識文學的傳播，並以斜體來標示。他們提到透過這些知識的交流是希望達成最終目標，即傳播基督教和帶來文明化。此外，書院的針對對象包含從東南亞到東亞的區域，也展現基督傳教的普世性目標。

　　另外，規劃書中也允許歐洲學生來書院學習中文，無論他們是為了宗教、文學或商業上的目的，並且也讓當地人學習英文。書院大部分的學生來源是峇峇娘惹或土生華人社群的青少年。此外，還有小部分中國出生者以及一些歐洲人在此學習，例如有荷蘭人、葡萄牙人以及美國人在此學習，但他們和一般學生是分開上課的，他們有的除了學習，也幫忙在書院進行教學。[19]可見，位在馬來亞的書院有著來自世界各地的人們在此進行學習或教學。

　　從英華書院的的選址與創辦理由來看，它並非僅是聚焦於當地的西方教育機構，而是有著宏觀的考慮，即東方的各區域傳教事業。他們重視傳教，但在實際的運作過程中，也讓來自世界不同的人們接受多語言的學習，而此情況不但反映出各區域的知識在此交流，也反映出馬來亞作為世界人群匯集之地的歷史背景。

三、倫敦會與英華書院之關係

　　倫敦會作為馬禮遜與米憐所屬的母會，而透過資金資助以及權力結構的探討能夠

---

[18] 原文為"The object of the College is *The reciprocal cultivation of Chinese and European Literature*. On the one hand, the Chinese languages and literature will be made accessible to Europeans; and on the other hand, the English language, with European literature and science. Will be made accessible to the Ultra-Ganges nations, who read Chinese.
These nations are China, Cochin-China, the Chinese colonies in the eastern Archipelago, Loo-choo, Corea, and Japan.
It is hoped that this course of proceeding will ultimately have a favourable influence on the peaceable diffusion of Christian principles, and the general civilization of the eastern hemisphere." 自"General Plan of an Institution forming at Malacca under the superintendence of the Rev. W. Milne."〈在馬六甲建立一所有米憐牧師監督的書院總規劃書〉，由馬禮遜起草，轉引自 Eliza Morrison, *Memoir, vol. 1*, p. 513；《馬禮遜回憶錄》第一冊，頁 266。

[19] Brian Harrison, *Waiting for China*, pp. 126-128; *The Second Annual Report*; *The Fourth Annual Report*; Robert Morrison, James Humphreys, David Collie signed, *Manifesto on the Anglo-Chinese College*, from National Library of Malaysia, call number: 378.595118 MAN MN.

打破過去中心與邊緣的思考模式，認識到書院與在地區域勢力的緊密聯繫。在書院創建之初，有關建築、設備等的開銷就有 8365 元（Spanish Dollar），而倫敦會司庫（Treasurer）就撥出了 7587 元，抵消了大部分的開銷。[20]因此，這顯示倫敦會對英華書院的創建給予相當大的支持。但是，往後倫敦會對於書院的贊助不多且無連續性，甚至馬禮遜需要寫信要求倫敦會發動募捐。[21]

當時英國雖結束了拿破崙戰爭，但農業與工業均陷入困境，經濟狀況並不樂觀。在馬禮遜與剛從廣東商館離職的益花臣（J. T. Elphinstone，1778-1854）於 1816 年的通信中表示當時的「英國普遍瀰漫著消沉的氣氛，……商業界陷入了無盡的深淵之中」。[22]另外，隨著倫敦會在南非、印度、南太平洋等地傳教活動陸續發展，海外傳教事務的支出也隨著增加，自然無法把大量的金錢都放在英華書院上。但是倫敦會的財政並非糟糕得完全無法給予書院資助，所以這背後還有其他原因。

事實上，倫敦會與英華書院之間的理念與權力矛盾可能是更重要的因素。英華書院的設立目標指出東西方語言文學的交流為主要宗旨，並傳播基督教，但入學學生不會強制接受基督教，上課內容也非僅局限於基督教相關的內容。然而。倫敦會對於英華書院的態度經常強調宗教議題。首先，在倫敦會針對〈英華書院計劃〉的決議中表示書院應該專注於傳教：

> 決議：請馬禮遜牧師和米憐牧師務必鄭重考慮，計劃中的英華書院應以傳教為導向的重要目標，建議增加他們的課程的重要性、擴大教學範圍，包含向馬六甲以東地區傳播基督教所需要的所有語言。
>
> 決議：理事們在同意英華書院不嚴格局限於傳教目標的同時，建議馬禮遜先生和米憐先生謹慎從事，防止因世俗目標的學生與宗教目標的學生一起學習時可能造成的傷害與不便。
>
> 決議：倫敦會的津貼只提供給立志獻身傳教事業的人。[23]

---

[20] "General Statement. Malacca, Anglo-Chinese College Account Current, 31st August 1820," The Report of the Directors to the Twenty-Seventh General Meeting of The Missionary Society Usually Called The London Missionary Society, on Thursday, May 10, 1821 (London: Printed by Order of the General Meeting, 1821), p. 115.

[21] Eliza Morrison, *Memoir, vol. 1,* pp. 515, 538; *The Report of the Directors*, p. 30; Walter. Henry. Medhurst, *China; Its State and Prospects* (Boston: Crocker & Brewster, 1833), p. 253; Eliza Morrison, *Memoir, vol. 2*, p. 34.

[22] 原文為"There is a general cry of distress in this country, ... and the commercial world thrown into infinite distress."此為 1816 年 11 月 7 日益花臣致馬禮遜的信件內容，轉引自 Eliza Morrison, *Memoir, vol. 1,* pp. 470-471；《馬禮遜回憶錄》第一冊，頁 245。

[23] 原文為 "Resolved - That in relation to the proposed Anglo-Chinese College, it be strongly impressed on Messrs. Morrison and Milne to give to the institution a decidedly paramount direction towards missionary objects, and to suggest

　　倫敦會表示英華書院應針對傳教導向來增擴課程，也證明倫敦會認為書院的傳教取向不夠強烈。此外，倫敦會雖同意書院不嚴格局限於傳教目標，但他們強調只有要從事傳教事業的人才會獲得津貼。此外，書院規劃書在倫敦會的理事會議上宣讀的時候，理事們表示書院應該「絕對首要的方向是傳教目標。」[24]因此，倫敦會作為以傳教為主的組織，他們認為書院書院即沒有培養出傳教士也沒有讓更多人信仰基督教，所以對於書院的態度是存疑的，進而導致兩者關係的疏遠。

　　英華書院與英國母會的疏離也能透過其權力結構和管理機制看出端倪。在蘇精的研究中，他認為在〈恒河域外佈道團臨時委員會決議〉文件中有兩項原則被確立起來，即「秩序第一」和「中國優先」，這讓資淺的傳教士必須要服從資深的傳教士。這違反所有傳教士地位平等如兄弟的慣例，讓來到馬六甲的傳教士有很大的不滿。[25]此外，馬六甲佈道站和英華書院的關係是混淆不清的，因為馬禮遜作為最大的捐款者和創辦人，書院幾乎可以說是他的私人產業，但書院卻建立在屬於倫敦會的佈道站上，造成權力與職權上的混亂。其他資淺的傳教士也質疑佈道站印刷所（The Mission Press）為何改名為英華印刷所（The Anglo-Chinese Press）並公然印在書刊上，且佈道站圖書館（The Mission Library）改成英華圖書館（The Anglo-Chinese Library）。這導致新來的傳教士紛紛離開，後來在 1821 年倫敦會才解決此糾紛，要求印刷所改回原名，並表示有條件支持英華書院。[26]倫敦會的決議反映出其對於書院的態度已經不如初期般給予充分支持。

　　此外，根據 Brian Harrison 的說法，他認為以上爭議發生的原因是佈道站和書院之間的權力關係一直沒有得到解決。根據 Harrison 對私人信件的判讀，他認為米憐的想法為佈道站等同於書院，而他是在行使校長的權力，但其他傳教士則認為佈道站不等同於書

to them the importance of enlarging the plan, by extending the course of instruction, so that it shall embrace all the languages requisite for the extension of the Gospel through the continent, and islands situate east of Malacca.

Resolved - That in communicating their consent to the establishment of the College, which is intended to embrace other objects than such as are strictly missionary, the Directors recommend to Messrs. Morrison and Milne, to guard with the utmost caution against those injuries, and inconveniences which the union of persons studying for merely secular purposes, with persons having religious objects solely in view, has been found to produce.

Resolved - That the allowance made by the Society be restricted to person who shall be destined to the missionary work."
此為倫敦會在 1819 年 2 月 26 日給馬禮遜的回信中，其中針對〈英華書院計劃〉而做出的若干決議部分中的第四、五和六點，轉引自 Eliza Morrison, *Memoir, vol. 1*, p. 540；《馬禮遜回憶錄》第一冊，頁 279。

[24] 原文為"...... a decidedly paramount direction towards missionary objects." Burder to Steven, n.d. (? Nov. 1818), LMS, Malacca，轉引自 Brian Harrison, *Waiting for China*, p. 47.

[25] 蘇精，《中國，開門！》，頁 161-167；蘇精，《基督教與新加坡華人 1819-1846》，頁 24-25。

[26] 蘇精，《中國，開門！》，頁 161-167；蘇精，《基督教與新加坡華人 1819-1846》，頁 24-25。

院。Harrison 也指出馬禮遜認為英華書院是屬於他個人的，但他也要求倫敦會的資助，因書院建在屬於倫敦會的土地上，且書院人員都是倫敦會的傳教士。[27]同樣的，R. Leona. O'Sullivan 透過倫敦會報告與書信材料的研究提出倫敦會認為書院的性質是獨立於母會之外的，且只有馬禮遜擁有做出重大改變的權力。[28]由於權力歸屬的模糊導致每個人有不同的詮釋，以及馬禮遜對於書院的完全掌控也導致各種衝突和矛盾的發生。

　　透過以上的討論和各個學者的整理以及研究，都可以證明英華書院和倫敦會之間矛盾的的關係。英華書院模糊的定位以及在倫敦會無法控制的情況下，書院享受其獨立自主性。不過，在經濟因素作為客觀原因，以及書院與倫敦會之間關於理念和權力之間的矛盾，使得書院反而與海外的各區域勢力有更緊密的接觸與合作。透過這層關係有助於擺脫中心控制邊緣的思考模式，讓我們從去中心的方法去思考馬來亞在全球史的地位。

四、英華書院與英國東印度公司印度管轄區

　　英華書院不直接隸屬於倫敦會的情況下，區域的英帝國勢力成為很重要的合作對象。在現今帝國史研究中，學者的視野開始擴大，他們強調帝國內部的差異性，表示不同群體擁有對於帝國的不同想像，且帝國的擴張的動力大部分來自於私人商業、道德與傳教熱情等，而非是英國政府。[29]英國東印度公司作為一個以貿易利益為主的組織是英帝國擴張時期非常重要的機制，而進入 19 世紀後，由於它的貿易壟斷權在 1813 年特許法案（Charter Act of 1813）後被剝奪，導致公司從貿易與統治並行的形態轉變為更傾向是一個政治組織。

　　17 世紀下半葉起，印度在東印度公司的統治下分為三個**管轄**區（Presidency，也稱省），分別為孟加拉、孟買和馬德拉斯。在 1805 到 1826 年間，馬六甲直接歸印度大總督管轄，並派駐紮官（Resident）進行治理。1826 年後，馬六甲、檳榔嶼與新加坡組成海峽殖民地（Straits Settlements），成為第四個管轄區，但在 1830 年降為府治（Residency），隸屬於孟加拉管轄區。從地緣政治來看，馬六甲與印度的關係密切，因此本節將會針對英華書院與東印度公司的印度殖民政府之間的互動進行討論，以探討

[27] Brian Harrison, *Waiting for China*, pp. 48-53, 61, 95-96.

[28] R. Leona. O'Sullivan, "The Anglo-Chinese College and the Early 'Singapore Institution'," *Journal of the Malaysian Branch of the Royal Asiatic Society*, 61:2 (1988), pp. 54-55.

[29] John Darwin, The Empire Project: The Rise and Fall of the British World-System 1830-1970 (New York: Cambridge University Press, 2011), pp. 1-17.

書院的發展如何受到殖民當局的影響。

1818 年，馬六甲在轉移到荷蘭殖民政府手中後，書院的創立與發展並沒有受到阻礙。[30]荷蘭政府的馬六甲總督泰森（Jan Samuel Timmerman Thyson, 1782-1823）也有出席英華書院的奠基儀式，而出席者包括檳榔嶼法官、司法諮詢會成員以及其他貴賓，出席者約有 50-60 人，幾乎整個馬六甲重要人物都有出席，由英軍駐馬六甲司令法夸爾考上校（William Farquhar, 1774-1839）負責奠基。[31]從出席者名單來看，殖民政府和傳教士的活動是密切相關的。在荷蘭殖民政府統治期間，荷蘭殖民政府沒有阻撓英華書院或倫敦會的傳教活動進行，而是支持傳教事業，且土地得到荷蘭政府的承認。[32]除了土地撥贈之外，英華書院創辦之時的贊助者和理事會名單都可以看到有許多殖民政府官員在其中，例如在〈英華書院規章制度〉中就有新加坡駐紮官法夸爾、檳榔嶼總督菲利普斯、檳榔嶼政府議員厄斯金以及廣州商館的斯當東爵士等人。[33]此外，法夸爾作為一個捐助不少資金給書院的政府官員，他甚至被米憐列為書院的副院長（Vice President）。[34]雖然理事會並沒有實權，但是書院讓東印度公司人員擁有榮譽上的位置，足以表示他們的資金對於英華書院是非常重要的。

從英華書院建立初期就可看到其與殖民官員的關係是非常密切相關的，尤其英華書院十分需要他們的贊助。除了殖民官員的個人層面之外，在政府制度上的運作也對書院有著很大的影響力。1824 年，由於英荷條約的簽訂讓馬六甲屬於英國的屬地，而在 1826 年海峽殖民地成立並納入印度大總督的管轄之下後，隔年海峽殖民地政府每月撥款 100 元，即每年 1200 元給英華書院。[35]這是一筆不小的數目，最重要的是這筆款項是穩定撥給書院的，在 1829 年的書院報告中的開銷記錄與帳目記錄顯示，1828 年 7 月 1 日到 1829 年 12 月 31 日的開銷共約 3699 元，而在這 18 個月內東印度公司政府給予 1800 元的津貼，這幾乎等同於開銷的一半。[36]事實上，英華書院常年處於負債的狀況，在 1823 年米憐去世之後，《印中搜聞》的出版讓書院背負 1000 元的債務，而且在

---

[30] 1794 年法國入侵荷蘭，荷蘭於 1795 把海外的殖民地交給英國，以防止領土落入親法國的共和政府手中。1814 年，英國與荷蘭在倫敦簽訂倫敦公約（Convention of London），英國將把荷蘭在 1795 年交給英國的東方殖民地歸還給荷蘭，但英國一直延阻條約的履行，在 1816 年才移交爪哇和摩鹿加群島，甚至在 1818 年才把馬六甲歸還給荷蘭。

[31] Eliza Morrison, *Memoir, vol. 1*, p. 515.

[32] Eliza Morrison, *Memoir, vol. 1*, p. 499.

[33] 轉引自 Eliza Morrison, *Memoir, vol. 2*, p. 45;《馬禮遜回憶錄》第二冊，頁 23-24。

[34] 此為法夸爾於 1820 年從新加坡寄給馬禮遜的信件，轉引自 Eliza Morrison, *Memoir, vol. 2*, p. 36.

[35] Thomas. John. Newbold, Political and Statistical Account of the British Settlements in the Straits of Malacca, vol. 1 (London: John Murray, 1839), pp. 183-184.

[36] Report of the Eleventh Year, pp. 14-15.

1826、1827 和 1831 年書院的負債數額都在 500 元左右，甚至 1824 年的負債高達 4500 元。[37]因此，東印度公司政府的補助是讓書院運行下去的重要基礎。雖然東印度公司的補助是英華書院的重要收入來源，但是東印度公司不關心地方的教育事業，故在書院的決策上無影響力。

東印度公司的政策變動其實深深影響英華書院的財政狀況。在 1820 年代，東印度公司面臨嚴重的虧損，由於公司董事會擔心這種情況會影響到特許狀的更新，因此他們決定要減少預算以改善財務狀況。1828 年，本廷克（Lord William Bentinck，1774-1839）抵達印度擔任印度大總督並開始實行財政緊縮政策，其中一個措施就是在 1829 年決定把海峽殖民地納入孟加拉管轄區中，以減少開支，並在 1830 年正式實行。[38]1830 年，海峽殖民地政府在此經濟背景下取消每個月對英華書院 100 元的補助，這種情況對於缺乏資金的英華書院來說是很艱辛的。

五、英華書院與廣州商館

如上文所述，東印度公司的印度總督區出現財務狀況的時候中斷了對於書院的補助。不過很快地，屬於東印度公司下的廣州商館特選委員會決定以東印度公司的名義承擔英華書院下一年，即 1831 年的補助，並表示會向董事會建議延續每月 100 元的補助。[39]因此，東方的另外一個東印度公司組織，即為廣州商館（Canton factory），也與位在馬來亞的英華書院有緊密的關係。廣州商館的管理方式為以「特選委員會」（select committee）為中心，成員由資深貨監（supercargo）擔任，此委員會於 1786 年起開始常設，直到 1834 年廣州商館裁撤。他們必須向倫敦董事會、印度各大總督區和其他商館之間針對貿易事務進行溝通，還需要代表公司向清廷和廣東官方進行交涉。[40]由於馬禮遜在廣州商館擔任中文翻譯和中文教師的工作，所以在這層人際關係網絡下，英華

[37] The Second Annual Report, p. 16; The Fourth Annual Report, p. 7; The Fifth Annual Report, p. 18; Report of the Eleventh Year, p. 15; A Report of the Malacca Mission-Station and the Anglo-Chinese College, p. 31; The Eleventh Report, p. 12. 以上頁數皆為年度報告中的帳目報告(General Statement)，原件並無標上頁數，腳註中的頁數乃筆者根據報告前後的頁碼順序而標註。

[38] C. D. Cowan, "Early Penang and the Rise of Singapore 1805-1832," *Journal of the Malayan Branch of the Royal Asiatic Society* 23:2 (March, 1950), pp. 16-18; C. M. Turnbull, *The Straits Settlements 1826-67*, p. 55.

[39] 此為廣州商館特選委員會於 1831 年寄給馬禮遜的信件"To the Rev. Dr. Morrison, President of the Anglo-Chinese College at Malacca,"轉引自 Eliza Morrison, *Memoir, vol. 2*, p. 447; *A Report of the Malacca Mission-Station and the Anglo-Chinese College*, pp. 26-27。

[40] 關於東印度公司的廣州商館組織可參閱游博清，《經營管理與商業競爭力：1786-1816 年間英國東印度公司對華貿易》（臺北：元華文創，2017），頁 29-125。

書院和在廣州的東印度公司商館也有緊密的連接。

為此，廣州商館願意補助書院的原因是值得探討的。在廣州商館特選委員會的信件中除了答應補上 1831 年的補助並向董事會提出建議之外，他們也表示對於英華書院的看法：

> ……我們相信它（英華書院）的卓越目標是把知識之光、有益的教導之光傳播到大不列顛最遙遠的領地；並助於消除偏見，這些偏見長期束縛這個國家人民的思想，使人們的思想長期屈從於一種狹隘民族性的影響，誘導人們對一切與他們已確立的習俗和文學相異的任何事物採取冷淡的態度。[41]

從以上的信件內容可以看到在廣州商館的職員對於海外傳教活動的看法。首先，他們利用「光」（light）的意象來代表他們所帶來的知識與教導，這暗示出他們認為大不列顛遙遠的領土內是黑暗的。以上的說辭顯示出西方人對於東方的想像，而這些歐洲中心的思想其實也側面反映出帝國形塑時期英國的海外群體對於其他地區的偏見。事實上，在廣州商館的職員在 1827 年就向東印度公司董事會呈交對於英華書院的意見，並對於檳榔嶼政府給予補助表示滿意，當中他們表示「優越的西方文明向中國、交趾支那、東方諸島的人開啟一片廣闊的天地」。[42]不過，商館願意補助的原因應不僅是如這些說辭所敘述般，而是背後有著更重要的動力，即培養精通中文的人才，以利於商館在中國的商貿與官方活動。英華書院作為當時世界上少數能夠讓英國人有系統學習中文的地方，其重要性對於歐洲人來說是不言而喻的。[43]因此，這不但顯示書院在馬來亞的作用，更突顯出其在英帝國史和中西交流史中的意義。

從以上內容的探討可見英華書院雖然位在馬六甲，但其發展卻受到歐洲勢力，尤

---

[41] 原文為"......we believe it to be eminently calculated to diffuse the light of knowledge and of useful instruction through the most remote possessions of Great Britain; and to assist in removing those prejudices, which have so long fettered the public mind in this country, subjected it to the influence of an exclusive nationality, and induced it to regard with indifference every thing foreign to its established usages and literature."此為廣州商館特選委員會於 1831 年寄給馬禮遜的信件，轉引自 Eliza Morrison, *Memoir, vol. 2*, p. 447；《馬禮遜回憶錄》第二冊，頁 225；*A Report of the Malacca Mission-Station and the Anglo-Chinese College*, pp. 26-27。

[42] 原文為"The superior civilization of the natives of the west, opens a wide field for extending to the people of China, Cochin-china, and the Islands in the Eastern Archipelago......"此為馬治平（Charles Majoribanks，1794-1833）於 1827 年交給董事會關於英華書院的短評，轉引自 Eliza Morrison, *Memoir, vol. 2*, p. 387；《馬禮遜回憶錄》第二冊，頁 195。

[43] 英國漢學起步較晚，早期漢學知識的學習與傳播主要依靠傳教士進行個人傳授，直到馬禮遜才開始讓漢學教育制度化並有不同的教材面世。譚樹林、孔令雲，「英國東印度公司廣州商館的漢語教學及其影響」，《文化雜誌》97（2016）：107-118。

其英國海外的在地勢力直接影響，即印度總督區、海峽殖民地政府以及廣州商館。可見，英華書院一直在東印度公司之下的印度總督區與廣州商館的雙層網絡之下發展，反而與母國的倫敦會關係較淺。英華書院所處區域大部分時間處於英國東印度公司的統治下，故英國人的勢力對於英華書院的影響更為直接，他們在書院的運作過程中提供很多援助，如土地以及金錢補助等，使得傳教活動得以順利的進行，而書院的資金來源也受到東印度公司的政策走向而有所變化。東印度公司作為一個英國海外貿易與殖民的龐大組織，他們對於書院的贊助是基於一種西方文明優越性與對東方偏見的態度，也有基於實際的語言人才需求。這也提醒我們教育史除了關注教育的內容之外，背後的發展所需的資源也是值得切入的關鍵，因為它除了是一個教育機構能夠發展的基礎之外，也展現出帝國擴張背景下的跨區域互動。

六、結語

近來發展的全球史打破過往的中心—邊緣的視角，關注跨區域、跨文化以及跨人群的溝通與流動。根據 Hillemann 的概念，東南亞就是一個位於東西之間的接觸地帶（contact zone），是中西方交流的節點，其在英帝國史，乃至全球史中有著重要的角色。[44]此外，傳教士在文化交流上扮演著重要的媒介，雖然他們可能是以傳教作為主要目標，但是由於傳教的需求與在地的因素，他們在知識的生產與建構上扮演著很重要的角色。[45]為此，本文以英帝國的網絡為框架，透過英華書院為例，我們能夠進一步認識跨區域不同群體之間的交流，也能了解此時馬來亞與世界各區域的互動。

為此，從英華書院來進行切入，我們不但跳出英國為中心的視角，也能從較大的框架看到不同區域，如印度管轄區、海外殖民地與廣州商館之間的連接、以及不同群體之間，如傳教士與殖民官員的關係等多重面向。中國當時的閉門導致對華的傳教活動在東南亞進行，而英華書院在此背景下建立。傳教士決定以培養中西文學與知識為當下的首要任務，以讓人們有能力接觸與了解基督教相關的知識，進而達成傳播基督教的最終目標。在這種情況下，文化與知識的交流就此展開，英華書院成為西方人認識東方以及東方人認識西方的窗口。當中有的西方人僅短暫留在中國，而有的甚至沒有到過中國，但是他們卻得以在馬六甲學習中國語文與知識，例如米憐、麥都思（Walter Henry Medhurst，1796-1857）、基德（Samuel Kidd，1804-1843）等。不但如此，英華書

44　Ulrike Hillemann, Asian Empire and British Knowledge: China and the Networks of British Imperial Expansion (UK, New York: Palgrave Macmillan, 2009), pp. 106-149.

45　關詩珮，《譯者與學者：香港與大英帝國中文知識建構》（Hong Kong: Oxford University Press, 2017）。

院的第四任校長基德甚至在回到英國後擔任倫敦大學首位中文教席教授，為英國漢學的發展做出貢獻。雖然中英之間的交流頻繁且密切，但是若忽視中間點的馬來亞，我們對於中西交流史的理解是有所缺失的。

　　因此，本文透過對英華書院的各個階段，即選址與創辦緣由、與倫敦會的矛盾關係、印度管轄區的政策、以及廣州商館的補助，來展現出教育與傳教、資源、殖民帝國等各方面的糾纏。這複雜的關係恰好能夠讓我們重新檢視馬來亞與不同區域，即英國、印度與中國之間的關係，也認識到 19 世紀初，早期馬來亞西方教育的發展很大的程度與全球各區域的發展趨勢緊密相連。雖然英華書院在馬六甲的時間僅有短短的二十多年，但是我們能夠藉此理解到馬來亞在全球史的位置，瞭解不同區域與群體間的互動網絡，以及世界各地的趨勢如何影響馬來亞的發展。最後，本文並沒有討論英華書院為世界各地帶來的深遠影響，因為本文嘗試透過書院運營部分的討論，反映出帝國發展的波動如何深深地影響一個書院的經營，並讓讀者理解到除了教育的輸出端之外，還有著另外一個重要端點，即教育的成立端，是如何透過英帝國的網絡與世界各區域產生聯繫，展現出書院在帝國史、教育史與交流史中的不同面貌。

參考文獻

（一）史料文獻

艾莉莎・馬禮遜編，北京外國語大學中國海外漢學研究中心翻譯組譯，《馬禮遜回憶錄（中文版）》第一與第
　　二冊，鄭州：大象出版社，2008。

The Evangelical Magazine and Missionary Chronicle 1819, volume XXVII. London: Benjamin Bensley, 1819.

The Eleventh Report of the Anglo-Chinese College; for the Year 1835. Malacca: The Mission Press, 1836.

The Fifth Annual Report of the Anglo-Chinese Report. With an Appendix. Malacca: The Mission Press, 1827.

The Fourth Annual Report of the Anglo-Chinese College. Malacca: The Mission Press, 1826.

The Report of the Directors to the Twenty-Seventh General Meeting of The Missionary Society Usually Called The
　　London Missionary Society, on Thursday, May 10, 1821, With an Appendix, List of Contributors, &c. London:
　　Printed by Order of the General Meeting, 1821.

Report of the Eleventh Year of the Anglo-Chinese College, Being MBCCCXXIX, with an Appendix, Concerning the
　　Laws of China. Malacca: The Mission Press, 1829.

A Report of the Malacca Mission-Station and the Anglo-Chinese College, From January, 1830, to June, 1831.
　　Malacca: The Mission Press, 1831.

The Second Annual Report of the Anglo-Chinese College. Malacca: The Mission Press, 1824.

The Tenth Report of the Anglo-Chinese College for the Year 1834. Malacca: The Mission Press, 1834.

Lovett, Richard. The History of the London Missionary Society 1795-1895, vol. 1. London: Henry Frowde, 1899.

Medhurst, Walter. Henry. China; Its State and Prospects, with Special Reference to the Spread of the Gospel;
　　containing Allusion to the Antiquity, Extent, Population, Civilization, Literature, and Religion of the Chinese.
　　Boston: Crocker & Brewster, 1833.

Milne, William. A Retrospect of the First Ten Years of the Protestant Mission to China. Malacca: Anglo-Chinese
　　Press, 1820.

Morrison, Eliza. Memoir of the Life and Labours of Robert Morrison, D. D., F. R. S., M. R. A. S., Member of the
　　Society Asiatique of Paris, &c. &c. Compiled by His Widow; with Critical Notices of His Chinese Works, by
　　Samuel Kidd, and an Appendix containing Original Documents, vol. 1 & 2. London: Longman, Orme, Brown,
　　Green, and Longmans, 1839.

Morrison, Robert, James Humphreys, and David Collie signed. Manifesto on the Anglo-Chinese College, from
　　National Library of Malaysia, call number: 378.595118 MAN MN.

Morrison, Robert. Memoirs of the Rev. William Milne, D. D. Late Missionary to China, and Principal of the Anglo-
　　Chinese College: Compiled from Documents Written by the Deceased: to Which are Added Occasional
　　Remarks. Malacca: The Mission Press, 1824.

Morrison, Robert. To the Public Concerning the Anglo-Chinese College. Malacca: The Mission Press, 1823.

Newbold, Thomas. John. Political and Statistical Account of the British Settlement in the Straits of Malacca, viz.
　　Pinang, Malacca, and Singapore; with a History of the Malayan States on the Peninsula of Malacca, vol. 1.
　　London: John Murray, Albemarle Street, 1839.

（二）近人研究

陳鴻瑜

2012《馬來西亞史》，台北：蘭臺出版社。

遊博清

2017《經營管理與商業競爭力：1786-1816 年間英國東印度公司對華貿易》，臺北：元華文創。

廖文輝

2017《馬來西亞史》，馬來西亞：馬來亞文化事業有限公司。

譚樹林、孔令雲

2016「英國東印度公司廣州商館的漢語教學及其影響」，《文化雜誌》97：107-118。

關詩珮

2017《譯者與學者：香港與大英帝國中文知識建構》，Hong Kong: Oxford University Press.

蘇精

2000《馬禮遜與中文印刷出版》，台北：臺灣學生。

2005《中國，開門！馬禮遜及相關人物研究》，香港：基督教中國宗教文化研究社。

2010《基督教與新加坡華人 1819-1846》，新竹：國立清華大學出版社。

2014《鑄以代刻：傳教士與中文印刷變局》，台北：台灣大學出版中心。

Darwin, John

2011The Empire Project: The Rise and Fall of the British World-System 1830-1970. New York: Cambridge University Press.

Harrison, Brian

1979Waiting for China: The Anglo-Chinese College at Malacca, 1818-1843, and Early Nineteenth-Century Missions. Hong Kong: Hong Kong University Press.

Hillemann, Ulrike

2009Asian Empire and British Knowledge: China and the Networks of British Imperial Expansion. UK, New York: Palgrave Macmillan.

Johnston, Anna

2003*Missionary Writing and Empire, 1800-1860*. Cambridge: Cambridge University Press.

Lee, Mee Onn

2011A Critical Analysis of Robert Morrison's Mission Strategy in China and Malacca, Southwestern Baptist Theological Seminary.

Mills, L. A

1925*British Malaya 1824-67*. Singapore: Methodist Printing House.

Ng, Peter Tze Ming

2012 "Globalization and Religion: The Case of Malacca and the Work of Robert Morrison," *Religions* 3, no.4:1075-1084.

O'Sullivan, R. Leona

1980 "The Departure of the London Missionary Society from Malacca," *Malaysia in History*, 23: 75-83.

1984 "The London Missionary Society: A Written Record of Missionaries and Printing Presses in the Straits Settlements, 1815-1847," *Journal of the Malaysian Branch of the Royal Asiatic Society*, 57.2: 61-98.

1988 "The Anglo-Chinese College and the Early 'Singapore Institution'," *Journal of the Malaysian Branch of the Royal Asiatic Society*, 61.2: 45-62.

Turnbull, Constance. Mary.

1972 The Straits Settlements 1826-67: Indian Presidency to Crown Colony. London: The Athlone Press of the University of London.

1989 A History of Malaysia, Singapore and Brunei. Australia: Allen and Unwin.

Wicks, Peter

1980 "Education, British Colonialism, and a Plural Society in West Malaysia: The Development of Education in the British Settlements Along the Straits of Malacca, 1786-1874," *History of Education Quarterly* 20, no. 2: 163-187.

日治末期至戰後初期臺灣師範教育制度與近代西方教育的典範轉移（1941-1949）

國立臺灣師範大學教育學系博士生　周皓旻

前言

1945 年 8 月 15 日，日本裕仁天皇（1901-1989）透過廣播宣布終戰，並接受波茨坦宣言（Potsdam Declaration），第二次世界大戰就此落幕。臺灣時為日本的殖民地，經盟軍協議，由中國接管臺灣。

1945 年 8 月 29 日，中華民國政府任命陳儀（1883-1950）為臺灣省行政長官，同年 9 月 21 日經立法院通過，公布〈臺灣省行政長官公署組織條例〉。其中行政長官公署下設有教育處，則為臺灣的教育及文化主管機關。行政長官公署並在民國 36 年（1947）5 月改制為臺灣省政府，教育處也改為教育廳。

1945 年 9 月 14 日起，臺灣省行政長官公署的官員陸續抵臺，陳儀在同年 9 月 27 日於重慶宣布了三大施政方針：實行三民主義；恢復道德、知識、能力，發揚民族精神；普及教育，尤其是中文，並推動高等教育。至 10 月 25 日，陳儀本人飛抵松山機場，並至臺北公會堂舉行受降典禮，日本對於臺灣的統治也正式宣告結束（近藤正己，2015: 663-664）。

在 8 月 15 日至 10 月 25 日這段期間，對於臺灣而言可以說是「無政府」的空窗期。這段期間中華民國政府傳遞了教育相關命令，以維持基本學校基本運作，令各類學校維持上課，並逐步廢除日本相關的教材內容及儀式，如公告學校朝會儀式規定；每日升降國旗；放置孫中山總理與蔣介石委員長肖像；教材內容若有牴觸中華民國國體、地位及教育精神者，應予以刪除等命令。同時為因應接收，並令學校調查職員中學習中華民國國語人員情形（國立北門高級農工職業學校，1945）。

因此，在中華民國政府正式接收前，臺灣方面的學校仍先維持上課，卻已先陸續從教材、儀式、學校空間等漸漸進行中國化的教育。

在受降典禮之後，各機關學校都開始了接收的工作。接收後，各校也因應體制的

改變進行改制，透過直接改制改名、調整併校、新設學校及訓練班或取消特殊時期所設學校等方式，可以看見臺灣的學校制度在該時期的變動。

1945 年像是一個分水嶺，面對政權的改換，臺灣的教育也隨之變化，從原本的日本制，轉換為中國制，不論在制度、課程、行政等方面，都與過去殖民時期完全不同。每個體制背後，都蘊含著不同的思想脈絡，從日本教育體制到中國教育體制的切換，勢必將重新形塑臺灣人的思考模式。從日本和中國的教育發展史觀之，兩國在教育改革上，都分別學習來自西方各國的教育理論與體制。臺灣在戰後面臨了日本與中國兩個國家的政權更替，近代西方教育也藉此在臺灣產生傳承與轉化。

教育為國之本，師範教育更是教育的本源，而聯合國教科文組織與國際教師聯盟曾於 2001 年的世界教師日提出「有高素質的教師才有高品質的教育」（Qualified Teachers for Quality Education）的訴求，可見師資對於教育的重要性。

因此本研究選擇師範教育作為研究範圍，並進一步了解教育專業課程的安排，以探究教育本質的變化。希望能透過制度的探究及教育專業課程的初步分析，以了解在日治末期至戰後初期（1941-1949）這段期間，臺灣的師範教育產生了哪些變化。同時，由於兩國的制度背後有其設計的理論基礎，亦有受西方教育的影響，故本研究也將針對近代西方教育對於日本及中國的影響進行概要的說明，以利對於臺灣師範教育制度的變化能有更深入的理解。

至於在時間的選擇上，由於 1941 年日本實行國民學校制度，師範學校不論在制度上或在課程上也相應進行新的改變，以更加配合皇民化運動的推行，故選擇 1941 年為起始點；而以 1949 年為結束點，則因為 1949 年隨著中華民國政府撤退來到臺灣後，意圖強化臺灣的「民族意識」，對於臺灣教育又有另一波強度的推行，雖非於 1949 年當年發生，但追本溯源仍以 1949 年為關鍵點，因此選擇 1949 年為結束點。

綜上所述，本研究的目的分為以下三點：

（一）了解近代西方教育在日本與中國的引介概況。

（二）探究日治末期至戰後初期（1941-1949）臺灣師範教育制度與教育專業課程的典範轉移與變化。

（三）討論日治末期與戰後初期的臺灣師範教育制度的差異及問題。

一、近代西方教育在日本與中國的引介概述

（一）日本情形

　　日本自明治維新以來，以「富國強兵」、「殖產興業」、「文明開化」三大方針進行教育改革。日本吸收了歐美國家的教育思想與教育制度，為日本的近代教育奠定了發展基礎（王桂，1987:98）。

　　1872 年明治政府頒布了以學習法國教育制度為基礎的《學制》，其中並參照了德國、英國、荷蘭及美國等國家的教育制度，兼顧國學與漢學，期望在學習西方教育制度的同時，依然能夠保留日本傳統的精神。1879 年又改以學習美國自由主義教育制度為主的《教育令》取代法國制為主的《學制》，但因自由主義與日本環境的不適應，1881年針對《教育令》進行修改，強化國家的管理權（陳寶堂，2004:45-47）。進入 1880 年代後，在伊藤博文（1841-1909）與森有禮（1847-1889）的主導下，主張學習德國的國家主義，並排除英國與美國的個人主義和自由主義，將德國國家主義與日本的天皇制結合起來，建立起以天皇為主的近代教育體制（王桂，1987:158-162）。隨著世界大戰的到來，為了增強國力與戰爭的需要，日本在大正年間陸續確立了軍國主義的教育制度；至 1930 年代後，日本擴大了對外侵略的強度，逐步走向極端的國家主義，形成特殊的戰時教育體制（陳寶堂，2004:62-70）。

　　在教育思想方面，日本初期先受英國經驗主義與功利主義影響，至 1890 年代轉向學習德國赫爾巴特學派，其中並以五段式教學法影響最深。1920 年代，日本教育學者逐漸重視德國文化教育學下的精神科學教育學派，並以德國觀念主義的批判哲學、生命哲學批評赫爾巴特的學說。自 1930 年代後，受到日本對外戰爭政策改變及法西斯主義影響，加上右翼教育學者對於德國文化教育學的故意詮釋，將 Spranger 哲學視為日本帝國主義發展的基礎，使得德國文化教育學因而成為日本化的國家教育學（劉蔚之，2007:112-114）。

　　1937 年中日戰爭爆發後，思想上更轉以「皇國之道」為依歸，意圖培育忠於天皇的「皇國臣民」，1941 年的《國民學校令》更是確立此一思想的重要政策。此時超國家主義和日本教育學為主要教育思想，來自歐美的教育思想轉為工具性質，成為「鍊成」皇國臣民的手段（祝若穎，2011:233）。

（二）中國情形

　　清朝末年面臨內憂外患不斷，清政府陸續經歷洋務運動、戊戌維新等改革，主張「師夷長技以制夷」、「中體西用」，建立新式學堂，並派遣學生留洋學習。1902 年（光緒 28 年）頒定《欽定學堂章程》，即為「壬寅學制」。壬寅學制頒布後，因守舊勢力反對，加上各地學潮，頒布不及兩年，又進行改訂。1904 年頒定《奏定學堂章程》，即「癸卯學制」，其內涵雖說參考了歐、美、日等國家的教育制度，但實際上則是以日本制度為主，將日本參照西方近代教育而建立的制度直接移植，故而落實不易，形成許多問題。（徐宗林、周愚文，2008: 174-178）。

　　進入中華民國以後，1912 年公布第一個《學校系統令》，稱為「壬子學制」。壬子學制公布後至隔年，為充實學制，政府又陸續公告各種學校令，因與壬子學制稍有不同，又將這些學校命令總稱為「壬子癸丑學制」。此學制雖以清末的癸卯學制為基礎，但以民主主義、男女平等入學、重視實業教育等觀念進行改進，一直施行到 1922 年新學制出現為止（李華興，1997: 8）。

　　自 1915 年逐步開展的新文化運動，思想轉為開放且多元，此時透過了留學回國的新式知識分子引進了不少西方思想，美國流行的進步主義、自由主義、民主主義等思想，及美國的教育體制也引起社會關注。加上留美學者此時多擔任行政職務或對社會有一定影響力，且多位美國教育學者來華演講產生效應，導致後續教育改革的學習目光，從日本轉向了美國（李華興，1997: 9-10）。

　　1922 年新學制的開展，可自 1919 年全國教育聯合會提出《請廢止教育宗旨、宣布教育本義案》算起，1921 年接著通過《學制系統草案》，1922 年教育部公布《學校系統改革案》、大總統公布《學校系統令》，至 1923 年全國教育聯合會又公布《新學制課程標準綱要》，至此新學制的法令逐步完善，也基本確立了中國的教育制度，更影響至今。在 1922 年的新學制中，制定了 6-3-3 學制、初級中學及綜合中學，推動教育行政的經濟化與效率化，並強調以科學化制訂課程，採用課程分軌與能力分班，重視職業指導等，反映了當時美國進步主義的影響力，其中又以社會效率典範為主軸（劉蔚之，2019: 223-225）。

　　1928 年提出以三民主義確立為中華民國教育宗旨，1929 年正式公布《中華民國教育宗旨及其實施方針》，將三民主義實際深植教育體制。隨著戰爭的爆發，1938 年公布《戰時各級教育實施方案綱要》，提及：

　　……必須施行國民基礎教育，使平時為良善之國民，戰時為英勇之將士，欲培

養民力，長期抗戰，必須灌輸軍事生產知識，平時以之推行地方建設，戰時以之補充軍實軍力，庶幾教育之功能，無論在平時與戰時，均可以與政府政策相吻合。今後應如何使教育本身之一切設施，盡能切合實際，推動猛進，尤賴黨政軍各方面與教育主管機關密切聯繫……。（中國國民黨中央委員會黨史委員會，1985: 40）

　　可見戰時的特殊狀況，教育目的和政治目的要求一致，並為戰爭做準備，同時強調軍事生產知識及地方建設等配合現實狀況之學習。1944 年陸續公布《國民學校法》、《強迫入學條例》，反映了政府強化國民基礎教育的決心。一直至 1949 年，這期間皆是以 1922 年的新學制為基本框架，進行制度、課程等的完備與修訂。

二、日治末期至戰後初期臺灣的師範教育制度變革

　　日本與中國在邁向現代化及學習西方教育的腳步上，有相似亦有相異之處。面對戰爭的來臨，兩國不約而同地透過教育，對人民進行「形塑」與「改造」，與此同時，師範教育也必然需要同步進行改變，以培育相應的師資，供應現場的需求。自 1941 年至 1949 年，臺灣站在歷史的轉折點上，隨著政治制度的改變，教育制度也隨之轉移，以下則分別說明日治末期（1941-1945）至戰後初期（1945-1949），並以師範教育制度為主，了解臺灣師範教育制度在這段期間的轉變。

（一）1941-1945 年日治時期的臺灣師範教育制度

　　1941 年，日本政府修正《小學校令》，並頒布《國民學校令》，正式實施國民學校制度。隨後《臺灣教育令》修正，小學校及公學校一律改稱國民學校。相應之下，原先師範學校的小學師範部及公學師範部也被廢除，改設普通科及演習科，修業年限也改為普通科 5 年，演習科 2 年，共計修習 7 年（李園會，1997: 319）。

　　1943 年，臺灣實施六年義務教育，在這之前師範教育制度也有所調整。臺灣總督府以敕令第 114 號修正《臺灣教育令》，規定臺灣的師範學校應依照日本本土的《師範教育令》辦理（李園會，2005:601）。因此，師範學校改為設置本科和預科。預科的入學資格為國民學校高等科畢業或同等學歷者，修業年限為 2 年。本科入學資格為師範學校預科、中學校、高等女學校畢業或同等學歷者，修業年限為 3 年。另設置修業年限 6 個月的研究科，供畢業於師範學校的現職國民學校教員就讀，且須經州長、廳長推薦後才得以入學（李園會，1997: 285）。

表 1：1943 年臺灣師範學校學制表

					本科	研究科			14
									13
		講習科							12
	講習科								11
講習科	高等女學校	中學校		高等女學校	中學校		預科		10 / 9
高等科							高等科		8 / 7
國民學校									6,5,4,3,2,1

資料來源：李園會（1997）。**日據時期臺灣師範教育制度**（頁 286）。臺北：南天書局。

　　學制情形統整如表 1，由此可見，根據其入學資格的設定，師範學校從原先的中等學校程度，升格成為專門學校程度，總修習年限從原本的 7 年，減少 2 年，改為 5 年。

　　隨著師範學校改制後，為了達成戰爭時期資源集中之效益，總督府將師範學校進行整合。當時全臺灣師範學校共有 6 所（見表 2），將 1927 年臺北師範學校分割出來的臺北第一師範學校與臺北第二師範學校再度合併，並分設本科及預科。1940 年設立的新竹師範學校併入臺中師範學校，成為該校預科；同樣 1940 年設立的屏東師範學校，則併入臺南師範學校，成為該校預科（許嘉峻，2015:21-22）。

表 2：1943 年臺灣六所師範學校整併一覽表

1943 年新制	科別	設置地點	合併前各校設立時間
臺北師範學校	本科	原臺北第二師範學校	1896 年設立
	預科	原臺北第一師範學校	1927 年時分割為兩校
臺中師範學校	本科	原臺中師範學校	1899 年設立 1923 年重新設校
	預科	原新竹師範學校	1940 年 4 月設立
臺南師範學校	本科	原臺南師範學校	1899 年設立
	預科	原屏東師範學校	1940 年 4 月設立

資料來源：許嘉峻（2015）。**戰後初期臺北師範學校畢業生的肆應與發展**（碩士論文）（頁 22）。臺北：國立臺北教育大學人文藝術學院台灣文化研究所。

　　除了這三所師範學校之外，尚有一所為青年學校[1]籌備師資的青年師範學校。1944年 4 月，總督府以府令第 146 號頒布〈臺灣總督府青年師範學校規則〉，創辦臺灣總督府彰化青年師範學校，與其他三所師範學校並立，為修業 3 年的專門學校，招收中等學校或同等學校畢業的學生，以培育青年學校教員為目的，尤重教練、體鍊及農業實科。另設置修業年限 1 年的講習科（李園會，1997: 296）。

　　從〈臺灣總督府青年師範學校規則〉中來看，第一條即敘明：「臺灣總督府青年師範學校（以下稱青年師範學校）乃本於皇國之道以鍊成擔當青年學校教員者為目的。」由此可見，青年學校及青年師範學校皆是皇民化與戰爭時期的特殊產物（轉引自陳文松，2015: 260-268）。

　　在 1941 年實施國民學校制度後，原小學校及公學校一律改稱國民學校，課程內容也調整為國民科、實業科、理數科、體鍊科及藝能科。因此，師範學校的教學科目亦因應調整為此五項科別（李園會，1997: 297-298）。

　　在各科的教學科目內容上，見表 3：

表 3：1943 年師範學校規則規定之本科學生教學科目內容

	教學科目	學習內容
基本科目	國民科	修身公民哲學
		國語漢文
		國語英文（女）
		歷史地理
	教育科	教育
		心理衛生
		臺灣語
	理數科	數學
		物象生物
	實業科	農業工業商業
		水產
	家政科（女）	家政
		育兒保健
		服裝
		農藝
	體鍊科	教鍊
		體操武道
	藝能科	音樂

---

[1]　根據鍾肇政《濁流三部曲》的描述：「青年學校正如名稱所示，是要收容國校畢業後失學的青年的學校，不過有個特色是隔日在晚間上學的，修業年限為五年，畢業後剛好是徵兵的適齡壯丁，因此也可說是實施徵兵的預備教育的戰時新設機構。」（鍾肇政，1979，頁 303）。

教學科目		學習內容
		書法
		圖畫勞作
	教育實習	
選修科目	國民科	
	教育科	
	理數科	
	實業科	
	家政科（女）	
	體鍊科	
	藝能科	
	外國語科	
	修練	

資料來源：李園會（1997）。**日據時期臺灣師範教育制度**，頁 299-300。

由上表可見，以教育科目為例，在教育學的學習內容包含三個科目：教育、心理衛生及臺灣語。其中心理衛生是 1943 年才新設的學習科目。在教育科中沒有太多的說明，所謂「教育」究竟學了哪些內容。

若從 1933 年（昭和 8 年）總督府令第 48 號《師範學校規則修正》中，則提及「教育」科目中所學的內容。

根據《師範學校規則修正》第二章第七條中說明：

> 教育以使其獲得教育相關一般知識，尤其詳知初等教育之理論及方法，並以培養教育者之精神，養成樂於從事教育之觀念為要旨。
>
> 教育應教授心理學、論理學、教育學、教學法及保育法概說、近代教育史概要、教育制度、學校經營及管理、學校衛生等，並開設教育實習課程。
>
> 對女學生應權宜開設保育實習課程。（臺灣教育會，2010: 308）

其中可見，教育科目應教授包含心理學、論理學（邏輯學）、教育學、教學法及保育法概說、近代教育史概要、教育制度、學校經營及管理、學校衛生及教育實習。從科別來看，可說是理論（心理學、論理學、教育學、近代教育史概要、教育制度）與實務（教學法及保育法概說、學校經營及管理、學校衛生、教育實習）並重。

另參考 1939 年日本內地大泉師範學校教育科的教學科目內容，包含興亞科、日本教育學、教育史、論理（邏輯）心理、小學各科教學研究（寺崎昌男、戰時下教育研究會編，2008:408）。從此可以觀察到，隨著戰爭的影響，增加了興亞科。興亞教育，

指的便是皇民化教育。理論方面，教育學不再只是教育學，而是「日本教育學」，是以國粹主義的日本精神主義為中心的研究，同時也是為侵略亞洲而設的大東亞教育學（柴田義松、齊藤利彥，2000: 154-155）；另外，也仍注重教育史、邏輯及心理學的學習。

但在 1943 年 3 月，日本政府公布《師範學校規程》規定：「師範學校之教科書應使用文部省著作權圖書」，更進一步透過國定本教科書，來箝制思想（宮原誠一、丸木政臣、伊ヶ崎曉生、藤岡貞彥，1974: 332）。因此，文部省在 1943 至 1944 年間出版《師範教育》，供師範學校教育科課程所使用。以卷 1 內容為例，則是教授日本教育史，範圍從上古到近代，談到皇民化教育，並檢附有關近期的西洋教育思想內容和教育史年表（日本文部省，1943）。

依據卷 1 的序說，師範生在教育科中應該修習「教育要義」、「教育中先哲的偉業」及「教育制度及學校經營」等內容。

> 為了理解國民教育的本義，明確國民教育的要訣，有必要研究教育的歷史發展、教育的要義、教育先哲的偉業、教育制度以及學校經營之道。在「教育史的發展」中，通過對我國教育的過去的考察，瞭解現在的教育，並且在現在和將來的教育上下功夫，「教育的要義」的目的是從系統上考察國民教育上的主要問題。另外，研究「教育中先哲的偉業」的目的是，根據特定人物的事蹟和思想，具體把握教育精神、師道、教育方法等，使之深入地感受到教育的威力。那麼，根據教育制度的實際情況，研究「教育制度及學校經營」的理由是想得到國民的愛戴方法。（日本文部省，1943: 6）

序文中「國民」一詞出現多次，可見時代的影響，在戰爭末期強調「國民一體」，並從師資培育端強調這個概念，以期將來成為正式教師之後，可以向孩子繼續強調此概念。

（二）1945-1949 年戰後初期的臺灣師範教育制度

1945 年 8 月，隨著二次大戰的結束，中華民國政府接管臺灣。但早在 1943 年開羅會議後，中華民國政府即著手準備接收工作。1944 年，在中央設計局之下成立臺灣調查委員會，撰寫接管計畫並翻譯現行法令；同時開辦臺灣行政幹部訓練班，以培養接收臺灣的行政人員（中國國民黨黨史委員會編，1990: 2）。

1945 年 3 月 23 日頒布〈臺灣接管計畫綱要〉，其中提及有關師範教育的內容：

第一　通則

（4）接管後之文化設施，應增強民族意識，廓清奴化思想，普及教育機會，提高文化水準。

（9）（辛）舉辦公教人員短期訓練，特別注重思想與生活。

……

第八　教育文化

（40）接收後改組之學校，須於短期內開課。私立學校及私營化事業如在接管期間能遵守法令，准其繼續辦理。否則，接收、改組或停辦之。

（41）學校接收後，應即實行左各事：（甲）課程及學校行政需照法令規令。（乙）教科書用國定本或審定本。

（42）師範學生[校]接收改組後，應特別注重教師素質及教務訓育之改進。

（43）國民教育及實習應依照法令積極推行。

（44）接管後應確定國語普及計畫，限期逐步實施。中、小學以國語必修科，公教人員應首先遵用國語。各地方原設之日語講習所，應即改為國語講習所，並先訓練國語師資。（陳鳴鐘、陳興堂主編，1989: 49-57）

　　從引文中可見，在師範教育上，著重快速產出師資，以供學校正常運作，並且注重教師素質及教務訓育，積極推行實習。其中更重要的則是國語普及，將原本的「日語」講習所，改為「國語」講習所，並優先訓練國語師資。而臺灣省行政長官公署教育處也公布五大教育方針：闡揚三民主義、培養民族文化、適合國家與本省需要、獎勵學術研究、實施教育機會均等（何清欽，1980:6-7）。

　　與日本殖民時期相比，原本推行的「國語」為日語，現在則換成中文；皇民化運動要求臺灣人成為日本人，現在則透過「三民主義」、「民族主義」讓臺灣人成為中國人。其中不同的則是普及教育，打破過去日人臺入入學的限制。

　　而至 1945 年 11 月 1 日開始，臺灣行政長官公署依據「行政不中斷、工廠不停工、學校不停課」三原則進行接收。依據〈臺灣省各級學校及教育機關接收處理暫行辦法〉，公立國民學校、實業補習學校、各州廳立之中等學校、社會教育機關（包含神社）由各州廳接管委員會或市政府直接接收；臺北市區內之州立中等學校、州立社會教育機關（包含神社及教育團體），由行政長官公署直接接收。青年學校及青年鍊成所，則一律停辦。接管學校及教育機關，除國語、國文、公民、史地教育，應由中國人充任外，得酌量暫時留用日籍教員，以免影響學校正常運作（何清欽，1980:2-3）。

　　在師範學校方面，原總督府立臺北師範學校、臺中師範學校及臺南師範學校，分

別改為臺灣省立臺北、臺中、臺南師範學校。而臺中師範學校預科，改為臺灣省立臺中師範學校新竹分校；臺南師範學校預科，則改為臺灣省立臺南師範學校屏東分校。1946 年，面對師資需求的成長，兩間分校又分別擴充改為臺灣省立新竹師範學校及臺灣省立屏東師範學校。

另鑑於女子師範教育有推進的必要，便在原總督府臺北師範學校女子部的舊址，創設臺灣省立臺北女子師範學校。而為培育東部所需師資，則於臺灣省立臺東男女中學及臺灣省立花蓮男女中學各設簡易師範班。至於彰化青年師範學校，由於是培養宣揚皇民化教育師資的學校，加上其創設後無固定校址，皆是借用他校教室上課，亦缺乏設備，故而停辦（李園會，1984: 59；蔡元隆、黃雅芳，2020: 193-205）。

在中等學校師資方面，1946 年在臺灣省立臺中農業專科學校設置博物師資專修科，臺灣省立臺南工業專科學校設置理化師資專修科，招收日制師範學校或專門學校本科畢業生，修業 2 年。同年 6 月，在原臺灣總督府臺北高等學校校區創設臺灣省立師範學院，招收中學畢業生，設有本科國文、史地、教育、理化、博物、數學、英語等 7 個科系，並有 4 年制公訓、國文等專修科等 9 個，另有 1 年制體育專修科 1 個（何清欽，1980: 12）。

表 4：1948 年中華民國師範教育制度

		師範學院		17
				16
				15
				14
				13
		師範學校	普通中學（高級）	12
				11
				10
簡易師範班	特種簡易師範班	普通中學（初級）		9
				8
				7
國民學校（高級）				6
				5
國民學校（初級）				4
				3
				2
				1

資料來源：筆者整理；李園會（1984）。台灣光復時期與政府遷台初期教育政策之研究（頁 326）。高雄：復文圖書。

從表 4 中可見，師範學校的程度改為中等教育程度，這和日治時期是不同的。在日治末期，師範學校已被升格為專門學校程度，視為高等教育的一部份。但到了中華民國政府接收之後，為符應原先在中國實行的學制，將師範學校改為中等教育程度。而這勢必帶來相應的問題，首先是學制如何銜接，且直接造成師範教育培養的師資素質降低。

為解決學制銜接問題，針對日制本科肄業學生，仍照日制維持至畢業為止。預科講習科則按照教育處頒發的〈臺灣省師範學校日制學生處理辦法〉辦理，視年級狀況維持至畢業或轉入新制（李園會，1984: 60）。

表 5：戰後初期師範學校制度

科班別	修業年限	入學資格	畢業後資格	說明	備註
師資訓練班	1 年	日制中學校及女子中學校畢業	高小教員	為補充國民學校師資設置，其資格等於 3 年制普通師範科。	1945 年後招收 1 屆，1947 年起廢止
預科	1 年	日制國民學校高等科畢業	升入普通師範科	為銜接高等科，補習 1 年後，與以免試升入普通師範科	1949 年廢止
簡易師範班	2 年	日制國民學校高等科畢業	初小教員	資格等於 4 年制簡易師範科	1950 年廢止
簡易師範科	4 年	國民學校畢業	初小教員	為訓練山地及文化較低區域師資	陸續停辦
山地補習班	1 年	國民學校畢業	升入簡易師範科	山地國民學校學生程度較差，與以免習 1 年後，再升入簡易師範科	1953 年起改由中學辦理
普通師範科、音樂藝術體育幼稚科	3 年	初級中學畢業	高小教員	依據〈修正師範學校規程〉辦理	
特別師範科	1 年	高中畢業	高小教員	為救濟高中畢業生而無力升入大專學校，且不能就業者而設	陸續停辦

資料來源：李園會（1984）。*台灣光復時期與政府遷台初期教育政策之研究*（頁 61-62）。高雄：復文圖書。

而隨著日籍教師逐漸遣返，師資短缺也是一大問題。為此，則成立了各類的短期科班，以求盡快補足師資需求，同時也能解決學制銜接問題，如表 5 所示。

除此之外，學期制亦為衍生問題之一。日本是三學期制，每學年是從 4 月 1 日開始，至隔年的 3 月 31 日結束；中國是二學期制，每學年從 8 月 1 日開始，至隔年的 7

月 31 日為止。從學校開始接收至隔年 8 月，中間有約 9 個月不列入修業年限的時間。
趁著這段期間，各校辦理各項招生及補習工作，2 至 7 月間則集中日制師範學校的本
科一年級生，在校進行國語及中國文化、史地相關課程的「補習」，等 8 月新學期開始
後，則編入新制的普通科（許嘉峻，2015: 33-34）。

根據 1947 年〈修正師範學校規程〉，有關師範學校應教學的科目，有明確的規範：

第五章課程

第二七條　師範學校之教學科目，為公民、體育、軍事訓練（女生習軍事看護）、
　　　　　衛生、國文、數學、地理、歷史、生物、化學、物理、論理學、勞
　　　　　作、美術、音樂、教育概論、教育心理、小學教材及教學法、小學
　　　　　行政、教育測驗及統計、實習等。

　　　　　　　鄉村師範學校之教學科目為公民、體育、軍事訓練（女生習軍
　　　　　事看護及家事）、衛生、國文、算學、地理、歷史、生物、化學、物
　　　　　理、論理學、勞作、美術、音樂、農業及實習、農村經濟及合作、水
　　　　　利概要、教育概要、教育心理、小學教材及教學法、小學行政、教
　　　　　育測驗及統計、鄉村教育及實習。

第二九條　特別師範科招收高級中學畢業生者，其教學科目為國文、體育、圖
　　　　　畫、音樂、勞作、教育概論、教育心理、小學教材及教學法、小學
　　　　　行政、教育測驗及統計、地方教育行政及教學視導、民眾教育及鄉
　　　　　村教育及實習。

特別師範科招收高級職業學校畢業生者，其教學科目為公民、國文、體育、數
學、圖畫、歷史、地理、珠算、初中及小學應用農藝、初中及小學應用工藝、初
中及小學應用家事、初中及小學應用商業、教育概論、教育心理、教學法、教
育測驗及統計、職業教育及實習。（臺灣省政府教育廳、臺灣教育發展史料會變
編輯委員會編輯小組，1987: 2-11）

從上文可見，此時期的學習科目分科更加精細且專業，而在教育科目方面，統整
來看大約學習如下的科目：教育概論、教育心理、小學教材及教學法、小學行政、教
育測驗及統計、教育行政、教育實習。

由於日制與中制的學制並不相同，因此師範學校的課程也無法完全依照中華民國
訂定之課程標準進行實施，故而依據以下原則重新擬定課程：一、國語文每週教學時
數，較部頒課程標準增加兩小時，以加強國語文之訓練；二、因應學制銜接成立之師

範科班，課程盡量依據與部頒性質較相近的科班辦理；三、為配合臺灣實際環境需要，部定之教學科目，有時得酌予增減，但應盡量避免；四、師範學校是一種專業訓練機構，新訂之各科班教學科目，應特別注重此一專業精神（臺灣省政府教育廳、臺灣教育發展史料會變編輯委員會編輯小組，1987: 83-84）。

臺灣省行政長官公署教育處於 1946 年頒布〈臺灣省師範學校普通師範科暫行教學科目及各學期每週教學時數表〉，尚包含簡易師範科及師資訓練班。從內容可見，學習科目如下：

1. 普通師範科
教學科目：國文國語、數學、地理、歷史、博物、化學、物理、體育、衛生、公民、美術、音樂、教育通論、教育行政、教材及教學法、教育心理、測驗及統計、地方自治、農村經濟及合作、農工藝及實習、家事及實習、英文選修時數、實習。
選修科目：
甲組：社會教育、教育輔導、地方行政、地方建設
乙組：美術、勞作
丙組：音樂、體育

2. 簡易師範科
科目：國文國語、算術、歷史、地理、博物、化學、物理、體育、衛生、公民、美術、音樂、教育通論、教育行政、教材及教學法、教育心理、測驗及統計、地方自治、農村經濟及合作、農工藝及實習、家事及實習、實習。

3. 師資訓練班
科目：公民、體育、衛生、國文國語、歷史、地理、農工藝及實習、家事及實習（女生）、音樂、美術、教育通論、教育心理、教材及教學法、學校行政、地方自治、農村經濟及合作、實習。
（臺灣省政府教育廳、臺灣教育發展史料會變編輯委員會編輯小組，1987: 84-86）

在教育科目方面，三種科班所學的統整如下：教育通論、教育行政、教材及教學法、教育心理、測驗及統計、教育實習，三者的差異反映在教學時數及各科的學習年

段不同。

　　綜整以上師範學校及科班所學之教育科目內涵，基本上是著重於心理與統計及行政或教學實務，且關注地方的自治發展，期望教師在教學之餘，將來亦能投入地方的發展與建設實務。

三、綜合討論

（一）制度與實際環境的調適與改變

　　就臺灣師範教育制度的層級來看，在日治末期，日本政府將臺灣的師範學校從先前的中等教育程度，升格為專門學校程度，視為高等教育的一部份。但到了戰後初期，中華民國政府將原先在中國實施的制度，移植臺灣實行，故而臺灣的師範學校又從專門學校程度，改回中等教育程度。

　　這種層級的改動，皆與當時的時空環境有關。

　　日治末期的升格，顯示了日本政府在戰時對於師範教育的重視，但與此同時又縮短修業年限，期望能夠更快地培養相應的師資。隨著戰後中華民國政府將新制度帶來臺灣，原先中國並沒有師範專科學校，因此沒有相對應的制度可以將臺灣的師範學校改制。雖然在兩國的制度中，皆有「師範學校」的制度，在戰後初期直接沿用同名，但實際程度卻已大不相同，從高等教育程度轉為中等教育程度。且為了因應大量的師資需求，開設多樣的短期科班，雖能快速補充師資需求，卻也令人擔憂可能造成師資程度良莠不齊。

　　日本教育制度是以歐陸為主要學習對象，專門學校的設立是為了培養高等農工商業的技術人才。戰後初期，中華民國政府的教育制度主要參照美國制度，以專門學校來說，則採用美國的學院制度，將原先的專門學校改為學院，如臺灣總督府臺中農業專門學校，先改名為臺灣省立臺中農業專科學校，後改制為臺灣省立農學院；或如臺灣總督府臺南工業專門學校，先改名為臺灣省立臺南工業專科學校，後再改制為臺灣省立工學院（許嘉峻，2015: 32-33）。

　　兩國制度的移轉，相應而來的就是與學制銜接有關的問題，雖如前文所述，中華民國政府頒布〈臺灣省師範學校日制學生處理辦法〉及成立各師範科班作為銜接之用，但對於 1943 年入學師範學校的學生來說，仍無法解決他們的問題。

　　原先於 1943 年考進師範學校的本科生，到了戰後初期已經升為二、三年級，參加完學校舉辦的短期語文補習班後，就予以畢業並授予教師證書，有意任教者則可派往

任教。因此，這批本科生所拿到的學歷，是屬於中等教育程度的師範學校學歷，而非專科學校程度。這使得許多學生無法接受，與政府交涉陳情卻無法轉變情勢。

> 最大的問題是師範學制的問題，因當時中國大學並無師範專科學校，所以臺灣的臺北、臺中、臺南三所專門學校的師範學校的學制就成了大問題。經過三所師範學生與學校當局接收官員交涉，仍未被承認為專科的師範學校，而本科二、三年級學生，乃於 1946 年（民 35 年）4 月 17 日，以高級師範普通科的資格被迫畢業（許雪姬、劉素芬、莊樹華訪問，丘慧君紀錄，2003: 64）。

這批本科生，除了無法取得專科學歷之外，畢業後仍要面對完全不同的教學環境，一切都需要再重新學起，不論是語言、學制、理論等等，都與過往不同。比起仍留在學校學習的預科生，這一批本科生，可能更需要重新適應，需要花更多的時間學習與進修。

有關學制衍生的問題，尚包含國民學校分為初等及高等、臺灣總督府臺北高等學校改為臺灣省立臺北高級中學等案，在此因不屬師範教育的範圍則不贅述。

（二）師範學校教育專業課程安排的理論轉向

隨著日本國民學校制度的實施，國民學校學習科目也進行調整及統合，相應之下，臺灣師範學校的科目也隨之變更。在教育科方面，共分為教育、心理衛生及臺灣語三科。而在教育科中，詳細的學習內容可從國定教科書中窺見，可分為「教育史的發展」、「教育要義」、「教育中先哲的偉業」及「教育制度及學校經營」四項內容。從法規來看，應教授心理學、論理學（邏輯學）、教育學、教學法及保育法概說、近代教育史概要、教育制度、學校經營及管理、學校衛生及教育實習。

即便隨著戰爭進程的影響，教育基礎理論可說是在日制師範學校的學習下不可或缺的一項科目。由此可能反映了幾分德國文化教育學的影響。日本的教育思想曾受德國影響，早期接受赫爾巴特學派，其在德國教育學的分支下屬於強調教育實務的「學校教育學」；後又接受文化教育學，為 20 世紀上半葉影響德國教育學最大者，是以哲學為導向的教育學，並且重視歷史及社會脈絡文化（劉蔚之，2010: 213）。由此可見，文化教育學本質上是以哲學出發，若以此為基礎設計課程時，自然重視教育基礎理論的學習，以培養學習者完整的人格。雖然受到戰爭及皇民化教育影響，科目有些調整與改變，但注重教育本質的特色，仍留在課程的安排中。

至戰後初期，中華民國政府的到來，改為施行中國的課程標準，課程又與以往不

同。在教育課程方面，修習教育概論、教育心理、小學教材及教學法、教育測驗及統計、教育行政、教育實習。教育基礎理論的內容減少了，沒有教育哲學與教育史，多了測驗及統計、行政實務的學習。像這樣注重心理學、測驗及行政實務，反映了中國受到美國進步主義分支之一的社會效率典範的影響。

社會效率典範（social efficiency research paradigm）是 20 世紀美國進步主義教育發展的主軸，以學習美國教育為主的中國，也受到了其理論的影響，尤其反映在 1922 年的新學制中。在社會效率典範下，強調以教育心理學進行科學實驗，重視學生天賦能力的個別差異，並利用標準化測驗來因材施教，注重實用課程，與生活無關的課程即為浪費，故需利用科學化方式來規劃最有效的課程；同時認為 6-3-3 學制最符合經濟效率，應於學習過程中強化職業指導課程，以利未來就業所需。自 1920 年代至 1949 年，中國歷經多次的法案及課程標準修訂，其中注重科學化、經濟化與效率化，皆是反映社會效率典範的理論影響（劉蔚之，2019: 222-223）。

一直到了 1952 年，臺灣省教育廳頒行教育改革方案，其中包含四種規章，其中之一是〈臺灣省各級學校課程調整辦法綱要〉，其內容主要為了容納軍訓、勞動生產、公民訓練等所增加的教學時數，同時減少學生過量的學業負擔，課程亦有所調整。其中在教育課程方面，除原先學習的內容之外，則加入了教育史的學習（臺灣省政府教育廳、臺灣教育發展史料會變編輯委員會編輯小組，1987: 86-87）。自此，教育史才正式加入教育課程的學習中。

（三）教育目的與文化認同的形塑

自 1937 年中日戰爭爆發後，日本推行皇民化運動，意欲培養「皇國臣民」。1938 年 12 月日本的教育委員會第十次大會，通過了關於「國民學校、師範學校和幼兒園」的一項決議，其中指出師範學校其目的是以皇國之道培訓學生，以培養偉大國家的下一代，提高他們的教育水準，並將師範學校視為鍊成的道場。1943 年改正《師範教育令》（敕令第 109 號），將師範學校的教育目的定義為「以皇國之道培養國民學校教員」，意味著師範學校作為鍊成機構的完成，並進一步推進了師範學校的道場化（寺崎昌男、戰時下教育研究會編，2008: 142-143）。

隨著《師範教育令》的改正，除了課程做相應的變動之外，1943 年亦經由《師範學校規程》訂定國定本教科書，在內容上更加入了〈皇國的世界使命與教育〉一節，內容概述大東亞戰爭與教育、皇國的世界使命與教育者的覺悟，將教育與皇民化連結在一起，賦予教師更重要的教化使命。或如興亞科、日本教育學，相應的教材不斷出版。而臺灣亦於 1943 年規定師範教育應與日本本土相同。

到了戰後初期，中華民國政府為去除臺灣人的「日本奴化思想」，更是注重思想改造的工作，在接收之前，即要特別注重教師素質及教務訓育之改進；教育方針中，更開宗明義的指出應闡揚三民主義、培育「民族」文化，這也符應了 1929 年所公布的教育宗旨：「中華民國之教育，根據三民主義，以充實人民生活，扶植社會生存，發展國民生計，延續民族生命為目的；務期民族獨立，民權普遍，民生發展，以促進世界大同。」而 1938 年公告的戰時方針，更強調了平時如戰時，教育應配合政府政策以培養戰時人力。

在 1945 年至 1949 年這段期間，師範教育的課程安排上尚未正式出現「三民主義」，但教科書中已有放入三民主義，編入與「民族」文化精神相關的內容。[2]

1949 年，中華民國政府來到臺灣後，為進一步塑造臺灣的「民族意識」，並配合中華民國政府「反共抗俄」的對外政策，根據「要改造教育，第一就是要恢復師道，第二就是要樹立師表。……任教的先生更須以民族大義和國家正氣來鼓舞陶冶，務使每一學生青年，都能以愛國家、救國自救為志節，完成其反共抗俄、復國建國的使命」的理念，改造師範教育，強調民族與國家主義，認為教師應負起培養學生愛國救國的責任（鄭玉卿，2018: 34）。

故而在 1952 年進行課程標準的修訂，正式將「三民主義」、軍事訓練成為學習科目之一，顯示在 1949 年中華民國政府轉入臺灣之後，加強思想形塑及國家意識形態的措施。

不論是在日治末期或是戰後初期，兩個政府不約而同地將師範教育的教育目的導向文化認同的形塑，並理解到若要將人民變成日本人或中國人，需要更有效率地產出適宜的教師，讓這些教師能夠盡快到各地的學校裡，將孩子形塑成國家想要的樣子。

（四）近代西方教育理論的變質與轉化

在日治時期大正年間（約從 1919 年至 1930 年代），臺灣與日本內地同樣受到 Herbart、Pestalozzi、兒童中心學說、人格主義、文化教育學、手工與工作教育、教育實際化及鄉土化、教育本質論的學說與理論影響，至 1930 年代則加深了日本精神的重視程度。1937 年至 1945 年，除 Pestalozzi 思想、工作教育及鄉土教育外，更受到皇國主義的影響，強調國體觀念與皇國之道（祝若穎，2011: 238-239）。

---

2 如汪懋祖（1945）。**教育學**。臺北：正中書局；或臺灣省訓練團（1947）。**暑期教育人員講習班演講集（上輯、下輯）**。南投：臺灣省訓練團。

但其中也必須注意日本雖然引進這些理論，又進一步將其「在地化」，成為日本式的理論內涵。例如 Pestalozzi 的教育愛精神，是為了塑造神聖化、奉獻犧牲的教師觀；Spranger 的文化教育學理論，受到法西斯主義的影響，被右翼學者刻意詮釋，與國家主義、軍國主義結合，成為日本化的國家教育學（祝若穎，2011: 238-239；劉蔚之，2007: 113-116）。或如引入美國經驗研究法，提倡教育科學之必要的阿部重孝，他以學習美國教育學的教育機會均等理念，推進教育平等而廣為人知，但在面對殖民問題，他的教育均等概念只限於日本人，並認為對臺灣的教育只是文化程度高的日本人，在「提升」文化程度低的臺灣人而已（許佩賢，2020: 419-421）。

而到了戰後初期，隨著體制的改變，思想也轉向美國教育的思維，至今臺灣的教育理論、體制、政策等，皆能見到美國進步主義的影響，不論是社會效率典範或兒童中心典範都在不同層面上施展了他們的影響力。

然而值得注意的是，如中國留德學者田培林（1893-1975），來臺後創辦並主持臺灣省立師範學院（今國立臺灣師範大學）教育研究所，傳揚德國文化教育學，其堅持教育研究所的教育哲學及教育史學的走向，即是受到文化教育學傳統的影響（劉蔚之，2008: 43-44）。臺灣師大教育研究所至今培養了無數教育工作者，對於臺灣的教育學發展來說，或許也可視為是一種另類的延續。

四、結語

日本與中國在面對近代西方教育的來臨時，因應各自的發展狀況，各有其選擇學習的對象。在 1940 年代，日本最終偏向學習了歐陸，中國則傾向於美國，兩種不同的學習對象，使得所形成的教育制度與思想，皆呈現不同的樣貌。

臺灣在日治末期至戰後初期這段期間，面臨日本政權的離開及中國政權的到來，作為教育之本源的師範教育亦產生變化，從皇民化到三民主義，從重視教育本質到重視教育實務與效率，但在戰爭之下，最終師範教育反倒成為了國家執行政策或形塑認同的工具。

由此可見，教育目的與政治目的的合而為一，可謂這段期間的教育特徵之一。漢娜鄂蘭（Hannah Arendt）認為一個新的政治計畫常將學校視為其選擇的政治工具。當教育走向政治化，教育則成為解決社會或政治問題的場域，而那些問題又會進一步成為學校裡的課程，學習者和學科成為了政治解決問題的手段，更明顯的現象是對學習者進行灌輸（indoctrination）。這種政治化的現象，無異於是對於教育的一種馴化（taming）。

　　由師範教育出發，今人對於教育的圖像可以有更多的思考與想像，面對不同的典範轉移或不同的外在因素影響，教育是否應巍然不動？或隨波逐流？教師的培育影響了教育目的的達成，但最終期望成就什麼樣的教育？仍是今人應致力的課題。

參考文獻

中國國民黨中央委員會黨史委員會（1985）。**戰時教育方針**。臺北：中國國民黨中央委員會黨史委員會。

中國國民黨黨史委員會編（1990）。**光復臺灣之籌畫與受降接收**。臺北：國民黨黨史會。

王桂（1987）。**日本教育史**。長春：吉林教育出版社。

何清欽（1980）。**光復初期之台灣教育**。高雄：復文圖書。

李華興（1997）。**民國教育史**。上海：上海教育出版社。

李園會（1984）。台灣光復時期與政府遷台初期教育政策之研究。高雄：復文圖書。

李園會（1997）。**日據時期臺灣師範教育制度**。臺北：南天書局。

李園會（2005）。**日據時期臺灣教育史**。臺南：復文書局。

汪懋祖（1945）。**教育學**。臺北：正中書局。

近藤正己（2015。**總力戰與臺灣：日本殖民地的崩潰（下）**。臺北：國立臺灣大學出版中心。

徐宗林、周愚文（2008）。**教育史**。臺北：五南。

祝若穎（2011）。**日治時期西方近代教育思想之發展與對公學校教學法之影響**（博士論文）。臺北：國立臺灣
　　師範大學。

國立北門高級農工職業學校（1945）。【宣揚政令】。國家發展委員會檔案管理局藏（檔號 A392046200V/0034/
　　043/1），新北市。

許佩賢（2020）。**帝國的學校·地域的學校**。臺北：國立臺灣大學出版中心。

許雪姬、劉素芬、莊樹華訪問，丘慧君紀錄（2003）。**王世慶先生訪問紀錄**。臺北：中央研究院近代史研究
　　所。

許嘉峻（2015）。**戰後初期臺北師範學校畢業生的肆應與發展**（碩士論文）。臺北：國立臺北教育大學人文藝
　　術學院台灣文化研究所。

陳文松（2015）。殖民統治與青年：臺灣總督府的「青年」教化政策。臺北：臺大出版中心。

陳鳴鐘、陳興堂主編（1989）。**臺灣光復和光復後五年省情（上）**。南京：南京出版社。

陳寶堂編著（2004）。**日本教育的歷史與現況**。合肥：中國科學技術大學出版社。

臺灣省政府教育廳、臺灣教育發展史料會變編輯委員會編輯小組（1987）。**臺灣教育發展史料彙編（師範教
　　育篇）上**。臺中：臺灣省立臺中圖書館。

臺灣省訓練團（1947）。**暑期教育人員講習班演講集（上輯、下輯）**。南投：臺灣省訓練團。

臺灣教育會著、許錫慶譯注（2010）。**臺灣教育沿革誌（中譯本）**。南投：臺灣文獻館。

劉蔚之（2007）。德國文化教育學在中國的接受與轉化——兼述其在日本的傳播。**教育研究集刊**，3，93-127。

劉蔚之（2008）。複製移植或交融創生？德國教育學在中國與臺灣傳播的歷史回顧（1928-1983）。**教育研究
　　集刊**，4，19-51。

劉蔚之（2010）。實驗教育學：二十世紀德國經驗教育學探究。**當代教育研究**，18（3），207-216。

劉蔚之（2019）。1922 年中國新學制的社會效率思維探析。**課程與教學季刊**，22（4），221-250。

蔡元隆、黃雅芳（2020）。**讀冊真趣味：從懷舊老物件看日治時期台灣教育**。臺北：秀威資訊。

鄭玉卿（2018）。臺灣省立臺北女子師範學校，收於中華民國師範教育學會主編（2018）。**臺灣小學師範教育
　　發展（師範學校篇）：師道典範的建立**。臺北：學富。

鍾肇政（1979）。**濁流三部曲**。臺北：遠景。

日本文部省（1943）。**師範教育（卷 1）上**。取自日本國立國會圖書館資料庫 https://dl.ndl.go.jp/info:ndljp/pid/

1460981。

寺崎昌男、戰時下教育研究會編（2008）。**総力戦体制と教育――皇国民「錬成」の理念と実践**。東京：東
　京大學出版。

宮原誠一、丸木政臣、伊ヶ崎曉生、藤岡貞彥（1974）。**資料日本現代教育史**。東京：三省堂。

柴田義松、齊藤利彥著（2000）。**近現代教育史**。東京：學文社。

Masschelein, Simons (2013). *In Defence of The School: A Public Issue*. E-ducation, Culture & Society Publisher,
　Leuven.

馬來亞大學創校與英國遠東高教政策 ——以英國殖民統治為中心

香港教育大學中國歷史教育榮譽學士課程本科生　**劉健宇**[1]

一、背景

（一）東方官學生計劃與殖民統治

　　本文立足於全球史視野，旨在以「全球是一個緊密聯繫的整體」為宗，觀察特定時空的歷史如何體現這些聯繫，並與這些聯繫互動——馬來亞大學的設立，作為服務英國遠東利益的高等學府，旨在培訓其殖民地臣民服務帝國利益。

　　二次大戰前，英國遠東的殖民地藍圖中，新加坡及馬來亞屬於英國的核心，而香港則屬於與中國接觸的跳板。在早期殖民地政府的目標旨在維持英國的商務利益，管治只是其次。然而，隨著時間的發展，殖民地政府發展，有效的管治將會帶來更穩定的利益，因此英國對於殖民地管理，更為上心。

　　從 1882 年開始，英國殖民地部將香港、錫蘭（今斯里蘭卡）與海峽殖民地（檳城、馬六甲與新加坡）劃歸同一個管理系統——東方官學生計劃（Eastern Cadetship Scheme of the Colonial Service）。[2]

　　東方官學生計劃的成員均為英國受高等教育的青年學生。他們須通過倫敦公務員事務專員主理的考試，然後選擇到英帝國在東南亞的其中一個殖民地擔任官職。他們在接受語言培訓和累積豐富的工作經驗後，大都能晉身為殖民地的高級公務員。[3]馬來亞與香港公務員系統裡的官學生，履職前都需事先到廣東學習廣東話。[4]

　　而這些官學生在個別地方的政府任職後，更可調至另一地升遷。例如：

---

[1]　劉健宇，就讀於香港教育大學中國歷史教育榮譽學士課程四年級生（2020/2021）。

[2]　Anthony KIRK-GREENE, Britain's Imperial Administrators, 1858-1966 (New York: St. Martin Press, 2000), 10-3.

[3]　Steve TSANG, Governing Hong Kong: Administrative Officers from the Nineteenth Century to the Handover to China, 1862-1997 (London and New York: I.B. Tauris, 2007), 13-26.

[4]　Victor PURCELL, The Memoir of a Malayan Official (London: Cassell & Co., 1965), 108.

英文名稱	中文名稱	簡歷
Sir Cecil Clementi Smith	史密斯[5] （1840-1916）	・1862 年，成為香港官學生。 ・1878 年，離開香港，到新加坡出任海峽殖民地輔政司。
Warren Delabere Barnes	班士 （1865-1911）	・1888 年，成為海峽殖民地官學生，一年後被派往汕頭學習潮州方言。1890 年到新加坡，並於 1891 年 11 月在潮州通過期末考試。 ・1911 年任命為香港輔政司。
Sir Claud Severn	施勳爵士 （舊譯史雲爵士） （1869-1933）	・1894 年至 1912 年間於馬來亞地區的殖民地政府任職，官至馬來聯邦專員秘書兼海峽殖民地總督私人秘書。 ・1912 年出任香港輔政司，至 1925 年。
Sir William Peel	貝璐爵士 （1875-1945）	・1897 年，成為馬來聯邦官學生，1926 年擢升為馬來聯邦布政司，當中在 1927 年 5 月至 6 月，他更署任了馬來聯邦護督兼高級專員之職。 ・1930 年至 1935 年出任香港總督 ・他早在 1927 年任馬來亞護督的時候，英政府就曾詢問貝璐，問他是否願意擔任一個重要性較低的總督級職位；當時貝璐表示同意，結果就在 1930 年，他就獲委任當港督。
Sir Andrew Caldecott	郝德傑爵士 （1885-1951）	・1907 年，成為馬來聯邦官學生，在 1933 年至 1935 年間任海峽殖民地輔政司。 ・1935 年 12 月至 1937 年 4 月為第 19 任香港總督

　　自英國殖民馬來亞後，來自廣東與福建兩省華人人口持續增加，這些華人先輩除了打工外，亦有經商；香港亦因為有著大大小小的發展機會，而吸引著大量華人移民湧入。而兩地的分別在於，香港的華人人口超過九成，馬來亞則種族多元。然而，管理華人的方法，在不少英國官員眼中卻大同小異、更可互相借鑒。

　　例如曾於馬來亞出任華人護民官、東南亞歷史專家巴素（Victor PURCELL, 1896-1965），亦曾在 1920 年代初與香港官員福萊士（R. A. D. Forrest）在香港巡視學校。巴素後來在回憶錄說，他在香港的經歷和福萊士的忠告，形塑了他在馬來亞公務員生涯中對馬來亞華文教育的方針。[6]歷史學家廖彩億（Rachel LEOW）亦指出，曾任香港及海峽殖民地總督的金文泰（Cecil Clementi, 1875-1947）於 1930 年初抵馬來亞時曾寫道：「令人好奇的是，我在香港所遇到的麻煩，似乎一路跟隨我到馬來亞。我一定是無意把這些麻煩放進了行李箱。」[7]

5　此人為另一位海峽殖民地總督金文泰（Sir Cecil Clementi，1875-1947）的舅父。

6　Victor PURCELL, The Memoir of a Malayan Official (London: Cassell & Co., 1965), 151.

7　Rachel LEOW. Taming Babel: Language in the Making of Malaysia. (Cambridge: Cambridge University Press, 2016),

（二）遠東英式中等教育與英語教育（English Education）

英國在東亞及東南亞的殖民統治初期，教育事務均交由教會及私人辦理，政府在初期抱放任態度（laissez-faire），既不阻止教會辦學，亦不會大力支持。1847 年，香港政府成立教育委員會（Edcation Committee），以當時每月十元資助三間位於香港島的中文學塾，作為往後推行補助計劃（Grant-in-aid Scheme）的試點；1855 年，這些中文學塾改組，成為官立學校，名為「皇家書館」。[8]

1860 年，香港教育委員會改組為教育局（Board of Edcation），1865 年更升格為教育司署（Department of Edcation），教育正式納入政府的公共管理。及後於 1873 年補助計劃（Grant-in-aid Scheme）正式提出，當時的學子更可通過考試獲取獎學金。然而，推動「英文學校」（English School）一直是殖民地政府的重心。

馬來亞（海峽殖民地）則只有教會學校、義學（Free School）及義學的分支「方言學校」（Vernacular School）。及後當殖民地政府參與教育事務後，政策焦點在於推動「英文學校」（English School）及「馬來文學校」（Malay School），當中又以培養英語人才為首要目標。[9]根據《海峽殖民地年度報告 1862/63》，海峽殖民地政府向幾間學校推出補助計劃（Grant-in-aid Scheme），至 1867 年金額日漸加大。

至於教育部門方面，根據《海峽殖民地年度報告 1863/64》可見，該年度於新加坡、檳城、馬六甲各地成立教育局（Board of Education）。同期成立的中央考試委員會（Central Examination Committee）旨在為優秀學子提供獎學金，以「考試成績」獎助優秀學子成為一段時間的教育目標。1870 年海峽殖民地立法議會成立委員會，研究在當地推行「國家教育」。[10]1875/76 年正式成立提學司署（Education Department），由公務員統籌教育事務。[11]

通過擴大殖民地中等教育（中學），令殖民地出現一些符合升讀大學的預科生。英國的大學隨即在殖民地推出「本地入學試」。以香港為例，1886 年，劍橋大學本地入學試（Cambridge University Local Examinations）首次在港舉行；1888 年，牛津大學本地入學試（Oxford University Local Examinations）亦在港舉行。[12]當時香港中央書院已成

49-50.

8　梁操雅、羅天佑：《香港考評文化的承與變——從強調篩選到反映能力》（香港：商務印書館（香港）有限公司，2017 年）。

9　Annual Report of the Straits Settlements 1855-1941. (Vol. 7, Archive Editions Limited, 1988), 212

10　Annual Report of the Straits Settlements 1855-1941. (Vol. 2, Archive Editions Limited, 1988), 115-116.

11　Annual Report of the Straits Settlements 1855-1941. (Vol. 2, Archive Editions Limited, 1988), 256.

12　梁操雅、羅天佑：《香港考評文化的承與變——從強調篩選到反映能力》（香港：商務印書館（香港）有限公司，

立逾五十年，另有數所教會英文中學，開設學科均與英國文法中學相若，且均有大學預科班，這些英國的大學入學試讓香港本地學生獲得入讀大學的機會。[13]

馬來亞亦有舉辦兩所大學的本地入學試，根據殖民地政府在 1915 年的《年度報告》中提到：「提高英語水平是殖民地教育系統迫切需求之一。（政府）已與劍橋大學本地入學試委員會安排特別本地證書，並附有額外的英語試卷。」（Improvement in English is one of the most immediate needs of the Colony's educational system. Arrangements have been made with the Cambridge University Local Examinations Syndicate for a special local certificate with additional papers in English to be grated.）[14]

（三）英國高等教育與殖民地發展

有學者認為，大英帝國自二十世紀初起積極推動英式教育（British educational system），並因此影響各殖民地的教育政策。[15]英國的影響力介入各殖民地教育，始於 1923 年成立（British Advisory Committee on Education）。建立英式教育制度，首先需要建立本地教育官僚。以 1900 年為例，48 個殖民地中有 28 個設立了教育局（Board of Education）或提學司署（Education Department），而在各殖民地則使用類近的政策措施，例如補助計劃（Grant-in-aid Scheme）、視學官（Inspector of Schools）。[16]

對於本文題及的高等教育政策，英國的影響力首見於 1903 年於英國舉行的（The Allied Colonial Universities Conference），53 間來自大英帝國不同殖民地的大學代表，提出「幫助殖民地大學提高其教學水準，並通過提供更多捐贈與設備，使其履行自己的使命」（help the colonial universities to raise their own standards of teaching and to supply them with larger endowments and better appliances for enabling them to discharge their functions.）。[17]

1912 年舉行的「帝國大學大會」（Congress of the Universities of the Empire）中，

2017 年），頁 6 至 7。

[13] 王賡武：《香港史新編（增訂版）（全二冊）》（香港：三聯書店（香港）有限公司，2016 年），頁 511 至 513。

[14] Annual Report of the Straits Settlements 1855-1941. (Vol. 7, Archive Editions Limited, 1988), 98.

[15] Yoshiko NAMIE. The Role of the University of London Colonial Examinations between 1900 and 1938, with special reference to Mauritius, The Gold Coast and Ceylon. Thesis of Doctor of Philosophy. University of London. 1989, pp 75.

[16] Yoshiko NAMIE. The Role of the University of London Colonial Examinations between 1900 and 1938, with special reference to Mauritius, The Gold Coast and Ceylon. Thesis of Doctor of Philosophy. University of London. 1989, pp 81-82.

[17] Yoshiko NAMIE. The Role of the University of London Colonial Examinations between 1900 and 1938, with special reference to Mauritius, The Gold Coast and Ceylon. Thesis of Doctor of Philosophy. University of London. 1989, pp 96-97.

1911 年成立的香港大學亦有代表參與：安爾教授（Prof. Herbert Gastineau Earle）[18]提交一篇名為〈帝國的教育政策〉（An Imperial Policy in Education）的論文，被視為大英帝國教育政策之始。他的論點既包括提升殖民地的商業價值，也提到建立東西方的友誼：「各間（殖民地）大學須要為東西方國家創造正確關係，也須要培養商人，傳播信仰。」。[19]

安爾教授在 1926 年的第三屆「帝國大學大會」上，強調香港大學並非作為殖民地公民的高等教育，而是帝國力量的一部分，因此他強調了工程師與醫生的培訓，並應與英國保持了特別關係，例如：[20]

- 港大五年內外全科雙學士（Combined degrees of Bachelor of Medicine and Bacgelor of Surgery），獲英國醫務委員會（General Medical Council, GCME）認可。[21]
- 港大工學士（Bachelor of Engineering）的「榮譽」由倫敦大學授予──1940 年代港大畢業的郭煒民表示，港大工學位在當時的中國國內甚為知名。
- 香港大學入學試（The University of Hong Kong Examinations）獲牛津大學及劍橋大學認可。

二、遠東的英式高等教育發展的濫觴

遠東的英式高教教育有幾項的特徵，一是沿用英國本地的三年制的學士課程，二是遠東的學府與英國本土的聯繫，例如聘請當地的教授赴任，或有定期的學術交流。此外，亦有一些來自英國的體育活動，例如木球、棍網球、划艇，以及英式的舍堂文化。

倫敦大學（University of London, UoL）在《1898 年倫敦大學法》（University of London Act 1898）通過後正式組成集團，成員包括倫敦大學學院（University College London, UCL）、倫敦國王學院（King's College London, KCL）等，該大學集團讓殖民地非歐籍臣民，通過以下方法接受英式高等教育：[22]

---

[18] 安爾教授（Prof. Herbert Gastineau Earle，1882 年－1946 年），曾任香港大學生理學教授。

[19] Yoshiko NAMIE. The Role of the University of London Colonial Examinations between 1900 and 1938, with special reference to Mauritius, The Gold Coast and Ceylon. Thesis of Doctor of Philosophy. University of London. 1989, pp 98.

[20] Yoshiko NAMIE. The Role of the University of London Colonial Examinations between 1900 and 1938, with special reference to Mauritius, The Gold Coast and Ceylon. Thesis of Doctor of Philosophy. University of London. 1989, pp 98.

[21] 梁卓偉：《大醫精誠》（香港：三聯書店（香港）有限公司，2017 年），頁 94 至 95。

[22] Yoshiko NAMIE. The Role of the University of London Colonial Examinations between 1900 and 1938, with special reference to Mauritius, The Gold Coast and Ceylon. Thesis of Doctor of Philosophy. University of London. 1989, pp 106-

1. 負笈倫敦修讀學位課程（即「本地海外學生（Internal Oversea Student）」），1927年便有 2281 人。
2. 修讀與殖民地高等學府合辦的倫敦大學學位課程（即「外地學生（External Student）」）。
3. 報考倫敦大學本地入學試（University of London Colonial Examinations）
4. 修讀由倫敦大學為殖民地建立英語課程

（一）香港的高等教育發展與模式

早於 1880 年，時任港督軒尼詩便提出於香港建立一所高等學府，惟當時負責研究的教育委員會認為香港需要商業人才，毋須建立大學。[23]事實上，直到 19 世紀末，不少入讀官立中學「中央書院」者均看重英語教育的「商業價值」。[24]

1887 年，倫敦傳道會與香港華人領袖何啟共同創辦香港西醫院(Hong Kong College of Medicine for Chinese)，旨在提供西醫服務及訓練西方新式醫學人才。[25]惟香港西醫院的畢業生，往往離開香港發展其事業——當時擔任義務秘書的湯遜醫生（Dr. J.C. Thomson）曾寫信給港督卜力：1901 年的 55 名學生中，12 人成功通過考試，獲頒證書，但「不幸的是，這 12 名證書持有人都無法在香港行醫，因為政府不承認他們的醫生資格。」[26]

1911 年香港大學的創立，便為遠東所有接受英式教育的學子提供了一個出路：「當時香港大學是東南亞唯一一所英式大學，英國人沒有在南洋建大學，直到 1951 年才有星加坡大學。」[27]無論因為競爭激烈或不適應海外生活，華裔學子通過大學試後，可選擇「香港大學」作為升學路徑。

1926 年，威靈頓代表團（Willingdon Delegation）考察香港大學教育表現，在其報告申明自港大創校後開設的「傳統漢文」課程除須保留傳統的「經史之學」外，更須賦予現代意義；中文講師賴際熙[28]建議設立「中文學院」（Chinese School），獲時任香港

114.

[23] Report of the 1880-1882 Education Commission, 1883, Hong Kong, pp.75.

[24] 王賡武：《香港史新編（增訂版）（全二冊）》（香港：三聯書店（香港）有限公司，2016 年），頁 511 至 513。

[25] HO, Faith C. S. Western medicine for Chinese : how the Hong Kong College of Medicine achieved a breakthrough. (Hong Kong: Hong Kong University Press, 2017).

[26] 梁卓偉：《大醫精誠》（香港：三聯書店（香港）有限公司，2017 年），頁 91。

[27] 黃麗松著，童元方譯：《風雨絃歌——黃麗松回憶錄》（香港：香港大學出版社，2000 年），頁 85。

[28] 賴際熙（1865-1937），廣東增城客家人，晚清進士，因曾任清朝國史館總纂，又被尊稱為賴太史。後任香港大學教授，曾赴南洋為港大中文學院籌募經費，留下不少墨寶。亦與「海山大哥」鄭景貴為姻親。

大學校監（Chancellor）、香港總督金文泰（Cecil Clementi，1875-1947）積極支持，賴際熙及後更到馬來亞及南洋諸地募款。[29]

（二）錫蘭的高等教育發展與模式

　　錫蘭的高等教育發展亦是以對殖民地「有用」的學科為主。1870 年科倫坡醫學院（Colombo Medical School）成立、1874 年錫蘭法學院（Ceylon Law College）成立，兩所學校皆分別培訓醫學及法律專才。另外，錫蘭分別於 1880 年舉辦劍橋大學本地入學試，及 1882 年舉辦倫敦大學入學試；值得一提的是，1900 年後錫蘭報考倫敦大學入學試的考生人數遠多於英國其他殖民地，而錫蘭更是首個安排理科考試（Science Examinations）及部分醫科考試（Medical Examination）的殖民地，也是少數幾個允許以本地語言，即南印度和錫蘭的語言作為考試科目，這些語言更成為亞非學院（School of Oriental and African Studies）的課程科目。[30]

　　1906 年，錫蘭大學協會（The Ceylon University Association）成立，成員包括錫蘭的社會精英，例如阿儒拿夏蘭爵士（Sir Ponnambalam Arunachalam）[31]、佩里斯爵士（Sir James Peiris, JP）[32]、費蘭度爵士（Sir Marcus Fernando）[33]。1911 年，錫蘭總督麥克倫爵士（Henry McCallum）[34]在錫蘭立法局下成立小組委員會，負責調查錫蘭教育；委員會報告建議應建立一所大學學院（University College），建議後獲殖民地部批准。

---

[29] 〈中文學院簡史〉，香港大學中文學院，網址：http://web.chinese.hku.hk/main/school-history/。

[30] Yoshiko NAMIE. The Role of the University of London Colonial Examinations between 1900 and 1938, with special reference to Mauritius, The Gold Coast and Ceylon. Thesis of Doctor of Philosophy. University of London. 1989, pp 267-332.

[31] 阿儒拿夏蘭爵士（Sir Ponnambalam Arunachalam，பொன்னம்பலம் அருணாசலம்，1853-1924），1875 年於英國林肯律師學院（Lincoln's Inn）取得訟務律師（又稱「大律師」，Barrister）資格。1875 年成為首名通過錫蘭公務員考試（Ceylon Civil Service Examinations）的錫蘭人（Ceylonese），並服務於多個司法機關。及後於 1901 年成為人口普查主管、編纂錫蘭法律並出版《錫蘭民事法摘要》（Civil Law of Ceylon）。1912 年成為錫蘭行政局（Executive Council of Ceylon）及立法局（Member of the Legislative Council）議員。

[32] 佩里斯爵士（Sir James Peiris, JP，1856-1930），1877 年獲獎學金保送到劍橋大學聖約翰書院就讀，並考獲法律及道德科學第一名，後於英國林肯律師學院（Lincoln's Inn）取得訟務律師（又稱「大律師」，Barrister），並回到錫蘭執業。曾於 1898 年至 1908 年間任科倫坡市政局議員（Colombo Municipal Council）。

[33] 費蘭度爵士（Sir Hilarian Marcus Fernando，1864-1936），先後於聖本內迪克學院（St Benedicts Academy）及科倫坡學院（Colombo Academy），並獲得錫蘭政府獎學金到倫敦大學學院（University College London）修讀醫學，後於 1889 年獲醫學碩士博士，並於 1890 年獲選為倫敦大學學院院士，回到錫蘭後更成為首位顧問醫師（Consultant Physician）。及後被委任為錫蘭行政局（Executive Council of Ceylon）及立法局（Member of the Legislative Council）議員。

[34] 麥卡倫爵士（Sir Henry Edward McCallum, GCMG，1852 年－1919 年)，1907 年至 1913 年間擔任錫蘭總督，曾任職於海峽殖民地（Straits Settlements）、尼日利亞拉各斯（Lagos）、加拿大紐芬蘭（Newfoundland）等地。

該學院稱為錫蘭大學學院（Ceylon University College），當時建議附屬於一所英國大學（最好是牛津大學），提供醫學、教師培訓等預備課程。項目於一次大戰期間因財政拮据而中止，最終於 1921 年竣工。

1921 年，錫蘭大學學院啟用，該校學生上課後，將參加倫敦大學的中期及期終考試，即與倫敦大學保持特殊關係；大學學院的設立，被視為邁向成為大學的其中一步。1924 年立法局計劃撥款 300 萬盧比用於新大學的建設工程。由於大學選址的爭論，最終直至 1937 年由立法局升格的錫蘭立法議會（State Council of Ceylon）決定選址，並於 1942 年宣布錫蘭大學學院及錫蘭醫學院合併成為「錫蘭大學」。[35]

三、馬來亞的高等教育發展的模式

（一）醫學院及萊佛士學院

教育委員會於 1902 年 4 月發表的一份報告中提到，大學的建立始於 1890 年代後期新加坡和檳城醫療助理短缺的問題，並建議設立一所醫學院，以滿足政府醫院對醫務助理的需求。[36]1905 年 6 月，海峽殖民地立法局通過成立醫學院，初期命名為「海峽殖民地暨馬來聯邦政府醫學堂」（The Straits and Federated Malay States Government Medical School，七州府醫學堂）。[37]

1905 年，有 17 名醫學生、4 名學生參加了醫院助理課程。五年後，招生人數增加到 90 名醫學生和 30 名見習醫院助理。[38]校董會希望獲得英國醫務委員會認可其文憑，以確保學校提供的醫學和外科文憑獲得全球認可。1916 年，英國醫務委員會認可了學校提供的醫學和外科文憑持有文憑者，有權在英國及其殖民地境內執業。[39]

1912 年，醫學院從林文慶博士創辦的愛德華七世紀念基金中獲得了捐款，並於翌年升格及冠名為愛德華七世醫學堂（King Wdward VII Medical School）。[40]1921 年，學堂（School）升格為學院（College）。[41]

另一方面，1918 年麥克斯韋爵士為紀念新加坡開埠百週年，經工作委員會的建議，

[35] Ivor JENNINGS. The Foundation of the University of Ceylon. (Kandy: University of Ceylon, Peradeniya, 1951).

[36] KHOO, Kay-kim. 100 Years: The University of Malaya. (Kuala Lumpur: University of Malaya Press, 2005), pp. 2-3.

[37] KHOO, Kay-kim. 100 Years: The University of Malaya. (Kuala Lumpur: University of Malaya Press, 2005), pp. 6.

[38] KHOO, Kay-kim. 100 Years: The University of Malaya. (Kuala Lumpur: University of Malaya Press, 2005), pp. 6-9.

[39] KHOO, Kay-kim. 100 Years: The University of Malaya. (Kuala Lumpur: University of Malaya Press, 2005), pp. 10.

[40] KHOO, Kay-kim. 100 Years: The University of Malaya. (Kuala Lumpur: University of Malaya Press, 2005), pp. 11-12.

[41] KHOO, Kay-kim. 100 Years: The University of Malaya. (Kuala Lumpur: University of Malaya Press, 2005), pp. 12-14.

將成立一所高等教育學院。1919 年，殖民地政府決定建造萊佛士學院（Raffles Institution）大樓。1929 年萊佛士學院成立，並以促進馬來亞人的高等教育藝術和社會科學，提供的課程分為文科及理科課程；至 1930 年代，學院領導層計劃修改課程，以便通過與英國大學合作的外部考試，將文憑進一步提升為學位。

（二）戰前成立馬大的倡議

1930 年代末，設立馬來亞的大學（Malayan University）的呼聲日熾，1937 年，討論馬來亞是否設立大學，便有不同呼聲。例如海峽殖民地公會新加坡分會、華英公會、印度人公會、混種人公會、回教公會等機構便一致認為當地更須要工藝教育，並質疑設立大學的財政來源、入學人數、教學標準及畢業生出路等，並認為「反觀香港大學，其經濟來源係得私人樂捐者之贊助，故此邦除非有私人願出鉅款」。同時，一位馬來裔聞人哈慎君亦不贊成設立大學，在當地成立大學有三個壞處，分別是(1)大學教育對學問增幅有限、(2)令更多「土地之子」馬來人不事農產、(3)高學歷者眾令學歷貶值，他亦提到如想接受高等教育，可到香港或歐洲。[42]

英國政府殖民地部大臣（理藩大臣）於 1938 年成立馬來亞高等教育考察團（Higher Education Comission），由麥年爵士（Sir William Hannah McLean，1877-1967）[43]主理。當時報章認為「目下萊佛士學院及愛德華七世醫學院之程度，並不遜於香港大學或帝國其他各地大學，唯當地之畢業生，未得學位之差別耳。」[44]林文慶博士表示，設立大學可達致(1)民族融和、(2)提高科研水準、(3)宣揚英國文化精神，他提到當時不少人認為，要為馬來亞培訓人才，只須給予獎學金至英國或香港升學便可。[45]

馬來亞股商李光前認為：「以教育部（編按：海峽殖民地政府提學司署）本身而言，吾人常知政府須向中國或香港大學，徵聘畢業生。（……）吾得知，香港及錫蘭二處地方，在本地受教育之土生青年，熟習其本地之情形及文化，且飽受英文語言，故能負責政府或商業機關之重要職位。」[46]

檳城《牙塞西報評論》稱馬來亞設立大學後，必須注意如何與香港及加爾各答競爭學生報讀。[47]而海峽殖民地公會檳城分會亦表示，現時當地適齡學童若未被香港大

42　〈一馬來聞人不贊助星洲設大學因大學設立後對社會有害〉，《南洋商報》，1937 年 2 月 8 日，第六頁。

43　又譯為「麥克連」，原為殖民地部公務員，及後擔任國會議員。

44　〈馬來亞設立大學先聲理藩大臣委定教育考察團〉，《南洋商報》，1938 年 8 月 8 日，第七頁。

45　〈林文慶博士發表談話力主馬來亞應設大學理由〉，《南洋商報》，1938 年 10 月 15 日，第十一頁。

46　〈本報董事主席李光前論星設大學經費易籌因馬來亞富庶維持大學綽有餘裕〉，《南洋商報》，1938 年 12 月 1 日，第三十四頁。

47　〈英教育考察團將來馬各方均表示歡迎檳城牙塞西報評論〉，《南洋商報》，1938 年 8 月 9 日，第三十八頁。

學、萊佛士學院及愛德華七世醫學院錄取，甚至頒發獎學金，升學之路便會中斷，故馬來亞設立大學將有助於解決這一問題，特別是設立工程學院。[48]

然而，海峽殖民地公會新加坡分會向教育考察團呈交備忘錄稱，香港大學的之資產包括校舍在內，計值 1100 萬港幣，而萊佛士學院的資產只有 350 萬叻幣，故得出結論在馬來亞設立大學將令政府增加了一筆大額開支。[49]此說被愛德華七世醫學院首批畢業生、時任校友會主席陳樹南醫生（Dr. CHEN Su-lan，1885-1972）反駁。[50]他認為單是殖民地政府的鴉片餉碼收入，便足以建立五所大學。[51]

此外，印度裔僑領斟馬荷氏亦認為，過去馬來亞學生須到英國、印度、香港深造，但以馬來亞之富裕絕對有條件設立大學，此舉除了惠及土生印僑外，馬來人應最受惠。[52]而 1938 年「Malaya Tribune」亦有多篇投稿（Letter to the Editor）評論馬來亞建立大學的利弊，觀點與上述相若。

雖然馬來亞各界對設立大學一事提出不少支持的理解，但《麥年報告書》（McLean Report）卻認為現時並不適合，反而應先建立大學學院（University College）：[53]《麥年報告書》建議合併現有的愛德華七世醫學院及萊佛士學院，並先建立「馬來亞大學學院」（University College of Malaya）。[54]

（三）英國殖民地高教政策方針的轉變

1939 年，時任殖民地大臣麥克唐納（James MacDonald，1866—1937）重組殖民地部，並增設殖民地大臣教育諮議（Educational Adviser）一職，負責為英國各殖民地的教育事務向殖民地部提供意見，結果在英國及非洲殖民地教育機構具多年工作和行政經驗的郭克時（Christopher William Machell Cox）[55]獲聘任為首任諮議。

---

[48] 〈海峽華英公會枱城分會對高等教育問題意見向馬來亞教育考察團呈上備忘錄〉，《南洋商報》，1938 年 11 月 9 日，第十頁。

[49] 〈馬來亞不應設大學乎？自由西報社論〉，《南洋商報》，1938 年 12 月 7 日，第三十一頁。

[50] 〈愛德華醫學院校友餐會中陳樹南力倡設大學馬來亞〉，《南洋商報》，1938 年 12 月 19 日，第三十頁。

[51] Malaya's Opium Revenue Will Maintain 5 'Varsities. Morning Tribune. 19 December 1938, Page 3.
University of Malaya (Singapore). University of Malaya: Singapore, 1949-1961. (Singapore: Alumni Affairs and Development Office, National University of Singapore,1994), pp. 32.

[52] 〈印僑領斟馬荷氏認馬來亞有設大學必要〉，《南洋商報》，1938 年 10 月 23 日，第三十頁。

[53] A. J. Stockwell. 'The Crucible of the Malayan Nation': The University and the Making of a New Malaya, 1938-62. Modern Asian Studies Vol. 43, No. 5 (Sep., 2009), pp. 1149-1187. Cambridge University Press

[54] University College Advocated for Singapore. The Singapore Free Press and Mercantile Advertiser. 14 December 1939, Page 5.

[55] 郭克時爵士（Sir Christopher William Machell Cox，1899 年－1982 年），畢業於牛津大學貝利奧爾學院，1937 年至 1939 年轉到非洲受任英埃蘇丹教育司（Director of Education for the Anglo-Egyptian Sudan），任內曾兼任喀土

英國政府於 1943 年設立了殖民地高等教育委員會（Commission on Higher Edcation in the Colonies），重點籌劃各殖民地在二次大戰後的高教發展藍圖，並研究英國本土大學在殖民地的高等教育發展當中，應扮演何種輔助角色。該委員會由高等法院皇座法庭法官阿斯奎斯爵士（Sir Cyril Asquith，後為阿斯奎斯勳爵）擔任主席，因此又被稱為阿斯奎斯委員會（Asquith Commission）。[56]

1945 年發表的《阿斯奎斯報告書》重點提出各殖民地應在短時間內建立仿照牛劍傳統模式的大學，或把殖民地的專上院校升格和整合成為大學，讓殖民地能夠自行培訓政治、政府和各專業界別所需的人才，從而加速戰後的非殖民地化進程，以及為殖民地自立和步向獨立締造條件。另一方面，報告書鼓勵英國本土大學強化其輔助角色，與殖民地大學深化聯繫關係，以協助殖民地大學的長遠發展。[57] 1946 年，英政府又按報告書的建議設立了海外高等教育大學校際理事會（the Inter-University Council for Higher Education Overseas）[58]，負責跟進殖民地高等教育的長遠發展，並協助殖民地籌辦其他新的專上學府。

1946 年，伯明翰大學副校長普里斯特利爵士（Dr. Raymond Priestley）應馬來亞政府邀請，研究設立馬來亞大學一事，惟其意見與《阿斯奎斯報告書》相同：馬來亞應先成立大學學院。[59]翌年，殖民地大臣任命卡爾—桑德斯爵士（Sir Alexander Carr-Saunders）主持研究馬來亞高教發展的委員會，該委員會聽取了愛德華七世醫學院校友會及學生會的想法後，轉而於 1948 年支持為馬來亞人建立一所大學。

四、總結

（一）早期殖民地高等教育發展以醫學為先

整理香港、錫蘭及馬來亞的高教發展，醫學教育均是最早為殖民地政府當局重視：1887 年創辦香港西醫院、1870 年創辦倫坡醫學院、1905 年創辦海峽殖民地暨馬來聯

穆戈頓書院（Gordon College, Khartoum）校長及總督委員會（Governor General's Council）成員。

[56]　M. KOLINSKY. The Demise of the Inter-University Council for Higher Education Overseas: A Chapter in the History of the Idea of the University. Minerva Vol. 21, No. 1 (March 1983), pp. 37-80.

[57]　M. KOLINSKY. The Demise of the Inter-University Council for Higher Education Overseas: A Chapter in the History of the Idea of the University. Minerva Vol. 21, No. 1 (March 1983), pp. 37-80.

[58]　中文名稱包括「英聯合國大學會議」、「殖民地高級教育大學協議會」；英文名稱最初為「the Inter-University Council for Higher Education in the Colonies」

[59]　First Step Towards Establishment Of A University In Malaya. Indian Daily Mail, 3 September 1946, Page 4.

邦政府醫學堂。醫學教育的目的，自然是培訓精通西式醫學的人才，並為殖民地服務。而當香港大學、銀蘭大學及馬來亞大學創辦時，均將醫學院納入新大學的一部分，藉此深化醫學教育。

（二）二次大戰前英國遠東高等教育重心在香港

正如在前文可見，戰前在馬來亞公眾輿論中，均以香港大學為參照。及至 1949 年，時任新加坡總督詹遜爵士（Sir Franklin Charles Gimson，1890-1975）[60]在馬來亞的香港大學校友會聚餐表示，香港保衛戰時不少馬來亞港大校友表現出色，未來建立馬來亞大學後應與港大促成深厚友誼。[61]而在馬大基金亦曾收過一筆來自香港的五千元捐款。[62]馬來亞華教界亦十分關注馬大的收生政策及會否設立中文系，文中亦以香港大學中文學院為例。[63]

及至馬來亞大學成立，港大與馬大的交流轉為體育交流為主。聯校週年運動比賽由 1949 年開始，初期稱為「埠際賽」，比較項目包括足球、木球、曲棍球、羽毛球、網球等。這個比賽後來演變成「四角大學運動會」，參賽大學包括新加坡大學、馬來亞大學、香港大學及印尼大學等。

（三）二次大戰後英國殖民地高教政策方針皆在延續英國利益

英國的殖民地高教政策，主軸由始至終均是為帝國利益服務。戰後英國設立殖民地高等教育委員會（Commission on Higher Edcation in the Colonies），便是在殖民地獨立的浪潮下，延續英國的利益。具體的方法是通過建立與英國相似的事物，例如是英式大學，藉此讓殖民地臣民在不知不覺中，認同英國。至於馬來亞大學的創立，原本在不同的調查中，亦希望當地先成立大學學院（University College），這所大學學院可與英國本地的大學函接，藉此直接延續英國的利益。最終雖然不成事，但馬來亞大學，卻依然不是一所不折不扣的英式大學。

---

[60] 詹遜爵士（ Sir Franklin Charles Gimson，1890-1975），又譯為金森，為錫蘭官學生，1941 年到香港出任輔政司，在香港陷落後為當地最高級別的英國人代表，並於香港重光後代表英方恢復對香港的管治。1946 年出任新加坡總督。

[61] 〈馬大基金又收到二萬元〉，《南洋商報》，1949 年 8 月 13 日，第五頁。

[62] 〈坡督讚譽港大學生防衛香港頗有功績〉，《南洋商報》，1949 年 7 月 31 日，第五頁。
值得一提的是，雖然金森總督特別讚揚港大圖書館經歷戰火依然保存，但新聞中只歸功於圖書館管理員，其實那位管理員正是曾於海峽殖民地政府擔任華文視學官的陳君葆（CHAN, Kwan-po，1898-1982）。

[63] 〈馬來亞大學之成立與華辦中學今後之實施〉，《南洋商報》，1949 年 8 月 21 日，第一頁。

表一：香港、錫蘭及馬來亞的高等教育發展時間線

	香港	錫蘭	馬來亞
舉辦劍橋大學本地入學試	1886 年	1880 年	○
舉辦牛津大學本地入學試	1888 年	（不詳）	○
舉辦倫敦大學本地入學試	（不詳）	1882 年	（不詳）
舉辦香港大學本地入學試	（不適用）	（不詳）	約 1920 年代
成立醫學院	1887 年	1870 年	1905 年
成立法學院	（不適用）	1874 年	（無）
成立大學學院	（不適用）	1921 年	（不適用）
成立大學	1911 年	1942 年	1949 年

馬來西亞留台生爭取學位承認之過程及意義

淡江大學中國文學學系碩士　吳安琪

一、前言

　　2016 年，馬來西亞衛生部（Ministry of Health Malaysia，MOH）猝然宣布，凡是台灣牙醫學系（包括台灣大學醫學院、國防醫學院、陽明大學醫學院、成功大學醫學院、台北醫學院、中國醫學院、中山醫學院及高雄醫學院）[1]畢業的合格牙醫，返馬後必須在馬來西亞理工大學（Universiti Teknologi Malaysia, UTM）進修一年，才可以報考馬來西亞牙醫資格考試（common exam），始能執業。

　　經過各方的極力爭取，衛生部時任副部長李文材指出，衛生部基於五年緩衝期，決定將 2016 年生效的措施延至 2021 年之後才落實，並將根據 2018 年的牙醫法令（Dental Act 2018）重新擬定新的條例。然而，此次事件也同時揭發了一連串的歷史遺留問題——馬來西亞留台生的學術水平究竟如何？語言是否將成為台灣學位不獲馬來西亞政府承認的關鍵考量？

　　馬來西亞「留台生」的誕生，可以追溯至 1949 年國民政府遷台的歷史，以及台灣在整個冷戰局勢中所處的戰略地位。自 1950 年代伊始，中華民國教育部公佈〈僑生投考臺省專科以上學校優待辦法〉，從寬錄取國外出生或僑居國外三年者。隔年，中華民國僑務委員會製訂〈華僑學生申請保送來臺升學辦法〉[2]，凡海外華僑高中畢業生即可申請保送、分發至台灣各大專院校就讀，自此為新馬華裔學子打開了另一扇升學的大門。

　　然而面對英殖民時期所遺留下來的行政體系，加上獨立建國後國語（馬來文）至上的單元化教育政策，留台生的中文學位卻不受馬來西亞政府承認，以至於在職場上屢屢碰壁。1960 年代中旬，第一批留台生自台灣大專院校畢業返馬後，基於政治的現實環境，於是轉而籌組留台同學會及校友會，試圖以社群的力量向當權者陳情和施壓，

---

[1] 其中，成功大學牙醫學系在 2019 年才成立，因此不包括在馬來西亞公共服務局（Jabatan Perkhidmatan Awam Malaysia，JPA）1996 年的「受承認的台灣大學學位」名單中。

[2] 〈華僑學生申請保送來臺升學辦法〉後改為〈僑生回國就學及輔導辦法〉。

惟至今仍未取得全面成功。

　　本論文試圖透過「新馬——亞洲」的視角（魏月萍，2017），將留台生的困境置於馬來西亞國族建構的過程中展開對話，並藉由現存文獻——新聞剪報、文告、備忘錄、書信、口述歷史的梳理，探討留台社群「爭取學位承認」行動之意義。

二、戰後馬來（西）亞華文教育的發展軌跡

　　1947 年 7 月，英殖民政府宣佈「馬來亞聯合邦」計劃，修正了「馬來亞聯邦」中以屬地為原則，不分種族和宗教，普遍授予馬來亞及新加坡出生或居留十年以上者平等的公民權資格，改以恢復馬來蘇丹的政治地位，並重新確立馬來特權，從此奠定了「馬來亞」為「馬來人國家」的政體雛形。（崔貴強，2007：156）

　　「馬來亞聯合邦」計劃隨即遭到華社強烈反彈。同年十月，馬華商聯會與全馬聯合行動委員會共同號召總罷工運動，獲得馬、新兩地的華人和印度人響應，多個城市經濟活動停擺，影響層面擴及工商、運輸、銀行、學校、娛樂場所等行業，卻仍舊無法阻止英殖民政府的決心。（陳硯棻，2009：92-93）

　　馬來亞聯合邦終在 1948 年 2 月正式成立，為了打破各族群之間的藩籬，聯合邦政府決議透過教育作為國族建構的手段。1951 年，牛津大學社會研究所所長巴恩博士發表了《巴恩報告書》，建議聯合邦政府廢除各源流學校，並提供英文和馬來文為教學媒介的國民學校教育體制，以形塑馬來亞人民的國族意識。（曹淑瑤，2013：309）

　　與此同時，新上任的欽差大臣葛尼爵士（Sir Henry Gurney）則建議成立另一個調查團，專門對華人教育作全盤調查。調查團成員方衛廉博士及其學生吳德耀博士於 1951 年 2 月抵馬，除了在怡保、太平、檳城、馬六甲、巴生、亞羅士打、芙蓉、新山、吉隆坡、新加坡等地做短期逗留，也和砂拉越代表晤談。此次調查引起華社對於聯邦輔政司狄杜夫所提出的「馬來亞化」教育中，「擬以馬來亞而不以中國為背景與內容編輯華校教本，並由方言出版局印行」產生疑慮。（鄭良樹，2001：141）

　　為此，方、吳兩人離開新加坡前夕，還特地在 4 月 13 日鐘靈校友會宴會上作出以下聲明：

> 吾人此行系應馬來亞聯邦政府向美國政府邀請，特派來馬訪問，並調查馬華教育。當我們抵馬後，在報紙上所看到的，都是說教育馬來亞化，此不但對我們在馬來亞的調查工作有莫大的阻礙，而且將引起社會人士，尤其教育界的誤會。我們認為有解釋的必要我們來馬調查華僑教育的目的，並不是消滅馬華教育，

反而是希望提高馬華教育水準。由於馬來亞是各民族共處的第二故鄉，各民族應該互相合作。我們純粹為調查馬華教育而訪問馬來亞，絕對沒有政治的意義。（鄭良樹，2001：145）

　　雖然方、吳強調其訪問工作是建立在政、教分離的理念上，然而聯邦政府根據巴恩、方吳及中央的報告書所草擬的《1952年教育法令》中卻主張，將設立以巫文和英文為教學媒介的國民學校，提供為期六年的免費義務教育。此外，政府也會提供津貼給遵守官辦國民學校所有條件且教授任一官方語言的英校、華校及印校，以讓這些學校逐步轉型為可以容納各籍學童的國民學校。（鄭良樹，2001：190-191）

　　馬來西亞學者鄭良樹教授在其著作《馬來西亞華文教育發展史》中指出，聯合邦政府似乎有意在國家自治獨立前解決民族教育問題，所以跨入一九五〇年代後，報告書及法令就像天際的雪片一樣，不斷地刮進華社的庭院裡來，使華社進入雪虐風饕的嚴冬。而鄭良樹教授本身，既是在這個歷史的轉折中，踏上了赴台之路：

我是1960年九月到台灣去升學的；在去台大之前，本來還有兩條路子走，一條是到南洋大學去，一條是到澳洲去，當時班上的同學都會推測我會走上這兩條路子。在去台灣之前，我對台大一無所知；當時，我只有一個很強烈的意念——要到中國的土地上去念中國的文史哲。因此，我挑選台大的時候，班上的同學都大感驚訝。（鄭良樹，1985：103）

　　鄭良樹自國立台灣大學中文系畢業後，於1964年7月回母校——寬柔中學執教，隔年又繼續到台大攻讀碩博士課程，並於1971年成為第一位取得博士學位的馬來西亞留台生。他先後在馬來亞大學中文系、香港中文大學中文系及馬來西亞南方學院中文系執教，並曾擔任南方學院華人族群與文化研究所所長一職，是早期的留台社群中，少數以台灣博士學位在馬來西亞國立大學體制內取得教授資格者。

三、國族建構中的留台社群

（一）威權體制的政治壓迫

　　留台社群向政府爭取學位承認的歷史，最早可追溯至一九六〇年代中旬。其中，由馬來西亞留台同學會總會長蔡國平所撰寫的〈懇請馬華公會協助解決留台畢業生之

學位與出路問題〉，記載了馬來西亞留台同學會[3]代表與馬華公會在一九六〇年代的會
面過程：

> 一九六五年十一月四日，副教育部長李孝友在檳城依茵奧旅社會見本會代表羅
> 紹英、駱靜山、羅慧吾、莊初霸和賴觀福。本會代表提呈意見書乙份，懇請協
> 助解決留台各大專畢業生之學位問題。李先生答應返吉隆坡後將與其同僚討論
> 考慮。……（一九六七）四月十日，大會選派張長發、陸景華、楊少慶到吉隆
> 坡，在財政部長陳修信官邸舉行二小時的會議。代表們分析本邦青年留學台灣
> 之動機，並介紹台灣各大專之情形，盼望執政當局，能以社會福利的立場，為
> 華文大學畢業生作就業上之協助。陳財長表示極願以個人力量協助解決這重大
> 的問題。並建議由教育局開辦馬來語文訓練班，訓練華文大學畢業生作國民中
> 學之數理教師。同時選出李孝友，郭開東，劉集漢，曾永森，戴寬清組成特別
> 委員會，連同南大代表三人，本會代表三人，共同商討解決華文大學畢業生之
> 就業問題。（吳安琪，2020）

　　這也是現存文獻中，有關馬來西亞留台畢業生以社群的方式爭取學位受政府承認
的最早記錄。

　　事後，馬華公會卻在 1967 年 11 月 6 日的回函中指出，學位不受承認的難題不只
發生在留台生社群，即便是埃及開羅大學畢業的宗教司，在穆斯林或阿拉伯學校服務
的薪資待遇也不甚理想。此外，馬華公會也認為，留台生應保持沉默的態度，而非採
取公開發表言論的手段。

　　然而，馬來西亞留台同學會對此結果並不滿意，雙方因此而無法達到共識。時任
會長蔡國平於 1968 年 5 月 1 日即針對學位問題再度發表聲明：

> 最近報載，政府正考慮承認蘇聯，印尼，菲律賓，印度和阿拉伯的學位；而且，
> 已派出教育考察團首途印度評估該國各大學的學術水準。政府此舉，明白地顯示它有
> 意忽略我國一部分公民──華校畢業生──的合理願望。這使我們對政府的誠意感到
> 動搖……除非政府明確地公告其學位承認的具體標準，否則，在此多元語文的社會裡，
> 不可避免的解釋是：以華語作媒介的高等教育受到無理的歧視，並非台灣高等教育的
> 學術水準不如印尼，印度，菲律賓及阿拉伯各大學，這與本邦向來受華語教育源流的

3　馬來西亞留台同學會在一九七〇年代初，因未呈報資料給馬來西亞社團註冊局而遭註銷。直到 1974 年 7 月 16
　日，各地留台同學會及校友會才重新成立馬來西亞留台校友會聯合總會（簡稱「留台聯總」）。

學制受到不公平及不合理的對待，和華語源流的教育不能自由生長，有相互的關係。
（吳安琪，2020）

（二）留台生返馬後的處境

　　根據 1977 年的〈留台校友獲得更高資格者名單〉調查顯示（詳見表一），除了少數留台畢業生繼續在台灣和馬來西亞兩地升學，大部分校友則選擇轉往英國、美國、加拿大、紐西蘭、澳洲等英語系國家修讀碩、博士學位。

表一：留台社群碩、博士學位調查統計[4]

	學士	碩士	博士
台灣		陳海蘭，呂振端	陳錦釗，鄭良樹
馬來西亞			張光明，楊清龍
英國	李西湄，葉致輝	陳志光，黃乃光，黃學聰，張保福，陸榮清，呂文章，蔡逢洽，楊偉明，羅新華，余堯金，劉南川，羅新友，曾正平，曾玉華，張錦泉，李如玉，翁國和，郭貽鎮	黃渭昌，呂文章，林榮安，楊耀才，彭國祥，陳漱石，李光亭，蔡逢洽
美國		賴觀福，鍾金鉤，魏瑞玉，詹長開，曾昭金，熊波蘭	羅亞添，王潤華，劉寶珍，黃永裕，梁潤葵，陳行嶺，劉木森，劉華祥，繆東華
加拿大		麥開明，楊春華，楊秋華，楊樹華，陳家耀，蔡崇榮，黃少和，陳行嶺，蔡崇榮，張穗飄，李孔憲，張穗飄，李孔憲，黃隆昇，薩雅禮，陳美君	葉添來，陳瑞良，朱天淼，劉官祥，曾祥達，鄭俊華
紐西蘭		楊林江，朱醒悟，方廷裕，杜慶滿	
日本		馮德強，吳文正，楊獻康	
澳洲	賴觀福	柯良清，張大安，劉雙在，古學憲，古學權，吳則賢，楊琴洲，董輝立，王振權，陳伍傑，阮文瑞，張水宜，余華明，李師桐，劉約章，李冠芳，劉約章	
泰國		潘仕霆，陳學良，黃華燦，劉明標，吳勇雄	

---

[4]　整理自〈留台校友獲得更高資格者名單〉（賴觀福，1977：366-373）。

何以在一九七〇年代出現這個升學現象？我們可以從留台聯總時任會長張景良所撰寫的〈留台同學所受的訓練和返馬服務概略〉中，了解到早期留台生在畢業返馬後的處境：

> 留台同學畢業返國服務的同學有萬人以上，由於選修的科系很廣，使得他們能很廣泛地參與全國士農工商和醫藥界的服務。<u>也由於他們的學位得不到政府的承認，迫使他們轉向只求真材實料，不問學位的承認與否一切都以行動和效率表現為準繩的私人機關和洋行機構服務</u>，經過不知多少年的磨折，失敗和再努力，至今總算能出人投地，開始被社會人仕注意和賞識。但現實告訴我們，在學位不被承認下，還是被剝削，得不到公平的待遇。為了爭取更美好的前途，為了爭一口氣，迫得同學們有朝一日，必然跳出受薪的圈子裡，用他們的手和腦，用他們的學識和經驗來創出自己的事業來。同學們挺身而出來創業的人數，已隨著時日而增加，同學們在工農、商、醫業裡展示力量，已成定局，只是時間的快慢而已。我國正要大事發展工業，而讀工科同學又不得其門而入政府衙門服務，同學們只好靠他們的真材實料，廣泛地參與工廠的生產和工程的建築，來發揮他們的才能。我們的學位和文憑不被承認並不是我們的學術水準低劣，而是人為的政治問題。古語說：「天生我才必有用」，我們有絕大的信心，在十年或二十年後必能在我國建設史上寫上光榮的一頁，為我們的後一代而鋪路。（賴觀福，1977：364）

1974 年，留台聯總創會會長賴觀福於「文華之夜」[5]的演說辭中，將學位承認視為後殖民的歷史遺留問題，並希望政府能夠考慮承認英聯邦制度以外的學位資格：

> 說到學位問題，只是承認英聯邦各大學學位與資格，對英聯邦學院以外的學位一概不承認，這種作風是殖民地政府壟斷學術專業資格的得意傑作。獨立後，我國政府曾經略作修改，對印尼以及中東，以及美國某一些大專學院頒發的學位文憑，已經給予承認。我們要讚揚這一項進步的行動，不過我們認為這還是不夠的，政府應該更進一步，基於國家利益，對中國、日本、德國、法國以及其他先進國家的大專院校，所頒發學位與資格，純粹基於其學術水準，加以評

5　「文華之夜」為留台人一年一度的聚會，旨在凝聚留台社群，至今已有 47 年歷史。最先由雪州校際性同學會聯辦，在馬來西亞留台校友會聯合總會成立以後，就由該會理事負責籌辦。

價，給予承認，使每一個有專長的馬來西亞公民都能夠還無怨言地對自己祖國
——馬來西亞作出貢獻！這是一項國家問題，希望政府慎重考慮。（賴觀福，
1977：7）

兩年後的「文華之夜」，時任大會主席張景良的演辭則指出，台灣學位的承認與否，
在馬來西亞建國過程中已上升為族群政治層面的問題：

> 近幾天來上至國家領袖，下至普通老百姓，無不紛紛地議論第三個馬來西亞發
> 展計劃對人民的影響與分享問題。作為一個華文大專團體，我們也非常關心這
> 個大問題，因為它對國家人民的影響非常之大。我們知道第三個馬來西亞計劃
> 是第二個馬來西亞計劃的延續，也是推動新經政策的第二個階段。新經濟政策
> 最大的目標是消除貧窮重組社會及團結全民。在實施這個政策的過程中，政府
> 方面一再地保證：「沒有任何人會遭受任何損失，或者感覺到他的權利，特權，
> 收入，工作或機會等有剝削的感覺。」不過在我們來說，在推動新經濟政策時，
> 確實感覺到被歧視，被剝削的一群，因為在政府部門工作的機會，我們是望門
> 興嘆。有嗎？是極少數者，而且得到不平等的待遇。在私人部門方面，只有極
> 少數的開明的資本家，企業家，商家很公平的對待我們。雖然我們的工作能力
> 不比人差，我們的表現不比人壞。甚至比他人表現更好的同學，也大有人在，
> 可是我們仍然遭受人家不公平的對待。前幾個月，甚至有一位馬來同胞國會議
> 員說，我們在海外高等學府取得更高的學位，是以欺騙手段而獲得，真是豈有
> 此理。我們嚴正的告訴政府，我們的學位不被承認的一天，我們就是被歧視，
> 被剝削的一群，爭取台大南大學位的承認，不僅是我們的要求，也是全國華人
> 社會的要求。

（三）未竟之業

馬來西亞留台校友會聯合總會（以下簡稱「留台聯總」）成立以後，遂成立專案小
組，針對台灣學術水平及赴台升學情況展開系統性的調查。1984 年 7 月 2 日，留台聯
總遞交備忘錄予時任教育部部長馬哈迪，除了展示台灣各大學的學術水平，更強調台
灣作為一個現代民主國家在國際間的優勢。

直到 1996 年 5 月 2 日，馬來西亞政府始於憲報中承認八所醫學系及七所牙醫系。
截至目前為止，受馬來西亞學術鑑定局（MQA）承認的台灣大學學位共有八所醫學系、

七所牙醫系、兩所獸醫系及三所藥劑系（詳見表二）。然而法令的異動和政局的更迭，讓留台生「爭取學位承認」之行動始終未獲得全面的成功。

表二：受馬來西亞學術鑑定局（MQA）承認的台灣大學學位

醫學系	國立台灣大學、國立成功大學、國立陽明大學、國防醫學院、台北醫學大學、中國醫藥大學、中山醫學大學、高雄醫學大學
牙醫系	國立台灣大學、國立陽明大學、國防醫學院、台北醫學大學、中國醫藥大學、中山醫學大學、高雄醫學大學
獸醫系	國立台灣大學、國立中興大學
藥劑系	國立台灣大學、高雄醫學大學、台北醫學大學

四、結語

　　本文試圖透過現有文獻的梳理，將留台社群「爭取學位承認」之行動，置於馬來（西）亞建國以來對於族群認同建構脈絡中討論，進以思考留台生在國家資源分配中所處的邊緣位子，以及「爭取學位承認」行動之於馬來西亞整體社會的意義。

　　其中，「爭取學位承認」之行動延續了 1956 年「全馬華團爭取公民權大會」後華人的公民實踐路徑，不僅體現了留台社群的集體焦慮和困境，所折射的面向亦滲透至當今馬來西亞華社的內部結構，甚至在 1970 年代以後上升成母語教育和族群政治問題。

　　歸根結柢，留台生的學位之所以不受馬來西亞政府承認，最主要的原因即是華語（中文）不被列入馬來西亞的官方語言。早期的留台生基於現實考量，或到英聯邦國家繼續深造，或投入私人企業就職，卻也在馬來（西）亞獨立建國過程中以另一種形式參與了國家的建設。

參考文獻

一、書籍

賴觀福，1977，《馬來西亞留臺校友會聯合總會大廈落成紀念特刊》，雪蘭莪：馬來西亞留台校友會聯合總會。
鄭良樹，1985，《中央之國》，雪蘭莪：蕉風出版社。
鄭良樹，2001，《馬來西亞華文教育發展史（第三冊）》，吉隆坡：馬來西亞華校教師會總會。
崔貴強，2007，《新馬華人國家認同轉向 1945-1959》，新加坡：青年書局。
魏月萍，2017，《重返馬來亞：政治與歷史思想》，吉隆坡：亞際書院與策略信息研究中心。
吳安琪，2020，《篳路藍縷：留台人口述歷史回憶錄（1950-1985）》，雪蘭莪：馬來西亞留台校友會聯合總會。

二、論文

陳硯棻，2009，〈戰後馬來亞華人公民權與權益之爭議（1946-1948）〉，《政大史粹》，第 16 期，頁 92-93。
曹淑瑤，2013，〈1950 年代馬來亞的華校學生運動之研究〉，《臺灣師大歷史學報》，第 49 期，頁 309。

三、報刊

〈台 157 大學上榜馬台互認文憑〉，《東方日報》，2013 年 1 月 31 日，https://www.orientaldaily.com.my/news/nation/2013/01/31/28161。
〈2021 年前畢業-台灣 7 牙醫系學位獲承認〉，《中國報》，2019 年 12 月 16 日，https://www.chinapress.com.my/20191216/2021 年前畢業-台灣 7 牙醫系學位獲承認/。
〈衛生部宣佈承認台灣 7 牙醫系學位〉，《中國報》，2019 年 12 月 16 日，https://www.sinchew.com.my/content/content_2162785.html?fbclid=IwAR1TzdyOKkS6T-0uTVH6_c1ND1Q81LtcunP9Cs4a0RlLwxAK5G1YQc8ZMHY。

秩序變動中的國際、
　　文化及個體研究

變動中的國際秩序

中國與亞洲區域內經濟
一體化進程與交易費用[1]

香港樹仁大學經濟及金融學系副教授暨商業、經濟及公共政策研究中心中心主任
李樹甘

一、導言

　　2013 年 9 月和 10 月，中國國家主席習近平在出訪中亞和東南亞國家期間，先後倡議共建「絲綢之路經濟帶」及「21 世紀海上絲綢之路」。中國國家發展和改革委員會、外交部及商務部（經國務院授權）於 2015 年 3 月聯合發布一份《推動共建絲綢之路經濟帶和 21 世紀海上絲綢之路的願景與行動》，概括地描述了「一帶一路」建設的框架思路、合作重點和合作機制。目的在於推動沿線各國實現經濟政策協調，促進經濟要素有序自由流動、資源高效配置和市場深度融合，共同打造開放、包容、均衡、普惠的區域經濟合作架構。直至目前為止，已超過 150 個國家和國際組織加入「一帶一路」倡議。是次研究國家主要位於「一帶一路」倡議在亞洲地區（東、南、北及中部）的 17 個成員國。

[1]　感謝陳家樂協助資料整理。

二、理論背景

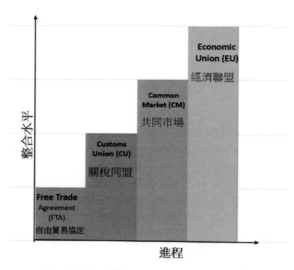

圖 1：經濟融合（Economic Integration）進程[2]

　　圖 1 顯示經濟融合（Economic Integration）進程會根據成員國之間的融合水平，有四個階段：自由貿易協定、關稅同盟、共同市場及經濟聯盟。第一階段為自由貿易協定（Free Trade Agreement, FTA），成員國之間零關稅及減少非關稅壁壘；第二階段為關稅同盟（Customs Union, CU），會出現自由貿易協定及共同對外關稅；第三階段為共同市場（Common Market, CM），會出現關稅同盟、資本和勞力的自由流動及成員國之間政策上互相協調，例如關於工人的資歷證；最終階段為經濟聯盟（Economic Union, EU），會出現共同市場、共同的經濟政策和機構，例如共同貨幣及統一貨幣政策。因此，經濟融合應該由一個階段到另一個階段循序漸進。因此，是次研究希望為有關經濟融合的不同議題，帶出新的思考方向。例如，希臘是否太快加入歐盟？而英國又到底應否脫歐？

三、研究方法

　　透過計量經濟學工具，是次研究將以「一帶一路」倡議的亞洲成員國為研究對象，進行經濟融合程度檢驗和估算當中的交易費用，以訂立「一帶一路」倡議的成員國優

2　參巧 http://publications.gc.ca/Collection-R/LoPBdP/inbrief/prb0249-e.htm

先參與次序。因此，須對經濟融合程度的檢驗方法作一簡單闡述。在上述的經濟融合進程中，首要目標是成員國需達成自由貿易。因此，可採用購買力平價（Purchasing power parity, PPP）作為檢驗工具（Taylor 2003, Bozoklu & Kutlu, 2012）。購買力平價理論基於一價定律（Law of One Price），在相同貨幣、沒有運輸成本、關稅和其他貿易壁壘等情況下，即交易費用（Transaction Costs）為零，自由貿易競爭下套利活動將迫使相同商品和服務的價格在各地區之間保持均等（例如,相同貨品的中國售價與南韓售價相同，即 $P^C = P^{KR}$），意味著自由貿易（沒有貿易障礙）存在。若貨幣不同，根據購買力平價理論，兩地貨幣之間的名義匯率會調整，直至一國與另一國貨幣單位的購買力相等，例如 ₩/¥ "PC" $= P^{KR}$（以韓圜計算），₩/¥是韓圜名義匯率（E^W），即一元人民幣（¥）兌換韓圜（₩）數量。購買力平價檢驗是對價格連動（co-movement）或收斂（Convergence）的檢驗。是次研究中，若中國與其他成員國 j 在其名義匯率 E^j（即元人民幣兌 j 國貨幣數量）、兩國價格 P^C 和 P^j 之間存在協整關係（Cointegration），意味貿易套利將導致經濟融合。

　　在各區域經濟融合階段的實證檢驗中，以下不同的變量有助檢驗成員國之間的融合水平差異：

經濟融合階段	變量
自由貿易（Free Trade）	產品價格
共同市場（Common Market）	產品價格及要素價格（例如工資、利息）
經濟聯盟（Economic Union）	產品價格、要素價格、收入、貨幣供應、失業及財政赤字等所有經濟變量

　　理論上，若經濟融合程度愈高，更多的經濟變量將趨於一致。

　　基於交易費用的不同假設下，分別發展出傳統（線性）購買力平價檢驗方法及非線性購買力平價檢驗方法。在傳統線性購買力平價檢驗中，假設交易費用為零（TC=0）。若兩國的價格差距（即貿易得益）大於零（$|P^j - P^C| > 0$），各國將持續出現套利活動和自由貿易。可是，若交易費用大於零，則兩國的價格差距須大於其中的交易費用（$|P^j - P^C| > TC$），才會出現持續出現套利活動和自由貿易。相反，若兩國的價格差距小於其中的交易費用（$|P^j - P^C| < TC$），便沒有持續出現套利活動和自由貿易。所以，市場競爭和商品套利活動將匯率和價格引導到長期購買力平價的均衡水平。

檢驗 PPP 的一般長期均衡模型

若兩地價格以同一外幣單位計算，$E_t^j P_t^C = P_t^j$（1）

$j=1,2,\cdots,N$ 國（不包括中國）；$t=1,2,\cdots,T$ 期（例如年月日）

取自然對數後：$\ln(E_t^j) + \ln(P_t^c) = \ln(P_t^j)$

$e\_t^j + p\_t^C = 〚\beta\_0 + \beta\_1 p〛\_t^j + u\_t^j, t=1\cdots T$（2）

e_t^j：j 國名義匯率的自然對數

p_t^C 和 p_t^j 是 P_t^C 和 P_t^j 的自然對數

β_0, β_1 是參數，在絕對 PPP 下：$\beta_0=0$，$\beta_1=1$

u_t^j 是表示中國與 j 國購買力平價（PPP）的偏差

若 $e_t^j + p_t^c$ 和 p_t^j 存在協整關係（cointegration），方程式（2）中的檢驗殘差（residual）u_t^j，即實際匯率（$E_t^j \frac{P_t^C}{P_t^j}$），的自然對數是平穩（stationary），含意存在貿易套利導致經濟融合。

　　是次研究考慮交易費用的影響，因此採用三度門檻協整模型（3-regime threshold co-integration model）進行非線性購買力平價檢驗（Lo & Zivot, 2001; Woo et al., 2014; Maki and Kitasaka, 2015; Woo et al., 2015）。採用非線性購買力平價檢驗有兩個主要目的：假設交易（制度）費用大於零、估算整體交易費用。第一，由於傳統線性協整檢驗方法並不考慮交易（制度）費用存在，所以在現實世界中的可應用性大大降低。基於現實上商品與勞動力流動障礙及壟斷市場、運輸成本、區域發展不平衡、經濟結構多樣化以及行政、文化、法律、經濟和社會制度的差異，都構成經濟融合的主要障礙。而這些現實上的障礙都包含可量度和不可量度的交易費用，因此現實上的交易費用非常龐大。若交易費用過大，即使在自由貿易競爭激烈（持續套利）的市場內，統計檢驗結果卻可能不視為自由貿易競爭。沒有考慮交易費用和門檻的傳統線性協整檢驗容易產生嚴重的統計功效衰減（Power Decay），便可能錯誤地否決自由貿易存在（Pippenger & Goering, 2000）。因此，是次研究採用非線性協整方法—門檻協整 Threshold co-integration 檢驗，加入交易費用存在門檻便有效減少檢驗錯誤。

　　第二，透過估算持續出現套利（協整關係）與沒有持續出現套利（沒有協整關係）兩個情況之間的轉折點，便可估算交易費用數額，不需要逐一細項計算，當中包含不能量度的交易費用（例如不同文化習俗等）。而此模型只需要各地價格和匯率數據，並不需要所有交易費用資料，這正是採取此計量方法的優點。

四、研究結果

是次研究採用了 1996 年 1 月至 2014 年 12 月月度數據，包括匯率及消費物價指數。研究國家包括位於「一帶一路」倡議在亞洲地區（東、南、北及中部）的 17 個成員國，包括孟加拉、柬埔寨、印度、印尼、日本、哈薩克斯坦、吉爾吉斯、老撾、馬來西亞、外蒙古、尼泊爾、巴基斯坦、菲律賓、新加坡、韓國、斯里蘭卡和泰國。數據來源則包括國際貨幣基金組織（IMF）國際金融統計、經合組織（OECD）及中國國家統計局。

根據計量經濟學理論，進行協整檢驗前需要檢驗十七成員國和中國各時間序列變量，e_t^j〖、p〗$\_t^c$和p_t^j是否非平穩（nonstationary），是次研究採用結構改變單位根檢驗（Unit root test with structural breaks），結果顯示各變量全是非平穩，即 PPP[3]的回歸方程所描述的關係很可能出現偽回歸（spurious regression），因此需要檢驗u_t^j（就是實際匯率E_t^j $(P\_t^C)/(P\_t^j)$）的自然對數是否平穩（stationary），〖若是平穩，e〗$\_t^j$〖、p〗$\_t^c$和p_t^j存在協整關係（cointegration），含意存在貿易套利導致經濟融合。透過 Wald 檢驗，結果發現中國和其中 12 個成員國的購買力平價有協整關係，包括柬埔寨、新加坡、孟加拉、馬來西亞、泰國、斯里蘭卡、印度、蒙古、印尼、老撾、南韓及吉爾吉斯[4]，建議中國可考慮組成優先國家經濟聯盟。

在該 12 個成員國中，交易費用的大小將影響未來「一帶一路」的經濟融合程度。表 1 顯示估算的門檻值（交易費用），結果發現[5]：

表 1：Thresholds 門檻值（交易費用）估算

國家 （中國為 出口國）	出口比例 交易費用 $\hat{\lambda}_1$	國家 （中國為 進口國）	進口比例 交易費用 $\hat{\lambda}_2$	國家 （中國同為 進出口國）	進出口比例 交易費用 $\|\hat{\lambda}_1\|+\|\hat{\lambda}_2\|$
柬埔寨	-0.0078	新加坡	0.0162	柬埔寨	0.0270
新加坡	-0.0115	柬埔寨	0.0192	新加坡	0.0278
馬來西亞	-0.0155	孟加拉	0.0309	孟加拉	0.0746
孟加拉	-0.0437	泰國	0.0655	馬來西亞	0.0883
蒙古	-0.0652	馬來西亞	0.0728	泰國	0.1477
印尼	-0.0698	印度	0.0762	斯里蘭卡	0.1565

---

[3]　由於採用反映一般價格的價格指數，並不是某一商品的價格，這是相對 PPP 檢驗，並不是絕對 PPP 檢驗。

[4]　若需要詳細檢驗結果，請電郵筆者索取。

[5]　主要節錄自筆者與其他學者合著的論文，參考（Woo et al., 2017）。

國家 （中國為 出口國）	出口比例 交易費用 $\hat{\lambda}_1$	國家 （中國為 進口國）	進口比例 交易費用 $\hat{\lambda}_2$	國家 （中國同為 進出口國）	進出口比例 交易費用 $\|\hat{\lambda}_1\|+\|\hat{\lambda}_2\|$
斯里蘭卡	-0.0755	斯里蘭卡	0.0810	印度	0.1582
印度	-0.0820	蒙古	0.1070	蒙古	0.1722
泰國	-0.0822	南韓	0.1169	印尼	0.3026
老撾	-0.1364	老撾	0.1875	老撾	0.3239
吉爾吉斯	-0.1792	吉爾吉斯	0.1973	南韓	0.3578
南韓	-0.2410	印尼	0.2328	吉爾吉斯	0.3765

1）　南韓的$\hat{\lambda}_1$值最大（-0.241）。當中國商品的韓圜價格水平（$e_t^j + p_t^c$）較韓國商品價格水平（p_t^j）低約 24%時，韓國便會向中國進口商品以建立自由貿易夥伴，即中國向韓國出口商品。而中國向柬埔寨出口商品的比例交易費用最低（$\hat{\lambda}_1$=-0.0078），建議中國最優先向柬埔寨出口更多商品。

2）　印尼的$\hat{\lambda}_2$值最大（0.2328）。當中國商品的印尼盾價格水平（$e_t^j + p_t^c$）較印尼商品的價格水平（p_t^j）高出約 23%時，中國將從印尼進口商品以建立自由貿易夥伴，即印尼向中國出口商品。而中國向新加坡進口商品的比例交易費用最低（$\hat{\lambda}_2$=0.0162），建議中國最優先向新加坡進口更多商品。

3）　吉爾吉斯$\|\hat{\lambda}_1\|+\|\hat{\lambda}_2\|$值最大（0.3765），與中國的進出口貿易的比例交易費用總額最高，即交易門檻最高。為促進「一帶一路」倡議，中國與其貿易門檻較高的一帶一路沿線國家，應採取措施以減少交易費用。而中國與其建立進出口貿易關係交易費用最低的首三個國家是柬埔寨、新加坡及孟加拉，建議中國最優先與其組成區域經濟聯盟。

另一方面，除計量分析外，探討現實中的經濟及非經濟交易費用，對制定推動自由貿易的區域經濟融合政策非常重要。經濟層面的交易費用，包括搜尋費用、討價還價費用、訂立執行和監察合同的程序等費用;而非經濟層面的交易費用，則主要是有關各國不同的文化習俗等費用，其中以社會心理學家 Hofstede 提出的五個文化尺度理論最為重要。此理論提出以下五個文化尺度衡量不同國家文化差異、價值取向，例如尊重傳統、重視履行社會義務等（表 2）。

表 2：Hofstede 的五個文化尺度[6]

文化尺度	文化及價值取向
權力距離	一國範圍內人與人之間的不平等程度
個人主義與集體主義	個人對於人際關係（他們所屬的家庭或組織）的認同與重視程度
男性氣質與女性氣質	男性氣質文化：有益於權力、控制、獲取等社會行為 女性氣質文化：有益於個人、情感以及生活質量
不確定性規避	一國範圍內人們對於結構性情景（相對於非結構性情景、非常態）的偏愛程度
長期與短期取向	長期：著眼於未來的價值取向，例如儲蓄習慣和堅持力。 短期：著眼於短期和眼前的價值取向

　　為量化不同文化尺度的影響，其中的「權力距離指數」（Power Distance Index）（Hofstede et al., 2010）估算人們對組織中權力分配不平等情況的接受程度，當中反映出上級決策方式（較民主或較專制）、上下級發生衝突時下級的恐懼心理等因素。在東方文化影響下，亞洲地區的權力距離指數較高，即人們對不平等現象通常會漠視或忍受。而西方文化影響下，權力距離指數較低，較強烈的「權利意識」使下級對權力分配的不平等現象具有強烈的反抗精神。當權力距離指數較高時，下屬常常容易依賴其領導人。在這種情況下，管理者常常採取集權化決策方式，管理者做決策，下屬接受並執行。而當權力距離指數較低時，下屬會廣泛參與到影響他們工作行為的決策中。根據 Hofstede（1980）結論，社會中權力距離指數的得分較高反映人際信任度較低，大大增加自由貿易的交易費用，可能不利地區融合。另外，「不確定性規避指數」（Uncertainty Avoidance Index）得分較低的社會中，個人與陌生人的互動更容易，暗示自由貿易的交易費用可能較低，有利地區融合（Hofstede et al., 2008）。

　　最後，腐敗與交易費用存在著十分微妙的社會關係。一方面，腐敗促進人與人的經濟互動，減低交易費用；但另一方面，腐敗亦增加了權力距離及交易上的不確定性，便提高了交易費用。自 1995 年起，透明國際（Transparency International）每年根據商人、學者與國情分析師，對各國公務人員與政治人物貪腐程度的主觀感知評價，制定貪污感知指數（Corruption Perceptions Index）[7]，以滿分 100 分代表最清廉。指數評分越高，意味著感知的腐敗程度越低，按特定情況下可能減少或增加交易費用，實際影響留待將來實證研究。

6　參巧 http://eportfolio.lib.ksu.edu.tw/~4970L022/wiki/index.php/Hofstede%E7%9A%84%E4%BA%94%E5%80%8B%
　　E6%96%87%E5%8C%96%E5%B0%BA%E5%BA%A6

7　參巧 https://zh.wikipedia.org/wiki/%E8%B2%AA%E6%B1%A1%E6%84%9F%E7%9F%A5%E6%8C%87%E6%95%B8

五、總結及餘論

　　是次研究首次採用實際匯率及消費物價指數月度數據，透過非線性調整分析中國與亞洲各地之間自由貿易的購買力平價（PPP）及交易費用，檢驗「一帶一路」倡議的亞洲區域內成員國經濟經濟融合程度和估算當中的交易費用。具體而言，透過考察經濟一體化的程度和特點，若名義匯率、中國與一帶一路亞洲各成員國價格之間存在協整關係，交易套利就會造成區域一體化的經濟趨同效應，呈現出較大的潛在經濟聯盟價值。研究結果發現中國與樣本中 12 個成員國的購買力平價（PPP）有長期均衡（協整）關係，故建議中國與這些國家可優先考慮共同組成區域經濟聯盟。但在整體上，中國與亞洲各地之間自由貿易與商品自由流動仍未能完全有效融合區域經濟，須採取更積極措施減少交易費用，促進自由貿易。

　　當一個人不幸從大郵輪跌下海裡，即使船長願意立刻刹停船去救人，但船仍然要運行一段時間才能停下來，若要返回肇事位置救人，確實已經太遲。所以，郵輪上要有救生艇，當有事發生時，便可以靈活救人。因此，除了政府，更需要一些民間志願機構或有心人自發地做救生艇的工作，去互補不足。不同的國際非政府組織亦一直在促進自由貿易減少交易費用上，擔當著一個不可或缺的角色。例如世界銀行（1944 年成立）、國際貨幣基金組織（1945 年成立）、聯合國貿易和發展會議（1964 年成立）、世界貿易組織（1995 年成立）。這些非政府組織共同倡導降低關稅及配額等貿易壁壘，幫助各國建立有助自由貿易的商業法律，並為貿易提供解決爭端和進行談判的場所，藉此希望大大減低在經濟及非經濟層面的交易費用。而中國首先倡議在 2015 年正式成立的亞洲基礎設施投資銀行（Asian Infrastructure Investment Bank, AIIB），簡稱亞投行，是一個多國政府共同合作協助亞洲區域開發的機構，重點向亞洲國家和地區提供資金，以改善基礎設施建設，從而促進亞洲區域的建設互聯、互通和經濟一體化。有助促進中國與亞洲區域內的互聯互通建設和經濟一體化進程。

　　最後，在日後的研究仍有可開拓者，例如，採用不同商品價格代替價格指數可以得出更準確仔細的結果；考慮不同經濟結構，可研究官方匯率與黑市匯率對交易費用的影響差異。基於考慮到現實中區域融合存在不同程度的一體化進程，可用上述的非線性購買力平價檢驗各生產資源例如勞力與資本、生產力及其他變量的融合和估算的當中交易費用，並檢驗那些因素可減少交易費用，可引申更有效的政策以提升「一帶一路」倡議的發展潛力，減少出現類似歐盟中各成員國在融合進程中不協調的情況。

參考文獻

Bozoklu, S. & Kutlu, S., "Linear and Nonlinear Cointegration of Purchasing Power Parity: Further Evidence from Developing Countries". *Global Economic Review*, 41(2012), 147-162.

Hofstede G., Culture's consequences: international differences in work-related values(Sage, Beverly Hills, CA, 1980)

Hofstede, G.J., Jonker, C.M., Verwaart, T., "Modeling Culture in Trade: Uncertainty Avoidance" In: *Proceedings of 2008 Agent-Directed Simulation Symposium (ADS 2008)*(SCS, San Diego, 2008)

Hofstede, G., Hofstede, G. J. & Minkov, M., *Cultures and Organizations: Softwareof the Mind*, Rev. 3rd ed. (New York: McGraw-Hill, 2010)

Lo, M. & Zivot, E., "Threshold cointegration and nonlinear adjustment to the law of one price", *Macroeconomic Dynamics*, 5 (2001), 533-576.

Maki, D. & Kitasaka, S., "Residual-based tests for cointegration in three-regime TAR models", *Empirical Economics*, Vol.48 No.3 (2015), pp. 1013-1054.

Pippenger, M. & Goering, G., "Additional results on the power of unit root and cointegration tests under threshold processes". *Applied Economics Letters*, 7 (2000), 641-644.

Taylor, M.P., "Purchasing power parity", *Review of International Economics*, Vol.11 No.3 (2003), pp. 436-452.

Woo, K.Y., Lee, S. K. & Chan, A., "Nonlinear adjustments to intranational PPP", *Journal of Macroeconomics*, 40 (2014), pp. 360-371.

Woo, Kai Yin and Lee, Shu Kam, "Evaluation of the One Belt, One Road Initiative through the Lens of Nonlinear Adjustment Analysis in Real Exchange Rates", presented at *Beijing Forum, Beijing Forum Beijing China*, November (2015).

Woo, K. Y., Lee, S. K., & Shum, P.,"Evidence on PPP with China along the Belt and Road using the Three-regime TAR cointegration tests", *Working Paper, Hong Kong Shue Yan University* (2017).

中國國家發展和改革委員會、外交部及商務部《推動共建絲綢之路經濟帶和 21 世紀海上絲綢之路的願景與行動》（2015）http://www.mofcom.gov.cn/article/i/dxfw/jlyd/201601/20160101243342.shtml

當代中國的亞洲地區戰略及其
亞洲定位思考初探

香港城市大學亞洲及國際研究學系研究生　**陳家樂、林皓賢**

一、亞洲地區戰略與多邊合作主義

在全球化研究上，區域化（Regionalization）和（Regionalism）是不可分割的課題。在當代世界，全球化加速區域化及改變區域主義的性質（羅玉芬，2014；蕭力愷，2007）。由於受地理區域所規限，在全球網絡的連結過程中，促使展開區域化進程，形成分裂的世界形態。民族國家為在世界上有更大的話語權，於是組成區域化集團，像歐盟及北美自由貿易區。此外，同一區域的國家為共同需要而整合資源，將國家議題提升至區域層面，例如歐盟前身是從共同合作發展經濟及原子能而聯合起來的合作組織。要留意的是，冷戰時期的舊區域主義與全球化下的新區域主義是不同的，茲看下表：

表一：新舊區域主義比較

	舊區域主義	新區域主義
時間	1950 年代至冷戰結束	始於 1980 年代中期
世界格局	兩極：意識形態	多極：以區域、民族、文化和經濟等劃分
動力	從上而下：美蘇兩國	從下而上：自身需要
合作內容	單一目標	多元、綜合，如經濟、政治、民生、軍事等方面
開放性	內向型：保護色彩，以政經制度交化為依歸	相對開放：共同議題為合作基礎以致聯合行動
治理模式	國家政府間合作	國家政府＋非國家機構

資料來源：袁政，2011；Hettne，1999。

以上可見，新區域主義是因應全球化而出現的，它反映在開放性、多元議題及全球治理模式。而中國近年在區域治理上的合作，正正源自於自身的兩個外交戰略思維——亞洲地區戰略與多邊合作主義，而這兩個思維又符合全球化下的新區域主義。

中國的亞洲地區戰略一直由鄧小平提出的「韜光養晦」、朱鎔基提出的「負責任大

國」、前中共中央黨校副校長鄭必堅提出的「和平崛起」及 2004 年胡錦濤的「和平發展」（不結盟、不對抗、不針對第三國），發展出近年中國國家主席習近平的「中國夢」、「正確義利觀」、「中國特色的大國外交」、「奮發有為」、「建設性介入」等理念，構建「新型國際關係」及「人類命運共同體」，透過推進全球治理體制變革，以維護並完善當今國際秩序（陳向陽，2015）。簡言之，中國近年的外交策略轉趨積極，為中國爭取更多國際空間、尊重及影響力（He，2019）。

　　大國的對外身份定位是中國參與國際社會事務的重要因素，而在衡量自身國力後，中國不但「追求基本安全」與「基本富裕」的一般大國層次，還準備成為參與全球事務及建立國際規範的世界大國。由發展亞洲地區主義，到「一帶一路」倡議下發展多邊合作主義，發揮新興大國的積極引導力，以幫助中國融入世界。而「亞洲區域化」則是以亞洲多元認同的建構為基礎，推動「一帶一路」建設，有助於中國實現地區及全球大國責任。

　　以上兩個外交的思維，既繼承萬隆會議周恩來所提出的和平共處五原則的精神，亦與全球化時代的新區域主義相配合。不過不能忽視的是，中國的周邊安全環境其實並不穩定，所以在提倡和平崛起的同時，中國為確保周邊和平環境，一方面嘗試繼續與周邊國家加強對話及合作；另一方面透過不同方式增加其影響力。而為讓周邊國家消除對中國的疑懼，21 世紀的中國利用多邊主義及完善國際體制來自我限制，開放自身市場，相互投資及技術交流，緊密地聯繫自身與亞洲各國，以此增強各國對華信任（龐中英，2001）。

　　可是，日本對於區域聯合體的議題上，與中國存在根本的差異。加上兩國的歷史包袱及很多根本分歧，導致中日各自推動亞洲一體化。而近年美國的戰略考量催生與亞太國家的積極互動，同時促使中國近年的外交戰略有所變革。所以，本文藉著觀察近年中國在外交上的戰略及行動，重要行動包括打擊恐怖主義、「一帶一路」戰略及亞投行、參與國際維和任務及人道主義救援及武器銷售等，探討中國在亞洲一體化中的自身角色及區內對手日本、美國的分歧。

二、近年中國在亞洲區域化中的行動

　　關於亞洲區域化，可以從文化思想層面（軟實力）及政治經濟軍事層面（硬實力）來探討一體化的程度。在帝制時代，不論是作為漢朝的西域宗主國、唐朝的天可汗、明清時的天朝藩屬制度，中國都擔當亞洲霸主的角色。對亞洲，特別是東亞國家有深遠的影響。這種影響，不單是政治上作為巨大力量對小國施加保護傘，而是文化上，

在過去逾千年來周邊國家以中國為文化中心，以漢化作為推動現代化的指標，形成一個以中國為中心的漢文化圈，當中表表者為韓國及日本。中國在經歷清末以來百多年的貧弱狀態後，透過四十多年的改革開放成果，正重新在亞洲發揮新的影響力，然而，當代亞洲在西力東漸後，整個形態已大不相同。亞洲地區的意識不在像帝制時代以中國文化為中心，而是既有民族意識的覺醒，同時又受到美國主導的自由主義國際秩序所施加的影響。

在胡錦濤年代，中國積極推動多邊主義外交及國防現代化。近年除與美國、俄羅斯等大國舉行防務與安全磋商外，並與日本、巴基斯坦、越南、泰國等周邊國家防務部門和軍隊進行不同形式的安全磋商，不但宣傳中國外交和國防政策，而且增進彼此信任、釋除疑慮，達至協調雙方立場的作用。對運作大國關係，建構周邊安全環境具正面意義（解放軍報，2008a）。另中國通過加強推動與各國國防部副部長或相應級別之防務和安全官員對話，增進與各國互信合作關係（張沱生，2011）。有關後者，則加強對外軍事投射能力，並採取強制外交手段處理海上領土紛爭，並未為美國的區域力量構成重大威脅。直至作為中國首艘航空母艦，「遼寧艦」在 2012 年 9 月正式入列，正正標誌著中國政府推動國防現代化的成果，雖此行動仍未明顯針對美國或其他特定國家，但無疑催生中美之間的軍事對立。

2012 年，習近平上台後提出的「中國夢」，蘊含「國強、民富」，針對國防發展的則強調「強軍」，因此軍備現代化成為其中的核心考慮。到了 2014 年，中國提出「中國特色的大國外交」，堅持獨立自主的和平外交方針，不放棄中國的正當權益，尤其國家核心利益，呈現「軟中帶硬」的特點。並在「亞洲相互協作與信任措施會議」（CICA）強調，亞洲問題應由當地人民自行處理，並且警告及反制美國試圖壟斷區域安全事務，以及在亞洲地區推動針對第三方的同盟體系。

在區域事務上，中國就釣魚島及南海問題採取強硬態度（Assertive）及脅迫式外交（Coercive Diplomacy），以捍衛領土主權完整的「核心利益」，冀逐步建設「海洋強國」。故中國透過持續採取低強度行動，不但讓相關國家難以達成聯合對抗中國的合作共識，同時讓美國失去積極介入的正當理由，從而逐步掌控南海，及提升中國區域影響力的長期戰略目標。影響美國的外交行為在於當美國對中國外交行為視若無睹，將嚴重打擊其在區域內扮演安全捍衛者的承諾和角色。雖美方對南海主權爭議抱持中立、不介入的立場，雙方均提高對方的政治及軍事成本，共同改變南海「現狀」。例如當聯合國海牙法庭在 2016 年公佈南海爭端仲裁結果：中國「九段線」的歷史權利主張無效；中國干擾菲律賓在黃岩島周邊水域的漁業活動屬不合法；以及中國的大規模填海造陸活動嚴重破壞自然環境。雖東盟國家內部對此存有歧見，但仍削弱中國以法理立論的一

定基礎（蔡明彥，2017）。

　　但中美之間在區域和平議題及各項非傳統安全威脅上有著「共同利益」，例如恐怖主義、氣候變遷、糧食安全、金融危機、公共衛生，因此強調中美關係發展為「不衝突、不對抗、相互尊重、合作共贏」的「新型大國關係」（New Type of Great Power Relations）。茲舉中國的區域合作例子說明：

（一）地區安全合作

　　通過多邊區域安全合作，中國營造長期穩定的區域環境和全球體系，包括東盟（ASEAN）、上海合作組織（SCO，簡稱上合組織）、中非合作論壇（FOCAC）、中國－阿拉伯國家合作論壇（CACF，簡稱中阿合作論壇）。而且，積極參與東盟各協作機制，包括「東盟國防部長擴大會議」（ADMM Plus）、東盟地區論壇安全政策會議（ASPC）、東亞高峰會（EAS），推動與東盟國家的全面合作。

　　上合組織成功開創不結盟、不對抗、不針對第三方的新型區域安全合作模式，促進地區安全與穩定。上合組織於2001年成立，成員國6國元首在上海共同簽署「打擊恐怖主義分裂主義和極端主義上海公約」，並相繼展開成員國之間的安全、經濟、文化、軍事領域合作，以建立全面、平等、多元、可持續、符合各成員國的政府間國際組織為目標。其中，加強聯合反恐演習，是上合組織在防務安全領域合作的重要內容。2008年中國國防部長梁光烈簽署「上合組織成員國國防部合作協定」，為中國首次與外國簽訂多邊安全領域的法律文件。

　　2012年，習近平主席上台後不斷擴大上海合作組織。阿富汗及土耳其在2012年分別加入為觀察員及對話夥伴國；2015年新增四個對話夥伴國：亞美尼亞、亞塞拜然、柬埔寨、尼泊爾；而巴基斯坦和印度在2017年成功加入為成員國。中國亦積極參與聯合國反恐機構工作及審評《聯合國全球反恐戰略》，針對網路恐怖主義、跨國有組織犯罪和恐怖融資等領域。為此，由2015年開始，中國每兩年新增舉辦「網路反恐聯合演習」；並資助非洲反恐及大型體育賽事安保等項目（王建剛，2020）。

　　與上合組織相似，中非合作論壇及中阿合作論壇分別在2000年及2004年成立。兩個定期對話論壇皆為中國在非洲、阿拉伯地區的跨地域合作機制，為後來的「一帶一路」建立重要基礎。自2009年起，中國已成為非洲的最大貿易伙伴，到2014年雙邊貿易額達2.2萬億美元。2016年，習近平對沙地阿拉伯、埃及和伊朗進行國事訪問，表示深化「1+2+3」合作格局（能源合作主軸，基建、貿易和投資兩翼，核能、航太衛星、新能源三大高新領域）。並發表白皮書《中國對阿拉伯國家政策文件》，冀共同解決中東地區發展問題、積極促進區域和平穩定、共同推進工業化進程，及為阿拉伯國

家在地區和國際事務中提供支援。起初中國對非洲以建立經貿關係為主，但隨著「一帶一路」計劃，中國明顯對阿拉伯國家的整體地區事務愈發關心。

（二）新區域經濟發展

近年中國在推動地區合作中最大的項目是「一帶一路」戰略及亞洲投資銀行。中國政府於 2013 年提出「一帶一路」的經濟合作概念，所謂一帶是「絲綢之路經濟帶」，而一路則指「21 世紀海上絲綢之路」，兩者均屬於跨國經濟帶。一帶一路不是一個實體和機制，而是合作發展理念和倡議，發展與沿線國家和地區的經濟合作夥伴關係，並作為統合前期與相關國家展開的有效多邊合作機制的政策工具。同時，為加強在國際金融市場上的話語權，中國創立「亞洲基礎建設投資銀行」（AIIB），其投資的主要對象是亞洲地區國家，由中國為首的 57 個國家提出，成立目的與其他多邊開發機構有所不同，透過專注在基礎建設融資上，配合一帶一路戰略，對沿線國家進行基建項目融資。至 2020 年為止，現共有 103 個成員國（亞投行，2021）。另外，由 2012 年 8 月開始推動及到 2019 年 11 月完成談判的亞洲另一區域經濟合作——區域全面經濟夥伴協定（RCEP），透過削減關稅及非關稅壁壘方式，以建立自由貿易協定及共同經濟市場。由此，中國的亞洲區域經濟戰略重心由東盟擴展至「一帶一路」國家，共同建構中國的「印太」概念及「亞洲」的身份意識。

（三）維和行動與人道主義救援

自鄧小平推動改革開放以來，中國對國際事務展現出高度的參與意願，積極參與各項國際維和任務。1988 年，中國加入聯合國維持和平行動特別委員會。期間因外交政策的改變，逐步增加對聯合國事務參與程度，從 1990 年解放軍首次派出軍事觀察員參加聯合國維和行動，1992 年正式派遣建制部隊參與聯合國「維和任務」，2001 年中國國防部成立「維和事務辦公室」，統一協調與管理解放軍參與聯合國「維和行動」工作。中國向非盟提供無償軍事援助及向聯合國派遣工兵、運輸、醫療、軍事觀察員、步兵營、直升機、運輸機、無人機、水面艦艇、駐聯合國參謀軍官、軍事觀察員、民事員警等維和分隊部隊，以執行各地維和任務，包括斡旋調解、監督停火、掃雷排爆、修路架橋、救死扶傷、支援重建、為各國培訓維和人員任務。2015 年以來，中國先後派遣 25 批工兵和醫療分隊共 7001 人，參加在南蘇丹、剛果民主共和國、蘇丹達爾富爾、馬里、黎巴嫩的維和任務。根據 2020 年《中國軍隊參加聯合國維和行動 30 年》白皮書，30 年來先後參加 25 項聯合國維和行動，累派維和官兵 4 萬餘人次，為第二大維和攤款國和會費國。2017 年 9 月已發展到 28 支分隊 8000 人規模；2021 年 3 月，

2469 名中國維和部隊正在 8 個維和特派團和聯合國總部執行任務，為聯合國第九大出兵國（中國國防部，2020；United Nations Peacekeeping, 2021）。

除了維和外，解放軍於 2002 年首次對外實施人道主義救援，向阿富汗提供醫藥、醫療設備、辦公用品等援助物資。2008 年四川汶川大地震發生後，中國接受了 17 個國家防務部門和軍隊的友好援助，並藉機拓展合作範疇，爭取美、俄、韓、日、以、德、烏、新等國軍方提供援助物資，以拓展軍事交流合作，透過啟動新聞發布制度，主動發布災情與各國援助新聞，提升解放軍國內、外形象與彰顯軍事透明度，厚植軍事軟實力；另在「東協 10＋3 武裝部隊國際救災研討會」介紹其「川震」四級救災指揮體系成效。2012 年以來，組織或參加 2013 年菲律賓「海燕」颱風救援、抗擊接近三年多西非伊波拉疫情、2014 年馬爾代夫水荒救援、2015 年尼泊爾抗震救災、2018 年老撾潰壩水災救援、2019 年吉布提內澇水災救援等多項任務。海軍醫院船「和平方舟」號服役 10 年，訪問 43 個國家，為提供醫療服務（國務院，2019；解放軍報，2008b；蘇治宏、邱浩翰，2019）。這些國際救援行動，大大體現了中國政府在國際災難救援上「大國外交」的表現。

在 2015 年，習近平首次出席聯合國維和峰會，宣佈建設一支 8000 人規模的維和常備部隊、向聯合國「和平與發展基金」捐贈 10 億美元。其基本方針由「不結盟、不對抗、不針對第三方」轉型為王毅外長在 2017 年起公開確立的在堅持不干涉原則下達至「建設性介入」）——以預防衝突及提供國際公共產品的原則選擇性介入，並基於客觀公正的事情狀況和平地展開斡旋調停，以解決任何矛盾分歧。同時，在國際舞台上扮演規範倡議者（Norm Entrepreneur）——傳播聯合國維和規範體系的中國方案——「發展和平論」，主張先確保政治和社會穩定下，以政府發展援助（ODA）、對外直接投資（FDI）等經濟建設為中心帶動東道國的全面發展及消除其國內衝突的根源，當中凸顯中國企圖主導和參與國際事務的決心（王逸舟，2014；侯雪蘋，2015；龐中英，2018；He，2017，2019）。

Kwon（2020）指出，雖然聯合國官方指引認為應分開軍隊與人道救援的角色，但中國的軍事外交模式通過設立中國維和警察培訓中心及國防部維和事務中心，嚴格甄選及統一訓練維和部隊。透過採用國家經濟及國家安全的「融合發展」戰術，維和部隊會協助社會及經濟建設，包括與當地學校、醫療設施及孤兒院建立良好合作網路、教授中文予當地社群、邀請當地社群一同參與中華舞蹈武術活動。因此，以維和規範體系的中國方案為指導方針來參與聯合國維和任務，不但能與各發展中國家建立軍事外交，而成為重要的地緣戰略需求資源、經貿能源等政策利益外，更是一種展現國力、贏得人心，以塑造大國形象及提升中國的國際地位。而與「一帶一路」戰略相關的海

軍外交，更是對應對非傳統安全威脅十分重要，以構建「海洋命運共同體」（張佳佳，2020）。

　　並且，隨著 2013 年提出「命運共同體」和「一帶一路」倡議，中國政府發展援助（ODA）與國際經貿發展進行有機結合。由 1950 年代由向蒙古、朝鮮和越南開始對外援助，到 2018 年發展至全球 122 個國家。2001 年到 2017 年間，對外援助從 7.4 億美元上升到 168.7 億美元，約佔 2017 年國民生產總值的 0.14%，逾半援助非洲國家，當中無償援助佔對外援助的 47.3%。2017 年美、日、德、英的政府發展援助為 347.3、114.6、250.1、181.0 億美元，分別佔國民生產總值的 0.18%、0.23%、0.67%、0.70%。2015 年中國宣佈設立「南南合作援助基金」，首期提供 20 億美元，支持聯合國 2030 年可持續發展議程，以農業發展與糧食安全、扶貧、衛生健康、災後重建、移民及難民保護等為主，並於 2017 年宣佈增資 10 億美元。並且，2017 年 5 月宣佈未來 3 年向「一帶一路」沿線國家及相關國際組織，提供 600 億元援助及 20 億元緊急糧食援助。2018 年 8 月宣佈已完成為期兩年八個月的中非「十大合作計畫」，包括興建約 3 萬公里公路、超過 900 萬噸／日的清潔用水處理、8500 萬噸／年的港口吞吐量、3 萬多公里的輸電網絡（國務院，2021；楊枝煌、楊南龍，2019）。中國政府發展援助（ODA）沒有像西方國家附加「政治條件」原則，而基於與中國不干涉別國的外交政策，往往在發展過程出現各種問題，導致相當多項目未能收到預期效果。因此 2018 年 4 月成立國家國際發展合作署，以最大程度上維護國家戰略與核心利益（張中祥，2019）。

（四）武器銷售

　　中國售武一方面可爭取對外市場，另一方面為透過與亞洲國家建立長期更緊密合作關係，從而提升相互的軍事能力。中國在 1991 年波灣戰爭後開始調整軍事戰略，並且積極推動軍備現代化。國防大學軍事後勤與裝備研究所副所長崔向華大校表示，解放軍武器裝備建設結構上由簡單到複雜，性能上由低級到高級、組合上由單一到系統、體制上由繁冗到統一，已逐步形成具有中國特色的機械化與資訊化複合發展的武器裝備體系（唐偉傑，2009）。根據瑞典斯德哥爾摩國際和平研究所（SIPRI）於 2020 年資料顯示，中國已下降為第五大世界武器輸入國及晉升為第五大世界武器輸出國，分別佔全球武器輸入及輸出量的 4.7% 及 5.2%（Wezeman, Wezeman 及 Kuimova, 2021）。

　　中國在 2008 年國防白皮書中表示：「重視與發達國家的軍工技術交流與合作，學習借鑒國外的先進技術和管理經驗。加強與發展中國家的互利合作，根據合作國的實際情況和具體需求，在多個重大合作項目上進行聯合研製、聯合生產。依據有利於提高接受國的正當自衛能力，不損害有關地區和世界的和平、安全和穩定，不干涉接受

國的內政等原則，開展軍品出口」（國務院，2009）。由此可見，中國積極擴大武器出口成為中國軍工企業的一項關鍵商業戰略，現今已發展到53個國家。2016至2020年間，中國武器銷售國家以亞洲及大洋洲國家為主（76%），包括巴基斯坦（38%）、孟加拉（17%）、阿爾及利亞（8.2%）、緬甸、泰國。其中中國對巴基斯坦的軍售及援助力度最大，雙方共同研製的梟龍戰機已於2007年開始交付巴基斯坦空軍。以戰略地形觀之，中國向這些與印度相鄰國家售武，藉此拉攏上述國家，此舉讓印度深感不安。

在習近平上台後，中國明顯對部分原來市場（孟加拉、泰國、緬甸、印尼、阿爾及利亞）加強售武。，如緬甸從中國進口17架JF-17戰鬥機、12架中國彩虹無人機、兩艘43型護衛艦與76輛92式裝甲車。同時開拓更多亞非市場輸出武器（伊拉克、沙地阿拉伯、阿聯酋、喀麥隆、科特迪瓦、吉布地、埃塞俄比亞、茅利塔尼亞、莫桑比克、卡塔爾、塞內加爾），由此反映轉變中的亞洲區域戰略，大大為周邊亞洲各國軍事的能力建設作出貢獻。2016年中國首次售武予各中亞及前蘇聯國家，例如地對空導彈系統予土庫曼；但中東地區則基於政治因素而成效有限。重要的是，中國2017年發布了《出口管制法（草案徵求意見稿）》，建立自我限制的綜合出口管制體系（CSIS，2018）。

從以上可見，中國在政、經、軍事方面層面上，對於亞洲區域化花了巨大資源及部署，而因為其自身的國力發展，及提供的龐大商機，因此在當中所產生的作用亦順理成章地具有領導地位。

三、與日本的分歧及回應

作為另一個亞洲大國及美國盟友，日中關係是複雜的。日本已經持續超過二十年的經濟不景，對比近二十年中國的經濟發展反而更顯其頹勢，這正是時殷宏教授所說的既崛起又衰落的現象（時殷弘，2006）。對於中國的強勢，日本是不願看見的。為此，日中兩國在經濟上是盡可能合作，但在外交舞台上又互不相讓。

2012年起，日本首相安倍晉三上台提出「積極的平和主義」（Proactive Pacificism），推動修改憲法、開始增加軍費及積極建立雙邊安全合作機制，提升國家防衛水平達至平衡區域安全。2013年，成立國家安全保障會議（NSC），及制定首份國家安全保障戰略（NSS）——基於島國的國家安全與經濟繁榮繫於一線，依賴海上貿易及資源需要穩定的海上運輸線（Sea Lines of Communication, SLOCs），須建設東海及南海地區的區域安全秩序。並基於「一帶一路」戰略及亞投行迅速發展的壓力，日本的競爭手段則是東南亞、南亞、非洲地區的「經貿及援助外交」及與美國共同建立亞太海上安全秩序。2013年出訪東盟十國，2014年開始逐步修改政府發展援助（ODA）政策，成為非傳統

安全機制，重點人道援助與災害救援，通過技術轉移、有條件出售防務裝備、巡邏艦、高速船以及加強培訓和聯合軍事演習，協助南亞和東南亞各國建立海上能力，特別是菲律賓及越南。在打擊海盜和其他非法海事活動的同時，也有助於抵制中國的海事侵犯（Oros，2017）。2018 年後，日本對華 ODA 正式終結。

表二：日本對華 ODA（百萬美元）（作者編製）

	2011	2012	2013	2014	2015	2016	2017	2018
捐贈	300.38	141.67	29.55	19.01	10.08	7.01	5.70	4.65
貸款額	560.44	390.76	295.57	123.12	141.36	20.97	4.35	0.45

資料來源：Ministry of Foreign Affairs of Japan, White Paper on Development Cooperation, 2012-2019.

2014 年 12 月，安倍政府第四次修改《防衛計劃大綱》及通過《2014 年至 2018 年中期防衛力整備計劃》，逐年增加軍費以提高軍備規格，當中反映 2010 年修訂的《防衛計劃大綱》未能應付中國軍力迅速上升及區內不穩的安全環境（Bowers and Grønning, 2017; Ministry of Foreign Affairs of Japan, 2013）。2015 年 9 月，日本國會參議院通過新安保法成功解禁集體自衛權，為近年來最重要的里程碑。新安保法容許日本在美國等盟友受到武力攻擊、國家處於存立危機事態、重要影響事態下，無須國會批准便可派遣自衛隊提供後方支援及到海外參與聯合國維和行動（路西，2016；詹如玉，2015；Ministry of Foreign Affairs of Japan, 2014）。2016 年開始落實「自由開放的印太戰略」（Free and Open Indo-Pacific Strategy, FOIPS）。2018 年 12 月，再針對中國近年電磁領域、太空、網路領域的迅速發展，安倍政府第五次修改《防衛計劃大綱》，將此三大領域列為安保新領域，認為電子戰是「當今戰爭攻防的最前線」。

表三：日中艦船比較

	日本	中國
航空母艦	0	2
直升機護衛艦	4	0
驅逐艦	38	36
巡防艦	0	54
護衛艦	6	42
潛艦	19（不含訓練艦）	76
總數	67	210

資料來源：陳昭羽（2019）

根據表三，中國軍事現代化步伐已成功拉開日中兩國艦船數量有相當差距。因此，《2019 年至 2023 年中期防衛力整備計劃》則建議將護衛艦「出雲號」航母化及增加逾三十架戰機，明確表示應對來自中國的潛在軍事威脅（南博一，2021）。在 2018 年及 2019 年間，日本政府透過成立水陸機動團為自二戰以來首個水軍單位、與英、美、印進行聯合軍事演習、開始研發「超音速滑翔彈」，以防範釣魚島的佔領。

在日美安全合作方面，在 2015 年 4 月，日美安全保障協商委員會（SCC）終於同意公布新一份「美日防衛合作指針」（The Guidelines for US-Japan Defense Cooperation），擴大日本可行使武力範圍，加強對雙邊軍事、經濟、外交等領域的戰略合作，以抗衡中國及維持區域現狀。內容除了擴大兩國軍事合作至「全球公域」（海洋、宇宙及網路空間）、在「第三國」戰事中進行「相互軍事防護」及建立兩國在亞太地區的共同領導角色，更特別加入日本如何應對亞太區域未來可能出現的不同戰略情境。而這份指針的用字的模糊性，提供相當大的詮釋空間和彈性，反映兩國之間的同盟信任，以應付迅速變化的亞太區域局勢（李秀石，2015）。

在多邊安全機制方面，透過與美、澳、印共同建立的「四方安全對話」（Quadrilateral Security Dialogue, QUAD），舉行會議及進行軍事演習，以全面強化聯盟體系，特別與美國共同加強與印度的軍事及情報合作，支援印度成為亞洲大國，從而抗衡中國。所以，對於亞洲區域化，日本走「東亞共同體」的路線，積極加強東亞、東南亞、及美國的友好關係。從上文的中國行動可見，中國對於亞洲一體的地域概念，是地理上包括西亞、中亞的亞洲，當然東盟是其主要拉攏目標。但基於其和平主義身份所限，其區域化角色只能擔任一位靜默的引導者。所以，在美國的助力下，日中不同的亞洲區域化政策建構了兩個不同的「亞洲地區」。

對非洲國家，安倍晉三的做法是建立更多經濟夥伴，而不是捐助者或債權人。日本試圖將自己與中國區分開來，主張不會令經濟夥伴負擔沉重債務，而根據非洲聯盟認可的聯合國可持續發展目標（SDGs）和《2063 年議程》共同制定一種可持續經濟合作方式——聯繫可持續性與能力建設、技術援助、基礎建設、通達度和貿易擴展。2015年成功與肯尼亞簽署 2.7 億美元的貸款協議，以擴建東非最大港口蒙巴薩二號集裝箱碼頭，預計提高 2 倍吞吐量。同時，作為蘇彝士運河的主要出入境口岸、進出紅海與印度洋的必經要道，吉布提的東非重要戰略位置令其自 1977 年起美、法、德、西、意設立其為軍事基地，因此日本在 2011 年設立其為海外惟一軍事基地，中國則 2017 年在該地設立首個海外「保障基地」。到 2018 年，日本則宣佈吉布提基地永久化，反映日中兩國在非的區域競爭。另外，日印兩國在 2017 年宣佈合作建設亞非增長走廊（AAGC），涵蓋醫療保健、農業、糧食安全和災害管理等非洲國家的重要發展領域，

冀建立一個讓非洲國家減少中國發展融資依賴的替代機制。

從中國角度出發，和平地域環境有利自身發展，故中國主要以經濟牌應對日本。同時，中國亦深知日本加入中國主導的合作項目是對整體有利的，故此中國亦適時與日本提出合作。2006 年後日中兩國交流較密集，並隨後達成雙方軍事高層互訪的機制化建立，另雙方海軍開啟彼此互訪，顯示日中雙邊關係更趨務實緊密（李玉章，2010）。而基於日中緊密經貿關係的共同利益遠較其分歧重要，「一帶一路」倡議將加強兩國低度政治領域的相互依賴，日中兩國大致繼續處於溫和競爭關係。

主要衝突包括 2009 年發生中國漁船與日本巡邏船釣魚島相撞事件，引發一連串反日示威活動，及 2012 年日本「國有化」釣魚島及多次拒絕承認釣魚島的中方主權。中國 2013 年設立東海防空識別區，及定期派遣海警船巡航釣魚島領海，而在 2014 年 9 月起一年內則已有 233 日進入相關海域以宣示主權（Przystup，2016）。但日中兩國在 2014 年 11 月達成四點共識，達成「雙邊戰略互惠關係」的共識基礎——強調遵守日中四個政治文件、「正視歷史、面向未來」精神，就釣魚島爭議通過對話磋商及建立危機管控機制。到 2018 年 5 月，李克強與正式出訪日本，關係開始正常化。2019 年習近平與安倍晉三在大阪 G20 峰會達成共識，展開經濟、安全合作及人文交流關係進入實質性回歸（門洪華，2020；紐約時報中文網，2014）。2021 年 4 月，日本更加入由中國主導的區域全面經濟夥伴協定（RCEP）。2020 年 6 月中國海警船逾十次進入釣魚島海域，而日本亦將釣魚島從「登野城」更名為「登野城尖閣」反制中國，並建立軍事部署包括成立新電戰部隊、新的岸基反艦飛彈單位，以抵抗來自海陸空的全面威脅（鄭國強，2020）。

由此可見，在安倍第二屆政府期間，日本致力為解除軍事擴張禁令鬆綁，同時提升自身經濟及軍事能力，並為提升東南亞及南亞國家的軍事能力而建立更緊密的外交關係，從而增強自身的區域地位。所以，日中兩國在推進經濟合作的前提下，繼續以不同方式捍衛國家核心利益，各自推動亞洲區域化進程。

四、美國的亞洲力量

奧巴馬自 2009 年上台一改小布殊政府的單邊主義政策，轉為多邊主義的外交政策，實現「重返亞太」。美中兩國在全球體系上，由弗雷德‧伯格斯滕（C. Fred Bergsten）在 2005 年開始提出，到由 2009 年開啟的美中戰略與經濟對話正式確立的兩國集團（G2），標註著中國正式開始肩負起全球大國的責任。2006 年末，歷史學家尼爾‧弗格森（Niall Ferguson）和經濟學家莫里茨‧蘇拉里克（Moritz Schularick）亦提出中美

共同體（Chimerica）的未來雙極秩序，已肯定了美中在亞太地區事務上有相當明確的主導位置。大致上，美中關係由奧巴馬時期的溫和競爭關係，其後自特朗普上台發展成溫和對抗關係。

在區域經濟上，泛太平洋夥伴關係協定（TPP）推動以排除中國為中心的亞太經貿網絡，不但有助整合區內兩大經濟區域合作組織（亞太經濟合作會議和東盟），同時抑制中國的區域經濟擴張。在 2008 至 2013 年，奧巴馬政府的多邊主義外交政策讓其增加了 30 多項美中對話機制，讓雙方在戰略競爭的同時，以機制形式進行定期對話管理雙邊歧見。並且，中國當時在重大區域議題上仍採取「有限屈從」戰略。例如，以北韓核武問題為例，雙方皆希望維持朝鮮半島穩定，同意推動半島無核化，但兩國在處理方式上存在分歧——美方堅持制裁迫而中方主張協商。故中國在 2006-2013 年間對北韓的聯合國制裁案表決中，並未反對美方提案，為美中發展「新型大國關係」創造有利條件（蔡明彥、張凱銘，2015）。

在安全關係上，2012 年起推動「亞洲再平衡」，對華戰略似乎開始轉為強硬。重點在於提升西太平洋地區駐軍部署及擴大區域同盟，冀在不與中國發生衝突的前提下，實現美國在亞太地區的區域經濟合作及建立和平解決區內安全爭端的秩序。

其中，關島駐軍部署包括引進各種新式武器裝備，包括「全球鷹」無人偵察機（RQ-4 Global Hawk）、洛杉磯級核動力攻擊潛艦、終端高空防禦飛彈系統（THAAD）等。另外，2012-2014 年間，美國將部分沖繩駐軍轉往關島、F-22 戰機、2 艘「神盾級」驅逐艦；增加海軍陸戰隊進駐澳洲達爾文（Darwin）基地、以輪調方式增加 4 艘駐新加坡瀕海戰鬥艦、獲菲律賓授權美軍使用克拉克（Clark）與新埃西哈（Nueva Ecija）的軍事基地（蔡明彥、張凱銘，2015）。到 2016 至 2017 年，美韓兩國部署 THAAD，令東北亞政治局勢升溫。

區域同盟主要為日本、韓國、澳洲、菲律賓。2011 年，美日兩國在「2+2」會談中，達至 24 項共同戰略目標，以加強外交與安保合作關係，應對區內各國帶來的地區安全風險。2013 年 12 月，美日兩國將進一步在全球範圍內，就安全事務、發展援助與災難援救等議題增進合作關係。並其任內積極推動「美日+1」形式的外交與安全合作，例如美、日兩國與韓國、澳洲、菲律賓陸續發展安全對話與聯合軍演，延伸成更緊密的多邊地區網絡，提升美國在亞洲地區的影響力。

另外，美國更多透過區域對話機制，例如「東盟—美國領袖對話與高峰會」（ASEAN-U.S. Leader's Meeting and Summit）、東亞高峰會（EAS）、「東盟國防部長擴大會議」（ADMM Plus）及「東盟海事論壇擴大會議」（EAMF）（2012 年起），制度化區內各國外交方式。例如南海爭端上，應依照國際法規定及制訂《南海行為準則》。

　　基於奧巴馬平衡中國影響力失效下，美國總統特朗普自 2017 年末上台後一改奧巴馬政府的商議、高預測性、制度建設為主的多邊主義外交政策，改為以美國為區域中心的「自由開放的印太戰略」（FOIPS），及透過國防部公布的《國防戰略報告摘要》，把中國定位為「戰略競爭對手」，宣佈重新加強美國在印太地區的經濟與安全層面的霸權地位，以抗衡中國及改變東亞的勢力平衡。並且，特朗普政府需思考三層次戰略計算考慮：整體雙邊關係目標、如何通過外交和軍事手段制定新的美國戰略來抑制中國的海上自主權及中國回應的互動、如何在避免不可逆轉的對抗下，適時採取戰術措施，如航行自由行動（FONOPs）、圍截解放軍等（Ji，2019）。事實上，只有當特朗普上任後希望解決盡快北韓核武問題，向中國示好冀同意向北韓一同施壓，基於成效不彰後令美中友好關係只維持一年的蜜月期。

　　2018 年，美國聯邦調查局局長克里斯托弗・雷（Christopher Wray）及時任美國貿易代表羅伯特・萊特希澤（Robert Lighthizer）警告中國分別在軍事及經濟上已構成對美國發展的實質威脅，而自 2018 年《國防授權法案》起不斷提高美台軍事合作及抗衡中國各領域的國防預算，包括提高美國出口管制及擴大美國外國投資委員會（CFIUS）的審查外資權力，以加緊審查中資在美國的公司收購及技術交易（BBC 中文網，2018；Sutter，2018）。所以，在安全方面，透過由離岸平衡（External balancing）達至避險（Hedging），過渡至選擇性圍堵（Selective containment）以加強美國在亞洲的影響力。在東亞方面，藉著聯合其盟友防止中國在海上和空中「主導第一島鏈」，美國在亞洲的軍事主導權，阻止中國對美國及其盟友展開軍事行動。由此可見，美國藉著施加威嚇式楔子策略，以可接受的成本離間、分化中國與其他亞洲國家，防止形成敵對聯盟，特別為圍堵性聯盟，從而在區域安全上牽制及防範中國。另外在經濟上亦採取同樣策略（Crawford，2008）。

　　可是，基於現時美中雙邊經貿關係已於全球經濟體系達至相當程度的結合，故其一方面強調「美國優先」政策，提升國內製造業的生產自主性；另一方面透過減少與中國企業合作，並重啟五眼聯盟，在各行業（如半導體）的全球供應鏈上施加壓力，2018 年開啟對中國展開為期接近 3 年的貿易戰，遏止中國產業升級，對沖「一帶一路」倡議的影響力，令美中關係墜入冰點（BBC 中文網，2021）。短期來說，經貿磨擦對經濟效果相當顯著。可惜的是，「美國優先」政策及其敵意疏遠許多亞洲國家，退出 TPP 令日本與其他區內夥伴改組成跨太平洋夥伴全面進步協定（CPTPP），反而促進中日韓經濟合作，令其經濟損失大大削弱印度、「四方安全對話」等區域安全合作戰略的誘因，其實際效果遠差於預期。

五、結語

　　本文主要從國際關係角度及中國的外交戰略入手，討論了中國在亞洲區域化的過程中的角色，及淺談與區域大國日本及美國之間的外交角力。總的來說，中日兩國由於歷史情結、美日安保條約等因素，彼此存有猜忌，日本只礙於中國日益強大，及中國因應日本為經濟強國，故此雙方在彼此競爭下採取合作。亞洲區域合作，甚至要達到一個區域共同體，有幾點值得關注。首先，隨著中日國力此消彼長下，然而中日作為區域大國，其關係好壞對亞洲區域化仍為一重要因素。但在習近平及安倍政府下，真正關鍵反而是美國的亞洲區域戰略及其展現的影響力。

　　並且，在全球化進程中，亞洲大國的權力分佈對重組區域甚至全球權力結構中的象徵地位有著重要的作用，因此分裂的區域格局會是亞洲一體化的最大障礙。所以，隨著中國綜合國力上升至其中一個能主導區域及全球事務的大國，現時只有中國能在亞洲一體化進程中扮演最有影響力的角色（蔡東杰，2014）。

　　至於中國，如中國冀完全達至一體化，猶如帝制時代以軟實力（對中國的文化認同）更深入地連結全球國家。中國除了透過地區安全合作、維和行動、人道援助、政府發展援助（ODA）與世界各國分享物質成果外，近年中國在文化思想層面，主要以輸出中華文化及於全球治理體系上建立新國際規範。而基於後者的建構有賴於與自由主義國際秩序相互適應及協調，所以幫助中國融入世界有一定成效。簡言之，承襲數千年中華文化的根本及現代化進程中奠下的外交原則作為路徑依賴，中國透過折衷主義式的制度建設鞏固中國在國際體制中的影響力，從而達至以中國為中心的亞洲區域化。惟須注意的是，近年被美國定調的戰狼外交，對其建構的「大國外交形象」造成嚴重負面影響。其對於亞洲一體化的影響，中國仍需努力思考未來如何獲得地區國家的外交尊重及正當性。

參考文獻

中英文專書

Bowers, Ian and Grønning, Bjørn Elias Mikalsen. 2017. "Protecting the Status Quo: Japan's Response to the Rise of China". In *Strategic Adjustment and the Rise of China: Power and Politics in East Asia,* edited by Robert S. Ross, Øystein Tunsjø. Ithaca and London: Cornell University Press. pp. 137-168.

He, Yin. 2017. "China's Doctrine on UN Peacekeeping". In *UN Peacekeeping Doctrine in a New Era: Adapting to Stabilisation, Protection and New Threats*, edited by Cedric de Coning, Chiyuki Aoi, and John Karlsrud, London: Routledge, pp. 109–31.

He, Yin, 2019. "China Rising and Its Changing Policy on UN Peacekeeping". In Cedric de Coning, Mateja Peter (eds) *United Nations Peace Operations in a Changing Global Order*, NY: Palgrave Macmillan, pp. 253-276.

Hettne, Björn, 1999. "Globalization and the new regionalism: The second great transformation". *Globalism and the new regionalism*, edited by Hettne. Björn, Inotai. Andras and Sunkel Osvaldo. London: Macmillan, pp. 1-24.

Ji, You (2019) "A worsening Sino–US geostrategic battle in Asian maritime domains". In *Reshaping the Chinese Military: The PLA's Roles and Missions in the Xi Jinping Era*, edited by Richard A. Bitzinger, James Char. London: Routledge, pp. 66-87.

Oros, Andrew, 2017. Japan's Security Renaissance: New Policies and Politics for the Twenty-First Century. New York: Columbia University Press.

時殷弘，2006，〈中國崛起的條件：從對外關係角度出發的討論〉，時殷弘編，《國際政治與國家方略》，北京：北京大學出版社，頁 222。

蕭歡容，2006，〈中國的大國責任與地區主義戰略〉，王緝思、牛軍編，《中國學者看世界（四）大國外交卷》，香港：和平圖書有限公司，頁 194-206。

羅玉芬，2014，〈中國、亞洲區域化與區域治理〉，羅玉芬、唐詩雅、林皓賢編，《全球化下的中國》，香港：香港樹仁大學，頁 198。

論文／學術報告

Crawford, T., 2008. "Wedge Strategy, Balancing, and the Deviant Case of Spain, 1940-41," *Security Studies*, 17, 1, pp. 1-38.

Kwon, Jung Jae, 2020. "Red under Blue Chinese Humanitarian Action in UN Peacekeeping Missions". *International Peacekeeping*, 27:3, pp.417-444.

Przystup, James, J., 2016. "Japan-China Relations: Moving in the Right Direction," *Comparative Connections*, 17:3, pp. 109-122.

李玉章，2010，〈冷戰後中共海軍推動軍事外交之研究〉，《國立政治大學國際事務學院碩士論文》，頁 49-50。

門洪華，2020，〈化競爭為協調的新時代中日關係〉，《日本學刊》，第 5 期，頁 31-55。

袁政，2011，〈新區域主義及其對我國的啟示〉，《政治學研究》，第 2 期，頁 99-107。

陳昭羽，2019，〈日本海上自衛隊應對中共海軍威脅之研究－以潛艦發展戰略為例〉，《海權研究》，第 53 卷 6 期，頁 70-86。

張中祥，2019，〈中國對外援助為什麼會遭到前所未有的質疑〉，《武漢大學學報（哲學社會科學報》，第 72 卷 3 期，頁 179-194。

張佳佳，2020，〈新中國成立以來的中國海軍外交：成就與經驗〉，《大連海事大學學報（社會科學版）》，第 3 期，頁 95-101。

張沱生，2011，〈中國國際軍事安全危機行為研究〉，《世界經濟與政治》，第 4 期，頁 103-121。

楊枝煌、楊南龍，2019，〈新中國 70 年形成的中國特色對外援助道路及其優化建議〉，《國際貿易》，第 12 期，頁 68-75。

蔡東杰，2014，〈十八大後中國對外政策走向：區域與全球挑戰〉，《全球政治評論》，第 47 期，頁 59-76。

蔡明彥，2017，〈中國在南海的強勢外交與美中戰略角力〉，《台灣國際研究季刊》，第 13 卷 1 期，頁 37-54。

蔡明彥、張凱銘，2015，〈「避險」戰略下大國互動模式之研究：以美中亞太戰略競合為例〉，《遠景基金會季刊》，第 16 卷第 3 期，頁 1-66。

蕭力愷，2007，〈「全球化」與「區域化」因果關係之探討〉，《通識研究集刊》，第 11 期，頁 93-116。

龐中英，2001，〈中國的亞洲戰略：靈活的多邊主義〉，《世界經濟與政治》，第 10 期，頁 30-35。

報刊／新聞評論

BBC 中文網，〈特朗普簽國防授權法案美國腳踩中國紅線台灣〉，《BBC 中文網》，2018 年 8 月 14 日，網址：https://www.bbc.com/zhongwen/trad/world-45182711。檢視日期：2021 年 3 月 29 日。

BBC 中文網，〈美國印太戰略：幫助印度崛起聯合抗衡中國〉，《BBC 中文網》，2021 年 1 月 15 日，網址：https://www.bbc.com/zhongwen/trad/world-55684095。檢視日期：2021 年 3 月 29 日。

CSIS. "How Dominant is China in the Global Arms Trade?" China Power Team, CSIS. 26 April 2018. Available from https://chinapower.csis.org/china-global-arms-trade/. Accessed 29 March 2021.

Sutter, Robert. 2018, Pushback: America's New China Strategy. The Diplomat, Nov 2. Available at https://thediplomat.com/2018/11/pushback-americas-new-china-strategy/.Accessed 3 April 2021.

王建剛，〈中國代表：弘揚多邊主義對反恐努力至關重要〉，《新華網》，2020 年 7 月 11 日。網址：http://m.xinhuanet.com/2020-07/11/c_1126223667.htm。檢視日期：2021 年 2 月 20 日。

南博一，〈日本欲強化電子戰能力，計畫今年在 7 地設立專門電子戰部隊〉，《澎湃新聞》，2021 年 1 月 25 日，網址：https://www.thepaper.cn/newsDetail_forward_10933182。檢視日期：2021 年 2 月 20 日。

侯雪蘋，〈習近平聯合國維和峰會講話：中國為和平而來〉，《路透社》，2015 年 9 月 29 日，網址：https://www.reuters.com/article/un-assembly-china-idCNKCS0RT04820150929。檢視日期：2021 年 2 月 20 日。

紐約時報中文網，〈中日關係破冰，達成四點原則共識〉，《紐約時報中文網》，2014 年 11 月 9 日，網址：https://cn.nytimes.com/china/20141109/cc09japan/zh-hant/。檢視日期：2021 年 2 月 20 日。

唐偉傑，〈中國武器裝備 60 年:小米加步槍到海陸空天全武裝〉，《中國新聞網》，2009 年 6 月 13 日，網址：https://www.chinanews.com/gn/news/2009/06-13/1732550.shtml。檢視日期：2021 年 5 月 20 日。

陳向陽，〈全球治理新戰略思想的要義〉，新華網，2015 年 10 月 27 日，網址：http://www.xinhuanet.com/world/2015-10/27/c_128357290.htm。檢視日期：2021 年 2 月 20 日。

路西，〈日本正式實施新安保法解禁集體自衛權〉，《BBC 中文網》，2016 年 3 月 28 日，網址：https://www.bbc.com/zhongwen/trad/world/2016/03/160328_japan_defence_law。檢視日期：2021 年 2 月 20 日。

詹如玉，〈集體自衛權正式解禁！日本自衛隊將何去何從？〉，《風傳媒》，2015 年 9 月 20 日。網址：https://www.storm.mg/article/65872。檢視日期：2021 年 2 月 20 日。

解放軍報 a，〈中國與 150 國建軍事關係 109 國設武官處〉，《中國評論新聞網》，2008 年 11 月 11 日。網址：

http://news.cctv.com/military/20081111/111812.shtml。檢視日期：2021 年 2 月 31 日。

解放軍報 b，〈梁光烈上將論述與時代同行的中國軍事外交〉，《解放軍報》，2008 年 12 月 23 日。網址：http://news.cctv.com/china/20081223/104344_7.shtml。檢視日期：2021 年 2 月 31 日。

鄭國強，〈防中國奪島日本冷戰以來首次成立新電戰部隊將進駐熊本〉，《信傳媒》，2020 年 6 月 30 日。網址：https://www.cmmedia.com.tw/home/articles/22117。檢視日期：2021 年 2 月 20 日。

龐中英，〈新時代、新外交、新原則系列評論（1）——"不干涉"如何與"介入"成為並行 CP？中國以"建設性介入"刷新外交版本〉，《華夏時報》，2008 年 3 月 13 日。網址：https://www.chinatimes.net.cn/article/75257.html。檢視日期：2021 年 2 月 31 日。

蘇治宏、邱浩翰，〈吉布地市區發生嚴重內澇我駐吉保障基地開展人道主義救援〉，《解放軍報》，2019 年 11 月 30 日。網址：http://www.81.cn/jfjbmap/content/2019-11/30/content_248767.htm。檢視日期：2021 年 2 月 20 日。

互聯網資料

Ministry of Foreign Affairs of Japan, 2013. *National Security Strategy: December 17, 2013.* Ministry of Foreign Affairs of Japan. Available at https://www.cas.go.jp/jp/siryou/131217anzenhoshou/nss-e.pdf. Accessed 3 April 2021.

Ministry of Foreign Affairs of Japan, 2014. *Cabinet Decision on Development of Seamless Security Legislation to Ensure Japan's Survival and Protect its People.* Ministry of Foreign Affairs of Japan, Available at https://www.mofa.go.jp/fp/nsp/page23e_000273.html. Accessed 3 April 2021.

Ministry of Foreign Affairs of Japan, 2021. *White Paper on Development Cooperation,* Ministry of Foreign Affairs of Japan, Available at https://www.mofa.go.jp/policy/oda/page_000017.html. Accessed 13 April 2021.

United Nations Peacekeeping, 2021. *Troop and Police Contributors (Mar 31 Updates).* United Nations Peacekeeping, Department of Peace Operations (DPO). Available at https://peacekeeping.un.org/en/troop-and-police-contributors. Accessed 3 April 2021.

Wezeman, Siemon T., Wezeman, Pieter D. and Kuimova, Alexandra, 2021. *Trends in International Arms Transfers,* 2020. Stockholm International Peace Research Institute (SIPRI), Available at https://www.sipri.org/publications/2021/sipri-fact-sheets/trends-international-arms-transfers-2020. Accessed 3 April 2021.

王逸舟，〈創造性介入：中國外交新取向〉，東盟區域論壇講座 2014。網址：https://aseanregionalforum.asean.org/wp-content/uploads/2019/10/Lecture-11-Creative-Intervention-PD-Theory-in-China.pdf。檢視日期：2021 年 3 月 28 日。

中華人民共和國國務院新聞辦公室，〈2008 年中國的國防〉，2009 年 1 月 20 日。網址：http://www.gov.cn/zwgk/2009-01/20/content_1210224.htm。檢視日期：2021 年 2 月 28 日。

中華人民共和國國務院新聞辦公室，〈《新時代的中國國防》白皮書〉，2019 年 7 月 24 日。網址：http://www.scio.gov.cn/ztk/dtzt/39912/41132/41134/Document/1660318/1660318.htm。檢視日期：2021 年 2 月 28 日。

中國國防部，〈2020 年《中國軍隊參加聯合國維和行動 30 年》白皮書〉，2020 年 9 月 18 日。網址：http://www.mod.gov.cn/big5/topnews/2020-09/18/content_4871413.htm。檢視日期：2021 年 3 月 28 日。

中華人民共和國國務院新聞辦公室，〈《新時代的中國國際發展合作》白皮書〉，2021 年 1 月 10 日。網址：http://www.cidca.gov.cn/2021-01/10/c_1210973082.htm

亞投行，〈亞洲基礎建設投資銀行〉，網址：https://www.aiib.org/en/about-aiib/index.html。檢視日期：2021 年

　　　2 月 20 日。
胡錦濤（2002-2012）
習近平（2012-）
安倍晉三（2012-2020）
George W. Bush (2001-2009)
Barack Obama (2009-2017)
Donald Trump (2017-2021)

國際援助的經濟作用：競爭力指數的實證視角

香港浸會大學經濟系、香港樹仁大學商業、經濟及公共政策研究中心

曾俊基、陳家樂[1]

一、導言

政府開發援助（Official Development Assistance，ODA），按國際貨幣基金組織的定義為：

> 政府為執行促進發展中國家的經濟發展與社會福祉之任務，而導致的政府財政支出（flows of official finance），這些支出必須具有優惠（concession）性質，如贈予（grant）必須最少佔整筆貸款 25%，並以固定 10%折現率計算。慣例上，有關的援助資金流（ODA flows）包括各級官方援助機構對發展中國家和跨國機構的捐獻。（國際貨幣基金，2003）

為協助發展中國家的經濟發展和福利，2015 年全球各國的政府開發援助共逾 15000 億美元，佔受援國國民收入的一大部分。全球一百二十多個受援國中，有二十七個受援國更超過其 2015 年國民收入的 10%。在圖瓦盧和利比里亞，這一比例甚至分別達到 89.2%和 62.4%。基於政府開發援助會額外形成大量資金流動，肯定了政府開發援助的經濟作用不容忽視。

雖然政府開發援助對受援國有正面作用，但亦可造成負面作用。提出正面作用的學者認為：適當地分配額外資源提高受援國的生產能力。[2]另一方面，反對政府開發援助的學者認為：援助將通過進口不合適的資源或降低政府效率來扭曲市場運作，意味

---

[1] 曾俊基為香港樹仁大學商業、經濟及公共政策研究中心項目主任、香港浸會大學經濟學系兼職講師暨博士候選人，陳家樂為香港中文大學金融學系教學助理。

[2] 有關政府開發援助的正面作用，可參考 Abidemi 等人（2011）、Hatemi-J & Irandoust（2005）、McGillivray & Morrissey（2000）、Levy（1988）及 Gulati（1975）。

著援助所產生的額外資源被轉移到次優位置上。[3]一些學者發現，國際援助的最終影響取決於各國的政策質量（Burnside & Dollar，2000）。好的政策可以有效地從國際援助中分配新的資源，但在不好的政策中會導致資源分配不當。

　　Li & Tsang（2018）提出一個有關政府開發援助的正面和負面作用的研究框架。其中的正面作用稱為稟賦效應，即由資源稟賦變化而產生。[4]當較多的政府開發援助為一個國家注入更多的資源，便會直接刺激經濟增長。而負面作用有兩種，分別為誤配效應和偏向效應。誤配效應是指受援國的資源分配不當。主要原因有二：許多發展中國家充斥著市場失靈，加上社會福利極大化可能不是政府官員的唯一目標。因此，可能無法將額外資源分配給其最優用途，大大削弱政府開發援助在促進經濟增長方面的有效性。[5]而偏向效應是指一些發展中國家遵循的發展戰略在不同程度上呈現出發達國家的價值體系，導致出現偏向發展策略的適應問題。這些偏向發展戰略除了可能不適合發展中國家，甚至會損害其經濟增長（Chang，2005；Stiglitz，2004；Lall，2001；Michael，1997）。

　　本文使用 Li & Tsang（2018）的方法估算了 2011-2015 年政府開發援助的效果。第二部分將討論在政府開發援助的正反作用研究中所採用的數據和方法。第三部分將分析政府開發援助的各種影響。第四部分作結。

二、研究方法

　　設 g 為一國的經濟增長率，X 為增長的決定因素的指標，R 為資源分配的指標，而 Δ 為因偏向值產生的偏向指標。Δ 值越高，則偏向越大。因此，以下是生產過程的增長函數：

$$g = f(ODA, \Delta, R, X)(1)$$

　　研究數據來自世界經濟論壇和世界銀行，研究中亦採用了世界經濟論壇制訂的全球競爭力指數（GCI）。根據不同國家的發展程度，全球競爭力指數分為三個主要組別（G1、G2 及 G3，當中以 G3 發展程度最高）及兩個轉變組別（G1-G2 及 G2-G3）。因

---

[3]　有關政府開發援助的負面作用，可參考 Hudson & Mosley（2008）、Knack & Rahman（2007）、Osei 等人（2005）、Remmer（2004）、Easterly（1999）、Boone（1996）、Feyzioglu（1998）、Singh（1985）及 Griffin & Enos（1970）。

[4]　例如 Creasey 等人（2015）的研究。

[5]　例如 Moyo（2009）的研究。

為轉變組別樣本數較少，我們將其與上一組別合併處理（即 G3 包括 G2-G3）。除了部分國家因欠缺數據外，本研究共有 123 個國家。在 123 個樣本量中，有 71 個受援國，其中 27 個屬於 G1 組，其中 34 個屬於 G2 組，其中 10 個屬於 G3 組。研究期為 2011 年至 2015 年。

　　根據 Li & Tsang（2018），本研究使用競爭力指數進行數據包絡分析（DEA），估算 X、R 和 Δ 的值。本研究所採用的代理變量如下：g 是人均國內生產總值增長率；Y_{2010} 是 2010 年的人均國內生產總值；ODA 是政府開發援助佔國內生產總值比率。然後，計算整體競爭力效率（O_C）、比例競爭力效率（E_p）、維度混合效率（$E_d^{ii} = E_d$）。O_C、E_p、E_d 的理論值為 $1 - \infty$，數值越小代表效率越高。通過指數的不同權重，再計算出不同權重的維度混合效率（E_d^{i3}）。E_p、E_d^{ii} 及 E_d^{ii}/E_d^{i3} 分別代表 X、R 及 Δ。表 1 列出所選 123 個國家或地區的變量的描述統計，表 2 則列出變量的相關矩陣。

表 1：迴歸變量的描述統計

	g	Y_{2010}	E_p	E_d	Δ	ODA
平均值	0.0211	15917	1.1634	1.2088	0.9918	0.0228
中位數	0.0201	6682	1.1467	1.2130	0.9941	0.0014
最大值	0.0840	103267	1.4733	1.4558	1.0851	0.2209
最小值	-0.0427	214	1.0000	1.0063	0.8966	-0.0001
標準差	0.0216	20168	0.1250	0.0917	0.0258	0.0406

表 2：相關矩陣

	g	Y_{2010}	E_p	E_d	Δ	ODA
g	1					
Y_{2010}	-0.3408***	1				
E_p	0.2263**	-0.7055***	1			
E_d	-0.0282	-0.6830***	0.6512***	1		
Δ	-0.1211	0.0894	0.0769	0.0239	1	
ODA	0.0802	-0.4071***	0.6641***	0.5372***	0.0332	1

註："***"、"**"及"*"分別顯示 1%、5%及 10%的置信水平上顯著。

三、研究結果

　　為評估政府開發援助對經濟增長的影響，第一個實證模型設定如下：

$$g = a_1 + a_2 ln(Y_{2010}) + a_3 E_p + a_4 E_d + a_5 \Delta + a_6 ODA +$$
$$a_7 ODA \cdot E_d + a_8 ODA \cdot \Delta + e(模型 A)$$

　　在模型 A 中，政府開發援助的稟賦效應由a_6反映出來。一般而言，政府開發援助可以通過這種效應刺激經濟增長，因此預計$a_6 > 0$。而誤配效應和偏向效應分別由E_d和Δ的係數表示。因這兩種效應皆描述政府開發援助與經濟增長呈反向關係，因此預計$a_4 < 0$和$a_5 < 0$。另外，模型 A 使政府開發援助的影響取決於誤配效應（E_d）和偏向效應（Δ）。如果經濟增長率和政府開發援助之間的關係受E_d和Δ影響，則$a_7 < 0$及$a_8 < 0$。

　　表 3 為迴歸模型的估算結果。為作出比較，將設定沒有誤配效應和偏向效應為模型 A'，而沒有政府開發援助則為模型 A"。在模型 A 中，包括政府開發援助在內的所有估計項的係數都個別地統計上不顯著。可是，它們具有 5%的共同顯著性水平。同時，在模型 A 中，政府開發援助的統計顯著度很高。因此，政府開發援助應該包括在迴歸模型中。另一方面，模型 A"中的誤配效應和偏向效應統計上很顯著。因此，這兩種效應也應包括在迴歸模型中。

表 3　迴歸模型的估算結果

	模型 A	模型 A'	模型 A"	模型 B
$ln(Y_{2010})$	-0.0172***	-0.0116***	-0.0148***	-0.0175***
	(0.0026)	(0.0025)	(0.0024)	(0.0025)
E_p	-0.0342	-0.0448	-0.0450*	-0.0343
	(0.0254)	(0.0286)	(0.0259)	(0.0253)
E_d	-0.1404***		-0.1445***	-0.1426***
	(0.0282)		(0.0259)	(0.0250)
Δ	-0.0834		-0.1217*	
	(0.0791)		(0.0628)	
ODA	1.1591	-0.1760***		1.8977*
	(1.7555)	(0.0629)		(1.0846)
$ODA \cdot E_d$	-0.1179			
	(0.5738)			
$ODA \cdot \Delta$	-1.1901			-2.1013*
	(1.4446)			(1.1009)
常數項	0.4684***	0.1789***	0.4981***	0.3913***
	(0.1039)	(0.0521)	(0.0868)	(0.0595)
調整 R 平方	0.3576	0.1814	0.3185	0.3616
樣本量	123	123	123	123

註："***"、"**"及"*"分別顯示 1%、5%及 10%的置信水平上顯著。括號內數字為標準誤差。

經過評估模型 A'、模型 A''及模型 A 中的估計係數後，我們得出最終的實證模型：

$$g = b_1 + b_2 ln(Y_{2010}) + b_3 E_p + b_4 E_d + b_5 ODA + b_6 ODA \cdot \Delta + e(模型 B)$$

從表 3 中，除b_3外，模型 B 中的所有係數均為統計上顯著。而且，調整 R 平方從 0.3576 增加到 0.3616 及所有標準誤差都較小，所以模型 B 改進了適配度和估計精確度。當中，E_d的負值係數表示：資源配置效率上升 1%將導致經濟增長率下降 0.14%。此外，模型 B 表明：政府開發援助及經濟增長呈正向關係（$b_5 = 1.8977 > 0$）。若政府開發援助增加 1%，經濟增長將增加 1.8977%。

是次研究亦對變量Δ作出估算，該變量量度了資源分配對偏向價值體系政策的效果。從表 3 中可見，這種偏差對政府開發援助對經濟增長構成負面作用（$b_6 = -2.1013 < 0$）。特別是，該負值係數表示：在同等的政府開發援助水平下，E_d和E_d^{i3}之比（即E_d/E_d^{i3}）增加 1%將導致經濟增長率下降 2.1013%，將抵消政府開發援助的正面作用。

我們進一步估算了政府開發援助的淨作用：$1.8977 - 2.1013\Delta$。我們注意到Δ的最小值和最大值分別為 0.8966 和 1.0851。數據上下限的計算如下：

表 4：每 1%政府開發援助淨作用的上限和下限

政府開發援助在樣本中最小偏差的作用
= 1.8977 − 2.1013(0.8966)
= 0.0137 > 0
政府開發援助對樣本中最大偏差的作用
= 1.8977 − 2.1013(1.0851)
= −0.3824 < 0

因此，研究發現政府開發援助的淨作用可以是正面的、零的或負面的。這取決於偏向效應的大小。如果政府開發援助增加 1%，經濟增長將受到 0.0137%至-0.3824%的影響。

最後，我們計算出樣本中政府開發援助的總淨作用。於考慮政府開發援助的規模後，樣本中只有 1 個（阿爾及利亞）具有正淨作用，大多數國家在經濟增長的負總作用小於 1%。可是，有 20 個國家在經濟增長的負總作用大於 1%，其中大多數屬於 G1 組。最壞的情況甚至會對經濟增長造成 3.618%的負總作用。儘管發展中國家通常是政府開發援助的主要對象，但結果表明，這些國家無法從政府開發援助中受益。

四、總結

　　是次研究在一個統一的框架中綜合了兩種政府開發援助的觀點，使我們能夠在一個模型中確定其正面和負面作用。我們發現，政府開發援助的淨作用取決於因資源配置效率低下和偏向價值體系而產生的偏差上。因此，在現實世界中，政府開發援助的正面和負面作用都可能並存。因此，從某種意義上說，文獻中對政府開發援助的正面和負面觀點都是正確的。

　　原則上，若受援國能有效地分配額外資源，政府開發援助的確能幫助它們的經濟發展。顯然，這關乎一國之經濟結構問題。而現實上，大多數受援國皆無法將這些資源轉化為有助生產活動的用途上。更糟的是，政府開發援助實際上降低受援國的經濟增長。在許多發展中國家中，皆受到諸多政治、經濟和社會上的壓力，所以發展緩慢，並普遍面臨貧窮、收入不平等、政治迫害和衝突、文化壓迫和社會隔離等問題。因此，援助國或全球的發展組織有必要審視其現有的國際援助政策。

參考文獻

Abidemi, O.I., Logile, A.I. & Olawale, A.L., "Foreign Aid, Public Expenditure and Economic Growth: The Nigerian Case". *Journal of Applied Business Research*, Vol.27 No.3 (2011), pp. 33-41.

Boone, P., "Politics and the Effectiveness of Foreign Aid". *European Economic Review*, Vol.40 No.2 (1996), pp. 289-329.

Burnside, C. & Dollar, D., "Aid, Policies, and Growth". *American Economic Review*, Vol.90 No.4 (2000), pp. 847-868.

Creasey, E., Rahman, A.S. & Smith, K.A., "Does Nation Building Spur Economic Growth?" *Economic Inquiry*, Vol.53 No.1 (2015), pp. 660-680.

Chang, H-J., "Globalization, Global Standard, and the Future of East Asia". *Global Economic Review*, Vol.34 No.4 (2005), pp. 363-375.

Easterly, W., "The Ghost of Financing Gap: Testing the Growth Model Used in International Financial Institutions". *Journal of Development Economics*, Vol.60 No.2 (1999), pp. 423-438.

Feyzioglu, T., Swaroop, V. & Zhu, M., "A Panel Data Analysis of the Fungibility of Foreign Aid". *The World Bank Economic Review*, Vol.12 No.1 (1998), pp. 29-58.

Griffin, K.B. & Enos, J.L., "Foreign Assistance: Objectives and Consequences". *Economic Development and Cultural Change*, Vol.18 No.3 (1970), pp. 313-327.

Gulati, U., "Effect of Capital Imports on Savings and Growth in Less Developed Countries". *Economic Inquiry*, Vol.16 No.4 (1975), pp. 563-569.

Hatemi-J, A. & Irandoust, M., "Foreign Aid and Economic Growth: New Evidence from Panel Cointegration". *Journal of Economic Development*, Vol.30 No.1 (2005), pp. 71-80.

Hudson, J. & Mosley, P., "The Macroeconomic Impact of Aid Volatility". *Economics Letters*, Vol.99 No.3 (2008), pp. 486-489.

IMF, External Debt Statistics: Guide for Compilers and Users – Appendix III, Glossary (Washington DC. IMF, 2003)

Lall, S., "Competitiveness Indices and Developing Countries: An Economic Evaluation of the Global Competitiveness Report". *World Development*, Vol.29 No.9 (2001), pp. 1501-1525.

Levy, V., "Aid and Growth in the Sub-Saharan Africa: The Recent Experience". *European Economic Review*, Vol.32 No.9 (1988), pp. 1777-1795.

Li, S.K. & Tsang, C.K., "The Impacts of Biased Resource Allocation on the Effectiveness of Official Development Assistance". *Singapore Economic Review*, Vol. 65 No. 1 (2018), pp. 239-256. Available at: https://doi.org/10.1142/S0217590818500285

Knack, S. & Keefer, P., "Institutions and Economic Performance: Cross-Country Tests Using Alternative Institutional Measures". *Economics and Politics*, Vol.7 No.3 (1995), pp. 207-227.

McGillivray, M. & Morrissey, O., "Aid Fungibility in Assessing Aid: Red Herring or True Concern?" *Journal of International Development*, Vol.12 No.3 (2000), pp. 413-428.

Michael, M.S., "Why Free Trade May Hurt Developing Countries". *Review of International Economics*, Vol.5 No.2 (1997), pp. 179-187.

Moyo, D. Dead Aid: Why Aid is Not Working and How There is a Better Way for Africa (1st ed.). (New York: Farrar,

Straus and Giroux, 2009)

Osei, R., Morrissey, O. & Lloyd, T., "The Fiscal Effects of Aid in Ghana". *Journal of International Development*, Vol.17 No.8 (2005), pp. 1037-1053.

Remmer, K.L., "Does Foreign Aid Promote the Expansion of Government?" *American Journal of Political Science*, Vol.48 No.1 (2004), pp. 77-92.

Singh, R.D., "State Intervention, Foreign Economic Aid, Savings and Growth in LDCs: Some Recent Evidence". *Kyklos*, Vol.38 No.2 (1985), pp. 216-232.

Stiglitz, J.E., "Globalization and Growth in Emerging Markets". *Journal of Policy Modeling*, Vol.26 No.4 (2004), pp. 465-484.

互動中的文化創造

馬來西亞中文電影在全球化與
去全球化語境下的傳播

中國傳媒大學電影學研究生　黃瀚輝

前言

　　馬來西亞的華裔祖先大多來自中國南方移民，主要來自廣東和福建省，其祖籍或籍貫包括：閩南人、廣府人與客家人，次之是潮州人、海南人、廣西人、福州人為主，這批中國的子民早於 19 世紀已經開始大量移入馬來亞（馬來西亞獨立前的名稱）。這是因當時東南亞已是英國的最大殖民地，需要大量的勞工從事勞力經濟活動，來自這兩個省份的勞工開始大量的下南洋，從事開採錫礦與開墾農耕地的粗重工作。在這個年代大量移民過來的中國華人以勞工和苦力身份移民到馬來半島，華人的足跡可是遍布南洋各地。東南亞不但成為世界上華人最先立足的板塊，並且也是當今世界上華人散佈最密集的地區之一（李勇，2012）。在 20 世紀初至馬來西亞獨立以後，當初的華僑已從僑居當地的身份，落地生根成了本地的華人華裔，成為馬來西亞國籍的國民一份子。馬來西亞在 2019 年的現有人口報告數據中，今年大馬人口達 3260 萬人，比去年 3240 萬人，增多 0.62%。[1]而華裔人口雖從 23%減少至 22.8%，但依舊還是超過 700 多萬的華人生活在這一片土地上，這數據絕對是大中華地區以外龐大的且足以傳承中華文化，將至發揚光大的影響力。

一、大馬華人的中華文化歷史沿革以及中文電影的崛起

　　在遷移來到到馬來亞的過程中，這群中華民族經歷了從華僑到華人的身份轉變。然而，在這轉型過程中，馬來西亞的中華文化的傳承與原鄉是同步，甚至產生華麗的蛻變，這是因為中華文化在馬來西亞的保存和傳承是在地華人與祖籍國保持文化聯繫的最大支柱。因此馬來西亞華人就把弘揚中華文化視為旁無責怠的責任。一方面，他

---

[1]　馬來西亞 2018-2019 年，人口估計報告。

們利用母體文化突出自身的文化個性，追求精神認同感，以此凝聚同胞和中華民族的心；另一方面是在與馬來印度民族等不同族群的交流中的發展中，和各族群的文化相互交融。經過這樣的獨特環境下，一路走來陶冶下，馬來西亞華人的中華文化獲得傑出表現而且增添了新氣象，使得馬來西亞華人所傳播傳承的中華文化更為多元多姿，無論在教育、語言、藝術習俗、宗親等人文與社會遺產，這些都是馬來西亞華人堅守文化傳統的最好證明。

在電影方面，馬來西亞的本地電影環境過去受到文化束縛，市場受到好萊塢與日、韓、港等地區的多重圍攻。而本土中文電影在創作上因政策制度不認同導致分配資源的艱難，因而一直都無法蓬勃的發展。但憑著自力更生在逆境中的求存。直到2000年以後開始，一批年輕的馬來西亞導演不滿於現狀主流電影的沉悶刻板和思想禁忌，在不獲得政府支持、資金緊缺的狀況下，也因為數字攝影機 DV camera 的流行，讓電影拍攝門檻降低了。那時候一系列風格鮮明、表達自我的獨立電影就漸漸見到其作品踪影了。後來，這一波浪潮也普遍被認定為馬來西亞的「電影新浪潮」（馬然，2008）。

就在2010年開始，馬來西亞也開始製作屬於自己的本地中文電影並在院線正規上映的製作。這包括由馬來西亞有線寰宇電視台（Astro）所投資的新年賀歲電影《大日子 woohoo！》和《初戀紅豆冰》並且獲得的不俗票房，獲得華人社會和中文媒體的熱捧和支持，被視為馬來西亞中文電影的重大突破，越來越多的商業公司願意投資和製作中文電影，這也就這樣出現了濫竽充數的作品，整個中文電影作品參差不齊，最後導致本地觀眾對作品失去信心，最後高票房也是曇花一現，本地製作的中文電影也大量減少了。

馬來西亞電影市場競爭必須面對十面楚歌的不同外國電影競爭，尤其是本土的中文電影在市場蜜月期後再跌入一個低迷現象，而電影市場的核心和基礎是建立在影片素質之上的，如果本土電影質量不佳，市場再美好也是徒然的，因為觀眾還是會選擇那些爆米花的外國電影。當馬來西亞電影又湧現出低谷的危機之際，往往這就是一個轉機的最佳時機。很多影視製作公司意識到與其一直拍攝類型電影來吸引觀眾進場，倒不如回到電影本身的初心，好好去敘述好故事，而不再一味追求拍攝商業電影。因此很多影視投資者也開始注意到好劇本，扶持新銳導演去拍攝好電影，嘗試拍攝寫實主義電影去關懷社會的寫實主題，也推廣電影到海外參展，讓更多海外觀眾認識到本土電影，再回歸到馬來西亞播映時候，這部本土電影自然會獲得更多的關注。在2016年以後，馬來西亞多部以現實主義的關注社會的劇情片相繼出現，馬來西亞電影人希望市場上可不斷擴大，現實主義的文藝類影片與商業類型片都找到各自的空間。

　　之後馬來西亞華人導演的中文電影近年在大中華地區也開始嶄露頭角，包括馬來西亞中文電影《分貝人生》和《光》，分別在 2017 和 2018 年的上海國際影展亮相並入圍亞洲新人獎。而同時，馬來西亞的商業類型電影，體育勵志片《李宗偉：敗者為王》和喜劇片《大大噠》都被大陸引進電影發行。在第 56 屆金馬獎對大馬中文電影業來說，更是個破天荒的突破，因為本屆共有 11 位大馬籍電影人入圍 13 個項目，57 屆金馬更《南巫》奪下最佳新導演，另外大馬籍音樂人和美術也憑著台灣和新加坡電影摘下「最佳原創電影歌曲」和「最佳造型設計」兩大獎。

　　馬來西亞中文電影對其他大中華地區觀眾來說既熟悉也陌生，熟悉在於電影中都存在著中華文化元素的核心價值包括語言，習俗等方面，陌生在於異域的東南亞環境，這些獨特確實讓馬來西亞電影漸漸地被其他地區的華人觀眾所接觸認識以及深深愛上了。

　　這可從由中國長信傳媒所製作的《小娘惹》電視劇成為了中國的央視播出的爆款熱劇中中華地區對東南亞的中華元素的熱愛來見證，這部劇採用了中外聯合開發的模式：中國影視公司出資，新馬兩國主創參與拍攝。《小娘惹》中的峇峇娘惹是指的是中國人和馬來西亞人通婚的女性後代，加上愛恨情仇故事，這樣的異域風情題材，但是熟悉的普世價值和感人言情世俗，在中馬兩地播出時候都大獲成功。

二、馬來西亞華人電影工作者的逆境成長

　　基於馬來民族是馬來西亞的多數人口，所以享有馬來西亞憲法中的特權對待，馬來族的文化就是大馬的的核心主幹，其它的種族文化則被有所忽略。因此在國家電影話語權的影響和政策的執行下，馬來西亞的中華文化一路走來經歷艱難險阻的道路，以華文教育為例，馬來西亞是大中華地區以外，乃是保留著最完整的教育的體制。縱觀東南亞，新加坡在曾經關閉華語為教學的南洋大學、印尼泰國華人被同化而缺乏中文教育的制度。但在馬來西亞，從小學至中學再到大學，都有華文為媒介語的學府，其實這些得來不易，而馬來西亞政府在過去多次要執行單元化教育政策，但都在馬來西亞華人社會努力中保留下來。現今馬來西亞 1200 多所小學（歸為政府全津貼和半津貼），60 多所的獨立中學及 3 所的高等學府，均由華人社團及社會所支持，這也是華社披荊斬棘、飽經風霜爭取回來的成果。華文教育和中華文化在馬來西亞的生存和發展，反映出馬來西亞華人維護本身文化特色和尊嚴的決心。

　　中華民族自強不息的奮鬥精神，同樣體現在影視產業中，馬來西亞因電影環境因外來好萊塢和港台地區等的強勢「文化侵略」，加上政策緣由導致馬來文化以外的其

他族群，所以中文電影在一步一腳印的發展上稍微處於落後，例如馬來西亞電影發展局（FINAS）中的條例，本地電影的定義必須符合「至少有 60%對白為馬來語」的條規，才能申請強制上映制度以及享有娛樂稅回扣。由著名大馬歌手阿牛所執導的《初戀紅豆冰》電影，在 2010 年就因不符合本地電影的定義，於是申請退稅失敗，之後事情曝光後再被媒體大量報導，再有華人政黨的介入才能獲得娛樂稅務上的回扣，《初戀紅豆冰》引發的風波，促使馬來西亞政府開始檢討本地電影的定義。2011 年後，大馬政府不再限制影片所採用的語言，如今籠統而言，只要是多數股份為本地人持有的電影公司所製作的電影，都可稱為本地電影。在這電影環境也成了華人導演的一個窘境，大家唯有自力更生才能從中突圍。

三、馬來西亞華人導演的獨樹一格特質

在 1960 年代開始，華人父母一輩都是看著邵氏和國泰電影長大，1980-1990 年代，華人追捧觀賞香港無線電視 TVB 粵語劇，每晚都要播著錄像帶陪伴晚餐、2000 年台灣偶像劇風靡著華裔無數少女少年心。到了 2010 年以後的新時代，中國的電視劇與綜藝節目，都深深影響青少年的觀影習慣，他們也一樣追星如鹿晗等的青春偶像，也因為馬來西亞華人一直傳承著華文教育與習俗方言文化，所以與大中華地區可是同步零障礙的完全吸收和接受影視上的傳播，加上面對著本土其他種族和過去的英屬殖民地歷史，所以也會受到西方國家文化的熏陶。馬來西亞華人就在這樣看似來自四面八方的文化薈萃的環境成長，所以更懂得去面對接受不同文化，不是一味的囫圇吞棗地接受，而是有一個吸收、消化、融合的過程，這期間結合開發和包容的格局，也就被逼訓練出的特有的智謀。

因此，馬來西亞華人導演憑著他們的努力與和獨特成長環境的因素，他們所展現影像語言確實非一般。身處多元文化語境中，其著力展示的是文化碰撞和交融，影像特質就存在著多樣化元素，馬來西亞出生的華人導演可因為保存與傳承著優秀的中華文化，他們的鏡頭下散發出東方與中華美學的氣息，卻也呈現出質樸的本土風情和國際思維觀念的格局。在馬來西亞的多元種族、多種思想交融的環境下，造就華人導演的特殊身份，成就特獨特的自成一格思維。電影呈現出元素存在不斷變化、多語言、跨身份、跨地域，是馬來西亞華人電影工作者的特點。

四、全球化語境下大馬中文電影的中華元素傳播

　　馬來西亞華人即使在被忽略或打壓等等的政策危機意識下，仍舊長期致力於發揚並傳承中華文化，無論是語言習俗甚至中華優秀傳統文化蘊含的思想觀念，還是保留著華人的模式傳播下去。文化認同既是社會發展的內在動力，也是維護社會穩定的精神保障。在個人層面上，它影響著個人的社會身份認同和自我認同，引導人們熱愛和忠實於文化從而保存和光大文化，最終將其納入個人的價值觀這一深層心理結構之中。因此，文化認同是一種社會整合的巨大的社會心理資源。在社會層面上，文化認同以文化為凝聚力整合和標示著多元文化中的人類群體（楊宜音，2002）。電影作為其中一種傳媒文化和社會的傳播，在建構上就表達出價值意識形態的，在更高層次上，它的功能是在群體間營造一種共同的文化氛圍，達到相互承認的目的。所以馬來西亞華人執導的電影中往往就展露出濃濃的中華文化，這種元素簡單樸實的自然融進電影的情節或核心思想中，更加可以展現出中華文化的傳承與發展之宏大，更加有利於在全球化上的傳播。

　　筆者將會以馬來西亞籍或馬來西亞出生的華人導演或與中華有著深深被影響的非華裔導演所執導的電影為文本，透過他們的所拍攝的電影中的內容傳播，分析出電影所展現出的中華文化元素。

五、周青元導演的傳統文化習俗與美德的詮釋

　　馬來西亞中文電影市場長期被港產片所主導，只有少部分的如大荒電影公司的獨立製作，如陳翠梅的《愛征服一切》電影拍攝關於華人女孩來到大大城市迷失無奈的現實主義題材，大荒電影公司被譽為馬來西亞電影新浪潮的代表，雖然在國際上影展獲得關注，但即便如此，影片回到國內也沒獲得太多的迴響，也沒安排在電影院上映，漸漸地大荒電影公司開始減少製作。然而，當來到最窘境的時代後，就是看見光明曙光的時刻。就在 2010 年開始，馬來西亞開始製作屬於自己的本地中文電影並在院線正規上映的製作。這包括由馬來西亞有線寰宇電視台（Astro）所投資的新年賀歲電影《大日子 woohoo！》，是由華人導演周青元（或馬來西亞更愛稱呼為 Chiu 導，Chiu 是他的英文姓氏，馬來西亞華人的官方證件英文名字都是從籍貫方言譯音過來，所以從大馬華人的姓氏英文名字，就可以知道對方的籍貫）所執導，Chiu 導畢業於北京電影學院進修班，回國後一直從事影視製作，拍攝受到大家所喜愛的電視欄目如《橫行八道》

和《愛自遊》等的發掘馬來西亞美好風景的探險紀錄片。

　　賀歲電影一直都是馬來西亞華人市場最熱門的檔期，從八十年代到九十年代的香港賀歲電影的雙週一成（周星馳、周潤發與成龍），馬來西亞檔期都是和香港同期上映，這樣的市場壟斷直到 2010 年，《大日子 woohoo！》，也普遍被視為馬來西亞本土第一步很對中文電影當然在那一年得到不俗票房，獲得華人社會和中文媒體的熱捧和支持，被視為馬來西亞中文電影的重大突破。之後 Chiu 導也拍攝《天天好天》（2011 年）、《一路有你》（2014 年）、《輝煌年代》（2016 年）以及《大大噠》。其中，《一路有你》是迄今為止更以馬幣 1728 萬打破馬來語電影的記錄，創下當時的本地電影最高票房大馬電影紀錄。Chiu 導為人低調謙卑，在影像風格中就展現出觀察入微的樸實情愫去表達對情感的態度，在他電影中充滿著中華傳統美德和習俗的故事詮釋，《一路有你》也曾受邀參加 2013 桃園電影節，在台灣進行全球首映，同時在 61 部來自世界各地的作品中，成為觀眾票選最高的海外影片。

　　本文就將以周青元導演的溫情三部曲電影，《大日子 woohoo！》、《天天好天》以及《一路有你》作為文本分析，從中篩取文本中所展現的元素，如何建構出馬來西亞華人的中華文化元素。

（一）信仰習俗

　　中國早期的祖先來到南洋，他們大多是工人階級。他們的文化教育水平不高。同時，為了生存，他們無暇去發展和維持本身的文化；隨著 20 世紀 30、40 年代，大批華人知識分子從中國移民到馬來西亞，才正好彌補了馬來西亞華人文化層面的缺失，文化認同亦透過習俗、價值觀、傳統、態度、信仰和溝通方式等被發展（曹雲華，2001）。

　　電影《一路有你》中，將馬來西亞華人獨有的文化特色和節日慶典，包括農曆除夕夜倒數活動[2]、檳城姓周橋的初八晚拜天公[3]以及柔佛古廟游神[4]，巧妙地貫穿於劇情中，在 Chiu 導這不電影中，試圖通過馬來西亞華人信仰的形象來創造馬來西亞華人社會的想像力，通過宗教信仰的元素來建立馬來西亞華人與中華的文化習俗的共同體。馬來西亞華人對於祭祀祖先的信仰模式一直都傳承在每個家庭中，而這種祭拜祖先或

[2]　猶如中央電視台的春節聯歡晚會盛況，馬來西亞電視台華人頻道都會直播大型的倒數活動。

[3]　也稱為天公誕，是福建人對天公的感恩，為了紀念其先人為避追殺，在新春期間躲進甘蔗園裡避難，而脫離險境。故後人在天公誕時還特別用甘蔗等東西來拜天公賜福。

[4]　遊神是東南亞民間信仰的信眾在新年或神誕日進行的一項儀式，每年農曆的正月廿日眾神出巡，一連三天的遊神盛會，來自全馬各地的人群蜂擁而至，熱烈的參與，這宗教的儀式跨越了信仰、習俗、幫派、籍貫、教育與文化的層次，密切把各幫各派牢牢團結一致。

者神明，也會把靈位和神牌安置在家裡。在陰曆歷初一和十五，上香是為了精神寄託。同時，通過敬拜的習俗，希望自己不要忘記異鄉的家鄉，並提醒自己和後人不要忘記我們的祖先。這可以不斷強化和提醒「中華民族－華人」的社會身份認同。敬老祖先是儒家的「孝」觀念，是馬來西亞華人社會對於祖宗根源的維繫最好證明。

（二）文化的傳承與發展

　　文化，是了解民族的最基本的根源根，它包括思想、藝術、語言等含義在內。2010新春虎年賀歲電影《大日子 woohoo!》就充分的發揮了這一項作用與功能，讓我們發現到傳統藝術表演的珍貴。一般我們對於舞龍舞獅的藝術十分熟悉，但相對的舞虎則是非常陌生的文化。其實幾百年歷史的舞虎，是客家人的傳統民俗文化，在大馬來西亞更是很少人會去表演。而《大日子 woohoo!》電影，就採用了大馬罕見的舞虎做為整部戲的故事主線，配合虎年的題材藉此傳承這項外來文化給予本地華人。《大日子 woohoo!》故事講述馬來西亞東海岸的鄉村的天后娘娘廟，每一甲子就會有舞虎的慶典。由於村中的舞虎師傅年事已高，無法繼續舞虎，而且舞虎必須由屬虎的人來舞。孫女不忍見爺爺煩惱，於是登報招人。所以來了兩個一心想賺錢的年輕人，大家合作後才發現孫女只是一心想傳承文化，實際上沒有錢。年輕人本來想一走了之，但最後卻選擇留下來繼續舞虎，攜手弘揚這中華優秀的傳統文化。

　　在 Chiu 導的溫情電影三部曲《大日子 woohoo!》、《天天好天》、《一路有你》都可以感受到馬來西亞華人生活的民生與面貌，這也可以感受到他們是如何保存著中華文化的非物質文化遺產。在《大日子 woohoo!》中，鄉村裡的飯桌上的餐具仍舊保留著雞公碗盛裝美食，雞公碗對於早期從中國沿海地區遷移到馬來西亞的華人先輩有著極為重要的意義，因為他們多作為苦力，異鄉生活貧苦，缺乏肉吃，所以食具畫上公雞，以獲得心理上的安慰。《天天好天》電影中，學校要學生們寫下春聯，孫女只好求救爺爺，老爺爺就用那佈滿皺紋的手輕輕的地握起孫女的手，攜手揮毫潑墨寫春聯。馬來西亞的農曆新年比大中華地區的新春佳節氛圍一起點也不遜色，甚至更為濃烈，因此許多新春習俗都統統得以保留在華人社會間。春聯作為新春佳節中，大街小巷都有揮春的活動，不僅具備儀式和風俗，還擁有豐富的文化涵義。《一路有你》電影中，當馬來西亞華人岳父雖然是接受了他的西方女婿，可是他卻堅持要女婿陪著他全馬走透透去發喜帖作為中華喜慶文化的重要一環，岳父始終覺得持要用最傳統的最誠意的方式親自手把手傳遞給親朋好友來家參加女兒的婚禮。而這也展開兩人語言不通，路途過程中從互補諒解到互相體諒的公路電影套路了。當然送帖子的過程中也呈現出馬來西亞各地的風土人情，華人的中華傳統的傳承和變化。

　　《大日子》電影的對白中有說過一句話語，「記得傳承，記得歷史，記得文化」，這恰恰就是要眾傳達出「勿忘根本」的意蘊，而「根源」的重要性關係中華民族文化體系傳承的完整性。

（三）中華傳統美德

　　《一路有你》電影的岳父角色遇上了西洋女婿，充滿著中華與西方文化的傳統和價值觀衝突，故事核心彰顯東西方文化元素和親情元素貫穿在其中，這些元素就是要表達出岳父最終還是學會禮讓、寬容的傳統美德，使得他與女兒和女婿三人間獲得幸福美滿的結局。這種價值觀也是馬來西亞華人中普遍的核心文化，華人意識形態層面的值得推崇的傳統美德。Chiu 導的電影中，沒有張力十足的戲劇化情節，但卻有樸質清新和輕鬆自然流暢的節奏鋪展，使得中華文化元素在電影中獲得全面的體現，對於中華文化是很大的延續意義。

（四）中華文化符號

　　在周青元導演的電影中，每個細節中的服化道都是重點，而在道具上也呈現出馬來西亞傳統華人家庭的中華文化符號，《大日子》與《一路有你》電影中，都有掛在大門門口的牌匾堂號的畫面鏡頭。馬來西亞華人會高掛出來的牌匾類型基本有三種，即寺廟匾、校匾和地緣性。而在電影中出現的牌匾就屬於地緣性組織、血源性組織和業緣性組織牌匾。地緣性組織牌匾的例子有會館匾、同鄉會匾和義山匾。大馬的一些鄉團會館，大門上方通常有懸掛所屬會館的牌匾。牌匾是華人身份的標誌，鄉團會館懸掛牌匾，則有加強族群的內聚力、歸屬感的功用。這種將同一支血統、祭祀著相同祖先的人團結在一起的組織，便是地緣性組織。

　　《大日子》電影中的教導舞虎的連八記一家，其家門上即擺置了一幅「上黨」的堂號門匾，以示連姓的發源地亦可追索到春秋時期，晉國公族大夫封邑於上黨即現今的山西省[5]。在《一路有你》電影裡也有牌匾堂號的出現，但不再給予特寫鏡頭，只是作為主題的背景物件，這也是再現出馬來西亞華人社會隨著政治、社會、時空的流動變遷，那就是馬來西亞居住的環境，不再是像是電影中的鄉鎮房子，更多華人離開鄉鎮搬往大城市，那麼房子屬於公寓類型就不再高掛牌匾了。

　　牌匾堂號的符號文化的不再流行說明著馬來西亞華人文化認同雖然基礎於中華文化，也反映出馬來西亞華人從重視宗族的祖國－中國認同因時間流逝而逐漸淡化，政

5　馬來西亞華裔族譜中心，黨姓源流郡望堂號，百家姓目錄。

治認同卻不傾向於「祖國」為中國，而是馬來西亞，同時亦意味著馬來西亞華人經過多代異鄉文化的相融與演變，南洋先輩所帶來的「祖國身份」漸漸更為分明，變成了身份根源的「祖籍國」。馬來西亞華人可以有多重的認同，具體到一個馬來西亞華人，就是說他可以在政治上認同和效忠於祖國馬來西亞，而在民族上則認同中華民族，在社會上則對於本身的文化既中華文化認可（居維寧，1997）。

　　而在文化全球化的趨勢演變下的中華文化，包括中華習俗、美德與符號等對全球文化影響的日益加深，讓擁有深厚中華文化元素的馬來西亞中文電影，更能進一步促使在追索中華文化中，強化對全球對於中華文化傳播的價值認同。

六、結語

　　從馬來西亞的中文電影中，著重在華人傳統意識形式，電影文本內容的情節湧現華人歷史、文化傳承的重要性。這都是對馬來西亞華人的中華文化認同的電影風格，馬來西亞華人的電影就是把電影作為一種媒介去訴求，強烈反映了馬來西亞華人共同的過去經歷、傳統習俗和文化，加強馬來西亞華人社會的文化主體性在社會的身份認同。馬來西亞華人過去到現在，仍然面對著壓迫與邊緣化的現象，因此才會更希望通過各種方式與媒介，來彰顯並強化自身的文化主體性，在被邊緣中，尋找自身的認同與定位，尤其是本身的中華文化。中華民族天生的強大基因，面對著再大的困境，都能披荊斬棘在逆境中成長，逆流而上。所以，在馬來西亞華人的中文電影中，影片將通過物質文化、族群想像、傳統信仰和意識形態等多種表現方式，構建馬來西亞華人的共同想像，讓馬來西亞華人社會能夠於本身生於斯的國家中，確立與辨識自我認同的中華文化。

（一）馬來西亞中文電影在全球化的傳播優勢

　　電影的中華文化元素在對著全世界傳播之際，往往需要和與當地觀眾所熟悉了解的文化相存在著互關聯、碰撞、吸收、融和，因而中華文化自身也會產生轉變化。文化間性理論中說明，當文化與文化間際遇時交互作用、交互影響、交互鏡借的內在關聯，它以承認差異、尊重他者為前提條件，以文化對話為根本，以溝通為旨歸。而馬來西亞的中文電影在傳播著內容時候，蘊含的中華文化是同步零距離的，甚至在接受中華文化價值的同時，也在馬來西亞獨有的多元化激蕩之下，對文化內涵的基礎之上的碰撞與融合會形成另一升級的層面，這在電影的中華文化傳播過程中，可說是有創新且不同於自己本身的文化特質，但這也符合中華文化的特點，這些實際上是結合了

兩種不同文化特徵的新的文化內容。最後，以中華文化作為核心的新文化也隨之形成的，它包含了其他文化的內涵。因此，不僅讓中華文化的得以順利發展，並且還豐富了世界文化。

近年來，馬來西亞華人導演的作品也在國際影展開始初露鋒芒並在中國市場開始受到矚目，這包括 2018 年 9 月份國內引進由導演 Teng Bee 馬逸騰執導《李宗偉－敗者為王》電影後，馬來西亞賣座導演-Chiu 導的青春喜劇《大大噠》電影也在中國內地大規模的上映。此外，2017 年與 2018 年的馬來西亞現實主義電影《分貝人生》和《光》更上在海國際影展亮相，馬來西亞電影漸漸地被大中華地區審視以及全世界華人觀眾所接觸與認識。這些華人導演們努力最終在電影中展現出非一般的影像語言，馬來西亞華人導演身處在多元文化語境中，其著力展示的是文化碰撞和交融，影像特質存在著多樣化的元素但同時保存與傳承著優秀的中華民族文化，因此華人導演的影像風格中就散發出東方與中華美學的氣息，卻也呈現出質樸的本土風情，這就是馬來西亞華人導演的最大特色。這一批批馬來西華人導演在電影路上的用心和本身保留的民族文化元素特質，也可以成為繼中港台合拍以外的最佳合作對象，因為馬來西亞華人導演與大中華地區都是這優秀中華民族文化的共同傳承者，也努力在電影上的傳播著中華文化元素的價值。電影本身屬於的第八最高層次並集合了視聽的藝術媒體，在這資訊時代更是一個文化產業，它背負著文化的傳播責任，電影是理所當然就是文化的核心推動力，電影就是文化機構的中心，它會是中華文化價值的最佳傳播媒介。馬來西亞華人導演對於提升中華文化在國際上的軟實力地位乃是扮演者重要角色和重大意義。若能達成更多與中方的強強聯手，就以馬來西亞華人和中國的主創團隊加上內地龐大資本與市場模式，必定將成為亞洲電影的一股新勢力，甚至將會備受國際影壇的矚目新力量。

（二）馬來西亞中文電影在去全球化下的傳播挑戰

馬來西亞中文電影即便在大中華地區都有初露頭角的光芒，大家也會因全球化下去認同電影中的中華文化元素的價值。可是，隨著經濟全球化的快速發展，全球文化面臨的壓力越來越大，文化不會像人們預測的那樣在短時間內改變，實現彼此文化都趨同，而是產生了去全球化的現象。以美國為代表的西方文化，憑藉在信息時代的優勢，一直在全世界擴張，以至有些人認為全球化就是美國化，而文化的全球化也就是美國文化的全球化。其他的文化由其是中華文化，並不會屈從於西方的一元文化。自從工業革命以來，西方文化在世界的強大，尤其是全球化的移民以及對其他文化的影響下，使西方進一步強化了自我中心的形象。

　　眾所周知，文化交流的過程是通過語言、視聽覺等文化符號進行的。文化符號需要解釋，但是這往往總會按自己的價值觀來理解和作出判斷的。價值觀和種種傳統觀念是文化認知所處的文化環境決定的，中華文化的博大精深和內容的，語言文字深奧精微。所以，雖然許多國家和民族的文化已經融合，但每個民族國家在相當程度上仍然保持著自己的特點。如果說這種融合產生的正是全球文化，那麼，其中較少的文化認同與多種文化符號的不同極易造成理解上的差異。這也說明了，馬來西亞中文電影的在影展上和觀眾的受到肯定，但也僅僅是在大中華地區，始終無法跨越到更大更遠的西方國家。

　　這種去全球化潮流日益成為跨文化傳播的一大阻礙。因此，馬來西亞中文電影要成功在全球化下跨越國際到全世界下去跨文化傳播，面對很大的挑戰。但同時也蘊含著新的機遇。面對去全球化的現象，跨文化傳播要堅持文化間的平等，鼓勵多元主體參與，推動傳播形式與渠道創新，加強相關領域研究，去創造更多發展機遇，不斷適應新媒體環境下的傳播需求。馬來西亞中文電影的創作更多面向日常生活的、易有情感共鳴的內容與故事，激發共情、擴大交往交流，提升跨文化傳播效果，增進世界彼此對文化理解與認同，豐富人類文化知識與文明成果。

　　因此，我們也看到近年來馬來西亞的中文電影的新導演們，如陳勝吉的《分貝人生》，入選9月舉行的多倫多影展「探索發現單元」，並舉行4場北美洲首映，陳立謙的《迷失安狄》入圍日本大阪電影節、美國紐約亞洲電影節主競賽片、德國五湖電影節－主觀摩片以及張吉安的《南巫》入選第74屆瑞士盧卡諾國際電影節，第25屆加拿大奇幻國際電影節和第50屆荷蘭鹿特丹電影節，他們拍攝自己的第一部長片，入圍中華地區以外的國際知名電影節，電影內容涉及的有關課題已經從對華人社會身份和中華文化元素轉向自我身份的迷失和對生命意義的實際探討，故事內容涉及族群與文化之間的藩籬，溶解在彼此所仰望的信念裡，相互共處。這樣的課題，不再僅僅是本土化的範圍，這樣的問題同樣可放眼至全世界，很多世界的某個角落都是面對一樣的無奈與困境。因而，馬來西亞中文電影在呈現出普世價值觀且也保留一定的中華文化元素，那麼馬來西亞中文電影無論是在全球化或是去全球化下的傳播，依然可以和大中華甚至全世界都互聯互通從而達到民心相同。

參考文獻

期刊與學術論文

李勇・語言，歷史，邊界：東南亞華人族群關係的變遷[M].社會科學文獻出版社，2012.

馬然・馬來西亞新浪潮電影[J].電影世界，2008(3):1.

楊宜音・文化認同的獨立性和動力性：以馬來西亞華人文化認同的演進與創新為例〉，《海外華族研究論集》，
　　2002

居維寧・海外華人的種族認同[A].陳文壽・華僑華人新論[C].北京：中國華僑出版社，1997

于運全・逆全球化語境下的跨文化傳播新動向[J].新聞與寫作，2020(3).

劉江波，李桂平・淺析文化潮流中的逆全球化現象[J].湖南經濟管理幹部學院學報，2004.

潘文杰。「馬來西亞華語電影與認同政治：以周青元電影為例」。碩士論文，國立臺灣師範大學大眾傳播研究
　　所，2016。

報刊

《初戀紅豆冰》免 20%票房稅，阿牛：最大生日禮物，星洲日報，2010 年 9 月 1 日，娛樂版 C1

互聯網資料

Current Population Estimates, Malaysia, 2018-2019 馬來西亞 2018-2019 年，人口估計報告 https://www.dosm.
　　gov.my.

CULTURAL REPRESENTATION OF NEGARAKUKU: AN ANALYSIS OF VIEWER'S COMMENTS ON MUSIC VIDEO

University Putra Malaysia, Bachelor of Music (Performance) **CHAN LONG**

CHAPTER 1 INTRODUCTION

1.1 Background

Malaysia is known for its multiculturalism, and along the road to achieve peace of having such multiculturalism in this country has not been an easy one. In fact, racism is a problem that is highly likely to occur in countries with more than one ethnicity, when inequality is in place. The inequality refers to the difference in wealth or income, as well as the accessibility to education among the different races due to the said wealth or income differences. People living in urban areas would have more job opportunities, thus resulting in having higher incomes than those living in rural areas, and subsequently having better access to better education systems. In a community, people tend to make comparisons among themselves with other people around them. In this context, such comparisons are made between the different ethnic groups in Malaysia (Khalid, 2012:15). This inequality has existed at least during the British Colonial Period. It has thus created tensions and conflicts between the different ethnic groups present in Malaysia, due to the imbalanced distribution of wealth and income present, the education level differences, as well as difference in living standards between different social classes.

In the 19th Century, during the British colonial times on Tanah Melayu (the name of Peninsula Malaysia before merging with Sabah and Sarawak in 1963), Chinese and Indian immigrants sailed to the South to look for working opportunities with economic motivations in mind, many of which landed in Tanah Melayu. At this time, the Malays refused to work with the British, primarily in the tin mines and rubber plantations, which at the time was considered as the most important and most lucrative exports of the country, therefore the Malays chose to reside in the rural areas instead. The British on the other hand did not consider the Malays as reliable labours. As a result, the Chinese and Indians have more working opportunities for them, whereas the Malays lived by fishing and harvesting crops. This has thus created the income gap difference between the Malays that reside the rural areas and the Chinese and Indians who populated around the central area.

There are a few reasons why assimilation did not happen, such as the size of the population and the policy set by the British. Many of the immigrants came to Tanah Melayu with the mind of taking it as a temporary stay before going back to their homeland after earning enough. Slowly, the land began to fill with more and more non-Malays, to a point where the racial composition of Tanah Melayu with more non-Malays than the local Malays between 1931 to 1957. With this size of population, it is almost impossible for assimilation to occur, and in the British's policy, they never had the intention of getting all the Malays and all-Malays to become into one single ethnic group. In fact, it was intended to have the different ethnic groups segregated, especially for the Chinese immigrants, so that it is easier to control the communism influences that are running among the Chinese immigrants (Khalid, 2012:42). Slowly the number of businesses in Tanah Melayu owned by the Chinese and Indians outgrew the number of businesses owned by the Malays, with only 2.3% out of all businesses in Tanah Melayu were owned by the Malays (Khalid, 2012:5-6).

Since the independence, not only disparity in income and wealth became one of the factors driving people from different ethnic groups further, the liberalization of citizenship also caused the Malays to lose majority of their control over the politics, with 84.2% of the total electorate in 1955 down to 56% 1969. This change has reduced the constituencies of 96.15% in 1955 down to just 53.85% in 1969, with most of the loss of seats from Malays to non-Malays. Before the third general election in 1969, the Malays' poverty was still an unsolved issue, while the economic status of the Chinese thrived so much that majority of the rich were Chinese. Up towards the third general election, the Malay ruling party was still unable to solve the ongoing socio-economic issues the Malays are facing, leading to more Malays losing their trust on that ruling party, while most of the non-Malays supported the opposition.

In 10th of May 1969, the 3rd Malaysian general election was held. Not surprisingly, in that election, for the first time, the ruling Alliance Party lost their two-third majority in the Parliament, which is a requirement for most of the constitutional amendments, to the opposition comprised of the Parti Gerakan Rakyat Malaysia and the Democratic Action Party, that campaigned against the Bumiputera privileges in the Article 153 of the constitution. Following the result of the election, according to the report from the National Operations Council, racial riots were being in the city of Kuala Lumpur, most of which was caused by the euphoric opposition party supporters that have displayed culturally offensive behaviours. The instability in politics as well as violence could be the effect of inequality (Benabou, 1996). As seen in this incident, the undergoing inequality has accumulated so many issues that turned Tanah Melayu into a warzone overnight.

This event, which was being named the May 13 incident, has struct deep fear among the non-Malay citizens, particularly the Chinese. The Parliament was suspended as a result of the riots, and the country was governed by an ad hoc cabinet to handle the situation. New policies such as the New Economic Policy was introduced by the government to handle the situation and to help eradicate the Malay poverty. Despite all these efforts, the tension between the races, particularly the Malays and the Chinese are still much present even today. Questions that were considered sensitive, such as the Malay special rights, the religion, or any statements publicly criticizing the political power rights of the Malays are being deemed as intentionally re-enact the May 13 incident. Since then, Malaysian Chinese could but keeping themselves quiet, regardless of the apparent unfair treatment to them.

This has not come to a complete stop however, as the income and wealth gap continues being the things that is drawing the different races in Malaysia apart. The political disadvantages of the non-Malays, especially the Chinese continues, and the Chinese refrained from doing anything to oppose it, in fear of something like the May 13 incident would occur again one day.

In 6th of March 2007, a parody of Malaysia national anthem named Negarakuku by Namewee was published onto the video streaming platform, YouTube. By using sarcasms and jokes, Namewee brought up problems that are present in Malaysia at that time, many of which were kept deep in people's heart not being able to express freely, including the Malay's hegemony in Malaysia, the ineffectiveness of the public services, the corruption of the Malaysian police, and how unfairly the Chinese were being treated in Malaysia.

This song has some catchy melody and easy-to-remember lyrics, and it was not surprising that the song became popular in a matter of short time, especially among the teenagers. This song became an overnight sensation, and it was speculated that this song has been viewed for more than 1 million times before it was removed from the website, which is considered extraordinarily high in 2007, when the usage of internet and YouTube was not as much as today.

The reception of this song was highly polarized. Some liked the tone of the song, especially the catchy melody and lyrics, while others were offended, especially the Malay community, mainly due to the racial insults as well as the disrespectful remarks towards the Malay culture. Some of the Chinese folks also regarded this song for possibly sparking unnecessary conflicts between different ethnic groups, particularly between the Chinese community and the Malay community.

Of course, soon after the song got popular, many controversies surrounded the singer. As stated by Koh (2008:51), the song was heavily politicized by the Malaysian government, and Namewee was also threatened on being charged for the contents of the song that defamed a certain race in Malaysia, as well as putting shame on the Malaysian government at that time. With the usage of the symbols and logos that represent Malaysia, such as the Malaysian flag that was being used as the backdrop of the music video, the Malaysian national anthem as the main motif or the hook of the song, and the usage of Visit Malaysia slogan, of which, the government and many Malaysians found the song to be offensive. Following the issue, Namewee removed the song from YouTube, and issued a public apology regarding the issue (The Star, August 2007).

In his paper, Tan (2012) stated about hidden transcript – where the dissatisfactory and unhappiness of the Chinese community towards the government, as well as the political hegemony of the Malays in Malaysia that were kept closely in their heart not able to express in any ways, in fear of adverse consequences and repercussions. Tan argued that this song is the hidden transcript of the Chinese community. It was also implied in his paper that Namewee stored his frustrations into this song and the messages fuelled the rage that was well hidden within the Malaysian Chinese's hearts, which ultimately has either directly or indirectly influenced the General Election held on 2008.

The song is now about 13 years old, and the texts of the lyrics is still somehow found to be relevant to the racial issues that is still existing in Malaysia today. This is also one of the reasons why this song is being chosen as the subject of this paper. The purpose of this paper is to outline the impact of this song towards the audiences, specifically, the Malaysian audiences. Aside from that, this paper also shows how the way Malaysian audiences perceive this song changes over the span of 13 years.

1.2 Statement of Problems

According to Bohlman, the representation of music can be done through two types of narratives, that is by telling stories and recording history. Both story and history seem to be similar in a certain way but are in fact different when the perspective of the narrative is being considered. (2005:215) This matches the description of how the artistic direction of a piece of work is being chosen.

As with any forms of art, the artistic direction is one of the most important elements in writing a song. In this paper, there were a few mentions of such music as political songs. In its simplest form, this is a genre of songs containing messages related to politics, either nationally or internationally, or both. The songs of this genre generally have a core message to express, either directly or indirectly. In relation to the artistic direction of movies and books that are inspired by real life events, music with political messages shares the similarity for the choice of their artistic direction. However, sometimes this artistic direction might change, to further appropriate what the audiences think it is overtime.

Aside from that, the meaning of a message interpreted by an audience can be subjective. A song could contain one straight forward layer of messages, but when combined with the lyrics and even music videos, the layers of messages could build up, intertwining with one another, creating a much complex meaning. Here comes the first problem, that is, depending on how much the audiences can subject themselves into the song, the story that the composer or singer is trying to express through the song could be misinterpreted, or overlooked.

Bohlman stated that music and its representation, when looked together, can serve as both the object and subject of a matter, as it has a hybrid trait of both as object and as subject, depending on how it is being looked at, and from what perspective (2005:206-207). In this case, a song could go through a transition, from being an object for expressing a message, to being a subject of discourse. The message in a song can be linear and straightforward in its simplest form, but when it is being subjected to a discourse, a whole new level of understanding of the song would be raised, giving a completely different meaning to what the song was first written or composed for. This happens a lot when a movie or a book is being theorized by fans and reviewers, especially on video streaming platforms such as YouTube.

Before Negarakuku, there were a few to no songs that were created with messages this raw about the Malaysian society. As Tan (2012) mentioned, being so vocal about the unfair treatment of the government towards most non-Malays has always been deemed as challenging the Malay hierarchy. This also explain why Namewee's songs before Negarakuku, such as Muar Chinese and Kawanku (My Friends) that were all about the Malaysian society, managed to garner so much attention. However, despite the potentially offensive contents, comedies, jokes, and parodies about problems in a society are often tools in addressing the said issues by comedians and artists in other countries.

Here, the a few problems could be raised. The first problem is that the dynamic of song as a social discourse is overlooked in our media-dependent society. When a song is being written as a social discourse, the purpose is to deliver a message, but the delivery of the message comes to a premature stop when it is deemed being offensive, and potentially 'dangerous' to the society, and much of the focus would then be on the misjudgement of credits and blames, instead of the message that the song is delivering. This is the consequence of misjudgement of credits and blames whenever a popular song becomes a social issue. In cases like this, much of the attention is placed on the song itself, instead of a bigger picture on the effects it could bring, and what this song means for the people, the society, and the country.

Next, is the message that a composer or singer is trying to express through a song could be misinterpreted or overlooked when it becomes popular and being translated into other languages. This situation is most apparent on songs that contain slang languages, where it is easy to have the meanings to be lost through translation, and slowly the messages get altered into meanings that might not be originally intended. This problem becomes apparent when a song got so popular unexpectedly, and when the reason for this song to become so popular was not foresaw by the composer or singer. This could apply when a song was meant to be a parody, but it became so popular, that the audiences began to take the meanings literally. It is through this process, the message behind the jokes gets brushed aside, or get misinterpreted because the audiences do not fully understand the context of the jokes. For example, when a song that is intended with deep intriguing messages but presented with jokes and sarcasms, much of the attention would only be on the jokes and sarcasms, only a few would delineate the messages in the jokes and sarcasms to understand the context properly.

1.3 Research Questions

Tan argued that Namewee's music contained hidden transcript, which according to Scott (1985:33-34), is a form of rebellion that is subtle yet significant. Through Negarakuku, this song brought up the hidden underlying issues that have been kept deep into Malaysian Chinese's heart but was unable to speak up due to the fear of unfortunate consequences. The message in Negarakuku, the way it was seen during the time it was first released compared to the recent years could change, due to audiences viewing the song being in different situation and position. On the other hand, the lyric of this song is known to be highly sarcastic and contained many insight jokes. Whether the audiences are able to look through these lyrics and decode the message in these lyrics or not, depends on how and where the audiences subject themselves, as different levels of subjection might result in completely different understanding on the song.

For this research, a few research questions were designed and set to be realized, in order to find out how messages in a piece of music are being represented and told. The first research question is how the constructed understanding of a song alter over time with regards to the song Negarakuku? The rationale behind this research question is because over time, the meaning of a song, and what the song mean for the audiences may change. While the context of the song could stay unchanged over time, audiences in different times would have drastically different perspective. This is like viewing a same scenery from different angles, what picture in the frame would shift as the angle changes.

The second research question is how the audiences would add on to the discourse of a song, and if they should subject themselves into the matter of the song? As mentioned above, the differences in the level of understanding a song could result in different interpretations, on different levels. Are these different interpretations part of the bigger picture? This is to be investigated further, as we go through the different ways in finding how people interpret a song. The ways audiences think about the song, and what the song mean to them would be looked upon.

1.4 Objectives of Study

By applying the understanding of representation of music, and how the meaning of a song requires the audience to project him or herself into the subject of the song and the situation, the first objective is to work out the constructed understanding on what Negarakuku is about, what it means for the audiences, as how it fits in today's society. The way audiences view this song back in 2007 and recent years might be different, and there might be similarity as well. The change in this song's importance to the audiences will be investigated.

The second objective is to determine how audiences subject themselves into the context of the song and add on to the discourse of the song in the case of Negarakuku. Each audience would have different opinions on the song. Here the goal is to see what audiences could understand from the song, with different level of interpretation in mind.

1.5 Organisation of Thesis

This paper will be separated into 5 different chapters. Chapter Two will be the literature review, and Chapter Three will be on the methodology used for this research, followed by the results of study in Chapter Four. This study will be summarised and concluded in Chapter Five.

Last but not least, the appendixes included in the last part of this paper includes the diagrams and the list of tables used to present the points in this research.

CHAPTER 2 LITERATURE REVIEW

2.1 Introduction

A music, much like an art, is being created for a purpose, to express a certain message, or to tell a story, through melodies, and harmonies. When it comes to a song, its lyrics and music video also play extremely crucial role, as it becomes part of the tools to tell the story that the composer/singer is trying to tell through the song. Even for a song that is being sung in the same language as a listening audience, the ability to fully understand the meaning of the songs depends on whether the composer/singer and the listeners belong to the same "culture".

2.2 The Ideas of Representation

On the subject of representation, there are several concepts of representations being introduced and discussed. Below are the concepts of representations that highly related to the context of this research.

2.2.1 The System of 'Codes'

Hall (1997:21) argues in a 'culture', people share the same set of 'codes', in order to conceptualize a thing into something everyone in the same "culture" would understand. For example, the term 'Kopi O' in Malay, could simply mean a type of traditional coffee found in Malaysia and Singapore. However, this term is also being used in a completely different context, that only Malaysians who shared the same 'code' could understand. Here the term 'kopi O' could also mean bribe, as there is this Malaysian joke that says, "bribing is like buying the person who takes the bribe a cup of coffee", of which the meaning can never be constructed out of simply being able to understand the Malay word 'kopi O'.

Music representation is about the messages that can be expressed through music. Before we get deeper, it is important to understand that interpretation has two ends, which consist of a delivery end and a receiving end. the delivering end and the receiving end are required to share a common set of "codes" to transmit the content of the message without error. The speaker and the listener needed a common set of understanding to send and receive the information correctly, as one sentence could be understood differently based on the sender's delivery and the receiver's interpretation (Hall, 1997:62). In terms of music, the encoding of information is done by the composer, and the decoding of information is done by the performers and the audiences. To appropriately interpret the message in the music, the audiences, the performers and the composers need to be under the same 'culture' for the message to pass from one to another without errors in the process of transmitting the information. This is because people from the same culture share the same ways of interpreting and processing ideas, pictures, and concepts about the world around them. For the meaning to be passed around effectively, the sender and the receiver must share and understand the 'codes' (Hall, 1997: 4). In this case, the proper meaning of the lyrics can only be understood by audiences brought up understand the same cultural structure with the singer.

2.2.2 Two Representations of Music

On top of that, in this paper, another paper by Bohlman (2005) has some degree of influence on the view of representation of music. Bohlman divided the representation of music into two different types: music as itself and more than the music itself. When music is being itself, the meaning of music is created and understood on the music itself. The former puts meaning beyond the music, and the meaning is meant to be created beyond receiving the music with human senses. For example, the meaning of Picasso's art lies beyond the art itself, and the audience is required to project imagination from the art to interpret its meaning. In other words, music not only can be represented by the sounds and texts, but it has also meant more than what is perceived as how it is. To have a better construct the meaning from Negarakuku, the audiences are to relate the lyrics of the song, by projecting themselves into the situation back before 2007.

2.2.3 The System of Signs

The idea of representation is stemmed from Saussure (1960) on his idea about semiology. In his research, Sassure proposed that language is a system of signs (Culler, 1976). The system of signs is related to the system of 'code' by Hall. This system of signs works by the relationship of the signifier and the signified, which in this study, is music and its representation. The definition of the signifier and signified can be given with an example of colours on the traffic lights and their meaning. The colour red is the signifier, and without the signifier, the red only means red, and nothing else. It is the set of 'code' given to it, that gives the colour red of the traffic light as a sign of 'stop'. As noted by Hall (1997: 5), music serves like a language, where it transmits feelings and expressions through musical notes, although the messages can be rather abstract. However, when paired with lyrics on top of the musical notes, the messages that the composer or singer is trying to bring would be more upfront. Music is a signifier, and its purpose is to signify a message, an idea, much like a piece of art. The message in a music, is the message that is being signified by the music. In other words, the music serves as a way representing the message brought out in the lyrics.

2.2.4 Bringing Signs into Cultural Context

Furthermore, Barthes (1967) expands on the idea of 'code', that brings the idea of signs into cultural context. Barthes proposed that representation comes in two descriptive levels. When put together in the subject of music representation, the first descriptive level is on representation within the context of music, whereas the second descriptive level is on representation beyond the context of music. Between these two descriptive levels, there is a shift of subject moving from within the music to outside of the music. This first descriptive level is what Hall proposed as intentional approach of representation, and the second descriptive level is a constructionist approach of representation. Moving from first descriptive level to the second descriptive level means there is a transition of representation from intentional approach to constructionist approach.

This is for example, in Negarakuku, the singer sings about 'treating' Malaysian policemen 'kopi O', and they will become nice and friendly. The intentional approach is understanding what 'kopi O' means as a slang language in Malaysia and bringing these few items of 'kopi O', Malaysian policemen, and them becoming nice and friendly, it constructs a context that represents bribery and corruption in the law enforcement in Malaysia. This is the same as understanding an origin of a slang language, whereby people from the same culture would share the same way of understanding the world around them. These approaches are key to analyse and interpret how the audiences see this song, as audiences not being in the same culture would not fully understand the jokes or slang languages in the song. Audiences not from the same culture would not share emotions as strongly as audiences from the same cultures on the same messages.

2.2.5 Discourse about Music

Through the transition of representation, the subject of a discourse might also be shifted. About this, Foucault (1980) stated that the production of knowledge and the construct of meaning is on the discourse itself, and not the subject. While the transition of representation is happening, there is a displacement of the subject's position. The subject itself might contain knowledge in itself, its message can only be produced through subjection into the subject.

On the matter of music as a discourse, Blacking (1982) stated argued that discourse about music can be extended to more than the structure of the music itself. This means that discourse about music means more than just about music itself, it can be extended to subjects like politics, religion, and sociology. This ties in nicely with Bohlman's theory on music representing beyond the music itself.

2.3 Background of Negarakuku

To understand why the Negarakuku incident was such a momentous phenomenon in Malaysia, the influences that helped created Negarakuku should be investigated.

2.3.1 Rap Music as Social Movement

In his paper, Tan (2012:02) stated that rap music was a form of social movement, that is usually used to bring up social level problems, highlighting discrimination and their related problems. In the recent times, there was one song that was in relevance to this statement, that is This is America by Childish Gambino, published on May 5, 2018. One of the main messages of this song is highlighting the gun shootings in the United States, as well as picturing oppressions faced by the blacks there. This is a song packed with lots of 'Easter eggs' and hidden messages, that are tightly related to the core messages that the singer was trying to tell through the song. Due to the subtlety of the messages, the performance of the actors, and the presence of guns and violence has made this song an overnight sensation. Both the lyrics and the music video work tightly together, spawning different kinds of theories and speculations about what story the song was trying to represent.

2.3.2 Namewee's Rap Songs

Due to the nature of the song, the same happened to Namewee's Negarakuku as well. Right after this song got so popular, many tried to delineate the messages in this song, as well as some of his other songs prior to Negarakuku, namely, Kawanku and Muar Chinese, that contained messages either directly or indirectly towards a certain problem, especially the problems between the races in Malaysia.

Tan has shown some thorough explanation to what happened before the song was published, and what came after, proving that the song was the straw that broke the camel's back, and in this case, the vessel that housed the people's anger, especially among the Chinese, on the political hegemony of the Malay in terms of politics. However, in Tan's paper, there were a few mistakes in translations that are present in the paper. While he seems to argue that the song was an outcry of the people over the Malay's hegemony in Malaysia, the song might actually have a more subtle intention in mind than how it was being described in the paper.

2.3.3 Influences that Inspired Negarakuku

Koh (2008) has also provided some insights and break downs on the controversy, and what influenced Namewee to started making songs with political messages in mind. In his paper, Koh has stated that one of the influences on Namewee's writing of the song was that he was a diaspora studying in Taiwan, and that Taiwan is known for its political outspoken-ness. However, the messages in the song might not be as straightforward as how it was described in the paper. Here, the intention of Negarakuku is further being questioned, whether Namewee had the intention on express and putting the messages to the upfront, or was it meant to be taken as a joke and a mock on the current state of government at the time. In fact, many of the messages were expressed in the form of sarcasm, instead of being directed to, say, the government at the time.

2.3.4 Jokes and Parodies as Voices of Political Issues

Jokes and parodies are not something new when it comes to political issues. In Syria, comedy was one of the instruments used to outline and draw out the situation there during its regime autocracy and neoliberal era. Comedies such as comedy series and internet parodies are being used not only as a form of entertainment, but also a way to express the rekindle the audiences about the ongoing unfortunate circumstances. Comedy branches out its content in multi-directions, and the topics are usually about issues happening around the speakers and the listeners. There is something about comedy's ability to stress out something people already know but subconsciously ignored since they have been facing those things regularly Wedeen (2013:865). Here it somehow ties with the hidden transcript mentioned above, that it is something about things people have been having deep within themselves and not able or not willing to speak out. Aside from that, the use of comedy in this context is like how Negarakuku brought out the underlaying issues in Malaysia.

2.3.5 The Sparked Tension Between Races in Malaysia

In his book, Khalid (2012) has provided some insightful view on the state of Malaysia, and what possibly led to the said tension between the different ethnic groups in Malaysia, primarily between the Malays and the Chinese. As the thing that invoked so much controversy for Negarakuku was how it was seen as an attempt on tearing the different ethnic groups apart, it is not hard to understand why when the disparity that was present from the British colonial era and then eventually leading up to the May 13th incident. Even so, the effect was still lingering around within the people, which Negarakuku had either intentionally or unintentionally brought up again.

CHAPTER 3 METHODOLOGY

3.1 Research Design

Methods used in this study is visual and text analysis on the music video of Negarakuku, coupled with analysis of the comments posted by viewers. As YouTube is a platform used on regular basis for multiple purpose, contents that are as popular as Negarakuku are still relevant for many users, as new comments can still be seen in Negarakuku's video that was uploaded in as far back as 2007. Any users have the liberty to comment on the comment section, the raw reaction of users back in 2007 can still be traced back today.

3.2 Material

Negarakuku is a song with contents bringing subtle yet significant meanings. The reason is because the song contains the long-suppressed unhappiness among the Malaysian Chinese for many years. These messages are seen as a challenge to the long-time dominance, pressure, and control from BN (Barisan National), especially UMNO (Tan, 2012:22). It is important to understand why despite the song having so much controversies but was generally regarded as one of the important factors that affected the 12th General Election during 2008 (Tan, 2012:26).

The original video that was initially published by Namewee onYouTube was removed, and shortly after that, another user reuploaded the video. However, Namewee reuploaded the original video onto his YouTube channel again on 22nd of December 2015. For this, a comparison between the audiences' reaction in 2007 and 2015 enables a view on the difference between the two different times. There are still users that are actively watching and commenting on the videos, and that could also be a material for analysis for the purpose of this paper.

3.3 Application of Theory

In this paper, two theories by Hall are used to fit into the context of this paper. First, is on the two different types of representation, namely the intentional representation and the constructionist representation. With this theory in mind, the transition of representation for

Negarakuku over time will be investigated.

The second, is on the requirement for the audiences to subject themselves into the matter of the song and the situation, as well as sharing the same 'code' to understand the song on a closer level. This is to see the level of subjection the audiences with their discourse on Negarakuku across the two versions of its music video.

3.3.1 Theoretical Understanding of Negarakuku as an art Product

As an art product, every piece of music has a few important elements. As mentioned above about the choice in artistic direction, a few of these elements are the aesthetic appeal to the audiences and the performance styles chosen. This is important especially when it comes to music as subject in representation. It is with these elements, that a music can create appeal to the audiences, which leads to this piece of music being spoken from one person to another person, creating discourse around the subject that is the music itself. Most of the time, this piece of music might slip off unnoticed even if it was meant to bring impact to the audiences for lacking in these elements. For Negarakuku, the catchy lyrics and relatable matters sung in sarcastic tones being the aesthetic appeal to most people, to a point when the first line of the lyrics is being sung, another person would know that it is Negarakuku that a person is singing.

Next, is the usage of musical quotation. Musical quotation is a composition technique used when well-known short phrases of music are taken or 'borrowed' into another piece of music (Keppler, 1956:473). This technique is widely used in jazz music, where one would quote a well-known melody into the song one is play. In the pop music, this technique is usually used to bring classical tunes as the chorus of a song. This is the technique used in Negarakuku. The song begins with the introduction of the Malaysian national anthem, and the choruses of Negarakuku are the Malaysian national anthem itself. This is what made the song easily memorable, because if its musical familiarity to the audiences.

Figure 3(a): Theoretical Concept 1

3.3.2 Theoretical Understanding of Negarakuku as a Discourse

As a discourse, Negarakuku carries its own meaning and messages, and these messages require audiences to understand its background and context to decode and appreciate the messages in the song. In this paper, this song served as a discourse in representation. Negarakuku in itself has a subject that it is used to make a discourse about. Referring to Figure 3(a), there are three important parties for a song to serve as a discourse in representation, namely, the music, the subject, and the participants. This diagram illustrates the relationship between the three different parties in the representation of a song as discourse. The music serves as an object in representing the subject, and the participants subjecting themselves into the subject of the discourse.

Figure 3(b): Theoretical Concept 2

Next, Figure 3(b) illustrated some changes in the representation. In this diagram, while all the parties are the same as before, there is a shift in position for the three parties. Here, the subject of the discourse is what the music represents, and the subjection of the participants is now through the music, which is the object that represents the subject. The differences between the two illustrations, is that in Figure 3(a), the subject is in the centre of the representation, whereas in Figure 3(b), the object becomes the centre of the representation. This change in the centre of the representation means there is a transition from intentional representation illustrated in Figure 3(a) to constructionist representation in Figure 3(b).

In intentional representation, the music contains the subject, which the participants would then subject to. This is from one participant, which is the discourse, to multiple participants that are the audiences. On the other hand, in constructionist representation, the participants subject themselves through the music into the subject of the discourse. This is from multiple participants, the audiences, to one participant, the discourse.

With that in mind, the subject of Negarakuku, which is the intentional representation

(Hall, 1997), is to be identified. Then, the change of subject, which can be multiple subjects, coming from different audiences having different interpretation and understanding on the song, is to be determined.

3.4 Data Collection

As mentioned earlier, there are currently two existing versions of Negarakuku on YouTube, one that is uploaded on 24th of July 2007 by user laocai99, and another published on 22nd of December 2015 by Namewee himself. For the purpose of having a better observation on viewer's comments and feedbacks over time, viewer's comment on both of these videos will be taken into account and be given a first level interpretation.

The 2007 version uploaded by user laocai99 that is chosen as the material for this research is not the original video, considering the original video was uploaded by Namewee and taken down by himself, and since then, several versions of Negarakuku were being uploaded onto YouTube, all by different users. This version of Negarakuku music video is chosen due to it being the oldest and the most complete version that exists on YouTube right now.

In the 2007 version, there are 9,446 comments in total, whereas the 2015 version has 1,147 comments. The criteria on the comments being chosen to be taken as the data for this research is by prioritizing comments with high engagement. The rationale for this criterion is because comments with likes also means that the comment is relevant to other viewers, meaning these comments are deemed 'valid' by other viewers. For this, the top 150 comments with most likes will be collected as data. However, there are a few exceptions. Comments that are considered as spam comments, those that are intentionally offensive, despite having high numbers of likes, these comments will not be taken account as part of the data.

3.5 Analysis on Viewers' Comments

As representation is the key focus in this study, how the viewers or audiences perceive and understand the song and its music video plays a crucial part to further understand how music representation works, as discourses serve as one of the key parts in representation. For this, hermeneutical analysis will be conducted on viewer's comments. The music video was published on a widely used video streaming platform, YouTube, and the users' generated comments and feedbacks are part of the entire representation of the videos posted. This analysis is to understand how the users understand the song, and what kind of comments they give on the song.

The data collected are all grouped into two different tables, one table for each video. Then, after reading through the comments, each of the comments will be given a first level interpretation based on the subject each comment is about. Depending on the subjects of the comments, key words of a certain subject will be given in the first level interpretations, such as "relevant", "aesthetic", "popularity", etc.

These key words, when put together will form a bigger theme. These bigger themes will be analysed according to the theoretical framework, to see what these viewers' discourse through their comments represent.

3.6 Summary

The design of this study is to have Negarakuku being analysed and understand. For this, the music video of Negarakuku that is published on the video streaming platform YouTube has been chosen as the material for this research. This study is supported by Hall's theory on the two levels of representation, that are the intentional representation and the constructionist representation. From these two levels of representation, two theoretical frameworks are formed.

An analysis on viewers' comments from the music video of Negarakuku will be taken place Also, to properly outline the changes of the viewers on Negarakuku, two different versions of Negarakuku's music videos are chosen.

CHAPTER 4 RESULT OF STUDY

4.1 Observations

The data collected suggests Negarakuku is still highly watched on YouTube today. Negarakuku can be considered as an art product, and different people would generate different views and comments about it. At first glance, the comments seemed to be pointing towards different directions, as this song has been on the video streaming platform for quite some time, considering its popularity in Malaysia, every audience would have different takes on what this song is expressing, and how the audiences relate this song to themselves. Slowly, these comments fall into a few themes that are compatible with Hall (1997) on the transition of representation. These themes comprised of aesthetic appeal, relevancy, patriotism, political changes, and beyond the context of the song.

There is also a difference in the comments section that can be observed between the two music videos. Despite having more total number of comments in the 2007 Negarakuku music video, the total number of likes across all the comments are lesser than the 2015 Negarakuku music. This suggests that the comments section is being seen and used differently between these two times. In the earlier times, viewers take the comments section as a way to feedback about the music video, and in the recent years, it shows that viewers engage the comments section more than before, with the number of likes across all comments as the evidence. The comments section is seen as part of the music video, signifying its importance for the videos. Due to this, only 40 comments were extracted and taken as data for the 2007 Negarakuku music video.

4.1.1 Aesthetic Appeal

As a song, naturally Negarakuku would receive feedbacks based on its appeal to the audience. Many of the viewers liked the song on its funny yet sarcastic tone of writing in the lyrics, where the singer expressed the problems with jokes. This song has some easily memorable lyrics, that many viewers could still remember the lyrics. (C2 D8 24/12/2015) It got so popular that many of the viewers knew this song when they were young and could still remember this song as a memory in their younger times. (C2 D89 24/12/2015) Another viewer added:

> "I remember the first time I heard this I was only 7 but I fell in love, [even] after 10 years I [will] still love his songs." (C2 D117 11/12/2017)

Due to the usage of the Malaysian national anthem, Negaraku as the main motif of the song, some viewers preferred this version over the original Malaysian national anthem. (C1 D35 29/9/2011) One viewer liked this version of the Malaysian national anthem that he or she commented:

> "It would be so awesome if I can actually sing this in school on every Monday. I'd look forward to school every monday!" (C1 D33 29/9/2011)

There are even comments that pointed that the way Namewee sang the hook of the song showed more patriotism than the football players that represented Malaysia. (C2 D14 14/8/2016) Contrary to the controversies that followed this song due to the usage of the Malaysian national anthem, the viewers acknowledged the song as a work of parody. (C2 D9 26/8/2016) This shows that despite the controversies, the parodic style of this song still appealed to the audiences, and it help attracted a lot of attention because of this.

There is a direct mention about Namewee in comments as well, and that itself is might not seem related to the song itself, but the comments showed that it was this song that they first get to know about Namewee and started following him since then. (C2 D57 31/8/2019) Acknowledgement of Namewee's music talent is also frequently being mentioned in the comments. (C1 D24 31/8/2014)

It is important for a song to stand out enough be able to grab the attention of the audiences. As an art product, Negarakuku is considered a successful one, considering that it attracted a lot of attention, and this song is still being remembered after almost 13 years of its existence. Putting the controversies of this song aside, Namewee's creativity in the writing of this song is to be applauded, that the choice of doing parody on the Malaysian national anthem was truly unique in Malaysia, and it immediately captured the Malaysian audiences' attention. Combining with the funny yet easily memorable lyrics, this song has become more than just parody to the Malaysian audiences.

4.1.2 Relevancy

Aside from the aesthetic appeal, many of the viewers watched this music video because of the messages in the song. To many of the Malaysian Chinese, this song served as a hidden transcript. (Tan, 2012) As one of the comments stated:

"I have to say, this song truly expressed the deepest feelings of us the Malaysian Chinese!" (C1 D33 21/5/2017)

One commenter argued that this song is one of the most important songs that every Malaysian Chinese should remember, because the messages of the song truly reflected the reality that the Malaysian Chinese are facing. (C1 D11 10/1/2018)

Throughout the years, there are still viewers relating themselves to the lyrics sung in the song. Viewers argued that the lyrics of the song was relatable and still is relatable, (C1 D4

16/4/2016) and for viewers to come back to this song time to time is because of its relevancy. (C2 D123 13/8/2019)

In this respect, with viewers still watching this music video from time to time, it matches to Tan (2012) on this song being a hidden transcript to the viewers. This implies that inequality that was present among the different races is still lingering, and the problems that were expressed in the song are not resolved.

4.1.3 Patriotism

As a song about one's country, Negarakuku is also considered by the viewers as a sign of patriotism displayed by Namewee. One viewer stated:

> *"A song by a true patriot. This is a song with heart. While many choose to remain silent and change citizenship in lieu of a compromised system of governance, a true patriot speaks out, even against opposition and condemnation. I salute you, Name Wee." (C1 D36 3/3/2009)*

Another viewer argued that Namewee truly loved his country to go as far as to write a song about his country. (C1 D53 13/10/2011)

According to the data, there is a spike in the number of views on this music video during 31st of August, which is the Malaysia National Day. Along with the spike in the number of views, many of the comments during the Malaysia National Day of different years are also comments about the Malaysia National Day. In fact, the number of comments related to the Malaysia National Day has the highest percentage among all the comments. In a way, it can be understood that these viewers celebrate the Malaysia National Day by re-watching this music video, and the action of celebrating one's country's national day is also a form of patriotism.

To some of the viewers, this song is seen as one of the symbols that represent Malaysia. One viewer stated:

> *"I kept this song on repeat even when I'm overseas, and I also use this song to promote about Malaysia to my foreign friends." (C2 D127 1/9/2019)*

Aside from that, this song became a worthy of being considered as a 'classic'. (C1 D15

17/2/2014) This shows that Negarakuku meant more than just a song to these viewers. It is seen as a representation of Malaysia, something that would always remind them about the country. In this respect, Negarakuku represents patriotism to these viewers.

Not all viewers share the same opinion, however. In fact, some viewers see this song as the opposite to patriotism. A viewer argued that the singer is being disrespectful because of the usage of the Malaysian national anthem as the main motif of the song, despite it being a creative music style. (C2 D147 10/11/2019)

4.1.4 Political Changes

Other than patriotism, there is also an increased number of views and comments during times of political changes in Malaysia. Political changes such as the change in government during the 2018 Malaysian general election and the change of the prime minister of Malaysian on March 2020 become the reasons for people to come back to either re-watch the music video, or give comments about the political changes, that may or may not be related to the song or the music video.

After the 2018 Malaysian general election, many of the viewers made comments on the change in the government. One such viewer commented about this 'historical moment' under the comments section of this music video. (C2 D45 14/5/2018) Another viewer stated:

> *"Now that the eighth prime minister is being appointed, I need to come back to listen to this song for another round." (C2 D37 1/3/2020)*

The fact that audiences re-watch this music video whenever political changes happen in Malaysia, implied that audiences see this song as a landmark of change. This is further supported by a viewer that stated:

> *"Now that Malaysia has its government changed for the first time in 60 years, I'm proud to be part of the history!" (C2 D66 10/5/2018)*

The reason behind this can be explained with the impact this song brought with it. It was among the first of this kind of music to contain lyrics and messages that are related to the pollical issues in Malaysia. To a certain extent, it can be said that this is due to the nature of the message of the song that audiences see it as 'asking for changes', which slowly the song transitioned to be associated with shifts in the Malaysian politics, and the audiences would be reminded about this song whenever such changes happen in the Malaysian politics.

4.1.5 Beyond the Context of the Song

A displacement in the representation of the song can be seen among the viewers of this song. Aside from the reactions about the song, there are also a few viewers who responded on the subject of the song, that the messages in these comments are beyond the context of the song itself.

These viewers not only acknowledged the messages in the lyrics of the song, but they also looked beyond the song itself and gave suggestions on ways to get around the problems that were sung in the song. One viewer wrote:

> "Hate the system. Not the public. Hate people in power, not people under the powers ⋯ Play the system. Then beat the system." (C1 D3 17/7/2014)

One of the comments hinting about the troubles that are likely to occur for this reupload of the music video. (C2 D78 24/12/2015) This comment meant something more than the song itself, that would require one to understand the background of the incident about the song to fully grasp the meaning of the comment. In other words, a shared set of 'code' is required to delineate the message of the comment.

In this respect, the viewers not only made comments about the song itself, but they are also able to look through the song and think the beyond the context of the song. This is consistent with Barthes (1967) on the second descriptive level, where representation is beyond the context of music.

4.2 Discussion

The result of this study showed a few observations on the ways viewers viewed Negarakuku through time, starting from the day it was first released. There are things that stayed the same through the years, and there are also shifting in the discourse on Negarakuku.

As a song, Negarakuku has the lyrics and music style that is catchy enough to have captured the audiences' attention. Not only that, the controversial usage of the Malaysian national anthem, Negaraku became one of the main reasons why this song was so controversial, yet so popular. It is indeed one of the first songs to have attracted so many attentions, be it good or bad. As Tan (2012) mentioned in his paper, this song in one way or another, brought impact big enough to have affected the 2008 Malaysian general election. This song is also the song that has brought Namewee to who he is today, with viewers saying that Negarakuku created a career for him.

The creation of art is sometimes an alternative form of expressing frustrations and problems. Just as how comedies are created in Syria to address about the problems with the government (Wedeen, 2013), Negarakuku was Namewee's way of expressing his frustrations towards the government's policy. It is an undeniable fact that Namewee fully displayed his talent and creativity in the writing of this song, by using jokes and sarcasm that are funny on texts, yet at the same time intriguing. The choice of words used in the lyrics writing can be said as 'local', as some of the lyrics require a certain level of understanding of the Malaysian culture, the set of 'code' (Hall, 1997) in order to correctly realise the context.

On the matter of context, relevancy is also one of the things that is frequently mentioned in the comments section of both versions of the music video. Negarakuku, aside from its aesthetic appeal, has lyrics that are widely considered as messages that have been hidden deep within the heart of the Malaysian Chinese that are not easily expressible, due to fear of negative consequences. (Tan 2012) Many viewers find the lyrics not only relatable but stayed relevant to them. This means the continuity of the direction of the song has been remaining the same.

A change in the purpose or the construct understanding of Negarakuku can be seen in the more recent years. Viewers come back to this song during times like the Malaysian national day, with the increased number of comments that are either made on or related to the Malaysian national day. This suggests that this song means more than just the messages that are expressed in the lyrics to the viewers. It has slowly transitioned into a form of patriotism. This is an alternative way of expressing the feeling of love or the passion on the country. As some of the viewers pointed out, for Namewee to write a song about his country, and address its problems is enough to show his patriotism towards his country. To the viewers, the song reminds them about their own country, and when there is anything big happening in the country, they are being reminded about this song. In other words, Negarakuku and Malaysia are seen tightly linked together, and viewers would think these two things as one.

On top of that, the change in the purpose of Negarakuku becomes more apparent at times of big shifts in the Malaysia politics. In times like this, viewers would be reminded of this song, and come back to replay it again, as evident by the increase in the number comments that are related to events like this. Such examples are the change in government during the 2018 Malaysian general election and the change of the Malaysian prime minister. In this respect, Negarakuku goes through a shift in purpose, from a song with one sided shout in the wilderness, to people coming back to the song, thus giving this song a new status, where it becomes an icon of a completed journey of political change, an icon of commemoration.

The constructed understand on Negarakuku during its release was first seen as a form of retaliation, a form of mockery to the existing government policy of that time. As time goes, Negarakuku slowly evolved into a form of patriotism, where people would think of their country with this song, and into a form of commemoration, where people think of this song as a representation of change.

This change in the construct understanding of Negarakuku is compatible with the transition of representation from intentional representation to constructionist representation of Hall (1997). The subject of the discourse on this song changes from one participant to many, to many participants back to one.

Some viewers were not only thinking about the context within Negarakuku, but also outside of Negarakuku. The subject is then shifted from within Negarakuku, to outside Negarakuku, which is consistent with Bolhman (2005) on music representation that is beyond the music itself. The subject, while being outside of the context of the song, is still tightly related to the song itself. Some of these comments such as the ways to solve or tackle the problems that are being sung in the song, or hints of the sensitivity issues that came after this song, while not directly related to the song, would still require one to subject him or herself through the song to properly construct their meaning.

By studying through the subjects from the comments of the audiences, these subjects can be broken down into three different categories. These categories are preference, reaction, and response. Preference includes comments on the song's aesthetic appeal, and comments that are about Namewee's talent. The discourse here is the music representing itself. Next, comments on the relevancy and patriotism of the song to the viewers fall into reaction. These comments are viewers reacting on the music itself, and thus the discourse here represents the context of the song. Comments that are considered as response are comments related to the political changes and comments that are outside of the context of the song. Comments of this type is considered as responding on the matter of the song, and they are usually unrelated to the lyrics of the song yet require certain understanding of the context of the song. The discourse in these comments is representing outside the context of the song. These comments give representation outside of the context of the song.

It shows how a song like Negarakuku as a social discourse evolves over time, and Negarakuku might be the first and the last song of this kind to exist in Malaysia, given that there is still a grey area that this song sits on, with the hints by the comments in the music videos. Despite the controversies, the change in the construct understanding on Negarakuku can be considered as good one, where people no longer take it as a bad thing per se, instead this song represents something more positive than expected. In other words, music as a social discourse can be more important in the times to come.

4.3 Summary

Along the time of its existence, the discourse around Negarakuku can be seen shifting to different angles, thus changing the position of the subject. As an art product, the song contained elements that attracted viewers to keep coming back to the song, with many of the viewers commented about liking the song for its style, lyrics, and melody, suggesting the song's aesthetic appeal to the viewers.

As a discourse, many of the viewers referred Negarakuku as a form of relevancy, with comments expressing that Negarakuku still being relatable until this day. On the other hand, there are also comments suggesting different views on Negarakuku as a discourse, as there are comments stating that this song is a sign of patriotism. The increased viewership of this song's music video on days like the Malaysia National Day seems to suggest viewers seeing Negarakuku as a symbol associated to patriotism. Aside from that, the subject takes another shift with viewers referring to this song when big political changes take place in Malaysia, such as the change in government in 2018, as well as the change in the Prime Minister in 2020.

There is also another shift in subject to outside of the context of the song, with viewers commenting about things that are beyond the lyrics of the song. These comments suggest deeper understanding of the song required subjection into the context of the song.

CHAPTER 5 CONCLUSION

5.1 Summary of Study

The purpose of this study is to understand the music representation when a song is being used as a discourse. This study focuses on the differences in the subject of the comments and feedbacks made by the viewers of the music video of Negarakuku. To better observe the changes in subject of the comments, two different versions of Negarakuku's music video were chosen, where one was uploaded in 2007 and another was uploaded in 2015.

Each of the comments was analysed, and each of them was given a first level interpretation. A few keywords were noted down as part of the analysis, and the subject of these comments can be broken down into five different subjects. These subjects are aesthetic appeal, relevancy, patriotism, political changes, and outside of the context of the song. Within these subjects, the discourses fall into three categories, namely preference, reaction, and response. Preference is where music representing itself, reaction is the discourse representing the context of the song, and response is the discourse representing outside the context of the song.

5.2 Conclusion

In this research, the results showed that there are indeed shifts on the constructed understanding on Negarakuku. Negarakuku has been released for over 13 years and given that it has been in existence for this many years, it is quite amazing that this song is still being watched and remembered by many audiences, as evident by the comments that were made recently, especially during special occasions like the Malaysian national day. This is crucial, as these changes were able to help to answer the research questions that were designed for this study.

By comparing the comments in the two versions of Negarakuku music video, the way viewers comment about the song, and the subject of the discourse seen from their comments changes drastically. Aside from the comparison of time between the two versions of the music video, the comments in each video alone when being placed chronologically, the displacement in the subject is apparent as well.

This song itself is a discourse on the matter that many Malaysian Chinese faced, which is the unfair government policies, and many viewers seemed to agree on that. On top of that, many of the comments still state seeing themselves in the lyrics of the song. However, changes can be seen when audiences take this song rather differently than before. This song is being remembered as a big part of Malaysia, in such a way that they think about this song when they think about Malaysia. That explains why many people choose to replay this song again when they think about Malaysia, whether they are in the country or far away from the country.

This change becomes even more apparent when there is a big change happening in the Malaysian politics. During the shift in government after the 2018 Malaysian general election, people come back to this song, and celebrate for creating a big change. With this, the song is given a new meaning to it, that it changes from shouting for change, to people coming back to this song to celebrate changes. This change in the way people see this song answers the first research question, that is on how the construct message of a song alter over time, and in this case, Negarakuku's construct message has had a meaningful change.

This result is compatible with the transition from intentional representation to constructionist representation proposed by Hall (1997). This transition also means the direction of participants shifted from one participant to multiple participants, to multiple participants to one participant, where at first this song carried messages to the people, to now the people coming back to the song carrying their own messages.

Next, from the comments, there are three discourses made that gave three representations. The first is music representing itself, where the discourse is about the viewer's preference on the song. This is where the discourse is all about the musical element, and occasionally on the singer, Namewee's musical talents. Secondly, is the discourse representing the context of the song. These are the comments where viewers talk about the messages in the song, whether they agree or disagree. Thirdly, is the discourse representing beyond the context of the song. Usually, these comments are suggestions or afterthoughts that are outside of the context of the song. These comments were the result of viewers shifting to a different angle to look at the bigger picture of the context.

5.3 Implication

The implication of this study is to give a better understanding on how a song can be 'repurposed' given enough time. In Malaysia, it is rare to encounter a song that could give people as much impact as Negarakuku, as Tan (2012) stated that songs of this kind would bring consequences, and the messages in the song might be brushed aside, as the sensitive issues brought up by the song could get more attention than the messages itself. However, given that the results in this study proved that Negarakuku later become a symbol of change, this is enough to tell those songs as social discourse should never be overlooked.

5.4 Suggestion for Future Study

While the displacement in the construct message on Negarakuku over time can firmly answer one of questions of this research, the comments in these music videos are not enough to cover topics on songs as a discourse in representation. Discussions in online forums might provide better looks on how people think about the song and the whole situation that Negarakuku has caused. The matter on why Malaysian's music of this kind could get so much attention as compared to other Malaysian-made music could be a potential ground for future research.

Researcher's Biodata

Chan Long is a student with high curiosity about everything around him. With active involvements in choir and singing performances since his high school days, he has performed on several occasions, such as corporate dinners, event openings, and even helped organising several choir concerts. Now he is also teaching as a choir coach in SMJK Yu Hua in Kajang. After taking part in Heutagogy organised and led by Dr Chan Cheong Jan, he found his interests in doing research. This interest pushes and motivates him to discover more, in the hopes of having a better understanding about the society and its culture, and ultimately sharing his knowledge to the world.

Bibliography

1. Barthes, R. (1967). *The elements of semiology*. London: Cape.

2. Benabou, R. (1996). *Unequal societies*. Cambridge, MA: National Bureau of Economic Research.

3. Blacking, J. (1982). *The structure of musical discourse: The problem of the song text*. Yearbook for Traditional Music, 14, 15-23. doi:10.2307/768068

4. Culler, J. D. (1976). *Saussure*. S.1: Fontana, Collins.

5. Foucault, M., Gordon, C. T., & Gordon, C. (1980). *Power / knowledge*. New York: Harvester Wheatsheaf.

6. Hall, S. (1997). Representation: Cultural representations and signifying practices. London: SAGE Publications Ltd.

7. Khalid, M. A. (2014). *The colour of inequality: Ethnicity, class, income and wealth in Malaysia*. Petaling Jaya, Selangor, Malaysia: MPH Group Publishing.

8. Koh, K. W. (2008). A Chinese Malaysian in Taiwan: Negarakuku and a song of exile in the diaspora. *Studies in ethnicity and nationalism*, 8 (1): 50-79

9. Lee, S. F. (2018). Cultural Representation of Music and Performing Arts in Johor Old Temple's Parade of Deities. Doctoral dissertation. Universiti Putra Malaysia, Serdang, Malaysia.

10. Manirajan, R. (2007). Negarakuku rapper apologies. *The Sun*. Accessed on 23 February 2020. Retrieved from https://web.archive.org/web/20090318004045/http://www.sun2surf.com/article.cfm?id=18968

11. Saussure, F. De. (2011). *Course in general linguistics*. New York: Columbia University Press.

12. Scott, J. C. (1990). *Domination and the arts of resistance: Hidden transcript*. New Haven and London: Yale University Press.

13. Student rapper apologies. (2007, August 15). *The Star*. Accessed on 23 February 2020. Retrieved from https://web.archive.org/web/20071013221649/http://thestar.com.my/news/story.asp?file=%2F2007%2F8%2F1 5%2Fnation%2F18592215&sec=nation

14. Tan, C. Y. (2012). Hegemony and symbolic resistance in Malaysia: A study of Namewee's music. *SEARCH: The journal of the South East Asia Research Centre for communications and humanities*, 4(1), 21–40.

15. Wedeen, L. (2013). Ideology and Humor in Dark Times: Notes from Syria. *Critical inquiry*, 39(4), 841-873. Accessed on JSTOR. doi:10.1086/671358

16. Wee, M. C. (2015). Negarakuku [Video file]. Accessed on 24 July 2019. http://www.youtube.com/watch?v=gyiBvJtJ5Z4

17. Wee, M. C. (2007). Negarakuku (Reuploaded) [Video file]. Accessed on 24 July 2019. http://www.youtube.com/watch?v=gyiBvJtJ5Z4

APPENDIX I

Diagrams

Figure 3(a): Theoretical Concept 1

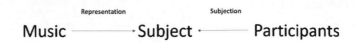

Figure 3(b): Theoretical Concept 2

APPENDIX II

Table 1: Comments and First Level Interpretations

No	Ident	Date	Viewer's Comment	First Level Interpretation
			Original Music Video (2007) Link: https://youtu.be/gyiBvJtJ5Z4	
C1	D1	12/12/2014	To the Malays, please stop denying the facts that if the government let both Chinese and Indians to interfere the politics, the country will be successful, unlike what is happening now, the country is useless without the help of Chinese n Indians, Chinese and Indians will help a lot in economics, so diu all ur mother!	The commenter argued that prolonging the unequal treatment to the non-Malays will only become a hinderance to the growth of the country. **Unfair treatment**.
C1	D2	31/8/2015	Everything he said is 100% true from what we have experienced... but I don't understand why did some people get offended because of this song... it's a true story what...	The commenter **agrees** to the messages in the lyrics and **questioned** on the controversies that came after the song. It can be seen that the commenter 'contributing' to the discourse by validifying the claims in the lyrics of the song. In this respect, the song is taken as a **message/information** rather than as an expression of feelings by Namewee. It is important to note that the viewer takes the song as a truth conveyer.
C1	D3	17/7/2014	Wow, actually bodoh gak orang orang yang bagi comment kat sini ni. Jus cos orang tak boleh hentam dia betul betul, sedap tangan dia taip. Anyway, it's a great parody focusing on the Chinese lack of opportunity, which I fully accept, but can't do anything about cos I'm in no way connected to politics. And most Malays can't make that change cos we are governed by a royal class (by royal I mean people whose fathers, grandfathers and GGGGrandpas, stuck themselves	The commenter acknowledges this song as a work of **parody**. Here the commenter added to the discourse by providing insights of growing up as part of this multicultural society in Malaysia and backing up the reason of the song's existence. Not only did the commenter validified the claims of the song, he/she further elaborated upon the messages expressed in the lyrics of the song, such as the unfair treatment of the government to the different races in Malaysia.

No	Ident	Date	Viewer's Comment	First Level Interpretation
			into the forefront of politics in a time when the political scene was empty, and they showed themselves to be capable Politicians.) So before showering hatred on All Malaysians (I saw 1 person say Malaysian haha makes me wonder if he's working for the US state department or umno or pkr or whomever has the most to gain this week to sow discord among us.), or malays or whatever. Know this; I don't hate my girlfriend (Chinese), jus cos I hated Chairman Mao's reforms (Which set China back God knows how many decades progress). I don't hate Indians jus cos an air bandung I drank from an indian stall gave me the worst food poisoning in my life when i was a kid. I still don't hate Malays for denying my best friend, Indian the chance to study in public Uni. Hate the system. Not the public. Hate people in power, not people under the powers. And if you think you can do a better job, join MCA. Or MIC. Or UMNO. Play the system. Then beat the system. If not, ur just another one of thousands of inconsequential people, typing in their underwear, railing against something which they can't care enough about to get up and do something about. I write plays to inspire people towards change. I acted out roles which made people think about their past to better their futures. I teach kids (mostly chinese), through drama, about living together in harmony. What are you doing?	Also, the commenter sees this as an opportunity of education to learn to cope with the problems, and then tackle on the problems.

Original Music Video (2007) Link: https://youtu.be/gyiBvJtJ5Z4

No	Ident	Date	Viewer's Comment	First Level Interpretation
Original Music Video (2007) Link: https://youtu.be/gyiBvJtJ5Z4
C1	D4	16/4/2016	Actually, come to think of it most of the part he sang was true and is still true... I think that Namewee actually loves Malaysia, just like most of us who went overseas to further our studies... We love our country, our cultural diversity, our ways of life and our food but sadly the government is seriously the rotten egg in the basket... What a pain in the ass the government is!	The lyrics of the song is still **relevant** in describing the country in this day. The commenter agreed on the problems of the government as reflected from the song.
C1	D5	14/9/2016	說真的啦！！馬來西亞真的沒有對我們華人好過 只是看甩我們華人罷了 一點合心都沒有 還說什麼 1 malaysia 合心意義 我呸 lan jiao najip 吃錢你就厲害 我們華人做什麼都是方對的 FuCk 政府 1 malaysia 凸	The system was said to be unfair to the Malaysian Chinese, and the commenter stated that Malaysian Chinese are often seen as being the sharpest edge of the sword that needs to be flattened.
C1	D6	22/9/2015	For a Malay, I agree with Chinese hating government	By participating into the subject of the song, the commenter claimed that the song matches to the situation outside of the song itself.
C1	D7	25/11/2017	I agree with the said points however, one must not complain about another's religion. The "wake up call" you sang about is Azan. I never heard Malays complaining about the pungent smell from Chinese altar and dogs lingering around in their muslim neighborhood due to us Chinese letting our dogs free. While some may complain but most of them adapted. So why can't we Chinese adapt to their religion. Besides Azan lasts for a few minutes and sometimes it sounds so beautiful. #nohate	The commenter was able to reflect the views of the Malaysian Chinese towards his/her religion from the song. In this respect, the song allows participants to understand the world around through the message expressed in the song.
C1	D8	15/7/2016	Namewee hanya terus terang... Tulah hakikatnya... Cuma orang Malaysia tertentu tidak boleh terima... Inilah perangai manusia bolehland... Apakah kita nak Namewee berbohong? Aku rasa	Coming from the perspective of being in the subject of the song, the commenter agreed on the claims made in the song.

No	Ident	Date	Viewer's Comment	First Level Interpretation
			Namewee sendiri pun tak nak berbohong...	
C1	D9	17/5/2014	Malays in the country are strong in politic but weak in economics. Chinese in the country are strong in economics but weak in politics. We have to learn to live like that otherwise both will always live unhappily.	This commenter displayed an understanding beyond in contents in the song, in which he/she added to the discourse by adding a layer of understanding on the context of the song.
C1	D10	30/10/2013	I don't think you understood the video correctly. Also, kalau engkau ni tak tahu guna bahasa inggeris, janganlah marah orang lain kerana engkau terasa walaupun awak tak faham apa dia mahu beritahu kepada awak. Namewee loves Malaysia. He loves it so very much but he feels so ashamed because we have a shit government who thinks that spoiling the Malays is going to help them and bullying the Chinese and Indians are going to make them stupid which is not true. Unfortunately, you are a prime example.	The commenter acknowledges Namewee's **patriotism** displayed in his song. He/she sees song as a way to **acknowledge one's mistakes** in order to do better in the future.
C1	D11	24/5/2014	What's wrong with this song, i think its great, anyone agree??	The **style of the song** seems to fit the commenter's preference well.
C1	D12	12/6/2015	Malaysia is doomed!!! I'm malay and but I hate politics and its our leader's fault! I admit it... just resign pls... we dont need u... seriously no one likes u accept u give them money and they love it... pls dont show ur stupidity!! F**k	The commenter relates the problems sung in the song being stemmed from the government, especially in its **corruption**. It is also suggested that the multiracial coexistence is not the problem.
C1	D13	18/9/2015	Wait, so he's praising our country and we are offended by this? CONFUCKINGGRATS MALAYSIA.	The song was being understood as a **praise** to the country by the commenter.
C1	D14	14/4/2015	hello good la this video!	The music video is **favourited** by the commenter.

Original Music Video (2007) Link: https://youtu.be/gyiBvJtJ5Z4

No	Ident	Date	Viewer's Comment	First Level Interpretation
			Original Music Video (2007) Link: https://youtu.be/gyiBvJtJ5Z4	
C1	D15	17/2/2014	經典好歌！	This song is seen as a 'classic', which means it transformed from just a song to a **symbol**, that the commenter would likely to come back to once in a while.
C1	D16	13/5/2016	I just find this rap so nice to listen to	The **rap element** of the song is the part this commenter liked the song about.
C1	D17	27/1/2018	ini bukan pasal bangsa⋯ i ♥ my country but i hate my government because my government fucks me every day...	The root of the tension between the different races in Malaysia is seen as the Malaysian government's fault by the commenter. In this respect, the commenter is implying that the government's problem can be understood as the reason behind this song's existence.
C1	D18	15/12/2013	Actually, the minorities are the most racist. But they often get away with it because they are MINORITIES	This music video is being seen as a form of **racism** by the commenter.
C1	D19	31/10/2016	glad to be born in malaysia. better than indonesia philiphines thailand.	**Gradutution** is shown by the commenter, likely on its **diversity**, and the commenter disagrees on the cultural assimilation that has happened in countries like Indonesia, Philiphines and Thailand.
C1	D20	18/1/2016	There WAS a time, I feel proud when singing National anthem...	Two possible interpretation on this: the commenter felt proud of the country when the problems were not as apparent, or that the commenter felt proud before learning the truth that this song helped to express.
C1	D21	15/11/2016	still the best song of all time by namewee and every word is so truth...	The style of this song which the single expressed the message is implied to be the **preferred style** of the singer for the commenter.
C1	D22	8/5/2017	2017 still same shit government... and 0 improvement from malaysia	While agreeing to the lyrics of the song, the commenter sees the **relevancy** of the song in 2017.

No	Ident	Date	Viewer's Comment	First Level Interpretation
	Original Music Video (2007) Link: https://youtu.be/gyiBvJtJ5Z4
C1	D23	18/2/2016	i love my country that can live peaceful without discrimination... chinese indian malay sabahan sarawakian i got my all friends from each race... but we have same feeling hate BN!	The commenter argued that the source of the problems between races did not come from the races, but BN (the government during the time of the comment), agreeing to the lyrics of the song while implying that people in the country could live peacefully if it is not because of the policy of the government.
C1	D24	31/8/2014	Very talented!	The commenter **favoured** the song, and the **talent** shown by the singer through this song, likely on the lyrics composition and the style of the song.
C1	D25	15/11/2016	2007 until now going 2017... nothing improve only getting worst and living costs keep increase...... thx to BN	It is implied here that the messages expressed in the song is still **relevant** after 10 years of it being published.
C1	D26	7/4/2018	That is the correct attitude towards nationalism	The song's existence is supported by the commenter, as the commenter sees this song as a **form of nationalism** by the singer. In this regard, the commenter also implied that songs of this kind should occur more.
C1	D27	18/9/2013	when I looking to our government, Our police, Our social!! I always Think this song!!	The messages expressed in this song is **relatable** in the sense that the problems brought out in the song is seen as a reflection of the reality for this commenter.
C1	D28	8/12/2013	Do not fight anymore, just live peacefully...	This commenter **acknowledged the problems** stated in the song, and hoped the said problems could be solved.
C1	D29	28/8/2016	nice song.	The **style** of the song matches to the commenter's **preference**.
C1	D30	23/11/2014	agree	The commenter agreed that the lyrics of the song **described the truth of the reality** of the society they are in.

		Original Music Video (2007) Link: https://youtu.be/gyiBvJtJ5Z4		
No	Ident	Date	Viewer's Comment	First Level Interpretation
C1	D31	21/5/2017	只能說 表達了我們華人的心聲!!!!	The song served as a **hidden transcript** that expressed the commenter's thoughts.
C1	D32	6/4/2013	Yes, I might not fully understand Islam. Yes noisy dogs should have their vocal cords removed. In a multireligious country with countless mosques, the mosques should not be too loud. We are not saying that there can be No azan. Just imagine the other way round, if every 100 metres has a church ringing millions of bells to call Christians to pray, or a Chinese temple playing loud music every day, wouldn't a Muslim feel that their peace is disturbed? We need Regulation regardless of religions.	This commenter suggested people from different backgrounds and religion should be tolerant to each other, if not laws should be implemented to force people to give out space to each other.
C1	D33	29/9/2011	It would be so awesome if I can actually sing this in school on every Monday. I'd look forward to school every Monday!	The song is so **preferred** by the commenter than he/she would prefer to sing this song instead of the actual national anthem of Malaysia.
C1	D34	3/3/2009	A song by a true patriot. This is a song with heart. While many choose to remain silent and change citizenship in lieu of a compromised system of governance, a true patriot speaks out, even against opposition and condemnation. I salute you, Name Wee.	The acknowledgement and the voicing out of the problems expressed in the song is seen as an admirable **sign of patriotism**, that is it a way of improving a country by standing up against existing problems, instead of remaining silent.
C1	D35	6/3/2018	Lagu begini buat aku lebih benci dan anti-China	The messages in this song is seen as a form of **racism** and **disrespect**.
C1	D36	6/1/2019	這首歌居然有 11 年了⋯⋯	This song is being 'revisited' after 11 years, implying that the song might still be **relevant** to the commenter.
C1	D37	5/4/2013	He's not against islam. He's just saying that their loudspeakers should be soft enough so that non-muslims can sleep. Malaysians do tolerate each other's culture, but there is a limit to that tolerance. 1 Non-muslims	This commenter made a **discourse** through the context of the song, in which, suggestions were given on the problems that were expressed in the song. In this respect, the commenter **subjected** him/herself

Original Music Video (2007) Link: https://youtu.be/gyiBvJtJ5Z4				
No	Ident	Date	Viewer's Comment	First Level Interpretation
			tolerate the vast amount of lands reserved for building mosques and muslim cemeteries in non-muslim majority areas, but none reserved for them. 2 Non-muslims' places of worship & their development are stopped by the Gov. SO Why can't he ask for softer speakers in residential areas?	**into the subject** of the song, and is able to **look beyond the song.**
C1	D38	9/2/2013	Selamat Tahun Cina 2013 dari kami rakyat Malaysia berbangsa Melayu... semoga perpaduan kaum semakin utuh di Malaysia...	Despite being one of the subject being sung in the song, this commenter is willing to **look through the problems** and offer **respect** to other races.
C1	D39	6/11/2013	Jangan tanya apa yang dibuat oleh negara untukmu, tapi tanyalah apa yang boleh kamu buat untuk negara	The commenter displayed **disagreement** on the song, in the sense that instead of expressing and voicing out problems, real actions should be taken place.
C1	D40	13/10/2011	Unfair treatments? So true~ I think this guy love Malaysia more than some of us here do.	This commenter suggested that the writing/singing of this song as a **sign of patriotism**. It is also implied that this patriotism is also shown due to the singer's courage to voice out the problems, despite knowing the problems that are likely to follow.

No	Ident	Date	Viewer's Comment	First Level Interpretation
\multicolumn{5}{c}{Reuploaded Music Video (2015) Link: https://youtu.be/g0moet-jLw8}
C2	D1	23/12/2015	记得小学周会唱了给老师打	The song has the **aesthetic appeal** that it can be understood as the commenter appeared to be hooked onto its catchy melody.
C2	D2	31/8/2019	今天是八月 31 号，然后我在听这首歌	The song can be understood to be more than just a song to the commenter. It represents a **symbol**, something associated to the country as a whole.
C2	D3	24/1/2020	2020 衣历新年前夕…… 来回味回味下……哈哈哈当年才 12 岁，现在转眼已经 25	The song became a **memory** to the commenter, suggested that the song is catchy enough to be remembered through years.
C2	D4	25/8/2016	这首歌真的只有马来西亚华人比较明白	Commenter suggests the **needs of subjecting** into the matter in order to properly understand the meaning of the song.
C2	D5	30/8/2019	Even after changing governments everything in this song is still true. Sad	Commenter suggests the lyrics of the song still being **relevant** until today. In that respect, the commenter agreed to the lyrics sung in the song, for being truth even in till this day
C2	D6	20/3/2017	Merinding bulu Roma... love u... I'm a Muslim but I respect u bro	Despite being the mocked subject in the song, commenter admitted the lyrics in the song for **expressing the truth**.
C2	D7	12/3/2016	不要怪政府只会照顾土族 不要怪我们没有受到公平照顾 这样才能证明我们华人不怕吃苦 这样才能训练我们逆境寻找出路	This part of the song has the most appeal to the commenter, in a way it is for its **sarcastic tone** and also in a way it is able to express the feelings and thoughts of the commenter.
C2	D8	24/12/2015	以前小学的时候只觉得酷很好听，跟著 rap，整首歌背到熟熟…现在能理解歌词的意思了	The catchy and easily memorable melody and lyrics suggests the **aesthetic appeal** of the song is there for the commenter, and the lyrics can only be understood by living in the world the lyrics was about.

Reuploaded Music Video (2015) Link: https://youtu.be/g0moet-jLw8				
No	Ident	Date	Viewer's Comment	First Level Interpretation
C2	D9	26/8/2016	Are we too fragile to parody our national anthem?	This suggests parody is seen as a **relevant tool of expressing** a country's problem.
C2	D10	23/12/2015	中学时在班上唱这个歌然后被开除，lol	The song's **aesthetic appeal** can be seen in this commenter.
C2	D11	10/1/2018	当年2007年，这首歌出了，对华人社会影响力大，震撼了华人社会。因为他唱出了华人的心声！那时候每个华人都一定会唱这首歌（大部分是那时候的学生时代）。那时候还在小学的我，就会唱这首歌了，在校园里和朋友们冒着风险合唱，有被罚的时候，当每个华人唱出了这首歌，就好像我们华人起义之歌。而且那时候在小学的我，华人的族心大发，开始明白我们华人在马来西亚的处境。才小学呢，谢谢明志点醒了我拿单純的童心。现在是2018年了，我有了工作，可是我还是未把这首歌忘记，所以到回来听了。这个时候才更明白歌词的内容！他的心声已经感动到我了。听了这首歌我看见了我们国内的局势…还是像以前一样，贪污腐败，把华人当作外来者的对待，警员的不信任，等问题。所以希望这次大选大家一定要推翻国阵！推翻鸡和河马，还有卖华党！	The song matches the **hidden transcript** for this commenter. In that sense, the participant is able to have a clear understand of the song as he/she is the subject of the song.
C2	D12	23/12/2015	cool，这首是经典，转眼间过了八年，你也从无名网路歌手蜕变成大红大紫的导演＋歌手…人生有多少个8年？？期待下一个八年你会达到另一个高峰！！（between 这首是我听过最好听的国歌，也就是这首让我发现原来国歌可以唱得那么好听的…）	Being seen as a 'classic', the song has become a **symbol** to the commenter. Also, the **aesthetic appeal** can be seen here for the way Namewee sang the hook of the song (the Malaysian national anthem).
C2	D13	17/8/2016	其實真的很愛自己的國家 只不過對政府有點不滿	Coming from the perspective of a Malaysian, the commenter **confirmed the validity** of the claims in the lyrics.
C2	D14	14/8/2016	Nyanyianmu part "negaraku... tanah tumpahnya darahku" lbh berjiwa dr bila player2 bolasepak kita nyanyi... lbh patriotik... lol	This commenter noted on the **aesthetic appeal** of the song.

No	Ident	Date	Viewer's Comment	First Level Interpretation
Reuploaded Music Video (2015) Link: https://youtu.be/g0moet-jLw8				
C2	D15	10/3/2017	十週年，還是那麼好聽，可惜國家還是這樣的現象	By **subjecting into the song**, the commenter is still able to relate the song to the country's current state.
C2	D16	27/12/2016	聽說這首歌被禁？！可能是跑太前面政府跟不上黃明志的創意腳步，哀……可惜了！我覺得很好聽，唱出市井小民的心聲，政府應該要聽進去進而改善，這樣社會才會進步，人民才會幸福！	The commenter suggested so that creativity and art could be a way of **addressing problem** of one's country.
C2	D17	31/3/2016	以前的歌比较讲心，现在的歌都基本都已经商业化了。	The 'realness' in the style of the song **appealed** to the commenter.
C2	D18	7/5/2018	那段唱到马来人特权的真的很真实。马来西亚万恶根源就是这个特权。	A certain level of understanding to the history of Malaysian is hinted in this comment, thus one will only understand through **subjecting into the song**.
C2	D19	23/12/2015	佩服你的勇气这些都是实话也是我们的心声只是有些人心虚不敢接受罢了	The song is seen as a **platform is expression** to the commenter.
C2	D20	12/4/2017	以前从一个如火如荼的网络 hip hopkaki。现在成了众人皆知的影星。10 年前。他们说你是个问题人物。10 年后。他们看著你走上传奇的路。👍👍👍加油。志兄。慢点刘德华也找上你了。	Composer is in the comment.
C2	D21	24/12/2015	同一条罪不能审两次。	This is a hint of a Malaysian Law. The comment **requires a shared 'code'** in order to properly understand the context.
C2	D22	3/6/2017	就这样十年了，这也是马来西亚人认识你的第一主打歌	The **aesthetic appeal** of the song led to Namewee being known by the commenter.
C2	D23	2/3/2020	2020 年忽然变天，愤怒而跑来这里听歌了	The song is seen as a **symbol of voices** of the Malaysians.
C2	D24	18/9/2016	俺是台灣人也在馬來西亞長大，直到 2016 年還是會常聽這首@@	Although a Taiwanese, the commenter suggested that he/she is able to **understand the song** by either **staying long enough** in the sung country or **subjecting him/herself** into the matter of the song.

No	Ident	Date	Viewer's Comment	First Level Interpretation
			Reuploaded Music Video (2015) Link: https://youtu.be/g0moet-jLw8	
C2	D25	24/1/2018	只能說，馬來西亞政府太玻璃心惹～～～ 這就是 hip-hop 的其中最基本的精神，只是政府真的太玻璃心了…… 話說我以前還在班上表演，大腳都笑到半死的 XD 當年紅的真的亂七八糟的，但是這首歌是上社會版的，也不懂自己哪裡來的勇氣在學校唱給大家聽	The thing that the commenter performed the song shows that the song has the **aesthetic appeal** enough to him/her and his/her audiences.
C2	D26	17/1/2018	他的歌詞是馬來西亞的現實和事實的真實反映，使許多高處人不快樂，並想禁止他，無限期地迫害他。	It is suggested that the controversies that came after the singer is an **attemp to cover up the truth**.
C2	D27		This song was so controversial when it came out because it said everything that the minorities thought but couldn't express for fear of persecution. Thank you Namewee for calling a spade a spade!	This song is seen by this commenter as an **object of expressing** and **conveying the truth** deep hidden within the Malaysian Chinese. The commenter agreed the song on being a hidden transcript suggested by Tan (2012).
C2	D28	23/12/2015	又回来了！！！！！！！！ 世上最好听的国歌！	The commenter **preferred** this parody over the original national anthem.
C2	D29	24/12/2015	hahaha i remember this song	Here it shows the song being **significant** enough that the commenter remembers the song after around 9 years after its original video was being uploaded.
C2	D30	23/12/2015	哇！最近很 tokong 哦！重新 upload 哦完全不怕我給你贊！厉害 hiong hiong 啊	The reupload of the song is seen as a **courageous move** by the commenter.
C2	D31	10/3/2017	十週年，還是那麼好聽，可惜國家還是這樣的現象	Here the commenter **liked the song**, and agreed to the **relevancy** of the song in 2017's situation.
C2	D32	8/10/2017	這首歌讓在我中學時期捱了三鞭屁股	This shows the **phenomena** this song brought, that it once became popular among the teenagers, and it is still being remembered even in 2017, after around 11 years of it being published.

No	Ident	Date	Viewer's Comment	First Level Interpretation
			Reuploaded Music Video (2015) Link: https://youtu.be/g0moet-jLw8	
C2	D33	7/8/2016	Aku minat ko dari dulu... 😄😄😄😄😄😄😄	This song became a reason for the commenter to follow and admire the singer, either due to the singer's **daringness** to address the problems in this song, or the **unique** style of the song.
C2	D34	9/12/2017	華人的驕傲	The voicing out of the **hidden transcript** among the Malaysian Chinese in the song is being admired.
C2	D35	23/12/2015	哈哈我中学时期就是流行这首👍	The **popularity** of the song can be seen here.
C2	D36	18/1/2018	2018 還在聽 還記得 10 年前轟動全馬真的好懷念！🖤	Here is showed the **impact** the song has brought to the society, and this kind of **phenomena** was never-before-seen.
C2	D37	1/3/2020	第八任首相了还要来这里听一下	This song meant something to the commenter, that it is **seen together with the Malaysian politics** as one thing.
C2	D38	31/8/2019	8月31日我爱我的国家有国才有家	The song is seen as a **sign of patriotism** to the commenter, implying that the commenter acknowledging and accepting the existing issues, yet feeling proud of his/her country.
C2	D39	6/2/2016	讲真真的 Negaraku 这样很好听。每次重复播放那种要睡觉的唱法，真的无言	This commenter **preferred** the style of the Malaysian national anthem that was being sung in this song over its official version.
C2	D40	23/12/2015	WOW!! My high school memory!!!! WELCOME BACK NEGARAKUKU!!!!!	The **significance** of this song to the commenter can be seen here, even after few years passed.
C2	D41	24/12/2015	成就了黃明志的歌曲...!!!!	This commenter could be following the singer since he first published this song.
C2	D42	17/1/2018	他的歌詞是馬來西亞的現實和事實的真實反映，使許多高處人不快樂，並想禁止他，無限期地迫害他。	Agreeing to the messages in the song, the commenter also expressed the problem with people that were upset because of these message.

No	Ident	Date	Viewer's Comment	First Level Interpretation
			Reuploaded Music Video (2015) Link: https://youtu.be/g0moet-jLw8	
C2	D43	23/12/2015	世界各地都会看到 Malaysia 的 ginna 好像逃难一样 啊哈哈哈哈中肯	As funny as the **sarcastic lyrics** sounds to the commenter, he/she also **agrees** to the messages brought up in the song.
C2	D44	23/12/2015	legend song	This song is seen more than just a song, that it is a **symbol** to the commenter.
C2	D45	14/5/2018	May 9th, 2018, we created history.	By relating the day of the change of government to this song, it is implied that this song is **seen as one thing together with the Malaysian politics.**
C2	D46	17/7/2016	认识你是麻坡的华语……真真开始 follow 你是 negarakuku...然后 nasi lemak 让很多原本不看好你的家长开始觉得你有才华……虽然不 100%认同你的作风……可是无可否认你是我看过最有种的"艺人"……	The singer's **talent** is acknowledged by the commenter.
C2	D47	30/3/2020	在我的心中，这一首才是国歌。	This is likely due to the messages in the song, this song is seen as a more **significant representation of Malaysia.**
C2	D48	29/3/2018	第一次让黃明志被捉的歌 XD	The **controversy** that followed this song is **acknowledged** here.
C2	D49	28/2/2018	黃明志那么多作品，还是这个是最经典最轰动的作品,加油黃明志,超喜欢你你的直说直言！贊	The commenter **admired** the **daringness** in the musical style and lyrics writing of this song.
C2	D50	31/8/2019	国庆日快乐！ #20190831	It is implied that this song is seen as a **symbol** as significant as the Malaysian national anthem.
C2	D51	8/5/2016	快 10 年了，感觉 10 年前过得比较好。	The **relevancy** of the song is higher than 10 years prior.
C2	D52	23/12/2015	好久沒听到的国歌 Xp	This song is seen as a 'varient' of the national anthem, its significance can be seen.
C2	D53	23/12/2015	終於忍不住？	This commenter is implying that the song might be **more relevant** to be uploaded in 2015.
C2	D54	23/12/2015	那么大胆吗？hahaha 又 upload	In a way this commenter showed **admiration** on the courage of the singer to reupload this controversial song.

No	Ident	Date	Viewer's Comment	First Level Interpretation
		Reuploaded Music Video (2015) Link: https://youtu.be/g0moet-jLw8		
C2	D55	15/8/2017	10 年了，還是那個最 freestyle 最 kick 的國歌、我覺得可以！！	This 'style' of the national anthem is **favourited** by the commenter for its expression.
C2	D56	21/8/2017	10 周年纪念版就要出来了，承认独中文凭还差 10 里路。	The **relevancy** of this song is still here, after 10 years since the song was first published, implying that the **problems** expressed in the song has not **solved at all**, and **not taken care of**.
C2	D57	31/8/2019	这首歌让我认识了黃明志。 我爱我的国家，有国才有家，有家才有我 国庆日快乐 MY	The catchy and easily memorable lyrics is what made the commenter like about this song and the singer. Also, this song becomes **ascociated** as a **symbol of the country** in a way that the commenter rewatches this music video during the Malaysian National Day.
C2	D58	6/1/2020	先不说词，歌是好听的。词听了笑著笑著就哭了。	The lyrics of the song might seem funny on the surface, it is true to the commenter that he/she could feel the lyrics by subjecting him/herself into the song.
C2	D59	15/11/2016	我们的心声	The commenter acknoledged this song as a **hidden transcript** for the Malaysian Chinese.
C2	D60	23/12/2015	你的第一名就是这首了。我听你的第一手歌就是这首了	The style of the song is **favourited** by this commenter.
C2	D61	31/8/2017	我親愛的馬來西亞，生日快樂！東京 31.08.2017 00：03（GMT+8）	This song is seen as a **symbol** of the country, that the commenter would remember this song during the Malaysian National Day.
C2	D62	16/1/2020	07 年的马来西亚和 2020 年的一模一样	The **relevancy** of this song is arguably still the same through 2007 until 2020.
C2	D63	26/5/2020	13 年了国家还是依然沒变	**Issues addressed** in the song is stated by the commenter for being **left unsolved** over the years.
C2	D64	13/5/2016	debut! aku mula kena Yang Bernama Wee ni memalui lagu ni ^_^ ada versi lirik in malay tak？	This song is stated to be the song that **brought the singer to his fame** today, and the style of the song is favoured by the commenter.

		Reuploaded Music Video (2015) Link: https://youtu.be/g0moet-jLw8		
No	Ident	Date	Viewer's Comment	First Level Interpretation
C2	D65	2/8/2016	this is still best song namewee even make lol	The more daring **style of music** writing is **preferred** by the commenter.
C2	D66	10/5/2018	今天是 2018 年 5 月 10 日 大马 60 年以来第一次变天很荣幸我见证了将会被写进历史的这一天 #我爱我的国家	For a day that is as significant as the 14th Malaysian General Election, this song is being 'revisited' by the commenter, as it is seen as a **sign of patriotism**.
C2	D67	28/2/2016	有时几间一起对唱听起来好像情歌对唱😁	This particular part of the lyrics is the most **significant** part to the commenter, probably due to it being relatable to him/her.
C2	D68	23/12/2015	好有才艺！最爱 chorus 的部分！！为什么突然全部 upload 😶	The style of how the chorus (the Malaysian national anthem) is being sung is favourited by the commenter.
C2	D69	23/12/2015	This time sure got someone bring back old case(this) to sue again =_= RIP	This commenter reaffirms the controversies that followed the original upload of the song.
C2	D70	9/6/2017	Time pass really fast like wind. 10years. I already 32year old.	This song is seen as something this commenter grew up with, **signifying its importance** to him/her.
C2	D71	10/5/2018	2018 GE14!!	This song is being remembered and 'revisited' after the 14th Malaysian General Election, implying its significance to this commenter as a Malaysian.
C2	D72	11/9/2019	9 月 16 号 2019 马来西亚日！～～	This song is seen as **important** as the Malaysia Day, that the user remembers this song in this day.
C2	D73	27/2/2020	很難想像，第一次聽你的歌的時候我還是馬來西亞的小鬼，13 年後我已經移民台灣了，但聽到國歌還是好感動，懷念馬來西亞的點點滴滴。	Despite being a parody of the Malaysian national anthem, the commenter still see it the **same way as the national anthem**.
C2	D74	30/12/2019	最记得高中周会的时候不小心放到这首歌😂	It is implied that this song is seen as a part of the commenter's growth.
C2	D75	13/1/2020	Namewee OG song this is the song that make me know him	The **popolarity** of the song is acknowledged by the commenter.
C2	D76	2/11/2016	这首歌写着黄明志在台湾考到的文凭来马来西亚不能用对吧	This is an interesting take on the reason the song exists, that it is

No	Ident	Date	Viewer's Comment	First Level Interpretation
			Reuploaded Music Video (2015) Link: https://youtu.be/g0moet-jLw8	
				more of a **personal matter** than expressing on behalf of a bigger group of participants.
C2	D77	13/1/2017	这首歌百听不厌	The **music style** of this song is favourited by the commenter.
C2	D78	24/12/2015	哇 namewee 不怕死啊。还 reupload	A hint on the controversy that has followed the original upload can be seen here, implying that people has not changed their view on songs like this.
C2	D79	23/12/2015	小學就是聽這首歌聽到愛上明志！！((大誤	The **style of the song** is what the commenter recognize the singer for.
C2	D80	23/12/2015	ßest！^~^	The commenter favourited the **musical style** of this song.
C2	D81	23/12/2015	重新上传，啊哈哈	The commenter is implying the **underlying issues** that this song might bring to the singer.
C2	D82	31/8/2017	今天我国国庆日，就会想来这边听歌。国庆日快乐！	This shows that the song is as **significant** and **important** as the Malaysian national day to the commenter.
C2	D83	27/2/2018	黃明志这首歌 10 年了，你在这个 10 年已经努力了不少，你很有創意很有才华。我很喜欢你	The **creativity** in the singer's **musical styles** is what the commenter favourited the singer for.
C2	D84	11/10/2019	After he came out of Jail, he has different views after he knows what is truth.	It is implied that there might be more that the singer learnt after the controversies that have followed him after the song.
C2	D85	29/2/2020	2020，2 月 29 日…在回顾我们失去政府的华裔…加油…同胞们	For this commenter to 'revisit' this song when something big happens in the Malaysian politics, this song is being related to Malaysian politics. In this respect, this shows that this song served as a **vessel bottling the unhappiness** towards the Malaysian politics.
C2	D86	11/4/2016	Please respect our main national theme song, "Negaraku". Thanks.	Here the usage of the Malaysian national anthem as the hook of the song is seen as **disrespecting** the Malaysian symbol.

No	Ident	Date	Viewer's Comment	First Level Interpretation
			Reuploaded Music Video (2015) Link: https://youtu.be/g0moet-jLw8	
C2	D87	13/5/2016	当 2017 年的时候，我还是会喜欢这个创作。Truly Malaysian	The messages in the song are seen as a **sign of patriotism**, that the commenter favourited about.
C2	D88	30/4/2017	tak kira bangsa apa sekali pun..kita bangsa malaysia..dindonesia bangsa lain diharam utk bcakap dalam bahasa ibunda mereka..tetapi kita bebas becakap bahasa ibunda dan saling mehormati..jangan kita cari perbezaan tetapi cari kesaksamaan kita.seperti kita bangsa malaysia yg ingin negara sentiasa aman damai..seandai kita paksa orang lain bcakap bahasa malaysia pasti didalam hati seseorang tak puas hati dan demdam..tapi kita harus hormat bangsa lain dimalaysia..tak kisah la fasih bcakap bahasa malaysia atau tidak tetapi boleh bcakap sudah la..macam melayu dan india ada yg boleh ckp bhsa cina india..kalo kita saling hormati..tak perlu ada selogan 1 malaysia dan paksa bcakap bhsa malaysia ,rakyat akan hormat dan aman damai sesama bangsa malaysia dan automtik akan bljar bahasa kebangsaan negara sendiri.bahasa malaysia bkn utk melayu lagi.tetapi utk semua bangsa malaysia	While **acknowledging** the problems of the song, and took this opportunity to **educate people** so that they could look at other countries, and feel better on themselves when they realise they are more fortunate compared to people in other countries with their culture being assimilated. In this respect, the commenter looked through the song, and is able to think beyond the context of the song.
C2	D89	24/12/2015	8 岁幼稚园听这首歌就喜欢明志到现在也在怀念哈哈哈小学周会唱这首歌被老师罚中学周会唱这首歌闹到跟老师校长打群架 真的怀念 8 年了 真的是沒有想到会回来	This shows the song became something the commenter grew up with, that it became more than a song. It is a **memory** for the commenter.
C2	D90	1/1/2019	2019 的第一天来回顾一下。这首歌还是很 relevant	It is implied that the problems stated in this song remain unsolved entering 2019.
C2	D91	20/1/2018	Suiiii	This song has the **aesthetic appeal** to this commenter.

No	Ident	Date	Viewer's Comment	First Level Interpretation
			Reuploaded Music Video (2015) Link: https://youtu.be/g0moet-jLw8	
C2	D92	31/8/2017	今天国庆日 来回味下咯😄😄😄	A 'revisit' to this song during the Malaysian National Day implies that the song is seen as a **symbol** that represents Malaysia.
C2	D93	12/2/2018	add malay and english subs to this vid namewee!	This commenter sees a **need for audiences to understand the lyrics**, implying that the lyrics should be seen by more Malaysians.
C2	D94	27/1/2018	社会問題風刺しててておもろいです!	The style of lyrics writing appealed to this commenter.
C2	D95	17/2/2018	虽然歌词写得,唱得这么好,这么有褒义,观 comment 就觉得很失望。太可惜了。 p/s: video 里面的你看起来不像华人呢 😄	The lyrics of this song is being viewed by this commenter as a **praise**.
C2	D96	26/2/2018	黄明志的永远成名曲 听到都老了10 年 XD	The **significance of this song** to the singer is being emphasised here.
C2	D97	27/8/2019	何时才像麻坡的华语那样出番新版,各位顶上去啊!让黃明志看到啊!😊	This song is worthy of a remaster/remix to this commenter. In this regard, it is seen that this song might be seen more as an **entertainment**.
C2	D98	4/10/2019	I still remember this, my UPSR year, many of my school students can sing and rap this full song😄	This shows the **popularity** of this song even among the kids when it got popular in Malaysia.
C2	D99	31/8/2019	唱的都是事实	The commenter **agrees** to the messages expressed in the song.
C2	D100	31/8/2019	Selamat Hari Merdeka 2019!	This song is seen as a **symbol** of Malaysia.
C2	D101	31/8/2019	2019 國慶日快樂!	The commenter remembers this song during the Malaysian National Day implies that he/she sees this song as one of the **symbol** that represents Malaysia.
C2	D102	23/4/2019	到今天…… 每次看到那些假正經聽到馬來西亞國歌就立正的人…… 我都會來一句 negarakukuku.... 連國歌都是抄來的土豬部落……（mamolamoon) 居然還有要知道事實的人尊重…… 可笑……	This commenter expressed his confusion on the negative reactions this song received, and argued that this song being a **parody** of another seemingly parodied song (Mamola Moon).

Reuploaded Music Video (2015) Link: https://youtu.be/g0moet-jLw8				
No	Ident	Date	Viewer's Comment	First Level Interpretation
C2	D103	31/10/2019	It's funny how everything this guy said is still relevant in 2019, nothing has changed, and nothing will. Guess we are unique in a way	Instead of hoping for any improvements on the problems stated in the song, this commenter sees these problems as **part of the culture**.
C2	D104	3/11/2019	中学时期不关心政治，现在开始深入了解政治才发现……马来西亚需要新政党，新头脑来救……不然继续走极端保守路线，永远不会前进	This commenter gave suggestions to solve the issues expressed in the song. In this respect, **he/she made a discourse beyond the context of the song**.
C2	D105	10/4/2020	I love all Malaysian,no matter what	This commenter showed **compassion** towards people of the country while **acknowledging** the problems sung in the song.
C2	D106	25/11/2019	從東京盆踊り 2020 过来～反讽用的很有华人特色，就是中间一段马来语沒有中文字幕看不懂→＿→	While agreeing to parts of the song, this commenter was not able to understand due to **not sharing the same 'code'** (Hall, 1997).
C2	D107	2/12/2019	2-12-2019 報道！ 馬來西亞改變了多少？華人有沒有比較好過？	This comment can be understood as a **rhetorical question** to other commenters/viewers.
C2	D108	3/12/2019	慢慢的回忆，时间过的真快	This song served as a **memory** to the commenter.
C2	D109	2/1/2020	Childhood song.hahahahaha. we was laughing like shit that time	The **jokes** in the song has the appeal to this commenter.
C2	D110	3/1/2020	2020 证明了黃明志	This commenter argued that the song still **being relevant** in 2020.
C2	D111	6/6/2016	其实这首大马国歌改篇版很有自己风格 很真实带点搞笑 就是不懂为何大马政府要多此一举努力阻拦 世界各地有谁不懂得大马问题的存在 美国不都好好的吗？这样只会让自己难堪 歌词都一直采取国歌里的重点 例如 RAHMAT BAHAGIA, TUHAN KURNIAKAN RAJA KITA, SELAMAT BERTAKHTA. 你还想怎样	While the parody of the Malaysian national anthem has the appeal to this commenter, he/she also stated that songs in this style (songs about a country's problem) is acceptable in other countries but not Malaysia. In other words, this commenter is thinking beyond the context of the song, and **questioned the validity of songs of this style** in Malaysia compared to other countries.
C2	D112	24/12/2015	我第一次认识 namewee 就是看这个 mv 那时我才小学 3、4 年级加油啊我的偶像！！Namewee	This song has the **aesthetic appeal** to this commenter that brought him/her to know the singer.

No	Ident	Date	Viewer's Comment	First Level Interpretation
			Reuploaded Music Video (2015) Link: https://youtu.be/g0moet-jLw8	
C2	D113	21/1/2016	很好和怀念经典一时的歌曲！！加油+!fresh !!很适合现在马拉西亚的气氛生活!!! reminded us right now!!	This commenter agreed that the song still being **relevant** to his/her current situation.
C2	D114	29/8/2016	真的很好笑😂😂😂😂😂 不错嘛。。。	The **jokes** used in the writing of this song appealed to the commenter.
C2	D115	23/12/2015	牛！	This song has the aesthetic appeal to the commenter.
C2	D116	23/12/2015	将近十年了丫！	This song has been a part the commenter **grew up with**.
C2	D117	11/12/2017	i remember the first time i heard this i was only 7 but i fell in love ~ after 10 years i still love his songs	The **style of the song** has the appeal to the commenter.
C2	D118	22/11/2017	我還在聽	The **importance** and the **appeal** of this song to the commenter can be seen here.
C2	D119	27/1/2017	长越大，越能明白歌词的含义。	First it was the **aesthetic** of the song that appealed to the commenter, then **lyrics** of the song.
C2	D120	21/10/2017	我听你的从来沒有间断 一推一推从麻坡华语到后来新年歌一直到好好野专辑到亚洲所有专辑看你一步步走过来 一步一脚印走向大舞台 真为你感到开心 现在终于成功了 还即将要办演唱会	It can be seen that this commenter has been following the singer for a long time, and the singer's **talent** is what **appealed** to this commenter the most.
C2	D121	15/3/2018	我爱黃明志	The singer's talent **appealed** to this commenter.
C2	D122	11/2/2018	kamu adalah malaysia punya jay chow...saya sangat suka lagu2 kamu.salam indonesia.. jgn takut apa kata org yg penting hAPPY	The **music style** of this song **appealed** to this commenter.
C2	D123	13/8/2019	2019 我们还在看和听 曾明我们还是认同里面歌词所说的 就像榴莲里面的真相	This commenter suggests the **relevancy** of the song being the reason behind people 'revisiting' the song.
C2	D124	19/8/2019	到今日，这首歌还可以 relate。句句都真，句句说出 我打工仔每天会面对的事！真的很佩服他们，肯佩服黃明志的勇气说我们沒人敢说的话。	The song served as a **hidden transcript** among the Malaysian Chinese, including the commenter. Also, the song is still relevant to the commenter.

Reuploaded Music Video (2015) Link: https://youtu.be/g0moet-jLw8				
No	Ident	Date	Viewer's Comment	First Level Interpretation
C2	D125	4/9/2019	long live namawee	This commenter likely followed Namewee since this song was first uploaded.
C2	D126	5/9/2019	想當年在 mamak 唱突然被警察 warning😄	It can be seen that this song was a **sensitive topic** even among people.
C2	D127	1/9/2019	快要 2020 了，在国外一直听，顺便用这首向外国人宣传马来西亚	This song has a **longlasting appeal** to the commenter, and it is also seen as **part of the Malaysian culture**.
C2	D128	31/8/2019	今天是 2019 年八月三十一号马来西亚的国庆日！大家可以开来听了！	A 'revisit' to this song might be **a way of celebrating** the Malaysian National Day for this commenter.
C2	D129	31/8/2019	31/9/2019 MERDEKA!	Listening to this song can be seen as a way this commenter **celebrate** the Malaysian National Day.
C2	D130	31/8/2019	Happy merdeka Malaysia! 2019	This song is potentially seen as one of the **symbols** representing Malaysia.
C2	D131	31/8/2019	国庆来看😆	This song has the appeal to the commenter that he/she would 'revisit' this song during the Malaysian National Day.
C2	D132	31/8/2019	31.08.2019	Rewatching this music video during the Malaysian National Day could be seen as a way of **celebrating** the Malaysian National Day.
C2	D133	18/3/2019	2019. Dan masih terpahat di dalam hati lol	This commenter can still **relate** the lyrics of the song to him/herself.
C2	D134	22/3/2019	2019 年，谁还在看呢？ 看回去，Namewee 大哥成长了很多…… 而我……好像还在原地踏步…… 无论如何……"我有自己的梦，自己会走就算再寂寞，请原谅我的冲动我会好好过，我不怕暴雨狂风将我淹沒，依然往前走，就算路途再颠簸我不能回头"👍	This commenter **reflected** the singer's success to himself. In this respect, this singer made a discourse outside of the song, through the context of the song.
C2	D135	22/4/2019	当年神曲，回味无穷～	The lyrics and the musical style has the **appeal** to this commenter.
C2	D136	23/4/2019	好久沒有听	The **relevancy** of this song is still high to the commenter, that he/she would 'revisit' this song after a long time.

No	Ident	Date	Viewer's Comment	First Level Interpretation
			Reuploaded Music Video (2015) Link: https://youtu.be/g0moet-jLw8	
C2	D137	27/4/2019	现在听回来。难怪会中抓。呵呵。。。	The **sensitivity** on the lyrics and the usage of the Malaysian national anthem in this song is suggested here.
C2	D138	6/7/2019	换了政府後 有些東西還是一樣 真的是天下烏鴉一般黑 呵呵	The song is still **relevant** to the commenter.
C2	D139	12/4/2019	This song is very good, but many folka are too literal...	It is suggested that the misunderstandings stemmed from people **not sharing the same sets of 'code'** to delineate the song.
C2	D140	7/4/2019	20190407 虽然马来西亚换了政府，但政府机构还是一样腐败。(虽然沒那么严重了) Malaysian Know about this song.	It is suggested that this song **should be known** by the Malaysians, so that problems sung in the song could be addressed.
C2	D141	21/4/2020	应该下架了吧 这首歌还在出现黄明志永远不能被马来人重视	This suggests that the song is still a **sensitive topic** to the Malaysians, that the singer would get troubles from.
C2	D142	20/1/2020	13 years later ... NOW. From: NameWee. presenting: HighPitch	The success of the singer is being brought up here, showing how the singer is different now.
C2	D143	29/1/2020	这首跟马坡的华语让我认识黄明志 >.<	The writing style with sarcastic lyrics of the singer is the style that appealed to this commenter.
C2	D144	7/2/2020	Let's all play this song and Kawanku during this year (2020) National day!	The **problem between the races** might still be **present** enough for this song to be **relevant** to the commenter.
C2	D145	7/2/2020	Even after changing Government we are still in same shit. It's like different boss but same shit.	The **issues** raised in the song is still **relevant** to this commenter.
C2	D146	15/2/2020	2020 年 多年后回来听这首歌 了解到为什么会被禁 因为友族的小心脏 hold 不住	It is implied that until this day, the commenter thinks that people are still **sensitive** about this song, and that there is not much improvement over the years.

			Reuploaded Music Video (2015) Link: https://youtu.be/g0moet-jLw8	
No	Ident	Date	Viewer's Comment	First Level Interpretation
C2	D147	10/11/2019	老實說你有天分，但是 這個畢竟也是國歌。。。	The commenter stated that this parody is **disrespectful** to the Malaysian national anthem.
C2	D148	6/7/2020	黃明志你現在再从新把这首歌唱一次，我们大🐵的妈打到 2020 了，你给喝💰duit，他们依旧是跟你笑不过，现在的🐵收费却贵了很多😔😫	This commenter argued that not only the song is still **relevant** in today's society, the problems stated in the song is **worse** now.
C2	D149	15/5/2020	after so many years, this song still highlights the same problems Malaysia is facing...	The song is still **relevant** to the commenter.
C2	D150	7/6/2020	唱出真理～ 事实也和你唱的一样…	The struggles that were expressed in the song is still **valid** to the commenter.

以文化變遷的視角試論現代越南流行語

越南孫德勝大學外語學院外語系講師 **朱鎮雍**

前言

由於我工作環境及性質的關係，接觸的人群都介於 18 到 23 歲，這個年齡層的人對資訊產品的應用與普及程度相當高，較能輕易接收到外國流行文化資訊。曾在越南盛極一時的「韓流」，近年來被中國大陸的言情小說、「抖音」、「好聲音」及各種古裝劇、耽美劇等流行文化迎頭趕上，許多新的語彙出現在年輕人的日常中。如果說「韓流」帶動衣飾、彩妝的流行風潮，那麼中國大陸流行影視帶動的，可能是語言的變化，為越南語增加許多新的詞彙、造詞元素，尤其因越南語與中文的「親情」，越南語中通用的詞語粗估有 70%與漢語有關係（羅啟華，2012），中文的詞彙能夠被輕易轉寫成漢越詞（Hán Việt），使其被越南人接受的程度更高、更容易在生活中流行，相較於其他外語，更普遍應用在年輕人的口語與網路社群中。

我在決定對越南流行語展開研究之前，許多收錄越南語慣用或常用詞語辭源的書籍已在坊間流傳，不過這些工具書式的出版物常忽略或故意將年輕人的流行用語視為「次文化」（Subculture），並沒有加以對其辭源詳述和意義進行介紹、闡述，儘管在越南網路社群上已有網友對各類流行語無系統性、破碎地解釋，也正體現出這些流行語雖然和生活靠得很近卻被主流語言區隔開來。劉子愷引用（2017）人類學家 Salzmann 的話「語言人類學家強調語言與文化、語言與社會結構間互為影響的關係。」基於這點考量，我透過越南在與外來文化進行的跨文化交流中（創新、傳播、涵化）所形成並普遍使用的流行語進行研究，簡易分析跟流行語相似概念的其他詞語特點，並通過舉例的方式，看越南語流行語產生的內因與外緣兩大因素去剖析論述其在文化變遷有哪些變化；在不同時期的變遷過程中，產生或淘汰的流行語之環境和時機為何、社會原因、社會現象以及社會評價。最後，從流行語獨具的流行、新穎、幽默、形象等多個特性、面向探討流行語和文化變遷的關係。未來若對這主題進行後續研究，則會試圖從人群（population）的角度統計這些流行語在各個人群中的使用頻率，進而對流行語進行分類與解釋，不過這是後續研究的事了。

一、流行語：特定時代和人群下的產物

　　流行語（buzzwords，中文又稱潮流用語、潮語）係指順應時代、反映當下而流行起來的語言，創造方式相當廣泛並具有極強的感化效果，很多源自年輕人之間從外語或方言、縮略語或諧音或錯用（誤植）等自創並廣泛使用於口語或網路，透過網路、口耳相傳、動漫、小說、線上遊戲以及媒體等各種媒介傳播，基本上可以理解為一種俚語或俗語。流行語不同於日常的口語和書面語，既具時代性（順應時代潮流），也可以反映某個當下的社會情況，如和政治、社會、民生、時尚等掛勾，因而隨著時間流逝它也會退流行（be out of fashion）；流行語又具地域性，也可反映某地人的經歷及文化經驗。正因為流行語涉及層面廣，覆蓋使用者具高度跨界的特點，因此在某一社會浪潮中依大眾的集體經驗創造出了的流行語，也會成為該時該地人們的共同記憶，或許有產生凝聚力及歸屬感的作用並有助於建構身份認同。

　　現今人們資訊獲得以及通信方式隨著網際網路、資訊科技的發展越加進步、快速加上高國際化程度，幾乎普及到每個人的日常生活中，成為生活中相當重要的一部份。網路與傳媒便成為一個無國界的場域，不僅訊息得以快速傳遞，文化的交流互動也非常頻繁，就是在如此背景的跨文化交流的相互影響下，新詞新語不僅在地創造使用，也融入到其他文化背景的語言中。我旅居越南多年，本身對越南語的掌握程度以及與在地的互動，發現越南人的流行語很多來自中文、英文等外語，英文的書寫系統與現代越南人同樣，直接使用的情況不難理解，然而在中文方面，現代的越南人不使用漢字，許多新詞彙卻仍被接受，這些大多是從中國大陸影視戲劇而來的詞彙經過越南人的吸收與接納，轉化成為「漢越音」[1]融入到了一般人的口語、網路用語中，在觀察與研究越南與外來文化進行的跨文化交流的涵化（acculturation）現象所形成的流行語之前，我們有幾個問題須先釐清：首先，流行語的類別有哪些？和慣用語及其他具有類似意義、概念的名稱在意義上有無重疊？其產生原因為何？以下分別解釋。

第一節　流行語的類別

　　眾多跟流行語類似的詞彙中，新詞（neologism）應該是最接近「流行語」的意義

---

[1] 漢越音，如同日語、朝鮮語對漢字都有音讀的一種特殊現象，越南語可將來自漢字文化圈國家像是中國、日本等傳來的漢文詞彙，用該漢字在越南語當中的讀音來讀就稱漢越詞。雖然越南的書寫系統早已全面拉丁化（chữ quốc ngữ，拉丁化的越南文），漢字的「形」不見了，但「音」和「義」卻依然「存活」著（羅啟華，2012），此概念形同將漢字拉丁化。

的。根據網路辭典《漢典》釋義，新詞在語言學中指的是最近創造的詞語或詞組，特別用於辨認新發明、新現象，或承擔了新文化背景的舊想法，也通常與特定人物、出版物、時期或事件有直接聯繫，如同使用於一些領域的行話（jargon，或稱時髦術語）、慣用語（idiom）的流行語，兩者相同點是詞語多尚未收錄於主流辭典中，相異點是新詞可能正在或已經融入於日常使用裡，而非侷限在某些領域。其他對流行語的分類名稱之解釋如下：

1.縮略語

為了求快與方便，人們在互動的過程中產生相當多元的新詞語，這些詞語以簡單的字原來表達，如以拉丁字母為載體的語言喜歡取每個詞的字首、用漢字做為載體的語言取句子中有意義的語素等作為縮略語，其主要用於網路上，並不在口語中使用。例如，在英語中「LOL=Laugh of Lord」是大笑的意思；中文如「白富美」是指女性膚白、有錢且美麗。越南語中也有類似的用法，如「SML=sấp mặt luôn」（用盡全身力氣）。例子不勝枚舉，本文節錄部分越南流行語，其中包含縮略語的文本，由於篇幅之限制，本文只從大量流行語中篩選出幾個能夠探討跨文化交流所帶來的影響之詞語做為研究例子並整理於下章。

2.諧音詞

諧音乃利用類似的音，用其他的字詞來代替本來的字詞，造成聲音上的錯覺，人為地賦予語音另一個意義。根據來源可將諧音類的流行語來源歸類為來自外來詞、方言和語碼混用等（粟丹&李延林，2018），引用美國語言學家的說法：「Languages, like cultures, are rarely sufficient unto themselves.」（Sapir, 1921），語言如同文化，需經過不斷第一手接觸、影響並傳承，才能產生出新的語言用法。在網路上，人們用拉丁字母和數字來表達意思，比如中文用「881=再見」；英文如「IC= I see」（明白）；越南語如「Sập rai =surprise」（驚喜）也是外來諧音類流行語的用法。由於跨文化交流與日俱增，我們能使用的語言就更加多元豐富，許多的流行語透過直接音譯，部分的諧音詞也能運用於口語中，在某些語境下用相同或類似讀音的字詞代替原來的字詞，聽起來幽默有趣，不過很多時候是，當某語言進入被另一個語言使用的時候，其原意可能已經不是本來的意思了。

3.語碼混用

語碼混用方面，現今人們普遍學習外語，在溝通時往往不經意將某一主要使用語

言夾帶另一種語言或數字一起使用，諧音類的流行語中不乏此類的用法，或許可視為是人們對外來文化的包容和接納。如中文「森/生 77」（生氣），又如流行於中國大陸的「no 作 no die」皆為此類。越南語中語碼混用的情況相當多，如「xả stress」（紓壓），「xả」有放下之意，而 stress 則是英文單詞因心理緊張而產生的壓力。

4.舊詞新用

　　將過去的、舊有的詞語再拿出來使用，可能保留舊詞語的詞性結構，又或者為舊詞創造出新的解釋、新的意義。有些舊詞新用的方式賦予舊詞反諷的意味，與原來的意義相左或毫無關係，也有的純粹是為詼諧感。中文例子如「山寨」，本來指山上的寨城，現在卻是抄襲、仿冒的產品。又如英文的「spam」，本來指是一種罐裝火腿，而如今它被賦予了垃圾郵件的意思。越南語也有類似的用法，越南語「tiểu thư」取自中文的「小姐」，原意為大家閨秀，現今則用來嘲諷自理能力差的年輕女性。關於越南語的其它文本我整理於下一章。

　　綜合上述對流行語的統整，我將其關係串聯起來，歸納成一個公式作為小結：
　　流行語＝新詞≒俚語≒俗語⊇慣用語⊇行話

第二節　流行語產生的原因

1.大眾文化

　　有學者認為，流行語是時代的產物，也是社會文化的縮影（潘玲玲，2011）。大眾文化（Popular Culture，又稱流行文化）源於十九世紀，傳統上被視為較低階層的教育及文化程度或和統治階級的文化相對的文化（Berrong，1986），現今則被視為是次文化（subculture）[2]受到主流社會強烈關注後而形成的文化。承本章開頭所述，具有極強的感化效果的流行語，藉由跨文化交流和網際網路被創造出來，又多廣泛使用於口語或網路，透過各種媒介快速傳播，即使最初可能會被視為是次文化的語言，但至少在一定程度上普及於社會上的某些特定族群，並有可能滲透到整個社會，因而對社會、政治、經濟、文化教育等產生影響。

---

[2]　次文化（subculture）係指在同一個複雜社會中，與特定族群有關、以象徵為基礎的、各異其趣的行為模式與傳統。（Kottak, 1974）

2.從眾心理

從眾心理並非產生流行語的原因，卻可能是使流行語普及的重要推手。從眾心理是一種社會影響，也稱為多數影響或群體壓力，它涉及改變信仰或行為以適應群體。這種變化是對真實的（涉及他人的物理存在）或想像的（涉及社會規範／社會期望的壓力）群體壓力的響應，因此從眾可以簡單地定義為「屈服於群體壓力」（Crutchfield, 1955），其可能採取不同的形式，例如欺凌、說服、戲弄、批評等。從眾心理通常也表示對多數立場的同意，這是由適應或想被他人喜歡的願望或因為想要「正確」的願望而引起的（規範性），或者只是為了爭取或遵守社會角色（身份認同）。普遍認為，從眾心理與該行為多發生於青少年之中，儘管從眾心理通常與青春期和青年文化有關聯，但許多學者皆通過實驗表明（Jenness, 1932; Sherif , 1935; Solomon Asch, 1951; Kelman, 1958），無論什麼年齡層的人都會有從眾行為。而東方人比西方人因為重視家庭和社會群體的關係，更容易有從眾與順從的行為（Smith & Bond, 1998）。

考量到對身份認同的爭取或為了維繫已在群體中的關係地位需遵守該社會角色的規範，便很容易理解某人接納並使用流行語以打入某群體的行為。例如教師在授課時，偶爾插入一個流行語，課堂氛圍會變得活潑起來。又如，中年人在跟年輕人交流時，使用流行語可以避免嚴肅氣氛，能夠拉近距離、產生共鳴；再如一個演講者在演說過程中偶爾使用一句時下流行語，氣氛會變得活躍起來（吳萍，2016）。

二、人類學對流行語現象的研究

人類學、社會學與語言學的關係，可略分成語言人類學、人類語言學兩個方向，前者關注的重點是透過語言來研究文化，後者則是透過文化來研究語言。而社會學與語言學的關係，對應的是語言社會學、社會語言學兩種研究方向，前者研關注語言對社會的影響，後者則關注社會的各層面對語言運用的影響。本文的關注重點是從語言的現象來探討文化脈絡與跨文化交流，人類學範疇內屬於語言人類學，在社會學範疇上屬於社會語言學。本章我引用學界對語言現象之於文化與社會的關係論述，最後帶入文化變遷的概念。

第一節　文化和語言的關係與研究

文化和語言之間的關係最顯著的表現就是在當人們遇到需要使用語言來描述某一人事物時，就依需求創造出各種詞彙來分辨這些人事物，如果只是用籠統的詞彙來概

括一個現象，也表示在這個文化中某個現象並沒有什麼價值。例如，在越南語裡面沒有藍色和綠色的概念，綠色、藍色、青色等顏色在越南語中籠統地稱為「màu xanh」，當他們想清楚表達這些顏色，則在後面加上自然現象如海（biển）、樹葉（lá）以區別。在人稱方面，越南語就非常豐富了，由於受到儒家文化的影響，長幼尊卑、輩分秩序硬是保留到了語言裡面（Nguyễn Thị Hải Vân, 2018），因此他們對於人稱不僅僅是「你、我、他」，而是要分別針對年齡、性別、親疏遠近以及當下語境來使用不同的「你、我、他」。

　　語言學（linguistics）在人類學的發展過程中始終是重要的一個部分。早期的文化學者常將語言視作一種獨立學問，對某族群語言的研究，可以說非但不是學術研究，而是將語言視作其於該族群中進行研究的一種工具，只為方便進行田野調查。1930 年 Sapir 和門生 Whorf 主張「各種語言的文法範疇分別引導他們的說話者以特殊的方式思考他們的事物」（Sapir, 1930; Whorf, 1956），人類學家對文化的研究也逐漸將語言納入民族誌。根據 Sapir - Whorf 假說，語言表達人們的思想和感知，也塑造思想和感知。人們使用的描述性用語皆可以影響人們如何看待其他人事物和自己（Cynthia Roper, 2017）。不論人類學家或語言學家，在研究某族群使用的語言時，都得觸及文化和語言兩方關係的探討。有的學者便指出了文化會影響語言的結構和內涵，Robinett 在他的書中提到「語言是社會的工具，語言的使用反映著一個社會的文化。」即某一社會的語言是該社會文化的一個面向，最顯著的實例就是某種語言在不同的社會中產生出來的差異，部分是由於文化的進程不同才產生的，由於人類處於不同的社會環境與文化背景中，對世界的感知也不盡相同（Goodenough, 1957），好比各個英語系國家的英語表達方式皆有所差異。然而，也有語言反過來影響文化進程的例子，我們可以說，語言和文化有著密切關係而非相互制約或排斥，也隨著人類學的發展，語言現象才被看做是文化整體的一部分。一位法國人類學家 Claude Lévi-Strauss（1958）將類似於結構主義學者索緒爾（Ferdinand de Saussure）的結構主義語言學方式研究音韻學，更運用於人類學研究上，例如身份認同的形成關係，他認為「真正科學的分析必須是真實、簡化和具解釋性的。」

第二節　社會學和語言的關係與研究

　　關於語言和社會的關係，我們幾乎可以直覺想到，語言是任何一個社會最重要的組成部分之一，它是人們交際和交流思維不可或缺的工具，對社會產生一定的影響。社會學研究社會多樣性與語言多樣性之間的關聯，因為沒有任何一種語言會成為一個同質體系，也不可能每個人所說的話都和別人一模一樣，然而各種語言的特性如何與

包括階級、性別、年齡層等差異的社會因素產生關聯（Tannen, 1990）？人們在交際過程中因為各種因素的影響，使得語言呈現出差異或變化，社會語言學家用「變異」（variation）的概念解釋語言和社會結構之間的共變（co-variance）關係（William Bright,1964），這也是社會語言學想探討的。英國語言學家 David Crystal（1980）著的《A First Dictionary of Linguistics and Phonetics》提到社會語言學是語言學的一個分支，研究語言和社會間各方面的關係，例如從社會對語言的態度、用語言來識別社會群體、用以訂定語言的標準和識別非標準形式，然而更注重的是社會學對語言的解釋而非語言學對語言的解釋。總括其主要內容，可以分為兩大項：

1. 對社會本質的研究

2. 對語言差異的研究

　　那麼在流行語的研究上，社會語言學作為流行語和其社會脈絡的研究工具能產生那些思路？流行語本身反映某時代的某社會人群，這意味著流行語的內涵有著社會本質的特點和規律、語言內外部規律的相互關係和作用（語言演變和社會演變的關係），同時，可建立歸屬感、建構身份認同，特別是少數族群、弱勢群體有關的流行語，也牽涉族群共同語言和族群形成的關係（共同語言的形成和社會群體的發展）。由於社會和語言有著千絲萬縷的關係，許多的定義和對研究標的的看法很難一致，但總體來說社會與語言的共變現象是學界的共識，也為一國的語文制度及教學研究提供一套理論依據。最後套用美國社會語言學家 Nessa Wolfson（1983）對社會語言學一言以蔽之：「誰對誰說了什麼？什麼時候說？如何說？」

表 2.2　人類學與社會學在語言研究中關注重點簡表

人類學關注重點	語言人類學	人類語言學
	透過語言來研究文化	透過文化來研究語言
社會學關注重點	語言社會學	社會語言學
	語言對社會的影響	社會各層面對語言運用的影響

表來源：自行整理

第三節　文化變遷之於流行語

　　文化變遷是指文化內容和結構局部的、緩慢變化的過程，對人產生潛移默化的影響，可分為自然變遷與計劃變遷兩類。自然變遷是無意識的文化自然發展或積累的過程，很難控制，從原始社會到早期資本主義社會，人類歷史上的變遷多屬此類；計劃變遷是人們自覺地、有計劃地發展或改革文化的過程，例如政經制度、教育制體制等的改革。文化變遷與社會變遷既關係密切又有所區別，前者指文化環境的現象，如文

化特質、文化模式、文化風格的演變等；後者指社會環境現象，如社會關係、社會群體及社會生活的演變等。兩者在概念上難以區分，因此許多學者常將兩者混用，也有許多論述稱「社會文化變遷」而不將兩者詳加區分使用。然一般而言，社會變遷常會引起文化變遷；在文化變遷中也可看出社會變遷。

　　針對文化變遷的解釋，「國家教育研究院辭典」整理如下（高強華，2000）。文化變遷一般存在於下列情形之中：

　　1. 文化不能適合當時社會之要求；

　　2. 理解或掌握到新而進步的工具時；

　　3. 文化構造如果能夠做出必要的反應；

　　4. 如果新的事物更為令人滿意。

　　基本上，可以說文化變遷是經年累月的文化修正或文化發展，無論是文化整合（cultural integration）、文化融合（cultural fusion）、文化輻合（cultural convergence）或文化趨向（cultural drift)，都是文化變遷的一部分。其他與文化變遷相關的重要概念中，涵化（acculturation）最為至關重要，其由美國學者率先進行解釋：「（涵化）是由兩個以上的文化群體之間持續不斷的第一手接觸所產生的，這些文化的某些部分可能會被改變，但每個群體依然保有獨特性。」（Redfield, Linton & Herskovits, 1936: 149）。語言便如同文化一樣，不斷經歷著接觸－傳播（交換）－適應變化的過程，這些涵化的過程可能是主動，亦有可能是被迫的；可能是單向，亦有可能是雙向。而流行語的創造與使用在在都是涵化現象的體現，無論是用母語還是外語作為元素。

三、越南的流行語創造及使用現狀

第一節　越南語流行語

　　十八世紀的法國傳教士 Pierre Pigneau de Béhaine 早已對越南語詞彙整理成《Dictionarium Anamitico-Latinum》（越南－拉丁語辭典）一書，書的內容都用拉丁字母表示，而非漢喃文[3]，這些收集來的詞彙根據拉丁字母的傳統字母順序排列成基本條目，其中部分內容取自《指南玉音解義》[4]，辭典收錄了一些時人也未必知道的詞彙。

---

[3]　漢喃為越南傳統的本民族語言文書系統，由漢字和本民族文字的喃字（越南語：Chữ Nôm／𡨸喃‧𡦂喃）混合使用來表記越南語。

[4]　越南歷史上最古老的漢喃詞典，時間不詳，只知道是十五至十八世紀的一個辛巳年成書，現存三個最古老的副本保存於法國遠東學院、越南漢喃研究院以及亞洲學會。其中，漢喃研究院的版本被認為是最早的，而亞洲協會

在傳統上，越南語如同絕大多數語言一樣，本身就有許多俚語，在越南語中稱為「tiếng lóng」（約等同於中文俚語的概念）。越南學者 Đào Văn Tập（1951）對其解釋道：「tiếng lóng 可理解為一群人的一種特殊說話方式，旨在讓外人聽不懂。」類似於行話或地方用語的概念；Lê Ngọc Trụ（1971）的研究則認為 tiếng lóng 指一種專門用於同一行業的一群人的語言，這解釋更類似於中文說的「行話」。

越南各地都有 tiếng lóng 且正好只有當地人才懂得其意，我們雖然可以用中文的「俚語」一詞去理解 tiếng lóng，但是 tiếng lóng 的地域性、領域性質更強烈。而流行語的概念，一些越南人會用 tiếng lóng 稱之，然而也有人用「tiếng thịnh hành」來稱。「thịnh hành」在越南語中意思為普遍、通用、眾所周知並受到人們喜愛，用 tiếng thịnh hành 來指稱流行語，或許更能符合流行語的新穎、流行之意。

表 3.1　例舉現今越南的流行語

詞語	辭意	辭源	使用人群
anh hùng bàn phím	只會在鍵盤上伸張正義或只會打遊戲的網民	「英雄」的漢越詞 anh hùng 加「鍵盤」的純越詞 bàn phím	年輕人
anh nhà kế bênh	住在隔壁的哥哥，暗喻男性第三者	純越詞的新意	年輕人
ảo tưởng sức mạnh	充滿想像力	純越詞的新意	年輕人
bánh bèo	本意是一種碗粿。用來嘲諷有孩子氣的男人	純越詞的新意	年輕人
cạn lời	無言	「盡」的漢越詞 cạn 加「話語」的純越詞 lời	大眾
chill	放鬆、舒適	取自英語，用於網路	年輕人
cua	本意是螃蟹。作搭訕之意	純越詞的新意	大眾
crush	被某人吸引	取自英語，用於網路	年輕人
drama	形容某事的變化很戲劇化	取自英語，用於網路	年輕人
gấu	戀人	純越詞的新意	年輕人
lầy	奸詐；背著別人說話壞、或壞事	純越詞的新意	大眾
nè he	喔、啊等語氣助詞 nhé 的音變	越南男同志在網路上直播而流行	年輕人
omoi	女同性戀	來源不明	大眾
ờ mấy zing	驚喜、驚艷	「Amazing」的諧音	年輕人

保存之十八世紀 1761 年版被認為是最新的。

詞語	辭意	辭源	使用人群
sml	用盡全身力氣	sắp mặt luôn 的縮寫	網路用語
shop	網路商店	網路電商	大眾
soái ca	完全取漢語的「帥哥」的漢越音跟漢語的語意	「帥哥」的漢越音	大眾（對中文流行影視所接觸）
sống ảo	炫耀或生活於虛擬之中	純越詞的新意	大眾
sửu nhi	沒自理能力的女生	「小兒」的漢越音	年輕人
thả thính	討拍或勾引	純越詞的新意	大眾
tiểu tam	女性第三者	「小三」的漢越音	大眾（對中文流行影視有所接觸）
tiểu thư	沒自理能力的女生	「小姐」的漢越音	大眾（對中文流行影視有所接觸）
tiểu vương	男性第三者	「小王」的漢越音	大眾（對中文流行影視有所接觸）
trạch nam	宅男	日文「宅男」的漢越音	大眾（對中文流行影視有所接觸）
trẻ trâu	幼稚	純越詞的新意	大眾
…	…	…	…

表來源：節錄自朱鎮雍（2019）著的《Tiếng thịnh hành trong tiếng Việt》（未出版）

　　自上表我們可以發現到幾個特點：

　　（1）舊詞新用普及於大眾（2）取自漢字文化圈國家外的外語諧音詞或語碼混用現象多出自年輕人（3）取自漢字文化圈國家的外語諧音詞或舊詞新用也普及於大眾（4）網路用語多為年輕人使用。

第二節　越南流行語的內因與外緣

　　透過上一節，可以看出越南本來的語言風貌已呈現出跨文化的涵化現象，由於越南歷經近百年的國語字（chữ quốc ngữ，拉丁化的越南文）運動，拉丁化文字使其更容易將外來語吸收進來直接利用，而漢字詞則用國語字將漢越音讀寫出來，因越南語本身有大約70%的通用詞語和漢語有源流上的關聯（羅啟華，2012），新的漢字詞吸收利用即使是用國語字將書寫，對任何年齡層的普羅大眾來說，接受程度比起其他外語也要來得高。

　　外部的因素上，越南有地區腔調、用詞，與其他國家之間的交流往來、與外國人雜居，不同語言之間的跨文化交流，交換、吸收和引用必然會產生變化，同時也由於網路傳播，構成了資訊社會的一個重要的標誌，自由和開放的特點能為流行語產生提

供良好的環境。近年來中國崛起的影視劇作、言情小說、流行文化帶進大量豐富的語言元素，增加了越南語漢越詞彙，也正因為與本來已存在在越南語中的漢越詞在產生原理上皆為同屬性，吸收接納、改變創造、融合並保持獨特性的涵化現象顯得更為順利，不僅普羅大眾皆程度高，變遷過程也快速得多。

四、結論

第一節　社會評價與淘汰的環境和時機

　　通過以上的論述，我們了解語言是社會的重要內容、文化變遷的重要表徵。流行語的時代性總會隨著某事件告一段落或某時尚過時而不再，傳承下來的可為同一代人的共同記憶，也或可成為未來人的慣用語。流行語的產生與流行再到消亡或傳承，正反映著社會的現象，也代表著一類語言的活力，既體現現代社會發展中的社會文化，也體現著多元文化觸碰出來的火花。它同時也表達時人的訴求：隨著社會的發展與變化，現實社會越來越複雜，給人們的壓力和挑戰也越來越多，使得人們在現實社會中難於表達的事情，可透過和朋友間詼諧幽默的玩笑或與網路上的陌生人進行宣洩，此時從意義上來說，流行語不僅反映了大眾的社會心理，也反映個體社會化，表達了民眾在當下的心理訴求或感受。另一方面，儘管語言承載著很多的資訊，包括文化觀、人生觀、價值觀等，好的方面可以感動人，不好的卻可能動搖人們的價值觀，例如一些不堪入耳的流行與雖然流行，但若個體在生活中經常使用這些詞彙，則會對社會風氣造成負面影響，網路多以年輕人使用最為頻繁，流行語的傳播與影響更快更多，需防不慎。

第二節　結語

　　流行語往往用輕鬆的句子說出來，從事越南流行語的文化變遷研究中可以輕易列舉一些引人注目的用例，但很難探明每個詞的典故，正如同其他語言的流行語，我將持續關注於蒐集個別的例子以及分析語法，建立語料庫，之後若行有餘力，將對每一類詞語進行辭源的文化脈絡、背景進行考察以及流行語所具有的地域性特性等開展研究。最後，1975 年以前的南越越南語研究，礙於文獻有限，政治上不正確等等的不便，甚少有人提及，或許可作為往後的討論題材。希望本文能幫助了解越南語及越南人的文化變遷。

參考文獻

期刊論文

粟丹、李延林（2018）。〈從社會語言學角度看網路流行語的形成特點 Characteristics of Network Catch Words from the Perspective of Sociolinguistics〉。現代語言學，2018. 06(03): 524-531.

潘玲玲（2011）。〈流行語在對外華語教學中的必要性〉。聯大學報，7(1)P. 45-98。

Asch, S. E. (1951). Effects of group pressure upon the modification and distortion of judgments. In H. Guetzkow (Ed.), *Groups, leadership and men.* Pittsburg, PA: Carnegie Press.

Cynthia Roper. (2017). "*Political Correctness (PC) | Britannica.Com*" Accessed October 28, 2017.

Goodenough, W. H. (1957). "*Cultural anthropology and linguistics*" In: Garvin, Paul L. (Hg.): Report of the Seventh Annual Round table Meeting on Linguistics and Language Study.

Jenness, A. (1932). The role of discussion in changing opinion regarding a matter of fact. *The Journal of Abnormal and Social Psychology*, 27 , 279-296.

Kelman, H. C. (1958). Compliance, identification, and internalization: three processes of attitude change. *Journal of Conflict Resolution,* 2, 51-0.

Sherif, M. (1935). A study of some social factors in perception. *Archives of Psychology*, 27(187).

書籍

羅啟華（2012）。《語言的親情－越南語漢源成分探析》。華中語學論庫第四輯，P.3、P.16。

朱鎮雍（2019）。Tiếng thịnh hành trong tiếng Việt。未出版

Betty Wallace Robinett. (1979). Teaching English to Speakers of Other Languages: Substance and Techniques.

Conarad Phillip Kottak. (1974). *Cultural Anthropology*, translated by 徐雨村(2005). P.93-95, P.429-430,.

Lévi-Strauss, Claude. (1958). *Structural Anthropology*, translated by C. Jacobson and B. G. Schoepf.

NessaWolfson ＆ Elliot Judd. (1983). *Sociolinguistics and Language Acquisition.* Rowley Mass: Newbury House

Sapir, Edward. Language: *An Introduction to the Study of Speech.* San Diego, CA: Harcourt Brace & Company, P. 1-4, 11, 150, 192, 218.

網路資料

漢典。新詞

https://www.zdic.net/hans/%E6%96%B0%E8%A9%9E

McLeod, Saul. (2016). What is Conformity?. Simply Psychology. https://www.simplypsychology.org/conformity.html

吳萍。(2016)。網路語，年輕人的價值宣言

https://m.sohu.com/n/471276120/?wscrid=95360_2

高強華。文化變遷 Cultural Change

https://terms.naer.edu.tw/detail/1303240/

劉子愷。(2017)。從大學教科書探尋「語言人類學」的軌跡

https://www.thenewslens.com/article/85561

NGUYỄN MẠNH HÙNG. TIẾNG LÓNG (Phần 1).

https://thanhdiavietnamhoc.com/tieng-long/

Nguyễn Thị Hải Vân. ẢNH HƯỞNG CỦA TƯ TƯỞNG NHO GIA VỚI LỚP TỪ XƯNG HÔ TRONG HÁN VĂN CỔ

http://ms.hpu2.edu.vn/vi/khoa-ngu-van/nghien-cuu-khoa-hoc/anh-huong-cua-tu-tuong-nho-gia-voi-lop-tu-xung-ho-trong-han-van-co-124.html

Richard M. Berrong。Rabelais and Bakhtin: Popular Culture in Gargantua and Pantagruel. P.13

https://books.google.com.vn/books?id=DOoe_MqMQe4C&pg=PA13&redir_esc=y&hl=zh-TW#v=onepage&q&f=false

Saul McLeod. (2016). What is Conformity?

https://www.simplypsychology.org/conformity.html

中國音樂在全球化視野下的演變道路

新紀元大學學院中華研究博士研究生　　張振

前言

在世界經濟發展一體化的今天，世界文化全球化的問題早就成為各國學者研究的對象，在中國，很多學者以西方音樂引入的利弊為視角進行研究過，也有一些學者探討當今中國音樂在全球化背景下的發展，但是概述中國音樂從西方音樂的引入到現在出現去全球化趨勢，找到中國特色音樂發展道路的研究還很少。所以本文以這一視角進行分析是很有必要的。

正文

中華民族有著上下五千年的歷史積澱，中華文明是世界上唯一沒有中斷的文明，它是一脈相承、連續發展、不斷積累的。中國音樂是中華文明組成部分，它特指中國器樂和中國聲樂，它不僅包含中國古代傳承下來的音樂，也包含通過不斷地發展、交流融合西方音樂理論，從而創作的現代音樂作品。20 世紀以來，隨著經濟的不斷發展，世界各國政治、經濟的不斷深入交流，全球意識的多元化逐步形成。到了 21 世紀的今天，隨著數字技術的廣泛運用，現代傳媒的發展特別是互聯網的覆蓋，人與人之間溝通的距離縮短的同時，文化的傳遞交流也通向世界的每個角落，文化傳播的手段越來越多樣化、現代化。在此背景下，音樂的發展與傳播已經超越了地域性、民族性、語言風俗等各種限制。所以，瞭解中國音樂全球化發展的過程，以及對當今中國音樂發展方式的探究，是很有必要的。

一、中國近代音樂的發展歷程——西方音樂的傳入與傳統音樂的停滯

鴉片戰爭的炮火打開了清朝封建王朝閉關鎖國的大門，戰爭到來的同時，也讓中國看到了大門外的世界。西方文化、經濟、政治、當然也包括音樂，都闖入了中國人

民的視野。為了振興中華，中國一些有識之士提出了向西方學習的思想，從而想要達到「師夷長技以制夷」的目的。梁啟超曾說：「欲改造國民之品質，則詩歌音樂為精神教育之一要件。」（曹玲玉，2014）將音樂教育看作教育中不可或缺且非常重要的精神教育。「新音樂」這個詞應運而生，它不同於之前的中國傳統音樂。「新音樂」的開始是以學堂樂歌[1]為中心的啟蒙階段，這些歌曲多以簡譜記譜，多採用日本或者歐美等國家好聽的曲子，填上中國的詞。很少有中國曲調或者原創曲調。這是因為學堂樂歌編寫的作者多是留學生，或國內維新派知識分子，他們對作曲技術知識學習甚少，而且對中國的傳統音樂，特別是民族民間音樂不太熟習。經過學堂樂歌，西方音樂理論開始在中國傳播開來，為中國音樂後期的發展奠定了一定的理論基礎。但是，大量的輸入西方音樂，並沒有、也並不能讓中國音樂完全轉化為西式音樂。戰爭的到來、中國的慘敗，使中國面臨亡國的危難。國人見識到了西方科學、哲學、軍事等諸多方面上的領先優勢，引發了中國人民對中國傳統制度、教育、文化的反思，並在焦慮中盲目的迷信西方文化，摒棄中國傳統，認為是西方的就是先進的，而中國傳統的就是腐朽的，要用西方的來代替傳統的。五四運動後，為了培養中國音樂方面的人才，蕭友梅與蔡元培一起創辦了中國第一所高等音樂學府——國立音樂院（上海音樂學院前身）。王光祈對西方音樂及音樂史等進行了一系列的研究，並寫成專著和文章。這方面的著作主要有：《西洋製譜學提要》（1929）、《西洋樂器提要》（1935）、《歐洲音樂進化論》（1924）《西洋音樂與戲劇》（1925）、《西洋名曲解說》（1936）和《西洋音樂史綱要》（1937）等。這段時期，中國傳統音樂在此出現了斷層，很多優秀傳統音樂消失或者停滯不前。由於中國傳統音樂的傳承主要透過師徒制，學習是言傳身教，口傳心授的形式，樂曲技法無法靠精細的樂譜完全的表達，長時間的戰爭與對傳統音樂的抵制，很多藝人的技藝再也沒能傳承下來，只能靠有限的資料得到略微的瞭解和揣摩。

　　全面向西方學習之後，隨著時間的發展，有些音樂學者開始研究如何運用所學的西方知識振興民族音樂。20 世紀 30 年代，黃自提出學習西方民族樂派的做法建立中國的民族樂派；1945 中國誕生了第一部新歌劇——《白毛女》，就是採用中國民間音樂曲調和中國戲曲音樂等元素，採用西方歌劇的創作形式創作出來的。學習了西方音樂的記譜手法和錄音技術，保留下來很多珍貴的傳統音樂的曲譜和音響。可見，雖然在西方音樂的瘋狂輸入大量覆蓋下，中國民族音樂仍保有一片空間也在慢慢發展，民族音樂文化內涵深深地印在中華兒女的血脈裡，它沒有被西方音樂完全取代更新，而是

---

[1]　清末民初，當時的改革家提出要廢除當時陳舊的科舉制度，學習西方國家，建立新型的學校，學校設置的音樂課程叫做「樂歌課」。

走向吸取養分、滋養自己的道路。

二、當今中國音樂──逐步受到重視的民族音樂

（一）中國音樂逐步全球化

　　由於西方音樂理論的輸入，影響所及為中國近現代音樂創作的理論、方法都是來源於西方音樂體系。但是只學習西方的音樂理論並不能讓音樂有血有肉富有自己的靈魂。西方音樂是長久發展建立起來的，有其文化底蘊、思想和內涵，這是短期學習理論皮毛而不可能獲得的。而中華大地五千年深厚的歷史沉澱下的中華文化，也是不可能被西方理論框架所框住的。因此，缺乏了自己民族文化底蘊的音樂，是無法提升和發展的。八、九十年代，電子技術初步發展，電視、錄像、磁帶流行起來，在外來音樂文化的刺激下，當時的中國年輕人覺得，西方的才是時尚的，西方古典音樂才是高雅的，而中國傳統音樂不被國人所接受，覺得是老東西，非常土。此時的中國音樂無論是流行音樂還是學院派音樂都套用著西方的理論進行音樂分析、評論、創作。在世界音樂舞臺上，無異於戴了金色捲曲假髮的東方小孩在冒充著洋娃娃，失去了自己的聲音。音樂創作和音樂理論的發展主要看音樂的教育與傳承。當今各大高校，專門設有音樂專業的學校比例逐年遞增，專門學習音樂專業、從事音樂相關工作的有志之士也越來越多。音樂創作來自作曲，高校設有作曲專業的比例相對較少，並且作曲專業的學生所學習的課程還是以西方音樂理論及西方作曲技術與作曲技術理論為主。以山東藝術學院本科作曲課程設置為例，相關專業課程有應用和聲、應用作曲、計算機音樂、管弦樂配器、作曲、音樂美學、音樂史，這些系統的課程都是西方音樂理論。而與中國音樂相關的課程只有兩門──民族民間音樂概論和中國音樂史。以雲南藝術學院作曲研究生的課程設置來看，相關專業課有作曲、調式擴張的和聲手法、複調音樂，相關中國音樂的課程則有雲南原生態民族音樂、中國音樂美學、諸子論音樂。以上兩所學校的課程設置在中國高校音樂專業課程設置上具有一定代表性，可見作曲本科、研究生所學的作曲技法和理論中能夠學到民族音樂方面的知識比較少。而像傳統戲劇、傳統樂器也少有系統學習的渠道。只有中國戲曲學院這樣的專門門類的院校有專門的作曲與作曲技術理論──戲曲作曲這一專業方向，專門創作京劇、崑曲等大門類傳統戲曲，而對地方戲的創作和學習鮮有涉及。雖然由於歷史因素，中國音樂沒像西方如此完整的理論體系。但通過西方音樂理論的學習，如何能夠更好地運用到民族音樂發展上，這是每個投身於音樂領域的教師、學生需要繼續努力思考、努力奮鬥的。

（二）中國音樂在全球化背景下逐步找到發展方向

　　新中國成立後，隨著經濟和社會的逐步穩定與迅速發展，對於中華文化的思考也逐漸加深，對博大精深的中國傳統音樂文化的保護與研究力度逐步加大。此時，無數學者致力於中國傳統文化瑰寶的收集整理，為中國傳統音樂、傳統文化的保留和延續付出了畢生的心血並做出了重要的貢獻。以雲南為例，雲南省是中國少數民族最多的省份，共有 25 個少數民族。每一個民族都有著自己獨特的文化、風俗及音樂風格特色，這些都是中華文化的瑰寶。由於雲南位於中國西南山區，經濟發展相對薄弱，很多大山裡的民族的生活狀態保留著原生態，少數民族文化保存的相對完好，民族音樂資源特別的豐富。20 世紀 80 年代，國家曾專門在民間搜集過一些民間歌曲，並且把這些歌曲錄製成磁帶保存。非常幸運的是，由於昆明的天氣比較乾燥，這些珍貴的磁帶原本只能保存十年，卻在三十多年後的今天依然完好。為了保護更多文化資源不被消亡，國家撥款保護這些非物質文化遺產，發現更多有價值的民族音樂被定為非物質文化遺產，使這些珍貴的文化寶藏遺產能夠延續下去。傳承人是非物質文化保護的重點所在也是難點所在。雲南大學出版社出版的圖書《民族記憶的背影——雲南少數民族非物質文化遺產研究》（林慶，2007），這本書對雲南 16 個少數民族非物質文化遺產的保護、開發的現狀進行了調查整理與分析，對非物質文化遺產的保護及開發過程中的不足、保護與開發應遵循的原則、應樹立的意識、思路和途徑以及注意的問題等方面提出了應對策略。民族出版社出版的圖書《少數民族非物質文化遺產研究——以雲南巍山彝族打歌為例》（安學斌，2007）詳述了巍山彝族打歌的現狀、傳承機制及巍山彝族打歌的傳承人等內容。彝族打歌在當地彝族人民生活中是必不可少的，存在於彝族人婚喪嫁娶及大型節日中，它是歌、舞、樂三者合一的藝術形式，是當地歷史文化的沉澱，具有社會學、民俗學、音樂藝術等多方面的研究價值。這些學者的努力，不僅對傳承文化進行了保護，也為學習和研究這些有價值的傳統文化提供了可資借鑒的資料。對雲南少數民族音樂的收集和研究的腳步仍然沒有停歇，《最後的遺產——雲南 8 個人口較少民族原生音樂》是 2011 年至 2014 年 4 月中旬歷經 3 年完成的，收錄了雲南德昂族、普米族、布朗族、怒族、獨龍族、基諾族、阿昌族 7 個人口較少民族一千多首原生態音樂共 6246 分鐘音頻和視頻，並附上了曲目的本民族語言朗誦和漢語朗誦。雖然看成果收穫頗豐，但其中有高達 70%的作品是上個世紀 80 年代收錄的資料。在收集這些資料時發現，很多少數民族民族人口越來越稀少，會唱本民族歌曲的人也越來越少，很多會唱這些歌的老人們已經去世，很多珍貴的民族歌曲已經失傳。這個現狀解釋了我們上文所說「傳承人」的重要性。有參加過兩次收錄民歌的編輯講述「基諾族在 20

世紀 80 年代有一萬多人口，從中收集近了 500 首的民歌，到 2005 年當地就只能收集到五六十首了。」如今這些民間歌曲只有一些民間歌手會唱了，一旦這些歌手年老去世，就真的失傳了。所以重視這些將要失去的文化財富，保護文化傳承人是現在的當務之急。雖然收錄了這些珍貴作品，但是另一個現狀問題又浮現出了，民族民間音樂風格很小眾化，對於當地的母語和文化，大眾也是不明白的，所以不太可能推向大眾市場，只能在本民族中傳承或者在音樂文化科研機構中保存下來。所以如何提升中國國民對傳統音樂的瞭解與認識，又是一項重要課題了。

（三）推進中國國民民族音樂接受度的一些舉措

　　由於中國國人對很多傳統音樂瞭解較少，接受程度也比較低，所以純粹的民族音樂及民族戲曲很難在大眾推廣。這需要在基礎教育上有針對性的加強傳統音樂薰陶，同時傳統音樂也要與時俱進，加以改良，所以需要學校加大對學生戲曲通識的教育學習。結合各校實際，融入中華優秀傳統文化的教育教學。很多地區學校想出了各種舉措。有些學校開展了少數民族地區本土音樂教材的開發和運用，如雲南地區針對學前及小學階段學生的《孔雀鼓初級教程》，長沙明德麓穀學校戲曲進校園，編創戲曲操代替學生普通課間操。而國家對戲劇、地方戲、民族音樂在財政和政策上的大力支持，使地方樂團得以存活的同時，又有很多適應時代的改良與創新。2015 年 7 月 11 日，中國國務院辦公廳以國辦發〔2015〕52 號印發《關於支持戲曲傳承發展的若干政策》[2]。2015 年 7 月至 2017 年 6 月，全中國範圍內開展地方戲曲劇種普查。中國從政策上鼓勵地方設立戲曲發展專項資金或基金，扶持本地戲曲藝術發展。中國政府還大力支持新劇本創作。比如到 2019 年，雲南省文化和旅遊廳已經主辦了十五屆雲南省新劇目展演。在第十五屆雲南省新劇目展演共展出了全省新創作的 23 台劇目，涵蓋了滇劇、花燈、話劇、音樂劇、舞蹈詩等多種藝術形式。這種展演活動既促進了本土原創作品的創作、支持了演出，又能使雲南的本土文化得到宣傳加大了傳統音樂及戲曲的普及。展演中演員選用一部分優秀的學生，使學生們獲得學習的機會、融入中國傳統音樂中，並提高實踐。中國還推行高雅音樂進校園的活動，引進很多高質高量的演出，增進了中華傳統文化的教育。

　　同時，地方也採取不同的方式推進中國傳統音樂發展。各地旅遊景區相繼推出結合本地音樂與文化的歌舞一體的演出，成為旅遊的熱門參觀項目。比如說，去山東泰

2　《關於支持戲曲傳承發展的若干政策》其總體要求是加強戲曲保護與傳承、支持戲曲劇本創作、支持戲曲演出、改善戲曲生產條件、支持戲曲藝術表演團體發展、完善戲曲人才培養和保障機制、加大戲曲普及和宣傳、加強組織領導。

安旅遊，不僅可以爬泰山，領略五嶽獨尊的泰山，還可以聆聽道教音樂。在2009年由泰安市委、市政府和泰山管理委員會就推出了為泰安旅遊開發的重點項目——大型實景演出《泰山封禪大典》。如果去蘇州旅遊，不僅可以逛逛別具一格的蘇州園林，也同樣有精彩的旅遊特色演出——《蘇SHOW》，演出融入蘇州當時特色的評彈、崑曲等戲曲形式。如果到了雲南旅遊，那就更加豐富多彩了，每個地方每個民族都有自己不同的風俗、飲食與音樂，連各民族的祝酒歌都別具特色。到了麗江除了看玉龍雪山、茶馬古道等旅遊景點，還可以欣賞到《麗江千古情》、《麗江戀歌》等十大演藝秀，這些演出展示了麗江千年文化歷史風情。其中有《瀘沽女兒國》、《馬幫傳奇》等等。描繪了古老的納西族在環境艱難的遠古時期，用自己的智慧創造了東把文明。表達出在瀘沽湖畔有一個神秘的王國——女兒國，這裡的摩梭人是世界上唯一保留著母系氏族的族群，他們有著獨特的「走婚」習俗。演出還展示了千百年來的馬幫們走出的茶馬古道，把麗江的茶帶到了各地。這些歌舞演出既有民族特色，也有主題圍繞。使遊客瞭解本地的發展歷程和多彩文化。當你到了香格里拉，這裡有篝火晚會和長街宴。篝火晚會時，人們身穿盛裝手拉手圍起一個圈，隨著音樂唱起來、跳起來。如果你是遊客，他們會熱情的拉著你融入其中，忘記煩惱，享受此時此刻。感受他們的文化、感受他們的快樂。還有不同時節到不同地方可以趕上當地的傳統節日，又能感受到不同的文化和節日傳統音樂歌舞。雲南的省會城市昆明，為展示雲南二十六個民族社會文化風情，斥鉅資建立了雲南民族村。民族村是整個雲南少數民族的縮影，每個少數民族都有自己一塊區域，建成有當地特色的房屋與建築（張珊麟，2014），比如白族村裡建的「三坊一照壁」、「紮染坊」、「木雕屋」及大理「崇聖寺三塔」，苗族村建了苗家獨特的吊角樓等等。每個民族都有自己的特色民間藝術，在民族節日時就會在民族村內舉辦。基本上每個月都有相應民族的重大節日，這時各種節日的歌舞都會進行展示：對歌、蘆笙舞、跳竹竿舞、跳目瑙縱歌、琵琶彈唱、啊哩哩打跳、竹筏對歌、三弦彈唱、跳八角鼓舞、霸王鞭舞、跳弦子舞、酒陣歡歌、跳大三弦、火把狂歡、火把晚會、划船對歌、甲搓打跳、跳象腳舞、跳蘆笙舞等傳統活動，在民族節日時就會在民族村內舉辦。可以不到雲南其他地方就能感受到當地的風情。另外值得一提的是，在民族村中，有一個雲南民族樂器的製作和改良樂器作坊，坊主是薛文安。他是少數民族樂器保護研究與製作的改良專家，他改良製作了很多民族樂器。樂器坊內擺放著種類繁多的少數民族樂器，如「白族定音套鼓」、「低音胡」、「鵝筆」、「籬笆琴」等叫不上名字的樂器，這些樂器都是他獨創的。大部分樂器在改良之前只能吹奏本民族的曲調，存在音域窄、音量小的缺點，所以瀕臨消失，他已經改良了十七、八種進入樂隊使用的樂器。比如傈僳族的其奔，他在繼承其奔傳統製作技藝的基礎上又對材料、製作工藝加以改

進，從而使其奔既保留了傳統其奔的外觀、音色和演奏方法的同時，擴大了其奔的音域，使音色音量更為統一、均衡，增強了其奔的表現力。在參觀他的樂器坊時，有幸聆聽他演奏了很多樂器。對獨弦琴的感觸最深，那獨特的音色低沉飽滿，震動出的聲響如泣如訴，非常的獨特動人。真的要親耳聆聽過才會感受到它的力量、它的底蘊，才能被深深地觸動到。通過這樣的體驗，也領會到，還有太多的民族樂器在樂器製作、演奏技法、作品創作等方面還需要深入研究、拓展和發掘，使其能夠有強的表現力和旺盛的生命力。

以上敘述，說明了透過中國國家和地方的各種舉措，中國國民已經越來越重視傳統文化、傳統音樂，也深知這是中國民族的根與魂，是不能被摒棄的。

（四）當代中國作曲技術與作曲理論的民族化轉變

1.中國當代作曲家的民族化轉變

中國著名作曲家及作曲理論家的著作越來越多的展現在世界舞臺上，如：劉曉耕老師的合唱作品在世界舞臺上斬獲很多獎項，他帶領的「雲南坡芽歌書合唱團」在 2016 年第九屆世界合唱比賽中，獲得了無伴奏民謠合唱組金獎。他的作品多利用中國傳統少數民族音樂元素和西方多聲部和聲理論創作而成。其合唱作品曾多次在國際合唱比賽中獲得第一名。帶領中國合唱團走出了國門，演唱自己的民族母語的合唱作品，讓世界看到了中華民族母語合唱的博大精深和豐富多彩。他的音樂作品因為融入了中國少數民族最古老的音樂元素，有著獨特的藝術性與深度，走上了世界的舞臺，被世界所接受。與劉曉耕創作風格截然不同的以譚盾為代表的，他是在音樂創作時採用現代作曲技術與中國傳統音樂相結合的創作形式的中國作曲家。現代音樂是二十世紀初西方無調性音樂，它富有強大的邏輯關係，但在聽覺上很難讓中國人接受。如：作曲家賈達群，他被國際樂壇稱為是「中國結構主義作曲中最有才華的青年作曲家之一」，他的作品《蜀韻》採用了中國傳統戲劇川劇高腔的音調、鑼鼓等元素，用西洋弦樂模仿了戲劇中的人聲唱腔，用三組打擊樂器表現了川劇鑼鼓的特色音響，既保留了川劇的特色，又運用了高深流暢的現代作曲技法，被世界樂壇所充分認可。這也充分驗證了「民族的才是世界的」。近些年流行音樂上也發生了變化，《鳳凰於飛》、《紅顏劫》、《驚鴻舞》等中國傳統曲風的流行音樂興起，被越來越多的年輕人所追捧，這也表明新的音樂時代到來了，去全球化的趨勢越來越明顯。

2.中國特色的作曲理論

　　許多學者在創作中摸索適合中國特色的音樂理論，把中國傳統文化思想和理念，運用到音樂理論中。例如賈達群教授理論專著《作曲與分析—音樂結構形態構態對位以及二元性》，其展現出中國傳統的一生二，二生三，三生萬物道法自然道德經；趙曉生教授的理論著作《太級作曲系統》，使用了中國傳統儒、道兩家思想集大成的太極[3]理論，星海音樂學院房曉敏教授的著作《五行作曲法》作曲理論，作曲法中融入了「五行[4]」的哲學思想。

　　中國傳統音樂理論與西方作曲理論相結合的理論有，上海音樂出版社出版的樊祖蔭所著《中國五聲性調式和聲的理論與方法》，五聲調式是中國傳統音樂理論，眾所周知，中國傳統音樂普遍是單聲部，而此著作是運用中國傳統五聲調式的特點結合西方和聲理論，研究出適合中國傳統五聲調式的和聲理論。通過這種方式，可以把中國傳統的歌曲、器樂作品改編創作成多聲作品奠定了理論基礎。

　　這些作曲理論，吸取西方作曲技法創作的作曲理論的同時都融入中國傳統文化，作曲理論是實踐總結而來，又運用到實踐的工具，作曲理論的生成，說明中國音樂逐漸走向成熟，走上自己的道路的過程。分析和學習這些理論，可以尋找中國民族音樂元素是如何融入的。

　　還有很多中國著名作曲家，例如徐孟東、葉國輝、趙曉生、郭文景、唐建平等，每一位作曲家都用不同的手法演繹中國民族音樂。有的是用中國元素加上西方古典音樂創作手法來創作，有的是用中國元素加上西方現代作曲技法進行創作等等。他們大多為高校老師，他們都培養出一批批優秀的學生，這些學生傳承知識，又創作出一些優秀的作品，為中國民族音樂的發展提供了源源不斷的後進力量。

3.高校民族音樂活動推廣

　　近幾年，高雅音樂進校園活動廣泛開展，諸多高校加強對傳統音樂的研究和音樂物質文化遺傳的保護與收集，例如雲南，雲南藝術學院、玉溪師範學院、德宏藝術研究所等等學校、機構，每年都會組織相關學生采風，瞭解當地風土人情和體會當地傳統音樂、支持教師做科研等活動。中國音樂學院在德宏州民族文化文藝院團、大中專學校設立「中國音樂學院——雲南德宏民族音樂研究教學實踐基地」（吳華麗、閉紅

---

[3]　太極即是闡明宇宙從無極而太極，以至萬物化生的過程。
[4]　「五行」（金、木、水、火、土）是中國古代哲學的一種系統觀。

芬，2014），辦院宗旨為培養各民族高層次的音樂人才，向世界展示中國民族音樂。還有很多學校專門招收少數民族地區的音樂生，比如中央民族大學的音樂學院設置「民族英才班」，培養方向是少數民族聲樂、器樂，引導學生在本專業領域從事少數民族聲樂、器樂的研究、表演與教學，培養少數民族音樂文化的專業人才。雲南藝術學院的本科招生中，除了民族聲樂表演、中國樂器演奏、還有民族音樂理論專業等，在專業設計、學生培養方向上注重中國民族音樂的傳承與發展。有些高校還設有走入社區活動，走入中小學課堂等活動。

我們正處於全新的信息時代，世界經濟一體化，但是不管是音樂還是文化，都需要是多元化的，不可能是「一言堂」。作家科瓦米・安東尼・阿皮亞說過：「新的具有創造性的形式可以維持世界文化的多樣性」（泰勒・考恩，2007）。多元文化的交流和溝通，不停的碰撞與融合，才能激發出更多的力量，更多的創造力，更多的啟發與發展。創新與發展才能使中國民族音樂迸發活力，更有生命力，才能長久的屹立於世界音樂的舞臺上。

通過論文的書寫筆者得到一些感悟，收集整理中國傳統文化，不是讓當代人返回使用原來的音樂，而是在它沒有消失之前留下珍貴的資料。這些都可以成為創作的素材。就像是我們現在不會在日常生活中穿龍袍戴鳳冠，但是這些服飾不美嗎？藝術性不高嗎？這些元素可以用到現代的服飾中，使其更有特色和美感。這就是現代和傳統碰撞出來的火花。音樂也好、美術也好、文化也好，它們沒有誰強誰弱，誰好誰壞之說。有句話叫時尚總是輪迴的，服裝是、音樂是亦或也是。當我們一個輪迴發現了傳統之美時，它已經消失了，這豈不是非常大的損失。所以應該保留它、學習它、在適當的地方使用它。海納百川、有容乃大，發現傳統的美和學會欣賞也是提高審美能力及審美素質的一個方面。所以保護傳統、傳承傳統、創新傳統是非常有必要的。再說為什麼要尋根，尋根不是倒退，而是瞭解它的產生與應用，從而更能理解它的美、價值和內涵，才能更好地去運用這些文化寶藏。

三、結語

通過上文陳述，我們可以發現，西方音樂的引入是有利有弊的，雖制約了中國民族音樂的發展，卻因為其系統的記譜法與理論，推進了民族音樂的發展。而中國學者從來沒有停下發展中國音樂的腳步，無論正確與否，都積極去實踐、去試驗，力求找到適合中國音樂發展的道路。由於中西音樂結合的創作方式也各有特色，所以當今中國音樂百花齊放。在經濟物質文化逐步發展的今天，中國人民對精神文明、美好生活的需求和嚮往越來越受到強烈，這是中國音樂迅速發展的動力之一。

參考文獻

曹玲玉，2014，〈論中國抗戰音樂的倫理價值〉，《湖南師範大學博士學位論文》。

林慶，2007，《民族記憶的背影——去南少數民族非物質文化遺產研究》，雲南：雲南大學出版社。

安學斌，2008，《少數民族非物質文化遺產研究——以雲南巍山彝族打歌為例》，臺北：民族出版社。

蔡曉玲，《〈最後的遺產〉歷時 3 年結碩果收錄雲南一千多首原聲音樂》，https://www.sohu.com/a/23608052_115092，2015 年 7 月 21 日。

泰勒‧考恩，2007，《創造性破壞——全球化與文化多樣性》，上海人民出版社，頁 20。

張璵麟，2014，〈解讀昆明「雲南民族村」民間歌舞的市場化傳播——在回望中比照〉，《上海音樂學院碩士學位論文》。

《昆明日報》，〈雲南傈僳族「其奔」樂器製作瀕臨失傳〉，http://culture.people.com.cn/n/2014/0311/c172318-24604936.html，2014 年 3 月 11 日

吳華麗、閉紅芬，《雲南德宏成中國音樂學院教學實踐基地研究民族音樂》，http://www.chinanews.com/df/2014/02-13/5835699.shtml，2014 年 2 月 13 日

世變之際的個體

朝廷以外的私人外交
──五代名相馮道的理念探討

香港樹仁大學歷史學系　　羅永生

一、馮道生平

　　馮道，生於唐僖宗中和二年（882 年），卒於後周顯德元年（954 年）。五代時，瀛州（今河北滄州西）人，字可道，自號長樂老，著〈長樂老敘〉一文。馮道於後唐時期開始進入仕途，初為李存勗掌書記，後唐建國，為翰林學士，後唐明宗時位至宰相；入後晉，仍為宰相；契丹滅後晉，授太傅；在後漢、後周均為太師。其一生歷五朝（後唐、後晉、後漢、後周、契丹），事十一君，一生「三入中書，在相位二十餘年」，[1]歿後，謚曰文懿，追封為瀛王。

　　馮道在晚年寫下《長樂老自敘》，這是他對自己的一生做一個回顧，但亦可反映出馮道立身處世的態度。《自敘》的第四段馮道寫到，「在孝于家，在忠于國」。[2]可以見到馮道的認為自己效忠的是整個國家。「所願者下不欺于地，中不欺于人，上不欺于天，以三不欺為素。賤如是，貴如是，長如是，老如是」。[3]「三不欺」是馮道待人處世的原則，且要不論年紀、貧富都是如此，反映馮道的道德操守。

二、馮道的仕途

唐天祐中	為幽州巡官，後為河東節度使巡官，後署河東節度使掌書記。
後唐同光元年（923）／後唐清泰二年（935）	1. 為戶部侍郎，充翰林學士。[4] 2. 以本官充端明殿學士，為兵部侍郎，並依前充職。[5]

1　（宋）薛居正：《舊五代史》卷 126〈列傳第六・馮道〉（北京：中華書局，1979 年），頁 1665。
2　《舊五代史》卷 126〈列傳第六・馮道〉，頁 1663。
3　《舊五代史》卷 126〈列傳第六・馮道〉，頁 1663。
4　《舊五代史》卷 29〈莊宗紀〉，頁 404。
5　《舊五代史》卷 36〈明宗紀〉，頁 498。

	3. 為兵部侍郎，……並依前充職。[6]
	4. 為中書侍郎、平章事、集賢殿大學士。[7]
	5. 為南郊大禮使。[8]
	6. 加右僕射。[9]
	7. 加左僕射。[10]
	8. 加司空。[11]
	9. 為檢校太尉、同平章事、充同州節度使。[12]
	10. 為司空。[13]
後晉天福元年（936） ／ 後晉開運三年（946）	1. 守本官兼門下侍郎平章事、弘文館大學士。[14] 2. 帝親授寶冊於使攝太尉、守司空、門下侍郎平章事馮道……加開府儀同三司、食邑實封。[15] 3. 為契丹冊禮使……出使契丹。[16] 4. 守司徒、兼侍中、封魯國公。[17] 5. 為大行皇帝山陵使。[18] 6. 加守太尉、進封燕國公。[19]檢校太師、兼侍中、充同州節度使。[20] 7. 鄧州節度使。[21]
後漢天福元年（947） ／ 後漢乾祐元年（948）	1. 以馮道為守太師，進封齊國公。[22]
後周廣順元年（951）	1. 春正月為中書令、弘文館大學士。[23]

---

[6] 《舊五代史》卷 37〈明宗紀〉，頁 512。

[7] 《舊五代史》卷 38〈明宗紀〉，頁 518。

[8] 《舊五代史》卷 40〈明宗紀〉，頁 553。

[9] 《舊五代史》卷 41〈明宗紀〉，頁 562。

[10] 《舊五代史》卷 44〈明宗紀〉，頁 606。

[11] 《舊五代史》卷 45〈閔帝紀〉，頁 615。

[12] 《舊五代史》卷 46〈末帝紀〉，頁 635。

[13] 《舊五代史》卷 47〈末帝紀〉，頁 654。

[14] 《舊五代史》卷 76〈高祖紀〉，頁 993。

[15] 《舊五代史》卷 76〈高祖紀〉，頁 1005-1006。

[16] （宋）歐陽修撰、（宋）徐無黨註：《新五代史》卷 8〈晉高祖紀〉，頁 82。

[17] 《舊五代史》卷 78〈高祖紀〉，頁 1031。

[18] 《舊五代史》卷 81〈少帝紀〉，頁 1068。《新五代史》卷 9〈出帝紀〉，頁 89。

[19] 《舊五代史》卷 126〈列傳第六・馮道〉，頁 1659。

[20] 《舊五代史》卷 82〈少帝紀〉，頁 1090。

[21] 《舊五代史》卷 84〈少帝紀〉，頁 1115。

[22] 《舊五代史》卷 100〈高祖紀下〉，頁 1340。

[23] 《舊五代史》卷 110〈太祖紀〉，頁 1463。

三、後世對馮道的評價

（一）《舊五代史》

　　《舊五代史》關於馮道的論述多是正面評價，如：

　　「道歷任四朝，三入中書，在相位二十餘年，以持重鎮俗為己任，未嘗以片簡擾於諸侯。平生甚廉儉……」[24]、「道之履行，鬱有古人之風；道之宇量，深得大臣之體。」[25]等。

　　從《舊五代史》來看，馮道是具備傳統儒家官員的素養，例如勸諫君主、愛護百姓。而馮道身處的時代是朝代更迭迅速的五代，禮崩樂壞之事經常發生，身處亂世的馮道在歷仕多朝後仍能堅守自己的道德操守，緩解朝廷的矛盾，穩定民生。所以時人會稱讚他，每朝的新帝也會迎立馮道，拜相封公。

（二）《新五代史》和《資治通鑑》

　　歐陽修在《新五代史》內大肆低貶馮道，認為馮道是：

> 禮義廉恥，國之四維，四維不張，國乃滅亡。善乎，管生之能言也！禮義，治人之大法；廉恥，立人之大節。蓋不廉，則無所不取；不恥，則無所不為。人而如此，則禍亂敗亡，亦無所不至，況為大臣而無所不取不為，則天下其有不亂，國家其有不亡者乎!予讀馮道〈長樂老敘〉，見其自述以為榮，其可謂無廉恥者矣，則天下國家可從而知也。[26]

　　而司馬光在《資治通鑒》卷 291〈後周紀二〉，太祖顯德元年四月條延續了歐陽修對馮道批評，其云：

> 內有夫婦，外有君臣。婦之從夫，終身不改;臣之事君，有死無二。此人道之大倫也。……臣愚以為正女不從二夫，忠臣不事二君……道之為相，歷五朝、八姓，若逆旅之視過客，朝為仇敵，暮為君臣，易面變辭，曾無愧怍，大節如

24　《舊五代史》卷 126〈列傳第六・馮道〉，頁 1665。
25　《舊五代史》卷 126〈列傳第六・馮道〉，頁 1666。
26　《新五代史》卷 54〈雜傳第四十二〉，頁 611。

此，雖有小善，庸足稱乎！……奸臣之尤。[27]

　　基於五代政權不斷更易的歷史背景，趙宋統治者因而特別強調「忠君思想」，加之在道學家推動之下，致令北宋中後期，「尊王」成為最重要的道德標準。不忠君者，被視為無氣節，受到社會的批判。從范仲淹開始，宋人對馮道的評批變得相當嚴苛。所謂，「范文正開宋學之端，不務明心見性而專尚氣節，首斥馮道之貪戀」。其後，諸儒以周敦頤、程顥、程頤為大宗，上承儒家經典，其視「君為臣綱，父為子綱，夫為妻綱」的道德為天經地義，極力提倡「餓死事極小，失節事極大」。於是「中外縉紳知以名節相高、廉恥相尚，盡去五季之陋矣。」[28]馮道受到的批判是順應新的時代思潮產生，前引歐陽修和司馬光對馮道的批評乃此中表表者，其影響至為深遠，基本成為自北宋中葉迄民國初年以來，歷代統治者、史家的主要基調。

3.近代學者的重新肯定

3.1

　　錢穆的《國史大綱》第三十章〈黑暗時代之大動搖・四・中原民眾之疾苦〉中論及在五代這一「政事極端無望之下」幸好還有馮道：「馮道歷事五朝八姓十一君，當時群尊為長者，………。亦以道能周旋有所濟也。其對耶律德光曰此時百姓，佛出救不得，惟皇上救得。論者謂道一言免中國人於夷滅。世運至此，何可更以節義廉恥責當時之人物。」[29]

3.2

　　王賡武在〈馮道—論儒家的忠君思想〉一文中指出：「在與他同時代的許多人心目中是一個有操持的儒者，一個有節制的人，甚至是一個模範的丞相。……對契丹皇帝展他的手腕……很快地他的處境便使他得以援救許多晉室官員的性命。」[30]

27　（宋）司馬光編著、（元）胡三省音註：《資治通鑑》卷291〈後周紀二・太祖顯德元年〉（北京：中華書局，1956年），頁9510。

28　（元）脫脫等撰：《宋史》卷446〈忠義〉（北京：中華書局，1977年），頁13149。

29　錢穆：《國史大綱》（北京：商務印書館，1994年5月），頁519。

30　王賡武：《王賡武自選集》（上海：上海教育出版社，2002年6月），頁104-138。

3.3

　　路育松在〈從對馮道評價看宋代氣節觀念的嬗變〉一文中，指出：「馮道直言敢諫，救護百姓，端正士風，……在當時人心目中，馮道布衣有至行，立公廟有重望，……可以說，像馮道這樣的人士，不只在五代，就是在長達兩千多年的封建社會中也並不多見。」[31]

3.4

　　葛劍雄在〈亂世的兩難選擇：馮道其人其事〉一文內，認為馮道走出第三條道路，在五代的紛亂之局時並未愚忠於一姓一國或隱退於山林，反而活於當時，「實現自己的價值」，並「得到整個文明社會的認可」，因此「無疑應該得到更多的肯定。」[32]

3.5

　　復旦大學中文系嚴修教授的〈重新審視馮道〉對馮道持肯定態度，認為「馮道長期受到重用，是因為他是一位亂世的傑出政治家。」[33]

3.6

　　北京大學陸揚在〈論馮道生涯〉中，認為馮道並不是五代「政權禪代的積極擁護者，但新朝廷卻不能不重用他。」[34]

　　上述各位學者所談的焦點，就是後晉開運三年（946）契丹統治者耶律德光領兵南下攻打中原，次年攻入汴京，滅後晉王朝，並到處殺掠，當時為身為後晉太傅的馮道拜見耶律德光時起了重要作用。歷史事實，不能抹去，就以痛斥馮道的《新五代史》為例，歐陽修仍不得不在〈馮道傳〉內記下記這千載不易的史事：

　　　　耶律德光嘗問道曰：「天下百姓如何救得？」道為俳語以對曰：「此時佛出救不
　　　　得，惟皇上救得」。人皆謂契丹不夷滅中國之人者，賴道一言之善也。[35]

---

[31] 路育松：〈從對馮道的評價看宋代氣節觀念的嬗變〉，載《中國史研究》，2004 年第 1 期，頁 119-128。

[32] 葛劍雄：〈亂世的兩難選擇：馮道其人其事〉，收氏著《讀萬卷書：葛劍雄自選集》（廈門：鷺江出版社，2018 年），頁 207-220。

[33] 嚴修：〈重新審視馮道〉，載《復旦學報》（社會科學版），第 1 期（2006 年），頁 63-71。

[34] 陸揚：〈論馮道生涯──兼談中古間期政治文化中的邊緣與核心〉，收氏著《清流文化與唐帝國》（北京：中華書局，2016 年），頁 165-210。

[35] 《新五代史》卷 54〈雜傳第四十二〉，頁 614。

　　在這敵強我弱，兵凶勢危的絕望環境下，馮道最終以其個人的外交手腕使契丹統治者沒有更多地殘殺中原百姓。這結果讓歐陽修亦只能無奈地肯定：馮道是憑其私人一言，而免諸數以十萬計的生靈塗炭。從這歷史事件中，可見馮道是完全不拘泥於傳統君臣之節，華夷之別，而以最直接，最靈活的方法，化解整個中原臣民百姓所面對的嚴峻危機，確實能做到自己所說的「三不欺」，用俗語說就是「對得起天、對得起地、對得起人。」

宋代士大夫日記中的私領域
——以林希〈元祐日記〉為例

香港中文大學歷史學系　張曉宇

　　在近來的中國政治史研究中，有關政治構造與政治動態的研究蔚為興盛。作為政治動態表現最為激烈的「黨爭」，更是歷史學者樂而不疲的主題。從宋史領域來看，過去十幾年的黨爭研究可以說到達了一個新的高度。從政治集團、權力空間、人際網絡、信息渠道等諸方面，學者們擴展了宋代黨爭研究的廣度與深度，令黨爭研究逐漸成為一種「活的政治史」。研究「活的政治史」，官方檔案以及士大夫文集中的奏疏自然十分重要。另一套在過去十年受到充份重視的材料是宋代士大夫的日記。[1]士大夫日記中所反映的黨爭過程，無疑是瞭解廟堂政治動態的上佳材料。但是廟堂以外，日記中各種私人活動記載，更提供了窺視士人心理活動與個體意識的重要途徑。下文即以北宋元祐、紹聖黨爭重要人物林希之日記為例，略論日記史料的對士人「私領域」研究的重要性。

　　關於林希的生平，李華瑞先生已有詳細介紹。[2]林希出身傳統官宦家庭，熙寧時期進入京朝官行列。就現有材料來看，熙寧、元豐時期，林希沒有主動參與黨爭。元豐元年受命出使高麗，因畏難不樂行，而為朝廷貶黜出京。元豐中後期，林希重回京師以後，宦海沉浮，一直處於相對邊緣的位置。一直要到元祐元年（1086），林希於短短數月之內先遷起居舍人，再遷中書舍人，才算真正進入了權力核心。[3]元祐元年這一年是舊法黨掌權之始，也是林希一生仕途的轉捩點。幸運的是，在南宋岳珂的書法題贊集成《寶真齋法真贊》中，保留了幾份作為書法墨寶的林希日記材料。其中一份題為〈林文節元祐日記帖〉的帖子，正是元祐元年二月至四月、林希升任起居舍人前後的日記。[4]這份日記一共包含九日。為便分析，現將日記關鍵內容摘引如下：

1　參平田茂樹，〈從宋代的日記史料看政治構造〉，《宋代社會的空間與交流》（開封：河南大學出版社，2008），頁28-69。

2　李華瑞，〈林希與《林希野史》〉，收入氏著《宋夏史研究》（天津：天津古籍出版社，2006），頁154-75。

3　林希遷起居舍人事在元祐元年三月，《續資治通鑒長編》卷373，頁9024；遷中書舍人在元祐元年九月，《續資治通鑒長編》卷387，頁9427。

4　以下材料引用參林希，〈林文節元祐日記貼〉，收岳珂，《寶真齋法真贊》，《文淵閣四庫全書》子部藝術類第813

序號	日期	林希元祐日記內容
1	元祐元年二月中某日（闕文，無法確定日期）	晚與開、育詣右相，則閽者遠已見拒，云今日不見客。深疑其有謂也。
2	二月二十一日（庚辰）[5]	垂箔崇政，朝班起居畢，移班常起居。文德呂左丞押麻。蔡挺以本官罷為觀文大學士，判陳州。司馬門下遷左僕射，宣制畢，微雨，閭卷翕然，云司馬雨。
3	二月二十二日（辛巳）	晚同開、育見新相司馬公，頂光帽而坐，氣潔清而瑩，精神康安。〔司馬〕云：「足腫，瘡面大如手掌，黃水出未止，足弱無力，未知何時可出，更聞新命」。
4	二月二十九日（戊子，閏日）	訪杜訢、孔宗翰、鄭穆，劉邠臥內云：「兩腳脫去兩皮襪。」臥而言，皆名理之談也。
5	四月二日（己丑）	聞於進邸追取蔣之奇告。
6	四月四日（辛卯）	六參潞公乞面，退至都堂。
7	四月五日（壬辰）	晚晤謝子敦、劉克州、葉祖洽等。
8	四月六日（癸巳）	批問王存因何除樞密直學士。璪甚撓，引「惠卿向除大資政，以服未受後，再除」為對。
9	四月七日（甲午）	潞公、司馬公、呂公皆門謝封贈及加俸。潞公初特班升殿，同奏事。奏事少頃，三省樞密先下，潞公獨留身，出一箚子奏對。

　　縱覽林希以上日記，我們可以大概瞭解元祐更化時他的交遊情況與政治能量。由於熙寧年間的失意，林希在元祐初年積極向權力核心靠攏。元祐元年二月中某日，林希携舒開、范育求見韓縝被拒。韓縝是新法黨重臣，也是林希向來依附的對象。元祐元年舊法黨在攝政的宣仁高太皇太后支持下，開始掌柄朝廷大政。這個時節林希求見韓縝，恐怕是在打探朝中政治風向。韓縝這段時間為諫官所攻，大概心情不好，命守門者將林希拒之門外。林希在日記中寫到「深疑其有謂也」，確然是在揣測韓縝心事。[6] 二月二十一日，新法黨首腦蔡確罷相，判陳州。同日司馬光以門下侍郎守尚書左僕射。[7] 值得注意的是，於次日（二月二十二日）即與舒開、范育拜見新相司馬光。他在二十一、二十二兩日日記中都正面描繪了司面光。「司馬雨」、「精神康安」云云，都在表達對司馬掌政的欣慰之情。此外，林希二月二十九日所訪諸人也均為舊黨圈子中人：劉攽助司馬光修纂《資治通鑑》[8]；孔宗翰與司馬光有交遊；[9]鄭穆為「古靈四先生」之一，

冊（上海：上海古籍出版社，1987），卷17，頁17a-18b。這份材料亦被收入《全宋文》，卷1812，頁249-50。

[5] 天干地支均利用臺灣中央研究院兩千年中西曆轉換器轉為中式日期：http://sinocal.sinica.edu.tw。下皆同此。

[6] 這一點李華瑞先生亦已指出，參李華瑞，〈林希與《林希野史》〉，頁163。

[7] 蔡確罷相與司馬光遷尚書左僕射事《長編》繫於元祐元年閏二月庚寅日，較林希日記所記二月庚辰日有十日之差。《續資治通鑑長編》卷368，頁8854。待考。此處姑從林希日記。

[8] 脫脫等編，《宋史》（北京：中華書局，1977），卷319，〈劉攽〉傳附弟攽，頁10388。

[9] 司馬光與孔宗翰之交遊，參《溫國文正司公集》，收入《四部叢刊初編縮本》（臺北：臺灣商務印書館，1967），

與舊黨史臣范祖禹交好；[10]杜訢為慶曆名相杜衍之後，元祐二年二月為文彥博所推薦。[11]四月遷任起居舍人之後，林希在日記中更倍加著意舊黨元老如文彥博、呂公著等動向。

在遷任起居舍人同時，林希日記中對新法黨人的態度也頗耐人尋味。蔣之奇熙寧中諂媚王安石，任淮南發遣轉運副使時曾寄書王安石稱免役法百姓便之，為免役法推行全國提供了理由。[12]元祐元年四月，蔣之奇為舊法黨言路官韓川、孫升所攻，最終於六月八日出知潭州。從林希四月二日日記來看，他對蔣之奇命運頗為關心，一直在留意蔣氏出放的告文是否已頒下。此外，林希日記中對新黨出身官僚張璪阻止舊黨王存遷樞密直學士的評價，亦體現了他對當時政治氣氛和風向的敏感。

比較北宋其他私人日記，林希的日記少為人所注意。這一方面是因為存世林希日記非常少，除了元祐元年以外，就只有紹聖二年八月和紹聖四年九月兩段時間的殘篇。而且兩份殘篇都是因為書法才被保留在《寶真齋法真贊》中。[13]另一方面，林希日記私人性質較重，恐怕也是其易為人所忽略之原因。從殘存的北宋日記內容來看，比如王安石《日錄》、曾布《日錄》和司馬光《日記》等，主要均為作者自身所經歷的政治事件。這些日記材料為歷史學家重構事件提供了豐富細節。林希日記盡管也與政治相關，但內容的重心不在於事件，而在於他的身邊人物，以及他與這些人物的來往。換言之，林希日記具有私密性的一面，是真正具有現代意義的私人日記。[14]從這個意義上來說，這份材料提供了一個極富「個性」的視角以供切入黨爭研究。這一視角遊離於現代學者所設定的政治集團與人際網絡框架，直指政治場域中的士人本身。藉助這一視角，我們是否可以再次回歸歷史現場，觸及宋代士人本身的意識？對林希日記這類材料的關注與思考，相信不只有助於我們理解士人的私領域，更有助於反思官方／朝廷／國家話語以外人的世界。

第 51 冊，卷 68，〈顏樂亭頌〉，頁 502。

10　范祖禹，〈寶文閣待制鄭公墓誌銘〉，《范太史集》，《文淵閣四庫全書》集部別集類第 1100 冊（上海：上海古籍出版社，1987），卷 43，頁 1a–5a。

11　文彥博，〈舉杜訢等〉，《潞公文集》，《文淵閣四庫全書》集部別集類第 1100 冊（上海：上海古籍出版社，1987），卷 40，頁 4b–5a。

12　據《神宗實錄》，《續資治通鑑長編》卷 236，頁 5725。

13　林希紹聖二年日記（〈林文節紹聖日記前帖〉）記載了當時新法黨內部之爭所引發的陳厚之獄。岳珂在林帖之後引用了《續資治通鑑長編》來補充此獄經過。這些引文不少今本《長編》已佚，彌足珍貴。關於這方面的研究，中山大學博士研究生橫山博俊已有專文探討，題為〈北宋哲宗朝親政期の政局──紹聖年間（1094-1097）を中心として〉。此文於 2018 年宋代史夏合宿會上發表。

14　與之形成鮮明對比的自然是王安石《日錄》與司馬光日記，兩者的作者在撰寫時已經帶有史料學的意識。這種意識影響下撰寫的日記確實能夠幫助後人重構歷史。但這種重構必然伴隨著日記作者本人個體意志的喪失。作為政治史史料的日記最後遮蔽了作者本身的個性。

《天盛律令》中防走私條例
看夏宋之間的走私情況

香港城市大學中文及歷史學系　林皓賢

引言

　　自張騫通西域後，絲綢之路大部分時間成為中西商貿與文化交流的主要通道。西夏王國於 1038 年（夏天授禮法延祚元年、宋仁宗寶元元年）立國後，成為了盤踞東亞西北部與絲綢之路的一方之霸。西夏歷代統治者著力利用絲路來獲取最大的利益，以鞏固其統治及爭取外交籌碼。但由於西夏長期與東邊的遼、宋戰爭，和、戰不斷致使西夏利用絲路的貿易處於頗為尷尬的位置，特別是當戰爭時期周邊的大國關閉榷場時，西夏在官方層面主導轉手貿易便無法通行於東亞國家。然而，民間商品市場卻不能停止，於是民間走私貿易就大行其道。本文主要以西夏法典《天盛改舊新定律令》（簡稱《天盛律令》）中有關防禁走私的條文，配合歷史現象，重新審視當時非法走私活動的情況。因篇幅所限，故本文主要集中於西夏與宋王朝之間的情況為例，金朝的案例則為輔助觀察。

一、夏宋貿易的主要形式

　　十至十三世紀的多元關係中，各國之間官方法定的商貿往來主要是以榷場貿易為主要場所。李華瑞指出西夏與北宋之間私貿易交換有三種形式。一是貢使貿易。[1]自李繼遷時代已開始向北宋進貢，主要的貢物為良馬、駱駝、而同時貢使亦會藉朝貢之便，而到京師進行貿易；二是榷場貿易，史載：

　　　　榷場與敵國互市也，皆設場官，嚴勵禁，廣屋宇，以通兩國之貨。[2]

---

[1]　李華瑞：《宋夏關係史》（保定：河北人民出版社，1998），頁 312。

[2]　（元）脫脫：《金史》卷五十，〈食貨〉，（北京：中華書局，1975），頁 1113。

另宋朝官員對於榷場的定位亦有言：

> 先朝置榷場，非獨利於貿易，實欲南來北往，但無猜阻，防綏懷遠俗之意也。[3]

由此可見，榷場是在和平時期官方對鄰國釋出善意，促進交往的經濟政策，而另一方面又可徵收關稅，增加收入。但是，由於宋朝對西夏的關係並非對等，故此宋遼與宋金之間可以互開榷場互市，而西夏則只可以在沿邊地區設低一級的和市，而不能設榷場。宋夏之間的榷場亦在宋境內的鄜延路轄境，而此處亦是西夏貢使來宋交聘的路線。[4]同時，當雙方出現衝突時，宋朝往往以關閉榷場作為經濟制裁手段。宋亡以後，金朝取代遼、宋成為西夏榷場交易的主要對象。不過，西夏一開始請求貿易的行動並不順利，直到金世宗大定二十年（1181 年），金世宗才同意恢復「使副往來，聽留都亭貿易」[5]的貢使貿易。這時距離靖康之禍已有 54 年。而榷場貿易，則在 1141 年（金皇統元年）開始，但間中又會因不同原因關閉之。例如金大定十二年，金朝以「夏國以珠玉易我絲帛，是以無用易我有用」為由，下令關閉保安、蘭州兩個較大的榷場。[6]宋金兩國分別向夏輸出的商品種類頗多，如宋向西夏輸出中原地區所產糧食、繒、帛、羅、綺、茶葉、香藥、薑、桂、瓷器、漆器、金、銀、銅、鐵，甚至佛經、醫書等；[7]金向西夏輸出有粗褐、黃褐、白褐、白繰、絹、小絹（子）、中絹、川絹、河北絹、紫綺、紫押、紗、大紗、生押紗、粗押紗、小綾、中羅纈、（小）暈纈、小施纈、川纈等，食用品生薑、乾薑、椒、蜜、茶、米等，還有瓷器、鐵器和銅器，以及書寫用品筆、墨、連抄（紙）等。這些商品看來，既有生活日用品，亦有文化商品。楊富學及陳愛峰按照俄藏黑水城收的十二份經濟文書分析，金夏的榷場貿易有幾項特點，一是絹帛一類的紡織品亦是西夏政府的其中一種支付手段，這與唐宋時期以絹帛作貨幣是一致的；其次，金對西夏輸出的物品中，不少均非金國地區出產，如川絹、川纈、茶等，這些都是金國從南宋貿易得來，再轉售於西夏。[8]但是杜榷場貿易能否順利進行，亦受政治因素影響。宋、金兩國往往以榷場作為制衡西夏的手段，而西夏亦會因為宋、金

---

[3] 劉琳等校點：《宋會要輯稿》，卷三十六〈食貨・榷易〉（上海：上海古籍出版社，2018），頁 6795。

[4] 李華瑞：《宋夏關係史》，頁 314-315。

[5] 脫脫：《金史》卷 134，〈西夏傳〉，頁 2870。

[6] 脫脫：《金史》卷 134，〈西夏傳〉。

[7] 左長櫻：〈以榷場貿易為主的西夏貿易〉，《寧夏社會科學》，第 3 期，2008 年 5 月，頁 96。

[8] 楊富學、陳愛峰：〈西夏與金朝的榷場貿易〉，載寧夏社會科學歷史研究所編：《第三屆西夏學國際學術研討會論文集》（銀川：寧夏社會科學歷史研究所，2008），頁 10-15。

兩國關閉榷場，而發動戰爭。

除榷場外，還有和市與買馬場。和市與榷場不同之處在於榷場是官辦，而和市為「非官市者，聽與民交易」，[9]故和市不如榷場般嚴格，夏宋雙方均可按實際需要建置。從現存材料看，和市位置多在西夏界內，屬宋方的和市則主要設在麟州一帶。[10]至於買馬場，由於馬匹貿易是宋方的主要需求，故西夏於各地均有買馬場與宋方交易。後來金取代宋朝成為西夏主要貿易對象，馬匹同樣是西夏輸出金國的大宗商品。不過市馬的地點則回到榷場。如《金史》載：

> 大定三年，市馬於夏國之榷場。[11]

另外，在西夏與他國的商貿關係中，除了官方認可的榷場和市外，還有一類是民間私販貿易，這裡主要寫指的是未經官方許可的民間貿易。它大約可分為四種：一是私販，是指宋朝邊民因為官方行政效率低，或法禁疏闊而未能取得與西夏人交易的「公據」人士；二是販賣禁物。這裡貼近現代定義上的走私。如兵器、青白鹽等軍需品為經濟重物；三是夏宋雙方戰爭中官方法令明令禁止不許沿邊居民與西夏貿易；四是西夏不經宋朝同意而公然設立榷場、和市、或置「會」（類似集貿市場），[12]誘使沿邊人民貿易。如大中祥符二年（1009 年）11 月，河東緣邊安撫使上奏：

> 麟、府州民多十賚輕貨與夏州界內，擅立榷場貿易。[13]

又，真宗咸平五年正月，陝西轉運使劉琮言：

> 訪聞邊賊蕃部于赤沙、橐駝路各置會貿易，深慮誘熟戶叛渙，請令本路部置潛軍討之。[14]

在此要留意的是第三類。夏宋之間凡走私貿易本長期存在。從管理者的角度言之，走私貿易自然不利於官方既定的經濟秩序。但對於民間或另類此份者又會否是絕對？

9　（元）脫脫：《宋史》卷 186，〈食貨〉，（北京：中華書局，1974）。

10　李華瑞：《宋夏關係史》，頁 316。

11　脫脫：《金史》卷 50，〈食貨〉。

12　陳旭：〈宋夏之間的走私貿易〉，載《中國史研究》，2005 年第 1 期，頁 102。

13　（宋）李燾：《續資治通鑑長篇》卷 72，〈大中祥符二年十一月乙卯條〉（北京：中華書局，2004），頁 1640。

14　（宋）李燾：《續資治通鑑長篇》卷 51，〈真宗咸平五年正月甲子條〉，頁 1112。

二、《天盛律令》中有關防止走私的條例

　　西夏官方對於危及自身經濟利益的走私行為理論上不應姑息,但如果審視西夏《天盛律令》中有關防止走私的條例,會發現官方實際也有參與走私行為的痕跡。現時於《天盛律令》中有關防止走私的條文主要收錄於三卷。分別是卷七〈敕禁門〉、卷十一〈使來往門〉、卷十三〈他國買賣門〉,茲節錄部分條文如下:

卷數	條例譯文
卷七 〈敕禁門〉	人、馬、披、甲、牛、駱駝,其餘種種物等,敕禁不允敵界賣。若違律時,按以下所定判斷: （一等）牛、駱駝、馬不論大小及鎧甲、軍披等到敵人中去賣時,庶人造意斬,從犯當得無期、長期徒刑,有官當以官品當。 （一等）前述人、駱駝、馬、牛、披、甲等以外,將雜畜物,戰具等出賣時,當按本國地方現賣法計價,視其錢量高低,是戰具以強盜持武器法,此外雜畜物按不持武器法判斷。從犯者當依次減一等。[15] （一等）賣敕禁已起意,他人出捕舉告,則已起行當減一等,未起行當減二等。 （一等）向他國使人及商人等已出者出賣敕禁物時,其中屬大食、西州國等為使人、商人,已賣敕禁物,已過敵界,則按去敵賣敕禁物法判斷。已起行,他人捕舉告者當減一等,未起行當減二等,舉告者賞亦按已起行,未起行等舉告賞法獲得。大食、西州國等使人、商人、是客人給予罰罪,按不等已給價 X 當還給。此外其餘國使人、商人來者,買物已轉交,則與已過敵界者同樣判斷。若按買賣法價格已言定,物現未轉交者,當比未起行罪減一等。 （一等）到敵界去賣敕禁品時,任警 X 者知曉,貪贓而徇情,使去賣敕禁,放出時,使與有罪人相等。貪贓多,則與枉法貪贓罪。按其重白判斷。若以賣敕禁聞見、無有貪贓尋徇情,遲誤不報時,當比從犯減一等……[16]
卷十一 〈使往來門〉	他國來使,住於京師館驛,依官買賣,未住諸人不許隨意買賣。若違律買賣不納稅,則承諸人買賣逃稅之罪,賜舉告賞當與前相同。依稅法納稅,並因不應賣,徒二年。 我國人往使他國時,不許不過局分處超攜馱、人。倘若違律,超攜馱、人人他段時,頁一年。引導、正副使、內侍、閤門等知之,則有官罰馬,庶人十杖。[17]
卷十八 〈他國買賣門〉	往隨他國買賣者,所賣官物而種種畜物者往時當明其數,當為註冊。往至他國時,官物當另賣之,所得價及實物當於正副使眼前效驗,成色、總數當註冊,種種物當記之,以執前宮侍御印子印之。已歸,來至番國時,當引導於

---

[15] 條文中對於戰具及雜畜物有明確定義。戰具包括弓箭、槍劍、劈、鐵連枷、馬鞍、裝箭袋、金、銀、種種鐵柄、披甲、編連碎段等;雜畜物為氈墊、糧食、騾、驢、錢、牛、駱駝、馬皮。

[16] （西夏）嵬名地暴著,史金波、白濱等譯:《天盛改舊新定律令》,(法律出版社,2000),頁 284。

[17] 《天盛改舊新定律令》,頁 297-298。

卷數	條例譯文
	局分處，於彼視之，核校種種物成色數目，當斂之。倘若買賣中官私物相雜，不分別賣之，不許以官之好物調換私之劣物。倘若違律，調換者及相與調換者等，一律當共計其官物私物，等價而無高低，則徒二年。若價格有高低而致官虧損，則量其因私獲超利幾何，以偷盜法判斷。若致官虧損微少，則與前述換罪比較，從重者判斷。官物未破損如前，則當交還，私物當還屬者。其中官物已舊損亡失，則為虛雜之人依其罪狀共償之。[18]
卷十八〈鹽池開閉門〉	諸人賣鹽，池中烏池之鹽者，一斗一百五十錢，其餘各池一斗一百錢，當計稅實抽納，不許隨意偷稅。倘若違例時，偷稅姆何，當計其稅，所逃之稅數以偷盜法判斷。 國內有不開閉池鹽，應護之者當護之，不許守護無鹽之鹹池。倘若閉護池中鹽而盜抽者，依其盜抽多寡，當依所犯地界中已開池納稅次第法量之，以偷盜法判斷。其中守護無鹽之鹹池，分別令掩蓋之，謂已抽鹽時，徒六個月。[19]

以上與防走私相關之條文，因篇幅所限未能盡錄。當中最為詳盡的為卷十三的〈救禁門〉，本有 13 條，主要列明禁止那一些為禁物，不得賣與他國使人、商人，以及平犯法律後的各種罰則；卷十一及卷十八的條文，學者陳旭歸納了當中要義，主要是指西夏使臣去他國時作買賣的規定，大致有以下幾項：[20]

1. 使臣去他國交易時分清公私物，不可公私不分；
2. 不可以官駝馱運私貨；
3. 不可以劣質私貨抽換官貨；
4. 不可故意毀壞官物印記；
5. 官、私貨物不可同時出售。

有趣的是，卷七中對於出賣禁物的走私行為有嚴厲處分，但在卷十一及十八對於本國使臣的走私行為只強調不能以私損公，不能假公濟私，卻並不予以制裁。陳旭認為，這對使臣的走私活動是有利的，也從側面反映了西夏使臣走私貿易是十分普遍的。[21]此外，從〈鹽池開閉門〉的兩條條文中看到，西夏對於鹽產的保護是十分著緊的。

[18] 《天盛改舊新定律令》，頁 569。
[19] 《天盛改舊新定律令》，566-567。
[20] 陳旭：〈宋夏之間的走私貿易〉，頁 100。
[21] 陳旭：〈宋夏之間的走私貿易〉，頁 101。

三、夏宋走私貿易的情況

以上條文配合夏宋之間的互動交往中，可以看到幾項特色。

首先，卷七〈敕禁門〉中載的嚴禁售予他國的禁物，當中馬、駱駝等正是宋朝所需要的。以往研究者已指出，兩宋對於馬的需求龐大，由於西北盛產良馬，而宋朝卻失去這塊地域，故北宋與西北民族建立的貿易中，最興旺者自然是馬貿易，[22]南宋由於缺馬，更出現宕昌茶馬互市[23]以及川秦馬綱[24]等事。而馬匹貿易自西夏立國前，已作為貢馬向北宋交易。故此，將馬、駱駝等西北主要運輸工具列為禁物亦是理所當然，宋王朝方面亦千方百計希望將馬買到手。在這個背景下，本文認為條文中特別提到西州及大食商人是由原因的，蓋因西州亦即回鶻的一支，亦是宋王朝其中一個主要馬貿易的對象，同時亦是西夏於西北的競爭對手。此外，禁物中的各項物品，亦是西夏在榷場和市中的主要商品，其中西夏名劍天下第一，西夏興州擅產良弓，為各國推崇。

其次，西夏的青白鹽、馬及兵器是西夏對外的王牌商品，當中的青白鹽是最具代表性的。宋王朝應對西夏叛服無常，在動用武力前，往往是關閉榷場，以經濟制裁之。但民間需要鹽利，而鹽亦是西夏政府的財政支柱。故條文中看到，一方面西夏政府對鹽池的保護，「應護之者當護之」，另一方面亦嚴厲打擊逃稅。鹽的走私，不單是西夏本身的商人，連宋朝的商人亦會參與其中。[25]

第三，接續上述所說宋朝商人亦參與走私的問題。走私貿易是破壞國家經濟政策，或破壞既有的經濟系統的行為。故此官方為保障自己的利益，常理而言是加大力道禁止走私。但西夏王國則有點不同，由於與宋朝貿易對於西夏而言十分重要，如宋人龐籍所言：

> 夏人仰吾和市，如嬰兒之望乳。[26]

故此，當宋王朝利用經濟封鎖應對西夏的叛逆時，西夏王國應對方式有二：一是直接開戰。如李華瑞所說，由於西夏的社會經濟結構說明了與宋朝貿易有舉足輕重的

---

[22] 有關北宋與西北民族買馬的詳情，可參湯開建：〈北宋與西北各族的馬貿易〉，載氏著：《唐宋元間西北史地叢稿》（北京：商務印書館，2013），頁364-404。

[23] 張士偉：〈南宋時期宕昌茶馬互市研究〉，載《重慶師範大學學報》，2017年第3期，頁5-10。

[24] 尚平：〈南宋馬綱水運考述〉，載《首都師範大學學報》，2010年第1期，頁30-34。

[25] 施治平：〈略端宋夏間的走私貿易及其對宋夏關係的影響〉，載《天水師範學院學報》，2012年7月，頁68。

[26] （清）吳廣城：《西夏書事》，卷20。

地位，透過戰爭對宋人施加壓力以獲取經濟利益，這是夏宋之間貿易不正常化的現象；[27]另一做法，是鼓勵走私活動。讓宋王朝的經濟封鎖失效。同時，當權場貿易被關閉時，西夏亦能借助走私的方式取得宋朝國內輸出的必須品。故此，這就不難理解為何西夏王國會允許其使臣推行走私活動，因在另一層面而言是對國家有利的。

四、小結

　　西夏與宋的走私貿易是兩國在時戰時和的狀態下發展出來的另類經濟形式。一方面是因為西夏想謀求獨立發展，於是利用戰爭逼使宋王朝給予它欲取得的巨大權益，包括西夏的獨立以及經濟利益。另一方面，宋朝亦明白西夏自身的經濟結構脆弱，於是不時大打經濟牌實施制裁以逼使西夏屈服。而在仁宗以後當西夏立國已成定局時，則繼續利用經濟牌掣肘此西北禍根。正因為雙方關係不穩定，以致合法的貿易管道縱使建立起來，非法的走私方式仍大行其道，甚至西夏官方亦在不損害自身利益下允許使臣進行走私換取宋朝國內的供需品。可以說，政局的不穩定，以及西夏經濟對宋朝的依賴性，是夏宋走私貿易的根本原因。

---

[27] 李華瑞：〈貿易與西夏侵宋的關係〉，載氏著：《西夏史探賾》，（蘭州：甘肅文化出版社，2017），頁 52-53。

論朝鮮士人朴趾源的身份認同
——兼論新清史學派對中韓關係史研究的啟示

香港大學中文學院本科生　陳沛滔

一、研究背景

（一）研究動機

　　明清變革對於中國士人來說是天崩地裂的震撼，主要是來自儒家倫理下的華夷變革。清朝（1644-1912）以外族身份入主中國，治理漢地，取代朱明皇朝（1368-1644）。有清一代，滿州統治者與漢人保持緊密的合作關係。據在華耶穌會傳教士衛匡國（Martino Martini, 1614-1661）對清初史事的觀察，清兵入關初期大多漢人都俯首稱臣，然而，清廷推行「薙髮令」逼令漢人從民族文化上向滿清朝廷表忠，則引起了漢人極大民憤和反抗，但清廷為了消滅因漢人民族意識產生的反抗意識，故毫不妥協重壓之。[1]明末清初三大儒均基於文化種族主義，從文化上貶抑滿清的政治正統性，王夫之（1619-1692）論曰：

> 道統之竊，沐猴而冠，教猱而升木，尸名以徼行，為夷狄盜賊之羽翼，以文致之為聖賢，而恣為妖妄，方且施施然謂守先王之道，以化成天下，而受罰於天下，不旋渦而亡。[2]

---

[1]　Martino Martini, The Conquest of the Great and Most Renowned Empire of China, by the invasion of the Tartars, who in these last seven years, have wholy subdued that vast empire. Together with a map of the provinces, and chief cities of the countries, for the better understanding of the story (London: John Crook, 1654), p. 127.

[2]　王夫之：《讀通鑑論》（北京：中華書局，1973 年），頁 408-409。

　　對於身處於中國本部，[3]而又忠心於明朝的士人而言，這段歷史是他們的「痛史」，故國不堪回首明月中。對於同屬「中華文化圈」的國家而言，這種文化種族主義的悲愿是透徹心靡的。與中國一水之隔之朝鮮王朝，在明亡清興百多年以後，仍未有消除對清朝的文化仇視情緒，朝臣皆以皇明中華遺風自許，自稱為「小中華」。朝鮮肅宗（李焞，1661-1720 年生，1674-1720 年在位）曰：

> 自古凶奴之入處中華者，皆不能久長，而今此清虜（筆者按：即清朝），據中國已過五十年，天理實難推知也。大明積德深厚，其子孫必有中興之慶。且神宗皇帝（朱翊鈞，1563-1620 年生，1572-1620 年在位），於我國有百世不忘之恩。[4]

　　朝鮮以明朝為中華，以清朝為「夷狄滿虜」。直至《馬關條約》（1895）朝鮮完全獨立以後，朝鮮卻依然祭祀於明朝末年因不肯就範滿清而東渡朝鮮的「九義士」，以及大明皇帝明思宗（朱由檢，1611－1644 年生，1627－1644 年在位），學者稱之為「尊周思明」情緒。[5]雖然朝鮮已經歷過兩次的「胡亂」，即滿州兩次侵略朝鮮的戰役，朝鮮被迫斷絕對明朝的藩屬關係並向滿州行中國朝貢之禮，但這卻無法令朝鮮人在文化情緒上就範，形成當時東亞獨特的自我認同，與明遺民及日本幕府政權的「中華認同」有所不同。故此，朝鮮出使中國皇朝的使節團名稱，就從明代的「朝天」，改稱為清代的「燕行」，前者為抱有文化仰慕情緒的朝貢，後者則只是出差而已。

　　朴趾源乃潘南朴氏家族，家學深厚而文武功績顯赫，為朝鮮北學派的學者。於正祖四年（清乾隆四十五年，1780）隨堂兄朴明源（1725-1790）的燕行使團訪問清國。《熱河日記》為其訪問清朝時所撰寫的旅行日記，沒有對朝鮮官廷報告的壓力，故可以隨心所欲也，史料本質亦接近作者本身心境。[6]當時已距離明亡清興已近百餘年，其

3　「中國本部」一字，出自英人 William Winterbotham 之書。詳參：William Winterbotham, An Historical, Geographical, and Philosophical View of the Chinese Empire: Comprehending a Description of the Fifteen Provinces of China, Chinese Tartary, Tributary States; Natural History of China; Government, Religion, Laws, Manners and Customs, Literature, Arts, Sciences, Manufactures, &c (London: J. Ridgway, 1795), passim. 從此書對中國的介紹來說，似乎在在十七世紀以後來華之英國人已經可以分辨到中本部與周邊藩屬地區、國家的文化分野，這一點亦影響了後來歐洲人在繪製亞洲地圖、中國地圖的概念。

4　韓國國史編纂委員會編：《朝鮮王朝實錄》（京畿道果川市：國史編纂委員會，2005 年），《肅宗實錄》，卷十七，卷內頁 55。

5　孫衛國：《大明旗號與小中華意識：朝鮮王朝尊周思明問題研究，1637-1800》（北京：商務印書館，2007 年），陳學霖序，序頁 1-6。

6　鄭克晟：〈《熱河日記》反映之中國社會及其作者的思明情緒〉，載於氏編著：《明清史探實》（北京：社會科學出

時更為乾隆（愛新覺羅・弘曆，1711-1799 年生，1735－1796 年在位）之盛清時期，亦經過了雍正（愛新覺羅・胤禛，1678-1735 年生，1722－1735 年在位）《大義覺迷錄》的華夷新辨，但朴氏的日記仍然流露強烈的「尊周思明」的情緒，雖然與明末清初主張北伐清朝、光復中華的前輩不同，主張北學清朝，但是心態仍只是「師夷之長技以制夷」而已。

　　東亞作為「中華文化圈」各國的「接觸空間」（Contact Zone），各國使者皆以自身角度觀察中國。學者曾言，朝鮮人的自我認同有個矛盾的思想，一方面受到中華儒家禮教文化薰陶而仰慕中國，並甘心成為中國皇朝最忠誠的藩屬國；另一方面則是自身民族自尊的思想，兩者在朝鮮王朝的歷史中不停拉扯。[7]而朴趾源將會是一個很好的例子，從他的日記看到清國地方人士因習以為常而不自覺地忽略的事物，構成了他認同朝鮮為「小中華」的意識。朴氏與來自西藏的達賴喇嘛使團的相遇，雖有學者留意到，但卻沒有注意和觀察當中的張力。文字獄底下，清代漢族士人對清初事史的充滿忌諱，但是朝鮮人沒有這種政治壓力，因此朴趾源的案例將對我們理解朝鮮人如何理解「政治中國」和「文化中國」的區別、他們如何透過燕行中國構成自身的身份認同、這又與清朝的士大夫有何不同之處，很相當重要的地位。[8]這些問題將會是本文所關心的問題，因為這對今天「全球化」與「反全球化」的現象具有啟發。對於現今東亞各國的自我身份意識，更是重要。

　　雖然現代中國政權的崛起對於研究清史的範式有所影響，有論「牢握清史研究話語權」，原因在於清史問題牽涉一九一一年辛亥革命以後中國政權的革命性質以及政權正當性問題。[9]然而近年新清史學派強調「首崇滿州」以及內亞轉向，可謂是柯文（Paul Cohen）強調「在中國尋找中國歷史」的進化，新清史則是「在滿州尋找滿州／清朝歷史」，原因在於清朝非如明朝般，作為傳統的「中國皇朝」，而是作為「征服王朝」（Conquest Dynasty）進入中國本部，並統治中國及過億的漢人。滿州人在擴張其領土至新疆、西藏之時，則代表它絕非為一個典型的「中華帝國」，而是統治不同民族及文

版社，2001 年），頁 395-397；朴趾源著、朱瑞平校點：《熱河日記》（上海：上海書店出版社，1997 年），校點說明頁 1-2；張存武：〈清代中國對朝鮮文化之影響〉，載於《中央研究院近代史研究所集刊》，第四期下（1974 年 12 月），頁 554-556。又載於氏編著：《清代中韓關係論文集》（台北：台灣商務印書館，1987 年）；朴趾源：《熱河日記》，頁 2-3；另外，亦有學者整理過燕行使與燕行錄的年表目錄，見卞鳳奎：〈明清時代朝鮮使者使錄目錄〉，載於松浦章編著：《明清時代中國與朝鮮的交流──朝鮮使節漂著船》（台北：樂學書局，2002 年），頁 323-327。

7　今西龍：《朝鮮古史の研究》（東京：国書刊行会，1970 年），頁 146-147。

8　王汎森：〈從東亞交涉史料看中國〉，載於關西大學文化交涉学教育研究拠点編：《東アジア文化交涉研究・別冊》（大阪府吹田市：關西大學文化交涉学教育研究拠点，2008 年），第一冊，頁 93-96；又載於氏著：《權力的毛細管作用：清代的思想、學術與心態》（台北：聯經出版，2013 年），頁 645-651。

9　周群：〈牢牢把握清史研究話語權〉，載於《人民日報》，2019 年 1 月 14 日，頁 A9。

化區域的跨文化帝國。若果撤除民族主義史觀下的政治考量，將學術回歸學術本身的脈絡，那麼我們以新清史學派的視角去觀察清代中國與朝鮮王朝的關係，則可重新理解中韓關係史的本質及研究範式的問題，這就值得我們去探討了，因為歷史永遠不可能是單向發展的。[10]故此，本文在後面將會有一章討論新清史學派理論對中韓關係史研究的啟發。

（二）研究方法與理論前瞻

有關中韓關係史的討論，難以脫離對「朝貢體系」（Tributary System）以及「中華意識」的討論，原因在於中國皇朝是東亞各國「不可避的他者」，中國文化、語言、思想影響東亞各國的歷史發展。關於「中華意識」觀念的討論，葛兆光指出歷史上的「中華」以及「中國」一詞的本義是不停變化的。「中華」一詞隨著不同朝代的歷史發展，令其內涵不斷擴大和變動。「中國」的本義由地理概念，轉化成為明清時代的文化概念，再於近代轉化為政治概念。[11]在開始討論中韓文化交流史以及朝鮮人自我認同的問題之前，我們必須從「中華」的詞義認識本課題的本質與問題意識。

關於燕行使之「小中華意識」討論，難以與區域理論脫離關係。西嶋定生指出歷史上的「東亞世界」為「自我完成的文化圈」，有共享文化然又各自發展，指出東亞世界有四個特點，即漢字文化、儒學、律令制度以及佛教四者。[12]美國中國學學者費正清指出「中國的世界秩序」（Chinese World Order）有三個大圈，第一是漢字圈，即朝鮮、越南、琉球以及日本；第二是內亞圈，種族與文化皆於中國不同，時而入寇中國；第三是外夷圈，為地理所阻隔，即日本、東南亞以及歐洲地方，這些地方應該向中國進貢。而朝貢關係的政治倫理乃建立在儒家君臣倫理觀念及禮儀，一切關係以此為前提，外國的統治者（原文：Non-Han rulers）將會受到優越中國文化影響而文明開化。[13]

然而，根據孫衛國對燕行錄的研究，以及筆者對朴趾源《熱河日記》的閱讀，費正清的模式雖然高瞻遠瞻，但是卻有失籠統。朝鮮在清代雖然仍為中國皇朝「最忠誠

---

[10] Gang Song, "Boundary-Crossing Words, Beliefs, and Experiences: Late Imperial China's Encounter with the Modern West", In Gang Song (edit), *Reshaping the Boundaries: The Christian Intersection of China and the West in the Modern Era* (Hong Kong: Hong Kong University Press, 2016), pp. 1-3.

[11] 關於「中國」的源流，詳參葛兆光：《宅茲中國：重建有關「中國」的歷史論述》（北京：中華書局，2011 年）；同氏著：《何為中國？疆域、民族、文化與歷史》（香港：牛津大學出版社，2014 年）；同氏著：《歷史中國的內與外：有關「中國」與「週邊」概念的再澄清》（香港：香港中文大學出版社，2017 年）。

[12] 西嶋定生撰、高明士譯：〈東亞世界的形成〉，載於劉俊文編：《日本學者研究中國史論著選譯》（北京：中華書局，1993 年），第二卷：專論，頁 88-89。

[13] John King Fairbank, "A Preliminary Framework". In his edition, *The Chinese World Order: Traditional China's Foreign and Relations* (Cambridge, Massachusetts: Harvard University Press, 1968), pp. 2-11.

的藩屬國」，但是在文化交流關係上已經實際變質，因為朝鮮與日本一樣，認為中國本部的明清鼎革是「華夷變態」。費正清為歷史上的東亞關係提供了一個宏大的範式（Paradigm），但是對內在的文化關係卻鮮有觀察，故謂之有失籠統。漢字是東亞各國「不可避的他者」，然而近代西方民族主義傳入亞洲的結果是，東亞各國為了建立「民族國家」敘事的歷史，採取去中國化的文化政策，令歷史上協助建立「自我」的「他者」被有意地排除在外。正如柏賴士所批評，韓國以民族主義敘事重新建立韓國史的話語權，這個情況淡去了韓國與周邊國家的互動，對重塑韓國獨特的歷史實況相當不利。[14]在討論東亞世界各國的自我身份認同上，黃俊傑於討論日本人的自我身份認同時提出以「政治」以及「文化」的「我者」與「他者」為標準的四個象限，「政治自我」指人以其對國家、社群的政治歸屬感，受權利、義務的契約關係所制約，受短期因素、空間、時間、利益取向所影響；而「文化自我」則其浸淫在某種文化及價值傳統所建構的身份，以文化、風俗、價格取向等因素影響。[15]筆者相信相關理論可應用在朝鮮士人的心境和身份認同上。而不論是日本人，或是朝鮮人，在面對「中國」或是「中華」的這個「他者」時自我價值的張力拉扯，相信本文可以以朴氏的心境中看到朝鮮士人在面對清代中國時自我認同的拉扯。

二、中華意識與中韓關係

在我們探討中韓關係史以及朝鮮人的文化心態前，需要注意到明亡清興時期，明遺民以及朝鮮王朝反清心態之相同，明遺民作為明朝中國治下士人接受朱子學的儒家教育，朝鮮人亦接受自中國傳來的儒家教化，兩者的文化心態非常相似。明遺民以文化種族主義反清，朝鮮人作為明朝最忠誠的藩屬國，在朝貢體系下理應屬為「夷」，然而，他們卻認為在明清變革下，清朝治下的中國本部已失去了「中華」文化。故此，只有明朝最忠誠的藩屬繼承了明朝的中華正統，自傲為「小中華」。故此，我們在探討朝鮮人文化心態以及朴趾源所反映的身份認同時，必須探視明遺民反清情緒的依據。否則，則難以理解朝鮮人自豪明朝文化的理據。

---

[14] 子安宣邦：《漢字論：不可避の他者》（東京：岩波書店，2003 年），頁 1-30；Timothy Brook & Andre Schmid, "Introduction: Nations and Identities in Asia". In their edition, *Nation Work: Asian Elites and National Identities* (Ann Arbor: University of Michigan Press, 1999), pp. 1-16; James B Palais, "A Search for Korean Uniqueness". In *Harvard Journal of Asiatic Studies*, Vol. 55 No. 2 (Dec. 1995), pp. 409-425.

[15] 黃俊傑：〈中日文化交流史中「自我」與「他者」的互動：類型及其意涵〉，載於《臺灣東亞文明研究學刊》，第 4 卷第 2 期（總第 8 期），2007 年 12 月，頁 85-105；同氏著：〈作為區域史的東亞文化交流史──問題意識與研究主題〉，載於《臺大歷史學報》，第 43 期（2009 年 6 月），頁 187-218。

（一）明代士人與明遺民群體的華夷觀

在宋代（970-1279）以前，「中華」一詞雖有文化、地理上的意味。但令其變得具有排他性質的首數宋朝，正如傅樂成所言：「夷夏之防亦因而轉嚴，然一種具有悠久歷史傳統之觀念，往往不易於短時間完全改變，故唐（618-907）後期國人之夷夏觀念，猶不若宋人之嚴。」[16]原因在於宋、遼（916-1125）、金（1115-1234）鼎立令自認為中華正統的宋朝意識到有「他者」的存在，與遼、金關係為「國與國」關係，而非宗藩關係，令「中國」的文化地理界限變得固定。宋朝則以種族、文化、地理三者定義了「中國」的性質，因為宋朝需與兩者爭取道統。[17]

這一點去到明代更為明顯，明太祖朱元璋（1328-1398年生，1368-1398年在位）北伐元朝（1271-1368）時公告天下的檄文如是說：

> 自是（筆者按：蒙古征服中國）以後，元之臣子，不遵祖訓，廢壞綱常，有如大德廢長立幼，泰定（元泰定帝也孫鐵木兒，1293-1328年生，1323-1328年在位）以臣弒君，天曆（筆者按：指元文帝圖帖睦爾，1304-1332年生，1328-1332年在位）以弟鴆兄，至於弟收兄妻，子征父妾，上下相習，恬不為怪，其於父子君臣夫婦長幼之倫，瀆亂甚矣。夫人君者斯民之宗主，朝廷者天下之根本，禮儀者御世之大防，其所為如彼，豈可為訓於天下後世哉！……及其後嗣沉荒，失君臣之道，又加以宰相專權，憲台抱怨，有司毒虐，於是人心離叛，天下兵起，使我中國之民，死者肝腦塗地，生者骨肉不相保。……當此之時，天運循環，中原氣盛，億兆之中，當降生聖人，驅除胡虜，恢復中華，立綱陳紀，救濟斯民。……予恭承天命，罔敢自安，方欲遣兵北逐胡虜，拯生民於塗炭，復漢官之威儀。……予號令嚴肅，無秋毫之犯，歸我者永安於中華，背我者自竄於塞外。蓋我中國之民，天必命我中國之人以安之，夷狄何得而治哉！予恐中土久污膻腥，生民擾擾，故率群雄奮力廓清，志在逐胡虜，除暴亂，使民皆得其所，雪中國之恥，爾民等其體之。[18]

---

[16] 傅樂成：〈唐代夷夏觀念之演變〉，載於氏編著：《漢唐史論集》（台北：聯經出版，1995年），頁209-226。

[17] 葛兆光：《宅茲中國：重建有關「中國」的歷史論述》（北京：中華書局，2011年），頁44-46；Hok-lam Chan, *Legitimation in Imperial China: Discussion Under the Jurchen-Chin Dynasty* (Seattle: University of Washington Press, 1984), pp. 19-48. 有關正統論的爭議，詳參趙令揚：《關於歷代正統之爭論》（香港：學津出版社，1976年）。

[18] 朱元璋：〈丙寅檄諭齊魯河洛燕薊秦晉之人〉，吳元年（1367）十月二十三日，於中央研究院歷史語言研究所編校：《明實錄》（台北：中央研究院歷史語言研究所，1962年），《太祖實錄》，卷二十六，吳元年十月丙寅條，總頁401-404。

　　明太祖樂於明朝重返宋代格局，原因在於不欲外族文化滲入由漢人主導的「中國」內，中國只需以儒家典範的大國風度與各國交往足矣，亦即儒家君臣倫理的宗藩關係，有學者稱之為「儒家領土主義」（Territorial Confucianism），即為儒家倫理下的空間、國疆概念，主要以制度化的禮制規範領土及外交問題，此則建基南宋朱子理學是也。[19]

　　方孝孺（1357-1402）可為明代強調華夷之分的佼佼者，在其〈後正統論〉指出中國之所以為「中國」是在於禮教、文化水平之高：「夫中國之為貴者，以有君臣之等、禮義之教，異乎夷狄也。無君臣，則入於夷狄。入夷狄，則與禽獸無異。」又以宋代為例：「在宋之時，見胡服，聞胡語者，猶以為怪。主其帝而虜之，或羞稱其事。至於元百年之間，四海之內，起居、飲食，聲音、器用皆化而同之。」原因在於大家習以為常，斥之為胡，反而會被他人覺得奇怪。方孝孺毫無留情地說：「彼夷狄者，姪母烝雜，父子相攘，無人倫上下之等也，無衣冠禮文之美也，故先王以禽獸畜之，不與中國人之人齒。苟舉而加諸中國之民之上，是率天下為禽獸也。」在無文化、倫理道德的夷狄治下人民亦為禽類。故曰：「曰夷狄之不可為統，何所本也？曰書，曰蠻夷，猾夏，以蠻夷與寇賊並言之。……夷狄獨可為正將乎？曰非也。自秦以來，襲禮義而為中國者二千年矣，人倫明而風俗美，烏得與夷狄比乎？先正大儒知夷狄之不可長也，故雖強如苻堅，盛如德光，不與之以中國之禮，知賊後之不可主也。」[20]

　　於明代理學興盛後，被視為夷狄的外族人入主中國則不被視為「中華正統」，外族更被視為「禽獸不如」。故此，明代中華意識中非常重要的一個標準是強調種族與文化的關係。由於元明革命的本質是種族對立，漢人光復「中華」，驅除了「低等」的蠻夷民族管治，故此漢族代表了中華，漢族文化是中華文化，明朝則是漢族以及中華文化的代表。這於現今的角度視之為「種族主義的」（Racist），這個「中華」對於外族文化而言，是具有排他性質的。在潛意識上已假設在關外的外族是低文化的。這亦在朴趾源的《熱河日記》內反映得十分清楚，當時的滿清已經入主中原百餘年，然而朝鮮士人在此點上則十分堅持。

　　明清易代以後有明遺民群體，續以明朝開國以來文化種族主義的中華意識，於文化、精神層面反對清朝的統治，於朝鮮而言，朝鮮王朝上下亦可謂之為明朝的遺民。本節之所以要討論清代初期的明遺民的心態，原因在於明遺民群體對於「中國」、「中

---

[19] 許振興：〈宋明時期的「中國與世界」─《皇明祖訓》的啟示〉，載於：《明清史集刊》，第十一期（2015 年），頁 17；John E. Wills Jr., "China in the World: Beyond the Tribute System". In Michael Szonyi (edit.), *A Companion to Chinese History* (Chichester, England: Wiley-Blackwell, 2017), pp.364.

[20] 方孝孺：〈後正統論〉，載於氏編著：《遜志齋集》（上海：中華書局，1936 年），第一冊，頁 55-58；標點版見饒宗頤：《中國史學上之正統論》（香港：龍門書局，1977 年），頁 145-147。

華」的反思值得讓我們參考，本文是以朝鮮士人出任的燕行使者作為主題，但與明遺民的心態與其價值取態有非常多相同之處，朝鮮亦在明清變革之時接收了許多東渡的中國明遺民。探視中國明遺民的群體，亦能讓我們從側面去窺視燕行使的內心掙扎，他們與中國明遺民的心態有何分別、為何有如此分別，以此類問題從旁討論燕行使的心態也別有意義，而且我們會從第三章看到朴趾源以「皇明遺民」自居，在出使清朝時亦希望從漢人身上查探滿清治下的中國尚有無漢民思念明朝，當然，很多情況下他們是以「舊時王謝堂前燕」的失望感居多，不過也有一些情況令他們喜出望外。

　　學界對於「明遺民」群體的定義有相當多的意見，何冠彪認為明遺民的本義是在於「國亡而遺留下來的人民，至於現在指易代後不仕新朝的人。」以是否出仕新朝作為是否「明遺民」的標準。而文學研究的王璦玲則從文化史或文學的角度認為「大致應指自覺為遺民，或自覺對於前代皇朝應有一種效忠之情操者，不論其是否為當時社會或後代史家定義為遺民，皆屬於內。」不過，同時亦有學者同時批評何冠彪及黃璦玲的說法，王成勉批評前者只留意到政治層面上的士大夫階層，忽略了民間市井人民的心態，而後者的定義則流於空泛，失去了眾人皆接受和認知的標準。而其指出明遺民的定義標準應該是指在明清易代期間出生而拒絕認同新朝的人，而不認同新朝的方法也可以非常多樣化。[21]筆者認為王氏的說法較為可取，雖然何冠彪與王璦玲都提出了判斷其人是否「明遺民」的標準，但至於王氏說法較為何取的原因是在於其解釋能夠兼顧士大夫階層以及平民階層對於清朝的不認同、冷漠或是反抗的心態。雖然平民未必如士大夫般具有「家事國事天下事，事事關心」的政治參與感覺，然而亦不能以此否定平民沒有關心滿漢的民族問題、文化存留的問題，否則就不能解釋清初大量漢人反抗新朝剃髮留辮政策而遭清廷以武力鎮壓的問題。而「遺民」的現象不限於中國，朝鮮燕行使的案例也反映了他們對皇明的思念，也是一種前朝「遺民」的心態。

　　而「明人」、「明遺民」以及「清人」的身份認同，其實是可以自由選擇的，在價值觀天崩地裂的易代時期，如何作價值取捨往往出於現實之考慮，例如康熙時期的安定社會秩序、被漢族所定義的「中華文化」是否能夠傳承下去、人民是否能豐衣足食，部份明遺民觀察到清朝入關後四海昇平、社會秩序井然等，則轉而承認新朝的存在，以及其在中國本部的統治，故此謂遺民身份並非如鐵板般一成不變。非議明遺民轉投清朝為不忠不義的情況，亦為乾隆帝修纂《貳臣傳》的結果而已，影響了後世人對明

21　何冠彪：〈論明遺民之出處〉，載於氏編著：《明末清初學術思想研究》（台北：學生書局，1991 年），頁 102；王
　　璦玲：〈記憶與敘事：清初劇作家之前朝意識與並易代感懷的戲劇轉化〉，載於《中國文哲研究集刊》，總 24 期
　　（2004 年），頁 40；王成勉：〈再論明末士人之抉擇—近二十年研究與創新〉，載於氏編著：《氣節與變節：明末
　　清初士人的處境與抉擇》（台北：黎明文化出版，2012 年），頁 15-31。

遺民轉變立場、心態的觀念。[22]「高壓與懷柔」雖是老生常談，但對於定義清朝管治漢民的手法卻有其可取之處。清朝初期管治中國百年，雖然文治武功興盛，懷柔手法奏效，但對於華夷之辨以及背後的正統問題仍然相當敏感，不然亦不會大興文字獄，又出現後來的曾靜案，要雍正帝與曾靜辯論華夷之分；以及乾隆在編修《四庫全書》時，以不斷收錄圖書的方法去審查全中國有關華夷意識的爭論，以及對清廷的挑戰。以王世貞（1526-1590）著作為例，清廷藉纂錄書籍將原有敏感字眼修改，例如將許多「胡」、「虜」字修改為其他形容詞，或是作刪減、改寫，諸如將「乃與犬羊互市，冠履倒置；長胡虜輕中國之心；方今在外之賊，惟胡虜為怨；天下之患，不在胡虜而在域中」改作「乃為開邊互市，紀綱倒置；長敵人輕中國之心；方今在外之賊，惟邊寇為急；天下之患，不在邊鄙而在域中」等等。[23]

上面提到明代以來的中華意識為集種族、文化、地理於一身，這在廣義的明遺民群體上，顯露得相當明顯，承襲了方孝孺對於華夷之辨的看法。明末大儒顧炎武（1613-1682）就有政權的「亡國」與文化的「亡天下」分別的看法：「有亡國，有亡天下。亡國與亡天下奚辨？曰：易姓改號，謂之亡國；仁義充塞，而至于率獸食人，人將相食，謂之亡天下。……是故知保天下，然後知保其國。保國者，其君其臣肉食者謀之；保天下者，匹夫之賤，與有責焉耳矣。」[24]指出「保國」只是保政權，然而比起保衛「代表中華文化的政權」更重要的是保衛「中華文化本身」，亦即保「天下」，顧氏口中的「保天下」也就是保衛文明，因為夷狄入中國而士人放棄保衛中華文明亦會淪為方氏口中的「禽獸」。顧氏以下的文字又說明了此點：

> 素夷狄行乎夷狄，然則將居中國而去人倫乎？非也。處夷狄之邦而（不失）吾中國之道，是之謂素夷狄行乎夷狄也。《六經》所載，帝舜滑夏之咨，殷宗有截之頌，《禮記》明堂之位，《春秋》（朝）會之書，凡聖人所以為內夏外夷之防也，如此其嚴也！文中子以《元經》之帝魏，謂天地有奉，生民有庇，即吾君也。何其語之偷而悖乎！宋陳同甫（1143-1194）謂黃初（220-226）以來陵夷四百餘載，夷狄異類迭起以主中國，而民生常覬一日之安寧於非所當事之人。以王仲淹（584-617）之賢，而猶為此言，其無以異乎凡民矣。夫（興）亡有迭代之時，

22　陳永明：〈明人與清人：明清易代下之身份認同〉，載於氏編著：《清代前期的政治認同與歷史書寫》（上海：上海古籍出版社，2011年），頁99-103。

23　楊文信：〈讀《四庫全書》本王弇州著作〉，載於《慶祝香港大學創校九十週年明清史國際學術研討會論文集》（香港：香港大學中文系，2001年），論文本頁1-18。

24　顧炎武：《原抄本顧亭林日知錄》（台北：文史哲出版社，1979年），卷九：〈論政事〉，條〈素夷狄行乎夷狄〉，頁379-380。此條只見於《日知錄》的原抄本，刊本無收此條。

而中華無不復之日，若之何以萬古之心胸而區區於旦暮乎！……漢和帝（劉肇，
79-105 年生，88-105 年在位）時侍御史魯恭上疏曰，夫戎狄者四方之異氣，蹲
夷踞肆，與鳥獸無別，若雜居中國，則錯亂天氣、汙辱善人。夫以亂辱天人之
世，而論者欲將毀吾道以殉之，此所謂悖也。孔子有言：「居處恭，執事敬，與
人忠，雖之夷狄不可棄也。」夫是之謂素夷狄行乎夷狄也。若乃相率而臣事之，
奉其令，行其俗，甚者導之以為虐于中國，而藉口於素夷狄之文，則子思之罪
人也已！[25]

關於此點，黃宗羲（1610-1695）與王夫之亦有相關類似的觀點。黃氏曰：「蓋天下
之治亂，不在一姓之興亡，而在萬民的憂樂。」王氏曰：「道統之竊，沐猴而冠，教猱
而升木，尸名以徼行，為夷狄盜賊之羽翼，以文致之為聖賢，而恣為妖妄，方且施施
然謂守先王之道，以化成天下，而受罰於天下，不旋渦而亡。」[26]明朝滅亡成為事實後，
中國的明遺民在接受以後，亦以「保天下」對中華文化傳承作為生存下去的理由，作
為明朝遺民而又為士人的他們若不作文化傳承，那就是顧炎武口中的「亡天下」了，
後來燕行使出使中國時所哀慟的正是中國本土「亡中國」的境況，自豪者就是中華文
化猶存在於朝鮮。

不過就中國的明遺民群體而言，明末清初的中華意識，則改以文化作為判斷本位，
與政權存亡的關係脫鉤，再至雍正時代就與種族與地理的關係脫鉤。當然，這個地理
概念只限於清朝疆土，即滿州、漢地、蒙古、新疆以及西藏，後四者則是清朝武功所
得之地。

（二）明清時代朝貢體制於儒家倫理下的政治意義

朝鮮士人作為明代出訪中國的「朝天使」或者清代出訪中國的「燕行使」，其前設
都是以藩屬國的身份受到國王差遣，而作為朝鮮官方的使者出訪中國，不同的使團有
不同的目的、任務而出使中國，使團名稱也有相當多種，如冬至使團、謝恩使團、奏
請使團、進賀使團等等，每年均有四次的正式定制的使團出使清朝，其禮節皆由中國
禮部所制定的《會典》定明。[27]而對於朝鮮王朝而言，對中國皇朝的臣屬關係，亦有助
鞏固其在國內的地位與權力。[28]因為在中華朝貢體系下，藩屬國在國內外的政治正當性

---

[25] 同上，頁 186-187。

[26] 黃宗羲：《明夷待訪錄》（台北：金楓出版社，1999 年），頁 32-33；王夫之，同註 2。

[27] 明朝則為《明會典》，清朝則為《清會典》。

[28] Hae-jong Chun, "Sino-Korean Tributary Relations in the Ch'ing Period", in John King Fairbank (edits.), The Chinese

是由中國授予的，也就是說，中國是朝貢體制內賦予政治正當性的「上國」，故此乃處於體制內的中間以及尊貴的位置，這在近代以西方主導的平行外交體制下，是難以理解的，故此又需要在中國為主導的中華朝貢體系理論內理解。

費正清的中華朝貢體系理論，為我們提供一個宏觀的角度觀察中國的國際秩序，令西方學界或是東方學界本身意識到在西方外交體系外有一個與其截然不同的外交體系，亦列舉了許多朝貢體系下的進貢國的責任，例如中國天子授予外國國王以委任書與官印、要求其使用中國曆法、皇帝年號、法定時節向中國天子進貢其土產、向中國天子行禮、皇帝賞賜幾倍禮物給進貢使印、藩屬國取得與中國貿易的特許權力。[29]但必須注意的是，朝貢關係並非一種統制關係，每國皆有其獨立性，不能視之為對中國的完全妥協，朝貢體系是一個經歷史過程而組合的區域，這一個過程並非西方學者所說的「一成不變」，而是變化萬千，故此需要從中國為中心所產生的標準來看這東亞世界的內在發展。[30]但放諸於本文觀之，就不可能將這種變化視為朝鮮對中國的臣屬關係為對中國皇朝全方位的屈服，在文化認同及政治認同上亦不可能如此，朝鮮對中國心態上的轉變需要從中韓兩國交流的歷史脈絡中探視。

必須留意的是，朝貢體制是中華國際秩序在方法、現實中的實踐，對於中國皇朝而言，這種朝貢體制的政治意義大於經濟意義，中國、朝鮮、日本所組成的中華文化圈內的朝貢體制更具政治意義。明、清兩代的中國皇朝都以數量龐大的賞賜賜予進貢的藩屬國，如以絲綢、茶葉等昂貴貨物，比起貢品的價值高數倍，供藩屬國用以圖利，而條件則是於政治上向中國稱臣，並進行藩屬國與宗主國的禮儀，中國皇朝樂於此，並以此作為擴大中華秩序及其聯盟的手段。藩屬國於此時必須承認中國天子的權威，作為東亞世界的共主。而明代時較少歐洲國家來華營商，故此明代中國是主導東亞的帝國，不論政治還是文化層面，都處於主導的強勢，具有不可動搖的優越與權威地位，儒家秩序亦從中國內的君臣、內外關係，擴展至國與國的關係。[31]故此，儒家秩序強調不同地位的「正名」關係，中國朝貢秩序的本質亦是儒家倫理下的君臣關係。當然中國與藩屬國的「外交關係」非現代所理解的平等外交，因為它的本質乃係不平等的宗

　　World Order: Traditional China's Foreign and Relations, pp.90-111.

29　John King Fairbank., "A preliminary framework", pp. 1-19.

30　Takashi Hamashita（濱下武志）, "The Intra-regional System in East Asia in Modern Times", In Peter J. Katzenstein and Shiraishi Takashi (ed.), *Network Power: Japan and Asia* (Ithaca: Cornell University Press, 1997), pp. 113-135.；Paul A. Cohen, *Discovering History in China: American Historical Writing on the Recent Chinese Past* (New York: Columbia University Press, 1984), pp. 1-7.

31　David Emil Mungello, *The Great Encounter of China and the West, 1500-1800* (Lanham: Rowman & Littlefield Publishers, 2009), pp. 3-4.

主國與藩屬國的關係，乃具有政治意義的上下從屬關係。

而明代初年之所以厲行海禁政策，原因在於禁止民間的非官方貿易，以令宗主國與藩屬國的貿易關係定於朝貢關係的性質上，不單純為了兩國的商業利益或解決倭寇問題，明定宗主國與藩屬國的君臣關係，是為中國儒家禮制的秩序。[32]因此我們探討中朝交往，尤其是探討燕行使出使中國的性質時，不能漠視出使這個行為背後所反映的性質，除了實質上的經濟利益外，不能對當中的政治意義視而不見。不過正如上述所言，雖然不少學者從宏觀的角度去探討中外朝貢關係的政治性質，在費正清的中華國際秩序的理論再加以發展及補述，然而忽略了使者本身的對「中國」認知，這一部份則是文化史的範疇，也是之後提及的問題.

（三）朝鮮反清小中華意識與明亡清初的中韓關係

韓半島於三國時代已採取「事大主義」，並與中國建立起朝貢關係。[33]就如新羅的「請襲唐儀……衣冠同於中國。」[34]、高麗太祖（王建，877-943 年生，918-943 年在位）曰：「惟我東方，舊慕唐風文物禮樂，悉遵其制，殊方異土，人性各異，不必苟同。契丹是禽獸之國，風俗不同，言語亦異，衣冠垂度慎勿效焉。」亦說到「朕所至願，在於燃燈八關，燃燈所以事佛，八關所以事天靈，及五嶽名山，大川龍神也。」[35]

高麗仁宗（王楷，1109-1146 年生，1123-1146 年在位）與其大臣的對話也令人回味，仁宗曰：

> 弊邦自祖宗以來，樂慕華風，況我先考以禮事大，以忠述職。雖在海外，心常在於王室，故天子灼見，屢加寵澤，今又親製祭文，以示特恩。於臣職銜，又去權字，雖先考嘗蒙此禮，小子何足以當之？所謂冊命天子，所以褒賞諸侯之，

[32] 檀上寬：〈明初の海禁と朝貢——明朝專制支配の理解に寄せて〉，載於森正夫等編：《明清時代史の基本問題》（東京：汲古書院，1997 年），頁 203-234；濱下武志：《近代中國的契機——朝貢貿易體系與近代亞洲貿易圈》（北京：中國社會科學出版社，1999 年），頁 58-62。

[33] 詳參全海宗編著，全善姬譯：《中韓關係史論集》（北京：中國社會科學出版社，1999 年）；楊仕樂：〈東亞朝貢體系的實驗檢證：朝鮮的案例研究 1618-1637〉，載於《問題與研究》，56 卷 1 期（2017），頁 53-79；Sixiang Wang, "Co-constructing Empire in Early Chosŏn Korea: Knowledge Production and the Culture of Diplomacy, 1392-1592" (Doctor of Philosophy Dissertation, Columbia University of New York, 2015), pp. 1-58.

[34] 金富軾（1075-1151）著、朝鮮史學會編輯：《三國史記》（京城：近澤書店，1941 年），卷三十三，志第二，車服，頁 343。

[35] 鄭麟趾（1396-1478）：《高麗史》，載於四庫全書存目叢書編纂委員會編：《四庫全書存目叢書》（台南：莊嚴文化事業，1996 年），據雲南大學圖書館藏明景泰二年（1451）朝鮮活字本，史部，第一百五十九冊，卷二，《太祖》，卷內頁 15-16，總頁 66。

大典也。今憂制未終，而遽求大典，於義未安，實增惶愧，冀於明年遣使謝恩，
並達微誠、惟公等善為敷奏。[36]

　　上述此話是作為高麗國王與大臣談論中國時，亦自稱本國為「臣」，並認為宋朝加
恩於高麗，高麗即使是外臣亦是深感聖恩，心繫中國皇室，並希望時時謝恩。而高麗
本國雖然自視為「海外之國」，然又不妄自菲薄：「自古天下有中國，有外國，高麗是
海外之國，自來與中國相通，不失事大之禮，守分的好有。」[37]又自負為「小中華」，
視中國、朝鮮以外的夷狄為「野人」，並嚴加防範，學者認為此是東方民族主義的泉
源，並且以文化意識大於種族意識的華夷觀，東亞各國對中國仰慕基本上是由文化的
仰慕。[38]不過筆者要指出，猶如上述講述明代中華意識之處，雖然古代的華夷觀是具有
文化意義多於種族意識，然而在宋代的多國並立秩序以及元明易代之後，明朝官方或
太祖朱元璋為了建立自身的正統性，以及為確立中外之分，故此強調外族為「夷」，大
漢為「中華」，漢文化即係「中華文化」，「中華」與「蠻夷」的分野不僅在於文化，更
在於地域與種族，因為漢族的漢地是承載著中華文化的傳承，外國不是。而在朝鮮吸
收了這種文化種族主義的中華意識下，便如高麗太祖所說，雖然朝鮮與中國「殊方異
土，人性各異，不必苟同。」其實也不需苟同的情況下，將明代的中華意識演化為自
身朝鮮式的「小中華意識」。而在朝鮮於明清易代之間，這種「小中華意識」就更為明
顯了。這種對中華意識的認知，就當然影響了後來燕行使對中國的認知，並從這個認
知下建構了自身的身份認同及「中華」觀，再以此觀察清朝的中國。
　　朝鮮在十六世紀初已與女真人有來往，不過作為明朝的藩屬，而地位比女真人高
的朝鮮王朝就對女真部落羈縻政策，時而交往通市，買賣人參以及其他產品，時而有
戰事。[39]雖然有學者認為，朝鮮與女真族的關係是宗藩關係，即小型的中華秩序，但孫
衛國就反駁朝鮮與女真並不存在任何宗藩關係，女真部落亦非處於朝鮮版圖內，只不
過朝鮮在對女真關係上取得主導關係則是事實。[40]然而到了明季，努爾哈赤（日後追尊

---

[36] 鄭麟趾：《高麗史》，卷十五，《仁宗》，卷內頁 5-6，總頁 309-310。

[37] 鄭麟趾：《高麗史》，載《四庫全書存目叢書》，史部，第二百六十冊，卷四十三，《恭愍王》，頁 21，總頁 160。

[38] 朱雲影：〈中國華夷觀對於日越韓的影響〉，載於氏編著：《中國文化對日越韓的影響》（台北：黎明文化事業，
1981 年），頁 285-302。

[39] Seonmin Kim., Ginseng and Borderland: Territorial Boundaries and Political Relations Between Qing China and Chosŏn
Korea 1636-1912 (Oakland: University of California Press, 2017), pp. 19-46。

[40] 河內良弘：〈明代女真史の研究〉（京都大學文學博士論文，1984 年），頁 23-34；孫衛國：〈入關前清與朝鮮關係
的演變過程〉，載於氏編著：《從「尊明」到「奉清」：朝鮮王朝對清意識之嬗變，1927-1910》，頁 259-289；夫馬
進：〈明清中国の対朝鮮外交における「礼」と「問罪」〉，載於夫馬進總編：《中国東アジア外交交流史の研究》
（東京：京都大學學術出版會，2007 年），頁 311-352。

為清太祖。1559-1626年生，1616-1626年在位後金大汗）統一女真各部，並與明朝分庭抗禮，女真人就與朝鮮時起衝突，女真佔領了東北後，甚至到皇太極稱「帝」時就無可避免地與朝鮮起衝突。而朝鮮作為明朝至為忠誠的藩屬國，所以謂之「模範的朝貢國」，乃因為朝鮮服事大明，不僅在政治關係或是貿易利益上，如上面所云，宗藩朝貢體制是中國儒家倫理的擴展，朝鮮朝野皆以皇明為「上國」，習儒學以誠，奉朱子學為國學，以儒家倫理觀察事物。[41]《明會典》道：「若朝廷有大事，則遣使頒詔其國，國王請封，亦遣使行禮。其歲時朝貢，視諸國最為恭慎。」[42]明朝有求於朝鮮都必應之。然而，以文化上的「中華」批判政治上的「中華國」，在明代朝天使有之，明清易代的燕行使更是批判胡化的「中國」，李朝官方或是燕行使者亦然也。

夫馬進就以趙憲（1544-1592）、許篈（1551-1588）於萬曆年間前去中國事作例，指出朝鮮使者來到中國時，亦對現實中的「中華國」有諸多不滿，然批評立論皆以中華儒學為根據。諸同趙、許兩人的《朝天日記》上都批評入華沿途的明朝官員向其苛索，為「無廉恥如此」；而這個情況亦在北京所發生，接待他們的官員高雲程向其索賄以得《大明會典》中對朝鮮開國國王李成桂（朝鮮太祖，1335-1408年生，1392-1408年在位朝鮮國王）的記載，朝鮮人為高氏譏為「禮義之國」，諷刺朝鮮人無禮義廉恥，朝鮮人則也以「無廉恥」等中華價值觀反擊；趙、許兩人在參觀國子監見到頹喪的畫面又批評道「將何教學以警心目乎，果知中朝之人不尚斯學也。」批評中華人不尚孔學與禮教。夫馬進指朝鮮人是從理想中的文化中華，批評現實中腐敗的中華。[43]然而日本豐臣秀吉（1537-1598）通過對馬島派兵征伐朝鮮，而明神宗出兵協助則改變了他們對明朝的態度，文化與政治上皆於道德、文化、現實以事明為大，所以自稱本國為「神宗皇帝再造之國」，稱自己為「神宗皇帝所活之民」，[44]於朴趾源的篇章上再加以論述。但值得留意的是，也如上面所說，萬曆朝出兵東援朝鮮似是令朝鮮人真正對明朝感恩戴德的動機。

朝鮮在明清易代期間扮演了相當重要的角色，仁祖（李倧，1595-1649年生，1623-1649年在位）時期的朝鮮實錄大抵記載了許多朝鮮人在面對華夷變態的心境。朝鮮士

---

[41] 姜智恩：《朝鮮儒学史の再定位——十七世紀東アジアから考える》（東京：東京大學出版會，2020年），第二章〈十七世紀儒者世界の様相〉。

[42] 申時行：《明會典》（北京：中華書局，1989年），卷一百零五，頁571。

[43] 夫馬進：〈萬曆二年朝鮮使節對「中華」國的批判〉，載於氏編著，伍躍譯：《朝鮮燕行使與朝鮮通信使：使節視野中的中國・日本》（上海：上海古籍出版社，2010年），頁3-20；原文為，夫馬進：〈萬曆二年朝鮮使節の「中華」國批判〉，載於於明代史研究会編：《山根幸夫教授退休記念明代史論叢》（東京：汲古書院，1990年），上卷，頁547-570。

[44] 韓國國史編纂委員會編：《朝鮮王朝實錄》，《仁祖實錄》，卷三十七，卷內頁11。

人黃景源（1709-1787）就有道：「屬國安則大明亦安，屬國危則大明亦危。」[45]張存武指出，朝鮮與清朝本無關係，後來發展成為非正式的關係，再變成「兄弟聯盟」，最後則變成朝貢關係，轉變關係的手段只有戰爭一途，原因在於不少朝鮮王朝朝野上下根本不欲臣服於清朝，因為明朝遲遲未冊封他的世子地位的朝鮮國王光海君（李琿，1575-1641 年生，1608-1623 年在位）心生怨恨，而不願事大，而周旋於明朝與建州女真之間，就於天啟三年（1623）被政變所廢，是為「仁祖反正」，反映了朝鮮人根深蒂固的華夷觀。[46]原因的關鍵之處在於朝鮮對明朝事大以誠的關鍵。皇太極亦看中此點，兩次出兵征伐朝鮮，朝鮮方面則稱之為「丁卯胡亂」以及「丙子胡亂」。而於光海君後繼位之仁祖就說道：

> 我國服事天朝，二百餘載，義則君臣，恩猶父子。壬辰再造之惠，萬世不可忘也。先王臨御四十年，至誠事大，平生未嘗背西而坐。光海忘恩背德，罔畏天命，陰懷貳心，輸款奴夷，己未征虜之役，密教帥臣，觀變向背，卒致全師投虜，流醜四海。王人之來我國，拘囚羈縶，不啻牢狴，皇勅屢降，無意濟師，使我三韓禮義之邦，不免夷狄禽獸之歸，痛心疾首，胡可勝言？夫滅天理、斁人倫，上以得罪於皇朝，下以結怨於萬姓，罪惡至此，其何以君國子民，居祖宗之天位，奉廟社之神靈乎？茲以廢之。[47]

　　本文之所以命題探討朝鮮之小中華意識，在於朝鮮向來自視為中華體系內的「小中華」：「我國素以禮義聞天下，稱之為小中華，而列聖相承，事大一心，恪且勤矣。」[48]皇太極（愛新覺羅・皇太極，1592-1643 年生，1626-1636 年在位後金大汗，1636-1643 年在位清朝皇帝）稱「帝」時，朝鮮人不派使祝賀，又冷待前來朝鮮勸進的清朝使節，當時朝鮮群臣更上疏請求「斬虜使，焚虜書，以明大義」，[49]令皇太極大怒親征朝鮮，然而朝鮮對於尊明之問題堅決寸土不讓。即使實力懸殊，且清軍已經兵臨南漢城下時，亦不肯放棄，送往皇太極之信件稱之為「答金汗書」，並叫書信者「勿書清國之號」，這段文字雖長，然而反映了朝鮮人在「尊明事大」的原則下不肯在原則上

---

[45] 黃景源：《江漢集》，載於韓國民族文化推進會編：《標點影印韓國文集叢刊》（漢城：韓國民族文化推進會，1999年），第二百二十一冊，卷二十一，頁 28。

[46] 張存武：《清韓宗藩貿易，1637-1894》（台北：中央研究院近代史研究所，1978 年），頁 2-3；孫衛國：《大明旗號與小中華意識——朝鮮王朝尊周思明問題研究（1637-1800）》，頁 67-70。

[47] 韓國國史編纂委員會編：《朝鮮王朝實錄》，《光海君日記》，卷一百八十七，卷內頁 134-135。

[48] 同上，《仁祖實錄》，卷三十二，卷內頁 9。

[49] 同上，卷內頁 10。

就範的態度，信曰：

貴國（筆按：清朝／清國）士馬精勇，戰勝攻取，今又係屬揷漢，綿地沙漠，雄強之勢，宜其自負，而無所畏憚也。況我國僻處海隅，耕桑自養，禮義自保，兵甲戰鬥，本非所習，有何相勝之勢，而慢蔑貴國，自敗盟約乎？凡貴國之責於我者，大略有三，一則漢人之事也，二則邊民之事也，三則讒間之說也。我國臣事中朝，敬待漢人，乃禮之當然也。凡漢人所為，我豈可以號令禁斷也？當約和之初，我國以不背中朝，為第一義，而貴國乃謂「朝鮮不背南朝，自是善意」，遂定交隣之契，此上天之所監臨也。今者每以向南朝（筆按：明朝）、接漢人責我，此豈約和之本意也？以臣向君，乃窮天地、亘古今之大義也。以此為罪，則我國豈不樂聞而順受乎？敝國政令失嚴，邊民犯禁，此則寡人之過也。然而前後踰犯之徒，隨即刑戮，貴國呵責之來，常切遜謝。此豈我國，故為不直者哉？……我國自前代（筆者按：即高麗王朝），事中朝，稱東藩，未嘗以強弱、成敗，變其臣節。我國之素稱禮義自守者，專在於此。今我大明，乃二百餘年混一之主，我國安得以一失遼瀋一片地，輒萌異心，從貴國所為耶？抑有一說，中朝於我國，至尊也。然且待以殊禮，辭命之間，未嘗加以慢辭峻責。我國貢獻至薄，而中朝賜賚極厚，此乃遼瀋人所明知。奈何貴國終為隣好，而每加以卑侮詆罵？且如今番信使之往，劫以非禮，困辱百端，是果待隣國使臣之禮耶？貴使之來，辱我臣僚，無復禮敬，劫賣橫奪，靡有止極。當初結盟，本欲保境安民，而今則民無餘力，市無餘貨，沿路州邑，所在空匱。若此不已，與被兵而覆亡等耳。由是，國人皆奮，以和為非。惟寡人初心未變者，徒以誓天之盟，不可先負；交隣之義，不可先失故也，而貴國反以我為先欲敗盟，寧有是理耶？我國無兵可挾，無財可資，而所講者大義，所恃者上天而已。昔者倭寇，假道於我，欲犯中國，而我國以義斥絕。是搆兵之端，非自我始也，而倭寇陷我八路，殘我萬姓，自以為得計矣。曾未幾時，秀吉自斃，其後國中自亂，伏屍成丘，流血成川，其所隕首亡軀者，皆前日毒我之將士也。今也源氏，黜滅平氏，而與我通好三十年間，國富民盛，倍於平秀吉（筆按：豐臣秀吉）之時。天道厭兵，佑善罰惡，茲非其明效耶？向者貴國，雖搶我西路，不窮兵勢，結盟而退，其於天道，亦已順矣。今乃辱我、困我、強我，以必不從之事，徒欲以兵力之強，脅制兄弟之國，而至謂我先啟兵端。此不可以口舌爭，亦恃上天之臨我而已。且夫天心所係，實在乎民。設使我國，守義被兵，兵禍雖酷，原非其君之罪，則民心必不去，而國命或可保。今為貴國恐脅需責，剝盡民產，

使不得聊生，則民心必去，國隨而潰矣。此是目睹耳接，不昧不泯底道理，有
非書生、小子，從簡冊上拾來說話。寡人於此，亦豈不的知而審處乎？貴國廣
慮之，深思之幸甚。[50]

　　從上述引文可見到，即使清軍兵臨城下，朝鮮仍然不肯就範於清朝之下，原因在
於朝鮮朝野長期受到宋明理學嚴華夷之分的思想影響，朝鮮事大慕華，臣服大明是中
華道德倫常理所當然的事情，反駁清國對朝鮮的指控。指出當時清國第一次征伐朝鮮，
清國議和時英俄爾岱（他塔喇氏，正白旗人，1596-1648）不反對朝鮮繼續服事皇明，
就指出清國認可了明朝與朝鮮的關係為君臣關係，朝鮮與清國交往在兩國眼中，亦只
是國與國之間的性質，絕非上下從屬關係。朝鮮反斥清國與其建立所謂「兄弟之邦」
卻又逼迫朝鮮臣服於滿州人之下有違道義，而朝鮮本身也因為臣服大明的禮義，不會
因為清軍圍城而在尊崇明朝並行事大之禮的原則上，向清國妥協。況且，上述引文也
反映了朝鮮對於明朝東援朝鮮抵抗豐臣秀吉之「再造之恩」的感恩，指出為皇明對朝
鮮的上國恩典，暗示如今滿清自稱「兄弟之國」入寇朝鮮與當年日本無異，若朝鮮因
此在原則上就範，就是不義、不臣之舉。加上，在宋代以後中華意識之價值認知影響
下，朝鮮作為「小中華」卻向身份為「胡虜」的滿州人稱臣，在儒家君臣、華夷義理
下是難以接受的。所以朝鮮士人謂之：「明天子，民之父母。虜，父母之仇也。屬國之
義，固不可連和於虜也。今虜逼京師，辱先帝之陵，殿下兵弱力微，雖不能悉賦而從
征，以報天子之仇，亦何忍復遣使者，與虜連和乎？」[51]就算朝鮮無力抵抗清軍，但在
義理上亦不應與清國言和，因為這在原則上有違朝鮮以小事大的倫理關係。

　　筆者要指出孫衛國所提出「尊周思明」的本質，為理解朝鮮於文化上思明反清心
態的範式（Paradigm），當然在政治、思想上有所表現，但也需要留意現實上朝鮮在面
對明清易代時所面對的事跡。於朝鮮與明朝關係上，大明為君父，朝鮮為臣子，故為
倫常義理；朝鮮乃大明的朝鮮，故此尊周思明本身是尊朝鮮，確立正統，是為「大明
天地，崇禎日月」。而明朝對朝鮮亦有三大恩：一、明太祖賜國號為「大造之恩」；二、
明神宗出兵救朝鮮於水火為「再造之恩」；三、崇禎在內外交困之時仍出兵思救的「拯
救之恩」。[52]雖然仁祖後來受逼於形勢，無法無從清朝之意立南漢城下之約，就是取消
使用明朝年號、斷絕與明朝聯繫、獻納明朝誥命冊印，並向清朝送質子，向清朝行朝
貢之禮，但是仁祖及群臣依然支持暗通明朝；而且在清朝要求朝鮮軍與明軍戰鬥時，

[50] 韓國國史編纂委員會編：《朝鮮王朝實錄》，《仁祖實錄》，卷三十二，卷內頁 30-31。

[51] 黃景源（1709-1737）：《江漢集》，卷二十七，卷內頁 30。

[52] 孫衛國：《大明旗號與小中華意識》，頁 82-85。

朝鮮軍隊大多陽奉陰違，與明軍偽裝作戰，又派人到明軍處告之清軍陰謀與策略，而潛通明朝的心態在明亡後化成「尊周思明」的心態，影響了朝鮮人處理對清關係的準則。然而，清軍攻打朝鮮則令日後清韓關係恢復正常變得緩慢，原因在於清朝在戰勝朝鮮以後刻意留下清軍在朝鮮兩月餘，搶掠物資與朝鮮人，更在瀋陽開市拍賣朝鮮人口；清朝又脅逼仁祖送其兩子入質瀋陽，並再以質子威逼朝鮮履行南漢山城盟約的條款，即奉清為正朔並去絕明朝，逼迫朝鮮國王到瀋陽「面聖」，加深兩國仇恨。[53]

　　明朝的滅亡對於明遺民而言為天崩地裂，對朝鮮者亦然也。明朝滅亡，清朝就派出使節通知朝鮮，以及說明細節。朝鮮朝野對於中華上國滅亡的痛苦就形於紙上：「是時，我國與大明絕，不得相通，及聞此報，雖輿臺下賤，莫不驚駭隕淚。」[54]朝鮮孝宗（李淏，1619-1659 年生，1649-1959 年在位）雖然曾經欲於三藩兵亂時，起兵北伐清朝光復皇明中華，而朝鮮上下亦希望「復讎雪恥」，但由於國庫不足以支持之，故作罷。[55]但以滿清為夷狄、以皇明漢族為中華之心，則從來沒有斷絕，朝鮮王朝上下繼續優待東渡抗清義士以及東渡的明遺民、建宗廟拜祭皇明列祖宗、私下使用崇禎年號於私人文書或是祭典等等，足見其面對實力懸殊的清朝時，亦執意保留其尊明的意識，這建基於其強調種族之分的華夷意識，其小中華意識如此。[56]

三、朴趾源的時代與《熱河日記》

（一）朴趾源「尊周思明」意識及其《熱河日記》

　　朴趾源的北學思想可以見諸於《熱河日記》以及他在其弟子朴齊家（1750-1815）的《北學議》之序上：

> 吾東之士，得遍氣於一隅之土，足不蹈函東之地，目未見中州之人，生老病死，不離疆域（筆者按：朝鮮）。則鶴脛烏羽，各守其天；蛙井鷃枝，獨信其地。謂禮寧野，認陋為儉。所謂四民，僅存名目。而至於利用厚生之具，日趨於困窮。此無他，不知學問之道也。如將學問，舍中國而何。然而其言曰：「今之主中國

---

[53] 同上，頁 70-77；劉家駒：《清朝初期的中韓關係》（台北：文史哲出版社，1986 年），頁 129-130、167-168。

[54] 韓國國史編纂委員會編：《朝鮮王朝實錄》，《仁祖實錄》，卷四十五，卷內頁 28。

[55] 孫衛國：〈清初朝鮮的「復讎雪恥」理念〉，載於氏編著：《從「尊明」到「奉清」：朝鮮王朝對清意識之嬗變，1927-1910》，頁 199-230。

[56] 其他「尊周思明」之事，可詳參孫衛國：《大明旗號與小中華意識》一書。

者，夷狄也。」恥學焉，並與中國之故常而鄙夷之。彼誠薙髮左衽，然其所據之地，豈非三代以來漢唐宋明之函夏乎？其生於此土之中者，豈非三代以來漢唐宋明之遺黎乎？苟使法良而制美，則固進夷狄而稍之，況其規模之廣、心術之精微、製造之宏遠、文評之煥爀，猶存三代以來漢唐宋明固有之故常哉。以我較彼，固無寸長，而獨以一撮之結，自賢於天下曰：「今之中國，非古之中國也。」其山川則罪之以腥羶，其人民辱之以犬羊，其言週則誣之以侏離，其與共中國固有之良法美制而攘斥，則亦將何所仿而行之耶？[57]

雖然他批評明季以來的朝鮮士人的「尊周思明」意識令其故步自封，令當時的朝鮮若與清朝比較，則無法比之。不過筆者要強調，朴趾源所指的「中國」是地理概念上的「中國」，雖然傳統中國沒有強烈的疆界概念，概念較為模糊，但是以漢人作主體的「中國」為「中國」，他將文化、地理、政權、種族幾個概念分拆，「中國」曾受皇明管治，滿人統治也是治中國之地與中國之民，不過滿人的種族都是「夷」，而原本「中國之地」的文化影響了「夷人」的統治，故得極盛之治，但仍無改其為「夷狄」的本質，清朝依然不是「中國」，更不是「中華」。這點需要強烈注意的。以下即以《熱河日記》作為切入點探討朴趾源在提倡北學清國時背後，所隱藏的小中華意識。

《熱河日記》撰於朴趾源於正祖四年（清乾隆四十五年，1780）燕行中國的旅行筆記，內容無所不包，對於其行程每一個地點的行程及遭遇都記錄相當詳細。《熱河日記》的文學造詣也不容置疑，日記中以文學筆法書寫對皇明、明神宗再造朝鮮之恩的感恩與記念。[58]《熱河日記》之卷一〈渡江錄〉即反映了他對皇明、崇禎皇帝念念不忘之情：

曷為後三庚子？記行程陰晴，將年以係月日也。曷稱後？崇禎紀元後也。曷三庚子？崇禎紀元後三周庚子也。曷不稱崇禎？將渡江，故諱之也。曷諱之？江以外清人也。天下皆奉清正朔，故不敢稱崇禎也。曷私稱崇禎？皇明中華也。吾初受命之上國也。崇禎十七年（1644），毅宗烈皇帝（筆者按：即明思宗崇禎帝）殉社稷，明室亡。於今百三十餘年。曷至今稱之？清人入主中國，而先王之制度變而為胡。環東土數千里畫江而為國，獨守先王之制度。是明明室猶存於鴨水以東也。雖力不足以攘除戎狄，肅清中原。以光復先王之舊。然皆能尊

---

[57] 朴趾源：〈北學議序〉，載於氏編著：《燕岩集》（漢城：慶熙出版社，1966 年），卷十，頁 105-106。

[58] 王孝廉：〈朴趾源與他的《熱河日記》〉，載於東吳大學中國文學系編：《域外漢文小說國際研討會論文集》（台北：東吳大學中國文學系，1999 年），頁 309-311。

崇禎以存中國也。[59]

　　這段文字相當特別，「清人入主中國」、「尊崇禎以存中國」兩者對於「中國」的概念都不同，前者為地理的中國，後者為文化的中國，這是因為朝鮮人在明代時以明朝為中國，因為明朝代表中華也代表中國，故稱之為「中國」，但是清朝入主「中國」以後，就產生稱呼上的問題，但亦可見「中國」與「中華」的概念漸漸分開。指出朝鮮雖無力北伐以光復中華，但在文化、精神、制度上依然保存皇明上國的遺風，故謂之明室猶存鴨綠江之東，即係朝鮮。而朴氏在稱當時的滿人為「胡人」或「清人」，在稱呼明朝時必先抬舉一格再稱「皇明」。他又解釋為何清朝對於朝鮮而言絕非「上國」，只是「大國」而已：

　　嗚呼！皇明，吾上國也。上國之於屬邦，其錫賚之物雖微如絲毫，若隕自天，榮動一域，慶流萬世。而其奉溫諭，雖數行之札，高若雲漢，驚若雷霆，感若時雨。何也？上國也。何為上國？曰中華也，吾先王列朝之所受命也。故其所都燕京曰京師，其巡幸之所曰行在，我效土物之儀曰職貢，其語當寧曰天子，其朝廷曰天朝。陪臣之在庭曰朝天，行人之出我疆場曰天使。屬邦之婦人孺子語上國，莫不稱天而尊之者，四百年猶一日，蓋吾明室之恩不可忘也。昔倭人覆我疆域，我神宗皇帝提天下之師東援之，竭帑銀以供師旅，復我三都，還我八路。我祖宗無國而有國，我百姓得免雕題卉服之俗，恩在肌髓，萬世永賴，皆吾上國之恩也。今清按明之舊，臣一四海，所以加惠我國者亦累葉矣。金非土產則蠲之，彩馬衰小則免之，米苧紙席之幣，世減其數。而比年以來，凡可以出勅者，必令順付以除迎送之弊。今我使之入熱河也，特遣軍機近臣道迎之。其在庭也，命班於大臣之列。其聽戲，得比廷臣而宴賚之，又詔永蠲正貢外別使方物。此實曠世盛典而固所來得於皇明之世也，然而我以惠而不以恩，以憂而不以榮者？何也？非上國也。我今稱皇帝所在之處曰行在而錄其事，然而不謂之上國者。何也？非中華也。我力屈而服，彼則大國也。大國能以力而屈之，非吾所初受命之天子也。今其賜賚之寵、蠲免之詔，在大國不過為恤小柔遠之政，則雖代蠲一貢、歲免一幣，是惠也，非吾所謂恩也。噫！戎狄之性如谿壑，不可厭也。[60]

---

[59] 朴趾源：《熱河日記》，卷一：〈渡江錄〉，頁 1。

[60] 同上，卷三之〈行在雜錄〉，頁 187-188。

指出皇明之所以為「上國」之原因在於「施恩」，清朝之為「大國」在於「施惠」。恩典乃無條件的照顧，是出於倫理道德上的動機，故謂皇明為「上國」，朝鮮在皇明之下；而清朝的施惠在於籠絡朝鮮人的動機，乃出於利害的考慮，故謂之「大國」而非「上國」，故是清朝不如皇明也。清朝於盛清時期可以為「中國」，因為其入主了中國之地，但絕非文化意義上的「中華」。此段文字也顯露其同時尊周思明之同時，又主張北學清朝，原因在於清朝所據之地為中國，中國所遺留的仍有中華文化、三代遺制：

「自生民以來，未有薙髮之天子也。雖有陸隴其（1630-1692）、李光地（1642-1718）之學問，魏禧（1624-1681）、汪琬（1624-1691）、王士徵（筆按：應作禛。1634-1711）之文章，顧炎武、朱彝尊（1629-1709）之博識，一薙髮則胡虜也，胡虜則犬羊也。吾於犬羊也何觀焉？此乃第一等義理也。」談者默然，四座肅穆。中士曰：「城郭，長城之餘也，宮室阿房之遺也，士庶則魏晉之浮華也，風俗則大業、天寶之侈靡也。神州陸沉，則山川變作腥羶之鄉。聖緒湮晦則言語化為侏儒之俗，何足觀也？誠得十萬之眾，長驅入關，掃清函夏，然後壯觀可論。」此善讀《春秋》者也，一部《春秋》，乃尊華攘夷之書。我東服事皇明二百餘年，忠誠剴摯，雖稱屬國，無異內服。萬曆壬辰倭敵之亂（筆者按：指 1592-1598 年期間的萬曆朝鮮之役），神宗皇帝提天下之兵以救之，東民之踵頂毛髮，莫非再造之恩也。崇禎丙子清兵之來（筆者按：指 1626 年清兵第一次入侵朝鮮）也，烈皇帝聞我東被兵，急命總兵陳洪範調各鎮舟師以赴援。洪範奏官兵出海，而山東巡撫顏繼祖奏屬國失守，江華已破。帝以繼祖不能協圖匡救，下詔切責之。當是時，天子內不能救福（明安宗朱由崧，年號弘光，1607-1646 年生，1644-1645 年在位南明皇帝）、楚（朱容藩，？-1648）、襄（朱常澄）、唐（明紹宗朱聿鍵，年號隆武，1602-1646 年生，1645-1646 年在位南明皇帝）之急，而外切屬國之憂，其救焚拯溺之意，有加於骨肉之邦也。及四海值天崩地坼之運，薙天下之髮而盡胡之，一隅海東雖免斯恥，其為中國復讎刷恥之心，豈可一日而忘之哉！我東士大夫之為《春秋》尊攘之論者，磊落相望，百年如一日，可謂盛矣。然而尊周自尊周也，夷狄自夷狄也。中華之城郭、宮室、人民固自在也。正德、利用、厚生之具固自如也，崔、盧、王、謝之氏族固不廢也，周、張、程、朱之學問固未泯也。三代以降聖帝明王、漢、唐、宋、明之良法美制固不變也。彼胡虜者，誠知中國之可利而足以久享，則至於奪而據之，若固有之。為天下者，苟利於民而厚於國，雖其法之或出於夷狄，固將取而則之，而況三代以降聖帝明王、漢、唐、宋、明固有之故常哉！聖人之作《春秋》，固為尊華

而攘夷，然未聞憤夷狄之猾夏，並與中華可尊之實而攘之也。故今之人誠欲攘夷也，莫如盡學中華之遺法，先變我俗之椎魯，自耕蠶、陶冶以至通工惠商，莫不學焉。人十己百，先利吾民，使吾民製梃，而足以撻彼之堅甲利兵，然後謂中國無可觀可也。[61]

但同時，他又留意到清代之中國文人對於議論朝政十分避免亦對之敏感，並在每次談到清朝時必抬舉清朝。清人王鵠汀是朴趾源在參訪太學時所認識的朋友，王氏說「本朝得國之正，無憾於天地」，論調似雍正《大義覺迷錄》的論調，對於此，朴趾源認為：

觀人文字，雖尋常數行之札，必鋪張列朝之功德，感激當世之恩澤者，皆漢人之文也。蓋自以中國之遺民，常懷疢疾之憂，不勝嫌疑之戒。所以開口稱頌，舉筆諛佞，益見其自外於當世也。漢人之為心亦已苦矣，與人語雖尋常酬答之事，語後即焚，不留片紙。此非但漢人如是，滿人為尤甚。滿人皆職居近密，故益知憲令嚴苛。然則非但漢人之心苦矣，天下法禁之心苦矣。[62]

清初以來，清帝藉編修《古今圖書集成》、《四庫全書》，或是嚴厲的文字獄以消除思想上的反清意識，犯禁者誅族或是死後鞭屍，思想控制之嚴密雖不似現代般無孔不入，不過就令不少清代士人誠惶誠恐。然而對於朝鮮人而言，他們所問者不過其所關心之事，尤其小中華意識如此強的朝鮮人更對於清代管制下的學界儒林之情況好奇，對於清人而言可能感到其有些「口不擇言」，雖清士人願與之對，在朴趾源的筆下就發現到清代士人對朝廷的恐懼，又認為此種苦不僅在於漢人亦在滿人，清朝治下中國對於朴氏而言未必是文教興盛之地，故此以本國朝鮮為小中華為自豪，見諸於對清翰林之對答，曰：「至於敝邦，專尚儒教，禮樂文物皆效中華，古有小中華之號，立國規模、士大夫立身行己，全似趙宋。」；對王舉人鵠汀之時又自豪朝鮮之制：「弊邦雖僻居海陬，亦有四佳。俗尚儒教，一佳也；地無河患，二佳也；魚鹽不藉他國，三佳也；女子不更二夫。四佳也。」[63]就反映了他面對清人時對本國文化的自信、自豪，此全因朝鮮「獨守先王之制度」，是故曰中華猶存鴨水之東也。

61　同上，卷二之〈馹汛隨筆〉，頁 60-61。
62　同上，卷三之〈黃教問答〉，頁 165-166。
63　同上，卷二之〈太學留館錄〉，頁 127、131。

　　學者認為朴趾源於尊周思明同時又主張北學，是基於調和北學派與滅清義理派的矛盾。[64]筆者認為在客觀效果上，這種論調並無不妥之處，不過在闡釋學的角度而言之，倒不如說朝鮮自明代以來「事大以誠」的價值取態影響了朴氏的參考架構（Frame of Reference），但同時他囿於清朝強大而朝鮮弱小的局勢，希望以北學清國以強大朝鮮，這是一種文化取態及現實利害的一種平衡，朴氏的文化心態仍是可以「尊周思明」作為參考範式探視他對自身文化身份的認同。就如此章開頭所說，清朝只是佔據了「中國」的土地，不代表其代表廣義上的「中國」以及文化意義上的「中華」，這點是必須強調的。這個想法在其他主張北學的朝鮮士人上，諸如洪大容、朴齊家上亦是一樣的。「尊周思明」作為朝鮮士人文化認同的特徵，無論是在明朝滅亡，還是百年之後北學派成為朝鮮朝廷的一股政治勢力時，仍是從未改變的。或者這樣說，「尊周思明」是朝鮮士人的文化、政治共識，這個說法基本上是無誤的。

（二）朝鮮使團反佛及其中華意識

　　在文章開頭時曾提及朝鮮士人鄙視藏傳佛教之事，不視之為「中國」事物，而朝鮮人亦以尊崇儒家學說、排斥「異端」而自豪之。朴趾源等人見西藏班禪六世（羅桑班丹益西貝桑布，1738-1780）之事雖有學者提及，但未有引申至中華意識之討論，或是對此討論不足，又或鮮有學者對這個問題獨立討論過，殊為可惜。[65]就如上面篇章所言，高麗王朝（918-1392）雖奉佛教為國教，但到李朝重新強調儒學的國家地位後，佛教已經衰落得很快，儒學的地位十分高。他在清國認識的朋友問及朝鮮有無佛教，他回道：

> 至敝邦立國四百年，士族雖愚者，但知誦習孔子。方內名山，雖有前代（筆按：高麗王朝）所創精藍名剎而皆已荒頹。所居緇流皆下賤無賴，維業紙屨。名雖為僧，目不識經，不待辭闢而其教自絕。……敝邦雖在海隅，俗尚儒教。往古來今，固不乏鴻儒碩學。而今先生之問不及於此，乃反神僧之是詢。弊邦俗不尚異端之學，則固無神僧，在固不願對也。[66]

---

[64] 陳尚勝：〈朴趾源《熱河日記》〉，載氏編著《朝鮮王朝（1392-1910）對華觀的演變：朝天錄與燕行錄初探》（濟南：山東大學出版社，1999年），頁231。

[65] 相關研究片斷，可參考平野聰：《大清帝国と中華の混迷》（東京：講談社，2018年）；張雙志：〈18世紀朝鮮學者對清代西藏的觀察──讀朴趾源《熱河日記》〉，載於《中國藏學》（中國人民大學清史所），2007年3期，頁33-39。

[66] 朴趾源：《熱河日記》，卷三之〈黃教問答〉，頁168。

在與清人討論兩國政經情況時，朴趾源又認為西藏的「西番」，比起滿州人和蒙古人更為恐怖：

> 熱河乃長城外荒僻之地也，天子何苦而居此塞裔荒僻之地乎？名為避暑，而其實天子身自備邊，然則蒙古之強可知也。皇帝迎西番僧王為師，建黃金殿以居其王，天子何苦而為此非常僭侈之禮乎？名為待師，而其實囚之金殿之中，以祈一日之無事。然則西番之尤強於蒙古，可知也。……蒙古之人之生長中華者，其文章學問等夷滿漢。然其容貌魁健，殊為不類。……蒙王二人，吾見之札什倫布，又見二人於山莊門下。其老王年方八十一歲，腰腎磬僂，皮骨鱉朽，然面長如驢，身幾一丈。其少者如魁罡鍾馗圖也。西番尤獰猛醜惡，類怪獸奇鬼，怖哉！……一班禪（筆者按：第六世班禪喇嘛）也，而創聞創睹，鬼怪莫測，言之不能勘其狀，視之不能定其色。諸人者所言，又非一日一席，各就其所聞所傳，而淺深詳略之不同如此。大抵皆是可驚可異，似譽似嘲，瑰奇譎詭，莫可盡信，而第為之牽聯而書之，叢雜而述之，便成一篇靈幻鉅麗、空明纖妙異樣文字。不特所謂活佛者法術來歷可以鉤距探取，即晤語諸人之性情學識、容貌辭氣，躍躍然都顯出來。[67]

由於事值西藏班禪率團到訪北京，朝鮮使團與其會面的機率相當大，但朴氏一團人本身亦不願見西藏之喇嘛。不過，清朝官方就安排了朝鮮使團有此行程，故朴氏等人無可奈何地「只得望見」「西番」。朝鮮使團對於朝拜班禪活佛一事，非常反感亦不情願，此就令清廷禮部尚書大怒：

> 使臣朝既，爭之禮部曰：「拜叩之禮，行之天子之庭，今奈何以敬天子之禮施之番僧乎？」爭言不已。禮部曰：「皇上遇之以師禮，使臣奉皇詔，禮宜從之。」使臣不肯去，堅立爭甚力。尚書德保怒，脫帽擲地。[68]

此次會面有載於西藏方面對於六世班禪的傳記內：「大師摩頂加持，與使者用茶交談，由一名大臣翻譯。爾後，傳授經典，厚賜使者。」[69]但很明顯在朴趾源的記錄下，

---

[67] 同上，卷三之〈黃教問答〉，頁 165、177-179。

[68] 同上，卷三之〈札什倫布〉，頁 185。

[69] 嘉木樣・久美旺波（ཚ་ཁྲི་སྐུ་ཕྲེང་བཞི་པ་བཀྲ་ཤིས་，1728-1791）著，許得存、卓永強譯：《六世班禪洛桑巴丹益希傳》（拉薩：西藏人民出版社，1990 年），頁 501。

整場會面根本就非如西藏般所述，會面起始已經相當不愉快，始於朝鮮士人尊儒排佛的態度。不過朴氏就誤以認為西藏為蒙古之一部：「而蒙古四十八部方強，其中吐番尤強悍。吐番，北胡蒙古之別部，皇帝之所尤畏者也。」[70]又批評乾隆崇尚藏傳佛教是不倫不類、「不聖不大」，曰：

> 竊嘗論之，古之帝王，能學焉而後臣之，故益聖；以天子而友匹夫，不貶其尊，故益大。後世無是道也，獨胡僧方術，左道異端之流，不恥以身下之者，何也？余今目擊其事，彼班禪，若果賢者也。黃金之屋，今皇帝之所不能居也，彼班禪何人者，乃敢晏然而據之乎？或曰，自元明以來，懲唐吐蕃之亂，有來輒封，使分其勢。其待之以不臣之禮者，亦不獨今時為然也。此非然也，當時天下初定，意未嘗不出於此。然元之號帝師曰皇天之下一人之上宣文大聖至德真智，一人者，天子也，為萬邦共主，天下豈有復尊於天子者哉？宣文大聖至德真智，孔子也。自生民以來，豈有復賢於夫子者哉？世祖（筆者按：指順治帝）起自沙漠，無足怪者。[71]

　　朝鮮王朝自立國以來，即以宋明儒學立國，奉朱子思想為金科玉律。高麗王朝奉佛教為國教之時代已經不同了。就如同朴趾源對藏傳佛教的認識一樣，雖然他對藏傳佛教及其喇嘛懷有好奇之心，然而此僅屬知識認知的層面。而於文化認同方面，則對佛教的態度則頗為負面，形容喇嘛時就認為其樣貌奇醜，指朝鮮雖有許多異端邪說，但亦不至於有佛教的異端，意思指佛教的異端性質比起其他異文化更為「旁門左道」。他亦觀察到乾隆尊崇喇嘛教的目的在於維持清室對於蒙古、西藏各部的控制，原因在於蒙古、西藏等地民風強悍為清朝邊疆統治之隱憂。朴氏在鄙視佛教的同時，又對本國朝鮮尊崇儒學的文化傳統，深以自豪，認為尊君崇孔高於尊佛，尊佛則是不倫不類。故此，朴氏雖然明白乾隆帝禮遇西藏佛教的用意，但是於本質上，則與「中華」的文化特徵不符。

　　西嶋定生說構成「東亞世界」者，有佛教一項。然而經過本章節的探討，筆者認為，雖然這個「東亞世界」並不完全等同「中華文化圈」。然而，無論是日本學者所說「東亞世界」還是以美國學者費正清所說的「中華文化圈」，中國、韓半島以及日本皆有自身之歷史演化及思想變異。起碼在朝鮮王朝的時代，佛教就肯定不是構成朝鮮士

70　朴趾源：《熱河日記》，卷二之〈太學留館錄〉，頁134。
71　同上，卷三之〈班禪始末〉，頁183。

人自我認同的要素。反而言之，以中華思想為中心的崇尚儒學倫理觀念的文化認同，才是建構朝鮮士人身份認同的根本部份。

（三）本章合論

　　黃俊傑在研究中國與日本的文化交流與身份認同時，曾提出以「文化自我」、「政治自我」、「文化他者」、「政治他者」交替形成的四個象限，作為研究東亞身份認同的切入點和範式。筆者認為可以將其放諸於朴趾源的案例研究。黃俊傑探討出有四個面向探討中日交流下的自我認同：一、「政治自我」與」文化自我」的拉扯，以孔孟率軍征日本下日本儒生如何面對的對話為例，在面對本國文化的存亡下以孔孟尊君保國思想抵抗「孔孟之軍」，在此不存在「東亞世界」；二、「文化自我」與「文化他者」的拉扯，論語詮釋問題在「中國文化主體」以及「日本文化主體」的拉扯，指出文化準則是辨華夷之標準；三、「政治自我」、「政治他者」的拉扯，台人訪日受日本禮遇，讚揚日本明治維新（1868）之成果，惟見日人於甲午戰爭擊敗中國高呼萬歲時感到傷感痛苦；四、「文化他者」與「政治他者」之拉扯，以內藤虎次郎（1866-1934）旅行中國，為中國文化凋零與中國國力日下而痛苦。[72]

　　放諸於朝鮮「尊周思明」脈落下朴趾源的案例討論，朝鮮士人的「文化自我」似乎來自中國這一個「文化他者」。朝鮮作為「中華文化圈」內最為守禮節的藩屬國，朝鮮士人的文化認同很大程度接受了自宋明以來以漢族為中心的「中華思想」，而構成「中華思想」的底蘊為儒學思想，觀乎朴趾源的燕行錄，記錄了他們為朝鮮本國儒學自豪之事。不論朝鮮人內部如何討論繼承何種之儒學，即尊奉朱子學或是奉古至戰國時代的孔子儒學，[73]

　　朝鮮人所尊之儒學乃自明朝傳來的儒學，以朱子學為大宗，雖然其排斥異端佛教以及陽明心學，但是他們的「文化自我」是來自作為「文化他者」的皇明「中國」，而真正的矛盾可能就在清朝入主中國，作為「文化來源」的「文化他者」不再是來源，清朝作為夷狄，於朝鮮人眼中不僅是「政治他者」，更是「文化他者」，而朝鮮人的「政治自我」則要屈服於清朝這個完全的「他者」下，「曾聞中國喪制大壞，今則盡化胡俗，尤不足言。」[74]朴趾源的前輩閔鼎重（1628-1692）如此說道。明清鼎革對朝鮮士人所

---

[72] 黃俊傑：〈中日文化交流史中「自我」與「他者」的互動：類型及其意涵〉，頁88-98。

[73] JaHyun Haboush Kim., "Contesting Chinese Time, Nationalizing Temporal Space: Temporal Inscription in Late Chosŏn Korea". In Lynn A. Struve (edit.), *Time, Temporality, and Imperial Transition: East Asia from Ming to Qing* (Honolulu: Association for Asian Studies & University of Hawaii Press, 2005), pp. 121-122.

[74] 閔鼎重:《老峰燕行記》，載於弘華文主編：《燕行錄全編》（桂林：廣西師範大學，2010年），第二輯，第二冊，頁224。

喚起的，既是今西龍所言韓民族的「文化自我」，也是來自中國的「文化他者」，只不過朝鮮所仰慕作為「文化他者」的中國與中華，是明朝的中國與中華，而非作為「夷狄」的清朝而已。

在經過百年來中國與朝鮮北學的興起，朴趾源渡過鴨綠江之時又有「明室猶存鴨水之東」的感慨，可能就似內藤虎次郎（1866-1934）的情況般，面對現實及文化中的清朝中國，就喚起了對本國繼承皇明遺制的自豪，北學清朝是出於為朝鮮保國的考慮，此乃其「政治自我」以及「文化自我」，所以師夷之長技以制夷，清朝仍然是夷，因為其一來是外夷，二來異端學說橫行。既令朝鮮人自豪而又沮喪的是，作為他們文化來源之「文化他者」明朝已經滅亡，但自己又樂於、自豪於朝鮮本國的文化傳承，這點需要被清晰表達。

更需要強調的是，以種族文化主義所建立的朝鮮小中華意識下對清朝的印象，清朝作為政治實體、政權政府的本質，於朴趾源而言，作為「夷狄」的清朝絕對是文化以及政治的他者，為保護由「文化他者」（皇明中華）、「文化自我」（朝鮮小中華）互為因果的朝鮮小中華意識，就必須抗衡現實中的清朝，由百年前的北伐滅清義理論，至朴趾源時代提倡北學的師夷之長技以制夷的本質，都是對抗清朝這一個「政治他者」以及「文化他者」。清朝不是「中國」而佔據了中國土地，其治下的中國仍然遺留明朝以來的中華文化、典章，並為清人吸收，不過清人不會因此變成「中華」，這一點至歐洲勢力大舉進入亞洲的十九世紀中期方有改變。然而在不少朝鮮士人角度下「尊周攘夷」仍是主軸，只不過十九世紀後期的「尊周」，就改變成認同清朝為中華、中國，「夷」則變為「西洋鬼子」以及「天主邪教」，孫衛國就指出即使後來朝鮮士人在面對歐洲的威脅時認同清朝為「中華」以及「中國」時亦不減他們的「思明」情緒。清朝雖在此時成為「中華」，但是其「夷狄」的本質不會令其變成中華正統，只不過朝鮮士人在現實需要抵禦西方衝擊而清朝是朝鮮惟一可以倚靠的對象，而所作出的妥協而已。[75]「尊周」、「攘夷」以及「思明」可以分開三個概念理解，「尊周」由清初的崇尚明朝中國的中華文化，到清中葉以後變成認同清朝繼承中華；「攘夷」就由攘滿清的夷，變成攘歐洲人的夷；「思明」則從來沒有改變過。若單以「尊周思明」去理解整個朝鮮士人在中華意識上價值認知的改變，就要注意到在東亞面對西方的歷史過程中，意義、內涵上的改變。

不過筆者認為，黃俊傑所提出四個框架雖然未必能夠完全套用於研究朝鮮士人以小中華意識觀察清朝的文化心態上。其原因在於，黃氏所研究的日本案例與朝鮮不同，

---

75 孫衛國：〈朝鮮王朝對清觀之演變〉，載於《從「尊明」到「奉清」：朝鮮王朝對清意識之嬗變，1927-1910》，頁261-287；清季朝鮮士人重新詮釋「中華」一義，詳參姜智恩：〈朝鮮儒者中華認同的新解釋──「天下」與「國家」的整合分析〉，載於《中央研究院近代史研究所集刊》，第九十六期（2017年6月），頁31-60。

日本自豐臣秀吉統一日本以來的自我意識，比較朝鮮人更為明顯。在於明朝於萬曆朝鮮戰爭以後拒絕與日本復交，於日本角度而言與明復交之意義在於「勘合貿易」的得益，日本於名義上加入了以明朝為首的中國華夷秩序，但是對其自身而言，則無甚大意義。而明朝拒絕與日復交的結果，就是日本發展出具有自我意識的「大君外交」，日本自足利幕府（1338-1573）下對中國名義上的君臣關係，則於其時發展為自成一家的體系。這在明清易代後的「華夷變態」後更為明顯，日本認為西面中國的「華夷變態」為「他國之事」，更是「聞者大快人心」，就反映出日本在政治、文化上自我中心化的傾向。[76]故此將黃俊傑研究日本人自我認同的方法完全放諸於朝鮮的案例上就不能完全行通了，不過其所提出的「文化自我」、「文化他者」、「政治自我」、「政治他者」四個切入點則可以用以觀察他們的心態上的拉扯，究明其小中華意識的本質為如何，以理解朝鮮自豪本國文化而哀悼「中國」、「皇明」消逝的本質與各者之關係。「文化自我」的長期延續對比起其他三者，對於建構整個朝鮮人身份認同上有其重要性。

對於朝鮮人自我身份的認同上，如孫衛國以朝鮮優待遺民、建廟祭拜明朝皇帝、編纂史學為朝鮮之「尊周思明」的表現。金滋炫就從歷史的時間性質探討，朝鮮人私下用明朝大統曆、年號，或以官方文書書寫朝鮮國曆而不用清朝皇帝年號，或是建廟紀念明朝皇帝的本質，是在建構一個被「歷史化」的過去，這個「歷史化」的過程是一個政治行為，建構著朝鮮版本的中國歷史，宣示朝鮮承繼皇明的中華正統，這中華正統是極具儒家性質的。[77]

安德遜的《想像的共同體》指出每一個族群都是從更大的共同體之中分裂出來，西方的基督宗教共同體是歐洲初期的共同信仰，故是宗教共同體，產生族群的根本乃文化也，而分裂出來的原因在於利用文化語言、方言的異化，或者以新的敘事方法去重新建構在地身份，就會產生一個新族群，他則稱之為「舊語言，新模型」。[78]若將這個模式放諸在探討明清易代時期朝鮮的小中華意識彰顯下，那麼朴趾源在面對作為政治及文化他者的清朝時，承繼明朝遺制的朝鮮就在清朝時期產生異化，這一種朝鮮小

---

[76] 中山治一、藤村道生撰：〈序章：開國前夕的國際關係〉，於信夫清三郎編著、天津社會科學院日本問題研究所譯：《日本外交史》（北京：中華書局，1980 年），上冊，頁 17-28；林春勝等編、浦廉一校：《華夷變態》（東京：東洋文庫，1958 年），第一冊，頁 1-3；另可參中川秀英編著，方克、孫玄齡校譯：《清俗紀聞》（北京：中華書局，2006 年）。此書收錄不少日本人所繪清國影像，反映日本對傳統中國體系的疏離，以及以外人角度觀察清國的視角。

[77] JaHyun Haboush Kim, "Contesting Chinese Time, Nationalizing Temporal Space: Temporal Inscription in Late Chosŏn Korea", pp. 128-137.

[78] Benedict Anderson, *Imagined Communities: Reflections on the Origin and Spread of Nationalism* (London & New York: Verso, 2006), pp. 37-46, 67-82.

中華意識，強調自己承繼皇明、尊儒崇孔的態度就是與清朝中國的文化斷裂，朝鮮雖然在名義、體制上屈服在清朝主導下的華夷秩序，但是於朝鮮而言，尤其於北學派主導時期的意義來說，朝鮮亦是在文化上以儒家、思明作為政治語言，重新建構自己的身份認同，在當時線性的歷史現況，就要於明朝已經滅亡和「夷狄」已經入主中國的事實上，去強化本國之獨特地位。只不過這個身份認同就要從原始的中華國際秩序去探視其軌距，朝鮮王朝自立國以來仿傚中國律令制度，制定本國朝禮諸如以《國朝五禮儀》定制，以建立政權正當性。[79]說中國有明遺民，朝鮮本身就是一個「明遺民」的結合體，若不理解此點就難以理解朝鮮在清代堅持「尊周思明」對其自身本國的意義了，因為朝鮮需要建立自身維繫王朝的正統性，但當然清代的朝鮮未達至「完全獨立」的情況，要至江華島條約（1876）、西方勢力的「政治他者」衝擊下方發展成為今天韓國人所說的韓國民族，而這個過程則一個歷史的演化過程。

四、附論：新清史學派對本文的啟發

　　本文之所以設此章節討論新清史，在於「新清史學派」非僅僅在於討論清朝的歷史性質，更在於新清史能夠為我們帶來研究清朝史的新範式（Paradigm）與角度，包括本文主題的中韓關係史，故此筆者竊以為討論新清史的論爭有助加深本文對於中韓關係史，尤其這個從區域史角度探討「去區域化」的現象，在於出現了不同「中心」（Centres），韓半島的朝鮮王朝自我意識的抬頭，正是「中華文化圈」國家「去中國中心化」過程當中重要的一環。新清史的理論以及研究範式有助我們討論清代中韓關係史的性質以及其基本問題，以及理解當時清朝對朝鮮政策、朝鮮對滿清的文化心態的背後脈絡，雖然新清史仍有其學術上的問題，不過亦不應低估其對清史研究的影響，治清史者理應注意此處。

　　新清史論爭始於何炳棣在 1967 年發表的一文〈清代在中國歷史的重要性〉（The Significance of Ch'ing Period in Chinese History），以及羅友枝回應何炳棣的〈再觀清代〉一文（Reenvisioning the Qing: The Significance of Qing Period in Chinese History）。兩者商榷清朝在中國歷史上的皇朝性質如何，即是「漢化」（Sinicisation）與「滿州本位」（Manchu-centred）的爭論，目的在於回答滿州以外族身份入主中國，何以能夠維持近二百七十年的統治，這是清代歷史研究的基本問題。何炳棣指出清代的重要性在於奠

[79] Joon Hur, "The State and Identity Construction in Chosŏn Korea" (Doctor of Philosophy Dissertation, University of California, Los Angeles, 2019), pp. 20-45.

定當代中國的版圖，以及各民族可以在清朝中央集權下加強交流而且同化成為「中華民族」；清朝亦在外藩擴展中國體制，他認為新疆在十九世紀末以內地制式建省就是其中一例；何尤其強調清朝成功之處在於採取「有系統的漢化」（Systematic Sinicisation），即係繼承明朝的官僚制度、採取儒家思想治國，以得到正統皇朝的地位，故此能夠猶勝元朝統治中國的八十九年。此論調雖然大致無誤，但卻如羅友枝所批評般，若以滿州本位的角度觀之，「中國本部」（China Proper）只是滿清皇朝其中一個「管治中心」，清朝的本質是一個多元、多中心的帝國，疆土擁有蒙古、西藏、新疆（東突）等地，面對與滿人、漢人全然不同的文化以及民族，清朝要成功管治當地只有「因地制宜」，對其他外藩則採取其他因地制宜的文化政策，包括包裝清朝皇帝為「藏傳佛教」的保護者、蒙古人大汗的大汗（Khan of Khans）。[80]筆者觀之，羅友枝並沒有完全否定漢化論，只不過是指出「漢化」只是滿清皇朝對於爭取漢族支持，並在中國本部維持統治的一項成功因素，但不應以「漢化」的觀點看待清朝在關外的統治，清朝在關外，諸如青海、藏地以及蒙古的統治都有刻意以滿州八旗旗人為駐地代表，以加強滿人在當地的控制，關於這個課題已有頗多學者有出色的研究，故此處不贅。[81]

---

[80] Ping-ti Ho, "The Significance of the Ch'ing Period in Chinese History". In *the Journal of Asian Studies*, Vol. 26, No.2 (Feb. 1967), pp.189-195; Evelyn S. Rawski, "Reenvisioning the Qing: The Significance of the Qing Period of Chinese History". In *the Journal of Asian Studies*, Vol. 55, No. 4 (Nov. 1996), pp. 829-850.；欲知學界對於「新清史」論爭的時間線，可參考徐泓：〈「新清史」論爭：從何炳棣、羅友枝的論戰說起〉，載於《首都師範大學學報（社會科學版）》，2016 年第 1 期（總第 228 期），頁 1-13；定宜莊：〈由美國「新清史」研究引發的感想〉，載於《清華大學學報（哲學社會科學版）》，2008 年第 1 期（總 38 期），頁 9-11。

[81] 關於此部份，可以參考不少學者的研究，諸如：Ling Wei, Kung, "The Transformation of the Qing's Geopolitics: Power Transitions between Tibetan Buddhist Monasteries in Amdo, 1644-1795". In *Revue d'Etudes Tibétaines*, Vol. 45 (2018), pp. 110-144. 此文指出清朝對安多地區的管治很大程度上是考慮了新疆、和碩特蒙古部落的威脅，清朝刻意支持青海安多地區的藏傳佛教如修築佛廟、賜尊號予安多喇嘛，而漸漸冷待甘肅的喇嘛，則在於前者接近新疆以及和碩特蒙古，而蒙古諸部亦大多信奉藏傳佛教，可以此安撫安多、蒙古人的文化情緒，後者對於清朝邊疆政策的重要性慢慢下降，反映清朝邊疆政策的務實性質，以及對於蒙古中心、西藏中心等因素的考慮，此難以用「漢化」觀點解釋；又可參 David Sneath, "Beyond the Willow Palisade: Manchuria and the History of China's Inner Asian Frontier" In *Asian Affairs (London)*, Vol. 34.1 (2003), pp. 3-11.; Gray Tuttle, "A Tibetan Buddhist Mission to the East: The Fifth Dalai Lama's Journey to Beijing, 1652-1653" In Bryan J. Cuevas & Kurtis R. Schaeffer (edit.), *Power, Politics, and the Reinvention of Tradition: Tibet in the Seventeenth and Eighteenth Centuries: PIATS 2003: Tibetan Studies: Proceedings of the Tenth Seminar of the International Association for Tibetan Studies, Oxford, 2003.* (Leiden, Boston: Brill, 2006), pp. 65-87.；關於滿清對於自身民族、文化認同，以及對待外藩的文化政策，可參考「新清史四書」：Evelyn S. Rawski, *The Last Emperors: A Social History of Qing Imperial Institutions* (Berkeley: University of California Press, 1998).; Mark C. Elliot, *The Manchu Way: The Eight Banners and Ethnic Identity in Late Imperial China* (Stanford, California: Stanford University Press, 2001).; Pamela Kyle Crossley, *A Translucent Mirror: History and Identity in Qing Imperial Ideology* (Berkeley: University of California Press, 1999).; Edward J. M. Rhoads, *Manchus and Han: Ethnic Relations and Political Power in Late Qing and Early Republican China, 1861-1928* (Seattle: University of Washington Press, 2000).

筆者認為可以新清史的範式論爭作為探討清朝的朝鮮政策或者朝鮮王朝對中國的態度的基礎。清朝對待朝鮮的國策以及外交範式都是以傳統中華帝國的朝貢秩序，我們可以從此探討清朝接受以宗主國的地位繼承中國朝貢制度是否代表滿清接受了文化、政治定義下「中國」傳統的對外治理思維，這又是否代表滿族接受了政治制度上的「漢化」，筆者不敢妄下判斷。雖然可從《清實錄》、《清會典》，以及朝鮮方面所編纂的《事大文軌》中看到清朝以天朝大國自視。[82]但是若以新清史學派所強調多元中心的角度視之，清朝以實用主義的「因地制宜」原則管治外藩，利用被征服地的原有制度與意識形態，以鞏固其作為在國內多民族的政治權威、東亞國際的宗主國的霸主地位，建構自身的統治合法性。筆者認為，清人繼承傳統中國的朝貢秩序，可以視為滿清在「中國本部」因地制宜的延伸。

稱之為「延伸」的原因，在於正如上面所說，朝鮮王朝自太祖李成桂建國，並得到明太祖賜名「朝鮮」以來，皆奉行「事大政策」，吸收宋明理學以及明朝文化種族主義的華夷思想，若果以明朝為「中國」，清朝入關中國之後建構自身在中國本部的「中國」、中華正統性，那麼視朝鮮為文化、政治定義上「中國」的延伸也不為過，何況韓半島政權自三國時代皆自視為「小中華」，明清變革以後視清人為未經文明開化的夷狄，文化心態上並不承認清人的中國性質。雖然對於處於康雍乾盛世的滿清而言，朝鮮從文化上如何看待清朝並不重要，因為滿清有強大的經濟、軍事實力足以完全凌駕於朝鮮王朝之上，此點朝鮮士人都承認了北伐清朝以「光復中國」這種時代革命的不可能性質。對於清人而言，清朝繼承朝貢制度亦不過是「以漢治漢」統治手法的延伸而已，朝鮮亦是「漢」、「中國」、「中華」諸種被定義名詞的延伸，因為朝鮮深受明朝中國的影響。從新清史學派的研究範式觀之，清人繼承朝貢制度也是權宜之策，其是否於政治文化層面上接受之，則有待探討，但起碼對於清朝對外政策來說，利用朝貢制度來維繫與藩屬國的上下政治關係則相當有成效；對於朝鮮而言，宋明理學下的華夷之分是理所當然。雖然朝鮮從地理上的華夷觀念來說可能是「夷」，但是他們認為透過漢化以及文化上汲取中國儒學思想，就可以成為「小中華」，就如上面篇章所說的一樣，只不過他們沒有將這個原則放諸在清朝身上，原因在於明清變革期間為朝鮮帶來的文化、政治衝突，即包括滿清對朝鮮的兩次征服。從新清史論爭的角度觀之，朝鮮則可視為明朝中國、文化中華上的延伸，因為其自視為「小中華」，以東亞的區域文化交流史角度下，朝鮮的去中國（清朝）中心化則是「自中心化」（Centralisation），亦是「去區域化」（De-regionalisation），朝鮮士人以朝鮮中心觀看待對中國、日本等國的關係，而朝

82　朝鮮史編修會編：《事大文軌》（京城：朝鮮總督府，1932-1940年）。

鮮中心觀的文化來源，很大程度上是來自明朝中國。

　　新清史學派以及漢化學派的分歧，主要在於前者強調清人關外統治對於整個帝國的重要性，而後者漠視之。筆者竊以為兩者並行不悖，不宜偏廢，亦即要同時重視滿清在關內、關外的統治，否則難以理解清朝在各地統治的複雜性質。正如王元崇所批評的，我們不應以「盛清帝國主義」（High Qing Imperialism）、「晚清帝國主義」（Late Qing Imperialism）的觀點放諸在清代中韓關係史的研究上，因為兩者皆不能完全放諸在中韓關係、文化交流性質的研究上。而清代中韓關係的性質更在於儒家禮治秩序的延伸。而清朝第二次征韓不應視為「帝國主義」（Imperialist）行為，因為目的不在於如大英帝國的擴張領土和貿易，而是在於政治、儒家意義上的秩序延伸。[83]若從清代中韓關係史視之，清代對朝鮮王朝的政策應可視為傳統中華帝國秩序（起碼是明朝所建立的體制）的延伸，即朝鮮為文化中國的延伸，而滿清則繼承了政治中國對韓半島之政策是也。

　　筆者竊以為新清史為我們帶來的啟發應在於，要理解清朝所有政策皆出在於維護其統治的目的，亦即所謂「首崇滿州」。有論者認為新清史學派建構多元中心的目的在於「西方帝國主義者」以帝國主義史觀分裂「中國」，歐立德就此篇針對他與其他新清史學者的文章，作出回應與批評，指出部份中國學者過於敏感，新清史只不過是帶出滿清中心（Manchu-centric）視角下的帝國結構，部份中國學者批評的出發點建基於情緒上的政治動機，文字也是文化大革命式的非理性語言，而不是建基於學術觀點。其原因在於，新清史所帶來的觀點與當代中國政府所編撰教科書及其所鼓吹的「正統歷史觀點」不同，不將事情放諸在歷史脈動上討論只是斷章取義。[84]筆者則認為「新清史」論爭之所以敏感，在於清代歷史與現代中國的關係極為緊密，包括領土繼承問題、政權正當性問題，故此支持或反對「新清史」的學者不無政治動機，亦難以不無政治動機。[85]只不過討論歷史時應當有「有一分史料說一分話」的精神，研究歷史的時候亦不

---

[83] Yuanchong Wang, *Remaking the Chinese Empire: Manchu-Korean Relations, 1616-1911* (Ithaca and London: Cornell University Press, 2018), pp. 16-18.

[84] 李治亭：〈「新清史」：「新帝國主義」史學標本〉，《中國社會科學報》（2015 年 4 月），載於《中國社會科學網》，網址：http://sscp.cssn.cn/xkpd/zm_20150/201504/t20150420_1592234.html。擷取於 2021 年 2 月 11 日。英文本可參考 Zhi-ting Li, Jeff Keller (trans.), "New Qing History: An Example of New Imperialist History" In Contemporary Chinese Thought, Vol 47.1 (Jan 2016), pp.5-12. 另可參李治亭：〈清代滿漢民族認同與「互化」的歷史考察〉，載於《雲南師範大學學報（哲學社會科學版）》，第 48 卷第 3 期（2016 年 5 月），頁 12-26；Mark C. Elliot, "Putting Things in Context". https://ahbsch.wordpress.com/2015/05/21/putting-things-in-context-a-contribution-to-the-nqh-debate-by-professor-mark-c-elliott/. Originated on the website of Fairbank Center for Chinese Studies（費正清中國研究中心）. Read on February 11, 2021.

[85] 項飆、劉小萌、歐立德（Mark C. Elliot）：〈從「新清史」到滿學範式〉，載於《二十一世紀》雙月刊，2016 年 10 月號（總第 157 期），頁 23-26。此對話稿是整理自 2016 年 5 月 20 日於香港大學舉行的對談活動，是香港大學文學院以及香港人文社會研究所主辦「The Critical Dialogues about China」活動當中的主題演講，此主題為「Ethnic

應陷入「以今論古」的陷阱之中，否則，歷史學只會淪為政權製造合法性的工具而已，此般奧威爾式的「歷史」在嚴格定義下就根本不是「歷史」，而是政治宣傳的歷史八股文。新清史論爭亦如是也，學術論爭不應脫離理性的批判思考。對於中韓關係史而言，新清史學派的學術論點就值得詳參了。

五、結論

　　本文首先討論從中國的角度探討明清易代時期，中國明遺民的反清情緒很大程度源自於文化種族主義，因為滿州人的身份為外夷，不會因為其入中國本部而變成「中華」或是「中國」。在他們的角度下，外夷的本質是沒有文化的野蠻人，他們沒有統治中國的政治正當性，故不為中國正統。這點對於探討朝鮮人的文化心態以及身份認同上非常重要，因為兩者類近。

　　明太祖朱元璋建立明朝以後，以儒家禮制奠定朝貢體系的性質，即君臣上下的宗藩關係。中國作為當時東亞最強大的國家，擁有文化及政治話語霸權，為東亞各國的「不可避的他者」，影響東亞歷史發展的軌跡。朝鮮王朝在明朝朝貢體系下成為中國皇朝最忠誠的藩屬國，源先於其半島三國時代對華的事大政策，李成桂立國以後就需要借中國的權威鞏固自身在國內的統治地位。明朝對朝鮮有三大恩，第一是明太祖賜國號之「大造之恩」，第二是明神宗東援朝鮮的「再造之恩」，第三是明思宗東援朝鮮抗清的「拯救之恩」。雖然南漢山城之圍以朝鮮投降滿清、斷絕對明關係告終，但是朝鮮國內反清情緒從來沒有降低，這點是基於明朝對朝三大恩，與朱子學強調君對臣之義，臣對君之忠的儒家思想。當然，這樣的影響軌跡是透過朝貢體系進行的。

　　朝鮮聞得明朝滅亡、清軍入關之際上下震驚而痛哭之，由強調北伐為皇明君父報仇到與現實妥協，即康熙乾三朝之強盛，令北伐光復中國的構想變成無法實現的理想。故此，強調北學清朝而令朝鮮變得強大。但必須強調北學清朝不代表他們放棄對皇明的思念與感恩，故此有「皇明上國」與「清朝大國」之分，前者為君臣上下之關係，後者只不過是大小國之關係。兩者維持朝貢上的政治關係，然而在文化上，兩者關係已在明清變革時分裂出來，故此有學者質疑十七世紀之後「東亞共同體」是否依然存在。[86]朴趾源所處時代乃係乾隆盛清年代，當時中國經歷過雍正對華夷觀的重新定義，

Studies in China」，網址：https://smlc.hku.hk/news/detail.php?id=703。

[86] 葛兆光：〈從「朝天」到「燕行」——17 世紀中葉後東亞文化共同體的解體〉，載於《中華文史論叢》，2006 年第1 期，頁 29-58。

中國本部以華夷之分的反清情緒已經大致消隕，直至晚清革命方重新出現。[87]《熱河日記》所反映的是，朝鮮人「剪不斷、理還亂」的情緒，言必稱「皇明」，稱清朝為「清國」而非「中國」，朴趾源對清朝態度雖然寬容，但不代表他認同清朝的合法性，只是清朝佔據了中國，中國本部某程度上也保留了明朝以來的中國文化，故此才提倡北學清朝，師夷之長技以制夷，目的在於保全朝鮮王朝的小中華意識，保有東方一隅以續皇明的文化血脈。這一點在他的日記中對中國的觀察以及與西藏黃教僧侶的互動當中看到一清二楚。直至清季西方各國勢力滲入亞洲之時，朝鮮人方改為承認清朝的合法性，只因有新的「他者」，清朝是唯一可以信賴的國家，這也反映了清對朝鮮德化政策上某程度的成功。奉清不代表不思明，即使後來朝鮮王朝獨立改為帝國，亦有文人官員指不能不思明朝之恩，也可見明朝對於朝鮮人構成自身身份認同的過程時扮演了非常重要的角色。

　　我們亦在尾段討論了新清史學派的範式將能夠令我們看待中韓關係的本質，有新的啟發。原因在於中國近代民族主義史家經常在一個矛盾的位置，就是強調以漢族為主體的中國，但同時又對清朝統治西藏、新疆的歷史支吾以對，原因在於若以漢族為中國的話，就需要放棄對西藏、新疆的主權；若以清朝的中國為近代中國的版圖，則難以解釋近代中國民族主義排外的現況，若即一邊廂對近代政治定義下中國下的少數民族，即維吾爾族以及藏族的壓迫，漢人卻在另一邊廂在於「多元一體」的情況下較其他少數民族取得優勢地位。如果當代中國所奉行的文化標準是多元並濟的話，那麼現今的政治局勢則離此標準相當遠也。本文無意解決政治問題，亦非筆者能力範圍內能夠解決的問題。本文撰有附論部份的目的在於，希望能夠以新清史學派的觀點放諸在中韓文化交流史、東亞身份認同的議題上提出管窺之見，為學界提供微弱貢獻。然而平心而論，我們若將歷史放在其本身脈絡而論之，我們看到朝鮮士人對他們所信奉的價值珍而重之，念念不忘之意在於冀望有迴響是也。從他們的角度下，朝鮮是明朝中國淪陷後唯一的文化清泉，是舊有中國儒家禮制的精神燈塔，原因在於他們朝思夜夢的君父故國早已煙消雲逝、不復存在。

　　香港史家羅香林就曾言：「遍地皆學問，無處不文章。」歷史從來都不會重覆，但它會押韻。時人以為歷史乃過去之事，然而觀諸時局，就會發現歷史上的先賢先哲所面對情況與今人同也。雖然本文所研探的朝鮮士人課題與現今相距數百年，但是於「尚友古人」的精神下，或許我們能夠效法他們思考的方法及路向，忠於自身所相信的信念。

---

[87] 西嶋定生：《中国古代国家と東アジア世界》（東京：東京大學出版會，1983 年），頁 616-617。

徵引資料

今版古籍、原始資料：

1. Martini, Martino, The Conquest of the Great and Most Renowned Empire of China, by the invasion of the Tartars, who in these last seven years, have wholy subdued that vast empire. Together with a map of the provinces, and chief cities of the countries, for the better understanding of the story (London: John Crook, 1654).

2. Winterbotham, William, An Historical, Geographical, and Philosophical View of the Chinese Empire: Comprehending a Description of the Fifteen Provinces of China, Chinese Tartary, Tributary States; Natural History of China; Government, Religion, Laws, Manners and Customs, Literature, Arts, Sciences, Manufactures, &c (London: J. Ridgway, 1795).

3. 中川秀英編著，方克、孫玄齡校譯：《清俗紀聞》（北京：中華書局，2006 年）。

4. 中央研究院歷史語言研究所編校：《明實錄》（台北：中央研究院歷史語言研究所，1962 年）。

5. 方孝孺編著：《遜志齋集》（上海：中華書局，1936 年）。

6. 王夫之：《讀通鑑論》（北京：中華書局，1973 年）。

7. 申時行：《明會典》（北京：中華書局，1989 年）。

8. 朴趾源著、朱瑞平校點：《熱河日記》（上海：上海書店出版社，1997 年）。

9. 朴趾源編著：《燕岩集》（漢城：慶熙出版社，1966 年）。

10. 林春勝等編、浦廉一校：《華夷變態》（東京：東洋文庫，1958 年）。

11. 金富軾著、朝鮮史學會編輯：《三國史記》（京城：近澤書店，1941 年）。

12. 朝鮮史編修會編：《事大文軌》（京城：朝鮮總督府，1932-1940 年）。

13. 閔鼎重：《老峰燕行記》，載於弘華文主編：《燕行錄全編》（桂林：廣西師範大學，2010 年），第二輯，第二冊，頁 211-238。

14. 黃宗羲：《明夷待訪錄》（台北：金楓出版社，1999 年）。

15. 黃景源：《江漢集》，載於韓國民族文化推進會編：《標點影印韓國文集叢刊》（漢城：韓國民族文化推進會，1999 年），第二百二十一冊。

16. 鄭麟趾：《高麗史》，載於四庫全書存目叢書編纂委員會編：《四庫全書存目叢書》（台南：莊嚴文化事業，1996 年）。

17. 韓國國史編纂委員會編：《朝鮮王朝實錄》（京畿道果川市：國史編纂委員會，2005 年）。

18. 顧炎武：《原抄本顧亭林日知錄》（台北：文史哲出版社，1979 年）。

漢文、漢譯著述：

1. 卞鳳奎：〈明清時代朝鮮使者使錄目錄〉，載於松浦章編著：《明清時代中國與朝鮮的交流──朝鮮使節漂著船》（台北：樂學書局，2002 年），頁 323-327。

2. 夫馬進編著，伍躍譯：《朝鮮燕行使與朝鮮通信使：使節視野中的中國‧日本》（上海：上海古籍出版社，2010 年）。

3. 王成勉編著：《氣節與變節：明末清初士人的處境與抉擇》（台北：黎明文化出版，2012 年）。

4. 王汎森：〈從東亞交涉史料看中國〉，載於關西大学文化交渉学教育研究拠点編：《東アジア文化交涉研

究・別冊》（大阪府吹田市：關西大學文化交涉学教育研究拠点，2008 年），第一冊，頁 93-96。

5. 王汎森：《權力的毛細管作用：清代的思想、學術與心態》（台北：聯經出版，2013 年）。

6. 王孝廉：〈朴趾源與他的《熱河日記》〉，載於東吳大學中國文學系編：《域外漢文小說國際研討會論文集》（台北：東吳大學中國文學系，1999 年），頁 303-314。

7. 王璦玲：〈記憶與敘事：清初劇作家之前朝意識與並易代感懷的戲劇轉化〉，載於《中國文哲研究集刊》，總 24 期（2004 年），頁 39-103。

8. 全海宗編著，全善姬譯：《中韓關係史論集》（北京：中國社會科學出版社，1999 年）。

9. 朱雲影編著：《中國文化對日越韓的影響》（台北：黎明文化事業，1981 年）。

10. 西嶋定生撰、高明士譯：〈東亞世界的形成〉，載於劉俊文編：《日本學者研究中國史論著選譯》（北京：中華書局，1993 年），第二卷：專論，頁 88-103。

11. 何冠彪編著：《明末清初學術思想研究》（台北：學生書局，1991 年）。

12. 李治亭：〈「新清史」：「新帝國主義」史學標本〉，《中國社會科學報》（2015 年 4 月），載於《中國社會科學網》，網址：http://sscp.cssn.cn/xkpd/zm_20150/201504/t20150420_1592234.html。擷取於 2021 年 2 月 11 日。

13. 周群：〈牢牢把握清史研究話語權〉，載於《人民日報》，2019 年 1 月 14 日，頁 A9。

14. 松浦章編著：《明清時代中國與朝鮮的交流——朝鮮使節漂著船》（台北：樂學書局，2002 年）。

15. 信夫清三郎編著、天津社會科學院日本問題研究所譯：《日本外交史》（北京：中華書局，1980 年）

16. 姜智恩：〈朝鮮儒者中華認同的新解釋——「天下」與「國家」的整合分析〉，載於《中央研究院近代史研究所集刊》，第九十六期（2017 年 6 月），頁 31-60。

17. 孫衛國：《大明旗號與小中華意識：朝鮮王朝尊周思明問題研究，1637-1800》（北京：商務印書館，2007 年）

18. 孫衛國編著：《從「尊明」到「奉清」：朝鮮王朝對清意識之嬗變，1927-1910》（台北：台灣大學出版中心，2018 年）。

19. 張存武：〈清代中國對朝鮮文化之影響〉，載於《中央研究院近代史研究所集刊》，第四期下（1974 年 12 月），頁 551-599。

20. 張存武：《清韓宗藩貿易，1637-1894》（台北：中央研究院近代史研究所，1978 年）。

21. 張雙志：〈18 世紀朝鮮學者對清代西藏的觀察——讀朴趾源《熱河日記》〉，載於《中國藏學》（中國人民大學清史所），2007 年 3 期，頁 33-39。

22. 許振興：〈宋明時期的「中國與世界」—《皇明祖訓》的啟示〉，載於：《明清史集刊》，第十一期（2015 年），頁 1-18。

23. 陳永明編著：《清代前期的政治認同與歷史書寫》（上海：上海古籍出版社，2011 年）。

24. 陳尚勝編著：《朝鮮王朝（1392-1910）對華觀的演變：朝天錄與燕行錄初探》（濟南：山東大學出版社，1999 年）。

25. 傅樂成編著：《漢唐史論集》（台北：聯經出版，1995 年）。

26. 項飆、劉小萌、歐立德（Mark C. Elliot）：〈從「新清史」到滿學範式〉，載於《二十一世紀》雙月刊，2016 年 10 月號（總第 157 期），頁 4-26。

27. 黃俊傑：〈中日文化交流史中「自我」與「他者」的互動：類型及其意涵〉，載於《臺灣東亞文明研究學刊》，第 4 卷第 2 期（總第 8 期），2007 年 12 月，頁 85-105。

28. 黃俊傑：〈作為區域史的東亞文化交流史——問題意識與研究主題〉，載於《臺大歷史學報》，第 43 期（2009 年 6 月），頁 187-218。

29. 楊文信：〈讀《四庫全書》本王弇州著作〉，載於《慶祝香港大學創校九十週年明清史國際學術研討會論

文集》（香港：香港大學中文系，2001 年），論文本頁 1-18。

30. 楊仕樂：〈東亞朝貢體系的實驗檢證：朝鮮的案例研究 1618-1637〉，載於《問題與研究》，56 卷 1 期（2017），頁 53-79。

31. 葛兆光：〈從"朝天"到"燕行"──17 世紀中葉後東亞文化共同體的解體〉，載於《中華文史論叢》，2006 年第 1 期，頁 29-58。

32. 葛兆光：《宅茲中國：重建有關「中國」的歷史論述》（北京：中華書局，2011 年）。

33. 嘉木樣・久美旺波（དཀར་མཛེས་འཇིགས་མེད་དབང་པོ）著，許得存、卓永強譯：《六世班禪洛桑巴丹益希傳》（拉薩：西藏人民出版社，1990 年）。

34. 趙令揚：《關於歷代正統之爭論》（香港：學津出版社，1976 年）。

35. 劉家駒：《清朝初期的中韓關係》（台北：文史哲出版社，1986 年）。

36. 鄭克晟編著：《明清史探實》（北京：社會科學出版社，2001 年）。

37. 濱下武志：《近代中國的契機──朝貢貿易體系與近代亞洲貿易圈》（北京：中國社會科學出版社，1999 年）。

38. 饒宗頤：《中國史學上之正統論》（香港：龍門書局，1977 年）。

英文、日文著述：

1. Anderson, Benedict, Imagined Communities: Reflections on the Origin and Spread of Nationalism (London & New York: Verso, 2006).

2. Brook, Timothy & Schmid, Andre. (ed.), *Nation Work: Asian Elites and National Identities* (Ann Arbor: University of Michigan Press, 1999).

3. Chan, Hok-lam, Legitimation in Imperial China: Discussion Under the Jurchen-Chin Dynasty (Seattle: University of Washington Press, 1984).

4. Chun, Hae-jong, "Sino-Korean Tributary Relations in the Ch'ing Period", in Fairbank, John King (edits.), *The Chinese World Order: Traditional China's Foreign and Relations,* pp.90-111.

5. Cohen, Paul A., Discovering History in China: American Historical Writing on the Recent Chinese Past (New York: Columbia University Press, 1984).

6. Crossley, Pamela Kyle, *A Translucent Mirror: History and Identity in Qing Imperial Ideology* (Berkeley: University of California Press, 1999).

7. Elliot, Mark C., "Putting Things in Context". URL: https://ahbsch.wordpress.com/2015/05/21/putting-things-in-context-a-contribution-to-the-nqh-debate-by-professor-mark-c-elliott/. Originated on the website of Fairbank Center for Chinese Studies (費正清中國研究中心). Read on February 11, 2021.

8. Elliot, Mark C., The Manchu Way: The Eight Banners and Ethnic Identity in Late Imperial China (Stanford, California: Stanford University Press, 2001).

9. Fairbank, John King, "A Preliminary Framework". In his edition, *The Chinese World Order: Traditional China's Foreign and Relations* (Cambridge, Massachusetts: Harvard University Press, 1968), pp. 1-19.

10. Hamashita, Takashi, "The Intra-regional System in East Asia in Modern Times", In Katzenstein, Peter J. and Takashi, Shiraishi (ed.), *Network Power: Japan and Asia* (Ithaca: Cornell University Press, 1997), pp. 113-135.

11. Ho, Ping-ti, "The Significance of the Ch'ing Period in Chinese History". In *the Journal of Asian Studies*, Vol. 26, No.2 (Feb. 1967), pp.189-195.

12. Hur, Joon, "The State and Identity Construction in Chosŏn Korea" (Doctor of Philosophy Dissertation,

University of California, Los Angeles, 2019).

13. Kim, JaHyun Haboush, "Contesting Chinese Time, Nationalizing Temporal Space: Temporal Inscription in Late Chosŏn Korea". In Struve, Lynn A. (edit.), *Time, Temporality, and Imperial Transition: East Asia from Ming to Qing* (Honolulu: Association for Asian Studies & University of Hawaii Press, 2005), pp 115-141.

14. Kim, Seonmin, Ginseng and Borderland: Territorial Boundaries and Political Relations Between Qing China and Chosŏn Korea 1636-1912 (Oakland: University of California Press, 2017).

15. Kung, Ling-wei, "The Transformation of the Qing's Geopolitics: Power Transitions between Tibetan Buddhist Monasteries in Amdo, 1644-1795". In *Revue d'Etudes Tibétaines*, Vol. 45 (2018), pp. 110-144.

16. Mungello, David Emil, *The Great Encounter of China and the West, 1500-1800* (Lanham: Rowman & Littlefield Publishers, 2009).

17. Palais, James B., "A Search for Korean Uniqueness". In *Harvard Journal of Asiatic Studies*, Vol. 55 No. 2 (Dec. 1995), pp. 409-425.

18. Rawski, Evelyn S., "Reenvisioning the Qing: The Significance of the Qing Period of Chinese History". In *the Journal of Asian Studies*, Vol. 55, No. 4 (Nov. 1996), pp. 829-850.

19. Rawski, Evelyn S., *The Last Emperors: A Social History of Qing Imperial Institutions* (Berkeley: University of California Press, 1998).

20. Rhoads, Edward J. M., Manchus and Han: Ethnic Relations and Political Power in Late Qing and Early Republican China, 1861-1928 (Seattle: University of Washington Press, 2000).

21. Song, Gang, "Boundary-Crossing Words, Beliefs, and Experiences: Late Imperial China's Encounter with the Modern West", In Song, Gang (edit), *Reshaping the Boundaries: The Christian Intersection of China and the West in the Modern Era* (Hong Kong: Hong Kong University Press, 2016), pp. 1-8.

22. Wang, Sixiang, "Co-constructing Empire in Early Chosŏn Korea: Knowledge Production and the Culture of Diplomacy, 1392-1592" (Doctor of Philosophy Dissertation, Columbia University of New York, 2015).

23. Wang, Yuanchong, *Remaking the Chinese Empire: Manchu-Korean Relations, 1616-1911* (Ithaca and London: Cornell University Press, 2018).

24. Wills Jr., John E., "China in the World: Beyond the Tribute System". In Szonyi, Michael (edit.), *A Companion to Chinese History* (Chichester, England: Wiley-Blackwell, 2017).

25. 子安宣邦：《漢字論：不可避の他者》（東京：岩波書店，2003 年）。

26. 今西龍：《朝鮮古史の研究》（東京：国書刊行会，1970 年），頁 146-147。

27. 夫馬進：〈明清中国の対朝鮮外交における「礼」と「問罪」〉，載於夫馬進總編：《中国東アジア外交交流史の研究》（東京：京都大學學術出版會，2007 年），頁 311-352。

28. 夫馬進：〈萬曆二年朝鮮使節の「中華」國批判〉，載於於明代史研究会編：《山根幸夫教授退休記念明代史論叢》（東京：汲古書院，1990 年），上卷，頁 547-570。

29. 平野聰：《大清帝国と中華の混迷》（東京：講談社，2018 年）。

30. 西嶋定生：《中国古代国家と東アジア世界》（東京：東京大學出版會，1983 年）。

31. 河內良弘：〈明代女真史の研究〉（京都大學文學博士論文，1984 年）。

32. 姜智恩：《朝鮮儒学史の再定位——十七世紀東アジアから考える》（東京：東京大學出版會，2020 年）。

33. 檀上寬：〈明初の海禁と朝貢——明朝專制支配の理解に寄せて〉，載於森正夫等編：《明清時代史の基本問題》（東京：汲古書院，1997 年），頁 203-234。

合禮與權宜
——從臺灣傳世文物談清代官員禮服混用現象

國立成功大學歷史學系博士生　廖伯豪

一、前言

　　滿洲人入關後，亦同時帶來關外的生活文化，新的統治者有意識地將國語騎射的傳統實踐在帝國禮儀制度的設計中，其中清代冠服制度為北方騎射文化與漢人禮樂制度融合的最佳範例，其歷經順治、康熙、雍正三朝以來不斷的摸索與改進。至乾隆朝《皇朝禮器圖式》（以下簡稱《禮器圖》）的製作，確立上至帝王、下至官員士子之冠服服色及樣式規範，劉潞認為《禮器圖》對於冠服的繪製，除代表人的不同等級及人們向楚的不同場合外，更是反映社會關係，是社會禮儀系統的集中體現，同時亦作為爾後嘉慶朝製作《大清會典圖》（以下簡稱《清會典圖》）的基石。[1]賴毓芝更進一步提及《禮器圖》係經過「目驗」的手段，使圖樣描繪具有可驗證性及充滿細節的特點。[2]反映朝廷開始有系統透過精準文字與精準圖像企圖建立帝國統一的穿搭準則，成為會典中不可或缺的一部份。另廖伯豪透過清代官員頂戴的研究，發現其結構設計運用西洋機械原理，讓頂珠材質可因應官員所處場合及品級變化靈活組裝替，[3]使服裝穿搭能更加的機動便利，進而延伸出相關的服飾文化禮節。[4]

　　自二十世紀八十年代起，海內外學者對於清代服飾形制的研究，多依據《禮器圖》及《大清會典》（以下簡稱《清會典》）的框架下進行理解與辨識，[5]其中宗鳳英認為在

---

[1] 劉潞，〈一部規範清代社會成員行為的圖譜—有關《皇朝禮器圖式》的幾個問題〉，《故宮博物院院刊》4（2004）：130-144。

[2] 賴毓芝，〈「圖」與禮：《皇朝禮器圖式》的成立及其影響〉，《故宮學術季刊》37.2（2020）：1-56。

[3] 廖伯豪，〈寶頂珠光：從故宮院藏吉服冠頂譚清代帽頂珠料製作及應用〉，《故宮文物月刊》419（2018）：93-97。

[4] 廖伯豪，《清代官帽頂戴研究：以臺灣考古出土與傳世文物為例》（臺南：國立臺南藝術大學藝術史學系碩士學位論文，2014），頁197-198。

[5] 相關實例所見大陸地區以瀋陽故宮博物院及北京故宮博物院之清宮舊藏服飾為主軸，如王雲英，《清代滿族服飾》（瀋陽：遼寧出版社，1985）；周錫保，《中國古代服飾史》（北京：中央編譯出版；2011社），頁499-501；陳娟娟，〈清代服飾藝術〉，《故宮博物院院刊》，2（1994）：81-96；李理，《清代官制與服飾》（瀋陽：遼寧出版社，

冠服制度清晰明確的情況下，清代官員帽冠穿戴的場合類型亦會同時反映在袍掛的形制，如官員穿著吉服袍，才戴吉服冠，冠服之間應是屬於一個有機的整體。[6]隨著近年來臺灣對於全國文物普查及調查研究工作的推動，陸續發掘臺灣家族傳世清代之官服文物。[7]

當面對這些傳世的服飾文物、祖先畫像及塑像，使筆者注意到，這種先由朝廷因應官僚系統所建構出的冠服制度，乃至官員身體的具體實踐，兩者之間其實存在形象上落差，導致當研究者在識別部份清代官員圖像之服裝形制時，無法輕易以清代章典的服制邏輯清晰歸類。如吳衛民於《明清祖先像圖式研究》一書中，針對大陸各地民間傳世清代祖先官服畫像之官服服色及形制特徵，識別有朝服、吉服、補服等形式。[8]然該書所刊載之畫像資料中，亦包含有像主身著吉服袍、頭戴朝冠的案例，致使作者在畫作說明中無法明確判定其確切服式，僅能籠統以「官服」稱之。[9]

過去涉及清代官服文物與會典形制的落差問題研究，多聚焦於袍服章補紋樣僭越逾制的面向。[10]但有另一種落差，是源自服裝本身的穿搭機能，致使官員因應合乎場合兼達形塑自我身份所延伸的「權宜之計」，是過去清代服飾研究中尚未進一步探究的。本文企圖在制式章典架構之外，透過臺灣本地傳世文物的實際現況，藉由服裝結構設計及身體感知的角度，找出導致官員實際衣著與章典產生落差的原因。

2009），頁 171-274。李理，〈從尚可喜畫像看清朝官制服飾〉，《收藏家》7（2015）：頁 48-50。臺灣關於清代官服研究有國立故宮博物院莊吉發，〈百官服飾〉，《故宮文物月刊》3.4（1985）：38-45；陳夏生，〈清代服飾溯源〉，《故宮文物月刊》5.5（1987）：92-98。另有林惠珠，《清朝百官冠服的研究》（臺北：豪峰出版社；1989）；朱漢生，《清代皇帝與文官服飾之研究》（臺北：輔仁大學織品服裝研究所碩士論文，2000）。西方研究以 Beverley Jackson & David Hugus, "Ladder to the clouds-Intrigue and tradition Chinese rank " (Berkeley Toronto :Ten Speed Press,1999) 以及 Garry Dickinson & Linda Wrigglesworth " Imperial Wardrobe " (Berkeley Toronto : Ten Speed Press, 2000) 最為代表。

6　宗鳳英，《清代宮廷服飾》（北京：紫禁城出版社，2004），頁 110。

7　相關臺灣家族及古蹟歷史建築傳世服飾文物、祖先畫像及塑像調查研究成果，所見李建緯，《歷史、記憶與展示—臺灣傳世宗教文物研究》（臺中：豐饒文化社，2018），頁 268-322。盧泰康、廖伯豪，《108-109 年藏品文化資產價值分析計畫結案報告》（國立臺灣歷史博物館委託，2020），頁 127-355。李建緯、林韻柔，《苗栗縣獅山前山地區宗教文物普查暨調查研究計畫—期末報告書》（苗栗縣政府文化觀光局委託，2020），頁 471-477。李建緯、廖伯豪等，《傳神—走進金門祖先畫像》（金門：金門縣文化局，2021）。

8　吳衛民，《明清祖先像圖式研究》（北京：科學文獻出版社，2020），頁 59-62。

9　吳衛民，《明清祖先像圖式研究》，頁 127、169。

10　關於清代官員蟒袍紋飾逾制問題，詳見廖伯豪，2016：頁 47-49。另有清代官員章補逾制現象，見王淵，2016：140-148。

二、章典下的禮服形制特點

　　《禮器圖》及《大清會典》下所見官員禮服形制，主要有朝服與吉服兩式，[11]朝服式為王公官員參加朝會、登基、元旦、冬至、壇、廟祭祀、御駕出入等重大慶典活動；吉服式為王公官員於宮中花衣期、喜慶節日如萬壽、千秋、元宵、七夕、中秋等節慶，以及勞師、受俘、賜宴、官員迎送及謁見上司等典禮場合服用。[12]除了做為正式官服外，民間亦將朝服與吉服做為婚禮服、壽禮服、喪禮壽衣等用途，或流傳後世供子孫紀念。[13]以下針對其穿搭形式及設計原理分述：

（一）朝服式

　　官員朝服式主要由朝冠、朝服袍、披領、朝珠、朝服帶、朝靴所組成。其中朝冠之冬冠帽檐按等級以各式獸皮為之【圖1-1】；[14]夏冠「織玉草或藤絲、竹絲為之，緣石青片金二層，裡用紅片金或紅紗，上綴朱緯」[15]【圖1-2】，兩款朝冠共同特徵為帽緯豐厚皆突出帽檐，所飾冠頂作三層塔柱狀，頂部寶石外形作柱狀錐晶體，另夏朝冠冠胎飾有片金緣兩層。該式所穿搭的朝服袍又稱「朝衣」【圖1-3】，形制為圓領、右衽、左右為馬蹄袖，整體作上衣下裳連身式，中隔以腰帷，腰帷以下為下裳，作裙狀，與腰帷接合處見有襞積（下裳打百摺處），朝服紋樣及分布於前後胸背與左右兩肩、腰帷處及下擺裙襴，彼此紋樣不相連通，各部位龍紋與蟒紋數量按照階級各有定制【表一】，其中下裳裙襴處龍蟒紋下的淺波浪紋又稱「八寶平水」紋，為朝服袍下擺的特有紋飾。[16]

　　由於此服裝作為官方最高級禮服，不作騎馬射獵之服，下裳大裙擺的設計較顯得沉穩莊重，為清代官方服制當中唯一不作開裾的服裝。在實際穿搭上，完整朝服式穿

---

[11] 過去學者依據《欽定大清會典》認為清代禮服是依據五禮（吉禮、嘉禮、軍禮、賓禮、兇禮）所設計，將清代官服類型區分為禮服、吉服、常服、行服四類，將清代朝服歸入「禮服」類中，與吉服區別，是為狹義的「禮服」。然綜觀清代朝服與吉服功能，皆應用於「嘉禮」與「吉禮」中，而因應穿戴場合的類型不同而有所區別，若將只將朝服特別獨立於禮服之中，容易造成字面理解上的曖昧混淆。見王雲英，《清代滿族服飾》，頁103-111；宗鳳英，《清代宮廷服飾》，頁30、39、45、105、123-125；香港歷史博物館，《國采朝章-清代宮廷服飾》（香港：香港歷史博物館，；2013），頁19、95。故本文依據《皇朝禮器圖式》的命名區分為朝服、吉服、常服、行服，並將朝服與吉服統稱為廣義上的「禮服」，特此說明。

[12] 宗鳳英，《清代宮廷服飾》，頁62-67、123-125。

[13] 廖伯豪，《清代官帽頂戴研究：以臺灣考古出土與傳世文物為例》，頁197-198；廖伯豪，〈華服章祿—從王得祿傳世蟒袍談清代官員吉服〉，《故宮文物月刊》，402（2016）：40-50。

[14] 允祿等，《皇朝禮器圖式》（揚州：廣陵書社，2004），卷4，頁121。

[15] 允祿等，《皇朝禮器圖式》，卷4，頁122。

[16] 允祿等，《皇朝禮器圖式》，卷4，頁124。

著需頭戴厚纓朝冠，頸肩戴以披領，同時按階級配掛朝珠。最後腰間圍以朝帶，朝帶
板飾有四塊，所繫紛帶下端廣而銳，其版飾形制與織帶顏色按階級各有定秩，迎面可
見官員著朝服時腰間露出其中帶版三塊及兩側配件【圖1-4】。另朝服式可外搭補褂，
故在補褂開衩處會露出朝服袍下裳襞積作百褶及下方裙襴行蟒紋、八寶平水紋飾特徵
【圖1-5】。

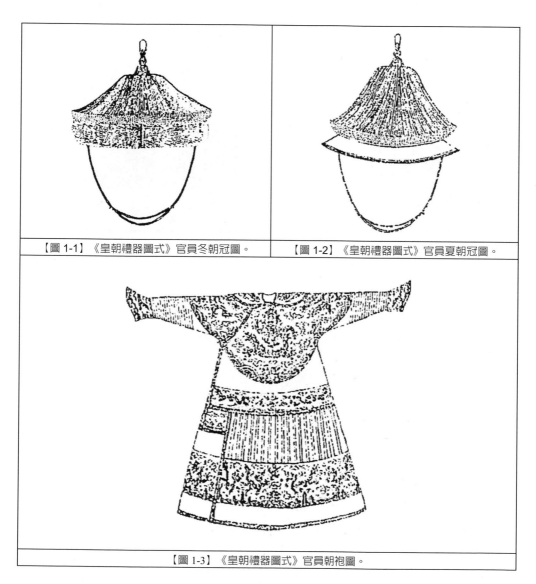

【圖1-1】《皇朝禮器圖式》官員冬朝冠圖。　　【圖1-2】《皇朝禮器圖式》官員夏朝冠圖。

【圖1-3】《皇朝禮器圖式》官員朝袍圖。

【圖 1-4】	【圖 1-5】
親、郡王冬朝服肖像，可見其穿戴時頭戴朝冠、頸圍披領並垂掛朝珠、腰繫朝帶，並附裙襴特徵。（引圖自 Garry Dickinson & Linda Wrigglesworth, 2000: 67.）	官員補服內搭朝服像，見其頭戴夏朝冠、外罩補褂及披領，並附補褂下襬露出，朝服裙襴特徵。（引圖自 Valery Garrett, 2007: 68）

（二）吉服式

　　吉服式由吉服冠、吉服袍、朝珠、吉服帶、皂靴所組成，其中吉服冠之冬冠帽檐按等級以各式獸皮為之【圖 1-6】；[17]夏冠「織玉草或藤絲、竹絲為之，紅紗綢為裡，石青片金緣」【圖 1-2】，[18]兩款朝冠共同特徵為帽纓較朝冠薄，多為紅色辮繩材質，所飾冠頂作蓋鈕狀，頂部寶石為球體，另夏吉服冠冠胎飾有單層片金緣。該式所穿搭的吉服袍即為俗稱的「龍袍」或「蟒袍」，其形制為通身長袍，作圓領、右衽、左右各皆以

---

[17] 冬朝冠制，皇子百官通用薰貂為之，皇子下達文武一品十一月朔至上元用狐皮、文武二品及文三品用貂尾。允祿等，《皇朝禮器圖式》，卷 4，頁 119、121；卷 5，166、170、173。

[18] 允祿等，《皇朝禮器圖式》，卷 4，頁 129。

當臂與馬蹄袖、下擺開裾且呈滿襟（與官員常服結構相同）。有別於朝服袍上下幅紋飾不相連通，吉服袍通身佈滿龍蟒紋、雜寶、波濤等花樣，所有母題皆以雲紋相連，故又稱作「花衣」，龍紋主要分布在前後兩肩正龍或正蟒，下擺前後襟各有一對行龍或行蟒，龍蟒紋數量按其階級各有不同【表1】，其紋樣的最大特徵在於下擺開裾處見有一段明顯的斜線的「八寶立水紋」，為吉服袍的特有紋飾。[19]

在實際穿搭上，完整吉服式穿用時頭戴吉服冠，可內搭立領，同時頸上按階級配掛朝珠。另腰間圍以吉服帶，整體結構與朝帶同，惟紛帶下端直而齊，吉服帶織帶顏色按階級各有定秩，迎面可見官員著吉服時腰間露出其中帶版三塊及兩側配件【圖1-4】。最後吉服式亦可外搭補褂，故在補褂開衩處會露出吉服袍下擺之開裾特徵以及特有的立水紋樣。

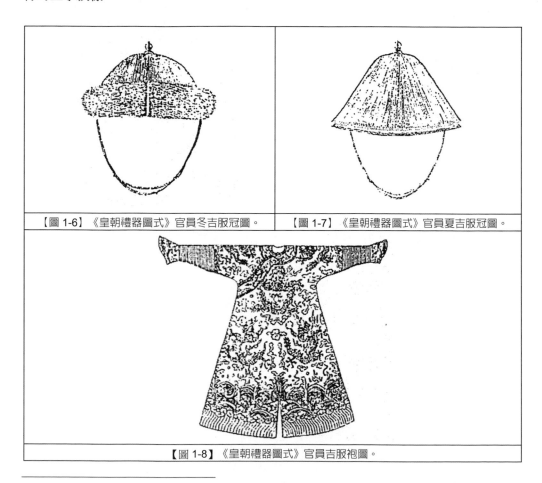

【圖1-6】《皇朝禮器圖式》官員冬吉服冠圖。　【圖1-7】《皇朝禮器圖式》官員夏吉服冠圖。

【圖1-8】《皇朝禮器圖式》官員吉服袍圖。

---

[19] 允祿等，《皇朝禮器圖式》，卷4，頁120。

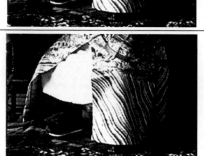

【圖 1-9】	【圖 1-10】
肅親王善耆像（局部），日本早稻田大學藏，見肅親王身著吉服式，並附下擺立水紋局部。 （引自「早稻田大學資源情報ポータル」：http://www.enpaku.waseda.ac.jp/db/shashin/shousai.php（點閱日期 2014 年 8 月 29 日）	傳沈葆楨著補服內搭吉服像，Berthaud 拍攝（1874年），見沈葆楨頭戴夏吉服冠、外罩補褂、內搭吉服，並附下擺立水紋局部。 （引自王雅倫，1997: 72）

【表 1】清代各級官員服制鑑別表

位階	冠頂		外褂	袍			
	朝冠頂	平時帽頂	補紋	朝服袍紋章	吉服袍紋章	常服袍紋飾	行服袍紋飾
皇帝	冠頂三層、貫東珠各1，皆承以金龍各4 東珠如其數（共14），上銜大東珠1；前綴金佛飾東珠15、後綴舍林飾東珠7	吉服冠：大珍珠 常服冠：紅絨結頂 行服冠：未載	四團龍（正龍）	兩肩前後正龍各1、腰帷行龍5、衽正龍1、襞積前後團龍各9、裳正龍2行龍4，披領行龍2，列十二章。	列十二章，九龍五爪，下幅八寶立水	色及花紋隨所御	色及花紋隨所御
皇子	頂金龍二層、飾東珠10、上銜紅寶石；前綴舍林飾東珠5、後綴金花飾東珠4	紅絨結頂		兩肩前後正蟒各1、腰帷行蟒4，中有襞積。裳行蟒8，披領行蟒2。		色隨所用	色隨所用
親王	頂金龍二層、飾東珠10、上銜紅寶石；前綴舍林飾東珠5、後綴金花飾東珠4	紅寶石頂	四團龍（二正二行）		九蟒五爪		
世子	頂金龍二層、飾東珠9、上銜紅寶石；前綴舍林東珠5、後綴金花飾東珠4						
郡王	頂金龍二層、飾東珠8、上銜紅寶石；前綴舍林飾東珠4、後綴金花飾東珠3		四團龍（四行）				
貝勒	頂金龍二層、飾東珠7、上銜紅寶石；前綴舍林是東珠3、後綴金花飾東珠2		二團蟒（二正）		九蟒四爪		
貝子	頂金龍二層、飾東珠6、上銜紅寶石；前綴舍林是東珠2、後綴金花飾東珠1		二團蟒（二行）				

位階	冠頂		外褂	袍			
	朝冠頂	平時帽頂	補紋	朝服袍紋章	吉服袍紋章	常服袍紋飾	行服袍紋飾
鎮國公	頂金龍二層、飾東珠5、上銜紅寶石；前綴舍林飾東珠1、後綴金花飾綠松石1	入八分：紅寶石頂 不入八分：珊瑚頂	正蟒方補				
輔國公	冠頂二層，飾東珠4、上用紅寶石；前綴舍林飾東珠1、後綴金花飾綠松石1	入八分：紅寶石頂 不入八分：珊瑚頂					
民公	鏤花金座，中飾東珠4、上銜紅寶石	珊瑚頂		兩肩前後正蟒各1、腰帷行蟒4，中有襞積。裳行蟒8，披領行蟒2。			
侯	鏤花金座，中飾東珠3、上銜紅寶石						
伯	鏤花金座，中飾東珠2、上銜紅寶石						
一品官、子	鏤花金座，中飾東珠1、上銜紅寶石		仙鶴／麒麟				
二品官、男	鏤花金座，中飾小紅寶石1、上銜鏤花珊瑚	鏤花珊瑚頂	錦雞／獅子				
三品官	鏤花金座，中飾小紅寶石1、上銜藍寶石	藍寶石頂	孔雀／豹				
四品官	鏤花金座，中飾小藍寶石1、上銜青金石	青金石	雲雁／虎				
五品官	鏤花金座，中飾小藍寶石1、上銜水晶	水晶頂	白鷳／熊	通身雲緞，中有襞積，前後方襴行蟒各1	八蟒四爪		
六品官	鏤花金座，中飾小藍寶石1、上銜硨磲	硨磲頂	鷺鷥／彪				
七品官	鏤花金座，中飾水晶1、上銜素金	素金頂	鸂鶒／犀牛				
八品官	鏤花金座，上銜花金	花金頂	鵪鶉／犀牛	雲緞無蟒	五蟒四爪		
九品官	鏤花金座，上銜花銀	花銀頂	練鵲／海馬				

位階	冠頂		外褂	袍			
	朝冠頂	平時帽頂	補紋	朝服袍紋章	吉服袍紋章	常服袍紋飾	行服袍紋飾
表格說明： 本表綜合參考自允祿等，《皇朝禮器圖式》，頁 101-208。同時參考托津等，《欽定大清會典（嘉慶朝）》（臺北：文海出版社，1991），頁 1324-1343、1351-1367、1464-1472、1505-1529、1538-1546、1573-1574。 本表依本文需要僅列出特定規制特徵。							

（三）清代服飾中的拼接與組裝特性

　　檢視清代官員整服制設計，其與明代官服有很大的不同，透過對於清代頂戴與服飾特徵的理解之後，筆者試圖重新思考清代服飾的最大特點。清代服制設計基本依循滿洲人騎射文化的傳統，冬戴煖帽、夏戴涼帽，冬夏衣著皆以袍褂形式穿搭【表 2】。所見帽冠部分，官員朝服至行服所用帽冠基本以涼煖帽胎為基本造形，再依場合配上相應的頂戴與帽纓。袍服形式一致為圓領、右衽、上下連身，兩袖作貼身窄袖，袖口為箭袖形式（滿語：waha，其外形近似馬蹄，亦稱「馬蹄袖」），清代官員朝服至行服基本皆依循此一特徵。此外，吉服以下三式袍服下擺處皆作開裾（襖），而吉服與常服僅有紋飾有無之別、而行服則再作缺襟設計。另外褂部分，朝服至常服間皆用大褂，並綴以補子，惟行服用短褂，故清代官員總體冠服基本形制差異並不大。

　　值得注意的是，清代官員官帽之帽栓結構，其設計已融入西方機械的組裝概念，間接促使服飾配件進入零件規格化生產的型態，是歷代中國服制中所未見的創舉。[20]西洋的車床鏇切技術，亦正式融入中國首飾製作工藝的行列，清帝國藉由各色寶石的組裝具體劃分官員階層與品級，這是過去清代服飾史相關研究中未被注意的。清代的帽栓結構通用於各階層所用涼煖帽上，是接合帽頂、帽纓與帽胎結構的重要零件，促使服飾配件可以自由替換，其中帽栓若與頂戴結合，即成頂戴之座底螺絲結構，若端看穿戴者帽上裝飾帽頂或是單純的帽栓結構，即可清楚辨識其為官員或是平民的階級身分，再進一步透過頂上寶石確認品階。因此，清代帽頂、翎羽、帽胎各自為獨立的配件，民間亦作可作為獨立販售的商品，同時在清代賞賜制度中亦作為賞賜的物品。

---

20 廖伯豪，《清代官帽頂戴研究：以臺灣考古出土與傳世文物為例》，頁 156-165。

【表2】清代官服冠服形制一覽表（引自廖伯豪，2015：表二-15）

	首服		身服	
	冬冠類（煖帽）	夏冠類（涼帽）	袍服式	外褂
朝服				
吉服				補褂
常服				補褂 常服褂
行服				行褂

註：
1. 繪自允祿等，《皇朝禮器圖式》，頁112、156、158、166、168；托津等，《欽定大清會典（嘉慶朝）》（臺北：文海出版社，1991），頁1341、1342、1367、1369。

若與明代的漢式冠服制度作比較，所見明代的官方冠服形式【表 3】主要有上衣下
裳類的祭服、朝服，以及連身袍服類的公服、常服、燕服兩種體系。其中官員祭服、
朝服[21]需搭配梁冠；常服、公服需搭配襆頭冠（展腳襆頭、烏紗帽）；燕服則配戴較簡
樸的梁冠，是為「靜忠冠」。[22]上述服式及冠式皆依據不同的場合配用，但四種冠帽特
徵即服裝特徵皆全然不同，以一品官員為例，其祭服與朝服雖皆為上衣下裳，皆用梁
冠，但上衣顏色（祭服用青羅、朝服用赤羅）有很大的差別。另公服、常服與燕服皆
做連身袍式，雖公服與常服為紅色盤領袍，但常服另綴有補子，且所用烏紗帽之帽胎
帽特徵翅與展腳襆頭不同。另燕服則作交領，亦綴有補子，且色用深青，雖用紗質梁
冠，但制作行制與材質異於祭服、朝服用梁冠。所見上述各服制之間彼此差異分明，
皆不易進行改制混用，需個別配備對應的冠服方可。

【表 3】明代官員冠服形制一覽表

服制	祭服	朝服	公服	常服	燕服
	梁冠類		襆頭冠類		梁冠類
首服	五梁冠，山東省博物館藏。（引自山東省博物館，2004：圖版 3）		展腳襆頭，山東省博物館藏。（引自山東省博物館，2004：圖版 15）	烏紗帽，上海潘允徵家族墓出土。（引自上海市文物管理委員會，2009：彩版 60-1。）	忠靜冠，山東省博物館藏。（引自山東省博物館，2004：圖版 21）

---

21 按《明會典》所示，明代官員朝服內著交領白紗中單、外搭上衣用交領赤羅衣，俱用青領緣；下裳用赤羅青緣，蔽膝、大帶用赤白二色絹，革帶、綬佩、白襪、黑履。祭服內著白紗中單，外搭上衣用交領青羅，俱用皂緣；下裳用赤羅皂緣，再配蔽膝、方心曲領，冠、帶、佩綬俱同朝服，兩種服式所用冠以梁數分等第。詳見徐溥等撰、李東陽重修，《明會典》（臺北市：臺灣商務，1983），卷 58，頁 611-613。

22 按《明會典》所示，明代官員用公服為盤領右衽袍、袖寬三尺，戴展角襆頭，佩腰帶。常服亦用團領衫，綴補子。公服為交領深青紗羅，亦綴補子，佩素帶、素履白襪。詳見徐溥等撰、李東陽重修，《明會典》，卷 58，頁 612-614。

服制	祭服	朝服	公服	常服	燕服
	上衣下裳類		連身袍類		
身服	明于慎行《東閣衣冠年譜畫冊》（局部），平陰縣博物館藏。	白色羅中單、赤色羅朝服裳，山東省博物館藏。（引自山東省博物館，2004：圖版16）	赤色羅素面袍，山東省博物館藏。（引自山東省博物館，2004：圖版16）	紅色羅雲鶴補袍，山東省博物館藏。（引自山東省博物館，2004：圖版19）	藍色暗花紗綴繡仙鶴交領補服，山東省博物館藏。（引自山東省博物館，2004：圖版22）

　　從滿漢間的冠服形式差異中，或許更具體凸顯清代服飾的特色，其機動性不僅反映表面的箭袖或開裾等外觀特徵。在無形的設計理念中，其應用較為務實的穿戴模式，並作為官方所指定的服裝，各式冠帽與服裝差主體形制差異越小，其相互替代挪用的彈性機會則越大，此一方式可大幅減少為因應不同場合替換各式服裝所耗費的置裝成本（時間與金錢）。

三、臺灣傳世文物中所見官員禮服服制混用現象

　　前面已提及，自《皇朝禮器圖式》的頒佈始伊，開啟清代透過實際的圖像提供官員在各式儀禮器用上有統一的依據，清代官服制度至此已進入發展成熟的階段，爾後嘉慶、光緒兩朝官員冠服圖示亦延續乾隆朝的基準再略作調整。然有規則必有例外，現存臺灣傳世清代官服文物乃至祖先官服肖像、塑像中，卻發現各級禮服穿搭模式出現與冠服制度有所落差，諸如冠式改制、服式混制等情形，使吾人較無法清晰辨別或歸類其所屬服制，以下個別詳述：

（一）冠式改制─吉服冠改制朝冠

　　以國立臺灣歷史博物館藏（以下簡稱「臺史博」）〈新竹李錫金家族傳世七品夏朝冠〉為例【圖 2-1】，所見頂戴為金色塔柱狀，下覆紅色絲絨厚縷，厚縷月圓上有雙梁繫住頂戴，具有典型朝冠樣式。若比較瀋陽故宮博物院（以下簡稱「瀋陽故宮」）藏一品夏朝冠

【圖 2-2】，細看頂戴與帽纓特徵大抵一致，惟瀋陽故宮之一品夏朝冠帽檐所飾片金緣作二層，與會典規定的形制相符合。反觀臺史博藏七品夏朝冠帽檐所飾片金緣僅作單層，相同帽檐特徵另見屏東縣客家文物館藏二品夏吉服冠【圖 2-3】，若再對應清代章典規制，可知單層片金緣應為夏吉服冠形制，故確認臺史博館藏七品夏朝冠，是以夏吉服冠胎組裝朝冠頂與帽纓所改制而成的，為臺灣傳世清代夏朝冠之首例。

 【圖 2-1】 新竹李錫金家族傳世七品夏朝冠，國立臺灣歷史博物館典藏，典藏編號：2009.002.0001.0002。 （引圖自盧泰康、廖伯豪，2020: 128）	 【圖 2-2】 一品夏朝冠，瀋陽故宮博物院藏，所見帽檐帶兩層片金緣。 （圖引自李理，2009: 47）
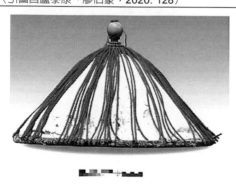 【圖 2-3】 二品夏吉服冠，屏東縣客家文物館藏，所見帽檐帶單層片金緣。 （圖引自廖伯豪，2014: 120）	 【圖 2-4】 清晚期三品夏朝冠，瀋陽故宮博物院藏。 （圖引自中華藝術學院交流中心「瀋陽故宮博物院藏彩色寶石」：http://kph168899.blogspot.com/2018/04/blog-post_72.html（點閱日期：2020 年 5 月 28 日）。）

　　相同改制案例亦見於瀋陽故宮院藏另一件三品夏朝冠【圖2-4】，清晰可見朝冠頂及朝冠纓下帽胎亦為單層片金緣。此外，臺史博及瀋陽故宮所藏夏朝冠帽緣正面皆綴有一仿珍珠之白色料珠的現象，亦非見於清會典上所規定的形制。翻閱清代以來的圖像與章典材料，《大清會典》中唯有皇帝「夏行服冠」明文記載於帽檐綴以珍珠之規制。官員帽檐僅皇帝至王公貴族夏朝冠所綴金佛、金龍、舍林等帽飾上嵌有珍珠，然而在康熙至乾隆時期的肖像畫中，僅皇帝及王公、隨侍大臣等肖像之夏常服、吉服冠中【圖2-5~2-7】，皆見綴一珍珠者，可知此時期官員於夏冠帽檐綴珠並非尋常之制，應屬殊榮，且皆綴於吉服冠與常服冠中。至清代晚期，見王侃〈皇朝冠服志〉記載官員夏吉服冠「外包織金作圍邊，上加細黑辮一道，前載如菽洋珠一顆為飾。」[23]之特徵，因此推測至清中晚期，官帽上綴珍珠的現象逐漸氾濫，綴珠已成各級官員夏冠之常事。因此若以吉服冠胎改制成夏朝冠，必會沿襲此一特徵【圖2-8~2-9】。

| 【圖2-5】（清康熙）佚名，玄燁常服寫字像（局部），北京故宮博物院藏，見其常服冠檐綴一珍珠。（引自北京故宮博物院，1995：圖版13。） | 【圖2-6】（清乾隆）佚名，萬樹園賜宴圖（局部），北京故宮博物院藏。圖中可見乾隆皇帝吉服冠檐綴有珍珠。（引自北京故宮博物院，1995：圖版58。） | 【圖2-7】（清乾隆）佚名-蒙古準噶爾部親王達瓦齊像，北京故宮博物院藏。圖中可見紅寶石吉服冠檐綴有一珍珠。（引自李理，2009: 96。） | 【圖2-8】清末，六品官員夏吉服照（局部），私人收藏。（引自Beverley Jackson & David Hugus: 1999, 85.） | 【圖2-9】清末，五品官員夏朝服照（局部），Courtesy of the Peabody & Essex Meseum收藏。（引自Beverley Jackson & David Hugus，1999: p52.） |

（二）禮服混式

　　除了傳世帽冠出現混制與章典服制有出入情形外，所見臺灣傳世官員著官服之畫像及塑像中，發現清代官員穿搭形象中出現服式混制的情形，若以帽冠特徵為基準，

23　王侃，《巴山七種》（同治四年光裕堂刊本，臺北：中央研究院傅斯年圖書館藏），上卷，〈皇朝冠服志〉，頁10。

其混制情形可分兩式，第一式為官員著朝冠混搭吉服袍、第二式為官員著吉服冠混搭不開裾吉服袍，以下分述：

1.第一式—朝冠混吉服式

　　此一類型常見於傳世祖先官服畫像之中，其具體特徵為頭戴朝冠、肩搭朝服披領，補服下內著袍服為吉服袍。目前已知年代最早之案例為國立臺灣博物館藏〈岸裡社頭目潘敦仔（1705-1771）像〉【圖2-10】，[24]細看其頭戴厚緣夏朝冠、肩圍披領，具有朝服制特徵，然補服下內著袍服作開裾、上飾有立水紋，係典型吉服袍特徵，故為吉服袍混用於朝服的代表形象。相同案例亦見於新竹新埔張氏家廟傳世〈張雲龍（1804-1880）翁畫像〉【圖2-11】、彰化員林興賢書院傳世〈故孝廉黃召周（1809-1907）先生遺照〉【圖2-12】、[25]彰化大村武魁祠傳世〈第十四世賴樸園公（1745-1827）像〉【圖2-13】、彰化永靖餘三館傳世〈例授修職郎陳漢臣（1840-1909）翁遺像〉【圖2-14】、[26]臺南石鼎美家族傳世〈曾祖述亭公壽像〉[27]【圖2-15】，皆為冬朝冠搭配披領補褂，內著開裾蟒袍形式。

【圖2-10】	【圖2-11】	【圖2-12】
清岸裡社頭目潘敦仔像（武四品補服），國立臺灣博物館藏（典藏編號AH001632）。	光緒20年張雲龍翁畫像(文六品補服)，新竹新埔張氏家廟。（引自李建緯，2018：圖6-47）	清故孝廉黃召周先生遺照（武六品補服），彰化員林興賢書院。（引自李建緯，2018：圖6-54）

---

[24] 潘敦仔乾隆23年（1758）11月被任為岸裡社第一位非漢人通事，至36年（1771）4月卸任。陳庚金，《臺中縣岸裡社開發史》（臺中：臺中縣立文化中心，1986），頁10。

[25] 曾為光緒19年（1893）武舉，見李建緯，《歷史、記憶與展示—臺灣傳世宗教文物研究》，頁305。

[26] 同治12年（1873）曾捐獲「貢生」，見李建緯，《歷史、記憶與展示—臺灣傳世宗教文物研究》，頁304。

[27] 述亭公為府城石鼎美號石時榮四子石耀宗，道光23年（1843）舉人。

【圖 2-13】	【圖 2-14】	【圖 2-15】
清第十四世賴樸園公像（文八品補服），彰化大村武魁祠。（引自李建緯，2018：圖 6-4）	清例授修職郎陳漢臣翁遺像（文八品補服），彰化永靖餘三館。（引自李建緯，2018：圖 6-51）	清曾祖述亭公壽像（文六品補服），臺南石鼎美家族傳世，鄭成功文物館典藏。（鄭成功文物館提供）

2.第二式—吉服式內著不開裾吉服袍

　　其特徵為官員著吉服式，所見頭戴冬夏吉服冠，肩部或圍披領或不圍披領，補褂下內著袍服下襬有吉服袍的立水紋特徵，卻不作開裾。若在未配戴冠帽的情況下，不易區別其為吉服式或朝服式，此一現象多見於清代官服塑像中。根據盧泰康、廖伯豪整理全臺傳世清代祖先官服塑像的服制分類，屬於「第二類（吉服類）第 A 型 II 式」的袍褂穿搭形式。[28]例見臺史博館藏〈新竹周玉樹（1838-1892）官服泥塑像〉（以下簡稱「周玉樹像」）【圖 2-16】，為坐姿男性祖宗泥塑像，像主周玉樹為新竹北門周亦記第二代開臺祖，生前曾為貢生。[29]所見像主外搭石青色補褂，內著蟒袍，頸間佩掛白色玻璃珠串，另配有涼暖帽一組，可供塑像隨時換戴，觀其帽胎與帽頂特徵，為典型清代吉服冠樣式，其中夏冠帽檐亦有綴珠。

　　然細看周玉樹像內搭蟒袍並無吉服袍的開裾特徵，相同穿搭形式亦見臺南竹溪寺〈吳國柱塑像〉（以下簡稱「吳像」）【圖 2-17】，係為木雕像。吳國柱為臺灣府第二任

---

[28] 盧泰康、廖伯豪，《108-109 年藏品文化資產價值分析計畫結案報告》，頁 320-321。

[29] 盧泰康、廖伯豪，《108-109 年藏品文化資產價值分析計畫結案報告》，頁 346。

的知府，其於康熙 32 年（1693）建成「竹溪書院」，吳氏為官惠政於民，因此在建造過程中，地方士庶皆自願協助，然落成時吳知府已榮遷，故臺民為感其恩德特塑像祀奉以資紀念。[30]所見吳像頭上冠帽雖已散佚，尚保留肩圍披領、外搭石青色補服，袖口略窄，整體形式具有清代中早期特徵，但補服紋飾具有清代晚期的特徵，不排除該塑像曾歷經重新粧鬆。另見補服下露出內著裙襬紋樣，上飾有吉服袍特有的藍地五彩立水紋樣，與周玉樹像下襬特徵一致，不排除原始彩繪為朝服袍樣式。

【圖 2-16】
清周玉樹官服泥塑像，新竹北門周益記家族傳世，國立臺灣歷史博物館藏，典藏編號：2013.020.0441，所見塑像補服下露出不開裾立水紋蟒袍特徵。轉引自（盧泰康、廖伯豪，2020:351）

【圖 2-17】
臺灣府知府吳國柱（1690-1693 任職）塑像，臺南市竹溪寺，臺南大學曾國棟老師拍攝。所見塑像補服下露出不開裾立水紋蟒袍特徵。轉引自（盧泰康、廖伯豪，2020:321）

---

[30] 高拱乾，《臺灣府志》（北京：中華書局，1985），頁 468；盧嘉興，〈臺灣的第一座寺院─竹溪寺〉，《中國佛教史論集（八）─臺灣佛教篇》（臺北：大乘文化出版社，1979），頁 233-254。

　　若比較傳世塑像之正規朝服式與吉服式穿搭特徵，朝服式所見臺中市霧峰林家下厝傳世〈林文察（1828-1864）塑像〉一尊【表4】，所見像主頭戴夏朝冠、頸圍披領、外著對襟補褂，其下襬露出內搭平水雙龍搶珠紋朝裙；另吉服式穿搭亦見霧峰林家下厝傳世〈林文明（1833-1870）塑像〉一尊【表4】，所見像主頭戴冬吉服冠、頸圍硬領、項掛朝珠，著對襟補服內搭開裾式立水紋吉服袍。

【表4】清代官員塑像冠服形制一覽表

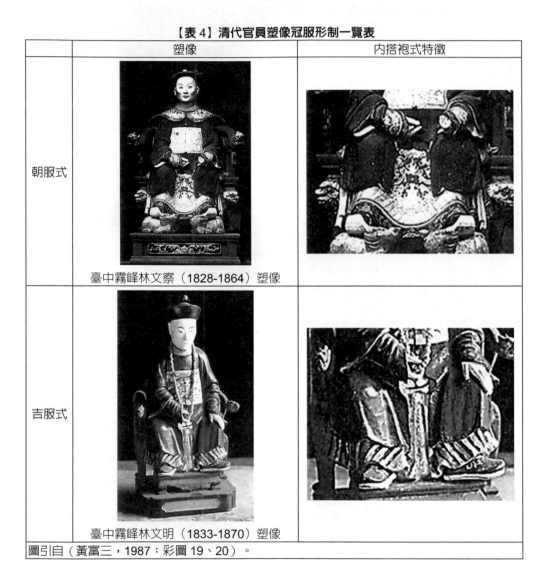

	塑像	內搭袍式特徵
朝服式	臺中霧峰林文察（1828-1864）塑像	
吉服式	臺中霧峰林文明（1833-1870）塑像	

圖引自（黃富三，1987：彩圖19、20）。

（三）小結

　　透過上述可知，臺灣傳世官服文物所發現這些有別於官方冠服制度的禮服穿搭模式，相關畫像及塑像多出現於十八世紀晚期至二十世紀初期，北、中、南地區皆具有一定的數量遍佈，並與正規的禮服穿搭模式同時並存，因此我們依然可以同時看到穿著正規朝服式與吉服式的畫像及塑像傳世，[31]可視為民間普遍對於既定官方正式禮服形象的另類表現形式。值得注意的是，這種官員畫像及塑像出現服式混搭的情形，皆出現在像主同時穿著補褂的情況下所產生，故上述混搭情形可能與實際清代服飾穿搭特點有所關聯（待後面章節進一步分析）。另清代夏朝冠及吉服冠綴珠情形，在官帽實物及祖先塑像之袖珍吉服冠配件中皆可以見到，共同特徵皆採用相同的吉服冠胎，反應清代晚期存在帽冠混制情形之虞，亦導致違制僭越的現象。

四、清代官員禮服服制混用文化

　　透過前述臺灣傳世之清代官服文物及官員形象中，可發現禮服服式混用之型態多變，然而這不僅止於臺灣作為清帝國統治版圖的邊陲地區才有的特例，除了從盛京及臺灣傳世的夏朝冠實物同時看到吉服冠胎改制成朝冠的案例外，我們亦能從清代文獻及海外傳世的實物及圖像資料看到更多例證。

　　所見撰於光緒年間的《事宜須知》，其作為提供為官者步入官場的工作指南，書中「撰備帶衣物」中提及清代為官者自京城分發地方任官職應自備服裝行頭：

　　　　應用衣服備送禮物，有萬不可少者，必須在京購買，開列細單於後：「朝冠，一羅一皮足矣；披肩一件；朝衣一件，朝裙亦可。蟒袍單紗各一件、京帽各一頂、本色貂褂一件、白風毛褂一件、京靴各雙、皮棉夾單紗袍褂各一件、夾襯袄、羅襯衫、青綢單褂青紗褂各一件……朝珠、各色捲領、補子、雨纓、荷包、手巾、拜墊各一分，翎支翎管、頂珠頂托、小刀、火鐮、缺襟袍馬褂，不必多置

31　相關案例祖先官服畫像部份，其中彰化大村武魁祠另傳世〈第 15 世賴克狀公像〉、〈第 16 世賴登雲畫像〉、〈第 17 世賴斐卿畫像〉為典型冬朝服樣式，詳見李建緯，《歷史、記憶與展示—臺灣傳世宗教文物研究》，頁 276-281。臺南石鼎美號家族另傳世有〈高祖芝圃公壽像〉為典型冬朝服樣式、〈祖考啟臣壽像〉為冬吉服樣式，現藏臺南鄭成功文物館。另金門地區亦有典型朝服式與吉服式祖先官服像傳世，詳見李建緯、廖伯豪，〈傳神—走進金門祖先畫像〉，頁 109。塑像案例參見盧泰康、廖伯豪，《108-109 年藏品文化資產價值分析計畫結案報告》，頁 323-328。表中「第一類第 A 型」、「第二類第 A 型 I 式」。

敷用足矣……。」[32]

　　引文中對官員應配備朝服配件，提及朝冠備羅質及皮質帽胎各一項足矣，顯示官員自身需必備冬夏所穿用服飾。值得注意的是，在準備禮服的項目上，所見「朝衣一件，朝裙亦可」，意指官員非得置辦一整件朝衣（朝服袍），準備一條朝裙即可。而相較蟒袍（吉服袍），則建議「蟒袍單紗各一件、京帽各一項」，所見應備蟒袍有單袍及紗袍，應是配合季節變換所用。另吉服式與常服式所用外褂材質更為齊全，清代君臣外褂有春夾、夏單、秋棉、冬裘（皮毛）四種，[33]所見清單中有冬所用「本色貂褂」、「白風毛褂」、春秋季用「皮棉夾單紗袍褂各一件」、夏季用「青綢單褂青紗褂各一件」等品項，近几囊括四季所需，可以發現越為日常所用之服飾其質料及品項則會愈齊全完整。

　迄今海外傳世收藏的清代服飾文物中，的確可以看到一種繡以蟒紋的圍裙【圖 3-1】，其上端見有形似朝服袍的襞積特徵，下端亦有朝服下裳特有的平水紋樣，然該服飾並未著錄於清代官員服制之中，應是模擬男性官員朝袍下擺特徵的替代品。另嘉慶 5 年（1800）《清俗紀聞》中，所見日人觀察清代中國官員的蟒袍時，其形象為一件雲紋袍外加同類圍裙，並在接合處束繫以朝帶【圖 3-2】，[34] 應是《事宜須知》中所提到的「朝裙」，顯示此種禮服穿搭行為在 19 世紀初期的清代官場上即已普遍流行。

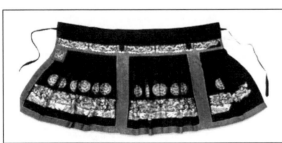

【圖 3-1】石青色朝裙，私人收藏。	【圖 3-2】日本人所繪的清代官員蟒袍。
（引自 Paul Haig & Marla Shelton, 2006: 14.）	（引自中川子信編述，1982: 4）

　　民國初年著名官員曹汝霖（1877-1966）在自己的回憶錄中曾提及自身於清朝時參加清遜帝溥儀登基大典時著朝服情境：

---

[32] 延昌，《事宜需知四卷附續增八條一卷》（合肥：黃山書社，1997，收錄於《官箴書集成》），第 9 冊，頁 8。

[33] 宗鳳英，《清代宮廷服飾》，頁 126。

[34] 中川子信編述，《清俗紀聞》（臺北：大立出版社，1982），卷 3，頁 4。

官正在肅班之時，聽了警鞭三響，即倉促行大禮。因互相擁擠，有朝帽花翎歪者、有闊肩（披領）帶斜者，亦有老年大員於行禮時互踩朝裙幾至不能起立者……朝賀大典俱御朝衣朝冠，穿方頭厚底靴，朝裙幾至曳地，故倉促之間，致有這種笑話……朝服帽上鋪紅絨也、帽簷一寸、頂珠高裝。肩加闊肩，如錦繡兩翼。袍用蟒袍，滿繡蟒花，不開叉。外加朝裙，下腳繡水浪紋。靴用厚底方頭。此服非逢大慶典不用，即民間亦有用作壽衣。[35]

　　所見文中亦提及清末京城官員著朝服式時，其朝袍裙過於寬大的形制，行動起來裙擺容易拖地，致使官員行禮時彼此踩絆，造成不便。另除了蟒袍（吉服袍）外加朝裙外，更提及蟒袍有「滿袖蟒花」、「不開衩」之特徵。然前面章節已提及，清制中官員吉服袍皆有開裾，惟女用蟒袍不開，若蟒袍不開衩則形制已近似朝袍裙擺，應無外加朝裙之必要，更顯累贅。若參考傳世之廣州外銷畫中，即可看到諸多官員形象出現混制的情形，所見〈賀壽圖〉【圖 3-3】中即有長者著不開衩蟒袍，穿搭朝冠、披領為朝服式。細看長者左側諸子則身著吉服式，見補服下露出蟒袍原本的開衩特徵。另澳洲國家圖書館藏《中國門神人物和清代達官貴人圖集》「達官貴人」裡官員未搭補褂、頭戴冬朝冠、肩圍披領、頸懸朝珠，整體具有朝服式特徵，細看其身著袍服通身滿繡蟒花及立水紋，為典型吉服袍特徵，但下擺無開裾，符合曹氏所述之朝服特徵，故推測原意指朝服式可用不開衩蟒袍，或於蟒袍外另加朝裙兩種方式替代。

---

[35] 曹汝霖著、蔡登山主編，《曹汝霖回憶錄》（臺北：新銳文創，2019），頁 76。

【圖 3-3】

清關聯昌（1809-1870）〈中國人的一生－賀壽〉中所見男性長輩所著朝服與諸子吉服下襬紋飾一致。
（2020 年 6 月 5 日筆者攝於國立故宮博物院）

　　《中國門神人物和清代達官貴人圖集》中亦有另一幅「丞相」，所繪官員頭戴吉服冠、肩圍披領，補褂下露出立水紋下襬，具有典型吉服袍的特徵，但細看下襬亦未開裾，仍可視為清代官員吉服著裝。此外，《清稗類鈔》〈龍吞口〉中亦記載「有於常式衣袖之外，或前後不開衩之袍而權作為禮服。」[36]說明以不開衩之（蟒）袍亦可「權宜」

---

[36] 徐珂，《清稗類鈔》（臺灣：臺灣商務印書館，1983），頁 94。

作為禮服的情況。故綜合文獻紀錄與圖像材料，可以充分應證明清中晚期後，作為吉服的蟒袍，或直接下擺不開衩、或外加朝裙，皆可維持吉服式的穿搭，亦可充作朝服袍使用，並籠統的視為一種「禮服」的體現。

【圖 3-4】	【圖 3-5】
十九世紀《中國門神人物和清代達官貴人圖集》「達官貴人」，澳洲國家圖書館藏（典藏編號：CHRB 759.951 Z63S）。所見圖中官員著朝服式，並著無開裾蟒袍。（Nation Library of Australia, 2007: 17）	十九世紀《中國門神人物和清代達官貴人圖集》「丞相」，澳洲國家圖書館藏（典藏編號：CHRB 759.951 Z63S）。所見圖中官員著吉服式，並著無開裾蟒袍。（Nation Library of Australia, 2007: 18）

　　透過文獻及圖像材料，可以發現吉服袍（蟒袍）作為官員時最常使用的禮服，因此清代官員在行朝服之制時，有意識藉由吉服腰部以上之形制（圓領、大襟、馬蹄袖）紋樣（胸背、兩肩飾以正蟒紋樣）與朝服相近的特徵，在外搭補褂的前提下，刻意將朝服用吉服下圍以朝服裙代之。同時，若在外搭補褂時，僅會露出朝裙下擺的特徵，因此不管內著長袍為何種形式，皆能以假亂真。[37]是故，清代官員消費能力微薄者，只需購置吉服袍與朝裙，或是直接穿著不開裾吉服袍，就能同時應付朝服式與吉服式的場合，實為較經濟權宜的做法。此外，目前傳世袍文物中是否有不開裾蟒袍的案例？由於開裾與不開裾蟒袍並用，且不開裾龍蟒袍亦可作為滿人后妃及官員女眷之吉服袍式【圖 3-6】，若在傳世脈絡不清晰的情況下實難以區別，但我們仍可以從歷史傳世照片中看到端倪，所見裕馨齡（1886-1932）於 1902 年的婚禮照中【圖 3-7】，[38]明顯可見下擺在雙腳前後略開的情況下不見岔開特徵，應是穿著此種不開裾蟒袍的實際狀態。

---

[37] Paul Haig & Marla Shelton, "Threads of gold-Chinese textiles Ming to Ching" (Schiffer publishing ltd, U.K., 2006), p411.

[38] Condé Nast Publications, "The Tatler", *A Chinese Wedding*, 1902.10.29, No.70, p176.

【圖 3-6】

1903 年，慈禧皇太后著龍袍（吉服袍）照。
圖引自（單霽翔主編，2014: 28）。

【圖 3-7】

1902 年，擔任法國外交官裕庚之子裕馨齡與法籍妻子結婚照，圖右為蟒袍下擺局部。
圖引自（Condé Nast Publications, 1902: 176）。

　　若將此朝服袍與及服袍的邏輯亦可套用在清代官員朝冠與吉常服冠，兩者帽胎外觀特徵並無不同，僅有帽纓與帽頂的差異，因此官員只需購置一付涼煖帽胎，為配合服制的需要，利用清代冠帽可拆卸重組的特性，隨時替換朝冠式或吉常服式帽纓與帽頂，即可變換朝冠或吉常服冠，此種方式皆是明代冠帽使用上是無法達到的。

五、合理與權宜的「官像」形塑

　　透過前章節可知，清代官員有意識在不違背章典服制的規範下，藉由清代服裝的組裝特性進行混搭，以應場合的需求。若考慮到服裝作為穿戴者如何自我身份形塑的外在媒介，而穿戴者如何取捨那些服飾配件可以「合理權宜為之」？那些則必須恪守典制。這得進一步思考清代民間對官員形象塑造的邏輯，吾人或許可以從清代的小說窺見其端倪。所見文康著《兒女英雄傳》中，對於清代士子入仕晉陞的過程、官場間的服儀，乃至官員與平民間的禮儀關係，皆有著極為深刻的描繪。見三十八回〈小學士儼為天下師·老封翁鶱窮途客〉中安公子以國子監祭酒（四品）身份參加「釋褐禮」並點五旬狀元（六品）為門生的橋段：

> 這日行禮的時候，安公子便守這儀注，朝衣朝冠，升到那個高台正中交椅上，端然正坐的受了一榜新進士四拜，便收了一個狀元門生。偏偏那個狀元，因龍頭屬意老成，點的是個年近五旬蒼髯老者。安公子才得二十歲上下的一個美少年，巍然高坐，受這班新貴的禮。大家看了，好不替他得意。[39]

　　釋褐禮為國家為新科進士更換官服之正式典禮，文中描述安公子身穿「朝衣」即最高級的朝服式，接受年老的新科狀元等諸進士叩拜，凸顯一付少年英才的景象，讓安家人與有榮焉。若要近一步瞭解國子監祭酒與諸生間的實際衣著關係，參見《欽定國子監制》（卷15·禮3）中對釋褐儀的規範：

> 是日清晨，狀元率諸進士至集賢門外下馬，入持敬門詣致齋所贊引導，由東角門入詣，殿階下通贊，贊排班、班齊贊就位。行謁見贊跪叩興、三跪九叩畢，通贊贊行釋菜禮。禮畢由西角門出詣致齋所，神庫前釋褐。候祭酒司業朝服升堂，諸進士由太學左門入至階下序立，曾入監者升露臺四拜起立，臺西未入監者露臺下兩拜，祭酒司業俱坐受。[40]

　　清代以狀元為首率諸進士一體向穿戴「朝衣」國子監祭酒叩拜，一般進士頭戴鍍

---

[39] 文康，《兒女英雄傳》（臺南：世一書局，1982），頁440。
[40] 梁國治等，《欽定國子監志》（臺北市：臺灣商務，1983），卷15，頁152。[41] 註同前。

金三枝九葉頂冠，不穿補服。謁廟（先聖廟）後方更換新職補服頂戴，新科一甲三名（狀元、榜眼、探花）已授官職者另穿戴所新授職本品頂戴、補服、朝珠，進士中曾入國子監就讀者行四拜、未入國子監者行兩拜。[41]值得注意的是，按清制，新科進士中惟有狀元能獲得朝廷頒賜全付六品朝服式冠服，其餘進士冠服均返回各省由布政司頒給頂戴。[42]然《欽定國子監制》中僅提及進士需更換頂戴、補服，並未具體描述確切服式（著朝衣或蟒袍），很有可能為次於朝服之吉服或常服樣式。

是故，穿戴朝衣或蟒袍必須在官方正式儀禮氛圍下方能產生意義，一旦脫離官方儀典場合，「為官」的社會身份識別終究回歸於頂戴與補服中。另見三十六回〈滿路春風探花及第一樽佳釀釃酒酬師〉家奴晉升與其主安老爺對話：

> 晉升道：「這位老爺沒來過，奴才不認得。奴才方才正在大門板凳上坐著，見這位老爺騎著匹馬，老遠的就飛跑了來。到門口下了馬，便問奴才說：『這裡是安宅不是？』奴才回說：『是。』奴才見他戴著個金頂子，便問：『老爺找誰？』」[43]

所見安老爺家僕晉升見到一陌生男子，見其戴帽子上有金色頂戴，立馬以「老爺」尊稱對方，可知「有無頂戴」作為清代民間最快識別對方是否為官宦階級最快的方式。

另四十回〈虛吃驚遠奏陽關曲·真幸事穩抱小星詩〉安老爺見安公子喜獲二品副都統銜換紅頂加花翎的橋段：

> 只管見安公子這個珊瑚其頂、孔雀其翎、猻獅其補，顯耀非常的去幹功名，他只覺這段人欲，抵不過他那片天性去。一時早把他那一肚子書毒和半世的牢騷，一股腦子都提起來，打成一團，結成一塊，再也化解不動，撕擄不開了。因此他就只剩了擎著杯酒，一言不發，愁眉苦臉的坐在那裡發愣了。那鄧九公是個熱腸子人，見安老爺這等樣子，一時忖不透其中的所以然，又是心裡著急，又是替他難過。便不問長短，只就他那個見識，講了一大篇不人耳之談，從旁勸道：「老弟，你不是怎麼著？人生在世，做官一場，不過是巴結戴上個紅頂子；養兒一場，也不過是指望兒子戴上個紅頂子。如今我們老賢任，這麼個歲數兒，紅頂子是戴上了，大花翎子是扛上了……。」[44]（【清】文康，1982：474）

41　註同前。
42　廖伯豪，《清代官帽頂戴研究：以臺灣考古出土與傳世文物為例》，頁206-207。
43　文康，《兒女英雄傳》，頁411。
44　文康，《兒女英雄傳》，頁474。

　　文中描述安公子獲「二品副都統銜」官職時，特別點出「頂戴材質」、「翎羽特徵」、「章補母題」的特徵強調安公子做為高級官員的形象，另「紅頂子」更延伸出功成名就的意涵，可知頂戴與補子作為民間識別官員身份與位階的重要標示。另《二十年目睹之怪現狀》第九十回〈差池臭味郎舅成仇·巴結功深葭莩複合〉見蘇州撫臺葉柏芬赴軍裝局任職的橋段亦有類似的敘事：

> 這軍裝局局面極闊，向來一個總辦，一個會辦，一個襄辦，還有兩個提調。總辦向來是道臺（四品），便是會辦、襄辦也是個道臺（四品），就連兩個提調都是府班的。他一個部曹，戴了個水晶頂子（六品）去當會辦，比著那紅藍色的頂子，未免相形見絀。何況這局裡的委員，藍頂子的也很有兩個，有甚麼事聚會起來，如新年團拜之類，他總不免跼蹐不安，人家也就看他不起。那總辦更是當他小孩子一般看待。伯芬在局裡覺得難以自容，便收拾行李，請了個假，出門去了。……伯芬真是氣得漲破了肚皮！只得忍辱受了，附了船仍回中國，便去銷假，仍舊到他軍裝局的差。……又因為局裡眾人看不起他是個部曹；好得他家裡有的是錢，他老太爺做過兩任廣東知縣，很刮了些廣東地皮回家，便向家裡搬這銀子出來，去捐了個候補道（四品），加了個二品頂戴，入京引過見，從此他的頂子也紅了。人情勢利，大抵如此，局裡的人看見他頭上換了顏色，也不敢看他不起了。[45]

　　不僅平民以頂翎章補識別官員身份，引文中所見葉柏芬赴軍裝局謀個會辦職，但同事之間即使職銜相當，頭上頂戴品級不同，在職場上仍有高下之別。可知平時官場互動時，官員間亦以頂戴品級高低作為衡量彼此在職場上說話份量的依據，而非朝衣、蟒袍上的紋樣。

　　因此，地方官員透過服飾衣著形塑「為官」的身份，首重階級的呈現，藉由服裝原本袍褂穿搭的特性，延伸出合乎禮節場合的權宜穿搭方式。若再進一步思考清代官員服式的穿搭關係【表5】，綜觀清代官服分為四式，可以從身體穿著次序由外而內進行理解。其中朝冠頂及平時帽頂含括其中，換句話說，除著朝服式時用朝冠頂，其餘三式皆用平時帽頂，因此「頂戴」作為官員著官服時隨時識別身分的重要配件，因此綜觀清代各級官員之服制【表1】，明顯發現冠頂制度的級距劃分是相對細緻的，其中又以朝冠飾因做三層結構，其所嵌寶石次序猶為複雜，若不計皇帝冠制，以下各級王

---

[45] 吳沃堯，《二十年目睹之怪現狀》（臺北：古籍出版社，2003），頁796-799。

公貴族及官員均有各自專屬的頂制,共有 20 種;其次為平時帽頂,大抵以皇子、入八分之王公貴族、民公以下各級官員進行基本品階區別,其中民公以下各級官員方更細緻劃分各種寶石材質,共有 11 種。

【表 5】清代官員各服式穿搭對應表(筆者製作)

服式	朝服	吉服	常服	行服
頂戴	朝冠頂	平時帽頂		
外褂	補褂 (大褂)			行服褂 (馬褂/短褂)
內袍	朝服袍(朝衣)	吉服袍 (龍蟒袍)	常服袍	行服袍

*該搭配關係冬夏季皆適用。

　　外褂部分因褂子為清代服飾穿著時之最外層,又以補褂能同時穿搭於朝、吉、常服式【表 5】,故在章補紋樣劃分與頂戴一樣細緻劃分級距【表 1】,所見王公貴族以下各級官員均有各自專屬的紋章形式,並進一步依照官員爵銜或文武職區分成 22 種紋樣,具有輔助頂戴識別官員屬性的功能,另行服褂則作為最基本的服式,因此無識別位階的設計。

　　反觀內搭的袍服中雖依照各服式均有定制,因此就章典制度邏輯下應皆需各別備置,無法彼此混用。然作為禮服的朝服、吉服為各級官員均可穿戴,其紋樣形式大抵一致皆為龍蟒紋樣,在紋樣劃分級距上較冠頂、外褂補紋寬鬆。此外,官員服色上除明黃、金黃色不能使用外,其餘顏色均不限制,若穿搭再補服底下基本無法清晰飾別其位階,侷限其作為鑑別官員階級的效益,故僅反映官員身處儀典或節慶場合的功能,且朝服與吉服並非日常穿用之服式,更容易使官員試圖權宜為之,以求達到外觀特徵「模擬兩可」即可,方以較常用的吉服袍(蟒袍)或吉服冠胎以前述各種形式混用於兩者之間。此一現象更進一步造成清中期以後官員蟒袍紋樣僭越情形日益氾濫,促使五爪九蟒袍作為高級以上官員吉服袍制的規範被打破。[46]

　　其實除禮服外,類似現象亦見於官員最頻繁穿著之常服式與行服式上,其兩式內袍樣式上下一體遵行,章典制度中規定常服外搭大褂(補褂/常服褂)、行服外搭短褂(行褂)【表 2】,兩者皆無特定章紋進行階級區別之設計,僅有下擺一側有無「缺襟」的差別。因此在官員實際穿搭中亦發生混制的情形,所見【圖 4-1】中官弁整體皆著行

---

[46] 廖伯豪,〈華服章祿─從王得祿傳世蟒袍談清代官員吉服〉,《故宮文物月刊》402(2016):47-49。

服式，然短褂下內著的袍服卻形式不一，細看盛宣懷（前排左一）內著不開裾馬蹄袖長袍、黃建筦（前排右一）內著常服袍、張翼（二排中央）內著「假缺襟」行服袍[47]，清晰可見至清代晚期，官服的穿著雖因應場合的需求，透過外褂產生整體的一致性，但在內袍選擇上則會出現不一致的情形。

【圖 4-1】

1886 年，王大臣親兵官弁照像，由前排起始分別由左至右依序為盛宣懷、潘俊德、黃建筦、汪守正、張翼、羅豐錄、袁保齡、周馥、劉含芳。

（單霽翔主編，2014: 373）

　　因此，在配戴涼煖帽子及穿搭袍褂作為清帝國官民的基準服式下，能立即區別官民的身份標的首重頂（頂戴）翎（翎羽），有頂戴即具備穿戴相應寶石品級章紋的禮服袍褂資格。筆者在此提出一個觀念，在官場上，官員彼此之間的服裝形制與紋章差異直接影響彼此的應對情境與關係，但對於一般平民，官員配戴帽頂可立即呈現官僚的身份，補服、蟒袍僅是加強其為官的權威性。

---

[47] 「假缺襟」行服袍是以常服袍為基底，於大襟下擺處貼一道假裁切線，並綴以絆釦模仿行服袍之大襟缺襟處固定於底襟的特徵。

　　筆者另根據民國初年之常民生活指南《居家必備不求人》內「改良繪圖幼學雜字」所載錄常見服飾品項辭彙中，所見禮服類有漢人女性所用「鳳冠」、「霞帔」；男性則用「蟒袍」、「披肩（領）」、「袖頭（馬蹄袖）」，可知民間對傳統正式官方禮服的建構是以作為吉服的蟒袍為基本輪廓。因此僅在「禮服」的大概念下，以吉服圍朝裙的「假朝服」或直接穿著不開裾的吉服皆能自由應付場合的需求。倘若要嚴格鑑別所屬服式，其認定關鍵仍取決於當下佩戴的帽頂形式為依據。

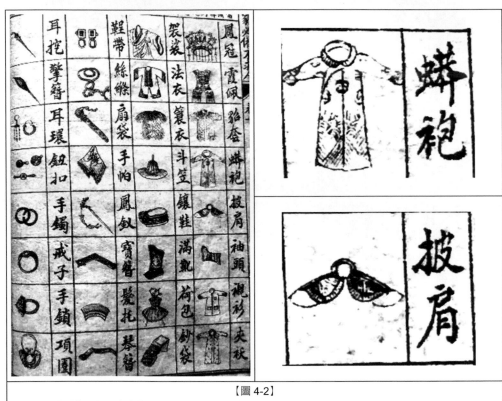

【圖4-2】
民國初年《居家必備不求人》「改良繪圖幼學雜字」中所見常見服飾辭彙與圖像。
（筆者攝於臺南葉家）

六、結語

　　清代官員服制設計以袍褂穿搭為基礎下，致使各服式間配件可以因應場合彼此穿搭組裝，進而發展出官員為求穿著便利及節省置裝的成本，以合乎場合視覺為前提所採取混式穿戴的權宜策略。作為朝服式的「朝衣」與吉服式的「蟒袍」因兩者裝飾紋

樣相近、階級辨識功能較低，形制上僅腰部以下因「開裾」有所不同，故兩者之別僅對呈現官員所處場合的不同而產生意義。吾人透過清代坊間外銷畫、版刻書籍可以發現民間對官方禮服的形象多建構於作為官員吉服式的蟒袍之上，其使用上也最為頻繁，以致出現將蟒袍混制朝衣的行為，並亦將此穿搭的身體經驗再現於祖先穿著官服的塑像及畫像之中。

　　對民間而言，頂戴材質形式與章補紋樣作為官員身分實質的辨識指標，將上述邏輯套用在清代官員冬夏朝冠與吉服冠的使用模式，兩者帽胎整體外觀特徵並無不同，僅有帽纓與頂戴形式的不同。故官員只需購置一付涼煖帽胎，為配合服制的需要，利用冠帽配件可拆卸重組的特性，依場合替換朝冠用或平時用帽纓及頂戴，即可變換冠式，是過去明代官服制度中設計中無法達到的。

　　本次研究所見清代中期以後，官員以朝服與吉服混式成為民間禮服穿搭的特殊現象，顯示清代官員著裝時，並未完全依據章典制度的規範穿著朝服與吉服，透過晚清影像更可以看到常服與行服之間也出現混搭的情形。此外，在目前已知臺灣傳世清代官服文物中，以吉服袍為多數，迄今尚未發現朝服袍的傳世案例，僅有老照片與畫像、塑像中可以見到典型的朝服形式，不排除係使用朝裙後的結果，再次反映朝服式於清帝國邊陲地區的使用機會相對較低。而原本作為吉服式的蟒袍，其本身不管開裾（衩）與否，最終取決於穿戴者頭上之頂戴特徵決定其服式，若為朝冠頂則為朝服式、若為平時帽頂則為吉服式，可提供未來臺灣清代祖先畫像服式判定提供參考依據。

引用書目

傳統文獻

中川子信，《清俗紀聞》，臺北：大立出版社，1982。
王侃，〈皇朝冠服志〉，《巴山七種》，光裕堂刊本，1865，中央研究院傅斯年圖書館藏典藏。
文康，《兒女英雄傳》，臺南：世一書局，1982。
允祿等，《皇朝禮器圖式》，揚州：廣陵書社，2004。
托津等，《欽定大清會典（嘉慶朝）》，臺北：文海出版社，1991。
高拱乾，《臺灣府志》，北京：中華書局，1985。
徐珂，《清稗類鈔》，臺灣：臺灣商務印書館，1983。
徐溥等撰、李東陽重修，《明會典》，臺北市：臺灣商務，1983。
梁國治等，《欽定國子監志》，臺北市：臺灣商務，1983。
崑岡等，《欽定大清會典圖（光緒朝）》，上海：上海古籍出版社，2002。
崑岡等，《欽定大清會典事例（光緒朝）》，北京：中華書局，1991。

近人論著

中文

李理
2015〈從尚可喜畫像看清朝官制服飾〉，《收藏家》2015. 7：48-50。
陳娟娟
1994〈清代服飾藝術〉，《故宮博物院院刊》1994. 2：81-96。
陳夏生
1987〈清代服飾溯源〉，《故宮文物月刊》5. 5：92-98。
莊吉發
1985〈百官服飾〉，《故宮文物月刊》3. 4：38-45。
廖伯豪
2016〈華服章祿—從王得祿傳世蟒袍談清代官員吉服〉，《故宮文物月刊》
2016. 9：40-50。
2018〈從故宮院藏吉服冠頂談清代帽頂珠料製作及應用〉，《故宮文物月刊》，2018. 2：92-103。
劉潞
2004〈一部規範清代社會成員行為的圖譜—有關《皇朝禮器圖式》的幾個問題〉，《故宮博物院院刊》，2004. 4：130-144。
賴毓芝
2020〈「圖」與禮：《皇朝禮器圖式》的成立及其影響〉，《故宮學術季刊》
37. 2：1-56。

盧嘉興
1979〈臺灣的第一座寺院—竹溪寺〉,《中國佛教史論集(八)—臺灣佛教篇》,臺北:大乘文化出版社,頁233-254。

王雲英,《清代滿族服飾》,瀋陽:遼寧出版社,1985。

王雅倫,《法國珍藏早期台灣影像1850-1920》,臺北:雄獅出版社,1997。

王淵,《服裝紋樣中的等級制度—中國明清補服的形與制》,北京:中國紡織出版社,2016。

李理,2009,《清代官制與服飾》,瀋陽:遼寧出版社。

李建緯,2018,《歷史、記憶與展示—臺灣傳世宗教文物研究》,臺中:豐饒文化社。

李建緯主編,2021,《傳神—走進金門祖先畫像》,金門:金門縣文化局。

李建緯、林韻柔,2020,《苗栗縣獅山前山地區宗教文物普查暨調查研究計畫—期末報告書》,委託單位:苗栗縣政府文化觀光局、執行單位:一默影像工作室。

朱漢生,2000,《清代皇帝與文官服飾之研究》,臺北:輔仁大學織品服裝研究所碩士論文。

吳衛民,2020,《明清祖先像圖式研究》,北京:科學文獻出版社。

宗鳳英,2004,《清代宮廷服飾》,北京:紫禁城出版社。

林惠珠,1989,《清朝百官冠服的研究》,臺北:豪峰出版社。

周錫保,2011,《中國古代服飾史》,北京:中央編譯出版社。

香港歷史博物館,2013,《國采朝章-清代宮廷服飾》,香港:香港歷史博物館。

曹汝霖著、蔡登山主編,2019,《曹汝霖回憶錄》,臺北:新銳文創。

陳庚金,1986,《臺中縣岸裡社開發史》,臺中:台中縣立文化中心。

黃富三,1987,《霧峰林家的興起——從渡海拓荒到封疆大吏(1729-1864年)》臺北:自立晚報。

單霽翔,2018,《故宮藏影—西洋鏡裡的宮廷人物》,北京:故宮出版社。

廖伯豪,2014,《清代官帽頂戴研究:以臺灣考古出土與傳世文物為例》,臺南:國立臺南藝術大學藝術史學系碩士學位論文。

盧泰康、廖伯豪,2020,《108-109年藏品文化資產價值分析計畫結案報告》,委託單位:國立台灣歷史博物館、執行單位:國立臺南藝術大學藝術史學系。

西文

Nation Library of Australia . 2007.The Chinese pith painting collection at the Nation Library of Australia an annotated guide. Canberra: Nation Library of Australia.

Beverley Jackson & David Hugus. 1999.*Ladder to the clouds-Intrigue and tradition Chinese rank*. Berkeley Toronto :Ten Speed Press.

Garry Dickinson & Linda Wrigglesworth. 2000. *Imperial Wardrobe*. Berkeley Toronto: Ten Speed Press.

Paul Haig & Marla Shelton. 2006. *Threads of gold-Chinese textiles Ming to Ching*, Schiffer publishing ltd, U.K.

Condé Nast Publications, "The Tatler", *A Chinese Wedding*, 29 October 1902, No.70, p176.

網路資料

「早稻田大學資源情報ポータル」:http://www.enpaku.waseda.ac.jp/db/shashin/shousai.php,點閱日期:2014年8月29日。

戰前在臺日本人世界觀初探
──以兩本在臺日人參與少年團
世界大會遊記為中心

國立成功大學歷史學系博士生　李新元

一、前言

　　基督少年軍（Boys' Brigade）副總裁羅伯特・貝登堡（Robert Baden-Powell, 1857-1941，以下稱貝登堡）為了幫助當時的青少年團體（包含：基督教青年會（YMCA）與基督少年軍）有更好的少年教育方法，於 1908 年出版《Scouting for Boys》（中譯：童子警探），[1]沒想到風行世界，不僅英國許多社區與教會開始推行「Scout」（中譯：童軍）組織與活動，世界各地也開始有人將「Scout」訓練方法發展出各式各樣進行青少年訓練的團體，希望借此組織訓練青少年，並向青少年推廣愛國教育，培養國家良好公民。這其中也包含了中國的童子軍，以及日本戰前的少年團，都是受「Scout」運動影響的青少年團體。

　　然而，隨著第一次世界大戰的爆發（World War I, 1914-1918），許多受過「Scout」訓練的服務員與青年卻在戰場上彼此廝殺，甚至因此犧牲自己的性命。然而，這並非「Scout」運動創始人貝登堡創立「Scout」運動的本意，因此在一次大戰後，貝登堡希望辦一個全世界「Scout」一同聚集的「大露營」（Jamboree，直譯為狂歡會），希望藉由彼此的交流、理解甚至是互相的幫助，達到世界和平，而在一戰後國際主義與世界和平等概念的抬頭，以及「國際聯盟」的成立，也讓世界各國開始對於「Scout」運動開始進行國家層面的組織化，其中日本的少年團參與者，也在這個浪潮下，在 1920 年於英國參與第一次「少年團國際大會」（World Scout Jamboree，又稱少年團世界大會，中譯為世界大露營，由於日文漢字有異，因此在統稱其活動時，以世界大露營稱呼），並在 1922 年成立「少年團日本聯盟」（Boy Scout of Japan），由時任東京市市長，前臺

---

[1]　五十野和男，《日本の少年団運動─資料に見る黎明期のスカウティング》，日本スカウト切手・メモラビリアクラブ，2018，頁 12-14。

灣總督府民政長官後藤新平，擔任首任總長，開始積極參與國際「Scout」運動的事務。

　　在此背景下，曾在東京擔任後藤新平副手的內田嘉吉於臺灣擔任總督，開始在殖民地臺灣推動符合「Scout」運動精神的少年團組織，於 1925 年在臺北成立基隆少年團與樺山少年團，其中樺山少年團為日本時代臺灣最為活躍的少年團之一，[2]其所屬的樺山小學校甚至服裝型制就已經形似少年團制服，可見該校對於少年團活動的重視。[3]

　　本文將分析戰前兩位樺山少年團成員參與世界大露營的日記，分別為：時任樺山少年團副團長田村保撰寫，講述 1929 年少年團日本聯盟參與當年於英國舉辦的「少年團國際大會」遊記，並在回到臺灣後於 1931 年在臺北出版的《世界一周スカウトの旅》，[4]以及樺山少年團第一屆團員，後來也擔任高雄州中央青年隊（Rover Scout Crew，中譯：羅浮群）副長的田中正，參與 1937 年於荷蘭舉辦的「少年團世界大會」，將其所見所聞記錄後，並於隔年出版的《少年團世界大會に派遣されて其の日記の中から》。[5]

　　關於少年團與國際交流的部份，學界少有以此為主題的研究，目前僅有早稻田大學的孫佳茹博士曾發表《中華民国時期における日中ボーイスカウトの国際交流に關する一考察─上海南洋大学童子軍の日本訪問に焦点をあてて─》，[6]討論戰前中國童子軍與日本少年團交流的歷程，並分析中日交流。而關於這兩本日記與日治時期臺灣少年團活動的討論，筆者於自身的碩士論文〈日治時期臺灣少年團之研究〉有進行介紹，[7]但由於篇幅之緣故，未詳加說明，故藉由本文補充尚未深入探討之處。

　　本文試圖藉由兩本日記的比較，窺看 1920 年代與 1930 年代在臺灣日本人社群的世界觀，並試圖分析其中的轉變。由於田中正並未前往美洲，因此本文主要著重在臺灣、中國、香港等地區的交流，以及在少年團世界大會中的事件為主，若有機會可補充田村保的美國印象。

2　李新元，〈日治時期臺灣少年團之研究〉，國立臺灣師範大學碩士論文，頁 38-42。

3　葉立誠，〈日治時期顏、施兩家服飾特徵及其意涵：以施素筠的生命史為例〉，《臺灣文獻》第六十二卷第四期，頁 80，2011.12。

4　田村保，《世界一周スカウトの旅》，樺山少年團後援會，1930。

5　田中正，《少年團世界大會に派遣されて其の日記の中から》，大日本國防青年會臺灣總支部，1938。

6　孫佳茹，〈中華民国時期における日中ボーイスカウトの国際交流に關する一考察─上海南洋大学童子軍の日本訪問に焦点をあてて─〉，《早稻田教育評論》28:1，214，頁 135-146。

7　李新元，〈日治時期臺灣少年團之研究〉，國立臺灣師範大學臺灣史研究所碩士論文，2019。

二、殖民地少年團長田村保眼中的世界

　　田村保原鄉是日本山口縣，[8]自 1923-1935 年間在臺北樺山小學校擔任訓導，[9]是日治時期主要的少年團指導員之一，並在臺灣教育發了多篇與少年團主題相關的文章。

　　1929 年，田村保參與了位於英國伯肯赫德舉辦的第三次少年團國際大會，他自臺北出發到回到臺北旅行前後歷時五個月又 20 天。途經東京、神戶、關門海峽、上海、香港、新加坡、檳榔、錫蘭（可倫坡）、亞丁、埃及開羅、拿坡里，直布羅陀、葡萄牙里斯本、英國、比利時、德國、捷克斯洛伐克、奧地利、義大利、羅馬、瑞士、法國巴黎、美國紐約、尼加拉瀑布、大峽谷（グランド・キャニオン）、洛杉磯、舊金山（桑港），夏威夷、最後回到日本橫濱。期間田村保也去參加極偉園訓練，[10]以及少年團國際大會。

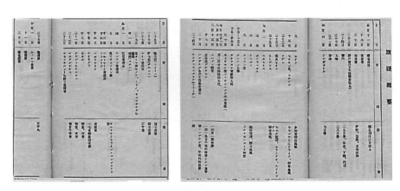

圖 1　第三次少年團國際大會日本代表團行程表

資料來源：田村保，《世界一周スカウトの旅》，頁 194-197。

　　而這個少年團國際大會的代表團，在出發前發生一件少年團聯盟的大事，也就是總長後藤新平（1857-1929）在出發的前一個月，突然因為腦溢血逝世，[11]因此本次少年團國際大會，可說是總長逝世之後，第一個出訪國際代表團，因此具有相當重要的意義。

8　臺灣總督府，《大正 12 年臺灣總督府職員錄》，臺灣總督府，頁 254。

9　中央研究院臺灣史研究所，《臺灣總督府職員錄系統》，網址：http://who.ith.sinica.edu.tw/s2g.action（檢索日期：2021.07.05）

10　日文：ギルウエル實修所、英文：Gilwell Training、香港稱為基維爾訓練，臺灣童軍內部稱木章訓練。

11　後藤新平曾任臺灣總督府民政長官與滿鐵總督，在擔任東京市長任內統合全國少年團，擔任少年團日本聯盟第一任總長。

　　這個代表團的總團長，是日本首位接受極偉園訓練的指導員，佐野常羽（1871-1956）領團，服務員 23 名，少年健兒（Scout）5 名，其中也有協助戰後日本童軍的主要推手，古田實一郎也在其中，古田實一郎對於戰後臺灣的童軍發展有其重要的意義，他是劉元孝，中國童子軍第一位通過極偉園訓練取得木章的服務員，的輔導員。[12]而這次田村保除了要去參與少年團國際大會外，另外一個重要的任務就是要參與極偉園訓練，回到臺灣協助健兒運動的推展，因為他是日本時代臺灣第一個接受極偉園訓練的服務員。[13]

　　由於本書有 117 頁，本文會著重在田村保以一個在臺日本人（或可以說是臺灣人）的觀點，從與他國少年團成員交流以及旅遊歷程，試分析當時在臺日本人的世界觀。

（一）在上海的日華交流

　　在離開日本後，少年團國際大會日本代表團在 5 月 27 日來到旅途第一站，中國上海，並由上海交通大學，田村保以「日華健兒の交歡」，[14]形容當時中國童子軍與少年團日本聯盟的關係，可見日華當時在「Scout」領域內日華之間有保持一定程度的友誼。而這場與上海童子軍的交流會，也被記載在上海《交通大學日刊》當中，內容如下：[15]

> 南院童子軍歡迎日童軍誌盛：日本大阪御津健兒團旅行來滬，南院範中小學童子軍團，特於昨日（二十七）上午開歡迎會，廣肇童軍團亦臨時加入，南院童子軍整隊列陣大操場上，陣作半月形，與日本健兒團相對立，由沈君寶致歡迎辭，辭畢唱國歌校歌童子軍歌後，由沈君用日語呼『日本萬歲！』全體隨和，日本童子軍還以『中國萬歲聲』。歡呼畢，復嚴陣立正以待日軍司令之檢閱，檢閱時，該司令頻問南院童軍年幼者年齡幾何，頗驚異，幼兒之能受若是之嚴格訓練，檢閱後，由鄭君潤發令，全團童軍趨前與日軍行握手禮，一時人頭蟻聚，競向日童軍握手，其□種親熱之態，頗足表示中日同種同文之關係，後復整隊拍照，藉留紀念，拍照畢，日童軍唱歌致謝，出門時又行最敬禮，乘汽車出發，該團來華者約有三十餘人，聞明日後上海童子軍聯合會將開大規模之歡迎會。

---

[12] 在極偉園訓練中，會有輔導員協助受訓服務員進行作業與承諾，完成受訓服務員即可取得木章，代表通過訓練。

[13] 田村保，《世界一周スカウトの旅》，頁 4-5。

[14] 田村保，《世界一周スカウトの旅》，頁 12。

[15] 垚，〈校聞：南院童子軍歡迎日童軍誌盛〉，《交通大学日刊》72，1929.05，頁 4。

　　而在田村保的紀錄中，有提到幾個細節，第一個是當時適逢孫中山移靈南京，因此可以看見青天白日滿地紅降半旗的樣子，後面的內容與報導大致相同，田村保是這樣提到的：

> 我們的團長校閱他們，他們的團長校閱我們。因此他們合唱（我們的）國歌然後（我們唱）民國國歌。他們表現出精明的童軍精神。他們對我們代表團歡呼三次『彌榮』，我們也回應他們的『彌榮』三次，解散時大家喊著對方，握手話別，並用英文表達，也給予友好的微笑，並以一張合照告別。[16]

　　之後幾天他們與當地童子軍一同露營、參與營火，想起在臺北的日子，希望也可以在臺北做這樣的營火，並接受南洋大學羅浮童軍的招待，[17]並且參加官方舉辦的交流活動，在這當中他看見中國童子軍相當致力於政治教育，並且對於三民主義以及總理孫中山的尊崇，感到相當驚訝，而當時的上海市教育局長也相當強調日華關係友好的訊息，並有女童軍參與其中。[18]然而，雖然官方都說日華友好，然而排日行動在當時依然是存在的，在日記中就有提到上海的日僑就有經歷過排日暴動，田村保對於同胞在異地的辛苦奮鬥與在童軍運動的努力表達敬意。[19]

　　簡而言之，田村保底下的中國童子軍，是一群遵奉三民主義總理遺教的少年們，他看見中國童子軍的精神，也有對日本自身的少年團運動與青少年訓練，進行一些反思，然而看似日華親善的表面下，從日僑的處境中，可以知道兩國之間的矛盾依然是相當劇烈的。

16　田村保，《世界一周スカウトの旅》，頁 13。原文：吾が團長彼を視閱し、彼の團長亦吾が視閱する。而して彼は國歌を合唱し然る後民國國歌を歌を合唱した。拔目のない彼のスカウト的精神に表する。彼は吾が派遣團に對してイエール『彌榮』を三唱した。我れ亦彼の『彌榮』を三唱した。解散するや大聲を發して誰彼となく、握手凡ての話は英語だ而もにこにこしたかれの態度には一步讓らざるを得ないかとも思はれた。一同入交つて記念の攝影を攝影をして別れを告げる。
17　羅浮童軍原文為 Rover Scout，香港今天稱為樂行童軍。
18　田村保，《世界一周スカウトの旅》，頁 14-17。
19　田村保，《世界一周スカウトの旅》，頁 18。

（二）香港與新加坡印象

圖2　香港的山上的代表團一行人
資料來源：田村保，《世界一周スカウトの旅》，頁21。

　　1929 年 5 月 31 日，少年團國際大會日本代表團抵達香港，田村保對於香港的山印象非常的深刻，代表團去參訪香港的日僑機構，佐野常羽在當地與日僑交流時，講述 Scout 運動對於兒童的重要性，並有 80 位支持少年團運動的成員一同參與，隔天代表團在九龍與英屬香港童軍進行交流，當時的香港已經有柏油路，代表團員在英國童軍的招待下，分乘十臺計程車在柏油路上欣賞九龍的風景，在山上與海岸快速行進，正值初夏，鮮紅的鳳凰花給田村保留下深刻的印象。在香港的過程中，田村保提到香港的飲用水需要依靠儲存雨水，由於受到乾季的影響，飲用水可能是會缺乏的，可見香港當時的在飲用水的部分還是相當仰賴降雨與水塘。而夜晚的香港街道相對於中國的街道，可以說是相當乾淨的，體現日本在清潔觀以及現代感的想像。[20]

　　搭上了船一路向南前往新加坡，在船上有葡萄牙的水兵、義大利與挪威的船員，印度人、中國人都在船上，代表團的團員們就在船上練習歌曲和跳舞，晚餐後就跟義大利人交流歌曲，並且他們還在船上的二等船艙，開了個親善茶會，有畫家、留學生，有少年團經驗的九個人、婦人七人、小孩兩人，可見當時國際往來已經十分的密切。[21]

---

[20]　田村保，《世界一周スカウトの旅》，頁 20-24。

[21]　田村保，《世界一周スカウトの旅》，頁 24-26。

到了新加坡後，各樣的人種都匯聚於此，田村保第一次看這樣多的人，以人種展覽會為題，來定名在新加坡的篇章。他發現那邊除了伊斯蘭文化相當盛行外，他形容當地的服裝，就好像臺灣原住民（蕃布）的布料一樣，且當地人衣服都穿比較少，雖然感覺人都有點黑，但馬來人、印度人、阿拉伯人從各樣的特徵還是看得出不一樣的。[22]

シンガポールのスカウトと派遣團

圖 3　新加坡日僑童軍與代表團
資料來源：田村保，《世界一周スカウトの旅》，頁 31。

在戰前的新加坡，是有日僑少年團的，然而當地的日本商人也相當程度受到打壓。而新加坡的熱帶風情，如熱帶植物園、猴子、椰子樹、海水浴場等等風景，都被記錄在日記中，他對於當地的香蕉與鳳梨印象深刻，並認為比臺灣的還好吃。水上生活的家屋，以及鄉村的田園景色，記錄下新加坡戰前的面貌。此外，由於新加坡是英國東方艦隊的基地，田村保對於英國不遵守華盛頓條約做出了批判，認為國際關係除了力量與金錢外，更加重要的是信義，可見在英日同盟結束後，其實日本與英國人民之間的關係，可能已經有了裂痕。[23]

（三）極偉園訓練與少年團國際大會

代表團在經過義大利、法國馬賽港後，經過直布羅陀海峽與里斯本，終於到了英國，田村保在這次的旅行中完成了指導者實修所訓練（以下簡稱木章訓練）以及參與

---

[22] 田村保，《世界一周スカウトの旅》，頁 26-28。
[23] 田村保，《世界一周スカウトの旅》，頁 30。

少年團國際大會，在極偉園（Gilwell Park）是世界童軍服務員訓練的基地，當時為了要能夠在自己的國家或地區開辦木章訓練，必須要有人能夠在這裡完成訓練，才能回國開辦訓練營，而田村保肩負臺灣能夠辦理訓練的責任，參與了第 71 期的極偉園訓練（少年部課程）。[24]在訓練之前，他們已經先抵達極偉園，看見在假日會有少年團的活動在這裡進行，時常聽到歌聲，田村保想起他在台北水源地少年進行這些活動。[25]

圖 4　田村保在極偉園與展示板合照
資料來源：田村保，《世界一周スカウトの旅》，頁 78。

在這一期訓練中，除了六個日本人外，還有印度人、奧地利人、印度人共八人與他們同期，全程使用英文混編班進行炊事與野營生活。他是隸屬於鳥班，極偉園訓練有一個重要的原則是「經驗少年團的訓練」，因此班長（小隊長）、次長（副小隊長）、炊事當番（大廚）、整理當番（器材）、雜役當番（事務）每個人都要各司其職，培養如兄弟般的情誼。田村保提到雖然語言能力沒那樣好，但日本的少年團員是絕對不會輸給其他國家的。

---

[24] 田村保，《世界一周スカウトの旅》，頁 30。少年部課程臺灣現稱童軍木章訓練。
[25] 田村保，《世界一周スカウトの旅》，頁 78-80。

圖5　田村保的結訓合影

資料來源：田村保，《世界一周スカウトの旅》，頁82。

　　結訓後，田村保就與代表團員前望少年團國際大會，當時的大會活動相當的傳統，除了直到今日都有的開閉幕式外，每天晚上都是營火活動，要不然就是個階段童軍的展演（如幼童軍的表演、海童軍的表演），還有童軍感謝禮拜、各國分列式行進展演、國旗行進（各國展演），最重要是要在大會中召開少年團國際會議，決定全世界少年團的事務，會議結束交換信物，拔營。[26]

圖6　1929年8月6日少年團國際大會感謝祭

資料來源：田村保，《世界一周スカウトの旅》，頁94。

---

[26] 田村保，《世界一周スカウトの旅》，頁85-88。

　　當年日本營地預備了獅子舞、桃太郎等表演節目，也與丹麥、美國、英國等地的少年一同交流，並且彼此交換國旗、信件等信物。由於日本是當時少數能夠出隊的東方國家，在前一次少年團國際大會就已經受到關注，因此在少年團國際大會相當受到歡迎，日本在此時應也有抱著宣揚國家特色的心態，代表男兒特質的鯉魚旗以及海軍的日章旗也在營地中飄揚。

圖 7　日章旗與鯉魚旗在會場飄揚

資料來源：田村保，《世界一周スカウトの旅》，頁 96-97。

圖 8　跳完獅子舞後日本代表團著傳統服飾的合影

資料來源：田村保，《世界一周スカウトの旅》，頁 96-97。

　　雖然日記中多是記載當天所發生的事情，然而在參訪的過程中，田村保特別注意女童軍（Girl Scout）在營地中的角色，他注意到英國對於女性的重視，以及女童軍在營期中扮演醫護的角色，使他覺得這在日本是一件困難的事情。[27]

　　回到臺灣後，田村保有發表對於少年團教育有關的講演會，分享他在英國受訓與參與國際少年團活動的交流經驗，[28]並在之後持續在少年團領域中服務，將其在國際活動的經驗，在臺灣推廣，直到戰爭爆發。

上、米國スカウトのキヤンプ
下、スイスのキヤンプゲート

圖 9　美國印地安人樣式的帳篷（上）與瑞士的營地（下）
資料來源：田村保，《世界一周スカウトの旅》，頁 104。

　　簡而言之，在這本日記中，田村保有時會用自身在臺灣的經驗，在面對異文化的衝擊時，來進行反思與比較，而在訓練的過程當中，他對於語言問題其實還是有相當程度的障礙，然而可以見得當時在世界少年團的活動中，英語已經成為主要溝通的語言，縱使是中國與日本的交流當中，英文也成為了他們往來溝通的主要工具。不過，從田村保的文筆當中，可窺看當時日本與英國、中國等地的民間往來已經有一些衝突和裂痕，雖然以官方的身分來說還是互稱友好，但實況的歧見已經產生。

---

[27] 田村保，《世界一周スカウトの旅》，頁 109-110。
[28] 國際少年團講演會，《臺灣日日新報》，1929.11.04，日刊 02。

　　到了少年團國際大會後，文筆主要是針對日本自身在國際活動的表現做出介紹與評論，並且強調日本特色受到世界各國喜愛，其實反過來說，強調此點也就意味著少年團國際大會是一場各國比拚競賽的活動，藉由展現各國的特色，也藉此強化青少年對於國家的認同感，看似是促進國際視野的拓展，其實在文字中是看見愛國教育的展現，或是體現出雖然日本過去輸西方，但現在並不輸給西方的想法，且在旅行的過程，提及華人的髒亂環境，並在香港與新加坡的時候，去與西方的景致和柏油路對比，某種程度上也是彰顯日本是文明國家的一員，以及田村保對於中國落後形象的展現。

三、青年服務員田中正筆下的國際競逐

圖 10　大阪每日新聞（10 月 19 日夕刊）的記事 1932 年 10 月 20 日

資料來源：五十野和男編著，《日本の少年団運動—資料に見る黎明期のスカウティング》，三響社，2018，
　　頁 154。

（一）兩本書之間—日本少年團運動的轉向

就在田村保結束環球旅行的兩年後，滿州（九一八）事件爆發，日本的社會文化開始轉向支持大亞細亞主義，並且支持國家擴張，展開長達十五年的戰爭時期。[29]因此，作為培養國家未來少年的少年團日本聯盟，因為軍國主義的擴張內部受到相當大的壓力，1932 年爆發三指禮與五指禮衝突，大阪地方的少年團領袖認為三指是受猶太民族的影響，認為應該使用五指舉起的禮儀，導致大阪的少年團組織脫離少年團日本聯盟，後來學者稱三指派為「國際派」，五指派為「國粹派」。[30]在這樣的情況下，日本的少年團運動面臨分裂與改組，1935 年以帝國少年團協會的成立，以及少年團日本聯盟更名為「大日本少年團聯盟」，都是國家走向激化的現象。[31]

在大日本少年團聯盟更名完成後，由曾任內閣總理大臣的齋藤實，接下懸缺六年的總長之位，沒想到齋藤實卻因為之前支持《倫敦海軍條約》對於日本海軍的限制，[32]而在 1936 年的二二六事件遭到暗殺。可見當時的少年團運動受到政治相當大的影響，而身處其中的日本青年，面對這五年多來的動盪，看待世界的觀點也與滿洲事件爆發前有非常大的不同。

（二）臺灣第一位青年健兒—田中正

田中正，臺北市誌作者田中一二的兒子，[33]是戰前臺灣最為活耀的少年團—樺山小學校少年團的首屆團員，在滿洲事件時曾參與少年團滿洲軍慰問團，在就讀臺北高等學校時曾被推薦前往華南參訪，青年健兒（羅浮／樂行童軍）階段也表現活躍，年僅二十四歲就在高雄洲聯盟擔任指導員與中央青年隊副長（類似羅浮群副群長）。[34]這一年去少年團世界大會的日本代表團團員只有九人，[35]田中正在接受高雄洲聯盟推薦以及總督府核可後，以臺灣代表的身分參與青年健兒的服務隊代表團，在出發的前一天，高雄州知事內海忠司與相關代表為他主辦惜別營火，回到故鄉臺北準備前往內地時，

---

29 鶴見俊輔著，邱振瑞翻譯，《戰爭時期日本精神史 1931-1945》，馬可孛羅，2020。鶴見俊輔為後藤新平的外孫。
30 上平泰博・田中治彥・中島純，《少年団の歷史戦前のボーイスカウト・学校少年団》，東京：萌文社，1996，頁 208。
31 五十野和男編著，《日本の少年団運動—資料に見る黎明期のスカウティング》，三響社，2018，頁 154。
32 北博昭，《二二六事件全検証》，朝日新聞社，2003，頁 89-90。
33 田中正，《少年團世界大會に派遣されて其の日記の中から》，はしがき，頁 3。
34 田中正，《少年團世界大會に派遣されて其の日記の中から》，はしがき，頁 1。
35 田中正，《少年團世界大會に派遣されて其の日記の中から》，はしがき，頁 1。

後又得到款待，終於開始啟程。[36]殊不知這場旅行，會讓他對於世界有相當多不一樣的看見。

圖11　出發之前接受文部大臣安井英二訓示的代表團一行人
資料來源：田中正，《少年團世界大會に派遣されて其の日記の中から》，1938，封面背面。

　　田中正出發前往荷蘭的路程大抵跟田村保相當的接近，1937年6月14日，田中正與少年團世界大會日本代表團抵達上海。在田中正的日記中，他詳細提到上海在國民政府的治理下，開始進行都市計畫的工作。看見新興的街道與舊有中國街道，對於新興中國的樣貌，他感到恐懼。[37]此外中國童子軍開始換上卡其色的制服，他認為中國的新生活運動是未來童子軍運動的訓練目標，剪短髮的女童軍搭上制服，使他覺得很可愛。[38]而在田中正筆中，他發現當時上海小學校的學生，不分男女，都穿這樣卡其色的服裝，然後學校有跟時事的相關標語，他覺得相對於中國童子軍跟希特勒青年團比較起來，童子軍運動令人驚艷且讓人耳目一新。[39]

　　另一方面，他們也有去探訪日僑，並且有去上海日軍的陸軍和海軍辦事處參訪，當時上海的日僑學校已經有1000人，可見上海的日人社群規模之大，甚至還有上海神社可供參拜，但因為戰爭引颺的關係至今的社群都已經不復在。[40]

　　離開了上海，田中正一行上在6月17日來到了香港，香港炎熱的天氣使他想起了臺灣南部的氣候，一樣六月是最熱的季節，一樣讓人熱到發汗。到香港時，日僑少年團石山團長在九龍棧橋迎接代表團到來，當時他們下船時的檢查相當嚴格，田中正表

---

[36] 田中正，《少年團世界大會に派遣されて其の日記の中から》，はしがき，頁1-4。
[37] 田中正，《少年團世界大會に派遣されて其の日記の中から》，頁5。
[38] 田中正，《少年團世界大會に派遣されて其の日記の中から》，頁4。
[39] 田中正，《少年團世界大會に派遣されて其の日記の中から》，頁5。
[40] 田中正，《少年團世界大會に派遣されて其の日記の中から》，頁4-5。

示他是上次他來香港還沒這樣，也發現香港的海上防備設施也越來越進步。[41]

宴會結束後，在香港街道上看見一群行為異樣的中國人非常吵鬧的聚集，引起印度裔警察的注意而被驅趕，而且還被以妨害交通的名義，被帶到旁邊的街道，除了看見英國對於香港華人的控制外，也看見英國跨境流動的頻繁。隔天，他們去拜訪日本駐港領事館，與副領事碰面，後來分乘兩台汽車在香港觀光，並去看啟德機場的飛機起降，田中正看見英國空軍與航空充實的樣子。後來前往香港淺水灣海水浴場休憩時，看著香港外海的小島，看著飛機、建築物、軍事設施等等，都引起田中正的注意。[42]

當時日本人在香港已經有相當的人數，而且也有自高雄商業學校前去香港任教的日僑學校老師，[43]可見當時東亞各地人口是各處流通的。然而，日本人在香港經商遇到的困難，在滿洲事件爆發後，日本人在香港被英國人處處刁難，甚至有些日本人還有「恐英病」，因此期待日本的南支南洋政策，能夠幫助日本人抵抗英美在亞洲的侵入。[44]

離開香港後，代表團來到了新加坡，中國風和歐洲風的建築在街道兩旁，他們也走跟 8 年前田村保類似的行程，然而因為田中正已經有去過南支的經驗，對他而言就是「平凡的新加坡」，而博物館也被認為是類似「臺灣博物館」（今國立臺灣博物館）類似的地方，值得一提的是，書中提到當時日本有名的植物學者，會在新加坡的植物園停留兩年進行熱帶植物的研究，代表當時的學術人口的流動在亞洲是已經存在的現象。[45]

田中正一行人在 7 月 22 日抵達歐洲，第一站就是世界少年團運動創始地英國，先後去了國際少年團事務局（（World Scout Bureau，現位於馬來西亞吉隆波）、英國少年團本部、極偉園、海德公園（Hyde Park），最後前往日本大使館，離開英國前往荷蘭。[46]

這場少年團世界大會有很重要的意義，除了荷蘭國王親自出席開幕外，這場也是世界少年團運動創始人貝登堡最後一次出席的少年團世界大會，同時日本的秩父宮雍仁親王在前往喬治六世的登基典禮後，也順道前往少年團世界大會探視日本少年團代表團。[47]

---

[41] 田中正，《少年團世界大會に派遣されて其の日記の中から》，頁 6。

[42] 田中正，《少年團世界大會に派遣されて其の日記の中から》，頁 7-8。

[43] 田中正，《少年團世界大會に派遣されて其の日記の中から》，頁 8。

[44] 田中正，《少年團世界大會に派遣されて其の日記の中から》，頁 12。

[45] 田中正，《少年團世界大會に派遣されて其の日記の中から》，頁 14-15。

[46] 田中正，《少年團世界大會に派遣されて其の日記の中から》，頁 26-29。

[47] 五十野和男編著，《日本の少年団運動─資料に見る黎明期のスカウティング》，三響社，2018，頁 184。「秩父宮」誤植為「秩文宮」。

圖 12　少年團運動創始人貝登堡、秩父宮雍仁親王與日本代表團合影
資料來源：五十野和男編著，《日本の少年団運動—資料に見る黎明期のスカウティング》，2018，頁 184。

　　在這場大會中，田中正相當注意青年健兒（Rover Scout）在大會中的表現，他發現這場大會的工作人員並沒有之前那麼多，而且青年健兒在營地中的服務非常活躍，比如說 2500 人份的食材配給的分配，僅由六位青年健兒負責。其他如翻譯、交通指引、警備等各樣工作，青年健兒都穿梭其中，直到深夜的服務工作都是由青年健兒負責，他認為一個國家的活躍在於青年的活躍，應該要深刻的思考。[48]

圖 12　第五屆世界少年團大會參加布章（左中）與營地鳥瞰圖（右）
資料來源：五十野和男編著，《日本の少年団運動—資料に見る黎明期のスカウティング》，2018，頁 180。

---

[48] 田中正，《少年團世界大會に派遣されて其の日記の中から》，頁 48。

　　這場大會舉辦的時間是 1937 年 7 月 29 日至 8 月 12 日，[49]因為 7 月 7 日北支事件
（盧溝橋事件）的爆發，日本代表團感受到相當大的國際壓力，當時得田中正遇到其
他國家的質問，他回應這不會變成全面的戰爭，是中國少部分人所做的壞事，就跟一
對兄弟，弟弟做壞事不代表哥哥是壞人，可見當時基於世界少年團運動的情誼，田中
正面對這樣突然的外交巨變，他仍然相信日本是和平友善的國家，殊不知全面的戰爭
已經爆發。[50]

圖 13　日本代表團營地展示

資料來源：五十野和男編著，《日本の少年団運動—資料に見る黎明期のスカウティング》，2018，頁 184。

　　而當年在大會一併舉辦的世界童軍會議，正好要表決中國童子軍入會，雖然在大
會中少年團員之間的交誼依然存在，但指導員已經對日本代表團敬而遠之，田中正對
於這點相當不滿，認為中國代表團表現出的一些敵意。在會議中，荷屬東印度的代表
受到熱烈拍手歡迎，但中國代表卻無人拍手，只有時任世界委員的二荒芳德伯爵就禮
貌性的拍手。而在閉幕的致贈紀念品時，貝登堡是讓中國童子軍第一個拿紀念品的，
這不太符合世界童軍的規定，這些都讓田中正感到不是滋味。[51]當時的田中正認為，日

49　田中正，《少年團世界大會に派遣されて其の日記の中から》，頁 30-46。
50　田中正，《少年團世界大會に派遣されて其の日記の中から》，頁 60。
51　少年團世界大會日本代表田中正，〈海外で見聞した　支那事變の影響　英國では對日感情惡化〉，《臺灣日日新
　　報》，1937.10.03，日刊 04。

本是為了防止共產主義在亞洲擴散，在做正確的事情，而且當時西方的新聞全都同情中國，使他認為所謂西方只是看見表面的正義觀，直接指日本是侵略，這樣只是看見表面的行為，是相當危險的，而日本也要注意中國的「逆宣傳」。[52]然而有趣的是，當田中正一回到臺灣後，就以「關於支那事變（蘆溝橋事變）歐洲各國的諸情勢」為題，在台北公會堂舉辦講演會，分享參與少年團世界大會的經驗，[53]雖然不知內容，但從講題就可知田中正的愛國與排外情勢是相當高漲的，可見少年團大會的經驗，反而造成了對歐洲各國更負面的印象。但實況真的如田中正所說的那樣嗎？2017 年，早年參與少年團國際活動的藤原常智，把他以前在國際活動得到的中國童子軍旗幟，寄到臺灣給中華民國童軍總會，推斷是在第五次世界大露營結束或是第一次美國大露營時，被交換到日本去的，是少數留下的戰前中國童子軍文物。[54]可見對於當時的日本青年而言，是否與田中正立場相符，還需要更多的史料發掘來進行深入討論。

圖 14　中國童子軍國際代表團團旗
資料來源：五十野和男編著，《日本の少年団運動—資料に見る黎明期のスカウティング》，2018，頁 184。
　　　　現存於臺北

四、結語——從兩本日記看在臺日人對於國際觀的轉向

　　1929 年田村保前往英國時，是國際氛圍相對和平的時代，雖然在國際事務上已經有衝突出現，但國際間的交流依然友好，其中在與中國交流的部分，田村保在抵達上

52　田中正，《少年團世界大會に派遣されて其の日記の中から》，頁 59-63。
53　〈田中正君の講演〉，《臺灣日日新報》1937.10.07，日刊 07。
54　五十野和男編著，《日本の少年団運動—資料に見る黎明期のスカウティング》，2018，頁 183。

海時，中國才剛由國民政府統治一年，一切大抵跟北洋政府的時期差不多，而到田中正 1937 年抵達上海時，街上已有穿著卡其服的童軍穿梭其中，可見當時蔣中正對於地方的控制已經到達一定的程度，外國人的力量也相對於 1929 年小了許多。而在香港的部分，兩本日記記錄下了香港啟德機場建成前後的香港樣貌，以及這當中日本對於中國與華人的落後的不悅，在兩本日記中也隱隱地展現出來。在新加坡的部分，由於作為海峽殖民地的中心，加上是英國東方艦隊的基地，田村保對於新加坡的多樣的人種交會感到新奇，面對當地人的服飾以臺灣蕃布稱之，可見他對於臺灣的原住民潛意識上還是認為是他者群體，這是值得注意的部分，另外，當時的少年團國際代表團成員，對於國際事務是相當敏感的，不管事田村保些許抱怨華盛頓公約對日本海軍的不平等待遇，或是田中正對於蘆溝橋事變得激烈反應，都是值得注意的。此外，也因為有 8 年少年團在臺灣的訓練與傳承，田中正也累積了對外出訪的經驗，因此認為新加坡就是一個類似於臺灣的地方，因此也就以普通的新加坡來作為標題。其實這兩個人都有去到今天馬來西亞檳榔嶼，但因為多是對於熱帶風情、多種族環境的敘述，與新加坡類似，因此在本文就沒多做討論。[55]

　　到了歐洲以後，兩人都去到了極偉園，其中田村保對於極偉園的印象則是與臺北水源地與植物園的印象進行連結，田中正則是注意到休閒與童軍交流的部分，因為田村保有記錄下他接受木章訓練的生活，也算是藉此窺看 1920 年代晚期木章訓練的窗口。

　　而少年團世界大會的部分，1929 年的日本是國際聯盟常任理事國的一員，可說是東方的唯一代表，受到國際的歡迎，1937 年日本則是被指責為入侵中國的侵略者，大會的氛圍也截然不同，而田中正在旅行中也有拿少年團與希特勒青年團進行比較，可見當時兩大理念的衝突在日本的少年團群體，是相當明顯的，而這與當時的國際交流，是有很大關聯的。

　　簡而言之，藉由兩本相距 8 年的旅行日記，從臺灣殖民統治階層的視角，發現臺灣日本人社群在國際交流的歷程中，在 1920 年代是有藉由推廣殖民地少年團運動的使命，但到 1937 年，雖然已經培養像田中正這樣經驗豐富的青年能夠以台灣代表身分參與少年團國際大會，然而他的思維卻已經被國際政治與激化的愛國情緒所影響，所謂四海之內皆兄弟的理念，似乎在田中正的日記中，僅僅只是一種表象，一種我的國家才是正義的認同感，在日記的最後展現出來，可見日本在當時真的已經「轉向」，走向戰爭的命運。

---

[55] 田中正，《少年團世界大會に派遣されて其の日記の中から》，頁 16-17。田村保，《世界一周スカウトの旅》，頁 82-83。

　　田村保與田中正的日記，還有許多報導與其他團員的資料尚待解讀研究，到從它們參訪過程中，可見戰前的日僑社群在上海、香港、馬來西亞等地其實是有一定的聲量，且對其他的族群有威脅性，其中台灣作為南進基地，其實在當時也培養許多人才，如高雄商業學校畢業前往香港任教的教師一樣，前進南洋。期望之後有更多的史料出現，幫助未來能有更加深入與成熟的討論，來窺看臺灣、在臺日人、灣生在戰前海洋亞洲與全球化社會之間角色。

引用書目

史料與相關書籍

ボーイスカウト日本連盟
1973《日本ボーイスカウト運動史》。東京：ボーイスカウト日本連盟。
五十野和男
2018《日本の少年団運動—資料に見る黎明期のスカウティング》・日本スカウト切手・メモラビリアクラブ。
田村保
1931《世界一週スカウトの旅》，臺北市樺山少年團後援會。
田中正
1931〈少年團聯盟の好い先生佐野常羽伯印象記〉，《南國青年》008 期，南國青年協會。
北博昭
2003，《二二六事件全検証》，朝日新聞社，頁 89-90。
英國童軍總會著，王建華、張關林、夏伯銘譯
2007《世界童軍百年 An Official History of Scouting》，三聯書店（香港）有限公司。
鶴見俊輔著，邱振瑞翻譯
2020《戰爭時期日本精神史 1931-1945》，馬可孛羅。

報紙

臺灣日日新報社
1929-1937《臺灣日日新報》
時人期刊文章
垚
1929〈校聞：南院童子軍歡迎日童軍誌盛〉，《交通大学日刊》72，頁 4。

期刊論文

孫佳茹
2014〈中華民国時期における日中ボーイスカウトの国際交流に關する一考察—上海南洋大学童子軍の日本訪問に焦点をあてて—〉，《早稲田教育評論》28:1，頁 135-146。
葉立誠
2011〈日治時期顏、施兩家服飾特徵及其意涵：以施素筠的生命史為例〉，《臺灣文獻》第六十二卷第四期，頁 56-104。

學術專書

上平泰博・田中治彦・中島純

 1996《少年団の歴史戦前のボーイスカウト・学校少年団》，東京：萌文社。

學位論文

李新元

 2019〈日治時期臺灣少年團之研究〉，國立臺灣師範大學碩士論文。

主義還是學術？
冷戰時期美台互動與胡適紀念館的形塑[1]

嶺南大學歷史系博士生　曾苡

一、導論

　　胡適紀念館在官方網站講述其歷史時，以寥寥數筆為成立經過作下註腳：「五十一（1962）年二月二十四日，胡適以心臟病發猝逝，十月十五日安葬。在他葬後的第三天——十月十八日，由繼任為第四任院長的王世杰（雪艇）在第三次院務會議中提出『胡故院長住宅之處理』案，決議：『胡適之先生故居完全供作胡適紀念館之用，其詳細辦法由院長組織委員會擬訂，提出本會議議決之。』」[2]此番論述言外之意似乎是：紀念胡適並修築紀念館，其重要性與象徵意義是不言自明的。若仔細探尋其中幽微之處，今人或許頗驚歎這位二十世紀思想巨擘的身後命運。

　　胡適紀念館改建自胡適生前中央研究院院長宅邸。當舊居改建紀念館，歷時至今已六十載，其陳列室美輪美奐的展品與佈置，令海內外與兩岸三地的訪客、學人流連忘返。胡適紀念館歷經戒嚴、冷戰、民主化年代，其不同世代的政治意涵也於此形塑，其發展過程如同「一個都市文本（city-text）」，將不同時期「歷史重要性、事件、人物偉大性的盛行論調及態度都給保留下來。」[3]

　　「紀念政治」何以重要？如以「紀念」的視角重新檢視亞洲史，或許可解釋權力結構在特定地方的結合，以及所形成的「崇敬地景」與新興身分認同的形成。從紀念的主題來看，既往學術研究對節日、事件、人物的紀念有諸多代表性研究成果。葉韻

---

[1]　本文為香港嶺南大學研究生院學生主導研究計劃的研究成果（This research has been supported by the Student-Led Research Programme of the School of Graduate Studies, Lingnan University, Hong Kong），謹向嶺南大學研究生院慷慨資助致以謝忱！嶺南大學歷史系講師毛升博士在本人草擬文稿時給予諸多寶貴指導意見，國立台灣大學歷史研究所碩士班陳冠輔先生在研究資料的蒐集上給予大力支援，在此向二位先生致敬！

[2]　陶英惠，〈成立經過〉，參見胡適紀念館網站：http://www.mh.sinica.edu.tw/koteki/about1_1.aspx，最後點閱：2021年6月1日。

[3]　葉韻翠，〈領袖名與紀念政治：馬來西亞東姑阿都拉曼之個案研究〉，《中國地理學會會刊》第 50 期，2013 年，頁 58。

翠首次於中文學界提出「紀念政治」的概念，其透過分析馬來西亞領袖東姑紀念名稱的「符號」特質，以追蹤後殖民馬來西亞不同時代的權力互動。以東姑為名的公共空間中進行的紀念，是一種觀察政治權力發展的媒介。葉韻翠透過東姑、新加坡紀念地名、中正紀念堂等領袖紀念館系列文章，充分揭示不同歷史時空中，各種類型權力結構在公共空間塑造歷史記憶、國族認同[4]；陳蘊茜以孫中山符號建構為個案，指出國民黨利用紀念儀式日常化、製造植樹節等時間政治，以及中山符號建構日常生活空間為核心的造神運動，塑造孫中山崇拜[5]；李恭忠對中山陵的研究更進一步突出死亡儀式、喪葬政治在強化民國公眾認同上的作用[6]；周俊宇認為，中華民國國定節日的基礎，大多在國民政府黨國體制下形成，走向憲政及政治轉型民主化後，制度上、象徵層次上仍複雜糾結。[7]以香港的視角來看，李立峯、陳韜文以 1989-2019 年香港長達 30 年對「六四事件」的紀念為對象，展示社會力量主導的集體記憶，即使是國家在政治上操控集體記憶，廣泛行動者的不斷努力仍撐起維多利亞公園 30 年的燭光，儘管香港「六四」集體記憶的軌跡亦隨著香港的發展而發生劇變。[8]

鄧騰克（Kirk A. Denton）於 2021 年出版《歷史記憶的景觀：戒嚴後的台灣博物館和紀念文化的政治意義》一書，將「權力地景」集中呈現在台灣博物館中，該書集中面向台灣冷戰後政黨政治中「藍營」「綠營」對博物館成立、管理、建築設計以及歷史敘事的角力，進一步拓展冷戰的政治遺產在台灣地域空間的紀念政治型態研究。[9]若以鄧騰克的研究路徑為依據，不妨可重新考量台灣的公共空間在紀念政治上的呈現形式，例如紀念館、廟宇、書店、咖啡店等；胡適紀念館的形成即回應此重要課題，並可透視冷戰時期美國非政府組織在亞洲的文化冷戰以及美台關係的互動。本文擬透過紀念政治（commemorative politics）、空間政治與文化冷戰的視角重新檢視胡適紀念館的成立史。

---

[4]　葉韻翠，〈建構記憶之地──中正紀念堂領袖紀念館中的國族地方感〉，《博物館學季刊》第 34 卷第 1 期，2020 年，頁 45-64；葉韻翠，〈以領袖為名？由「海峽時報」窺探新加坡紀念地名的文化政治〉，《台灣國際研究集刊》第 11 卷第 1 期，2015 年，頁 117-138；葉韻翠，〈領袖名與紀念政治：馬來西亞東姑阿都拉曼之個案研究〉，《中國地理學會會刊》第 50 期，2013 年，頁 57-79。

[5]　陳蘊茜，《崇拜與記憶──孫中山符號的建構與傳播》（南京：南京大學出版社），2009 年。

[6]　李恭忠，《中山陵：一個現代政治符號的誕生（增訂版）》（北京：三聯書店），2019 年。

[7]　周俊宇，《黨國與象徵：中華民國國定節日的歷史》（台北：國史館），2013 年。

[8]　Francis Lee, Joseph Man Chan, Memories of Tiananmen: Politics and Processes of Collective Remembering in Hong Kong, 1989-2019 (Amsterdam: Amsterdam University Press), 2021.

[9]　Kirk A. Denton, The Landscape of Historical Memory: The Politics of Museums and Memorial Culture in Post-Martial Law Taiwan (Hong Kong: Hong Kong University Press), 2021.

二、「以胡適之名」：胡適紀念基金籌款與美台互動

1962 年 2 月 24 日，中央研究院第五屆院士歡迎酒會上，胡適因心臟病突發，猝死於講台上，一代哲人就此溘然長逝。不過，翟志成認為，這是官方的說法，胡適的司機曾透露，「因歡迎酒會之故，中研院會場之地板剛打磨了一層新蠟，胡適腳穿皮底鞋不慎滑倒，頭部不幸正撞著講臺，從而引爆了胡適本來就患有的十分嚴重的心臟病，經送院搶救無效身亡。」同年，繼任王世杰院長決定成立胡適紀念館，將位於南港中央研究院的胡適舊居改建成供陳列、紀念之用途。

胡適不幸身故後，半年有餘（1962 年 10 月 15 日）才最終下葬。胡適墓園坐落在南港中央研究院對面的山坡上，如今以墓園為中心的胡適公園亦成為遊人駐足、休憩之處，以作永久的紀念。為何遲遲不能下葬？出於胡適在近代中國史上巨大的影響力，胡適遺孀江冬秀、中央研究院院方高層、美國非政府組織，在如何紀念胡適，是否修建胡適紀念館的議題上，曾展開多方爭論，甚至造成了八十人連署「搶救胡適紀念館」的抗議聲浪。

胡適身故後，美國非政府組織率先考慮成立「胡適紀念基金」，並提出諸多紀念胡適的方案，其中美國非政府組織考慮，以回饋學術的方式紀念胡適，如成立胡適紀念基金、胡適獎學金、胡適講座教授，甚至成立一個胡適漢學學院。美方在一系列運作中，積極推進，「紀念胡適」成為聯繫美台半官方級外交行動。中華文化教育基金會（中基會）董事葉良才向前台灣銀行董事長張茲闓透露，「紀念胡適」的諸項方案已請求《時代》雜誌創辦人亨利・魯斯（Henry Luce）、華美協進社（The China Institute）孟治（Paul Chih Meng）的幫助。「外交官劉鍇大使建議聯繫路思義先生……我首先請華美協進社的孟治先生聯繫路思義，但孟說最好請葉部長（葉公超）寫信給路思義，因為他們彼此很了解。（路思義名下的華美協進社正計劃於 4 月 16 日為胡適博士舉行追悼會，並已邀請蔣廷黻博士及哥倫比亞大學和康奈爾大學校長們發言。）」葉良才同時與中華民國駐美大使館律師李格曼（Mr. Harold Riegelman）聯絡，希望以其作為胡適在康乃爾大學同班同學之誼聯繫起其他同學。經濟學家何廉（Franklin Ho）與李格曼都建議，「在康奈爾大學為中國學生設立胡適獎學金，並讓康奈爾大學為此籌集資金。」葉良才也徵求張茲闓的意見，「如果你認為這個想法可行，也許可以類似地在台灣的大學為美國學生徵集胡適獎學金的捐款。」[10]

---

[10] 〈葉良才致張茲闓函，1962 年 3 月 21 日〉，《籌集胡適先生紀念基金、成立胡適紀念館等相關資料》，國史館檔

　　李格曼把胡適紀念獎學金的想法，向王世杰、葉公超通告，「我們的共識是，在美國設立一個免稅，非營利性胡適紀念獎學金基金，並在具有廣泛代表性的委員會的幫助下，於美國和加拿大籌集大量資金，設立一項或多項本科生獎學金。其中一項歷史與哲學獎將設立於胡博士曾就讀的康乃爾大學（1914 級），另一項於哥倫比亞大學同一領域設研究生獎學金，因胡博士在那裡獲得博士學位（1917 年）」。

　　「美中兩國都致力於將胡適博士的共同記憶、作品和價值永久保存，希望並期待他們保持密切聯繫。」[11]李格曼作為美方代表，熱情洋溢地擔任驅動器般的領導，並表示，美方有人希望由一個同名的台灣團體進行一個同源項目，該項目將在除美國和加拿大以外的世界其他地方籌集資金，由中方胡適紀念獎學金基金的獨家指導下，在台灣擴大影響力。如果中方機構決定在一所或多所中國大學設獎學金之外，再設立一個基金會，美方會接受這個決定。但是，如果台灣採用美國批准的模式，美方期待台灣不時地向中國學生提供赴美國獎學金的可能性，或者向美國學生提供赴中國獎學金或研究經費。這將是一個可以在未來兩個基金都獲得有效資源的情況下解決的問題。葉良才認為，台北應與美國達成共識，特別是「若有單獨的組織來籌集資金，美台必須100%合作。我們不應有超過一個組織以胡博士的名義向同一來源徵集。李格曼和我認為，如果在這裡成立一個委員會，王世杰博士的兒子王紀五最適合擔任秘書。這將促成這里和台北之間的聯繫。」[12]

　　適時繼任中央研究院院長的王世杰於台灣迅速組織，磋商募集胡適先生紀念基金事。1962 年 4 月 9 日下午 6 時，諸位代表在臺北市長安東路一段 28 號集會，到會者有蔣夢麟、李濟、葉公超、李榦、楊樹人、羅家倫、錢思亮、陳雪屏、王世杰、尹仲容（李榦代）、梅貽琦（錢思亮代）。諸位決議自即日起成立胡適紀念基金籌備會，除當日到會者外加請下列諸人為會員：王雲五、徐柏園、黃季陸、黃朝琴、林柏壽、李建興、林挺生、林熊祥、羅萬俥、朱家驊、張茲闓、陳光甫、凌鴻勛；胡適紀念基金籌備會決議：推定蔣夢麟、王世杰、尹仲容為本會召集人，李榦為幹事；募集款項以在臺灣募集為主，但對亞洲基金會（Asia Foundation）、中華文化基金以及中華國際基金會（China International Foundation）等基金會亦可酌量洽募，惟須與中美人士在美另行設立之募集胡適基金團體設法聯繫，以避免複募。籌備會基金將用於中國大學及中國學

案，館藏號：1550510060001A，頁 74-75。

[11]　〈李格曼致王世杰與葉公超函，1962 年 4 月 2 日〉，《籌集胡適先生紀念基金、成立胡適紀念館等相關資料》，國史館檔案，館藏號：1550510060001A，頁 82。

[12]　〈葉良才致函張茲闓，1962 年 4 月 5 日〉，《籌集胡適先生紀念基金、成立胡適紀念館等相關資料》，國史館檔案，館藏號：1550510060001A，頁 77。

術研究機關，設立胡適研究基金、獎學金、與名人講座。籌備會對於中美人士在哥倫比亞及康奈爾大學設立胡適紀念獎學金之議表示贊同，並盼請該團體所募之款能在此間中國大學酌設胡適紀念講座，[13]（每年津貼約每位新台幣 80,000 元或美金 2,000 元）。李幹隨即致函告知美國中基會的葉良才，於台灣成立的胡適先生紀念基金委員會普遍同意不公開募集資金，而將從台灣潛在捐贈者名單中徵集捐款，委員會相信透過美台兩個獨立運營的機構可以實現最佳結果。[14]

　　台方似乎曾考慮提請美方將胡適紀念基金，納入胡適生前主持的長期發展科學計畫之下，引起美台雙方諸多誤會。李幹透露，台灣胡適先生紀念基金委員會成立後，暫定籌款目標為新台幣 1,000 萬元，「該基金的使用可能會或可能不會與長期發展科學計劃（由政府贊助，此前由胡博士領導）有關，但主要目的將是捐贈一些講座教授席位給當地大學，吸引知名學者，無論是臨時講學還是長期逗留。我們還建議設立多項競爭性獎項以紀念胡博士。」[15]在計劃提出之前，早已有美方人士提出諸多隱憂，特別是挪用資金的可能性，以及「名不符實」的紀念方式。

　　夏威夷大學教授 Charles A. Moore 認為「設立一個專門從事促進科學研究的基金會是有些不妥當的，這在我看來並不符合胡博士。胡博士的偉大成就主要是在其他領域。雖然這純粹是個人反應——若致力於這樣一個被列為『政府項目』的基金會工作，我也不會覺得太獲殊榮」[16]華昌貿易公司李國欽之子小李國欽（K. C. Li, Jr），言詞十分激烈，「我對張博士（張茲闓）提出的問題進行了深思熟慮，並直言不諱地表示，我認為設立基金會是不可取的。張博士認識到，長期發展科學研究基金與胡適基金會相關聯只會抽走政府現在分配給此類項目的資金。美籍華人和華人的美國朋友向胡適基金會提供的資金，同樣有可能被挪用去已建立的基金會和研究所。」小李國欽進一步反問，「就沒有其他的方式來紀念胡博士了嗎？雖然我不了解文化上的事業，也沒有這方面的經驗，無法提出任何建議，但我一直想知道為什麼擁有大量資源的中基會（The China Foundation）不考慮建立一個授予學位的高等教育機構，例如胡適漢學學院（Hu Shih College of Chinese Studies）呢？」小李國欽給出如下理由：「這將提高中華民國的

13　〈關於募集胡適紀念基金事之集會紀錄〉，《籌集胡適先生紀念基金、成立胡適紀念館等相關資料》，國史館檔案，館藏號：1550510060001A，頁 29。

14　〈李幹致葉良才函，1962 年 4 月 12 日〉，《籌集胡適先生紀念基金、成立胡適紀念館等相關資料》，國史館檔案，館藏號：1550510060001A，頁 68-69。

15　〈李幹致葉良才函，1962 年 4 月 12 日〉，《籌集胡適先生紀念基金、成立胡適紀念館等相關資料》，國史館檔案，館藏號：1550510060001A，頁 68-69。

16　〈Charles A. Moore 致葉良才函，1962 年 3 月 22 日〉，《籌集胡適先生紀念基金、成立胡適紀念館等相關資料》，國史館檔案，館藏號：1550510060001A，頁 78。

研究機構在促進中美關係和滿足知識界緊迫需求的有效性。一所以胡適命名的研究院將成為他對現代中國的智力和道德貢獻的一座豐碑，他是一位偉大的傑出人物。我相信中華民國的研究院有組織、有領導、有威信來實施這樣一個項目。」[17]

　　對於胡適先生的思想遺產，美方將其定義在以歷史、哲學以及自由主義的人文領域。1962 年 3 月 29 日，李格曼於紐約寓所邀請了胡適之子胡祖望、錢煦、王紀五等，以及時任紐約中華國際基金會董事長的哥倫比亞大學生理學教授葛古森博士（Dr. Magnus Gregorson）。諸位決議成立胡適紀念獎學金（Hu Shih Memorial Scholarship Fund, Inc.），隨後通過了主要條款章程，「在美利堅合眾國的一所或多所大學設立歷史或哲學方面的獎學金，使作為哲學家、歷史學家、人道主義者和外交家的胡適博士的回憶永存，使有前途的學生和學者能夠在這些學習領域繼續學習，期望其成果有助於我們世界各地人民之間的和諧與和平。」[18]美方的建議也受到台灣的肯認，王世杰「提議由國家長期發展科學委員會，利用中基會協助該會之餘款二萬五千美金，在此間大學及中研院設置三名胡適紀念講座（中國史學，中國文學，與中國哲學），經該會通過。」[19]

　　王世杰作為胡適生前親密朋友，自認在紀念亡友，整理胡適思想遺著的工作上，出力頗多。1962 年 7 月 29 日，王世杰在日記中表示，「余於昨日在國家長期發展科學委員會執行委員會，提議撥款一百萬元新台幣在台灣各大學及研究院所，設置胡適紀念講座。當經通過。」[20]1962 年 8 月 1 日，王氏「以中研院名義聘李濟、毛子水、朱騮先、羅家倫、郭廷以、梁實秋、楊聯陞、潘剛伯為胡適遺著整理委員會委員。並預定以毛子水為總編輯」[21]，然而有關胡適紀念基金籌款的回憶，王世杰不乏努力苦心之感：「余極欲另成立胡適紀念基金會，募款約台幣千萬元（約合美金廿五萬元），在中國大學及研究所設置講座及獎學金。惟胡先生諸友好，初對此雖尚熱心，而能實心任事者卻並不多，余不免沮喪。」[22]紀念胡適的諸項活動，王世杰自認為問心無愧，然而在「紀念空間」的構建上，其與中研院總幹事阮維周的決策引發了胡適夫人江冬秀與中研院院內大批人士的抵制，最終透過報刊在輿論界發酵，造成惡劣影響。1962 年 10

---

[17] 〈李國欽之子 K.C. Li, Jr. 致葉良才函，1962 年 3 月 28 日〉，《籌集胡適先生紀念基金、成立胡適紀念館等相關資料》，國史館檔案，館藏號：1550510060001A，頁 79-80。

[18] 〈胡適紀念獎學金基金的主要目的條款，1962 年 4 月 3 日〉，《籌集胡適先生紀念基金、成立胡適紀念館等相關資料》，國史館檔案，館藏號：1550510060001A，頁 84。

[19] 〈1962 年 11 月 24 日〉，《王世杰日記》（下冊）（台北：中央研究院近代史研究所），2012，頁 975。

[20] 〈1962 年 7 月 29 日〉，《王世杰日記》（下冊）（台北：中央研究院近代史研究所），2012，頁 964。

[21] 〈1962 年 8 月 1 日〉，《王世杰日記》（下冊）（台北：中央研究院近代史研究所），2012，頁 965。

[22] 〈1962 年 7 月 20 日〉，《王世杰日記》（下冊）（台北：中央研究院近代史研究所），2012，頁 963。

月，在中研院執意決定撤出胡適生前舊物，改建為院長辦公室後，一場「搶救胡適紀念館」的聲援行動開始了。

三、「主義」陰影下「胡適之精神的勝利」

紀念空間何以至關重要？一個專門屬於胡適的紀念場域，不僅意味著地權、人力、資金，更是一種學術政治的權力在中央研究院的地理佈局，以及「主義」與地理空間的互動、衝突與影響。

胡適逝世的當下，最初很多人都認為把南港寓所來闢為紀念館，是最理想的方式，更有人進一步認為能把他生前欲所保持原狀，使憑吊的人們，瞭解胡先生的生前生活，將更有意義。

然而王世杰院長認為，「要紀念胡適之先生，應該紀念他的一生，應該收集他一生值得紀念的東西，胡先生在南港的寓所，只是他在那開就過 4 年」，「胡適紀念館的設立應該組織一個專門機構，來專責辦理，因為管理紀念館的方法，也有一些專門學問。如同丹麥童話家愛徒生的紀念館，是收集愛徒生一生的東西。他說，今日要保持胡先生寓所的原狀，根據遺囑的執行已是不可能的事，但仍當儘量保持一些保持沒有困難的東西，來紀念胡先生。」[23]似乎，將胡先生生前的寓所定名為胡適館，儘量保存胡先生的遺物，改造成中央研究院的中心，使來訪的中外來賓能在拜會院長的同時憑吊胡先生，同樣可以達到紀念之意義。中央研究院經費捉襟見肘，如果能將胡適舊居改建成院長與總幹事辦公室，能緩解中研院燃眉之急。因繼任院長王世杰「還借用著數理館的樓下，實在很需要有一個安頓的地方」，故「院方準備把胡先生的臥室改為院長的辦公室，把胡先生的書齋改為總幹事的辦公室」[24]。其中總幹事一職，王世杰認為在人事安排中位置重要，王氏認為，「余到中央研究院後，於人事毫無更動增減；惟總幹事一職關係最重要，久經懸慮，余請台大理學院院長阮維周先生接任。」[25]

胡適舊宅乃由蔣介石總統以《蘇俄在中國》版稅劃撥修建，當胡適先生逝世後，儘管不再是中研院院務的策源地，卻仍是總統授意下中研院地理上的權力核心。若透過「空間政治」的概念，則可以更清晰地呈現胡適遺孀江冬秀與中央研究院高層間爭論的焦點以及建築之外的權力格局。洪長泰提出，所謂「空間政治」的概念包括五點涵義：「中心位置、主次、大小、包容與符號意義」。所謂中心位置，即一種政治學上

---

[23] 彭麒，〈籌建胡適紀念館如何安排費周章〉，《徵信新聞報》，1962 年 10 月 17 日，第 2 版。

[24] 彭麒，〈籌建胡適紀念館如何安排費周章〉，《徵信新聞報》，1962 年 10 月 17 日，第 2 版。

[25] 〈1962 年 5 月 31 日〉《王世杰日記》（下冊）（台北：中央研究院近代史研究所），2012，頁 958。

「地理的高低地位」（a geographical hierarchy）[26]，王世杰以繼任院長身份，欲接管胡適舊居，是將中央研究院各附屬研究所的領導權力，集中於所繼承之胡適舊宅「中央」性質上。「空間政治」的形塑，另講求「主次之別」、「大小不同」、以及「包容與排斥」。王世杰稱胡適舊宅「要保持原樣式，沒有辦法辦到的」，同時決定只保留部分胡適書房生前的書籍、家具，使外國訪客蒞臨院長辦公室的同時，順帶參觀些許舊物，以示紀念。[27]此項策劃令中央研究院辦公室之權力中心為主，紀念胡適為次，既保留胡適舊居小部分舊物，維持其原貌的同時，也要讓中研院院長與總幹事進駐這一權力核心，且保持神秘性令普通人無法隨意參訪、紀念。

　　江冬秀絕不答應，蔣總統為他們修建的私人胡適宅邸，何以被強佔？「胡適之總是中國的一個人，社會敬重他，國家愛護他，外國朋友也敬重他，愛護他。」胡適不僅屬於江冬秀，如果改建胡適的紀念館，修好胡適的墓園，那麼就「不是胡適的面子，而是中央研究院的面子，中華民國的面子。這只要看隨時到墓上來行禮的多少中外男女老幼，就明白了。」江冬秀甚至提出，「我幾次表示自己出錢來辦，免得王雪艇先生不肯答應我們，這樣做是他的好意，但是研究院又確有難處，不能照預定的計劃順利辦去。現在胡適墓地稍有一個樣子，說起來好像是我一步步催出來。這是我很難過的。」[28]

　　為了守衛亡夫的宅邸，江冬秀緊鎖大門，不准任何人進出胡適舊居，更不准別人隨便處理在南港寓所裡胡適的東西，連胡適生前借出的水經註善本古籍也無法按期歸還，一度造成僵局。征信新聞報記錄了一則小故事：「胡先生生前向國立中央圖書館管借了一些水經注的善本書，以及向中研院圖書館借了一些參考用的善本書，因為善本書必須妥善地保管，但是胡先生逝世後，寓所的大門不能隨便開啟，中央圖書館急得不得了，再三拜託毛子水先生，才把這些善本取出來歸還。事後胡夫人知道了，毛子水先生還被重責了一頓。」[29]此外，在王世杰院長約毛子水到胡適舊宅查看胡適日記時，因「毛先期告知老太太，老太太即乘計程車來館將日記取回」，江冬秀甚至「曾到王世杰辦公室門口警告不要太過分，否則即公開其致胡信，王始未再對紀念館採取進一步行動。至於信之內容則未提。」[30]王世杰認為罪人並非自己，而是江冬秀之出言不遜，惡語相向：「關於胡適之先生身後諸事，及在中研院就胡先生原住宅設紀念館等事，近

[26] 洪長泰，《地標：北京的空間政治》（香港：牛津大學出版社），2011，頁 xiv。

[27] 洪長泰，《地標：北京的空間政治》（香港：牛津大學出版社），2011，頁 xiv。

[28] 胡江冬秀，〈為胡適墓園和胡適紀念館說幾句話（節略）〉，1964 年 4 月 3 日，中央研究院胡適紀念館檔案，南港檔，館藏號 HS-NK05-372-009。

[29] 彭麒，〈籌建胡適紀念館如何安排費周章〉，《徵信新聞報》，1962 年 10 月 17 日，第 2 版。

[30] 陶英惠，《往事不能如煙：陶英惠回憶錄》（台北：秀威資訊），2020 年，頁 312。

來因胡太太出言不慎，責備錢校長思亮、楊樹人諸人（實則此皆最敬重胡先生而一貫忠實於胡先生者），頗引起若干報界誤會，甚至詞連中研院及余本人，殊屬意外。余決定將就此事，以談話方式說明之。」[31]王世杰甚至認為，江冬秀實則在刻意阻礙胡適的遺著研究，「第一次『胡適遺著整理會』，預定於三年內完成整理工作……目前困難為胡先生日記問題如何處理」。[32]「胡太太堅不願令人閱胡先生日記，彼等工作甚感困難。余甚為扼腕。」[33]

　　「空間政治」最大的影響力往往是在於它所代表的價值以及象徵意義。[34]翟志成以1948-1968二十年間錢穆未能當選中央研究院院士，以論證胡適所代表的反傳統主義、自由主義在中央研究院乃至近代中國知識界是何等之深入人心。[35]儘管院長王世杰、總幹事阮維周等均不是所謂「反胡派」，王氏甚至是胡適生前的親密友人，倘若觸及以胡適之名做私心之用，仍將引起人心的巨大反彈，甚至以連署抵制官方行動。1962年10月16日，胡適先生下葬後的第二天，中研院高層已籌劃改胡適舊宅為院長辦公室，「據傳說，三五天內就要見諸行動。」一位剛從國外回來，未透露姓名的年輕教授向《自立晚報》投書：「將來他們要後悔的！那末，與其留待將來後悔，何不現在來挽救這件事呢？時間上還來得及的。本來，這是中研院內部的事，新任的負責人，有絕對的權力處置這幢子，外人是沒有資格提出任何主張的。不過，這件事不同，因為胡先生生前固然是中央研究院的院長，卻是為公眾所關愛的人，為了他身後的事，公眾有提出主張的權利。他這幢房子，固是中央研究院院長官舍，卻是蔣總統特別撥款為胡先生建築的，在興工期間，總統甚至會親自去巡視過。以國軍軍官所分配到的眷舍為例，規定可以終生居住，死後其眷屬仍可以無限期繼續居住。是則胡先生這幢房子，不管胡先生是生是死，永遠為他所有，也不為過。因此，我主張這幢房子應該保持胡先生生前完整的形態，絲毫不得變易，求久做為『胡適紀念館』。中華民國再窮為胡適先生，保存這種房子的財力應該還有，何必留下遺憾給後人去悔恨呢。中研院要把胡適紀念館改成院長辦公室，當然也有它的理由，據說理由之一是中研院建築太少，辦公房屋不敷應用，新任院長沒有辦公室，現在擠在數學館裡很不成樣子，急於需要一間寬敞的辦公室；理由之二是如果設置『胡適紀念館』，需要一筆維護管理費用，和專人看管；中研院是個窮機構，沒有這筆預算，假如改成辦公室，這種困難就沒有了。我認為天

[31] 〈1962年7月31日〉，《王世杰日記》（下冊）（台北：中央研究院近代史研究所），2012，頁964。
[32] 〈1962年8月8日〉，《王世杰日記》（下冊）（台北：中央研究院近代史研究所），2012，頁965。
[33] 〈1963年3月23日〉，《王世杰日記》（下冊）（台北：中央研究院近代史研究所），2012，頁988。
[34] 洪長泰，《地標：北京的空間政治》（香港：牛津大學出版社），2011，頁xvi。
[35] 翟志成，〈錢穆的院士之路〉，《中央研究院近代史研究所集刊》，第103期，2019年，頁91-126。

下沒有不能克服的困難，這兩點困難雖然有其理由，但不充分，可以把它克服。堂堂的國家最高學術機構，沒有院長辦公室，說出來會笑死人，政府一年浪費多少錢，我不相信就撥不出一筆款來為中研院建築一幢辦公大廈，假如真的窮到建不起這樣一幢房子，看在學術的面子上，看在死了的胡先生的面子上，我建議新聞界發起讀者捐款，為新任院長另建辦公室，以保留胡先生的房子做紀念館，相信凡是敬愛胡先生的人，都會慷慨輸將的。至於紀念館的維護保管，從明年起，應該由中研院編列預算，和增加管理人員。如果這點也辦不到，我還是提議發起募集『胡適紀念館基金』，由社會來共同負擔。對於我這個建議，我希望看到讀者的反應，來試試這個社會人心究竟炎涼到什麼程度？」[36]

　　1962 年 10 月 18 日，即胡適先生下葬後的第三天，中研院院士、職員八十人聯名發表對成立「胡適紀念館」的意見，並投書《聯合報》，發出強烈的抵制聲浪。八十位中研院同仁共同聲明，「我們的意見是：胡適之先生最後四年的住所及宅中他的遺物，應當全部照原式永久保存。我們贊助胡夫人及其他有關的人，將胡先生在此宅中的遺物捐作社會和民族的一部份財產。我們認為應當請適當人士領導在國內外籌募一筆款，相當於胡先生最後住所原來建築及設備之費，交付給有關方面，使此宅得成為一個永久性的胡適紀念館。我們還認為應當募集一筆款，作為此紀念館的基金。我們要求院內和院外敬愛胡先生的人士贊助我們的意見。」[37]

　　八十位人士共同表示，前代偉人哲士的住所、遺物是民族重要文物的一部分，保存舊居在當世各文明國家已成為通例。這樣做不但可以啟發後世對前賢的景仰追思，且可以保留生動寶貴的史料，永久供學者觀摩研索。「德國富蘭克府的哥德館（即哥德逝世前的住宅）及所在的街道在二次大戰時被毀。戰後德人照原式重建此館及整條街道，將戰時預先妥藏的館中遺物全部照原式安置館內。這是一個最好的榜樣。事實上，

---

[36] 陳立峰，〈搶救「胡適紀念館」！〉，《自立晚報》，1962 年 10 月 16 日，中央研究院胡適紀念館檔案，南港檔，館藏號 HS-NK05-381-065。

[37] 〈關於成立胡適紀念館的意見〉，中央研究院胡適紀念館檔案，南港檔，館藏號 HS-NK05-359-006；另見〈中研院院士、職員八十人聯名發表對成立「胡適紀念館」的意見〉，《聯合報》，1962 年 10 月 18 日，《籌集胡適先生紀念基金、成立胡適紀念館等相關資料》，國史館檔案，館藏號：1550510060001A，頁 2。此八十位中研院人士分別為：陳槃、石璋如、芮逸夫、丘其謙、王萍、高去尋、嚴耕望、董同龢、楊時逢、劉斌雄、許倬雲、徐高阮、張存武、王叔岷、陳文石、王璽、黃彰健、張以仁、王爾敏、楊君實、金發根、鮑克蘭、藍乾章、楊兆慶、吳善澤、管東貴、戴新生、成道學、徐之勇、吳信淦、桑秀雲、史靜波、廖源雄、楊希枚、張秉權、王聿均、賈廷詩、管式昭、李念萱、袁宸宜、袁守方、劉鳳翰、傅權、劉津月、趙中孚、吳旭初、張玉淑、李亦園、譚玲、孫本芳、石磊、呂仲箎、王崧興、劉學備、羅松年、任紹廷、歐麗澤、宋淑貞、王恆餘、莊以寬、鄭隆村、張曙明、王之士、戴文華、林飛棧、潘木良、楊子儒、彭啟權、林忠、余壽雲、周龍、段慶貴、陳耀玉、楊瑞雀、鄭麗卿、呂克華、陳仲玉、呂承瑞、鄭再發、芮榮。

各國的學者、文人、藝術家……地位不及哥德的，往往也得到他們國人的愛重。他們
的住宅、遺物，都被珍重保存。我國近世多難，文物保存事業不及外國發達。但愛重
賢哲，愛重文物的觀念，在讀書人或非讀書人同樣具有。胡適之先生把他最後的幾年
生命獻給了本院和中國的科學發展。他在南港大約四年的生活將是本院及中國學術史
上重要的一頁。他在南港住所中留下的書籍、衣物，以及尚可想像的他在此宅中幾年
工作與生活的情景，將是後世研究這位哲人的最寶貴的資料。而且，我們的總統當初
指示特建此一住宅的深長用意，在歷史上也將永垂典式。因此，我們認為胡先生此一
住宅及宅中遺物應當全部照胡先生逝世前的原式永久保存，構成一個『胡適紀念館』，
足以成為一部活的胡適傳記的一章。」[38]

　　迫於八十位院內人士的壓力，中央研究院第四任院長王世杰在 1962 年 10 月 18 日
當天第三次院務會議中提出「胡故院長住宅之處理」案，決議：「胡適之先生故居完全
供作胡適紀念館之用，其詳細辦法由院長組織委員會擬訂，提出本會議議決之。」[39]王
世杰在當天的日記中，仍十分傲慢，「胡先生故宅，余意原定定為胡適紀念館，但為管
理便利起見，預定以其宅一、二室為辦公之用，其大部分則作陳列胡先生生活照片、
遺著、墨跡之用，向各方搜集，不限於宅中原有書物。胡太太則堅主該宅純作紀念館。
本院史語所院士陳槃等八十人聯名發表意見，亦作同樣主張。余今日因提出本院院會，
決定該宅完全供作紀念館之用。」[40]徵信新聞報次日（10 月 19 日）宣告，這是「胡適
之精神勝利」！主張改建辦公室的中央研究院總幹事阮維周，據信在院務會議上未發
一言，決議在無異議通過下，更被戲稱為「以今日之我向昨日之我宣戰」。[41]八十位中
研院同仁抵制聲浪的背後，是對胡適先生無盡的懷念。1963 年 2 月 24 日，在胡適先
生逝世週年紀念的當日，胡適紀念館決定臨時開放一天。「從上午八點多到下午五時止，
來賓簽名的兩千多人，來不及簽名的更多，估計當在五千以上。」[42]

　　1963 年 7 月 24 日起，王志維先生擔任胡適紀念館第一任主任，直到 1993 年 8 月
1 日，由中研院近史所研究員陶英惠先生繼任第二任館長。2020 年，陶英惠先生出版
《往事不能如煙：陶英惠回憶錄》，書中十分詳盡地回憶起他由間接協助變成直接負責

---

[38] 同上注。

[39] 陶英惠，〈成立經過〉，參見胡適紀念館網站：http://www.mh.sinica.edu.tw/koteki/about1_1.aspx 最後點閱 2021 年
　　6 月 1 日。

[40] 〈1962 年 10 月 18 日〉《王世杰日記》（下冊）（台北：中央研究院近代史研究所），2012，頁 971。

[41] 〈胡適之精神勝利〉，《徵信新聞報》1962 年 10 月 19 日，見《籌集胡適先生紀念基金、成立胡適紀念館等相關
　　資料》，國史館檔案，館藏號：1550510060001A，頁 29。

[42] 〈胡適紀念館管理委員會第六次會議紀錄 1963 年 2 月 25 日〉，中央研究院胡適紀念館檔案，南港檔，館藏號：
　　HS-NK05-366-006。

胡適紀念館館務的一段淵源，也透露出中央研究院內部同仁關係的緊張氣氛。陶英惠回憶，首任館主任王志維曾同他談話，「胡先生逝後由王世杰接任院長，因為王院長要看胡先生的日記，胡老太太及王志維因顧忌內容如有不妥，會招惹麻煩，乃以係受胡先生私人所託，非公物拒之。使王院長不甚愉快；連帶對紀念館以及胡老太太有些不滿。」至於另一位關鍵人物錢思亮，胡適生前多次提拔之，且胡錢兩家私交甚密，仍未能改善胡適紀念館的境地，陶氏進一步認為，「紀念館在中研院之所以任其自生自滅，與王、錢兩院長之態度有莫大關係。」胡適回台後住錢思亮家，日日賓客不斷，錢家無暇照顧，幾近無錢買菜，而夫人向總務長高化公訴苦後，高氏因不願做假帳報銷，而向錢思亮院長請辭，陶氏推測，這或許是因為「高可能為此人之辭受錢責備，轉而對胡不滿，連帶以後對紀念館也不滿、不支持。世事之難以了解類此」[43]

　　陶英惠前館長曾胡適紀念館報以學術上的無限期許，「我向來抱持胡適紀念館存在的意義，不應只是用來消極的展示一些胡先生生用過的衣物或手稿，供小學生或學人走馬觀花的看看；而是應積極的把胡先生未發表的手稿編印出來，讓所有的學人可以利用、研究。」吳大猷院長對陶氏看法頗表贊同，但也表示「整理胡先生的檔案，既沒有人，也沒有錢，如何進行？」陶氏在尋求張玉法所長、呂實強所長支持後，將此案於 1987 年 5 月 23 日提至中央研究院第十三屆評議會討論，然而胡適紀念館竟成為近史所與史語所互相傾軋的「戰場」。陶氏「沒想到開會時史語所有異議，主張將二位編輯人員用他們所裡的員額。我雖反對，但不便堅持，為息事寧人，乃跟吳院長建議，不如兩所各出一名額，吳院長即照此裁決。」[44]

四、意外的自由主義聖地：文化冷戰中的胡適紀念館

　　如何募集胡適紀念館管理資金並維持永續經營？此問題困擾紀念館近四十年之久。胡適紀念館成立後，王世杰院長承諾給予管理上的支援，卻無法劃撥長期穩定經費，因胡適紀念館非學術機構，無法從制度上保障。儘管王世杰對此百口莫辯，「午後雪屏來談胡適之太太在報紙攻擊我及阮維周事。胡太太謂，我等對胡先生紀念館及墳墓事不肯盡力，其措辭均反乎事實，余決定不辯，所以尊重胡先生也。」[45]作為特殊機構的存在，紀念館的每一項計劃都顯得捉襟見肘。徐高阮提出，應當以私人捐款的形式募集一筆數額不菲的永久性的基金，用每年的利息充當管理費用開支，因為胡適「不

43　陶英惠，《往事不能如煙：陶英惠回憶錄》（台北：秀威資訊），2020 年，頁 310。
44　陶英惠，《往事不能如煙：陶英惠回憶錄》（台北：秀威資訊），2020 年，頁 315。
45　〈1964 年 7 月 3 日〉，《王世杰日記》（下冊）（台北：中央研究院近代史研究所），2012，頁 1043。

是任何一個小圈的人，而是社會的一個人，中國的一個人，世界的一個人。」徐高阮
以美國的基金會為例，表達了這種倡議的合理性，「像胡適紀念館這樣紀念哲人學者文
士的組織，在自由國家通常都是靠私人捐款，建立維持。美國有些收藏國家領袖的資
料的組織稱為總統圖書館，尚且是靠私人捐款創立的，例如建立羅斯福圖書館是美國
國會決議的，而基金全是私人捐款。今年美國國會又通過建立甘迺迪圖書館，正在開
始募集資金，這都是要不增加國家的支出，憑社會的力量，而能做出一件紀念性的，
對學術和教育有貢獻的事業。」[46]

　　1962 年 11 月 22 日，王世杰「經財政部長嚴家淦部長之介紹，與曾在中國辦保險
業致富之 C.V. Starr 氏（Cornelius Vander Starr，史塔，又稱史帶，1892-1968）晤見。
此君有意捐款在台灣辦教育文化事業。」[47]此史塔氏，即是日後胡適紀念館之貴人，然
而史塔儘管有意願捐助台灣的教育與文化事業，但目標最先並非考慮胡適紀念館。王
世杰於 1964 年 5 月 28 日留下忿忿不平的回憶，「美國商人史塔 C.V. Starr 捐二萬五千
美金於中研院，原定於經濟所及史語所。胡適夫人又持異議，使余悶甚。」[48]隨後數日，
「胡適之夫人對史塔 C.V. Starr 捐贈中研院二萬五千美金之款，要求用於胡適紀念館修
理房屋及擴修墳墓。此一要求又使余甚感困難，因余已向史氏說過，此款可用於經濟、
史語兩所。」[49]最終，史塔選擇與胡適紀念館結緣。

　　1964 年 5 月，美國美亞保險公司史塔基金會創辦人史塔正式拜訪行政院長嚴家
淦，史塔以美金五萬元捐贈給中華民國的兩個學術機構，托請嚴院長轉交。中央日報
報道，「來華訪問的美亞保險公司創辦人史塔與史塔基金委員會主任委員崔第，是
由中央信託局副局長吳幼林陪同，於下午三時三十分到行政院拜會嚴院長。史塔以兩
張支票面致嚴院長，一張兩萬五仟美元，是贈與中央研究院作為紀念胡適之先生用的；
另一張兩萬五仟美元，是贈與國立臺灣大學作為使用新方法發展英語教學用的。嚴院
長在接受這兩筆贈款時，曾對他們熱心協助中華民國教育與文化的盛情表示謝意，同
時並代表這兩個學術研究機構表示感謝。」[50]史塔在呈給中央研究院的信中稱，自己無
意帶有任何政治條件：「正如我們在會上討論的那樣，送給中央研究院的禮物是為了紀
念胡適博士，他是一位偉大的朋友，是一位真正的學者，我們都很珍重與他的回憶。
這份禮物不致力於任何具體目的，除了它是基金會的願望和期望，我們希望它在中央

46　徐高阮，〈試談「胡適紀念館」應當有基金〉，《徵信新聞報》，1964 年 7 月 6 日，第 2 版。

47　〈1962 年 11 月 22 日〉，《王世杰日記》（下冊）（台北：中央研究院近代史研究所），2012，頁 975。

48　〈1964 年 5 月 28 日〉，《王世杰日記》（下冊）（台北：中央研究院近代史研究所），2012，頁 1038。

49　〈1964 年 6 月 3 日〉，《王世杰日記》（下冊）（台北：中央研究院近代史研究所），2012，頁 1039。

50　〈美商史塔謁嚴院長，捐獻美金五萬元，贈我兩學術機構〉，《中央日報》，1964 年 5 月 24 日，中央研究院胡適
紀念館檔案，南港檔，館藏號 HS-NK05-383-011。

研究院高層的指引下，被用於讓胡適博士感到高興和滿意的事，如果他還在世的話。」[51]

史塔自 1967 年 11 月起，又捐贈美金 3000 元（折合新台幣 120,000 元）作陳列室的維護費，即每月新台幣 10,000 元，先行試辦一年，嗣又續辦一年，至 1969 年 10 月為止。史塔於 1968 年 12 月 20 日去世後，徐大春代表史塔基金會，告知李幹與凌純聲二位先生，將與胡適紀念館再續前緣：「我確信史塔基金會將繼續支持胡適紀念館，我相信您會非常高興。贊助將以一次性贈款的形式提供，金額為 25,000 美元，隨函附上我們致凌純聲博士的信函副本，其中說明了詳細情況。」[52]史塔基金會此項捐助美金 25,000 元（折合新台幣 1,000,000 元）作為紀念館基金，規定以此基金利息 70%，作為故居、陳列室、墓園的維護費，另以利息 30%作為儲備金，專供陳列室大修、翻新改造修理之用。[53]史塔與史塔基金會為何鍾情於胡適？史塔與胡適的關係，在隨後的歷史敘述中被塑造成一段動人的故事：「胡適先生的好友史帶，是一位山東長大的美國人。民國初年，他於上海開設一家保險公司，由於當時國人皆對保險存有一份排斥的態度，生意因而不振，幾至倒閉。後來由於胡適先生的幫忙，史帶所開設的保險公司業務才蒸蒸日上。胡適先生過世後，史帶為了紀念胡適先生，捐出了 25,000 美元，相當於當時 1,000,000 台幣，蓋了這一座陳列室。陳列室中除了多楨遺珍的照片外，尚有胡適先生的書件信禮，生前衣物，配戴用品等等。走在陳列室中，時光仿佛又倒回了民國三、四十年代，耳邊似乎又可聽到胡適先生：大膽假設、小心求證的教誨。」[54]值得一提的是，史塔基金會至今仍是美國最大的私人基金會之一，已在全球範圍內為教育、醫學和醫療保健、人類需求、公共政策、文化和環境提供了超過 38 億美元的贈款。[55]

胡適紀念館基金的直接來源是美國史塔基金會的贊助，是美國在亞洲文化冷戰的標誌之一。文化冷戰指的是，美蘇兩國為建立霸權、擄獲世人的「心」展開的文化、情報、媒體戰略工作。文化冷戰在亞洲影響的案例，可見周愛靈《花果飄零——冷戰時期殖民地的新亞書院》。在新亞書院成立初期，不同的美國非政府組織的資助，是新

---

[51] 〈行政院秘書處台（53）財第 4256 號函中央研究院〉，中央研究院胡適紀念館檔案，南港檔，館藏號：HS-NK05-367-007。原文為：It is not dedicated to any specific purpose other than that it is the wish and expectation of the Foundation it will be put to such use or uses as would, in the judgment of the Directors of the Academy, give pleasure and satisfaction to Dr.Hu Shih if he were living today.

[52] 〈徐大春致李幹函，1970 年 3 月 26 日〉，《籌集胡適先生紀念基金、成立胡適紀念館等相關資料》，國史館檔案，館藏號：1550510060001A，頁 39。

[53] 〈資金來源〉，詳見胡適紀念館官網：http://www.mh.sinica.edu.tw/koteki/about1_2.aspx，最後點閱：2021 年 6 月 1 日。

[54] 張曉芳，〈此地空遺黃鶴樓——胡適紀念館〉，《中央日報》，1989 年 12 月 3 日，第 22 版。

[55] "The Starr Foundation", https://starrfoundation.org，最後點閱：2022 年 4 月 4 日。

亞得以生存的關鍵。「這些非政府組織希望阻止共產主義從中國蔓延到大陸周邊地區，並且找到共產主義影響的途徑：支持新亞書院的文化教育計劃。」[56]要理解文化冷戰，應以區域社會與一般庶民生活的層次，或人們在知性及創造活動中來思考冷戰帶來的影響。[57]Kenneth E. Foote 認為，在以美國德州為案例的地景研究中，可以論證一種「符號增生」[58]的概念，「當一個場所被指定作為紀念物的興建之地後，由於地點的神聖化，可能連帶地吸引更多其他紀念物在此增設，並進一步強化該地的神聖性，構成一連串符號增生過程。」[59]美國基金會力量的介入讓胡適紀念館增添了自由主義聖地的意味。冷戰時期，美國與台灣的戰略同盟讓胡適成為自由主義鬥士的符號，胡適不僅僅是學者，更是亞洲反共堡壘的冷戰鬥士。史塔及其基金會的贊助同時擴大了冷戰時期胡適紀念館在美國的影響力，紀念館保存的資料引起美國前副總統尼克森先生及美國議員等人的關注，胡適紀念館亦成為反共書刊的影印與發行之地，胡適管理委員會檔案記載：「胡夫人提議：美國前副總統尼克森先生及國會議員等人，常向本館索取胡先生的重要講演文字，如〈史達林世界陰謀底下的中國〉、〈大陸抗暴運動〉〉及〈主戰場在亞洲問答〉等三篇，擬由本人編印中英文對照的小冊子，以廣流傳，擬請紀念館代為發行。決議通過。」[60]

　　既往的學術研究認為，「在這段被稱作『文化冷戰』的年代中，美國的公關宣傳活動與亞洲區域內多樣的政治行為者之間發生了複雜的政經互動，並因此在雙方社會內部留下了巨大的影響。」這種權力運作不單來自美國政府，「也結合了美國民間力量、亞洲各國政治菁英及一般民眾的參與。尤其亞洲各國主體性的參與更是讓美國在亞洲的霸權成為一種相對性的存在。」[61]美國非政府組織的意外滲透塑造了胡適紀念館的形態，它是一個自由主義鬥士的紀念館，這種以中華民國為主體，追求正統的主體性而非台灣意識，也在冷戰時期體現出來。

[56] 周愛靈著、羅美嫻譯，《花果飄零：冷戰時期殖民地的新亞書院》（香港：商務印書館），2010，頁 73。可參考英文原版，Grace Ai-Ling Chou, Confucianism, Colonialism, and the Cold War: Chinese Cultural Education at Hong Kong's New Asia College, 1949-63 (Leiden: Brill), 2012.

[57] 貴志俊彥、土屋由香、林鴻亦編，李啟彰譯，《美國在亞洲的文化冷戰》（新北：稻鄉出版社），2012 年，頁 3-4。可參考日文原版，文化冷戰の時代—アメリカとアジア（東京：國際書院），2009 年。

[58] Kenneth E. Foote, *Shadowed Ground: America's Landscapes of Violence and Tragedy* (Austin: University of Texas Press), 1998.

[59] 葉韻翠，〈領袖名與紀念政治：馬來西亞東姑阿都拉曼之個案研究〉，《中國地理學會會刊》第 50 期，2013 年，頁 61。

[60] 〈胡適紀念館管理委員會第三十一次會議紀錄〉，1967 年 6 月 30 日，中央研究院胡適紀念館檔案，南港檔，館藏號 HS-NK05-366-015。

[61] 貴志俊彥、土屋由香、林鴻亦編，李啟彰譯，《美國在亞洲的文化冷戰》（新北：稻鄉出版社），2012 年，封底。

　　「以亞洲的脈絡來看，冷戰期間對於美蘇強權的政策，各地區是以一種極為選擇性的方式來接受。」[62]「在台灣公開宣傳活動的重點是，創造台灣為全亞洲華人社會的文化與政治中心的印象，並從台灣向華人社會進行宣傳活動。」[63]胡適本是中國學者，在中華民國遷台後，本是外省人政權合法性的象徵，其紀念館卻必須依靠美國非政府組織基金會紓困方得成立，正因如此，才意外地塑造了一幅美台互動，凸顯中華民國主體性的權力地景。胡適紀念館形成於冷戰時期，從創立之初美國人意外打造的自由主義聖地，演變為學術研究的機構，它不是台灣人的文化認同所在，但意外形塑了台灣的戰後紀念政治的形態。

五、餘論

　　胡適紀念館的定位自成立起，長期處於「主義」與「學術」之間的漩渦，它的糾結交織了戰後中央研究院內部同仁的緊張，以及東亞冷戰的紛爭局面。胡適紀念館不僅作為胡適生前用品的展覽廳，也是對其所撰浩瀚的文章、書記、往來書信整理編訂、研究的場所。當出於學術研究刊行之需要，王世杰院長欲調閱胡適日記，卻因胡太太以及王志維院長擔憂其中對國民黨的批評，以及胡太太的怨氣而遭到拒絕，甚至整理胡適紀念館中胡適遺著，近史所與史語所互相抱有成見，可謂「主義」壓倒「學術」；在尼克森副總統競選前，胡適紀念館也在美國官方的倡議下成為反共宣傳的聖地，刊行胡適先生知名反共文章，並在美國史塔基金會的贊助下頗具規模，又何嘗不是「學術」唯「主義」馬首是瞻？

　　在美蘇兩集團激烈對抗時期，胡適曾是美國人所紀念的自由世界之反共鬥士，但在 1980、90 年代，美蘇冷戰走向緩和，美國基金會不再重視胡適的價值，而胡適紀念館仍未能夠編入中央研究院體制內，中央日報曾發出警示文章：「經費不足研究成空談，胡適紀念館面臨停擺」[64]，企圖再次喚起中央研究院與公眾對胡適研究的興趣，更有一文以此地空餘黃鶴樓作比喻，促請多金的台灣社會挽救胡適紀念館慘淡經營之境況。第一任王志維館長稱，「紀念館並非一個學術研究機構，所以雖位於中研院內，卻無法得到任何經費上的補助。只有靠胡適先生作品的版稅收入，史帶先生以往捐款的剩餘，以及現任中研院院長吳大猷先生不定期的支援，方得維持下去。如此情況下還是不時

---

[62] 《美國在亞洲的文化冷戰》，頁 12。

[63] 《美國在亞洲的文化冷戰》，頁 19。

[64] 〈經費不足研究成空談，胡適紀念館面臨停擺〉，《中央日報》，1988 年 6 月 22 日，中央研究院胡適紀念館檔案，南港檔，館藏號：HS-NK05-397-023。

出現捉襟見肘的窘況。」[65]在吳大猷院長之大力支持下，雖多方設法謀求解決之道，終因礙於法令規定，未能籌得良策。「對過去院不支持情形使吳院長有所了解。王世杰不關心，高化臣也不關心，錢思亮受高的影響，也不太過問紀念館事。總務主任趙保軒是王院長武漢大學的學生，受王世杰影響，亦不支持，最後連個掃把也不給了。」[66]

　　在李遠哲院長的動議下，胡適紀念館終被考慮為單獨編制，附屬在歷史語言研究所或近代史研究所之下。胡適紀念館管理委員會於 1997 年 11 月 4 日舉行第七十一次會中，胡適紀念館轉型為學術研究機構，隸屬於近代史研究所之下。1998 年 1 月 19 日，管理委員會主任委員呂實強代表紀念館與近史所呂芳上所長舉行交接儀式。至此，處在「主義」與「學術」上糾葛的胡適紀念館在制度上的定位問題總算獲得解決，回歸學術研究機構的本真軌道。

　　曾處在風口浪尖上的王世杰，也曾感嘆，「余覺近數十年來，中國歷史上之最大人格以孫中山、蔡元培、胡適、吳敬恆為最。」[67]胡適紀念館歷時六十載，不知多少學者文人前往憑弔，紀念胡適，這位二十世紀「開風氣而為之師」[68]的哲人。踏過環繞著松柏的小徑，駐足清幽的花園池塘，午後陽光透過頭頂的玻璃長廊，大門內正是面帶微笑、持筆端坐的胡適先生畫像。敝人曾多次赴南港中央研究院，參訪胡適紀念館，也藉此研究機會，探尋其不為人知的幽黯歷史。

---

[65] 張曉芳，〈此地空遺黃鶴樓──胡適紀念館〉，《中央日報》，1989 年 12 月 3 日第 22 版，中央研究院胡適紀念館檔案，南港檔，館藏號：HS-NK05-397-033。

[66] 陶英惠，《往事不能如煙：陶英惠回憶錄》（台北：秀威資訊），2020 年，頁 311。

[67] 〈1964 年 3 月 25 日〉，《王世杰日記》（下冊）（台北：中央研究院近代史研究所），2012，頁 1030。

[68] 馬克‧奧尼爾（Mark O'Neill）著，程翰譯，《開風氣而為之師──中國偉大的知識分子胡適》（香港：三聯書店），2021。

緬甸政局的另一種視角：
翁山蘇姬的兩難與緬甸軍方的思考*

國立中山大學中國與亞太區域研究所博士　呂嘉穎

一、前言

對研究羅興亞議題的研究者而言，多半以緬甸政府或是羅興亞的角度為出發，探討議題的產生原因、爭議的難以解決，或是他國對緬甸或翁山蘇姬所施加的壓力，甚至是翁山蘇姬本人的在執政前後的轉變等[1]。然而綜觀緬甸政局，羅興亞爭議並非僅存在於該族群內，而與其鄰近之國家，或是翁山蘇姬政權[2]之間，皆有著千絲萬縷的連結，以及不同層面的互相影響，故才產生羅興亞爭議難以解決的態樣。當中扮演最重要的角色，亦能左右緬甸政治局勢的軍方勢力，在多數研究觀點外，卻較少看到相關以其思考邏輯為主的文章探討。

也因為如此，本文試圖從軍方的角度出發，探討軍方勢力在緬甸民主轉型過程中，因翁山蘇姬所屬之全民盟（National League for Democracy，NLD）獲得多數席次且取得執政權，在看似大敗於翁山蘇姬的情況下，卻又因緬甸 2008 憲法的保障，而能讓執政黨必須對相關修憲議案，與軍方及所屬政黨協商、溝通甚至妥協，才能讓修憲的議案予以通過相關門檻。另一方面，由於緬甸總統及國務資政（State Counsellor）並不掌握國防軍（Tatmadaw）之最高統帥權，而是在緬甸國防總司令掌握軍權的情況下受其制約，文人政府才能行使軍方在制定 2008 憲法時，所宣稱的「戒律式民主」（disciplined democracy）。其憲法保障軍方議會席次保障外，另其所支持的聯邦鞏固與發展黨（Union

---

* 本文初稿曾發表於「2021 海洋亞洲全球化與去全球化人文學科青年學者國際學術研討會」，會中感謝廖朝驥博士的評論及意見給予，本文作者於此表達最高謝意。另需說明之處在於，由於國際情勢的變動，本文撰寫時的時空背景與出版前亦有差異，但不變的是，正如作者所預期的，軍方對於翁山蘇姬控訴的罪名不斷增加，而軍政府與民間的對抗情勢，也仍持續進行。

[1] 近來的論述，認為與其認為翁山蘇姬屬於民主人士，不如說她是緬族民族主義者。（Thant Myint-U，2021）
[2] 於此使用「政權」一詞，所涵蓋的範圍除本人外，亦包括了所屬政黨所籌建的政府、相關內閣，受其意競選而獲勝的「代理人」總統等。

Solidarity and Development Party，USDP；鞏發黨），在民主選舉中亦有一定的支持者，兩者於議會中的席次總和，帶給翁山蘇姬政權施政上的制肘，畢竟當鞏發黨加上軍方保障議員席次，遠大於修憲所需跨越的門檻，如欲對該部憲法做出修正或調整，必須得獲得軍方的首肯，才可能通過並修正之。在此前提下，翁山蘇姬掌權下的緬甸政府，確實成為了行政權被軍方瓜分的情形，而在施政上須與軍方做出協商（或談判），才能讓政府的行政權運作順暢。

再者，當翁山蘇姬前些日子在國際法庭（International Court of Justice，ICJ）面對西非伊斯蘭國家甘比亞所提出的訴訟（Gambia v. Myanmar），認為緬甸政府涉嫌犯下向羅興亞「種族滅絕（genocide）」的罪名，據其所述認為此一事件屬偶發狀況，且為國內反擊部分激進分子之行為，與種族滅絕的控訴無涉（Becker, M. A., 2020: 8-9）。如該次言行與以往人權鬥士的光環加以比較，能夠發現掌權後的翁山蘇姬，似乎對羅興亞爭議從以往的漠然朝向支持政府軍行為的方向前進，在與其軟禁時的替人權發聲情形兩相對比之下，此一轉變確實讓人感到不可置信。但從緬甸政局與相關憲法規範所生之限制來看，卻又能發現翁山蘇姬的行為，與政治利益的延續考量有著極大的關聯性，且軍方在邊境與少數民族反抗軍（或百姓）所造成的衝突，也讓翁山蘇姬難以自圓其說，卻又僅能無可奈何的站在政府立場替其行為反駁之。

因此，本文以軍方的視角作分析，探討緬甸軍方在政變前，其實並不排斥翁山蘇姬政權執政（前提是不刪減軍方權力），且希望透過她與西方國家之間的良好關係，藉此讓緬甸經濟在不受制裁的情況下，能更為迅速且實際的發展。但另一方面卻又擔心相關權力會受緬甸民眾支持的翁山蘇姬予以制衡，故也在邊境製造與羅興亞人（或其他少數民族）的衝突，讓翁山蘇姬於國內、外，皆會因此受到壓力，而讓該文人政府不得不坐下來與緬甸軍方協商。第三，假設翁山蘇姬欲藉由修憲的方式剝奪緬甸軍方權力，或聯合外國勢力予以剷除，除規範內的修憲門檻過高以外，倘若外國勢力與其配合，亦能藉由憲法維護者的制高點，向翁山蘇姬政府政變之（呂三的時事評論，2020），且從結果觀之，卻也證實了作者撰文時的思考脈絡。

在研究方法使用上，以國內外學者文獻作為議題的延伸與思考主軸，並透過對於緬甸 2008 憲法內相關條文的閱讀，來分析軍方在憲法保障下所擁有的權力，以及當翁山蘇姬政權上台後，藉由行政命令創設了國務資政一職，雖然繞過了修憲的困難，但實質上是加速翁山蘇姬所屬政黨失去政權的速度，對羅興亞問題解決的可能並無太大的實質幫助，且在政權延續的考量上也因此進退失據。

期能藉由此文之研究，提供相關研究者另一個角度的看法，亦即緬甸軍方政變實則是翁山蘇姬過於緊迫的想要刪減軍方權力，且其在大選中亦獲得壓倒性的勝利，故

以政變入罪之方式，逮捕翁山蘇姬，卻也是不得不為之的行為。縱使軍方藉此發動政變，但在翁山蘇姬年事已高的情況下，未來的緬甸政局是否可能因其退出政壇，而有更多的動盪可能產生。

二、緬甸的哪一種視角？翁山蘇姬的形象轉換？

近年來，緬甸研究大多是從翁山蘇姬或是少數民族的視角，進行相關的探討，如從翁山蘇姬在其領導政黨執政後，被外界認為翁山蘇姬越來越像政客，而非以往替人權挺身而出的英雄（Barany, Z., 2018: 6-8）；又或者是就其以佛教為中心的選舉策略和相關言論，進行批判性的觀念分析，認為此種思維將可能導致本就失衡的緬甸宗教天平，朝向更為極端化的方向傾斜（Carroll, F., 2020: 24-25）。

另一方面，以往的文獻對於翁山蘇姬的評論，認為在其未執政前，所屬政黨如若執政將對緬甸有著正向的影響，但在 2015 大選後，其對人權的漠視卻也使得部分研究者開始反思翁山蘇姬是否真如國際社會所期盼的，能對緬甸長期封閉的社會，帶來真正的和平與自由開放（Sein, C. C., 2016: 8-11）；除此之外，就軍政府領導與 NLD 執政下的緬甸社會來看，縱使緬甸聲稱正朝向改革的方向前進，但實際上的言論自由箝制，卻仍然發生在翁山蘇姬政權執政下的緬甸社會之中（Dean, K., 2017: 500-502）。

而以少數民族的觀點作思考，多半著重在與緬甸政府軍之間的衝突、爭端，甚至是可能因此造成種族滅絕爭議的情況，進而進行相關的觀察分析或探討（Dussich, J. P., 2018: 6-7）；特別是對於政府軍隊和少數民族間，「爭端」被定調為衝突或暴力的引線，從概念上來看，確實很難有著比較完整的解釋，理由在於從不同的角度對同一行為進行解構，都有其所代表的意義及立場，也因為如此，雙方在思考上多半會以對己身利益最大化的解釋，對外表述相關行為的正當性（Htung, Y., 2018: 240-243）。而這也正是不同新聞媒體或國際社會，對緬甸境內所發生的爭端，有著不一樣表述立場的原因及結果。因此，當國外人道團體或非政府組織介入緬甸少數民族與政府軍之間時，以緬族為主的緬甸社會，並非會因此對國內族群的「他者」產生憐憫，而是可能在問題仍未解決的情況下，再次將雙方所簽署的停火協議撕毀（Lintner, B., 2019: 74-80、Williams, D. C., 2016: 1-5）。

綜上所述，吾輩能夠發現，由於緬甸甫從軍政府威權統治轉型，相關的規範與爭議，卻並未隨著翁山蘇姬政權的執政而有所解決，特別在羅興亞爭議上，國際社會對翁山蘇姬的期待，卻也造成了其執政上所需要面對的障礙，在未能掌握軍事權力的前提，如何讓緬甸的發展更有前景，且必須同時兼顧國際社會關注人權的壓力，確實是

短期內難以兩全的問題。也因為如此，軍方態度的思考，卻是另一個讓翁山蘇姬必須審慎考量相關發言的最重要因素，當軍方藉由憲法賦予之權力，無條件擁有議會保障席次，且能以維護緬甸國家完整的藉口，向執政者發動政變取而代之。但相關研究卻甚少從軍方的觀點，去思考在軍方及其支持政黨連輸兩屆大選後，並予以政變逮捕翁山蘇姬後，卻依然承諾會恢復民主選舉，而非直接的長期執政避免其他政黨取而代之的情形再次發生。

　　通念上，權威式的領導相對民主選舉中，政治局勢仍具有反對黨制衡的狀態，能以更為全面、直接的權力運用，且不受反對政黨制衡或杯葛，來執行政黨的意志而不受限制，但緬甸軍方卻在兩次大選皆失利後，選擇以政變的方式取代翁山蘇姬政權，那麼會做出此種決定的原因又該如何評估並決定，因此緬甸軍方的思考確實有著研究的價值，也能以更為通透的分析與判斷，來分析緬甸政局的未來可能走向，並提供緬甸研究者另一個角度的論述觀點。

三、研究之限制

　　由於緬甸現今的狀況，仍屬變動且難以預測的，在軍政府同時面臨 COVID-19 與社會反抗的情況下，加上部分少數民族反抗軍值此之際，可能有著宣布獨立於緬甸共和國外的情形，事實上所有的論述都可能在一夕之間被推翻。

　　另一方面，由於緬甸現實狀態受到軍政府的管控，加上語言文字的藩籬難以打破，許多的文獻僅能從外國文獻中做出延伸性的探討，而無法以實地訪談、觀察的方式，進行田野調查，故部分論述僅能做出較為保守的判斷，此亦於研究的第二個限制。

四、從緬甸軍方的角度看翁山蘇姬政權勝選

（一）國務資政一職的設立

　　由於緬甸 2008 憲法中述明憲政體制為總統制[3]，且翁山蘇姬同樣由於該法第 59 條 f 款的限制[4]，因子女為非緬甸籍，故翁山蘇姬本人並無法直接參選總統，但對於緬甸人民而言，「媽媽蘇」[5]的地位確實是重中之重，且所領導的政黨亦在 2015、2020 兩次

---

[3]　2008 Constitution of the Republic of the Union of Myanmar Art.16

[4]　2008 Constitution of the Republic of the Union of Myanmar Art. 59(f)

[5]　對緬甸多數民眾而言，翁山蘇姬有如國母般的存在，也讓其有著「媽媽蘇」的稱號。

大選中皆獲勝，於本文撰寫時（2020-2021/01），在 NLD 掌握過半上下議會席次的情況下，同時也讓總統成為翁山蘇姬的實質「代理人」，且其後因人設事的外交部長、教育、經濟能源部長等，一人身兼多職的情形對翁山蘇姬來說，或許是在受限於憲法限制，而未能掌握完整行政權的情況下，對其最好的職位安排方式。但特別的是，由所屬政黨提出之法案所新設之「國務資政」乙職（McCarthy, S., 2017: 143-144），卻產生了凌駕於其他行政機關首長之上的情況。也因為如此，部分研究者認為，現今的緬甸憲政體制，是屬於一種特殊的雙首長制（孫采薇，2016: 157-159），在軍政分離的情況下，行政權又被分裂成總統與國務資政實際上的持有，在緬甸 2008 憲法內亦無所謂國務資政職位的情況下，實質掌握行政權的卻是翁山蘇姬，而總統雖經過選舉產生，但確實成為了翁山蘇姬在總統職位上的「代理人」。

　　本文認為，對於翁山蘇姬來說，此種行政權掌握的態樣，確實能繞過緬甸憲法所生之限制，而使其確實掌握法律正當賦予的行政權，在行使上也能獲得議會的支持；再者，當議會多數與總統政黨皆為翁山蘇姬領導時，行政權力的使用將更完整，雖可能受限於憲法內的限制，而在部分議案通過上受軍方（系）議員的掣肘，但實質來看，本文認為緬甸除卻上述軍方影響，事實上有走向半總統制次類型－議會總統制的趨勢。

　　然而，如以前文所述，翁山蘇姬在擔任國務資政後，在同時掌握總統職位與國務資政的情況下，理應有著更為完整的行政權，應能將其民主理念予以發揮，並將相關人權問題、與少數民族之間的爭端善加解決，但為何又於 ICJ 的發言中，挺身為軍方對羅興亞所生之爭議做出辯護？

　　確實，從概念上來看，翁山蘇姬掌握了泰半的行政權，但對於軍方而言，所具有的制衡權力壓迫著翁山蘇姬政府，使其必須與軍方協商、溝通，才可能在相關修憲議案（或其他議案）上讓步。另一方面，由於緬甸屬聯邦制，中央政府對於邦（state）的影響力較小，也使得少數民族與政府軍的邊境衝突，甚難由中央統一解決（Beehner, L., 2018: 11-12），在行政首長未能有效掌握軍方權力的情況下，軍方領導人對於翁山蘇姬是否有著同樣的「尊重」，便成為國務資政是否有能力解決羅興亞爭議，甚至是安撫少數民族反抗軍的關鍵。

　　但對軍方而言，翁山蘇姬的勝選確實是難以避免的事實，且緬甸從西方國家制裁以來，經濟不振已成為必須面對的結果，也因為如此，透過一場公開透明的選舉，讓外國降低對緬甸的經濟制裁，確實有其必要性，且在憲法條文的支持之下，相關的權力亦仍存在於軍方手中。對於國務資政一職而言，本文認為，在翁山蘇姬未提出削減軍方權力法案之前，軍方系統對其抱持著一種處之泰然的態度，當軍方與反抗軍發生衝突時，因其政府為翁山蘇姬政權所領導，故翁山蘇姬僅能被迫為其辯護，縱然下令

攻擊的只是並非其本人所發出;當外國政府希望透過一個可供信任的橋樑,來與緬甸內部貿易或做經濟上的交流,深受外國信任的翁山蘇姬,相較軍政府的政權變動頻仍而言,在相關協議或貿易往來的契約訂定上,確實比較能讓外國政府安心。

　　而從思考上來看,翁山蘇姬縱然擔任國務資政,對軍方亦難發生任何影響效果,特別是在羅興亞議題上,由於選舉的勝利主要是來自於以緬族為主的選票,當翁山蘇姬面對政府軍對羅興亞(或阿拉干羅興亞救世軍;Arakan Rohingya Salvation Army,ARSA)進行攻擊等事件時,僅能以漠視或是站在大緬族的角度做發言,而無法實質的就羅興亞的人權爭議,對政府軍做出有效的懲處(Simpson, A., & Farrelly, N., 2020: 488-489);倘若反過來思考,如翁山蘇姬站在羅興亞的角度對政府軍進行聲討,則會引起境內緬族的不滿,因其複雜的歷史緣故與衝突,導致雙方的仇恨甚難在短期內解決,而軍方亦有藉口推翻由翁山蘇姬所執政的政府,理由則是站在羅興亞立場的翁山蘇姬,支持反抗勢力侵害緬甸並試圖分裂國土,違反了緬甸憲法內對國家完整的保證。

　　兩相權衡之下,軍方系統並不在意翁山蘇姬擔任國務資政,反倒是希望藉由其擔任該職位時,所面臨的多方責難與面對之難題,逐步削弱翁山蘇姬對於緬甸的影響。雖然後續軍政府以政變的方式,取代翁山蘇姬政權,但實際上卻仍是提供給翁山蘇姬相對其他政治犯而言,更為優渥的監禁待遇,如提前施打兩劑疫苗、獨立牢房等等,亦是避免處決翁山蘇姬所帶來更大的反彈,以及外國勢力對其的攻伐,特別是在COVID-19 疫情於緬甸難以控制,急需要他國政府協助幫忙的狀態之下,僅能盡量的以優待的方式,讓翁山蘇姬成為軍方認為的「犯法之人」,而透過合法的方式將之入罪,藉此防堵他國的齟齬。

(二)翁山蘇姬對緬甸的象徵性意義

　　姑且不論翁山蘇姬父親-翁山將軍對於緬甸建國的影響,而僅從其個人來看,翁山蘇姬所扮演的角色,確實是領導人民反抗暴政的「英雄」(Steinberg, D. I., 2010: 37-41)。也是因為這樣的光環鑲嵌在其身上,外國媒體在其領導政權執政以前,是將翁山蘇姬視為人權維護者,甚至與曼德拉(Nelson Mandela)等人齊名。

　　也是因為如此,由於民眾對於翁山蘇姬的支持,甚至對翁山將軍的緬懷,都讓軍政府有所忌憚,而僅以軟禁的方式避免翁山蘇姬干涉緬甸政局,但 2007 年的僧侶反軍政府運動(Arendshorst, J., 2009: 104-105),在反對團體行走至翁山蘇姬被軟禁之處時,亦特意向其致敬,而翁山蘇姬本人亦親自出面表示謝意,此舉也代表了在宗教立場上,翁山蘇姬是以佛教為尊的(Silverstein, J., 1996: 224-228)。另外,緬甸信仰以佛教為主要宗教,且如同多數東南亞國家般,僧侶在緬甸社會中的地位極為崇高,當僧侶支持

著翁山蘇姬時，同時也代表了翁山蘇姬在宗教立場上的選擇，必須考量到佛教的利益，而無法將之排除在外，對信奉伊斯蘭教且與緬甸佛教常發生衝突的羅興亞，表達相關支持的立場。

　　對軍方而言，因翁山蘇姬除了受到民眾的支持、外國勢力的庇護，甚至佛教領袖亦表達對於翁山蘇姬的敬仰。那麼，以武力迫使翁山蘇姬伏首稱臣的情況，便屬於最後的手段，況且僅因政治上的利益而強行殺害翁山蘇姬，從各國歷史觀之，也只是給了國內反對軍方統治者更為正當的藉口，來推翻軍政府領導下的緬甸。是故，對於軍方而言，僅能入罪的方式，證明因翁山蘇姬觸犯相關法律，軍政府依法逮捕，並剝奪相關政治權利，也因此可以看到翁山蘇姬及緬甸總統的罪名直至今日仍不斷增加，理由則是軍方為了強化逮捕翁山蘇姬政權的合法性。另外，軍政府並無法像對待其他政治犯般，以更為殘酷的方式迫使其放棄原本政治立場，且假設軍方公然以殘酷壓迫之方式向翁山蘇姬處刑，則國外人權團體及西方國家的經濟制裁將會更加嚴厲，或藉由維和部隊的介入，讓現行政府垮台，從緬甸經濟的角度或是軍方利益來看，此一舉動之不可行亦屬意料中事。

　　從過往歷史觀之，緬甸軍政府確實也持同樣的想法，而僅將翁山蘇姬軟禁於特定區域之內，並給予相對於其他政治犯更為優渥的待遇[6]。直至 2010 年被軍政府釋放以後，能夠發現緬甸軍政府並非完全樂意釋放翁山蘇姬，而是在考量經濟上的利益與軟禁翁山蘇姬的天平上，選擇了較為傾斜的一端，因此給了翁山蘇姬領導的 NLD 在 2015 年執政的機會。

　　對緬甸而言，因為翁山蘇姬的被釋放，而有了打開大門與國際接軌的機會，而國際社會也確實因此項改變，而開始重視這塊在東南亞尚未被開發，且玉石礦物豐沛的國家。然而對翁山蘇姬而言，除了背負緬甸經濟開發的壓力外，另一方面也同樣須受到國際社會對其的檢視，特別在人權部分。當占緬甸主要人口多數的緬族表達對翁山蘇姬的支持時，其所屬政黨執政的情況應屬囊中探物，但緬甸為多民族之國家，其餘非緬族之種族亦希望翁山蘇姬能盡力促成彼此間的平等、和諧，但從選票利益作思考，卻發現這樣的「公平」，卻可能造成主流支持者的流失，兩相比較之下，翁山蘇姬站在 ICJ 為政府軍辯護的意圖，便也十分明顯且不令人意外。

　　回到軍方的角度做思考，由於翁山蘇姬確實掌握了緬甸多數的選票，無論是以種族論之的緬族選票來源，或是從宗教考量上的佛教大宗，在在說明了現行的 NLD 與翁山蘇姬，事實上是必須站在這兩大族群的立場，向外界發聲甚至表明支持的立場。然

6　相對於其他政治犯而言，翁山蘇姬的待遇確實已然優於其他囚犯。

而，在緬甸受侵犯的並不僅限於此兩大族群，而是更多的少數族群及非佛教支持者，如克欽獨立軍（KIA）、克倫民族解放組織（KNLA）等（司徒宇，2017: 95）。從政治利益做思考，確實翁山蘇姬並不會挺身而出為其爭取權益，因軍方在掌握了部分 2020-2021 大選違法的證據後，直接政變推翻翁山蘇姬的情形，也是出乎眾人意料，但對於軍政府來說，卻是合情也是合理的結果。

其次，當翁山蘇姬表明以人權考量支持非緬族的反抗軍，或非佛教的抗議團體時，事實上也說明了其站在了選票多數的對立面（司徒宇、顧長永，2015: 33-34）[7]。在選舉結果仍以緬族作為主要考量的情況下，此一思考並非為最適選擇，甚至現行受國際社會抨擊的「漠視」行為，是翁山蘇姬在考量到選票與人權的情況下，所唯一能將傷害降低到最小範圍的舉措。如此一來，既能維持多數緬甸民眾對於翁山蘇姬的喜愛，又能掌握政治權力，如果真正希望朝向民主改革的道路前行，此種情形的思考，確實是必要卻也令人遺憾的；然若翁山蘇姬並不欲朝向西方世界所畫下的民主路線前進，那麼維持現有政治權力的穩定，同樣亦屬絕對且必然的思維，其餘的人權問題，僅需將其視為國內叛亂的一環，進而支持政府軍的立場，如此一來又能得到軍方的不反對，又能長久性的執政，對翁山蘇姬而言，何樂而不為呢？

當緬甸軍政府願意對外開放，並將翁山蘇姬釋放的同時，便已然接受翁山蘇姬是緬甸象徵的結果（林佾靜，2016: 124-125），也是因為如此，翁山蘇姬的一言一行，都可能成為軍方政變的藉口，只要翁山蘇姬的考量並非以緬族利益為主時，便已失去了大多數的民意，如若又因人權問題而為信奉伊斯蘭的羅興亞發聲，則軍方出兵「維穩」的情況，亦屬可預見的結果（楊昊，2015: 161），而這也同樣讓翁山蘇姬再也無翻身之機會。

雖然翁山蘇姬看似在政治場域的發言確實較為謹言慎行，但對於緬甸政局內部掌握權力的慾望，卻早已讓軍方備感壓力，也是因為如此，在確認選舉結果為翁山蘇姬政權持續連任後，軍方立即政變推翻了緬甸的民主政府，卻也坐實了軍政府對於緬甸民主並不信任，也僅是為了求取經濟上發展所做出的讓步舉措，而非真切的希望民主價值落實於緬甸政局。

（三）國內與國外雙重的壓力

由於以往翁山蘇姬是國際間所認可的人權鬥士，此一論證可從其所獲得的相關人權獎項的獲得做為佐證，在其所屬政黨執政，且本人擔任國務資政的情況下，國際社

---

[7] 此種狀況已然發生多次，翁山蘇姬本人並不願針對羅興亞議題有過多的評論。

會理所當然的會認為，翁山蘇姬會將人權議題為上任後的優先處理議案。但從 2015 以來迄今，相關羅興亞爭議並未有妥善的解決方式，批評者認為翁山蘇姬並非所謂的人權英雄，而是為了政治利益考量的政治人物。雖然如此，翁山蘇姬的影響力在緬甸國內並未受到動搖，從 2020 年的議會選舉來看，也能看到 NLD 政黨席次仍過半數的情形，這也讓翁山蘇姬及 NLD 在立場的判斷上，有了更為顯著的方向可供依循，也就是如前文所述，從緬族及佛教的利益作出發，便能持續性的取得過半的議會席次，進而掌握總統職位，加上國務資政的角色，讓除了軍事統帥權的行政權力，更為全面的被翁山蘇姬政權所掌握。

對於軍方而言，這樣的翁山蘇姬是否更加難以動搖其在政治上的地位？本文卻認為從翁山蘇姬擔任國務資政的那一刻起，便說明了翁山蘇姬政權將可能走下神壇，而使緬甸政局進入另一個新的時代，而從軍方政變的結果觀之，確實也驗證了作者的推論。對翁山蘇姬而言，其在緬甸的地位迄今仍未找到「接班者」，也就是說在其年事已高的情況下，NLD 政黨的席次卻與其是否仍在緬甸政局之中息息相關。當軍方將領能藉由不斷的系統傳承，讓持有相同理念的將領，以升遷之方式逐漸穩固其領導的正當性，對於 NLD 及翁山蘇姬而言，如何在翁山蘇姬因故離開緬甸政治場域後[8]，維持現有的選票基礎，或培育一個能服眾的領導者，相信以現在的緬甸政治場域而言絕非易事。理由在於，現在的翁山蘇姬並不會放棄相關具有實質權力的職位，且其對於緬甸的影響，是以其青春歲月向軍政府抗爭所換來的，揆諸緬甸政局，並無人能出其右著有著類似的經歷，且其父親對緬甸的貢獻，也是讓緬甸人有所懷念的。

但也因為如此，翁山蘇姬勢必得在此屆任期中，尋找一個可供多方妥協的人選，並能夠與軍方勢力抗衡，亦得國外勢力的支持，如此一來才可能維持現有 NLD 大於軍方席次的局面。但此一人選多半應由具有緬族血統的人士出任，藉由血統的考量，來避免因接班執政所造成的種族衝突，只是如此一來緬族長久執政的政府，對於少數民族的利益來說必然有所衝擊，因此並非國際社會所樂見的結果，但在政變之後，這樣的思考，卻消失於緬甸政治局勢之中。

而在羅興亞議題上，更是軍方能夠制衡翁山蘇姬的一種方式，只要軍方將對羅興亞人的暴行，定調於針對國內反叛軍的反擊，相關的非議便成為翁山蘇姬勢必面對國際社會批評的主軸，縱使其不具有軍事實質領導權，亦仍須對國家所屬軍隊所造成的後果做出承擔。另外，中央與地方之間的隔閡（孫采薇，2015: 142-143），使得翁山蘇姬的實際行政權無法延伸到各偏遠地區之中，也因為不同民族之間仍有衝突，且此類

---

[8]　如因病、死亡，或是被政變後流亡、自願離開等。

爭議其來有自,有從歷史層面產生的,亦有宗教衝突的問題,或是玉石礦產的爭奪等,並沒有辦法在短期內,有著較為妥善的解決方案,也因此翁山蘇姬領導下的緬甸政府,僅能以協商的方式,讓相關少數民族反抗軍簽署停火協議,儘量以雙方共同利益最大化作為思考,降低因衝突所帶來的相關批評與死傷。

此類型的爭議導致翁山蘇姬確實會如上所述,產生僅就政治利益最大值做政策規劃的情形,但在翁山蘇姬之後的領導者,在未能如翁山蘇姬得到民眾支持的情況時,便成為軍方(或其所支持)人選,藉由選舉合理、合法化取得執政權力的最佳契機。因此,對軍方而言,如欲取得執政權,在國內各處造成少數族群與政府之間的衝突,是必然使用之手段(廖綉玉,2020),於此同時又能取得相關玉石礦產的利益,確實亦能解釋為何直至今日,政府軍與少數民族之間,縱然在彬龍會議(Panglong Conference)的召開下,彼此之間仍有衝突的產生(司徒宇,2018: 78-79)。

如從宗教方面作分析,雖然緬甸的憲法亦有明文規定對於各宗教的平等對待,但從其社會方面觀之,仍能發現佛教地位的尊崇並不是能被取代的(呂嘉穎、徐正戎,2020: 69)。對翁山蘇姬來說,取得佛教的信任與支持,是延續政權的最主要考量,且由於先前軍政府與僧侶間的不愉快,導致翁山蘇姬成為了執政的領導者。然而也是因為宗教之間的衝突,致使佛教與伊斯蘭教之間形如水火,特別之處在於,此一爭端竟讓位處西非的甘比亞,替信奉伊斯蘭教的羅興亞發聲,控告緬甸政府種族滅絕之罪。雖然如此,翁山蘇姬仍無法有著較為有效的解決方式,冒犯了佛教等於站在了整個社會的對立面,當民眾的支持因此轉化為對翁山蘇姬的憤怒時,也是提供了軍方系統一個維持穩定的藉口,進而取代翁山蘇姬以民主選舉方式執政的情形。

綜上所述,翁山蘇姬擔任國務資政,其實是需要面對國內難以解決的問題,也因此翁山蘇姬並不願意公開插手解決相關的議題,因為只要介入便會深陷泥淖而無法自拔。對軍方而言,當大選違法的證據被其掌握,翁山蘇姬僅能被動式的接受調查,且外國政府縱使透過經濟制裁等方式,也甚難讓軍方在具有合法、合理的基礎上,釋放翁山蘇姬並且承認該次大選的敗選。

再者,羅興亞的爭議翁山蘇姬來說,已然成為該政權扣分的因素,而非加分的考題(宋鎮照,2018: 26-28),無論怎樣的解決方式,都可能造成緬甸政局的更迭,而對緬甸得來不易的民主有所影響。另外,羅興亞難民的移動,也對鄰近各國產生了極為嚴重的難民問題(孫自明,2021: 138),姑且不論接納難民與否是不是國際社會中國家的義務,但連帶衍生的就業問題、生存問題,甚至是身分認同等,都讓翁山蘇姬不得不去面對羅興亞所帶來的紛擾。

當羅興亞爭議提升到國際社會之間國家與國家的訴訟時,受傷最大的絕對是翁山

蘇姬，因其當初是背負著人權的期待，進而取得執政的權力，但在其執政之後，首屆任期並未有更好處理羅興亞爭議的方法，反倒是要求世界各國勿對緬甸國內的爭端有所介入，此一舉動對羅興亞、緬甸其他少數民族，以及相關人道團體、支持緬甸民主化的國家等，無疑是說明了此一爭議，翁山蘇姬無意也不願碰觸的窘境。

　　但對軍方來說，此一結果卻能讓國際社會了解到，翁山蘇姬並非支持人權，而是同樣為了政治利益而低頭的政客。當國際社會不再視翁山蘇姬為解決羅興亞問題的唯一人選，假設此時軍方願意做出相關保證，並不會侵犯羅興亞人的自主權利，那麼話語權便又回到軍方系統手上。於此同時，也減少了國際對翁山蘇姬的保護（障），並降低外在軍事威脅取代緬甸政府軍的可能性，也因為如此，吾輩可以看到，在政變之後，歐美國家確實除了經濟制裁的話語之外，並未有著過多的軍事威脅行動，且東協諸國以及中國大陸、俄羅斯等都認為這是該國內政而不願多作批評（陳尚懋，2021: 28-30），而這也讓軍政府的執政更為穩固。

　　申言之，翁山蘇姬所承受的壓力來源，同時源自國內與國外，但這兩項壓力卻又無法消除，甚至產生「共伴效應」的存在。反過來說，對翁山蘇姬的在政治上的阻力變成為了對軍方系統的助力，在短期無法從選舉中獲勝，又無法沒收大選的情況下，透過此種對翁山蘇姬施壓的方式帶來實質性的政治利益，確實能讓軍方系統及相關議員有著更好發揮的舞台，甚至以長期利益的角度來看，藉此和 NLD 打成平盤的機會並不是沒有。

　　因此，本文認為，無論政變前後，短期內羅興亞受壓迫的態樣並不會有所改善，且緬甸政府軍與其他少數民族反抗軍的停戰協議（Holliday, I., 2013: 96-97），也可能因此破局甚至造成邊境烽火連天的景象。而翁山蘇姬在無法解決任何一項戰亂的情形時，所能做出的行為，僅為被動式的對政府軍的舉措背書，將所有戰火皆視為國內平亂的行為，如此一來才能將國際社會的齟齬降到最低。但同樣的，對翁山蘇姬的批評卻也只會水漲船高，而不會如以往般，將其視為為了人權奮鬥的領導者，鞏固翁山蘇姬政權繼續領導緬甸。

　　但緬甸軍方仍須考量一點，便是相關行為如若落實了種族滅絕（或種族清洗）的構成要件，聯合國維和部隊的介入，是可能會協助翁山蘇姬掌握完整的軍權，建立一支能夠直接下達命令且聽命於政府的軍隊，且亦能同時要求翁山蘇姬與少數民族簽立停火協議，並落實真正的互不侵犯約定，又或者是維和部隊常駐部分緬甸境內，藉以監視雙方避免衝突的發生而勿增添戰火。

（四）軍事政變的時機正確嗎？

如前所述，對於軍方系統而言，或許持續性的等待，或是相對發動政變推翻政權，顯得在道理上更站的住腳，但從翁山蘇姬政權及其所屬政黨，已然發動立法權試圖削減軍方在憲法中的權力時，軍政府政變的結果，也絕非意料之外的事情。特別是在軍方聲稱掌握了翁山蘇姬賄選等罪名證據後，從法律的角度定翁山蘇姬的罪，並剝奪其政治權力，確實也無他國可置喙之處。

只是需要考量之處在於，軍政府在此時機點發動政變，對其的影響究竟是好是壞？從國際社會的反應來看，確實各國都忙於己身內部的疫情控制，而甚少對於他國內政問題多加過問，也因為如此，軍政府政變上台的正當性，便不是他國所重視的優先問題，且近來所傳出的影片，翁山蘇姬也獲得相對其他政治囚犯較好的待遇，在此情況下，他國會直接介入的可能性便略微降低。

然而，從無數被上傳到社群軟體的影片中也能得知，軍政府的軍隊確實對民眾以較為殘虐的方式予以對待，在影片無法辯駁的情況下來看，引起人權團體的關注與反彈，也是必然的結果（宋鎮照，2021: 35-37）[9]。另一方面，現今的緬甸由於受到西方國家的經濟制裁，以及 COVID-19 大流行所造成的影響，導致軍政府領導人一方面要維持擠身政權的穩固，二方面又必須思考如何讓疫情的影響降到最低，否則政治上的民怨加上對疫情控管無力的抗爭，勢必讓軍政府的執政之路，顯得更加崎嶇難行。

但對於翁山蘇姬來說，這樣的政變結果，或許也是提供了一個休養生息的契機，由於緬甸內部的政治問題與外部壓力，使得翁山蘇姬政權在前次執政時，本就讓國內外的支持者開始對其產生些許耳語，並讓翁山蘇姬顯得更為兩難，當人權與政權無法兼顧的情況發生後，「甩鍋」給欲政變的軍政府，或許也不是壞事，反而更能為將來民主執政加以鋪路。

五、結語：裡外不是人的翁山蘇姬

登盛（Thein Sein）軍政府釋放政治犯與翁山蘇姬，開啟了緬甸民主化的大門，同時也因此促進了西方世界對緬甸經濟制裁的解除。登盛雖出身於軍方系統，卻罕見的做出軍方「讓權」、國會補選的舉動，對於緬甸而言，確實開啟了一個新的政治局勢，也讓翁山蘇姬所領導的 NLD 有機會執政，並使總統成為翁山蘇姬的「代理人」。雖然

---

[9]　軍方反制的手段便是關掉對外的通訊網路，或是 Wifi 的使用可能，但亦有民眾透過泰國的電話卡向外求援。

在憲法中仍保留了對軍方待遇的政治保障措施（Croissant, A., & Kamerling, J., 2013: 121-122），但實際上被釋放的權力，僅限於行政權以及人民得以選舉的權利，軍事武裝力量的統帥權，卻屬於軍方系統，而非總統或國務資政所有（Myoe, M. A., 2014: 238-239）。

也因為如此，緬甸政府軍在 2 月時，以大規模舞弊及投訴未獲選委會回應為由，逮捕了翁山蘇姬及現任總統溫敏（Win Myint），雖然此一結果確實是在可預期範圍內所發生的，但也說明了緬甸民主的脆弱，以及軍方思維的並不謹慎。

首先，當軍方扣押了翁山蘇姬及現任總統，等同落實了甘比亞對緬甸政府軍的控訴，認為現行軍隊並不考量民主國家中被視為最重要價值的人權概念；其次，縱使該次大選存在非常多的爭議，但相對緬甸的經濟發展來說，此一行為必然會受到西方社會的經濟再制裁，這對已受 COVID-19 影響甚鉅的緬甸社會而言，並沒有太多的利益及益處可言；第三，因政變所上台的軍方政府，並沒有向外索援的本錢，縱使能以釋放翁山蘇姬作為對內民意的平息措施，對外亦能藉此換取相關疫苗的讓予，但實際上在此時空背景下，扣押翁山蘇姬只會造成他國對緬甸的反感，以及加深其政局的不信任感。但對翁山蘇姬而言，或許被扣押是能夠降低國際社會對其名譽的減損，理由在於，先前的行為如本文前述所提，皆為被迫性的發言，而非本人意願的顯現。

也因為如此，翁山蘇姬在執政時期，確實屬於兩難的情形，在此情況下，軍政府的政變，或許給了翁山蘇姬一個喘息的機會，並且讓軍政府去處理難以控制的疫情，以及人民對其軍方施政不力的抗爭行為。但對於軍方來說，取得執政權的方式確實仍有其他選擇，但現今的軍政府卻選擇了一個錯誤的時機點，以及錯誤的方法，以致緬甸社會縱使面對疫情，仍有大批民眾願意走上街頭抗議，甚至與反政府軍、少數民族反抗軍結合，而讓緬甸有著被分裂的可能。這樣的結果絕非軍方所願意看到的，然整體發展卻已如箭在弦上不得不發，此後便能看到軍方為了維持政權，對於翁山蘇姬控訴的罪名只會越來越多，但民眾也越來越無感，甚至可能因為醫療系統（資源）的崩潰，進而發動革命推翻現有政府，或是少數民族藉此獨立成國的狀況發生。

參考文獻

中文書籍

Thant Myint-U 撰，黃中憲譯
2021《緬甸的未竟之路：種族、資本主義與二十一世紀的民主新危機》，台北：馬可孛羅出版社。

中文期刊

司徒宇、顧長永
2015〈緬甸大選局外人－羅興亞族的悲歌〉，《戰略安全研析》127：33-34。
司徒宇
2017〈軍人勢力對緬甸新政局的影響：「式微」或「延續」？〉，《全球政治評論》58：95。
司徒宇
2018〈緬甸在地非政府組織對少數民族的援助：以克欽族為例〉，《問題與研究》57.4：78-79。
林佾靜
2016〈緬甸與東協：接觸、交往與整合〉，《全球政治評論》55：124-125。
呂嘉穎、徐正戎
2020〈緬甸憲政體制之探討—從翁山蘇姬任國務資政談起〉，《全球政治評論》71：69。
宋鎮照
2018〈難解的羅興亞難民問題：歷史宿命和政治困境〉，《全球政治評論》63：26-28。
宋鎮照
2021〈緬甸會成為東南亞的敘利亞？－緬甸軍政府復辟與大國在亞洲的博弈〉，《海峽評論》365：35-37。
陳尚懋
2021〈緬甸政變的政治經濟分析〉，《展望與探索月刊》19.3：28-30。
孫采薇
2015〈「緬甸式」民主化：正當性、政權轉移、與政治改革〉，《問題與研究 54.4：142-143。
孫采薇
2016〈緬甸內閣人事布局評析〉，《問題與研究》55.2：157-159。
孫自明
2021〈緬甸羅興亞人問題的歷史解構及其當代意義〉，《全球政治評論》47：138。
楊昊
2015〈戒律式民主的脆弱轉型：緬甸 2015 年國會大選的意義〉，《問題與研究》54.4：161。

中文網路資料

呂三的時事評論
2020〈另一個角度看緬甸翁山蘇姬羅興亞人權問題〉，u 值媒 https://udn.com/umedia/story/12768/4299890，2020.12.27。

廖綉玉

2020〈「看到羅興亞人，格殺勿論！」燒殺擄掠、冷血性侵、遺體丟萬人塚緬甸軍人首度承認血腥暴行〉，風傳媒 https://www.storm.mg/article/3019034?page=2，2020.09.09。

英文期刊

Arendshorst, John.

2009. "The dilemma of non-interference: Myanmar, human rights, and the ASEAN charter." *Nw. UJ Int'l Hum. Rts.*, 8: 104-105.

Barany, Zoltan.

2018. "Burma: Suu Kyi's Missteps." *Journal of democracy*, 29.1: 6-8.

Becker, Michael A.

2020. "The Plight of the Rohingya: Genocide Allegations and Provisional Measures in the Gambia V Myanmar at the International Court of Justice." *Melbourne Journal of International Law*, 21.2: 8-9.

Beehner, Lionel.

2018. "State-building, military modernization and cross-border ethnic violence in Myanmar." *Journal of Asian Security and International Affairs*, 5.1: 11-12.

Carroll, Florence.

2020. "Narrative Analysis of Aung San Suu Kyi's Role in Relation to the Changing Politics of Myanmar." *International Relations Journal 2020*, 39: 24-25.

Croissant, Aurel, and Jil Kamerling.

2013. "Why do military regimes institutionalize? Constitution-making and elections as political survival strategy in Myanmar." *Asian Journal of Political Science*, 21.2: 121-122.

Dean, Karin.

2017. "Myanmar: surveillance and the turn from authoritarianism?." *Surveillance & Society*, 15.3/4: 500-502.

Dussich, John PJ.

2018. "The ongoing genocidal crisis of the Rohingya minority in Myanmar." *Journal of Victimology and Victim Justice*, 1.1: 6-7.

Myoe, Maung Aung.

2014. "The soldier and the state: the Tatmadaw and political liberalization in Myanmar since 2011." *South East Asia Research*, 22.2: 238-239.

McCarthy, Stephen.

2017. "Myanmar in 2016: Change and Slow Progress." *Asian Survey*, 57.1: 143-144.

Holliday, Ian.

2013. "Myanmar in 2012: Toward a normal state." *Asian Survey*, 53.1: 96-97.

Htung, Yaw.

2018. "Armed Conflicts between the Kachin Independence Organization and Myanmar Army: A Conflict Analysis." *Thammasat Review*, 21.2: 240-243.

Lintner, Bertil.

2019. "Minorities, Money And Getting It Wrong in Myanmar." *Global Asia*, 141: 74-80.

Sein, Chaw Chaw.

2016. "Myanmar's post-election foreign policy." *The Global New Light of Myanmar*, 11: 8-11.

Silverstein, Josef.

1996. "The idea of freedom in Burma and the political thought of Daw Aung San Suu Kyi." *Pacific Affairs*, 69.2: 224-228.

Simpson, Adam, and Nicholas Farrelly.

2020. "The Rohingya crisis and questions of accountability." *Australian Journal of International Affairs*, 74.5: 488-489.

Steinberg, David I.

2010. Aung San Suu Kyi and US Policy toward Burma/Myanmar. *Journal of Current Southeast Asian Affairs*, 29.3: 37-41.

Williams, David C.

2016. "The Fate of Armed Resistance Groups After Peace." *Ind. J. Const. Design*, 1: 1-5.

外國法律規範

2008 Constitution of the Republic of the Union of Myanmar

PC1116　讀歷史159

海洋亞洲的想像
——全球化與去全球化

主　　編 / 劉健宇、李新元、白偉權、孔德維
責任編輯 / 鄭伊庭
圖文排版 / 楊家齊
封面設計 / 王嵩賀

發 行 人 / 宋政坤
法律顧問 / 毛國樑　律師
出版發行 / 秀威資訊科技股份有限公司
　　　　　114台北市內湖區瑞光路76巷65號1樓
　　　　　電話：+886-2-2796-3638　傳真：+886-2-2796-1377
　　　　　http://www.showwe.com.tw
劃撥帳號 / 19563868　戶名：秀威資訊科技股份有限公司
　　　　　讀者服務信箱：service@showwe.com.tw
展售門市 / 國家書店（松江門市）
　　　　　104台北市中山區松江路209號1樓
　　　　　電話：+886-2-2518-0207　傳真：+886-2-2518-0778
網路訂購 / 秀威網路書店：https://store.showwe.tw
　　　　　國家網路書店：https://www.govbooks.com.tw

2024年1月　BOD一版
2024年4月　BOD二版
定價：750元
版權所有　翻印必究
本書如有缺頁、破損或裝訂錯誤，請寄回更換

Copyright©2024 by Showwe Information Co., Ltd.
Printed in Taiwan
All Rights Reserved

讀者回函卡

國家圖書館出版品預行編目

海洋亞洲的想像：全球化與去全球化/劉健宇, 李新元,
　白偉權, 孔德維主編. -- 二版. -- 臺北市：秀威資訊
科技股份有限公司, 2024.04
　　面；　公分. -- (史地傳記類；PC1116)(讀歷史；
159)
　　BOD版
　　ISBN 978-626-7346-54-9(平裝)

　　1.CST: 區域研究 2.CST: 文集 3.CST: 亞洲

730.07   112021726